동회(同懷) 40년

문화과학 신서

동회(同懷) 40년

지은이 | 임춘성

초판인쇄 | 2024년 3월 25일
초판발행 | 2024년 4월 5일

펴낸이 | 박진영
펴낸곳 | 문화과학사

출판등록 | 1995년 6월 12일   제 406-3120000251001995000032호
주소 | 10881 경기도 파주시 심학산로 12, 302호
전화 | 02-335-0461
팩스 | 031-902-0920
이메일 | moongwa@naver.com
홈페이지 | https://culturescience.kr

값 20,000원
ISBN 978-89-97305-23-0   93910

문화과학 신서

동회(同懷) 40년

임춘성 지음

문화과학사

책을 펴내며

학술공동체 40년: 1983~2023

1. '일단락'의 의미와 형식

전임강사 시절 이웃 학과 노교수의 정년 퇴임 축하 자리에는 기념논문집 봉정이 빠지지 않았다. 제자와 후배 교수들이 스승과 선배 교수의 정년 퇴임을 축하하는 마음으로 글을 모아 논문집 또는 단행본을 만들어 봉정한 것이다. 문자 그대로 논문 모음집이었고 때로는 주제를 정해 기획 구성한 단행본 형식을 갖추기도 했다. 간혹 논문집 봉정을 마뜩잖게 여겨 마지막 학기 강의를 주제 특강으로 기획해 각 주제 전문가를 초빙해 연속 강의를 진행하거나, 기념식을 생략하고 학술 세미나를 했다는 소식도 간간이 들려왔다. 나도 얼마 전까지 네다섯 차례 그런 글을 썼다. 만 65세 퇴임이 문자 그대로 정년(停年)은 아니지만, 대학원 입학부터 치면 40년 이상의 학술 생애를 '일단락'하는 계기임은 분명하다. 퇴임 후에도 연구실을 차리고 꾸준히 결과물을 내는 분도 적지 않지만, 막상 나날이 달라지는 체력과 심력(心力)의 저하를 체감하면서 '적당히 멈출 때를 알아야겠구나(知止)' 하는 생각이 절로 든다.

코로나19 특별 방역 상황에도 불구하고, 2022년 2월 말 29년 근무했던 대학을 떠나면서 학과를 뛰어넘어 동료 교수들의 과분한 환송을 받았고, 목포대 민교협에서는 고별 강연 자리를 마련해주었다. 목포에 거주하는 졸업생과 심포지엄에 참여한 학부생들 그리고 대학원생들과도 정겨운 시간을 보냈다.

또한 한국 중국현대문학학회에서 고별 강연 자리를 앞당겨 만들어주었고 학회의 절친한 후배들과 두어 차례 축하 모임을 했다. 『문화/과학』의 절친한 선배 부부도 특별한 축하 자리를 마련해주었다. 정년 퇴임을 축하해준 모든 분께 다시 한번 깊은 감사의 마음을 전한다.

이 책을 처음 구상할 때는 내 나름의 '일단락'이라는 생각이 먼저였다. 그동안 몇 권의 단독 저서를 내면서 거기에 수록하지 못했던 글 위주로 가능한 매년 한편을 골라 단행본으로 묶고자 했다. 지난 글들을 정리하며 추리다 보니 학술 논문 외에도 서평과 서평 답글, 책 서문, 강연 원고, 추천사, 영화평, 인터뷰, 학술대회 참관기, 사설 등 종류가 꽤 많았다. 특히 이메일로 주고받은 글은 갈무리하면 그 분량이 상당할 것 같았지만 제외했다. 선인들의 문집을 보며 다양한 장르가 있다고 생각했는데, 내가 쓴 글 또한 예외가 아니었다. 학술적인 글은 함께 내는 다른 책에서 '비판적 중국연구의 여정'이라는 명목으로 묶은 만큼, 이 책은 가능한 학술 논문을 제외한 다른 글들을 중심으로 선별했다. 그리고 내 생각과 느낌을 드러낸 글을 '매년 한 편'의 기준으로 골랐다. 물론 이 기준이 절대적인 것은 아니다. 그리고 과거에서 거슬러오기보다는 최근부터 되돌아가는 형식을 취했다. 모든 글은 가능한 발표 당시의 원상태를 유지했고, 맞춤법과 외래어 표기 그리고 문맥을 다듬는 수준에서 교정했다. 간혹 추가한 부분은 각주로 표기했다. 부록으로 카카오톡 대화방에서 나눈 대화와 추모글 한 편, 그리고 단행본 목록과 정기간행물 게재 글 목록을 실었다. 목록은 '일단락'을 위해 필요하다 싶어 만들었는데 의외로 게재 글 쪽수 확인에 시간이 걸렸다.

2. 학술 자전—저서를 중심으로

두 해 늦게 들어가 1학년 마치고 입대해 만기 전역한 후 대학을 졸업한 탓에 1983년 초여름 뒤늦게 치른 대학원 석사과정 입시 면접에서 추천받은 류다제

(劉大杰)의 『중국문학발전사』(영인본)를 읽다가, 선진(先秦)과 진한(秦漢)의 제자백가서와 역사서가 문학사에서 서술될 수 있다는 사실이 경이로웠다. 그 경이로움으로 인해 중국 고대문화사에서 '이전의 모든 강물을 받아들여 이후 모든 강물의 원류가 된 커다란 호수(湖納百川)'와 같은 역할을 해온 사마천(司馬遷)의 『사기(史記)』를 망설임 없이 연구대상으로 결정했다. 사실 미국 유학을 준비하며 중국연구(Chinese studies) 학과로 진학하려다 여의치 않게 된 상황에서, 중국연구의 기초가 고전 공부라고 판단해 중문과로 진학한 내게는 더할 나위 없는 연구주제였다. 나는 대학원을 다니면서 수많은 공부 모임을 조직하고 참여했다. 석사과정에서는 주로 대학원생 자체 세미나를 통해 고문(古文) 독해에 치중했다. 『사기』 외에 『시경(詩經)』과 『초사(楚辭)』, 『사서(四書)』와 『상서(尙書)』, 『장자(莊子)』 등이 주 텍스트였고, 귀사오위(郭紹虞)의 『중국역대문론선』(1~4)은 장시간 독해하고 토론했던 텍스트였다. '중국문학연구회' 외대 학술운동연합' 등을 조직했으며 중문과 대학원생 학회인 '이론과실천학회'도 만들었다. 나아가 캠퍼스 울타리를 뛰어넘어 '청송재(靑松齋)'라는 캠퍼스 연합 학술공동체도 꾸렸었다. 그리고 교수들을 안주 삼아 많은 양의 술을 마셔댔다. 그런데 지금 중어중문학계를 거칠게 조망해보면, 우리가 비판했던 그 수준을 극복했는지에 대해 회의적이라고 말할 수밖에 없다. 아마 지금도 각 대학 캠퍼스에서 선배 세대를 안주 삼아 술을 마셔대는 수많은 학문 후속세대가 있을 것이다. 그런 상상을 하면 논문 한 편 쓰는 것에 신중하지 않을 수 없다. 그렇다고 아예 쓰지 않는 것은 본분을 저버리는 일이다.

내가 복학해 학부를 졸업하고 대학원에서 공부하며 보낸 대부분 시간은 1980년대와 중첩된다. '서울의 봄'은 신군부의 반란으로 저물었지만, '사자의 시대'라는 1980년대는 광주민중항쟁으로 시작했고, 2~3년의 잠복기를 거쳐 한 점의 불꽃이 들판을 태우듯, 땅속에 잠복한 용암이 분출하듯 타올라 마침내 '1987년 체제'를 끌어냈다. 이런 사회 분위기로 인해 나는 고문 독해 중심의 고전 공부에 안주할 수 없었다. 때마침 의기투합한 동지들과 당시 한국 사회의 초미의 관심사였던 '한국사회성격 논쟁'과 '민족문학 논쟁' 세미나 등을 진행하고 '청송재'를 조직했다.

박사과정 수료 후 근현대문학으로 전환한 시점에 캠퍼스 연합 '혁명문학 논쟁' 심포지엄(1989) 준비 세미나 참여는 가뭄에 단비 격이었다. 이후 2년에 걸친 세미나와 '문예대중화 논쟁' '민족형식 논쟁' 심포지엄은 내게 근현대문학의 기초를 다지고 박사논문을 준비하는 토대를 다지는 과정이었다. 그 과정에서 『중국현대문학운동사 1』(1989), 『문학이론학습』(1989), 『중국통사강요』(1991, 2인 공역), 『9인의 문예사상』(1991, 6인 공역)의 번역 출간은 각각 중국현대문학, 문학이론, 중국사, 마르크스주의 문예사상의 초석을 다지는 공부 과정이었다.

나는 한 번도 '당시(唐詩)'를 연구한 적이 없음에도 불구하고, 대학원 석박사과정 지도교수의 전공은 '당시'였다. 한국의 상당수 교수가 그러하듯 학위논문을 방목형으로 지도하셨다. 다행히 『사기』를 전공한 젊은 교수가 부임해 그의 도움을 받았다. 「『史記』 議論文의 內容과 技法 分析」이라는 표제의 석사논문 지도에서 유일하게 기억나는 지도교수의 논평은 중요한 단어를 한자로 표기하라는 것이었는데, 그 기준이 모호해서 모든 단어를 한자로 표기했다. 그래서 내 석사논문에는 유난히 한자가 많다. 지도교수는 박사논문 주제를 정할 때 당시 내가 관심이 있던 현대문학을 유보하고 '당시' 연구를 권하셨는데, 그 취지는 나를 걱정해서였다. 1980년대 민주화운동의 결실로 '1987년 민주화 체제'가 성립되었음에도 1980년대 말 사회 분위기는 중국현대문학 연구자를 빨갱이로 보는 분위기였기에 박사를 마친 후 자리를 잡고 현대문학 연구를 해도 늦지 않을 것이라는 나름 심모원려의 권고였다. 물론 혈기방장했던 나는 그 권고를 따르지 않았다. 내 주제는 '문예대중화론'이었는데, 논문 심사가 임박해서 지도교수의 유일한 지적은 작품 분석이 없다는 것이었다. 지도받는 처지에서 이론 연구와 작품 연구의 층위가 다르다는 토론을 대등하게 할 수 없었기에, 부랴부랴 장별로 문예대중화의 성격에 부합하는 작품을 골라 추가했지만, 심사 과정에서 그럴 필요 없다는 심사위원장의 지적에 따라 '다행히' 최종 논문에는 들어가지 않았다. 지도교수의 유일한 논평이 심사위원회에서 거부된 셈이었다. 장별로 텍스트 분석을 추가하라는 지도교수의 요구는 심사가 임박한 시점에 커다란 부담이었고 그나마 심사 과정에서 다시 들어내는 촌극을 겪었지만, 이는 2년 후 최초의 단독 저서인 『소설로 읽는 현대중국』의 뼈대가 되었으니, 그야말로 새옹지마라 하지 않을 수 없다.

박사학위를 마치고 목포대학교 부임 후, 이론 분야에 치중했던 연구의 불균형을 극복하기 위해 소설 텍스트 분석을 주제로 연구계획을 잡았고 '학술진흥재단 양서개발 기획'에 지원해 선정되었다. 그 결과물이 첫 번째 단독 저서 『소설로 보는 현대중국』(1995)이다. 이 책은 중국 근현대소설이 중국 근현대사를 이해하는 데 가장 풍부하고도 재미있는 사료적 성격을 가진다는 점에 착안해, '지안문(근현대소설)'을 통해 '천안문(근현대사)'의 전모를 파악하고 '천안문'을 통해 '지안문'의 섬세한 결과 애환을 이해하는 것을 근현대 중국 이해의 경로로 삼았다. 3부로 나누어 루쉰과 위다푸의 중단편소설, 마오둔의 『한밤중』과 '농촌삼부작', 딩링의 『태양은 쌍간허에 비추고』, 루신화의 「상흔」과 바이화의 「고련」 등의 상흔소설, 장셴량의 『자귀나무』와 『남자의 반은 여자』, 다이허우잉의 『사람아 아, 사람아!』, 천룽의 「중년이 되어」, 왕숴의 『절반은 불꽃, 절반은 바닷물』, 『고무인간』, 『노는 것만큼 신나는 것도 없다』, 자핑와의 『폐도』 등의 텍스트를 분석했다. 그리고 「중국 근현대문학 발전의 윤곽과 동력」과 함께 천핑위안의 「중국 소설의 근현대화 과정」과 류짜이푸의 「독백의 시대로부터 다성악의 시대로」를 보론으로 실었다.

최초의 번역서인 『중국현대문학운동사 1』은 셴다이(現代)만을 다루었기에 당다이(當代) 부분을 보완해 『중국근현대문학운동사』(1997)를 편역했다. 제1부 반봉건 계몽과 반제 구국의 시기(1917~1949)와 제2부 사회주의 건설 및 개혁개방의 시기(1949~1982)로 나누고, 그동안의 공부를 바탕으로 대량의 역주를 첨가했다. 이는 한편으로 1980년대 치열했던 한국의 '민족문학 논쟁'과 문학 운동의 영향을 받은 것이고, 다른 한편으로는 중국 근현대문학운동사가 한국에서 단절되었던 좌익문학의 전통 복원에 훌륭한 참조체계가 될 것이라는 바람도 담았다.

이후 매년 책을 내려던 계획은『중국근대사상사론』번역 때문에 차질을 빚었다. 그간 셴다이와 당다이에 치중했던 공부 영역을 진다이(近代)와 사상 분야까지 넓히려는 의도와 1993년 한국을 방문했던 첸리천 교수의 격려에 힘입어 번역에 도전했지만, 저자 리쩌허우가 인용한 텍스트 원문의 번역은 만만한 작업이 아니었다. 부임 후 첫 안식년을 고스란히 할애해 초고를 완성한 후 틈틈이 수정 작업을 거쳐 2005년에야 출간할 수 있었다. 이 책의 번역은 이후 내 공부의 중요한 토대가 되었다. 사마천과 리쩌허우를 통해 문사철(文史哲)을 아우르고 고금(古今)과 중서(中西)를 넘겨다볼 수 있는 근거를 마련했다 할 수 있다.

자매대학인 옌타이(煙臺)대학에서 보낸 첫 연구년(1998.9~1999.8)에『중국근대사상사론』번역 작업에 진력했고 틈틈이『金庸作品集』을 탐독했다. 1980년대 한국의 '김용 열풍'에서 벗어나 있었던 터라, 원문으로 읽는 재미에 푹 빠져 머리맡에는 항상 진융 작품이 놓여있었다. 몇 번이고 읽은 덕분에 귀국 후 진융 연구를 필두로 대중문화 연구에 발을 들여놓을 수 있었다.

2000년 홍석준 교수를 만나 에스노그라피와 학제적 공동 연구의 영역에 진입한 것은 내 공부의 또 하나의 전환점이었다. 교내 연구비와 학술진흥재단의 지원을 받아 두 차례의 현지 조사를 수행한 결과물이『홍콩과 홍콩인의 정체성』(2006)이었다. 문학, 문화인류학, 역사학, 고고학 전공자가 홍콩이라는 하나의 지역을 대상으로 정체성이라는 주제에 대해 각 전공의 고유한 이론과 접근 방법을 활용하는 과정에서 학제적 공동 연구의 실마리를 발견한 것은 커다란 기쁨이었다. 홍 교수와의 공동 연구는『동아시아의 문화와 문화적 정체성』(2009)으로 이어졌고, 이 책에서 동아시아에 동북아시아뿐만 아니라 동남아시아도 포함해야 한다고 주장했다. 홍 교수는 '상하이영화와 상하이인의 정체성' 프로젝트에 옵저버로 참여해 큰 도움을 주었고 『상하이영화와 상하이인의 정체성』(2010)에도 필자로 참여했다.

한국 중국현대문학학회 2004년 하계수련회에서 기획하고 7월에 편집출판위원회를 꾸린 후 위원장을 맡아 2005년 11월까지 약 17개월 동안 매월 한 차례씩 만나 목차와 필자를 조정하는 과정을 거쳐 빛을 본 '중국현대문학@문화' 시리즈 세 권(2006년 2권, 2008년 1권)은 학회 회원들의 전문적인 연구 결과들을 일반 독자들과 공유하려는 결과물이었다. 그 가운데 『중국현대문학과의 만남』은 1부 중국현대문학사의 큰 흐름, 2부 중국현대문학의 갈래, 3부 중국현대문학의 거장들로 나누어 32명의 필자가 참여했다. 원래 네 권으로 기획했던 시리즈의 핵심이랄 수 있는 『중국 근현대 문화』를 출간하지 못한 것은 유감이다.

나는 지금까지 상하이 연구와 관련된 책 여섯 권의 출간을 주관했다. 상하이대학 당대중국문화연구센터의 왕샤오밍 교수와 공동으로 편집한 『21세기 중국의 문화지도―포스트사회주의 중국의 문화연구』(2009)를 필두로, 『상하이영화와 상하이인의 정체성』(2010)과 『20세기 상하이영화: 역사와 해제』(2010), 『상하이학파 문화연구: 비판과 개입』(2014)과 『가까이 살피고 멀리 바라보기: 왕샤오밍 문화연구』(2014), 그리고 『韓國漢學中的上海文學硏究』(2021)가 그 목록이다.

첫 번째 책은 '문화연구'의 필요성을 인식하고 2000년부터 진융의 무협 소설, 홍콩인의 정체성 등의 연구를 진행하던 중 '문화연구로 전환'한 왕샤오밍 교수를 만나가는 과정에서, 2005년 여름 중국의 문화연구 성과를 한국에 소개하자는 나의 제안으로 기획한 책이다. 당시 화둥사범대학 중문학부의 인적 네트워크와 상하이대학의 제도적 지원이라는 인프라를 확보한 왕샤오밍은 센터를 설립하고 활발하게 활동하고 있었다. 왕샤오밍이 9편을 추천했고, 내가 왕샤오밍과 다이진화의 글 각 1편을 보완하고 중국 문화연구에 대한 개괄적인 글 1편을 써서 출간했다. 두 번째와 세 번째 책은 한국연구재단의 지원을 받은 '상하이영화와 상하이인의 정체성' 프로젝트의 결과물로, 전자는 연구 결과를 모은 논문집이고 후자는 상하이영화 288편의 데이터베이스 기록이다. 네 번째 책은 2011~12년 한국연구재단 해외방문연구지원사업의 지원을 받아 상하이대학에 방문학자로 머물면서 상하이의 문화연구 학자들과 직접 교류하던 중, 때마침 편집위원회에 합류하게 된 『문화/과학』을 통해 소개한 상하이 문화연구 관련 글들을 모은 것이다. 그리고 다섯 번째 책은 왕샤오밍의 한국 제자들이 꾸준히 번역한 왕샤오밍의 글 가운데 중요한 것들을 추려 모은 것이다. 마지막 책은 상하이 사회과학원 문학연구소 왕광둥(王光東) 교수의 요청에 부응해 한국의 상하이문학 연구 성과를, '문학으로 읽는 상하이', 즉 '문학 상하이'에 초점을 모아 엮었다. 나는 '상하이 에스노그라피'라는 주제 의식으로 『해상화 열전』, 『한밤중(子夜)』, 『장한가』를 분석했다.

20세기중국문학사 담론의 제기와 확산 과정을 보면서 중국근현대문학사 담론에 작용하는 권력을 인지했고 그것이 텍스트를 선택하고 지배하고 있음을 파악했다. 그런 문제 인식을 담아 『중국 근현대문학사 담론과 타자화』(2013)를 출간했다. '배제(exclusion)'를 전제하는 푸코(Michel Foucault)의 '담론' 개념과 포스트주의(postism)의 합리적 핵심을 빌어 '타자화(otherization)'를 주제어로 삼아 중국근현대문학사 담론의 관행을 파헤치고 새로운 문학사의 구성을 위해 '제1부 이론적 접근' '제2부 주제별 접근' '제3부 쟁점들'로 나누어 점검했다. 특히 제1부에서 담론과 타자화의 두 가지 사례를 「20세기문학과 두 날개 문학」과 「근현대문학사 기점과 범위」로 나누어 고찰했다. 「20세기문학과 두 날개 문학」에서는 '신문학' '셴다이문학' '진셴다이(近現代)100년문학' '20세기문학' '셴당다이(現當代)문학' '두 날개 문학' 등 계속 미끄러져 온 기표를 일단 '근현대문학'으로 고정하고, 5·4 이후 지속해서 논의되어온 '근현대문학사'에 관한 담론을 고찰하는 동시에 그 내부에 온존하고 있는 '타자화의 정치학(politics of otherization)'을 규명했다. 그런가 하면 「근현대문학사 기점과 범위」에서는 새롭게 구성되고 있는 중국근현대문학사의 기점과 범위에 초점을 맞췄다. 기점 면에서 첸리췬 등의 20세기중국문학사는 1898년을 기점으로 제시했고, 판보췬은 1892년으로 앞당겼으며, 옌자옌은 1890년으로 설정하고 있다. 왕더웨이의 경우 1851년 태평천국 시기로까지 앞당긴다. 이처럼 문학사 범위도 지속해서 팽창하고 있다. 삼분법 시기의 센다이문학사는 좌익문학사였지만, 20세기중국문학사에서는 우파문학을 복권시켰고 '두 날개 문학사'에서 통속문학을 복원시켰다. 21세기 들어 중국근현대문학사는 국경을 넘어 팽창하고 있다. '중국문학'으로부터 '중어문학(漢語文學/華語文學)'으로 그리고 '중국인문학(華人文學)'으로 자기 변신하고 팽창하면서 재구성 단계에 들어섰다. 이 두 편은 중국 학술지에도 발표한 바 있다. 또한 나의 이 책『중국 근현대문학사 담론과 타자화』에는 개혁개방 이후 근현대문학사 담론에 커다란 영향을 미친「20세기 중국문학을 논함」(황쯔핑, 천핑위안, 첸리췬)과 「통속문학과 두 날개 문학」(판보췬)을 부록으로 실었다.

개혁개방 이후 중국의 급변하는 추이를 따라가며 문학적으로 분석하려 노력했다. 좌익문학 운동을 주제로 쓴 박사학위논문을 마무리하고 목포대에 부임한 후 본격적으로 시작한 이 노력은 '신시기' 소설을 통해 시대 상황을 읽는 방법으로 시작했고, 학제적 만남이 빈번해지면서 '문학 너머'를 넘겨다보게 되었다. 그 와중에 '문화연구(cultural studies)'를 만난 것이 1996년 무렵으로, 인문대 동료 교수들과 문학이론 공부를 시작하며 자연스레 문화연구에 입문하게 되었다.『포스트사회주의 중국의 문화정체성과 문화정치』(2017)는 그 후 20년간 문화연구와 중국연구를 결합한 공부의 결과물이다. '제1부 포스트사회주의 중국의 비판적 사상과 문화연구' '제2부 소수민족 정체성과 문화정치' '제3부 도시화와 문화정체성' '제4부 포스트사회주의 중국 인식과 문화횡단'으로 나누어 14장(서장 포함)으로 구성했다. 2012년 편집위원회에 합류하게 된『문화/과학』의 강내희 교수 · 심광현 교수와의 만남은 커다란 힘이 되었다. 이 만남은 맑스 코뮤날레 집행위원회 참여와 지식순환협동조합 대안대학 운영으로 지속되었고, 3년 넘게 지속한 강 교수 주도의 인지과학 세미나 참석으로 이어졌다.

문화연구의 발원지인 영국의 버밍엄학파는 리비스주의에 대한 반발로 시작되었다. 리비스주의의 '문화의 연구(study of culture)'에서 대상으로 삼은 것은 고급문화였고, 버밍엄학파의 '문화연구'에서는 고급문화 위주의 전통을 비판하면서 대중문화를 연구 시야에 넣었다. 새로운 단계의 문화연구는 고급문화와 대중문화의 장벽을 타파하고 양성문화에 대한 학제적 융복합적 연구를 진행해야 할 것이다. 리비스주의의 '문화의 연구'로부터 버밍엄학파의 '문화연구'로, 이제 다시 '문화에 대한 문화연구(cultural studies of culture)' 단계로 나아가자는 것이다. 이는 기존의 고급문화와 대중문화의 구분, '문화의 연구'와 '문화연구'의 장벽을 타파하고, 고급문화와 대중문화를 아우르는 문화 개념을 새롭게 제출하면서 그것을 '문화적으로' 연구하자는 것이다. 고급문화 중심의 리비스주의가 1단계였고, 이를 비판하고 대중문화 중심의 문화연구를 제창한 버밍엄학파가 2단계였다면, 고급문화와 대중문화를 구분하지 말고 양성문화를 발굴하고 악성문화를 지양하는 새로운 3단계로 나아갈 필요가 있다고 본다.

제국주의와 봉건제를 '비판'하며 건국된 중화인민공화국은 개혁개방 이후 발생한 많은 문제들로 인해 새로운 '비판'에 직면했다. '비판'의 주체는 '비판적 지식인'과 '기층 민중'이다. 중국공산당이 제국주의와 봉건제를 타도하기 위해 혁명의 기초로 삼았던 '기층 민중'과 연대의 주축이었던 '비판적 지식인'이 언제부턴가 중국공산당을 '비판'의 대상으로 설정하고 있다. 『포스트사회주의 중국과 그 비판자들—개혁개방 이후 중국 비판사상의 계보를 그리다』(2021)에서는 '비판적 지식인'의 '비판'에 주목했다. 제국주의와 봉건제를 '비판'한 중국공산당, 그리고 중국공산당을 '비판'한 '비판적 지식인'. 그러니까 '비판의 비판'에 초점을 맞춘 것이다. 그러나 이것만으로 부족하다. '비판의 비판'에 대한 검증이 필요하다. 제한적이나마 일단 '비판적 지식인'의 사상 계보를 정리하고, 제국주의와 봉건제에 대한 중국공산당의 '비판'과, 새로운 문제를 제기하는 '비판적 지식인'들의 '비판'을 '비판적으로 고찰하고자 했다. 중국을 공정하게 인식하기 위해 필수적인 작업이라고 본다. 이 책에서는 세 단계의 비판을 고찰하기 위해 리쩌허우의 적전(積殿)론과 인류학 역사 본체론, 첸리췬의 20세기 중국 지식인 정신사 연구와 민간 이단 사상 연구, 왕후이의 '근현대성 역설'과 루쉰 연구, 쑨거의 동아시아론, 원톄쥔의 '백년의 급진'과 '비용전가론', 추이스위안의 자유사회주의론, 장이빙의 마르크스 텍스트 해석학과 역사현상학의 주요 논점을 요약하면서 그에 대한 비판적 독해를 시도했다.

이데올로기 지형이 자유로워진 오늘날의 한국에서 '비판적 중국연구'를 제대로 수행하기 위해서는 수많은 쟁점과 과제가 놓여있지만, 그 가운데 근본적인 것은 모던 이후 세계를 지배해온 '유럽중심주의'를 비판하는 것과 그에 대한 반발로 제출된 '중국중심주의'를 경계하는 것이다. 초우(Rey Chow)는 '비판적 중국연구'가 직면한 두 가지 과제를 제시했다. 하나는 중국의 외부, 즉 서양과 미국의 중국학자들에게 공통된 오리엔탈리즘에 대한 비판이고, 다른 하나는 중국 내부, 즉 토착적 중국학자들이 공유하는 내셔널리즘에 대한 비판이다(초우, 2005). 오리엔탈리즘은 문화제국주의의 유산이고 내셔널리즘은 나르시시즘의 산물이다. 그리고 이 두 가지는 결국 보편주의와 특수주의가 상호 강화하는 메커니즘을 구성하면서 지금껏 비판적 중국연구의 발전을 가로막았다. 중국 외부로는 오리엔탈리즘을 비판하고, 중국 내부로는 내셔널리즘과 내부 식민지를 극복하는 것, 바꿔 말하면 보편주의와 특수주의의 문제점을 파악해 문화제국주의의 맥락 안에서 나르시시즘적 가치생산의 문제를 규명하는 일이야말로 비판적 중국연구를 위해 필요불가결한 일이다. 유럽중심주의와 중국중심주의가 심층에서 은밀하게 작동하고 있다면, 일반 대중이 쉽게 접하는 것은 유럽중심주의의 프리즘으로 왜곡된 중국관이다. 이는 끊임없이 '중국위협론'과 '중국위험론'을 부추겨 반중(反中)과 혐중(嫌中) 정서를 조장해왔다.

『중국의 비판적 문화연구와 포스트식민 번역연구』(2024)는 2017년 한국 연구재단 우수연구학자 지원 사업의 결과물이지만, 집필하다 보니 지난 40년 간 '비판적 중국연구(critical Chinese studies)'의 길을 걸어온 필자의 학문적 여정을 집성(集成)하게 됐다. 문학연구가 내 공부의 기반을 구성하고 있다면, 1990년대 시작한 문화연구와 그 연장선상의 도시문화 연구, 2010년대 후반에 시작한 사이노폰 연구(Sinophone studies), 그리고 문화연구와 사이노폰 연구 사이 어느 시점에 관심을 두게 된 포스트식민 번역연구(postcolonial translational studies)는 개인 차원에서 비판적 중국연구로 나아가는 여정의 중요한 지점들이다. 그리고 동아시아 담론, 홍콩과 상하이의 문화정체성 연구, 에스노그라피, 포스트사회주의 중국의 비판사상 등도 여정의 중요한 구성 요소다. 그 외에도 '비판적 중국연구'의 여정을 뒷받침해준 수많은 공부가 존재한다. 마르크스주의, 포스트구조주의, 포스트식민주의, 포스트사회주의, 인지과학, 포스트휴먼, 적녹보라 패러다임 등등이 그 목록이다. 이 목록은 '새로운 대륙'(루이 알튀세르)이라 일컫기에는 부족하지만 '비판적 중국연구'로 나아가는 여정에서 필자가 만나 도움받은 영역들이다. 이 책에서는 '비판적 중국연구'를 위한 접근법으로 '비판적 문화연구'와 '텍스트로 읽는 도시문화' '포스트식민 번역연구'와 '사이노폰 연구'에 초점을 맞추었다.

'비판적 문화연구'에 대해서는 앞부분에서 설명했으므로 여기에서는 나머지 세 부분에 대해 간략히 설명하고자 한다.

'텍스트로 읽는 도시문화' 부분에서는 문자 그대로 소설과 영화 텍스트를 통해 근현대 중국 문화, 구체적으로 도시문화를 읽으려는 시도이다. 이는 『소설로 보는 현대 중국』(1995)에서 본격적으로 시작했고, 이후에도 홍콩과 상하이 프로젝트를 통해 심화 확대했다. '도시문화'는 '문화연구'와 긴밀한 관계가 있고, 상하이와 홍콩은 근현대 중국을 대표하는 도시인 만큼 그에 관한 연구도 상당히 진척되었다. 이 부분에서는 상하이와 홍콩 그리고 타이완의 문화

정체성 연구를 일별하고, '문학 상하이' '영화 홍콩' 등의 개념을 참조하고 문화인류학의 에스노그라피의 방법론을 빌려와 소설과 영화 텍스트 분석에 적용해보았다. 특히 문학인류학과 에스노그라피는 문학 상하이를 구체적으로 보여주는 방식이라 할 수 있다. 이는 흔히 허구라고 인식된 근현대소설 텍스트를 인류학적 텍스트로 설정해보자는 것이다. 그리고 인류학자가 현지에 들어가 일정 기간 참여 관찰을 통해 조사하고 핵심 인물을 심층 인터뷰해서 에스노그라피를 기록하듯이, 작가 또한 현지조사와 참여 관찰 그리고 심층 인터뷰를 하는데, 이런 과정을 거친 작품을 에스노그라피로 설정해보자는 것이다. 전기를 생애사로, 소설가를 현지조사하는 인류학자로, 소설 텍스트를 에스노그라피로, 작중 인물을 정보제공자로 설정하는 것이다. 물론 모든 텍스트와 작가를 에스노그라피와 인류학자로 볼 수는 없다. 가장 중요한 것은 '참여 관찰(participant observation)'의 자세를 취하는 관찰자 화자와 시점이라 할 수 있다.

'번역'에 대한 문제의식은 대학 4학년까지로 소급된다. 당시 '시선(詩選) 강독'의 담당교수는 왕리(王力)의 『고대한어(古代漢語)』(1933)에서 시선 부분을 발췌해 교재로 삼아 강의를 진행했는데, 주로 학생들이 발표하고 그에 대해 담당교수가 교정하는 방식으로 진행되었다. 그러나 작품 감상과 비평 그리고 문학번역(literary translation) 나아가 문화번역(cultural translation)에 대한 보완이 필요했음에도 불구하고 생략했거나 건너뛰었다. 외국(문)학을 전공하면 반드시 부딪치게 마련인 번역에 대한 고민은 번역연구(translation studies)라는 학제적 연구를 만나면서 많이 해소되었다. 특히 포스트식민 번역연구는 번역이 단순한 언어번역에서 그치는 것이 아니라 출발언어와 목적언어의 문화번역까지 아울러야 한다는 점과 함께 권력의 문제를 제기했다는 점에서 주목이 필요하다. '포스트식민 번역연구' 부분에서는 번역연구의 이론 검토와 사례 분석으로 나누어, 번역연구에 대한 역사적 고찰, 트랜스내셔널 문화횡단과 문화번역의 정치학, 중국의 한국문학 번역·출판을 통해 본 문화번역과 문화횡단, 진융 소설 번역을 통해 본 한중 문화번역의 정치학, 『루쉰전집』 완역과 리쩌허우 저작의 학술번역에 대한 비평 등을 고찰했다.

　중화인민공화국은 중국 대륙 내의 문학을 '한어(漢語)문학(Chinese literature)'이라 하고 대륙 밖의 중국어 문학을 '화문(華文)문학(literature in Chinese)'이라 일컬었다. 화문문학이 문자에 초점을 맞춘 것이라면, 언어에 초점을 맞춰 '화어(華語)문학'이라 하고, 창작 주체에 초점을 맞춰 '화인(華人)문학'이라고도 한다. 한어문학은 대륙에서 다수자 문학이지만, 화문문학/화인문학은 현지(거주국)에서 소수자 문학이다. 스수메이(史書美, Shih, Shu-mei)는 다수자 문학으로서의 '한어문학'과 대립하는, 소수자 문학으로서의 '사이노폰문학(Sinophone literature)'을 차별화할 필요성을 주장하고 있다. 스수메이는 레이 초우의 뒤를 이어 '중국적임' 비판과 '디아스포라 반대'에 초점을 맞췄다. 중국 문화는 한족을 포함한 56개 에스닉 문화들로 구성되었다. 그러나 일상생활에서 중국인은 대부분 한족과 동일시되고, 중국 문화는 대부분 한족 문화를 가리킨다. 이는 중국 내에서 소수자를 억압하는 '한족(Han ethnic)-중화 네이션(Chinese nation)-중국(China state)'의 '삼위일체 정체성'이라 할 수 있다. 스수메이는 '해외 이주 중국인'과 중국 내 한족 이외의 '소수 에스닉 중국인'의 목소리에 귀를 기울이고자 한다. 전자는 디아스포라에 대한 새로운 성찰—화인은 중국인인가?—을 요구하며, 후자는 '내부 식민지(internal colonialism)'의 문제의식을 추동한다. 스수메이는 다수자 문학으로서의 중국문학과 대립하는, 소수자 문학으로서의 사이노폰문학을 차별화할 필요성을 주장하는 동시에, '사이노폰문학'과 '화문문학'의 차이에도 주의를 기울인다. 우리가 중국어(Chinese)라고 알았던 이민자들의 언어는 만다린에 국한된 것이 아니라 각종 방언을 포함한 '중국어파 언어(Sinitic language)'였다. 스수메이에 따르면, 디아스포라는 그 종점이 있다. 이민이 안돈(安頓)되면 현지화하기 시작한다. 디아스포라가 1세대 또는 2세대에 국한된 단기적 현상이라면, 사이노폰은 해외 이주를 장기 지속적 현상으로 고찰하는 시도라 할 수 있다. 스수메이는 '역사로서의 디아스포라'와

'가치로서의 디아스포라' 개념을 변별한다. '역사로서의 디아스포라'는 부인할 수 없는 현실이지만 디아스포라 현실을 과장하는 '가치로서의 디아스포라'는 조만간 종결해야 하는 이데올로기인 셈이다. '사이노폰 연구'는 '양날의 검'과 같다. '사이노폰 연구'의 주요 범주인 '사이노폰문학'은 자신의 영역에서 기존의 중국문학을 배제한다. 그러나 사이노폰 담론의 주요 연구자들의 연구 베이스는 중국문학이다. 바꿔 말하면 중국문학 없이 사이노폰문학이 존재할 수 있을까 하는 의문을 지우기 어렵다. 그리고 무엇보다 사이노폰 연구를 주장하는 학자들은 대부분 중국연구에 기반을 두고 있다. 독자성을 주장하는 스수메이도 학술적 베이스를 중국연구에 두고 있고 소속도 '아시아언어문화학과'이다. 중국연구에 뿌리를 둔 채 중국 바깥을 연구하는 이중적 성격, 나아가 사이노폰 연구학과가 신설되지 않은 상황에서 사이노폰 연구를 수행하는 것은 사이노폰 연구가 궁극적으로 중국연구에 귀속될 가능성을 배제하기 어렵다. 이 책에서 '사이노폰 연구'를 다루는 것도 그런 혐의에서 자유스럽지 못하다. 또한 '중국적임'의 호명에서 '팽창적 국가주의' 비판은 가능하지만, '중국적임'에 잠재된 '중국 전통의 끈질긴 호출'을 무시하기는 어렵다. 중국을 단순한 '국민국가(nation-state)'라 하지 않고 '문명국가(civilization state)'라고 부르거나, 미국 문화를 샐러드 볼(salad bowl)로 표상하는 것에 반해 중국 문화를 용광로에 비유하는 것은 오래된 3천 년 이상의 지속된 문화 전통을 강조하는 것이다. 우리가 용광로의 비유가 한족 중심의 중화문화임을 지적하는 것은 가능하지만, 그것의 현실 지배력은 여전히 무시할 수 없음을 인지해야 할 것이다. 아울러 그동안 중문학계에서 그다지 관심을 가지지 않았던 수많은 텍스트를 연구 범주에 포함해야 한다. 스수메이의 분류에 따르면, 타이완의 문학 텍스트, 동남아와 미주 등 해외 화인의 문학 텍스트, 그리고 중국 대륙 내의 소수 에스닉의 문학 텍스트를 섭렵하고 분석 연구하는 거대한 과제가 놓여있다.

3. '같은 마음으로 세상 살펴보기'(同懷視之)

인생에 지기 한 사람 얻으면 충분하리니

이 세상 같은 마음으로 살펴보리니

(人生得一知己足矣, 斯世當以同懷視之)

이는 청나라 허와친(何瓦琴)의 연구(聯句)로, 취추바이(瞿秋白)가 1934년 1월 상하이를 떠날 때 루쉰이 족자에 써서 증정한 후 인구에 회자(膾炙)했다. '같은 마음으로 세상을 살필 소중한 지기'를 갈급(渴急)하는 루쉰이 그 바람을 취추바이에 기탁했음을 읽을 수 있다.

되돌아보니 내 모든 여정에는 함께한 동지(同志)들과 동학(同學)들 그리고 동도(同道)들이 있었다. 석사과정 때부터 진행한 수많은 세미나의 동학들, 공동 프로젝트 참여자들, 공저와 공역서 작업을 함께 한 필자들의 얼굴이 판타스마고리아처럼 스쳐 지나간다. 출간된 결과물을 중심으로 보면 다음과 같다(호칭 생략). 『문학이론학습』(1989)의 공동 세미나와 초역에 참여한 송철규 이창원 이호현 박소영 박영숙 이정연, 색인 작업을 도와준 곽수경, 『9인의 문예사상』(1991)을 함께 번역한 유세종 심규호 전홍철 양충렬 윤병수, 『중국통사강요』(1991)를 함께 번역한 임효섭, 『중문학 어떻게 공부할까』(1994)를 공동 기획한 유중하 그리고 편집에 참여한 김해명 박재우 최용철과 28인의 필자들, 『홍콩과 홍콩인의 정체성』(2006)의 공동 저자 홍석준 박혁순 이헌종, <중국현대문학@문화> 시리즈를 함께 기획·편집한 유영하 김양수 김미란 공상철 조영현 김진공 김순진 임대근 김영문 김언하 이보고와 『중국현대문학과의 만남』(2006)의 31인의 필자들, 『동아시아 문화와 문화적 정체성』(2009)을 함께 쓴 홍석준, 『21세기 중국의 문화지도』(2009)를 함께 기획·편집한 왕샤오밍과 11인의 중국 필자들(戴錦華 南帆 張煉紅 雷啓立 羅崗 呂新雨 倪偉 蔡翔 包亞明 倪文尖)과 번역에 참여한 박자영 김정구 신동순 변경숙 유경철 김수현 임대근 유세종 곽수경 박은석 노정은 김순진, 상하이영화 프로젝트를 함께 수행한 김정욱 곽수경 유경철 노정은 임대근 조병환 홍석준, 『상하이학과 문화연구: 비판과 개입』(2014)의 13인의 중국 필자(王曉明 呂新雨 薛毅 金一虹 倪文尖 孫曉忠 毛尖 倪偉 董麗敏 羅崗 張煉紅 曾軍 雷啓立)와 이들의 글을 번역한 김소영 김혜주 손주연 박혜정 김서은 고윤실 김민정 진성희 피경훈, 『가까이 살피고 멀리 바라보기—왕샤오밍 문화연구』(2014)의 글을 번역한 김명희 변경숙 고재원 김소영 고윤실, 『중국현대통속문학사 상』(2015)을 함께 번역한 김봉연 신동순 신홍철 유경철 전병석, 『마르크스로 돌아가다』(2018)를 함께 번역한 김태성 김순진 고재원 피경훈 김현석, 그리고 『新世紀韓國的中國現當代文學硏究』(2013)를 함께 기획·편집한 왕광둥과 17인의 필자들(민정기 문정진 이보경 김양수 홍석표 유세종 김하림 임우경 장윤선 윤영도 이종민 임대근 김순진 이보고 박자영 김혜준 천진), 상하이 사회과학원 문학연구소에서 <해외 상하이문학 연구 시리즈>를 기획해 『韓國漢學中的上海文學硏究』(2021)의 기획·편집을 제안해준 왕광둥 위안홍타오(袁紅濤)와 9인의 필자들(민정기 박민호 손주연 남희정 김순진 고재원 김은희 노정은 김양수), 그리고 한국 필자들의 글을 꼼꼼하게 읽고 발문(跋文)을 써준 디샤천(狄霞晨)에게 이 지면을 빌어 심심(甚深)한 감사의 마음을 전한다.

공부에 뜻을 둔 대학원 때부터 중국문학연구회, 이론과실천학회, 외대학술운동연합, 청송재 등의 학술공동체를 주도했고, 중국학연구회와 한국 중국현대문학학회 등의 학회에서 학술공동체의 이상을 구현하기 위해 노력했으며, 동아시아 포럼·문학이론연구회·문화기호학—포스트휴먼 세미나·독서모임·민교협 토론회·한문 강독 등 목포대학교의 여러 독서토론회(홍석준 박혁순 이헌종 이훈 배현 신인섭 이광복 안미현 하상복 장시복 박찬표 조은정 이기훈 박정석 최연식 오장근 오창현 전형연 피경훈 외), 인지과학 세미나(강내희 손자희 김한식 정원옥 외)·『자본론』 강독(강내희 이재현 이정구 외)·들뢰즈 『시네마』 세미나(진성희 손주연 장근애 정영선 외)·발터 베냐민 세미나(손주연 김혜정 김혜주 김서은 외) 등 수많은 학술 세미나와 국내외 학술토론회에 참가했으며,『문화/과학』편집위원회, 민주평등사회를 위한 전국 교수연구자협의회, 맑스 코뮤날레 집행위원회와 중국 세션, 지식순환협동조합 대안대학 운영위원회 등에 참석했다. 이 여정의 일정 부분을 함께 했던 무수한 동도(同道)의 얼굴이 떠오른다. 한국연구재단의 프로젝트에 참여한 연구보조원들, 특히 내 글 여러 편을 중국어로 꼼꼼히 번역한 왕링윈(王凌雲)에게 고마움을 전한다. 마지막으로 2018년부터 시작한 사이노폰 세미나에 참여한 이재현, 이정구, 조영현, 김순진, 김양수, 김영미, 문현선, 황선미, 김영명에게 감사의 마음을 전한다. 특히 사우 이재현은 장기간 중국어『자본론』강독 세미나와 사이노폰 세미나를 함께하며 폭넓은 영문자료 섭렵을 통해 중국 전공자들이 무의식적으로 함닉(陷溺)되었던 '중국중심주의'의 문제점을 지속해서 깨우쳐주었고 그 과정을 통해 한국 담론계에 만연한 '유럽중심주의'를 다시금 인지하게 되었다. 특별한 감사를 표한다. 또한 홍콩과 상하이 그리고 말래카의 현지 조사를 함께하며 문화인류학의 에스노그라피 방법론을 알려주고 변함없는 지지와 성원을 보내준 또 하나의 사우 홍석준에게 깊은 감사를 전한다. 남은 시간에도 이 모든 이들과 함께 '서로 다름을 인정하고 얼마간이라도 같은 마음'으로 이 세상을 살펴보며 즐겁고 생산적인 대화를 지속할 수 있기를 기대한다!

정성 들여 책을 만들어준 손자희 선생과 박진영 대표에게도 감사의 마음을 전한다.

2024년 2월 17일

임 춘 성

목 차

코끼리 만지기/상상하기—여중(與中)과 호수(互酬)[*]

'비판적 중국연구'를 수행하는 목표 가운데 하나는 한국인의 중국 인식을 심화·확대하는 것이다. 하지만 전공자를 위한 학술서와 일반 독서 대중을 연계하는 일은 그리 간단하지 않다. 베냐민(Walter Benjamin)이 「번역자의 과제」(1923)에서 말한 것처럼, 독자를 위해 전문지식을 친절하게 풀어서 서술하는 저자가 드물 뿐만 아니라, 책의 내용을 노랫말이나 드라마 대사처럼 독자에게 전달하기는 쉽지 않기 때문이다. 독자 대중과 소통하기 위해서는 그들의 입맛에 영합해야 하므로, '자본화'와 '오락화'를 특징으로 하는 '문화의 상품화' 추세를 따르게 되지만 그 또한 비판적 연구자들에게는 쉽지 않은 일이다. 반중(反中)과 혐중(嫌中)의 흐름이 심상치 않은 요즈음, 지중(知中)과 여중(與中)의 성찰이 절실히 요구된다. 이 글에서는 최근 출간된 몇 권의 책에 대한 비판적 독서를 통해 반중과 혐중의 실체를 파악하고 '아무도 말하지 않는' 중국의 진면목을 드러내고자 한다.

1. 혐중(嫌中)에서 지중(知中)으로, 다시 여중(與中)으로

대륙 옆의 반도라는 지정학적 이유로 한국은 중국과 오랜 교류를 이어왔다.

---

[*] 『뉴 래디컬 리뷰』 2023 여름호, 통권 제8호에 실린 글.

또 같은 이유로 근현대 100년의 공백을 뛰어넘은 수교 이후 중요한 무역 상대국으로 자리 잡는 등 긴밀한 관계를 맺고 있다. 그런데도 중국을 강 건너 불구경하듯 바라보거나 '짱꼴라'[1]라 부르며 맹목적으로 무시하고 혐오하는 한국인의 숫자가 적지 않다. 최근에는 수교 이전의 적대 관계로 돌아가는 것 아닌가 하는 우려도 자아내고 있다. 한국인의 중국 인식을 역사적으로 고찰해보면, 전통 중국에 대한 관습적 존중으로부터 서양의 중국위협론의 영향을 받아 중국 혐오로 나아가는 경향을 읽을 수 있다. 소름 돋는 반공주의의 질곡에 사로잡혀 있던 한국인들에게 마오쩌둥과 사회주의 중국을 처음으로 소개한 이는 리영희 선생이었다. 그러나 리 선생의 노력은 강고한 군사독재정권의 삼엄한 경계망 속에서 일반 대중에게 전파되고 유통되기에는 역부족이었다. 그 와중에 민항기 사건과 고르바초프의 페레스트로이카 선언이 있었고, 급기야 베를린 장벽이 무너졌으며, 이후 1992년 드디어 한중수교를 맺음으로써 새로운 한중 관계가 수립되었고, 30주년을 넘겼다.

근 1백 년의 공백과 진영 모순을 건너뛴 채 진행된 새로운 한중 관계는 다사다난한 과제를 안고 있다. 한중 관계는 1992년 수교 이후 지금까지 30여 년 동안 양적으로 비약적으로 팽창한 동시에 양국 간의 체제와 문화의 차이 때문에 우여곡절을 겪어왔다. 한국무역협회 통계자료에 따르면, 한국과 중국 간의 무역총액은 1992년 약 64억 달러에서 2021년 3,015억 달러로, 약 30년 만에 약 47.27배 증가했다.[2] 우여곡절의 대표적 사례로 2003년 동북공정, 2005년 전통문화 원조(元祖) 논쟁, 2010년 천안함 피격 사건, 2015년 한중 FTA 공식 발효, 2016년 고고도 미사일 방어체계(THAAD) 배치와 그에 이은 한한령

1_ <표준국어대사전>에 따르면, "일제 강점기에, 중국 사람을 낮잡는 뜻으로 이르던 말"로 풀이했는데, chankoro에서 왔다고 밝히고 있다. <위키백과>에 따르면 청나라 때 만주족의 노예라 칭하는 한족(漢族)을 '청국노(淸國奴)'라 했는데, '청국노의 민남어(閩南語) 발음 'Chheng- kok-lô'가 일본어 '챵꼬로(ちゃんころ)'로 표기되었다고 한다(<짱깨>, 위키백과). 중국어 청귀누→민남어 Chheng-kok-lô→일본어 챵꼬로(ちゃんころ)→한국어 짱꼴라의 변환 과정으로 유추할 수 있다.

2_ 정종호 엮음, 2022, 「부록: 한중 교류 30년 주요 통계자료」 <표1> 한국의 대중 수출액·수입액 및 무역총액(한국 측 자료) 참조

(限韓令) 등을 들 수 있다. 한국도 민주화운동 등 커다란 변화를 겪었지만, 개혁개방 이후 중국의 변화는 천지개벽(天地開闢)에 비유할 만하다. '대국굴기(大國崛起)'라는 중국 관방 레토릭은 국내외에 설득력을 확보했고, '대국굴기'를 바라보면서 그것을 '슈퍼차이나'로 전유(專有)하는 한국 언론매체의 인식 변화는 가히 상전벽해(桑田碧海) 수준이라 할 만하다. 그러나 일반 한국인의 중국 인식은 중국의 거대한 변화를 제대로 수용하지 못하고 있다. 특히 해방 이후 한국 사회를 주도해온 보수주의자들은 중국의 거대한 변화가 기존 친미 정책에 균열을 일으킨다고 여기고 끊임없이 중국의 굴기를 깎아내렸다. 그 결과 한중수교 이후 우호적이었던 한국인의 중국 인식은 점차 비호감으로 돌아서고 기어코 혐오의 수준에 이르고 말았다.

한중 관계에는 여러 가지 복잡한 변수가 작용한다. "미중 전략적 경쟁의 심화, 중국의 급속한 성장에 따른 한중 간 비대칭성 확대, 북한 및 북핵 문제의 고착화, 젊은 세대를 중심으로 확산되고 있는 반중·반한 정서 등의 주요 변수에 의해 움직이게 될 미래 한중 관계는 '경쟁'과 '갈등'의 양상으로 전개될 소지가 다분하다"(정종호 엮음, 2022: 23~24). 그러나 한국 보수언론의 끈질긴 선전선동으로 자본주의 사회의 모든 문제를 중국 문제로 돌리는 '짱깨주의'가 판치는 한국 사회에서 반중과 혐중 정서는 역대 최고점을 찍고 있다. 자본주의 사회의 모든 문제를 중국 문제로 돌리는 것과 중국의 문제점을 지적하고 비판하는 것은 층위가 다르다. 그런데도 청년 세대의 혐중 정서는 원인 분석이 어려울 정도로 만연되고 최근 대학 신입생 모집에서 중국 관련 학과는 고전을 면치 못하고 심지어 일부 지방대에서는 학과명 변경 또는 폐과의 수순을 밟고 있다.

반중과 혐중의 흐름이 심상치 않은 한국의 당면 과제는 중국을 제대로 아는 것(知中)이고 중장기 과제는 '중국과 더불어(與中)' 사는 것이다. 지중은 친중(親中)과는 다르고, "국익의 최대화 관점에서 중국을 적극적으로 활용하는" 용중(用中)(최원형, 2022)과도 다르다. 사드 배치와 한한령을 겪은 현시점에서 한국의 지중은 중국의 지한(知韓)과 동보(同步)적일 필요가 있다. 우리만 중국을 이해한다고 한중 관계가 수월해지는 것은 아니고 중국이 먼저 바뀌기만을 기다릴 수도 없기 때문이다. 또한 한국 정부와 비교하면 중국 정부의 정책이 중국 인민에게 영향력이 있다는 이유로, "한중 국민 상호 간의 인식 악화 문제를 해결하는 공은 일차적으로 중국 측에 있다고 말할 수 있다"(조영남, 2022: 407)라는 진단은 한국 중심의 일면적 진단이다. 아울러 복잡한 국제 관계에서 한국과 중국의 관계에만 초점을 맞출 수도 없지만 그렇다고 한중 관계에 미국을 절대 변수로 놓아서도 안 된다. 물론 현재의 미중 갈등으로 인해 한국의 선택지가 넓지 않음에도 집중할 부분은 집중해야 할 것이다. 전통 근린 국가이자 주요 무역 상대국을 제대로 아는 일은 피할 수 없는 과업이다.

그러나 지중만으로는 부족하다. 여중(與中)은 지중의 기초 위에 중국과 더불어 공존하고 상호 존중하는 한중관계를 형성하기 위한 기본자세라 할 수 있다. 유세종은 공존의 지혜로 "내가 손해 보고 내어주기도 하고, 또 상대가 내어주게 만들기도 하는, 이중삼중의 면밀한 부동이화(不同而和)"(유세종, 2022: 3)의 정신을 제시했다. '부동이화'는『논어(論語)』의 '화이부동(和而不同)'을 재구성한 것으로, 이는 '서로의 차이를 인정하면서도 공동의 목표를 추구'하는 '구동존이(求同存異)'의 정신(이희옥·최선경 엮음, 2022)과 상통한다. 박민희도 '균형잡힌 중국관'을 가지고 맹목적인 '혐중'을 반대하며 '중국과 중국인에 대한 공정한 이해와 동행'(박민희, 2020)을 주장했다. 이는 쉽지 않은 일이지만 우리가 지향하고 달성해야 할 과제임이 틀림없다. 날로 복잡해지는 주변 환경에 '복잡계의 산물'인 인간 주체는 복잡하게 대응해야 한다. 공부를 게을리하며 복잡한 것을 단순화하는 것은 우익 보수가 가는 길이다. 공부를 제대로 하는 사람은 복잡한 문제를 복잡하게 고찰하고 복잡하게 대응한다. 그로 인해 대중과 괴리되는 경향을 경계하면서, 복잡한 중국 공부를 포기해서는 안 될 것이다.

2. 코끼리 만지기

몇몇 논자는 중국을 코끼리에 유비(analogy)했다. 키워드는 '거대함'이다. 코끼리의 유비는 '장님 코끼리 만지기'라는 속담을 연상하게 되는데, 중국어에서도 '중맹모상(衆盲摸象)'[3]이라는 고사성어(故事成語)가 있다. 여러 장님이 코끼리를 만지는 부위에 따라 기둥(다리), 구렁이(코), 부채(귀), 벽(몸통), 밧줄(꼬리) 등으로 인식하고 다른 장님의 인식을 인정하지 않는다는 이야기에서 비롯되었다. 이 속담에는 '부분만 알고 전체를 알지 못하면서 멋대로 추측한다'라는 사전적 의미가 있다. 관련된 성어로 맹인모상(盲人摸象)과 중인모상(衆人摸象)이 있다. 임명묵은 비(非)전공자임을 강조하며 '거대한 코끼리를 앞에 둔 장님'(임명묵, 2018: 13)의 입장에서 '대중을 위한 책도 필요하다고 생각'해 '시진핑의 부상'과 '일대일로'에 초점을 맞춰 마오쩌둥 사후 중국의 변화를 읽어내고자 했다. 한청훤도 자신이 군맹(群盲)의 하나일 가능성을 배제하지 않으면서 한국인의 혐중 인식의 일차적 원인을 중국에서 찾으며 그걸 '차이나 쇼크'라고 명명하고 그것이 한국에 '실체적인 위협이자 거대한 리스크'가 되었다고 확신한다(한청훤, 2022: 9). 한편 중문학자 공상철은 오랜 교학 경험을 바탕으로 '장님이 코끼리 다리를 더듬듯이' '부분으로 전체를 상상하거나 마음대로 재단하는 일'(공상철, 2020: 4)을 경계하면서, 중국 근현대사, 농촌 문제, 세계의 공장, 일대일로, 코로나 등에 초점을 맞춰 '신냉전 시대의 중국 읽기'를 시도한다. 중국사학자 김희교도 '누구나 함부로 말하는 중국'(김희교, 2022)이라는 부제를 통해 한국인의 중국 인식이 장님 코끼리 만지기 수준임을 비판했다 할 수 있다. 임명묵과 한청훤 그리고 공상철은 장님의 코끼리 만지기를 자인하거나 경계했지만, 중국을 코끼리로 유비하고 한국인의 중국 인식을 장님 코끼리 만지기로 상정했다는 점에서 상통한다. 김희교 또한 한국인의 중국 인식 수준을 높게 보지는 않았다. 논자들은 자신만이 중국이라는 거대한 코끼리를

3_ 이 이야기는 『대반열반경(大般涅槃經)』 32권에 나온다.

제대로 볼 수 있다고 암묵적으로 전제하고 있다. 과연 그럴까?

그 가운데 김희교의 『짱깨주의의 탄생』은 한국인의 혐중 정서를 '짱깨주의'라고 개념화해 현재 한국 사회에 만연한 중국(인) 혐오 흐름을 면밀하게 분석했을 뿐만 아니라 독자 대중의 큰 호응을 받았다는 점에서 주목할 필요가 있다. <네이버 사전>에 따르면, '짱깨'는 '주인장'을 뜻하는 중국어 '짱꿰이(掌櫃)'에서 온 말이다. 선생을 '敎書的(人)' 즉 '책을 가르치는 사람'이라 하는 것처럼, 주인장을 '掌櫃的(人)' 즉 '계산대를 장악한 사람'이라 하고, 줄여서 '掌櫃(zhabggui)'라 한다. 국립국어원의 <외래어표기법>에 따르면 '장구이'라고 표기하지만, 속어적 표현인 만큼 경음화를 거쳐 짱꾸이, 짱꾸에이, 짱꿰 등으로 표기되었고, 이것이 적당한 변화과정을 거쳐 '짱깨'라고 표기된 듯하다. 이렇게 안착한 '짱깨'는 중국(인)을 혐오하는 비칭(卑稱)이 되었다. 김희교는 여기에 '주의'를 덧붙여 '짱깨주의'라는 신조어를 만들었다.

『짱깨주의의 탄생』은 많은 장점이 있고 그 가운데 두드러진 덕목은 가독성(可讀性, readability)이다. 전문적인 내용을 독자가 이해하기 쉽게 풀어서 설명하고 때로는 다양한 방식으로 반복 전달함으로써 가독성을 높이고 있다. 두 번째로 꼽을 덕목은 한국의 중국(인) 혐오 정서의 형성과정을 단계별—동북공정, 사드 배치, 우한 폐렴—로 밝히고 그 주체가 친일 지식인, 친미반공주의자, 보수언론을 중심으로 한 한국의 보수주의 세력임을 밝힌 점이다.

인기도서 목록에 오른 만큼, 그에 대한 비판도 만만치 않다. 홍명교는 김희교가 국내 언론들의 잘못된 보도와 언론 베끼기 등을 '음모론적으로만 인식'해 자본주의 체제의 구조적 모순을 놓치고 있는 점, "'미 제국주의보다 중국이 낫다'라는 가설을 입증하겠다는 반대급부가 한쪽 눈을 가리고, 변화된 중국의 모순을 보지 못하게 할 수 있다"고 지적했다. 또 신장위구르자치구 인권 문제에 대해, "미국의 공작에 의한 근거 없는 낭설로 손쉽게 치부하고, 위구르족과 카자흐족 시민들을 도매금으로 분리주의자로 취급"하지만, "현장 연구를 거쳐 『신장 위구르 디스토피아(In the camps)』(바일러, 2022)를 저술한 인류학자 대런 바일러에 따르면, 중국 정부는 구금시설 300여 곳에 150만 명에 이르는 위구르족, 카자흐족, 후이족 사람들을 배치했다'라고 하면서, 김희교의 주장이 놓친 부분을 예리하게 보완하고 있다(홍명교, 2022). 뒤에서 다시 언급하겠지만, 김희교는 모든 문제를 중국 문제로 돌리는 '중국이 문제라는 프레임'을 비판하다 보니 중국 '당국 자본주의(party-state capitalism)'의 문제점을 놓치고 있다.

또한 강준만은 "한국인의 근본적인 인식의 틀까지 바꾸려는 학문적 야심"을 드러낸 '최대주의'보다는 "확인된 사실 위주로만 툭툭 던져주는 최소주의"로 '중국과 중국인에 대한 오해와 편견을 해소'하는 방식을 권유하고 있다. 나아가 양국의 정치 제도와 역사 해석의 차이에 대해, 일국의 제도와 해석을 일방적으로 지지하지 말고, 양국의 학계와 언론계가 협력해 '사실확인' 센터를 만들어 공감대를 확보하는 것이 필요하다고 제안하면서 특히 인권 문제를 꼬집었다(강준만, 2022). 한국의 신자유주의적 대의제와 중국의 권위주의적 당국(黨國, party-state) 체제의 정치 제도가 다른 만큼, 그리고 한국전쟁과 항미원조(抗美援朝) 전쟁이라는 명명의 차이가 보여주듯이, 중국 최고의 흥행작 <장진호>(2021)가 한국에서 개봉하지 못한 것은 역사 해석의 차이를 극명하게 말해준다. 강준만의 '사실확인' 센터 제안에 동의하면서 한 가지 신중히 접근해야 할 문제가 있다고 본다. 흔히 제3세계 개발도상국이 겪기 마련이라는 '권위주의적 눈물의 계곡'(슬라보예 지젝)을 한국이 이미 통과했다는 이유로, 그 계곡을 건너고 있는 중국을 무조건 비난할 수 있을까 하는 점이다. 한국이 '권위주의적 눈물의 계곡'을 건너는 데 최소한 40여 년(1945~1987)이 걸렸고 지금도 새로운 권위주의 문제에 직면하고 있다면 중국은 얼마나 걸릴지 기다려주는 것도 '참된 이웃'의 도리가 아닐까? 물론 중국의 인권 등의 문제에 눈감자는 것이 아니라 역지사지하며 신중히 접근할 필요가 있다는 말이다.

김희교가 한국의 중국 담론을 보는 기본 관점은 프레임론이다. 그에 따르면, 짱깨주의는 중국(인)을 혐오하는 인식체계이자 이데올로기이고, 그것을 한국사회의 중국 인식을 대표하는 프레임으로 설정하고 있다. 그가 설정한 프레임은 내재적 프레임과 외재적 프레임으로 나눌 수 있다. 전자에는 유사인종주의, 신식민체제, 자본의 문제를 중국의 문제로 돌리는 프레임, 신냉전체제가 있고, 후자에는 안보적 보수주의의 '중국이 문제'라는 프레임과 진보적 중국연구자의 '사회주의 중국 프레임'이 있다. 그런데 '사회주의 중국 프레임'은 결국 '중국이 문제' 프레임에 귀속되고 만다. 바꿔 말하면, 현재 한국의 '지식 지정학적 조건, 즉 식민 시대부터 안보적 보수주의자들이 주도해 대중의 혐중 프레임을 조성해오고 심지어 진보 담론조차 그 프레임에서 자유스럽지 못한 상황에서 '적극적 짱깨주의자'—중국을 함부로 말하는 사람—와 무의식적 짱깨주의자'—진보적 중국연구자—를 비판하는 것이 김희교의 주요 목표다.

우리는 김희교의 중국 인식의 기본 프레임이 '중국식 사회주의의 옹호'임을 알 수 있다. 하지만 현재 중국을 진정한 사회주의라고 보기는 어렵다. "'중국 특색의 사회주의'라고 한 것에 빗대어, '중국 특색의 자본주의'라는 해석도 설득력 있게 제시되고 있다. 하비(David Harvey)는 '중국 특색의 신자유주의'라 하고, 쏘(Alvin Y. So)는 중국이 동아시아 발전 모델에 가까운 국가 발전주의로 이행하고 있다고 주장하기도 한다. 장쥔(Zhang, Jun)의 경우, '얼룩덜룩한 자본주의(variegated capitalism)'라고 해 현재의 중국이 복잡하고 혼종된 발전 유형을 가지고 있는 사회임을 강조하기도 했다"(임춘성, 2017: 5).[4] 왕샤오밍은 개혁개방 이래 중국 사회의 기본 성격을 '당국 자본주의(party-state capitalism)'라고 규정한다. 그가 보기에 '당국 자본주의'는 '당국체제(party-state system)'와 '자본주의'로 구성되는데, 첫 단계인 덩샤오핑 시기에는 양자가 합작, 심지어 융합 관

4_ 정치경제학자 정성진은 최근 논문에서 "중국 특색 사회주의 담론은 개혁개방 이후 중국 사회의 자본주의적·국가자본주의적·제국주의적 현실을 부정하고 호도하는 중국의 당·국가 지배계급의 공식 이데올로기임"을 밝히는 동시에, "중국자본주의론을 마르크스적 불균등 결합발전론과 국가자본주의론의 관점에서 비판적으로 재구성하고 이를 '중국 특색 사회주의' 담론 비판의 근거로 제시"(정성진, 2023: 179)한 바 있다.

계를 이루었지만, 두 번째 단계인 시진핑 시기에는 "신노선을 추진하면서 당국체제의 핵심인 집권당 관료 집단은 새로운 부르주아 계급, 특히 '민영기업가'를 일대 위협으로 보기 시작했다. 이에 따라서 '당국체제'는 '자본주의'에 대한 통제의 고삐를 죄기 시작한다." 그는 덩샤오핑 시기의 기본 노선이 서유럽과의 합작을 통한 당국 자본주의의 순항이었다면 시진핑 시기의 신노선은 "정치적인 상호 대립과 경제적으로 수동적인 '디커플링', 심지어 군사적으로 잠재적인 충돌이 미중 또는 '당국-서구' 관계의 주요 부분을 구성했다"라고 진단했다(왕샤오밍, 2023: 189). 김희교는 '중국식 사회주의 옹호' 프레임에 갇혀 개혁개방 이후 중국의 급변을 소홀히 다루고 있다. 이를테면 김희교는 토지를 사유화하지 않는 사회주의적 토대를 거론하며 "중국은 여전히 강력한 사회주의 정책을 수행해 나갈 동력을 확보하고 있다"(김희교: 487)라고 단언한다. 그러나 우리는 삼농(三農) 문제(원톄쥔, 2013; 2016), 보이지 않는 농촌 중국 공화국의 문제(로젤·헬, 2022) 등 그 부작용 사례를 너무 많이 알고 있다.

김희교가 동북공정이나 사드 배치에 대해 '아무나 함부로 말하는 중국'에 대한 한국인의 인식을 바로잡는 것은 박수 칠 일이지만, 좌파 관점에서 볼 때 문제가 많은 중국 당국체제를 제대로 분석하지 않고 옹호하는 것은 찬성하기 어렵다. 중국 당국체제는 이미 대륙형 제국주의를 내면화해 티베트(西藏)와 신장(新疆)위구르 등에서 스스로 제국주의 정책을 펴고 있고 톈안먼 광장에서 자국 인민을 학살하기도 했으며 타이완에 대해 제국주의적 침략을 감행하려 한다는 사실을 간과하지 말아야 할 것이다.

『짱깨주의의 탄생』의 부제 '누구나 함부로 말하는 중국, 아무도 말하지 않는 중국'의 서술 맥락은 '누구나 함부로 말하는 중국'을 '짱깨주의'라 치부하고 저자가 공부해온 중국을 '아무도 말하지 않는 중국'으로 설정했다. 김희교가 말하는 중국을 그의 말로 개괄해보면, "불과 몇십 년 만에 G2로 올라선 정부"이며 "그만큼 효율성을 지닌 국가시스템이 작동"(김희교, 2022: 23)하는 중국으로, 현재 중국 당국은 별다른 하자 없이 14억 인구와 국토를 통치하고 있는 셈이다. 과연 그럴까? 그가 칭찬하는 정부의 국가시스템이 톈안먼 학살 사건을 주도하고 장기간 농촌과 신장 등을 내부 식민지로 삼아 중국몽과 중화 내셔널리즘을 내세우고 있는데, 그는 그런 중국을 모르는 것일까? 아니면 한국의 '지식 지정학' 상황을 고려해 알고도 말하지 않는 것일까? 중국 정부의 크리스마스 행사 제재 여부를 확인하려고 베이징행 항공기에 몸을 실었던 김희교가 정작 수많은 학자가 거론했던 삼농(三農) 문제와 소수 에스닉 문제를 말하지 않는 것은 보지 못하는 것일까? 아니면 보고도 말하지 않는 것일까?

김희교는 진보 진영이란 용어를 성찰 없이 쓰고 있다. "역사 발전의 합법칙성에 따라 사회의 변화나 발전을 추구함"이라는 사전적 의미에서 '역사 발전의 합법칙성'을 무엇으로 설정하는가에 따라 진보의 내연은 달라진다. 우리는 한국에서 진보의 기준은 무엇인가에 대해 진지하게 성찰할 필요가 있다. 해방 이후 수많은 진보 운동이 있었고 이합집산도 있었다. 4·19와 5·18을 거쳐 1987년 민주화운동과 2017년 촛불혁명을 겪은 지금 우리는 21세기에 진보의 존재 여부와 방식에 대해 진지하게 질문해야 한다. 그것은 누가 추궁하고 있는가? 과연 김희교는 그 권한을 가지고 있는가? 필자가 보기에, 과거 진보를 자처했던 지식인들이 한결같이 범했던 실책은 '나 혼자만 옳다'라는 '유아독시(唯我獨是)'적 태도였다. '나는 이렇게 생각하지만, 내 생각이 틀릴 수도 있다. 당신 생각은 어떠한가?'라는 개방적 태도를 가진 '진보적 지식인'은 찾기 어려웠다. 간혹 그런 사람이 없지 않았지만 현실 운동에서 그런 사람의 견해가 채택되기는 어려웠다. 현실 운동은 항상 흑백논리의 선택을 강요하기 때문이다.

김희교는 2019년 조국 수호와 검찰 개혁을 외친 사람을 진보 진영으로, 검찰 수호와 탄핵 무효를 외친 사람을 보수진영으로 나눴는데, 내가 보기에는 전자를 신자유주의 좌파, 후자를 신자유주의 우파로 보는 것이 타당하다. 현재 대한민국에 진보 진영이라 일컬을 만한 그룹은 눈에 띄게 축소되었다. 김희교가 진보 진영의 중국연구자로 일컬은 이들—백영서, 백승욱, 백원담,

이희옥, 박민희, 장정아, 이재현 등—의 학문 경향도 하나로 묶기에는 무리가 따른다. 마르크스주의에 기반을 둔 이들을 자유민주주의를 지향하는 좌파와 하나로 묶을 수는 없다. 게다가 마르크스주의에 기반을 둔 이들도 지향하는 노선이 다르다. 이렇게 복잡한 스펙트럼을 가진 연구자들을 느슨한 '진보'라는 개념으로 묶는 것은 타당하지 않다. 나는 김희교가 거론한 진보 진영의 학자를 '비판적 중국연구자'라고 명명할 것을 제안한 바 있다. 참고로 '진보 진영'의 중국 담론을 비판한 김희교의 주장은 '실용주의적 중국 담론'이라 할 수 있다.

3. 코끼리를 함께 상상하기 또는 중인모상(衆人摸象)의 함정에서 나가기

'장님 코끼리 만지기'는 인식론의 문제이기도 하다. 장님, 즉 시각장애인이라는 주체가 코끼리라는 대상을 만지기라는 방식으로 인식하는 것이다. 사전적 의미나 논자들은 인식 주체를 동일한 수준의 주체로 상정하지만, 코끼리 만지기의 결과는 인식 주체의 수준에 따라 천차만별이다. 아울러 코끼리를 만지는 시각장애인이 기둥, 구렁이, 부채, 벽, 밧줄 등을 어떻게 인식했는지에 대한 해명이 필요하다. 그것이 학습의 결과라면, 각자 인식한 내용을 종합해 총체적인 코끼리 인식도 학습이 가능할 것이다. 기둥 같은 다리, 구렁이 같은 코, 부채 같은 귀, 담벼락 같은 몸통, 밧줄 같은 꼬리로 구성된 동물로 인식할 수 있다는 것이다. 그러기 위해서는 인식 주체의 마음가짐이 중요하다. 개인은 전체를 인식하기 어렵지만 '함께' 인식하는 것은 가능할 수 있기 때문이다.

고려해야 할 또 하나는 '만지기'라는 인식 방식에 초점을 맞추면 시각장애인은 코끼리를 시각으로 인식할 수 없고 상상할 수 있을 뿐이다. '중인모상'이라는 성어는 코끼리 만지기의 인식 오류가 시각장애인에만 국한되지 않는다는 사실을 알려준다. 우리 모두 부분을 만지고/보고 그것을 전체라고 착각하는 인식 오류를 범할 수 있다는 말이다. 지금 한국인의 중국 인식은 '중인모상의 함정에 빠져있다. 이런 시점에 중국을 열심히 공부한 논자들이 각자가 만진 코끼리를, 자신의 인식만 옳다고 주장하지 말고, '함께' 공유하고 상호 보완해서 전체를 인식하려 노력한다면 제대로 된 코끼리를 그리는 것도 불가능하지는 않을 것이다.

"오늘날의 한국에서 비판적 중국연구를 제대로 수행하기 위해서는 한편으로 근대 이후 세계를 지배해온 유럽중심주의를 비판해야 하고, 다른 한편으로 중국중심주의를 경계해야 한다. 전자는 제국주의와 오리엔탈리즘을 양산했고, 후자는 대외적으로 반제를 외치면서 대내적으로 수많은 '내부 식민지(internal colonialism)'를 양산했음을 인지해야 한다"(임춘성, 2022: 270). 이는 비판적 중국연구의 과제로 제기한 것이지만, 한국인의 공정한 중국 인식을 위해서도 극복해야 할 과제다. 특히 '유럽중심주의의 프리즘으로 왜곡된 중국관'은 끊임없이 '중국위협론'과 '중국위험론'을 부추겨 반중과 혐중 정서를 조장해왔음을 잊지 말아야 한다. 중국을 공정하게 이해하는 지중(知中) 공부를 토대로 오랜 지정학적 근린 국가인 중국과 더불어 살 지혜를 함께 모색해야 할 것이다. 지중 공부와 여중은 당연하게도 중국과의 원활한 소통을 전제로 하지만, 그 전에 양국이 '환대하고 감사'(임춘성, 2017: 196~99)하는 '참된 이웃'의 입장에서 호수(互酬, reciprocation)의 마음가짐을 다져야 할 것이다.

비판적 중국연구의 몇 가지 접근법과 과제[*]

1. 이끄는 글

2022년 10월 '중국공산당 제20차 전국대표대회'(이하 20전) 이후 당국(黨國) 체제의 중국과 중국공산당이 새로운 단계로 접어들었다. 정치국 상무위원 중심의 '집단지도체제'로부터 '시진핑(習近平) 일인 지배체제 구축'을 특징으로 하는 '20전'을 계기로 중국은 사회주의 현대화 국가의 전면 건설과 '중화 네이션'의 위대한 부흥을 구호로 내걸고 동아시아 지역 구도뿐만 아니라 미국 중심의 세계체계(world system)를 흔들고 있다.

기존의 미국 중심의 세계체계에 익숙하고 안존(安存)하는 이들에게는 중국의 변화가 불안한 형국의 주요 원인으로 다가오겠지만, 세계체계론의 관점에서 볼 때 미국 헤게모니의 동요는 이미 50년 전부터 시작되었다. 1971년 달러의 금본위제 폐지가 그 표지라 할 수 있다. 아리기(Giovanni Arrighi)에 따르면, 네덜란드에서 영국으로, 다시 미국으로 옮겨간 세계체계의 헤게모니는 이미 지적·도덕적 우위를 잃은 상황이다. 이른바 '체계의 카오스(systemic chaos)'다.

---

[*] 이 글은 중국문화연구학회 창립 20주년 기념 국제학술대회(2022.10.14)에서 중국어로 발표한 글을 수정·보완해 『문화/과학』 112호(2022년 겨울)에 게재했다. 그 후 중국학연구회 제119차 정기학술대회(2023.12.9.) 기조 강연 원고를 작성하며 대폭 수정·보완했다. 여기에서는 『문화/과학』에 게재한 글을 수정·보완했다.

이런 상황에서 미국이 계속 헤게모니를 행사할 수 있는 길은 거대한 경제력과 막강한 군사력에 의존하는 것이다. 그리고 그 결과는 기존 헤게모니 강국이 부상하는 신흥 강국을 억압하고 나머지 국가를 지배하는 '세계 제국(global empire)'의 출현이다(아리기, 2009).

우리는 지적·도덕적 헤게모니가 약화한 미국 중심의 세계체계를 거부하지만, 그렇다고 내셔널리즘으로 중무장한 중국이 신흥 헤게모니 국가로 부상하는 것도 달갑지 않다. 한국의 비판적 중국연구의 출발점은 바로 이 지점이다. 미국 중심의 유럽중심주의를 비판해야 할 뿐 아니라 중국중심주의 또한 비판해야 한다. 해방 이후 한국의 지식계는 유럽중심주의에 길들었다. 반봉건 계몽의 과제를 수행하기 위해 학습해야 할 선진 문물의 본산이 유럽이었다. 개화기에 모색되었던 동도서기론(東道西器論)던 뒷전으로 미루고 너도나도 서양 문물 습득에 열을 올렸고 그것이 지나쳐 '서양 지식 수입상'이라는 자조적 표현까지 등장했다. 유럽 선진 문물의 비판적 수용은 쉽지 않은 일이었지만 나름 성과를 거두었다. 일반화의 오류를 경계하며 요약하자면, 현재 한국에서 운위되는 학술 담론 가운데 진보와 보수를 막론하고 유럽중심주의에서 자유로운 것은 거의 없는 것으로 보인다.

이런 상황에서 제3세계 혁명을 성공한 중화인민공화국의 등장은 새로운 출로의 가능성을 제시했다는 면에서 참신했다. 지도자 마오쩌둥은 유례없는 당국(黨國) 국가를 세웠다. 그러나 그 지도이념인 마오쩌둥 사상은 자신의 이론적 연원인 마르크스-레닌주의에 대한 창의적이거나 자의적인 해석을 통해 창조적이거나 일탈의 길로 접어들었다. 그것이 창의적이고 창조적이었다면 중국은 '전환적 창조'의 길로 나아가 지적·도덕적 우위를 확보해 다른 나라도 그를 따라갔을 것이지만, 자의적이고 일탈의 길이이었다면 마오쩌둥 사상은 제3세계주의로 귀결된다.

덩샤오핑을 거쳐 시진핑 시대에 이르러 마오쩌둥 사상은 변질했고, 중국 공산당은 창당 이념과 정신을 망각한 채 국가 경영에 매몰되었다. 이에 대한 자세한 설명은 여러 학자가 진행했으므로 여기에서는 '당국 자본주의'와 '당치(黨治)국가' 개념을 중심으로 살펴보고자 한다. 왕샤오밍은 개혁개방 이래 중국 사회의 기본 성격을 '당국 자본주의(party-state capitalism)'라고 규정한다. 그가 보기에 '당국 자본주의'는 '당국 체제(party-state system)'와 '자본주의'로 구성되는데, 첫 단계인 덩샤오핑 시기에는 양자가 합작, 심지어 융합 관계를 이루었지만, 두 번째 단계인 시진핑 시기에는 "신노선을 추진하면서 당국체제의 핵심인 집권당 관료 집단은 새로운 부르주아 계급, 특히 '민영기업가'를 일대 위협으로 보기 시작했다. 이에 따라서 '당국체제'는 '자본주의'에 대한 통제의 고삐를 죄기 시작한다." 그는 덩샤오핑 시기의 기본 노선이 서유럽과의 합작을 통한 당국 자본주의의 순항이었다면 시진핑 시기의 신노선은 "정치적인 상호 대립과 경제적으로 수동적인 '디커플링', 심지어 군사적으로 잠재적인 충돌이 미중 또는 '당국-서구' 관계의 주요 부분을 구성했다"라고 진단했다(왕샤오밍, 2023: 189). '당국 자본주의'의 토대는 '당국체제'이다. 자나디(Maria Csanadi)는 이를 '이행/전환 중인 복잡한 당-국체계(complex and transforming party-state system)'라고 명명했다(Csanadi, 2016). '당국체제'는 "당조직(黨組)을 국가기관의 각 기구 안에 설치하는 방식으로 자신의 집정(執政)을 관철할 수 있는 시스템"인바, "당이 국가기관을 영도한다는 이른바 '당의 일원화 영도원칙'"의 기반이다(장윤미, 2023: 8). 그러나 개혁개방 시기에 국가 목표가 기존의 '계급투쟁'에서 '경제건설'로 전환되면서 중앙정부의 권한을 지방정부나 기업, 사회 각 영역으로 적절하게 이양하는 '중국식 분권화(放)' 정책이 시행되었다. 그리고 시진핑 시대 들어 중국 통치구조 전체와 정치 논리의 총체적 재편이 진행되면서, 국가의 행정 및 통치 영역은 법 규범에 따라 제도화하고 정치와 사상의 영역은 일원적 영도권을 가진 당이 독점하는 구조로 재편하고 있다. 이 모든 과정이 '당'을 주체로 하는, '당'의 관점에서 진행되고 있다. 당과 국가 간의 긴장이 내재되었던 기존의 당정체제는 당이 직접 국가를 통치하는 실질적인 '당치국가'로 빠르게 재조정되고 있다(장윤미: 11).

시진핑 신시대의 성격은 중국공산당 전국대표대회의 「보고」에 명확하게 드러나 있다. 2012년 제18차 전국대표대회가 '중국특색사회주의의 길'이라는 중국이 나아갈 확고한 '방향'을 정한 대회였다면, 2017년 제19차 전국대표대회는 '백년변국'이라는 시대인식과 '신시대'라는 새로운 시대 구분으로 '전면적 소강사회 완성'과 '중화 네이션의 위대한 부흥'이라는 중국의 꿈을 천명하며, 중국의 '목표'를 새롭게 제시한 대회였다. 그리고 2022년 제20차 전국대표대회에서는 이러한 중국의 꿈을 향해 '당의 전면적 영도' 아래 전 인민이 한 몸처럼 일치단결해 매진해나가자는 '중국식 현대화'의 '방법'을 제시하고 있다(340~41). 그러나 '당국 자본주의'와 '당치국가'를 특징으로 하는 시진핑 신시대는 많은 식자들의 우려를 자아내고 있다. 시진핑 신시대를 '또 하나의 전환'으로 바라보는 장윤미는 이런 우려를 다음과 같이 간추린다. 첫째, 시장경제와 (대의)민주주의를 특징으로 하는 근현대화(modernization) 이론을 서유럽의 것으로 타자화하고 중국의 방식으로 근현대화를 이루겠다는 '중국식 근현대화'의 방법은 '강국' 지향의 근현대화이자 '중화 네이션' 중심의 일국적 근현대화의 성격이 짙다. "중국식 (근)현대화의 논의에는 자본주의 체제의 모순을 극복하겠다는 것보다는 중국이 가진 시장 파워와 서구에 대항하는 담론 전략으로 중국을 중심으로 한 세계질서의 표준과 규범을 만들고자 하는 욕망이 내장되어 있다(349). "둘째, 혁명시기와 사회주의 건설기, 그리고 개혁개방의 시간을 거치며 찾아낸 '당의 전면적 영도'라는 결론은 중국공산당이 안정적인 집권을 지속해나갈 수 있는 최적의 답안일 수 있지만, 이로 인해 정당 고유의 정치적 기능이 경직되고 형식화되었다. 사회조직과 민간의 활동공간을 강력하게 통제하면서 당과 인민 간의 정치적 긴장도 사라져버렸다. 당이 완전히 국가를 대체할 수 없음에도 불구하고, '당치국가'의 논리로 통치한다면 정당으로서의 정치적 정체성과 역량을 상실하게 될 것이다"(351~52).

당국 체제에 기반한 당국 자본주의, 당의 일원화 영도원칙에 토대를 둔 당치국가를 특징으로 하는 시진핑 신시대가 인민의 정치적 경제적 문화적 요구를 얼마나 충족시키며 나아갈지 예의주시할 일이다.

이 글은 지난 40년간 '비판적 중국연구'[1]로 나아가는 필자의 학문적 여정을 집성(集成)한 것이다.[2] 문학연구가 내 공부의 기반을 구성하고 있다면, 1990년대 시작한 문화연구와 그 연장선상의 도시문화 연구, 2010년대 후반에 시작한 사이노폰 연구, 그리고 문화연구와 사이노폰 연구 사이 어느 시점에 관심을 두게 된 포스트식민 번역연구는 개인 차원에서 비판적 중국연구로 나아가는 여정의 중요한 시점들이다. 그리고 동아시아 담론, 홍콩과 상하이의 문화정체성 연구, 에스노그라피,[3] 포스트사회주의 중국의 비판사상 등도 여정의 중요한 구성요소다. 그 외에도 '비판적 중국연구'의 여정을 뒷받침해준 수많은 공부가 존재한다. 마르크스주의, 포스트구조주의, 포스트식민주의, 포스트사회주의, 인지과학, 포스트휴먼, 적녹보라 패러다임 등등이 그 목록이다. 이 목록은 '새로운 대륙'(루이 알튀세르)이라 일컫기에는 부족하지만 '비판적 중국연구'로 나아가는 여정에서 필자가 만나 도움받은 영역들이다. 여기에서는 '비판적 중국연구'를 위한 접근법으로 '비판적 문화연구'와 '포스트식민 번역연구' 그리고 '사이노폰 연구'에 초점을 맞추었다. 이 책에서 다룬 접근법과 과제가 '비판적 중국연구'에 뜻을 둔 문학연구자와 문화연구자

1_ 해방 이후 한국에서 사회주의 중국을 비판적으로 연구하기는 쉽지 않았다. 반공 이데올로기가 지배적인 상황에서 기본 정보의 수집조차 불가능했던 중화인민공화국 연구는 한편으로 사회주의 중국을 '죽의 장막' 속 '뿔 도깨비'로 단정하게 만들었고, 다른 한편으로는 금지된 것을 소망하는 수준에서 그것을 '인민 천국'으로 상상하게 했다. 그런 가운데, 반공 이데올로기의 금제 아래 사회주의 중국 연구의 물꼬를 튼 리영희(1977; 1983), '비판적 중국연구'의 깃발을 내건 정치학자 이희옥(2004)과 사학자 백영서(2012), 세계체계의 틀에서 중국을 고찰한 사회학자 백승욱(2008) 등을 비롯한 수많은 연구자의 성과가 있었다. 그러나 대부분 자기 학문 영역에 사로잡혀 '학제적·통섭적 연구'에는 이르지 못했다. 오히려 '중국 특색'의 제반 관행을 적시하며 '비판적 중국연구'를 새로운 차원으로 끌어올리자고 제안한 문화평론가 이재현(2012a)의 문제제기가 그동안 중국에 매몰되었던 비판적 시야를 환기해주었다. 그럼에도 '비판적 중국연구'로 나아가는 여정은 지금도 험난하다.

2_ 이로 인해 일부 단락은 필자의 이전 글을 요약하기도 했다. 가독성을 위해 직접 인용한 문장을 제외하곤 일일이 명기하지 않았다.

3_ ethnography는 그동안 민족지, 문화기술지 등으로 번역되었다. 이 책에서는 그 음역인 에스노그라피로 표기한다. 단, 인용문에서는 기존의 표기를 존중했다.

에게 도움이 되기를 기대한다.

2. '문화'에 대한 문화연구

1) '학제적 통섭 연구'

'연구(studies)'는 기존 분과학문에서는 독자적으로 해결하기 어려운 연구영역을 학제(學際)적·통섭(通攝)적으로 연구하기 위해 나온 용어이다. 이를테면 '문화연구(cultural studies)'를 비롯해 '여성연구(women's studies)' '지역연구(regional studies)' '영화연구(film studies)' '포스트식민 연구(postcolonial studies)' '도시연구(urban studies)' '번역연구(translational studies)' '에스닉 연구(ethnic studies)' '사이노폰 연구(Sinophone studies)' 등이 그것이다. 혹자는 '연구(studies)'라는 말을 탐탁지 않게 여기고는, '문화학' '여성학' '지역학' '영화학' '도시학' '번역학' 등의 용어를 남발한다. 이는 '~학(~logy, ~ics)'의 의미를 존중해 신흥 '~학'을 수립하겠다는 맥락에서 그 의도는 가상하지만, 기존 분과학문 체제로는 해결하기 어려운 분야가 출현했고 이를 해결하기 위해 기존 분과학문 체제를 뛰어넘어 학제적·통섭적으로 '연구'해야 할 새로운 영역을 설정한 의도를 무색하게 하는 행위다. 특히 '중국학(Sinology)'이라는 용어는 그것을 궁극적인 지향으로 사용하는 것은 가능할지 몰라도, 중국에 관한 '학제적 통섭 연구'라는 차원에서는 '중국연구(Chinese studies)'라는 개념이 명실상부하다. 이런 맥락에서 '비판적 중국학'보다 '비판적 중국연구'라는 표기가 타당하다.

"학제적 연구는 넓은 시야와 지식과 기술, 그리고 상호 연결과 인식론을 교육 환경에서 종합하려는 학문적 프로그램 또는 과정이다. 학제적 프로그램은 어느 정도 일관성이 있지만 단일 분과학문적 관점으로 충분히 이해될 수 없는 주제(예: 여성학 또는 중세학)에 대한 연구를 용이하게 하기 위해 개설될 수 있다. 더 드물게, 그리고 더 발전된 수준에서, 학제적은 제도화된 분과학문의 지식 세분화 방식에 대한 비판이라는 점에서 연구의 초점이 될 수 있다."[4] '학제적'은 'interdisciplinary'의 번역어다. 그동안 주로 '학제간(學際間)' 또는 '학제간(學制間)'으로 번역했다. 전자의 경우, 제(際)와 간(間)은 의미가 중첩된다. 후자의 경우, "훈련, 훈육, 전문지식 분야"의 의미를 가진 'discipline'을 "학교 또는 교육에 관한 제도"의 의미를 가진 '학제(學制)'로 번역했는데, 이는 적절하지 않다. 또 어떤 이는 '간학제' 또는 '간-학제'로 번역하기도 하는데, 이는 'inter'를 '간(間)'으로, 'disciplinary'를 '학제'로 번역한 것이지만, 한자(漢字)의 조자(造字) 원리를 무시한 번역이다. 기존에 'international'을 '국제적(國際的)'으로 번역하는 것을 따라서 'interdisciplinary'를 '학제적(學際的)'으로 번역하면 무난할 것이다.

'consciliance'의 번역어인 통섭(統攝)은 최재천이 "사물에 널리 통하는 원리로 학문의 큰 줄기를 잡고자" 한 윌슨(Edward Wilson)의 저술 의도에 부합하는 용어로 선택했다.[5] 최재천은 통섭(統攝)을 "모든 것을 다스린다" 또는 "총괄하여 관할하다"의 의미로 사용했고 그것이 통섭(通涉)의 의미도 아우르기를 기대했다 (최재천, 2005: 13). consciliance는 원래 윌슨 이전에 휴얼(William Whewell)이 제창한 개념이고, 휴얼은 'jumping together' 즉 '더불어 넘나듦'의 의미로 사용했다. 월스(Laura Walls)는 "휴얼의 통섭은 환원주의적 통섭(reductive consciliance)과는 거리가 먼 가법적 통섭(additive consciliance) 또는 융합적 통섭(confluent consciliance)" (Walls; 최재천: 16에서 재인용)임을 지적했다. 그러나 최재천은 휴얼의 '강의 유비'의 합류성에는 동의하지만 강물은 한번 흘러가면 영원히 돌아오지 못한다는 약점을 지니므로, "휴얼의 융합적 통섭보다는 윌슨의 환원주의에 입각한 통섭을 선호한다"(최재천: 16). 최재천은 "뿌리와 가지를 연결하는 줄기가 통섭의 현장"(17)이라는 '나무의 유비'를 통해 '분석과 종합을 모두 포괄하는

4_ https://en.wikipedia.org/wiki/Interdisciplinarity (검색일자: 2022.09.10.)
5_ 참고로, consilience는 일본에서는 '통합', 타이완에서는 '융통', 중국에서는 '융통' '계합' 등으로 번역되고 있다(최재천, 2005: 12 참조).

'상호 영향'적인 통섭의 개념을 조탁해냈다. 최재천은 한 걸음 더 나아가, '설명하는 뇌(explaining brain)'와 '인문학적 과학'을 제안하면서 통섭을 '범학문적(transdisciplinary) 접근 방법'으로 승화한다. 하지만 한자의 통(統)과 통(通)은 그 의미가 천양지차라서 통섭(統攝)이 통섭(通涉)의 의미를 아우르기를 바라는 최재천의 기대는, 위계 구조가 뚜렷한 통합생물학(integrative biology)에서는 가능할지 모르지만, 모든 학문에서 그 기대를 충족하기는 불가능할 것으로 보인다.

한편 심광현은 에드워드 윌슨이 주장하는 (사회생물학 중심의) '환원주의적 통섭'을 반대하고 19세기의 윌리엄 휴얼이 주장하는 '비환원주의적(가법적)' 통섭을 지지한다. 후자라야 "각 학문과 예술들의 상대적 차이들이 유지되면서도 동시에 새로운 연결망이 증식하며 창발되는 '함께 뛰기'가 가능하며, 그 과정에서 '차이들을 유지한 공진화', 다양성이 증진되는 복잡한 연결이 가능하기 때문이다"(심광현, 2009: 11). 그는 휴얼의 '더불어 넘나듦'이라는 원 개념에 근접하게 하려고 '끌어당겨 서로 통하게 하다'의 의미인 통섭(通攝)이라는 번역을 제시한다. 그는 "예술과 학문과 사회 간의 수평적 통섭이라는 역사적 과제"를 해결하기 위해서는 "반성적 판단력과 감정, 이성과 감성을 연결하는 상상력의 자유로운 도약을 매개로 한 예술적/문화적 실험을 통해 자연과 사회, 과학기술과 인문사회과학 간의 수평적/비환원주의적 통섭을 촉진"(심광현: 60)해 '민주적 문화사회'로 나아가는 '새로운 소통과 실천을 위한 교량을 건설'할 것을 제안했다. 심광현의 '통섭(通攝)'은 "학문적 제도의 틀을 넘어 생산되고 유통되고 소비되는 현대사회의 지식들 전반의 횡단과 연결은 물론 지식과 사회적 실천 간의 횡단과 연결을 추진하는 방식을 지칭하기 위해 도입된 개념"(13〜14)이므로, 상당히 급진적(radical)이다. 나아가 제도화된 대학의 틀을 뛰어넘어 예술-학문-지식-사회 간의 적극적 통섭의 중요성을 강조하므로, 그동안 분과학문의 철옹성에 갇혀 있던 연구자가 받아들이기 쉽지 않다. 그러나 "근대에서 탈근대로 이행하는 21세기의 전지구적 공간"은 "근대적 분과학문의 수많은 성곽들이 해체되면서 불규칙하게 돌출하는 틈새들 사이에서

출몰하는 '가상공간(virtual reality)'들로 부글거리고 있으며, 물리 공간과 가상공간이 결합된 '증강현실'(augmented reality)의 혼성적 공간들 사이를 횡단하는 새로운 지식들과 행위들이 증식하는 공간이다"(8∼9). 이 공간은 미증유의 공간으로, 분과학문의 전통에 익숙한 연구자들은 그에 익숙하지 않고 심지어 불편함을 느낄 수밖에 없다. 우리는 모두 이제 선택의 기로에 서 있다. 자신에게 익숙한 구태를 끌어안고 살지, 아니면 불편함을 감수하고 새로운 통섭의 길로 나아갈지!

정희진은 '융합'을 통섭(consciliance)의 맥락에서 '방식'이라는 의미로 사용했지만, 에드워드 윌슨의 통섭이라는 맥락과 최재천의 번역어(統攝)를 달가워하지 않는다(정희진, 2020a). 정희진은 "제3의 지식, 변형된 물질"로서 '융합'을 사용하고, "퓨전 혹은 용광(鎔鑛)"이 독자들이 '융합'을 연상하는 데 도움이 되리라 생각한다. "융합은 충돌하고 같이 도약하는 과정에서(jumping together) 서로의 차이를 분명히 알고, 새로운 사고방식을 모색하는 것이다"(정희진, 2020b). 이렇게 볼 때 정희진의 '융합'은 '통섭(通攝)'과 상통하는 개념으로 이해할 수 있다.

2) 문화에 대한 문화연구

이 부분에서는 문화연구의 본고장인 영국에서 진행된 '문화의 연구(study of culture)'가 고급문화에, '문화연구(cultural studies)'가 대중문화에 국한되었다는 사실을 비판적으로 포착하면서, '문화에 대한 문화연구(cultural studies of culture)'라는 통섭(通攝)적인 제안을 하고자 한다. 이는 한국의 어문학계에 만연한 오해를 해소하면서, '문화연구'의 측면에서는 외연을 확장하고, 문화 텍스트 분석에는 '학제적 통섭 연구'라는 방법론을 제시함으로써, '방법으로서의 문화연구' 개념을 강조하는 것이다. '문화에 대한 문화연구'는 기존의 고급문화와 대중문화의 구분, '문화의 연구'와 '문화연구'의 장벽을 타파하고, 고급문화와 대중문화를 아우르는 '통섭적 문화' 개념을 새로이 제출하면서 그것을 '문화적으로' 연구하자는 것이다. 문화의 연구에 있어서, 고급문화 중심의 리비스주의가 1단계였다면, 이를 비판하고 대중문화 중심의 문화연구를 제창한 버밍엄학파를 2단계라고 할 수 있다. 그러나 이제는 고급문화와 대중문화를 구분하지 말고 양성(良性) 문화를 발굴하고 악성 문화를 지양하는 새로운 3단계, 즉 '문화에 대한 문화연구'로 나아갈 필요가 있다. 이는 기존 '문화연구'의 측면에서 보면 연구의 대상을 고급문화까지 확장하는 것이고, '문화의 연구'의 측면에서 보면 '학제적 통섭 연구'라는 방법론을 활용하는 장점이 있다.

3) 문화에 대한 문화연구의 과제

'문화에 대한 문화연구'가 역사로 그치지 않고 연구 방법으로서의 현실적인 힘을 가지기 위해서는 여러 가지 문제를 극복해야 한다.

첫째, 문화를 고급문화와 대중문화로 나누는 이분법을 극복해야 한다. 인간의 노동에 귀천이 없듯이 인간 노동의 산물인 문화도 고하를 나누지 말아야 한다. 물론 많은 사람에게 장기간 사랑받고 존중받는 문화가 있고, 특정 시기 특정 지역에 유행하는 문화가 있을 수 있다. 문화연구는 모든 문화를 차별하지 않고 대해야 한다. 물론 양성 문화와 악성 문화는 변별해야 하지만, 고급문화와 대중문화를 차별해서는 안 된다. '문화에 대한 문화연구'는 바로 인간 노동의 산물인 문화의 고하를 가리지 말고 비판적으로 분석할 것을 주장한다.

둘째, '학제적 연구'를 위해서는 지적 성숙이 필요하다. 대학교육 차원에서 학부에 학제적 프로그램을 개설하기는 쉽지 않으므로 대부분 대학원 과정에 개설하곤 한다. 학제적이란 말은 최소한 두 개 이상 분과학문의 융합을 가리키는데, 전공 개념에 얽매여 한 우물 파기에 익숙한 연구자들이 학제적 연구를 수행하기는 쉽지 않은 일이다. 전공에 충실하되 인근 학문에 관심을 기울여 끊임없이 소통하는 노력을 기울여야 한다.

셋째, '문화적 전환'의 핵심은 기존의 '정치적·경제적 과정'에 치중해 사회적 관행들과 물질적 요소의 핍진성에 초점을 맞추는 단계에서, '문화적 과정'에 중점을 두고 상징적 요소와 상부구조 그리고 표상에 초점을 맞추는 단계로 전환한 것이다. 이 전환 과정에서 '정치적·경제적 과정'의 합리적 핵심을 놓치지 말아야 한다. 특히 '문화적 과정'은 '사회적 실천들(social practices)'의 '담론적 존재 조건들(discursive conditions of existence)'을 분석하는 만큼, '문화와 사회의 유기적 상호작용'에 초점을 맞추어야 할 것이다.

미지막으로, 문화연구는 정체성 혼란을 경계해야 한다. 문화연구는 무소불위(無所不爲)의 연구 방법도 아니고, 무소부재(無所不在)의 연구 범위를 설정해서도 안 된다. '학제적 통섭 연구'라는 공통분모 외에는 어떤 공통점도 발견하기 어려운 연구자 사이에 생산적인 '대화론적 접근'(스튜어트 홀)이 필요하다. 문화연구의 발원지였던 버밍엄대학의 현대문화연구센터도 간판을 내린 지금, 서양과 그 이론만 추종하지 않고 한국에만 매몰되지도 않으면서, 세계 각 지역과 생산적으로 소통하는 '한국의 비판적 문화연구 학파'의 출현을 기대해 본다.

3. 포스트식민 번역연구

외국(문)학을 전공하면 반드시 부딪치게 마련인 번역에 대한 고민은 번역연구(translation studies)라는 학제적 연구를 만나면서 많이 해소되었다. 특히 포스트식민 번역연구는 번역이 단순한 언어번역에서 그치는 것이 아니라 출발언어와 목적언어의 문화번역까지 아울러야 한다는 점과 함께 권력의 문제를 제기했다는 점에서 주목이 필요하다.

일반적으로 번역이란 '원천언어(source language)' '일차언어' '출발언어'의 텍스트를 '목표언어(target language)' '이차언어' '도착언어'로 바꾸는 과정에서 다음의 두 가지 사항을 제대로 이행하면 되는 것으로 인식되었다. 첫째는 두 언어 사이의 표면적 의미가 대체로 유사해야 한다는 점이고, 둘째는 원천언어의 구조를 가능한 한 유지하되 목표언어의 구조를 심하게 왜곡시켜서는 안 된다는 점이다(바스넷, 2004: 28). 이는 좁은 범위의 번역 개념이다. 이 맥락에서 번역은 창조적인 과정이 아니라 '기계적'인 과정이고 누구나 할 수 있는 '부차적 행위'이며 '낮은 위상의 업무'였고, 번역자는 원저자의 '하인'으로 인식되었다. 이는 "원저자가 봉건주의적 군주로 행세하며 번역자에게 충성을 강요하는 계층적 관계를 형성해온 입장"(바스넷: 31)이다. 그런데 서유럽에는 번역에 대한 또 하나의 입장이 존재하고 있다. 이를테면 페르시아 시인들의 시는 자의적으로 번역해도 된다는 입장이다. 번역자에게 원작의 열등한 문화에 대한 모든 책임에서 벗어나도록 하는 또 다른 계층적 관계를 형성해온 이 입장은 앞의 입장과 함께 19세기 식민 제국주의의 성장에 부합한다는 것이 바스넷의 통찰이다(31). 바꿔 말하면, 서유럽 텍스트를 비서유럽 지역으로 번역할 때는 주인-하인의 관계를 요구하되, 비서유럽 텍스트를 서유럽으로 번역해올 때는 자의적으로 번역해도 된다는 이중성, 즉 제국과 식민지의 불평등이 일찍부터 존재하고 있었다. 여기에서 중점적으로 고찰하는 '포스트식민 번역연구'는 '번역의 불평등한 권력관계'에 초점을 맞추어 비판적 서술을 펼치고자 한다.

'번역연구'는 'translational studies'의 번역어다. 흔히 '번역학'이라고도 번역하지만, '학제적 통섭 연구'를 의미하는 'studies'의 원래 의미를 살려 '번역연구'로 번역하는 것이 타당하다. '번역연구'는 한편 '문화연구에서의 번역 전환'이라는 언급이 나올 정도로 문화연구 영역에서 파생되었지만, 다른 한편 '번역연구에서의 문화적 전환'이라는 언급은 번역연구 또한 독립적인 자기 자신의 전환점을 가지고 있다는 점을 부각하고 있다. 번역의 역사는 언어와 문자의 역사만큼이나 장구하지만 '번역연구'의 역사는 길지 않다. 수잔 바스넷에 따르면, '번역연구'는 1970년대 후반 세계무대에 등장해 점차 주목을 받기 시작했고 1980년대에 그 터전을 다졌으며 1990년대에는 독자적인 학문으로 자리매김했다(11). 그보다 앞서, 1959년 야콥슨(Roman Jacobson)이 번역을 '동일 언어간 번역(intralingual translation)' '언어 간 번역(interlingual translation)' '기호 간 번역(intersemiotic translation)'으로 설명한 것(Jacobson, 1959; 먼데이, 2006: 2 재인용)이 근현대 번역에 대한 최초의 본격적인 정의라 할 수 있다. 1965년 캣포드가 '언어학적 번역 불가능성'이라는 문제(Catford, 1965)를 거론한 이래 괄목할 만한 발전을 이룬 번역연구는 이제 언어의 등가적 번역에 그치지 않고, "텍스트가 한 문화에서 다른 문화로 전이되는 과정을 탐구(바스넷: 3)"하는 영역으로 자리를 잡았다. 학문으로서의 번역연구는 홈즈(James S. Holmes)가 "번역 현상 및 번역과 관련된 복합적인 문제들"을 연구하는 학문을 '번역연구'라 명명(Holmes, 1972; 먼데이, 2006: 3 재인용)한 것이 그 효시라 하겠고, 1978년 르페브르(André Lefevere)도 "번역작을 생산하고 서술하는 과정에서 제기되는 문제들"을 다루는 학문으로서 '번역연구'라는 명칭을 제안하면서, 번역연구의 목적을 "번역 작품을 만들어 내기 위한 지침으로도 사용될 수 있는 포괄적 이론을 만들어 내는 것"이라고 했다(Lefevere, 1978: 234~35; 바스넷: 27, 35 재인용). 1980년대까지만 해도 번역연구는 번역에 대한 문화적 접근 방식과 언어학적 접근 방식을 뚜렷이 구분했는데, 점차 그 구분이 사라지고 있다. 특히 "언어와 이데올로기에 대한 강조로 인해 번역연구라는 주제를 보다 넓은 의미의 포스트식민주의 담론으로 논의"(바스넷: 5)할 수 있게 되었다. 번역연구는 '불균형한 권력관계'라는 포스트식민주의 핵심 주제의 영향을 받아 '원작'과 '번역작'의 불평등 관계에 초점을 맞추면서 '문화횡단(transculturation)' '문화번역(cultural translation)' '접촉지대(contact zone)' '자기 에스노그라피' 등의 주제 의식을 창안하면서 새로운 단계로 나아가고 있다.

로빈슨(Douglas Robinson)은 '포스트식민 번역연구'의 진행 과정을 세 단계로 나누고 있다. "'식민화'의 채널로서의 번역, 식민주의의 붕괴 이후에도 '잔존하는 문화 간의 불평등'을 위한 피뢰침으로서의 번역, 그리고 '탈식민화(decolonialization)'의 채널로서의 번역"(로빈슨, 2002: 15)이 그것이다. 첫 번째 단계의 주체가 과거의 서유럽 제국이라면, 두 번째 단계는 현재의 조정 상태를 가르킨다. 마지막 세 번째 단계는 미래에 원주민이 주체로 정립되는 단계라 할 수 있다. 이런 '포스트식민 번역연구'의 세 단계는 '권력-관계 연구'와 긴밀한 관계를 맺고 있다. '권력-관계 연구'는 번역의 불평등에 대한 연구이기도 하다. 바꿔 말하면, '식민화'의 채널로서의 번역 단계에서 식민주의자들은 피식민 민중들을 통제하고 '교육'하고 전반적으로 형성하기 위해 번역을 이용했지만, '탈식민화 채널로서의 번역' 단계에서는 식민주의자들의 통제와 교육을 거부하고 원주민들이 주체적으로 번역에 임한다는 것이다. '포스트식민 번역연구'의 핵심어인 '문화번역'은 '문화연구' '인류학/에스노그라피' '포스트식민 연구' '번역연구' 등을 매개하는 접촉지대에 놓여있다.

에스니시티(ethnicity) 문제를 재조정했다는 평가를 받는 초우(Rey Chow, 周蕾)는 그동안 인류학 등의 학문 분야에서 횡행했던 불평등과 불균형에 대한 근본적인 반성과 성찰로 『원시적 열정』(Chow, 1995: 초우, 2004) 제3부를 시작한다. 초우는 '타문화'를 연구하기 위해 현지에 가서 현지인과 라포(rapport)를 맺고 최소한 1년 이상 머물며 참여 관찰의 질적 연구 방법을 수행하는, 인문·사회과학의 꽃이라 자화자찬한 인류학이 근본적으로 서양 중심이었고, 서양인의 관점에서 현지인을 타자화한 것이었음을 파악해내고 있다. 그녀의 대안은 명료하다. 서양이 타자로 설정했던 현지인의 관점에서 서양을 바라보고 현지인 자신의 문화를 바라보는 '자기 에스노그라피(autoethnography)'가 그것이다. 물론 이 경우, 서양 인류학자들이 범했던 문화제국주의에 대한 반발인 토착주의까지도 경계해야 한다.

4. 사이노폰 연구

중화인민공화국은 중국 대륙 내의 문학을 '한어(漢語)문학(Chinese literature)'이라 하고 대륙 밖의 중국어 문학을 '화문(華文)문학(literature in Chinese)'이라 일컬었다. 화문문학이 문자에 초점을 맞춘 것이라면, 언어에 초점을 맞춰 '화어(華語)

문학'이라 하고, 창작 주체에 초점을 맞춰 '화인(華人)⁶문학'이라고도 한다. 한
어문학은 대륙에서 다수자 문학이지만, 화문문학/화인문학은 현지(거주국)에서
소수자 문학이다. 스수메이(Shih, Shu-mei, 史書美)⁷는 다수자 문학으로서의 '한
어문학'과 대립하는, 소수자 문학으로서의 '사이노폰문학(Sinophone literature)'을
차별화할 필요성을 주장하고 있다.

1) '중국적임(Chineseness)' 비판

우리가 흔히 중국인이라 명명하는 실체는 단일하지 않다. 특히 에스닉의
관점에서 볼 때, 이른바 '중국인'은 한족을 포함해 56개로 '식별'된 에스니시티
들로 구성되어 있다. 엄밀히 말해 중국 문화는 한족을 포함한 56개 에스닉 문
화들로 구성된 셈이다. 그러나 일상생활에서 중국인은 대부분 한족과 동일시
되고, 중국 문화는 대부분 한족 문화를 가리킨다. 이는 "중국 내에서 소수자
를 억압하는 '한족(Han ethnic)—중화 네이션(Chinese nation)—중국(China state)'의 '삼
위일체 정체성'"(임춘성, 2017: 210)이라 할 수 있다. 그러나 중국인을 한족으로
이해하는 것은 미국인을 앵글로색슨족으로 이해하는 것과 다르지 않다. 이런
현상은 중국 국내에 국한되지 않고 해외 이주민에게도 적용된다. 스수메이는
바로 '해외 이주 중국인'과 중국 내 한족 이외의 '소수 에스닉 중국인'의 목소
리에 귀를 기울이고자 한다. 전자는 디아스포라에 대한 새로운 성찰—화인
은 중국인인가?—을 요구하며, 후자는 '내부 식민지(internal colony)'의 문제의식
을 추동한다.

스수메이는 사이노폰을 '다각도의(multiangulated) 다중규정(overdetermination)'⁸)

6_ 해외 이주 중국인의 범칭인 '화인'은 다시 화교(華僑, overseas Chinese)–화인(華人, ethnic
　Chinese)–화예(華裔, Chinese ethnic)의 단계로 나눌 수 있다(임춘싱, 2017: 204 참조).

7_ Shih, 2007; Shih, 2010; Shih, et al., 2013; 중국어 번역본: 史書美, 2013; 史書美, 2017; 한국어판:
　스수메이, 2020; 스수메이, 2021a; 스수메이, 2021b 등의 글이 번역 소개되었다.

8_ overdetermination을 그동안 주로 '과잉결정'으로 번역했는데, 한국어 '과잉결정'은 부정적 의미
　가 강하다. 그와는 달리, '중첩규정'이란 번역어를 사용하는 것도 가능할 것이다. 중국어 번역본
　은 '多元決定'이라 표기하고 있다. 이 글에서는 史書美의 취지를 존중해서 '다중규정'이라는 번역

의 관점에서 고찰하고자 한다. 스수메이는 사이노폰 현상을 역사, 정치, 문화, 경제 등의 다중적 범주에 의해 규정되는 현상으로 설정했다. '사이노폰 연구'는 사이노폰문학 연구를 중심으로, 포스트식민 연구, 트랜스내셔널 연구, 글로벌 연구, 중국연구, 에스닉 연구 등 다양한 학문적 담론과 분야의 교차점에 자리 잡고 있다.

스수메이는 다수자 문학으로서의 중국문학에 대립하는, 소수자 문학으로서의 사이노폰문학을 차별화할 필요성을 주장하는 동시에, '사이노폰문학'과 '화문문학'의 차이에도 주의를 기울인다. '사이노폰문학'은 현지 문화 특색을 반영한 언어의 변이를 가리키고, 그 공동체는 푸퉁화(普通話), 광둥(廣東)어, 푸젠(福建)어, 커자(客家)어, 차오저우(潮州)어 등등을 사용하는 '사이노폰' 언어의 공동체를 포함한다. 그러나 '화문문학'은 이른바 '표준 중국어(standard Chinese)'를 사용한 창작이다(史書美, 2017: 21). 스수메이가 보기에, 사이노폰문학은 기존의 '화문문학' 범주와 어느 정도 중첩되는 것으로 보이지만 그것과는 근본적으로 다르다.

우리가 중국어(Chinese)라고 알았던 이민자들의 언어는 만다린에 국한된 것이 아니라 각종 방언을 포함한 '중국어파 언어(Sinitic language)'였다. 그것은 광둥어부터 시작해 푸젠어, 차오저우어, 커자어 심지어 혹로(福佬)어까지 다양한 스펙트럼을 가지고 있었다. 게다가 다양한 스펙트럼의 '중국어파 언어'가 미국, 홍콩, 타이완, 말레이시아 등에서 현지어와 교섭해 나타나는 사이노폰문학의 다양한 혼종화 양상은 단일어로 통합하기 어려운 상황을 드러낸다. 특히 현지어와의 교섭 과정에 다양한 변이 과정이 수반될 수밖에 없다. 홍콩 사이노폰문학에서 광둥어와 만다린 사이에서 고안된 '광둥어 문자'라든가, 혹로어와 궈위(國語)의 교섭 결과인 '사이노폰 타이완 문학', 나아가 '사이노폰 말레이시아 작가들'이 광둥어, 푸젠어, 차오저우어, 만다린 등의 중국어파 언어

어를 채택했다. 참고로, 신영복은 overdetermination을 '상호결정'으로 번역하기도 했다(신영복, 2015: 195).

들에 말레이어, 영어, 타밀어를 혼용하는 상황을 염두에 두면, 이들을 단일한 언어로 묶는 것이 얼마나 무리한 일인지를 알 수 있다. 그런데 그동안 중국 (청-중화민국-중화인민공화국)은 이들을 중국적임으로 묶고 조국에 대한 충성을 강요해왔다. 또한 중국 내 소수 에스닉인 후이(回)족으로 분류되는 '사이노폰 무슬림 작가들'의 경우, 중국 공민으로서 그들에게 부과된 표준 중국어 외에도 아랍어나 투르크어를 사용하기도 한다. 따라서 사이노폰문학은 현지화한/하는 작가들의 다양한 양상을 인정하고 그 자체를 존중하기를 우리에게 권유하고 있다.

2) '디아스포라 반대'(against diaspora)

스수메이에 따르면, 디아스포라는 그 종점이 있다. 이민이 안돈(安頓)되면 현지화하기 시작한다. 많은 사람이 2대 또는 3대에 이런 디아스포라 상태의 종결을 선택한다. 이른바 '조국'에 대한 미련은, 자각적이든 비자각적이든, 통상 현재에 융합되는 곤란을 반영한다. 이민 후대가 더는 조상의 언어를 사용하지 않으면 그들은 이제 사이노폰 공동체의 구성 부분이 아니게 된다. 사이노폰은 변화하는 공동체이고 과도적 단계에 놓여있으므로 불가피하게 현지와 융합하고 나아가 현지의 구성 부분이 된다. 그러므로 사이노폰 개념은 '디아스포라'에 문제를 제기한다. 디아스포라를 가지고는 사이노폰문학을 토론할 수 없을 뿐만 아니라, 사이노폰 이론이 해외 이민 문학을 토론할 때, '낙엽이 뿌리로 돌아가는' 디아스포라적 태도가 아니라 '뿌리를 내리는' 현지 정체성을 강조하기 때문이다. 이런 맥락에서 보면, 한때 세계인의 이목을 사로잡았던 디아스포라 개념은 대개 1세대 또는 2세대에 국한되는 현상이라는 점에서 장기 지속적인 학술 의제가 되기에 부족하다. 더구나 해외 이주 중국인의 디아스포라가 중국 본토를 지향하게 되고 중국적임의 구속에서 벗어나기 어렵다는 점에서 스수메이의 사이노폰 개념과는 양립하기 어렵다. 디아스포라가 1세대 또는 2세대에 국한된 단기적 현상이라면, 사이노폰은 해외 이주를 장기 지속적 현상으로 고찰하는 시도라 할 수 있다.

　　스수메이는 '역사로서의 디아스포라'와 '가치로서의 디아스포라' 개념을 변별한다. 스수메이에 따르면, "'역사로서의 디아스포라'는 매우 광범위한 것으로 모든 디아스포라 현상을 포함한다. '가치로서의 디아스포라'는 이러한 경험 속에서 추출한 이론 개념이다. 디아스포라가 가치가 되었을 때 이러한 가치관은 다른 사람에게 해를 입힐 수 있고, 이러한 디아스포라는 종결의 시간이 필요하다"(王德威·史書美, 2017: 83). 일반적으로 역사 현실은 인식의 대상이고 가치는 판단의 대상이다. 그렇다면 스수메이는 디아스포라를 인식 대상과 판단 대상으로 나누고 있는 셈이다. 스수메이는 '역사로서의 디아스포라' 현실은 인정하지만, '가치로서의 디아스포라'는 "과거 또는 고국에 대한 무한한 함닉(陷溺)"으로, 다른 사람에게 해를 끼칠 수 있으므로 어느 시점에 종결해야 한다고 주장한다. 스수메이는 '가치로서의 디아스포라'의 예로, '대륙을 수복'하겠다는 국민당의 대륙 심리를 든다. 그것은 "현재의 타이완에는 관심이 없고, 오로지 중국에만 관심을 가지는 것"(王德威·史書美: 83)이다. 타이완에서 대륙 심리의 극복은 타이베이 교외의 담수하(淡水河) 치수로 표현되었다. 국민당이든 민진당이든, 오염된 담수하를 깨끗하게 정리하는 것이 '가치로서의 디아스포라가 종결된 표현'이라는 것이다. 스수메이는 세계 각지의 화인 집단이 거주지에서 외래인으로 배척받는 것도 거주국 정부가 '가치로서의 디아스포라' 정책을 실행하기 때문이라 분석한다. '가치로서의 디아스포라'는 디아스포라 집단의 측면에서는 현지에 대한 책임이 모자라고, 다수자 입장에서는 배외적인 가치관이다. 중요한 것은 그 사람이 소속 사회에서 수행하는 특정한 역할과 정체성이다. 그러므로 스수메이의 맥락에서 '역사로서의 디아스포라'는 부인할 수 없는 현실이지만 디아스포라 현실을 과장하는 '가치로서의 디아스포라'는 조만간 종결해야 하는 이데올로기인 셈이다.

　　스수메이가 디아스포라를 역사와 가치의 두 개념으로 나누고, '역사로서의 디아스포라'의 현실은 인식하되, '가치로서의 디아스포라'의 이데올로기 작용은 비판하면서 적절한 시점에 그것을 종결해야 한다는 주장은 설득력이 있다. 그러나 한동안 많은 학자의 관심을 한몸에 받았던 디아스포라 개념인 만큼, 그에 대한 진지한 고찰이 필요하다. 많은 학자가 연구해온 디아스포라 관련 성과를 무시하는 것도 문제려니와 단기간이긴 해도 이민 1세대와 2세대에게 존재하는 현상을 없는 것으로 간주하는 것도 문제이기 때문이다.

5. 비판적 중국연구의 과제 (1)—유럽중심주의와 오리엔탈리즘 비판

유럽인들은 말할 것도 없고 근현대 비서양 사회의 지식인들은, '유럽(Europe)'[9]의 '모던(modern)'[10] 과정이 있었고 비서양 사회는 그것을 모범으로 삼아 다소간의 특수성을 가미해서 '근현대' 과정을 겪은 것으로 이해해왔다. 이를테면 중국공산당이 '마오쩌둥 사상'을 '마르크스-레닌주의의 보편적 원리와 중국의 특수한 상황을 창조적으로 결합'했다고 평가하는 것이 대표적 사례다. 심지어 '모던'을 유럽인의 삶의 이해로 보고 유럽 이외 지역의 '근현대'는 그것을 모방한 것이므로 유럽 이외의 지역에서는 '의사(擬似)—근현대'와 '의사—탈근현대'가 있을 뿐이라는 극단적 주장(이성환, 1994)도 있다. 그러나 이런 이해와 주장이 그동안 간과해온 사실은 유럽의 모던이 유럽 내부에서 순수하게 형성·발전한 것이 아니라 '유럽과 유럽 외부의 관계'를 통해서 역사적으로 구성되었

9_ 유럽이라는 말은 그리스 신화에 나오는 페니키아 공주 에우로페(영어: Europa)의 이름에서 비롯되었다. 호메로스는 그리스 본토를 가리키는 개념으로 유럽을 사용했고, 헤로도토스 등은 그리스와 페르시아를 각각 유럽과 아시아로 구분해서 사용했다. 그러나 중세 초부터 15세기까지 유럽은 그리스적 전통과는 거의 단절되다시피 했다. 오늘날과 같은 유럽의 이념이 만들어진 것은 15~16세기 이후이다. 그것은 보편적 세계로서의 로마 가톨릭이 종교개혁과 종교전쟁을 통해 무너지며 그 세속적 대치물로 등장했다. 또 18세기의 계몽사상이나 프랑스혁명, 산업혁명 등이 그 정체성(正體性)의 기초를 마련했다. 그리하여 유럽은 지리적 단위로서만이 아니라 합리성, 근대성, 진보를 상징하는 문화적 단위가 되었고, 이는 비유럽의 비합리성, 야만성, 정체성(停滯性)과 대립하는 것으로 인식되었다. 유럽은 절대적으로 근대의 산물이다(이상 강철구, 2012: 30~33 참조).

10_ 국내 번역서에서 modern(ity)을 현대(성) 또는 근대(성)으로 번역하고 있는데, 여기에서는 유럽 사례에는 원어에 해당하는 'modern(ity)'의 한글 독음 '모던/모더니타'로 표기했음을 밝혀둔다.

다는 점이다. 모던 이전의 유럽은 로마 문명의 주변이었고 이슬람 제국에 억압당했고 중국 문명에 개화되었던 역사가 있다. 이 부분을 간과하면 '유럽중심주의'에 함몰되기 마련이다.

'유럽중심주의(Eurocentrism)' 개념은 아민(Samir Amin)이 '자본주의 발전의 중심-주변부 또는 의존성 모델의 세계적 맥락'에서 1970년대에 처음 사용했다고 한다. 논자에 따라 '서양중심주의(Western-centrism)'라고도 하는데, 서양 문명에 기초하고 편향된 세계관으로, 유럽 식민주의와 제국주의를 변명하는 자세를 가리키기도 한다.[11] 딜릭(Arif Dirlik)은 '유럽중심주의'를 '20세기의 역사 구성 원리'라고 하면서 다음과 같이 서술하고 있다. "구미인들은 세계를 정복했고, 지역의 이름을 다시 지었고, 경제와 사회와 정치를 재조정했으며, 시공간과 다른 많은 것들을 인식하는 전근대적 방식을 지우거나 주변부로 몰아냈다"(딜릭, 2005: 118). 이는 유럽의 역사기술에서만이 아니라 전세계적으로 지배적인 역사기술의 시간적·공간적 가정들에서도 마찬가지였다. 유럽중심주의는 제국주의를 통해 그 영향력을 확대했고, 2차대전 종식 후 식민지 시대가 종결되었음에도 유럽인뿐만 아니라 비유럽인도 유럽을 세계의 중심으로 인정하는 태도를 보이게 되었다.

유럽중심주의에 대한 비판은 어제오늘의 일이 아니다. J. J. 클라크(2004)는 동양사상이 서양사상을 계몽한 과정을 추적한 바 있고, 재닛 아부-루고드(2006)는 유럽이 패권을 차지하기 전인 13세기에도 이미 '세계체계(world system)'가 존재했음을 밝혔다. 『오리엔탈리즘』의 저자 사이드(Edward Said)는 프로이트(Sigmund Freud)의 마지막 저서인 『모세와 일신교』를 꼼꼼히 분석하는 과정에서, "일신교가 발생적으로 이집트적이었다면, 역사적으로는 유대적이었다"(사이드, 2005: 48)라고 봄으로써, 헤브라이즘의 이집트적 기원과 모세의 이집트적 정체성을 밝히면서 이스라엘의 '성서 고고학'을 비판한 바 있다. 헬레니

11_ <유럽중심주의>. https://ko.wikipedia.org/wiki/%EC%9C%A0%EB%9F%BD%EC%A4%91%EC%8B%AC%EC%A3%BC%EC%9D%98 (검색일자: 2022.08.09.)

즘과 함께 유럽 문명의 양대 축이라 일컬어진 헤브라이즘의 기원에 이집트 문명이 자리하고 있다는 사실 자체가 유럽중심주의의 허구성을 반증한다. 딜릭은 유럽 모던의 대문자 역사(History)를 비판하면서 다음과 같이 말하고 있다. "복수의 역사들은 민족의 목적론이나 하나의 모더니티란 목적론에 의해 정의되고 강제되는 하나의 역사(History)에 대항"(딜릭, 2005: 8)한다. 그동안 타자화되었던 비서양 사회의 역사들이 유럽 모던의 대문자 역사를 비판하고 그에 대항하는 것이야말로 진정한 포스트식민주의의 구현이라 할 수 있다.

홀(Stuart Hall)은 서양과 비서양에 관한 지식이 사실과 판타지로 구성되었음을 적시하고, 서양인들이 복잡한 차이들을 무너뜨리는 일면적인 유형화 묘사를 통해 비서양을 대타자(the Other)로 재현하는 과정을 밝혔다. 그는 먼저 유럽을 지리적 개념으로 간주하고 역사 구성물로서 '서양'을 제시했다. 홀은 서양이라는 관념이 서양 사회를 반영했다기보다는, 오히려 서양이라는 관념이 서양 사회의 형성에 핵심적이었다고 보면서 '서양'이라는 관념의 이데올로기적 기능을 날카롭게 지적해낸다. 그에 따르면, '서양적' 사회는 발전된, 산업화된, 도시화된, 자본주의적인, 세속적인 그리고 모던한 사회다. 그 사회들은 중세와 봉건주의 붕괴 이후 특정한 일련의—경제, 정치, 사회, 문화적인—역사적 과정들의 결과였다. 이렇게 구성된 '서양'이라는 관념은 지식을 생산했으며 전세계적인 권력관계의 체계를 조직하는 요인임과 동시에 사고방식과 말하는 방식 전체를 조직하는 개념이자 재현 체계 나아가 평가 기준이 되었고, 이데올로기로서 기능하게 되었다(홀, 1996b: 183~84). 이는 '비서양 사회들'을 '타자화(otherization)'하는 것과 동시에 진행되었다. 홀은 '서양'과 '그 외의 사회들' 즉 '비서양 사회들'의 개념을 그 중심에 가진 '재현' 체계의 형성과정 분석에 초점을 맞추는데, 그의 결론은 서양의 특수성이 비서양 사회들과의 만남 그리고 자기 비교에 의해 생산되었다는 것이다(홀: 185). 홀에 의하면, '유럽의 점진적 통합, 경제발전을 향한 지속적인 도약, 강력한 네이션 스테이트 체계의 출현 그리고 여타의 모던 사회 형성에 대한 모습은, 마치 유럽이 내부로부터 자신의 발전에 필요한 모든 조건과 원료 그리고 동력을 제공받았던 것처럼 '순수하게 내적인' 이야기로 말해지지만, 이 과정 또한 외적이고 지구적인 존재 조건을 가지고 있었다. 오늘날 모더니티의 토대를 침식하고 변형시키고 있는 특정한 '지구화'의 유형(생산, 소비, 시장과 투자의 국제화)은 새로운 현상이 아니라 매우 긴 이야기의 최종 국면일 뿐이라는 것이다. 그리고 초기의 유럽 해상제국의 확장, 신세계에 대한 착취, 유럽인과는 매우 다른 새로운 인간들과 문명들과의 해후, 상업과 정복 그리고 식민화를 통해 그들을 유럽의 역동적인 발전을 위한 수단으로 이용한 것 등은 (때로 무시되기도 했지만) 모던 사회와 모던의 형성에 영향을 미친 핵심적인 삽화들이다(홀, 1996a: 14~15). 스튜어트 홀의 접근법은 '다인과론적 접근(multi-causal approach)'으로 요약할 수 있다. '다인과론적 접근'은 기존의 유럽중심적 서술을 지구적 맥락(global context)에 위치시킨다. 그리고 모던 사회를 유럽 내적 현상이 아니라 범세계적인 현상으로서 간주하며, 모던 세계를 단일한 역사적 변동이 아니라, 일련의 주요한 역사적 변동들이 가져온 예측되지 않고 예상할 수도 없었던 결과로 다룬다. 이런 입장에 서야만 '서양 보편-비서양 특수'라는 '중심-주변'의 틀을 깰 수 있을 것이다. 또한 홀은 미셸 푸코의 '담론' 개념과 에드워드 사이드의 '오리엔탈리즘'에 기대어 15세기에서 18세기 말에 나타난 '서양과 그 외의 사회들'에 관한 담론을 분석한다.

서양의 특수성, 즉 '서양'이라는 정체성은 서양을 점차 독특한 유형의 사회로 주조하는 내적 과정, 즉 '서양 예외주의'에 의해서뿐만 아니라, 다른 세계들과 유럽의 차이성, 즉 오리엔탈리즘을 통해 형성되었다. '유럽중심주의'는 이 '서양의 특수성'을 보편화하고 비서양 사회들을 타자화한 구성물인 셈이다. "그(서양과 비서양 사회들에 관한-인용자) 담론은 조야하고 지나치게 단순화된 구분을 이끌어내고 '차이difference'에 대한 과잉 단순화된 개념을 만들어낸다"(홀, 1996b: 188). 홀에 따르면, 서양과 비서양 사회들에 관한 담론의 결과인 유럽중심주의는 한편으로는 유대인과 동유럽인 그리고 여성 등에 대한 '내적 타자화'와 비서양 사회에 대한 '외적 타자화'를 통해 서양(또는 유럽)을 예외적인 존재로 구성하면서 비서양 사회를 야만화하는 이항 대립구조를 만들어냈다. 이에 따르면 서양은 발전된, 산업적, 도시적, 모던한 사회이고, 비서양은 비산업적, 농촌의, 저발전된 사회다.

오랜 기간 '유럽중심주의'의 이데올로기적 성격을 집요하게 해부해온 서양사학자 강철구는 알라타스(S. F. Alatas)에 근거해, '유럽중심주의'를 다음과 같이 정의한다. "그것은 이러한 유럽을 세계의 중심으로 생각하는 태도이다. 다른 말로 하면 비유럽 문명에 대한 유럽 문명의 독특성과 우월성을 주장하는 가치, 태도, 생각, 나아가 이데올로기적 지향을 의미한다고 할 수 있다"(Alatas, 2002: 761; 강철구, 2004: 33재인용). 강철구에 따르면, 유럽중심주의는 '유럽예외주의'와 '오리엔탈리즘'으로 구성된다. 전자가 유럽 자신에 대한 규정이라면 후자는 비유럽에 대한 규정이다. 강철구는 랜디스(D. S. Landes)에 의거해 유럽예외주의를 다음과 같이 설명한다. "유럽은 사유재산권을 발전시킴으로써 경제 발전이라는 개념을 유럽의 발명으로 만들었고 자율적인 도시를 만들어 기업활동과 시민적 자유를 확보했으며, 지역적·종교적 분열로 중앙집권적이고 권위주의적인 단일지배체제가 불가능하게 됨으로써 정치적 자유를 만들어냈다는 것이다. 또 중세의 비약적인 농업발전(1000~1500)은 신석기시대 이래 세계가 경험해보지 못한 것이라고도 주장된다"(Landes, 1999: 29~44; 강철구, 2004: 34~35 재인용). 유럽은 다른 지역과는 달리 선진적인 경제 발전과 정치적 자유 등을 이뤄냈다는 것이다. 이런 특권 의식은 유럽 이외의 지역을 타자화하는 오리엔탈리즘과 동전의 양면을 이룬다. 에드워드 사이드에 의하면, "오리엔탈리즘이란 서양이 동양에 관계하는 방식으로서, 유럽 서양인의 경험 속에 동양이 차지하는 특별한 지위에 근거하는 것"(사이드, 2007: 15)으로, "'동양'과 (대체로) '서양'이라고 하는 것 사이에서 만들어지는 존재론적이자 인식론적인 구별에 근거한 하나의 사고방식이다"(사이드: 16~17). 그리고 결론적으로 "오리엔탈리즘이란, 동양을 지배하고 재구성하며 억압하기 위한 서양의 방식",

구체적으로 "계몽주의 시대 이후의 유럽문화가 동양을 정치적·사회적·군사적·이데올로기적·과학적·상상적으로 관리하거나 심지어 동양을 생산하기도 한 거대한 조직적 규율"(18)이다. 이는 비유럽지역에는 발전도, 계몽도, 인권도 없다는 생각을 말한다. 오리엔탈리즘의 무서움은 그런 생각이 유럽인만이 아니라 비유럽인의 내면까지도 장악한다는 점이다. 고모리(小森陽一)는 오리엔탈리즘의 내면화를 "몇 세대에 걸친 지식인, 학자, 정치가, 평론가, 작가라는 오리엔탈리즘에 꿰뚫린 사람들이 반복 재생산한 표상=대리 표출(representation)에 의해 구성된 현상"(고모리, 2002: 12)이라고 규정한 바 있다. 유럽중심주의는 자신의 욕망을 휴머니즘으로 포장하므로, '선의의 제국주의'(존 스튜어트 밀)라고 불리고 피식민지 주민들은 그에 감사하면서 제국주의 전쟁에 자발적으로 동원되곤 한다.

요컨대, 유럽이라는 개념은 유라시아대륙의 서쪽 귀퉁이라는 단순한 지리적 개념이 아니라, 역사적으로 구성되었다. 유럽중심주의는 유대인과 동유럽인 그리고 여성 등에 대한 '내적 타자화'와 비서양 사회에 대한 '외적 식민화'를 통해 유럽/서양을 예외적인 존재로 구성하면서 비서양 사회를 야만시하는 이항 대립구조를 만들어냈다. 바꿔 말하면, 유럽중심주의는 '비서양 사회'를 타자화(otherization)하는 과정에서 발명되었고(invented) '비서양 사회'에 강요되었으며 '비서양 사회 사람들'은 그것을 내면화(internalization)했고 열심히 추종해 왔다. '비판적 중국연구는' 그 미망에서 철저하게 벗어나야 한다.

6. 비판적 중국연구의 과제 (2): 중국중심주의 비판

1) '중국중심주의'와 '대한족주의' 비판

1895년 전후 영어의 네이션(nation)을 일본이 'minzuku'로 번역했고, 그 한자어 '民族'을 중국과 한국이 습용(襲用)했다. 이후 네이션은 한·중·일 삼국에서 '民族'으로 표기되었지만 각기 달리 발음되었다(임춘성, 2017: 165). 하지만 이후 중국에서는 에스닉(ethnic)의 층위도 '民族'으로 표기함으로써 혼란을 자초했다. 중화인민공화국의 '국민화 담론'의 초석을 다진 페이샤오퉁(費孝通)의 「중화민족의 다원일체 틀(中華民族的多元一體格局)」(1988)의 용례가 대표적이다. 이 글에서 페이샤오퉁은 中華民族과 少數民族[12]으로 표기함으로써 네이션과 에스닉 층위를 의도적으로 혼용하고 있음을 알 수 있다.

필자는 중국 소수 에스닉의 정체성을 규명한 글에서 아래와 같이 논술한 바 있다.

> 중국 소수 에스닉의 정체성은 한족과의 관계 속에서 구성된다. 현재 94%에 달하는 한족(漢族, Han ethnic)과 그것이 중심이 되어 구성된 중화 네이션(Chinese nation) 그리고 그 정치형태인 중국이라는 국가(China state)는 소수 에스닉을 명명하고 소환해서 구성하는 대타자(Other)인 셈이다. 사실 55개 소수 에스닉은 바로 '한족-중화 네이션-중국'에 의해 역사적으로 '식별'되었음은 모두 아는 사실이다. … 소수 에스닉의 정체성은 한족 정체성과는 대립하지만 중화 네이션 정체성에는 포함된다. … 그러나 중화 네이션 정체성은 한족 정체성을 중심으로 구성되었기 때문에 중화 네이션 정체성 내에서 소수 에스닉은 주변에 위치할 수밖에 없다(임춘성, 2017: 173~74. 용어 조정).

중국 내에서 소수 에스닉을 억압하는 것은 "'한족(Han ethnic)-중화 네이션 (Chinese nation)-중국(China state)'의 '삼위일체 정체성'"(임춘성, 2017: 210)이고, 그 핵심에는 한족이 놓인 셈이다. 바꿔 말하면, '중국'과 '중화 네이션' 층위의 모든 담론과 실천의 기저에는 한족이 자리하고 있다.[13] '삼위일체 정체성'은 중

12_ 이 책에서는 혼란을 피하고자 중화 네이션, 소수 에스닉으로 표기했다.
13_ 가라타니 고진은 '한족중심주의(중화주의)'라고 표기해 한족중심주의/대한족주의와 중화주의/중국중심주의의 기의가 동일함을 명시하기도 했다(가라타니, 2016: 170 참조).

국, 중국문화, 중국적임의 기본구조를 구성하고 있고, 한족을 중국인으로 이해하게 만드는 기제이다. 그리고 국가는 그 기제를 정책으로 뒷받침하고 있다.[14] '삼위일체 정체성'은 한족이 다른 소수 에스닉을 '내부 식민지'로 만든 역사 사실을 은폐하고 있다. '내부 식민지' 문제는 장기간 지속되어 무의식의 수준에 이르렀고 우리는 그것을 '내부 식민지적 무의식'이라 명명할 수 있다. 자본가가 노동자의 입장을 이해하기 어렵고, 남성이 여성의 처지를 이해하기 어렵듯이, 다수자인 한족은 소수 에스닉의 상황에 무지하다. 비판적 지식인도 예외는 아니다. 한족 지식인 가운데 소수 에스닉의 입장을 대변한 사람은 거의 없다. 비판적 지식인의 대명사라고 할 수 있는 "첸리췬(錢理群)의 '민간 이단 사상' 연구(錢理群, 2007; 한국어판: 첸리췬, 2012; 錢理群, 2017; 錢理群, 『未竟之路: 80年代民間思想研究筆記』 등)는 중국 사회주의 역사를 새로 쓸 만한 업적이지만, 그가 거론한 '민간 이단 사상'은 '한족(漢族)의 '민간 이단 사상'에 국한되는 한계를 가진다"(임춘성, 2021: 205).

거의 유일한 비판적 '한족' 지식인으로 평가되는 왕리슝(王力雄)이 '삼위일체 정체성'에 비판적일 수 있는 것은 그의 경력—창춘 출생, 황하 표류 중 티베트 문명 조우, 주자파 부친, 하방, 티베트 거주, 부인 체링 외저(Tsering Woeser, 중국명 唯色)와 만남 등—과 밀접한 관련이 있지만, 더 중요한 것은 당대 중국을 바라보는 그의 관점이다. 그는 포스트사회주의 중국이 자본주의를 수용하되 서양 진영에 편입되지 않고 오히려 위협적인 존재가 되었고 강대함을 추구하면서 국민 통제력을 강화했으며, 중국 민중도 민주세력으로 성장한

14_ 중화인민공화국의 소수 에스닉 정책은, 동화와 융화의 차이는 있었지만, 크게 보아 통합의 방향에서 시행되었다. 소수 에스닉 식별과 정책, 국민화 이데올로기 등에 대한 논의(공봉진, 2010; 이강원, 2008; 박병광, 2000; 조경란, 2006; 최형식, 2007)에 대해서는 임춘성(2017: 176~81 참조). 특히 조경란은 19세기 말 '네이션 담론'이 생성될 당시 중국 내부의 타지이며 또 다른 의미의 '식민자'라고도 할 수 있는 소수 에스닉에게 '근대는 한족에게 동화 또는 식민지가 되어가는 과정이었다고도 할 수 있다고 하면서, 근대 중국은 조공국과 소수 네이션의 희생 위에서 발전한 측면이 있다(조경란, 2006: 74)고 했는데, 이는 '중국의 내부 식민지'에 대한 탁견이라 할 수 있다.

것이 아니라 독재정부를 지지하며 소수 에스닉을 억압하고 민주사회를 적대시하고 있다고 하면서, 이런 중국이 새로운 파시스트 제국이 되어 세계 평화를 위협하게 될 것을 걱정한다(조경란·왕리슝, 2008: 144). '세계 평화를 위협하는 새로운 파시스트 제국'의 출현에 대한 우려가 시진핑 시기 들어 가시화되고 있음을 볼 때 신권위주의 정권과 그에 부화뇌동하는 대중의 출현은 중국을 더는 사회주의 국가로 인정하기 어렵게 만든다. 나아가 그는 "중화민족(네이션)의 본질은 한족을 중심으로 한 대일통(大一統)이며, 다른 민족(에스닉)의 이질성을 부정하는 것"(조경란·왕리슝: 158. 괄호 부분은 인용자)임을 간파했고, 당국자들이 경계심을 가지고 다른 에스닉의 자립 가능성을 방해하며 정치적으로 억압하고 문화적으로 한족에 동화시켜 소수 에스닉의 반발이 갈수록 커지고 관계도 소원해졌다고 인식함으로써 변질된 종족주의인 대한족주의가 중국 내셔널리즘의 근간임을 설파하고 있다. 그러므로 왕리슝은 다음과 같이 전망한다.

> 중국의 민족주의(내셔널리즘)가 국내에서는 약소민족(에스닉)을 억압하는 종족주의로, 국제사회에서는 민주주의를 위협하는 극단적 민족주의(내셔널리즘)으로 바뀌었을 때, 국제사회는 중국이 파시스트 강권의 전철을 밟지 않을까 우려하게 되겠죠. 저 역시 같은 우려를 갖고 있습니다(조경란·왕리슝: 159. 괄호 부분은 인용자).

대한족주의는 중국 내 소수 에스닉 거주지를 내부 식민지로 경영하는 '중국 특색의 제국주의'의 근거가 되고 있다. 이재현은 '중국 특색'이라는 기표와 기의를 문제 삼는다. 알다시피, '중국 특색의 사회주의'라는 중국 정부의 공식 표현 이래, 중국은 중국만의 독특한 경로와 방법이 있음을 누누이 강조해왔고 그 강조는 지금도 '중국몽(中國夢)' '일대일로(一帶一路)' 등의 정책으로 진행 중이다. 이에 대해 이재현은 '중국 특색'이라는 수식어를 중국에 되돌려준다.

"'중국 특색의' 국가물신주의 효과"(이재현, 2019: 197), "'중국 특색의 제국주의'에 내재한 소위 '대한족주의'의 본성", "'중국 특색의 구망'", "'중국 특색의 근현대성 문제'", "'중국 특색의 내셔널리즘'" 등이 그것이고, 이들은 "'중국 특색의' 허위의식 및 자기기만"(이상 이재현, 2021a: 75, 77, 84, 87, 78)에 기초하고 있다. 이들 용법에서 '중국 특색의'라는 수식어는 '한족 중심의'라는 진실을 은폐한다. 사실 내셔널리즘이 대부분 '허위의식 및 자기기만'에 기초하고 있으므로 이는 중국만의 문제는 아닐 것이다. 이재현의 비판에서 의미있게 다가오는 부분은 '중국 특색의'라는 수식어는 '한족 중심의'라는 진실을 은폐한다는 사실이다. 그가 주장하는 '중국 특색의 제국주의'는 '한족 중심의 식민지 확장'이라는 의미를 내포하고 현재 중국 강역에서는 '내부 식민지' 문제로 치환할 수 있다.

스수메이(Shih, 2011; 스수메이, 2020)가 정의한 '사이노폰' 공동체의 범주는 첫째, 티베트와 같은 '중국 내 내부 식민지', 둘째, 타이완과 같은 '정착 식민지', 셋째, '중국에서 각 지역으로 이주해 형성된 사이노폰 공동체'이다. 사이노폰의 세 가지 범주와 그 형성과정은 각각 기존 관념에 문제를 제기한다. 첫째, 청과 이를 계승한 중화민국과 중화인민공화국이 대륙형 식민지를 경영했다는 점이다. 이는 '반제반봉건'의 이중 혁명을 완성했다고 자부해온 중국의 관방 해석에 균열을 일으킨 셈이다. 둘째, 타이완을 정착 식민지로 설정한 점이다. 스수메이는 한족이 17세기 타이완에 정착해 다수자가 된 상황을 식민지 미합중국과 유사하다고 보고 있다. 나아가 현재 타이완의 80% 남짓의 인구가 표준 한어인 궈위(國語)를 사용하지만, 국민당 체제에서 부여된 '중국 정체성'이 점차 '신 타이완인 정체성'에 자리를 내주는 상황을 환기한다. 셋째, 중화민국과 중화인민공화국은 '해외 화인'을 자국민으로 간주해 조국에 대한 충성을 요구해왔는데, 스수메이의 주장에 따르면, 그들은 이미 거주국에 거주하는 소수 에스닉이 되었다는 것이다. 스수메이는 '역사로서의 디아스포라'는 인정하지만 '가치로서의 디아스포라'는 종결되어야 한다고 주장한다.

이재현은 스수메이가 설정한 세 가지 역사적 과정들을 '중국 특색의 제국 주의'를 형성하는 역사적 과정들로서 전유하려고 한다(이재현, 2021a: 69). 이를 위해 대청 제국의 '세계=제국'적 성격을 부각하면서, "동북 삼성(만주), 내몽골 (남몽골), 신장(동투르키스탄), 시짱(티베트) 등"이 "각기 서로 다른 시기에 서로 다른 방식과 양상으로 청나라에 의해 병합, 포섭되었고, 그리하여 만주족이 통치하던 대청(大淸)이라는 다민족, 다언어 제국의 최대 판도는 중화민국을 거 쳐서 중화인민공화국에게 계승되어 오늘날 소위 '중국의 정치적, 군사적 통 치 영역"(이재현: 70)으로 편입되는 과정을 꼼꼼하게 추적했다. 스수메이의 표 현에 따르면, 이는 청 제국 시기의 '대륙형 식민주의'이고 오늘날의 시점에서 보면 '내부 식민지'이며, 이재현은 이를 '중국 특색의 제국주의'라고 명명한다. '중국 특색의 제국주의'는 그 이면에 '대한족주의'가 작동하고 있는 중국 내셔 널리즘으로 포장해 서유럽과 일본의 제국주의 침탈에 반대하는 동시에 만주 족, 몽골족, 위구르인, 티베트인들과 그들의 거주 지역에 대해 제국주의적 침 탈과 병합을 계속 자행했다. 그러므로 이재현은 "반식민지-'피해자'로서의 중 국만을, 혹은 '상처 입은 자'로서의 중국인만을 내세우는 것은 명백한 오류"(75) 라고 확신한다.

이 지점에서 '세계=제국'의 문제의식을 살펴볼 필요가 있다. 가라타니(柄 谷行人)는 '교환양식'이란 문제의식으로 세계사를 다시 고찰하면서 '제국의 원 리'라는 문제를 제기했다. 역사적으로 세계=제국을 건설했던 국가에서는 세 계 언어(lingua franca)와 세계 화폐 등 외에도 '제국의 원리'를 부여하는 사상과 정통성, 종교적・에스닉 관용 등을 갖췄다는 것이다(가라타니, 2016: 96 ~ 100). 가라타니 고진은 '몽골제국'을 진정한 의미의 '세계=제국'으로 간주하고, 대 청이 "만주인 부족을 통합함과 더불어 몽골을 포함하는 유민세계 전체를 다 스리는 한이면서 다른 한편으로 중국왕조로서의 정통성을 가지려고" 했다는 면에서, "원을 계승"했다고 보았다(가라타니: 182). 아울러 하마시타(浜下武志, 2013)의 논의에 기대 청조의 '중화조공무역시스템'을 단순한 정치의례가 아니라 무역을 관리하는 시스템으로 간주했다. 중화인민공화국은 건국 초기 사회주의 이념의 대의명분을 가지고 제3세계의 대표 역할을 수행함으로써 '세계=제국'의 길을 지향했지만, 개혁개방 이후 덩샤오핑 시대에는 "진정한 사회주의는 공산당 관료들의 정치권력과 경제권력을 동시에 위협하는 이중적인 도전으로 간주"(마이스너, 2004: 629)됨으로써 알파형 사회주의 코스프레를 했고 시진핑 시대 들어서는 베타형 사회주의 코스프레를 하고 있다.

한편으로는 곳곳에 조차지(租借地)와 할양지(割讓地)가 즐비했던 차(次)식민지 또는 반(半)식민지 중국이 존재했고, 다른 한편으로는 만주, 몽골, 동투르키스탄, 티베트를 식민 경영한 제국주의 중국이 건재했다. 하지만 한국의 중국 연구자 대부분은 중화인민공화국의 교과서를 따라 후자를 인지하지 못한 채 '반제반봉건 혁명론'에 함닉(陷溺)되었다. 지금부터라도 중국의 이중성—대외적으로는 반식민지 사회였지만 대내적으로는 제국주의 정권—을 제대로 인식해, 일면적인 중국연구에서 벗어나야 할 것이다.

2) 제3세계 특수주의와 마오이즘

여기에서 한 가지 짚고 넘어갈 것은, 서양 보편주의의 산물인 오리엔탈리즘과 제3세계 특수주의의 관계다. 레이 초우는 "오리엔탈리즘과 내셔널리즘 또는 토착주의(nativism) 같은 특수주의는 같은 동전의 양면이라는 것이며, 한쪽의 비판은 다른 쪽의 비판 없이는 이루어질 수 없다"(Chow, 1993: 5)라는 사실을 환기한다. 오리엔탈리즘에 기반한 미국인 중국학자의 연구와 내셔널리즘에 기반한 중국학자들의 연구가 모두 일면적이고 양자 모두 중국이라는 현실을 호도한다는 점에서 동전의 양면을 구성한다.

동아시아는 유럽 모던을 꾸준히 학습해왔다는 점에서 유럽 학습의 우등생이라 할 수 있다. 물론 우등생 내에서도 계서(階序, hierarchy)[15]는 있지만, 동

15_ 이른바 '안행(雁行)구조'로 묘사되는 '일본 중심의 다층적 하청체계 구도'.

남아시아, 중앙아시아, 라틴아메리카, 아프리카 등의 지역에 비하면 우등생임이 틀림없다. '유럽의 모더니제이션'이 지구화되는 과정에서 '동아시아 근현대화'는 외부에 의해 강제된 측면도 있었지만 다른 한편으로는 유럽의 모더니제이션을 자기화·내면화하는 과정을 겪기도 했다. '반제 구망'이라는 구호는 전자에 대응한 것이고, '반봉건 계몽'이라는 구호는 후자의 측면을 잘 나타내고 있다. 아울러 그 과정은 국정(國情)에 따라 다양하게 전개되었다. 한국과 중국은 '외부로부터 주어진 근현대화'와 '식민지 근현대화'를 공통분모로 하되, 1945년 이후 분기되어, 한국은 자본주의 근현대화가, 중국은 사회주의 근현대화가 '역사적으로' 조합되고 변이된 유형으로 볼 수 있다. 동아시아 근현대가 유럽 모던을 열심히 학습해 나름의 성과를 거둘 즈음, 유럽은 기존의 '모던'을 비판·해체하는 단계로 진입했다. 바로 이 지점에서 '동아시아의 아포리아'가 출현한다. 동아시아가 유럽의 모던을 따라잡기 위해 한 세기 이상 분투했는데 유럽은 동아시아가 추구해온 그것을 다시 해체하고 있는 현실이 그것이다. 우리는 마오쩌둥의 '반제반봉건 혁명론'을 유럽의 모던을 따라잡으려는 노력으로 이해할 수 있다.

마오쩌둥의 '반제반봉건 혁명론'은 한 세기를 풍미했던, 중국에 국한되지 않았던 '제3세계 혁명론'으로 주목받았다. 마오쩌둥의 '반제반봉건 혁명론'은 중국의 근현대적 과제가 서양을 학습(반봉건)하는 동시에 서양을 배척(반제)해야 하는 이중적 투쟁임을 명시했다는 점에서 여전히 역사적·사상적 가치를 지닌다. 그러므로 아편전쟁으로부터 시작된 중국의 근현대가 태평천국운동, 변법유신, 신해혁명을 거쳐 신민주주의 혁명에 이르러서야 '부정의 부정'의 역사 발전과정을 완성했다는 평가(리쩌허우, 2005: 753)는 타당성을 가진다. 중국 근현대 과제의 이중성에 대한 마오쩌둥의 인식이 전제되었기에, 리쩌허우의 '계몽과 구망의 이중 변주'라는 개괄이 나올 수 있었다. 또한 현실 사회주의권의 붕괴 이후 사회주의가 자본주의 발전의 특수한 형태라는 인식이 확산되면서 신중국 성립 이후 마오쩌둥의 혁명주의 노선을 '모더니티에 반(反)하는 근현대화 이데올로기'16)로, 덩샤오핑의 실용주의 노선을 '모더니티를 추구하는 근현대화 이데올로기'로 개괄한 왕후이의 논단(汪暉, 1998)도 마오쩌둥의 이론에 빚지고 있다 할 수 있다. 그러나 전통 계승에 관한 태도로서의 반봉건은 그 방법론에서 외래 수용에 의존했고, 외래 수용에 관한 태도로서의 반제의 길은 '중국화'로 회귀했다. 다시 말해, 마오쩌둥 이래 중국 근현대의 이중적 과제의 해결책에서는 끊임없이 전통과 외래에 대한 태도의 문제가 착종하고 있었다. 그리고 마오쩌둥이 제시한 이중과제의 궁극적 해결책은 '중국화로의 환원'이었다.

구체적으로 보면 마오쩌둥은 이론 차원에서는 이중과제를 설정했으면서도 실천 과정에서는 하나를 결락하거나 유보하는 오류를 범했다. 이에 대해 이전 저서에서 다음과 같이 논술했다: 내가 보기에 마오쩌둥은 '중국의 장기 근현대' 과정에서 최소한 세 가지 '이형동질(異形同質, allomorphism)의 오류를 범했다. 첫째, '반봉건과 반제의 이중과제'를 설정하고도 그것을 해결하는 과정에서 반봉건을 유보하고 반제를 주요과제로 선택함으로써 '반제가 반봉건을 압도'한 상황을 연출했다. 둘째, 1942년 「옌안(延安) 문예좌담회에서의 연설」에서 '보급(普及)과 제고(提高)의 쌍방향적 관계'를 훌륭하게 개괄해놓고도 실행 과정에서는 '제고를 유보한 보급'의 수준에 머물렀다. 셋째, 마오쩌둥은 근현대화의 목표와 사회주의적 열망이라는 이중과제 가운데, 부지불식간에 사회주의 목표를 공업화에 종속시키는 길을 선택했다. 이는 사상가로서의 마오쩌둥이 통치자로서의 마오쩌둥에게 압도당했기 때문이다. 사상가로서의 마오쩌둥은 '반제와 반봉건' '보급과 제고' '근현대화와 사회주의 목표'라는 이중과제를 잘 인식하고 있었지만, 현실 정치를 지도하는 마오쩌둥은 이중과제를 추진할 역량이 부족했다. 이에 대해서는 첸리췬도 "사상의 실현은 곧 사상 자체와 사상가의 훼멸(毀滅)"(전리군, 2012상: 23)이라 평가함으로써, 마오쩌둥이 사

16_ 이에 대해서는 임춘성(2021: 5장 2절 '자본주의적 모더니티에 반(反)하는 중국의 근현대성' 부분)을 참고하라.

상과 행동의 일체화를 추구하는 과정에서, 현실과 타협해야 하는 실천을 중시하다가 철저한 비타협의 초월적인 사상을 훼멸시켰다고 했다. 통치자로서의 마오쩌둥은 중국 현실에서 가능한 과제를 추진하다 보니, '반봉건을 유보한 반제'와 '제고를 유보한 보급'에 역점을 둘 수밖에 없었으며, 표층적으로는 사회주의적 열망을 내세웠지만 자신도 모르게 그것을 공업화에 종속시키고 말았다. 바꿔 말하면, '변증법적 통일'이라는 미명 아래 복잡한 모순을 단순한 과제로 바꿨다. 이는 가치 지향으로서의 모더니티/근현대성이 역사 과정으로서의 모더니제이션/근현대화에 매몰된 것과 유사하다(임춘성, 2021: 221~22). 사상가/이론가로서의 마오쩌둥은 근현대 중국의 이중과제(반제와 반봉건), 사회주의 중국의 이중과제(근현대화의 목표와 사회주의적 열망), 새로운 인민문학의 이중과제(보급과 제고)를 훌륭하게 추출했지만, 혁명가/통치자로서의 마오쩌둥은 이중과제에서 우선순위를 정할 수밖에 없었고 그런 선택은 상호대립적이면서도 상호의존적인 이중과제 가운데 하나를 주요 과제로 삼았으며 그 결과 제3세계 특수주의의 편향으로 귀결되고 말았다. 이는 '마오쩌둥의 3대 이형동질의 오류'이고, 그것은 중국의 제3세계 특수주의의 핵심에 자리하고 있다.

3) 에스닉 변동과 내부 식민지

중국과 같이 다(多) 에스닉으로 구성된 국가에서 중앙정부는 자신의 정치경제 구조를 주변부로 확산하고자 한다. 모던 이래 산업화라는 구조적 분화의 장기적 결과로 주변부의 에스닉 변동(ethnic change)이 발생할 것으로 예측하는 것을 사회변동의 '확산 모델(diffusion model)'이라 하는데, 중심부의 주류 에스닉이 자신의 정치경제 구조를 주변부 에스닉에 강제적으로 확산하는 것은 단기간에 효과를 얻기 어렵고 때로는 주변부 소수 에스닉의 반발을 불러일으키기도 한다. 그러므로 확산 모델로는 사회변동 특히 에스닉 변동을 설명하기 어렵다. 헥터(Michael Hechter)는 에스닉 변동을 설명하기 위해 '내부 식민 모델'을 제시한다. '내부 식민지'의 문제는 그 연원이 오래되었다. 마이클 헥터에 따르면, '내부 식민지' 개념을 최초로 사용한 사람은 레닌(V. I. Lenin)이었고, 그 람시(Antonio Gramsci)도 그에 대해 논의했다. 이후 라틴아메리카 사회학자들이 이 개념을 사용해 그들 사회의 아메리카 원주민 지역을 설명했다. 헥터는 기 존의 사회 변화 모델, 이를테면 산업화 이전과 산업화, 그리고 산업화에 따른 구조적 차별화, 네이션-스테이트(nation-state)의 형성 등이 해명하지 못하는 심 각한 사회 변화를 해명하는 데 유용한 모델로 '내부 식민지' 모델을 제시했다 (Hechter, 1975). 기존의 식민지 개념이 '자본주의 발전의 최고 단계'라는 서양의 제국주의가 비산업화되고 저발전된 비서양 사회를 무력으로 정복한 결과물 이라면, 내부 식민지는 해외 식민지 발생 이전부터 존재했다. 이를테면 UK (United Kingdom)[17]의 산업 및 상업 중심지에는 잉글랜드 노동자와 아일랜드 노 동자 진영이 존재하는데, 전자는 자신이 지배 네이션의 일원이라고 생각하며 후자를 자신의 생활 수준을 낮추는 경쟁자로 보면서 혐오한다. 이는 미국에 서 '흑인'에 대한 '가난한 백인들'의 태도와 유사하다. 이처럼 내부 식민지 문 제는 에스닉(ethnic) 문제와 긴밀하게 결합해 있다.

헥터는 '에스닉 변동(ethnic change)'이라는 개념으로 국가 발전의 중요한 과 정을 설명하고자 한다. 에스닉 변동이란 "두 집단 체계에서 문화적으로 종속 된 집단이 자신의 에스닉 정체성을 문화적으로 지배적인 집단의 정체성과 일 치하도록 재정의하려는 의지"(Hechter, 1975: 341)를 의미한다. 그는 기존의 사 회변동의 '확산 모델(diffusion model)'이 구조적 분화(산업화)의 장기적 결과로 주 변부의 에스닉 변동이 발생할 것으로 예측하는 것에 반해, '문화적 노동 분업 (cultural division of labor)'이 제도화되면 주변부 에스닉 정체성이 분화 이후에도 지속될 것임을 시사하는 국가 발전의 '내부 식민 모델(internal colonial model)'을

17_ 흔히 영국으로 통칭되는 UK는 England, Scotland, Wales, Northern Ireland로 구성되는데, 'United Kingdom of Great Britain and Northern Ireland'의 약어다. 이 글에서는 잉글랜드, 브리튼, UK를 구별해서 사용한다.

제시한다. 헥터는 문화적으로 이질적인 사회에서 국가 발전을 촉진하는 조건의 유형 가운데 에스닉에 초점을 맞춰 잉글랜드인과 켈트족을 각각 중심부(core) 에스닉과 주변부(periphery) 에스닉으로 설정해 '다변량 통계 분석(multivariate statistical analysis)' 방법으로 연구했는데, 이 결과물인 저서 『내부 식민주의』는 국제사회학회(International Sociological Association)에서 20세기 최고 저서의 하나로 선정하기도 했다.[18]

헥터의 연구에서 알 수 있다시피, 내부 식민주의라고 불리는 불균등한 발전 패턴이 최초의 산업 사회에서 발전했고, 그것이 실제로 산업 사회에서 국가 발전의 형태일 수 있다(Hechter: 350). 그리고 내부 식민주의는 제3세계와 사회주의 국가에서도 일어날 수 있다. 우리는 중화인민공화국의 사례를 통해 알 수 있다. 알다시피, 인민공화국은 56개 에스닉으로 구성되어 있지만, 그 가운데 한족(Han ethnic)의 비중이 압도적으로 커서, 전체 인구의 90% 이상을 차지한다. 현재 인민공화국의 측면에서 보면, 지난 3천 년의 역사는 한족의 형성과 확산 과정이라 할 수 있다. 바꿔 말하면, 황하 유역에 기원을 둔 한족이 지속해서 주변부 소수 에스닉을 통합하는 과정이었다. 문화정치적으로는 한족이 90%가 넘지만, 생물학적으로는 한족과 소수 에스닉이 계속 혼합하는 과정, 즉 '한족화(sinicization)'의 과정이었다. 소수 에스닉을 중화제국으로 통합하는 흐름은 청조(清朝)에 두드러졌고 중화민국과 중화인민공화국은 청조의 강역을 계승했다. 청의 통합 흐름을 '대륙 식민주의(continental colonialism)'라고 한다. 이 과정을 스수메이(史書美)는 다음과 같이 요약했다.

대담한 팽창주의 정책으로 청나라의 대륙 식민주의는 '한족 땅'의 두 배가 넘는 영토를 획득했으며, 그리고 그토록 엄청나게 확대된 영토의 경계는 외몽골을 제외하고 중화인민공화국(1949년 건국)에 의해 합병되었다. 중화민국 대륙 통치

18_ <Michael Hechter>. https://en.wikipedia.org/wiki/Michael_Hechter (검색일자: 2023.10.19.)

시기(1911~1949) 동안 티베트와 신장은 단지 상징적으로만 중국과 연결되어 있던 것처럼 보였지만, 중화인민공화국은 그들을 다시 식민화하면서 직접적인 중국의 통치 아래에 두었다(스수메이, 2020: 451).

스수메이가 '대륙 식민주의'라고 부르는 것의 산물인 티베트와 신장, 남몽골, 만저우 등은 현 중국의 내부에 존재하며 이는 마이클 헥터의 '내부 식민지'와 유사하다. 한족 중심의 중국 중앙정부는 내부 식민지의 소수 에스닉을 통합하려는 노력을 기울였다. 인민공화국에 들어서 통합 노력은 강화되었다. 통합의 궁극은 '중화 네이션'이다. 조경란은 국민화 이데올로기와 중화 네이션 담론의 변천 과정에 초점을 맞추어 "중화민족 개념을 '국민화' 이데올로기로 보고 100년 동안의 '국민화' 기획에 구체적으로 민족, 중화민족, 중화민족다원일체구조론을 통해 ('보편적' 타자인) 소수민족을 어떻게 통제하고 관리하려 했는가"(조경란, 2006: 68)를 비판적으로 검토했다. 그녀의 기본 관점은, 네이션 창출이 상당 부분 허구적이며 기실 국내적 헤게모니 문제와 맞닿아 있다는 발리바르(Etienne Balibar)[19]의 지적을 귀담아들어야 하며 중국도 여기서 비켜갈 수 없다는 것이다. 그러므로 19세기 말 '네이션 담론'이 생성될 당시 중국 내부의 타지이며 또 다른 의미의 '식민지'라고도 할 수 있는 소수 에스닉에게 '근대'는 한족에게 동화 또는 식민지가 되어가는 과정이었다고도 할 수 있다. 근대중국은 조공국과 소수 에스닉의 희생 위에서 발전한 측면이 있다는 것이다(조경란: 73~74). 쑨원(孫文)의 5족공화론도 소수 에스닉과의 통합을 위해 나온 평등 구상이었지만, 신해혁명 후 정치지도자들의 입장에서 보면 그들에게

19_ 국민화: "경제의 재생산 자체에, 특히 개인의 교육에 혹은 가정구성이나 공중위생기구 등에 사적 생활의 모든 공간에 개입하는 국가가 출현하고 모든 계급의 개인들은 국민국가의 시민의 지위에 즉 '동국인(nationals)'이라는 속성을 가지게 되는 것을 의미"한다(Balibar, 1991: 92; 조경란: 68 재인용). 조경란은 이어서 '명실상부한 국민화 성립의 지표로, 국가기구의 출현과 그것의 시스템적이고 추상적인 개입이라는 대전제와, 그것을 받아들이는 주체의 존재 나아가 이들이 국가의 개입에 대해 능동적으로 공동체의식을 갖는 단계에 이르는 것을 들었다(조경란: 68).

남겨진 과제는 전 네이션의 통합이었다고 할 수 있다. 따라서 신해혁명 이후 국민당의 수뇌부는 중화제국의 틀을 국민국가의 틀로 수렴해 가야 하는 것에 상응해 중화제국이라는 의식형태를 '국민화'에 어떻게 동원할 것인가가 가장 큰 관심거리였다(조경란: 75~76).

흔히들 중국은 소수 에스닉 우대 정책을 편다고 한다. 그 대표적인 예로 자치지역에서 소수 에스닉 언어를 허용하고 1가구 1자녀만 허용하는 '계획생육(計劃生育)' 정책 시행 기간에도 소수 에스닉에게는 두 자녀를 용인하는 것을 들고 있다. 그러나 이와 같은 우대정책은 표층일 뿐이고 그 심층에는 통합정책이 기조를 이루고 있다(임춘성, 2018: 177). 박병광은 에스닉 동화와 융화의 각도에서 중국 소수 에스닉 정책을 고찰했다. 그는 모리(毛里和子)에 기대어 중국의 에스닉 정책을 평등의 원칙, 구역자치의 원칙, 분리불가(分離不可)의 원칙, 통일전선의 원칙(毛里和子, 1998: 47~50; 박병광, 2000: 428 재인용)으로 요약했다. 그는 정책 변화과정을 온건적 융화정책 시기(1949~1957), 급진적 동화정책 시기(1958~1976) 그리고 융화로 복귀한 개혁개방 시기로 나누고, 단계별 정책 목표로, 초기의 '영토적 통합', 2단계의 '정치적·사상적 통합', 개혁개방 시기의 '경제적 통합'으로 설득력 있게 분석했다(박병광: 442~43). 다른 글에서 박병광은 한족 지구와 소수 에스닉 지구 간 경제 편차에 초점을 맞추어 에스닉 변수를 도입해 지역격차 문제를 분석했다. 그에 의하면, 소수 에스닉 지구의 낙후와 빈곤 문제를 해결하는 것은 향후 소수 에스닉 사회에서 나타날 수 있는 체제이완 조짐에 대처하는 가장 직접적인 봉합책일 뿐 아니라 중국 개혁정책의 성패를 좌우할 가장 구체적인 관건이라 할 수 있다(박병광, 2002: 203). 그럼에도, 중국 정부는 내륙의 소수 에스닉 지구에서 산출되는 원자재를 싼 가격에 수매해 제조업 중심의 동부 연해 지역으로 재배치했으며 한족이 집중거주하는 동부 지역은 부가가치가 높은 소비재상품을 생산해 높은 수익을 올릴 수 있었다. 드레이어(June Teufel Dreyer)는 이러한 경제 관계를 '내부 식민지(internal colony)'라 했다(Dreyer, 1992: 257; 박병광, 2002: 217 각주 34 재인용).

여기에 비판적 문화연구의 입장에서 추정해 보면, 중국 당국(黨國)의 정책 목표는 '문화적 통합'이라 할 수 있다. 베이징올림픽을 통해 그 정점을 드러내고 시진핑 신시대 들어 '중국특색사회주의의 길' '중화 네이션의 위대한 부흥' '중국식 현대화' 등으로 표현된 문화적 통합정책은, 개혁개방 이후 축적된 경제적 발전과 '당의 전면적 영도'라는 정치적 통합에 기초해 당치(黨治)를 강화하고 국내외의 국민을 문화적으로 통합시키려는 것이라 할 수 있다.

7. 맺는 글

3천 년이 넘는 중국의 경사자집(經史子集) 텍스트를 무시하고 근현대 180여 년의 정치·경제·문화에 집중하는 것으로는 비판적 중국연구의 과제를 충분히 해결했다 하기 어렵다. 그렇다고 『사고전서(四庫全書)』를 붙잡고 각개격파식으로 씨름해 거기에 안주하거나 옛것으로 지금을 재단하는 것은 비판적 중국연구가 나아갈 길이 아니다. 아울러 근현대 이후 지속해서 영향력을 행사해온 유럽중심주의를 비판적으로 극복하는 것도 쉬운 일이 아니다. 유럽중심주의는 중국연구뿐만 아니라 모든 학문 분야에 깊숙이 침투되어 가치판단의 기준으로 작용하고 있기 때문이다. 한국의 수많은 담론에서 유럽중심주의가 '특권적으로 강조'되는 사례는 무수히 많다. 이를테면 아르놀트 하우저의 『문학과 예술의 사회사』, 테리 이글턴의 『문학이론입문』 등은 유럽 또는 그 일국의 사례에 지나지 않지만 우리는 그것을 필독 고전으로 설정하고 한국의 특수한 상황에 대입 내지 적용하느라 씨름해왔다. 서양의 많은 사상과 담론의 합리적 핵심을 비판적으로 수용하는 과제와는 별도로, 비서양 사회에서 유럽이나 서양의 사상과 담론이 보편적 기준으로 작동하고 있고 우리는 그것을 의식적·무의식적으로 수용해온 것이다. '전통문화의 창조적 계승'과 '외래문화의 비판적 수용'이라는 당연한 것처럼 보이는 시공간적 과제는 전통문화와 외래문화에 대한 가치판단, 창조와 비판이라는 방식의 다양성으로 인해 다각도의 다중규정적 성격을 가질 수밖에 없다. 지금 여기(now and here)에 적실(適實)한 해결책도 시간의 고험(考驗)을 견뎌내지 못하기도 했고, 급박한 현실에서 당장은 요원해 보이는 해결책을 포기했을 때 뒤따라온 후과(後果)로 앞서 거둔 성과까지 말아먹은 사례를 우리는 잘 알고 있다. 또 다른 시행착오를 경계할 일이다!

'끊임없는 반향'과 마오쩌둥 평가의 문제*

이 글은 본인의 저서에 대한 피경훈의 서평에 대한 답변이다. 서평자는 본서를 읽고 서평자의 공부, 특히 마오쩌둥 및 문화대혁명에 관한 재해석에 근거해 냉정하게 평가했다. "'포스트 사회주의 중국'이라는 개념 자체를 구체적인 역사적 과정으로서 사유하는 계기로서 논의되지 않고 있다"(95~96), "'자본주의/사회주의'라는 이분법적 개념에 근거한 기존의 논의들을 그대로 수용"(96), "저자 본인의 비판적 분석과 대안이 보이지 않는다"(96), "개념과 실제적인 역사 과정 사이의 적절한 균형"과 "'포스트 사회주의' … 개념이 탄생된 역사적 맥락에 대한 구체적 접근"(97)의 결여, "몰역사적인 관점"(101), "몰역사적인 표현"(103), "논의의 초점이 주제에서 이탈"(103), "본서가 리쩌허우 사상의 역사적 위치를 민감하게 포착하지 못하고 있다."(103) 등이 대표적인 평어이다. 이만하면 '팔이 안으로 굽을 것'이라는 우려를 불식할 만한 평가일 것이다. 저자도 "가차 없는 비판"(이재현·정성진, 2021: 8)에 부응해 대등한 입장에서 최대한 충실하게 답변하고자 한다.

본서가 서평자의 평가를 뛰어넘을 만한 수준과 내용을 담보하고 있는 것

---

* 『마르크스주의 연구』 제19권 제1호(65호). 이 글은 저자의 『포스트사회주의 중국과 그 비판자들—개혁개방 이후 중국 비판사상의 계보를 그리다』(2021)에 대한 피경훈의 서평(2021)에 대한 답변이다.

은 아니지만, 서평과 본서 사이에는 포스트사회주의에 대한 이해에서부터 리쩌허우에 대한 평가까지 상당한 거리가 있고, 그 심층에는 마오쩌둥과 문화대혁명에 대한 평가의 문제가 놓여있다. 본서 서문에서 '비판적 고찰'을 내세운 만큼, 본서에 대한 비판이 열려있고, 그 반향이 세차게 울렸음을 달가워하며 반향에 대한 반향을 보내면서 '끊임없는 반향'(92)을 기대해본다.

이 글에서는 우선 서평자가 연구대상을 자의적으로 축소한 점을 지적하고, 시평의 문제제기를 리쩌허우 평가, 왕후이와 첸리췬의 평가, 그리고 마오쩌둥과 문화대혁명 재평가로 나누어 답변한다. 마지막으로 서평의 문제점으로 협소한 이해와 단장취의, 저자의 비판적 고찰에 대한 검토 부재, 서평 글쓰기의 규범 등의 문제를 제기할 것이다.

1. 연구대상의 자의적 축소

서평은 본서에서 다룬 7인의 사상가 가운데 3인에 대해 집중 조명했다. 서평자는 본서의 두 개의 핵심어인 포스트사회주의와 비판적 지식인을, 긍정적으로 말하면 긴밀하게, 부정적으로 말하면 자의적으로 연계해, 리쩌허우, 왕후이, 첸리췬을 서평 대상으로 삼고 나머지는 제외했다. "본서는 '포스트 사회주의 중국', 즉 오늘날 우리가 만나고 있는 '문화대혁명 이후'의 중국을 비판적으로 고민한 사유의 흔적을 추적하고 정리한다. 저자 임춘성은 '포스트 사회주의 중국'을 치열하게 사유했던―그리고 여전히 사유하고 있는―중국의 지식인들은(을) 일별하면서 그 사상적 얼개와 가능성 그리고 한계를 세밀하게 기록하고 있다"(91~92). 이처럼 서평자는 『포스트사회주의 중국과 그 비판자들』이라는 표제에서 대명사 '그'를 '포스트사회주의에 대한'으로 독해했다. 이는 서평자의 자의적 해석이다.

본서는 '포스트사회주의 중국'의 '지식인들'의 비판을 다루고 있지만, 그 지식인들이 모두 '포스트사회주의 중국'을 치열하게 사유한 것으로 설정하지 않았다. 본서는 포스트사회주의 시기, 즉 문화대혁명이 종결된 1976년 또는 개혁개방이 시작된 1978년 이후의 시간대를 '중국의 장기 근현대'의 '단기'로 설정해 그 시간대의 비판적 사상가를 비판적으로 고찰하고 있다. 다시 말해, 표제에서 대명사 '그'는 '포스트사회주의 중국의'이다. 부제인 '개혁개방 이후 중국 비판사상의 계보를 그리다'에 초점을 맞추면 본서의 목차가 "좀처럼 납득하기가 쉽지 않"(114)은 수준은 아닐 것이다. 다시 한번 확인하자면, 본서는 "'포스트 사회주의 중국에 접근하기 위한 지적 지도"(92)를 그리는 것이 아니라, '포스트사회주의 중국의 '비판적 지식인의 비판 사상'을 고찰하는 것이다. 주제의식이 뚜렷한 논자라면 전자를 선호하겠지만, 뚜렷한 주제의식은 선택한 대상 이외의 비판 사상에 무관심하게 되는 약점이 있다. 본서에서 선택한 경로는 후자다. 이를테면 한국의 비판적 지식인이 모두 한국만을 치열하게 사유하는 것이 아니듯이, 포스트사회주의 중국의 비판적 지식인이 치열하게 사유하는 범위는 포스트사회주의 중국에 국한되지 않는다. 그러므로 "'포스트 사회주의 중국'이라는 개념은 본서를 관통해야 하는 핵심 개념"(97), "'포스트 사회주의 중국을 비판적으로 고민한 사상가들'의 사유를 일별하는 것"(114)이라는 이해는 서평자의 기대시야일 뿐, 저자의 저술 의도는 아닌 셈이다. 기대치가 높은 것은 고마운 일이지만, 본서의 의도와는 일정한 거리가 있음을 밝혀둔다. 서평자는 본서의 구체적인 내용을 무시하고 자신의 기준에 부합된 내용만을 자의적으로 서평 대상으로 삼았음을 알 수 있다.

부언하면, 본서는 포스트사회주의를 '시야(perspective)'로 삼아 개혁개방 이후 중국의 비판적 지식인의 비판 사상을 연구대상으로 삼았다. 물론 본서에서 다룬 비판적 지식인이 포스트사회주의 중국의 비판적 사상가의 전부는 아니다. 그렇더라도 비판적 문화연구 학자들의 비판 사상은 빠트릴 수 없다.

포스트사회주의에 대한 정명(正名)이 필요하다. 저자는 이전 저서에서 포스트사회주의를 '개혁개방 이후 중국을 관찰하는 시야'로 설정하면서, "포스트사회주의는 문화대혁명으로 대변되는 '사회주의 30년'을 부정하고 그것과 단절되는 측면과, 새로운 단계에 들어섰음에도 문혁의 기제가 여전히 관철되는 측면을 동시에 지적한다는 장점이 있다. 즉 사회주의의 지속(after, 後)과 발전(de-, 脫)을 절합(articulation)시키고 있는 중국 '개혁개방' 시기의 특색을 요약할 수 있다는 점에서 유효하다"(임춘성, 2017: 5 ~ 6)라고 정의한 바 있다. 본서에서는 이 정의를 이어 포스트사회주의를 '이행/전환 중인 복잡한 당-국가 체계 (complex and transforming party-state system)'라는 자나디(Maria Csanadi)의 정의(Csanadi, 2016)로 대신하면서 정관기변(靜觀其變), 조용히 그 변화를 관찰할 것을 제안했다. 포스트사회주의는 자본주의와 사회주의의 이분법으로는 해명하기 어려운, '현실 사회주의'가 개혁개방 이후 이행/전환한 사회를 지칭한다. 이행의 목적지는 현상적으로 '지구적 자본주의'로 보이지만 때로는 그것의 대립물로 설정되기도 한다.

　그런데 서평자는 포스트사회주의 중국을 "오늘날 우리가 만나고 있는 '문화대혁명 이후'의 중국"(91)이라 이해하고 있다. 원래 '이후'라는 단어는 '기준이 되는 때를 포함해 그보다 뒤'를 가리키므로 '본서'의 포스트사회주의의 정의에 부합하지 않는다. 이런 사실을 모를 리 없는 서평자가 '문화대혁명 이후'라는 표현을 고집하는 이유는 무엇일까? 이는 서평자가 자신의 주요 연구 이슈인 '문화대혁명' 시기와 개혁개방 시기의 연계 또는 단절에 초점을 맞추기 위해서일 것이다. 하지만 '문화대혁명 이후'라는 표현은 '포스트사회주의 중국'의 의미에 부합하지 않는다. 아울러 "'문화대혁명'에서 '개혁 개방' 노선으로의 전환 과정에는 여러 층위에 걸쳐 급격한 인식론적 단절들"(94)에 대한 논의는 서평자의 보충이 아니더라도 저자를 포함해 많은 비판적 중국연구 학자가 공감하는 내용일 것이다. 개혁개방 초기 사회주의 초급단계론을 비롯 사회주의 시장경제, 사회주의 상품경제 등에 관한 논의가 그것이다. 다만 본서에서 주요하게 취급하지 않았다.

2. 리쩌허우 평가에 대해

서평자가 공들여 비판하고 있는 리쩌허우는 본서에서 세 장의 분량을 차지하고 있다. 저자는 리쩌허우를 "자신의 사상 체계를 구축한 몇 안 되는 사상가"로 평가하고 "그 사상 체계의 핵심은 '인류학 역사본체론(a theory of anthropo-historical ontology)"(임춘성, 2021: 50)으로 요약했다. 그리고 리쩌허우를 '포스트사회주의 중국 비판 사상의 시원'으로 설정하고는 그의 사상을 두괄식으로 아래와 같이 요약했다.

> 그는 '자연의 인간화'와 '인간의 자연화'를 통해 자연과 인간의 관계를 탐구하고, 『중국근대사상사론(中國近代思想史論)』·『중국고대사상사론(中國古代思想史論)』·『중국현대사상사론(中國現代思想史論)』 등 '사상사론 삼부작'과 『미의 역정(美的歷程)』·『화하 미학(華夏美學)』·『미학사강(美學四講)』 등 '미학 삼부작'을 통해 중국 사상과 미학의 고금 변화에 통달하려 했으며, 『비판철학의 비판(批判哲學的批判)』을 통해 칸트와 마르크스의 교차를 시도하는 동시에 서양 철학과 중국 유학을 교차시켜 '4기 유학(儒學)'을 제창해 중국과 서양의 경계를 넘나듦으로써 '인류학 역사본체론'이라는 일가(一家)를 이루었다(임춘성 2021: 53).

이어서 '4기 유학'이 '중국중심론'으로 오해될 소지를 불식한 후 그 사상의 핵심어를 '중국의 지혜와 문화심리구조' '역사적 실용이성' '유학 4기설' '서학의 중국적 응용' '반봉건 계몽과 반제 구망'으로 나누어 논술했다. 이어서 2장에서는 심미 적전론과 미학의 적전구조를, 3장에서는 칸트 철학 비판과 인류학 역사본체론을 다루었다. 그런데 서평자는 3장 말미의 한 구절 "리쩌허우의 수많은 저서 가운데 유독 한 권의 책에서 몇 마디 언급을 문제 삼아 '신계몽주의자'라고 판정하는 것도 온당하지 않다"(임춘성, 2021: 153)를 인용한 후 "논의의 초점이 주제에서 이탈"(피경훈: 103)했다고 비판하고 있다. 이는 '리쩌허우를 계몽사상가/신계몽주의자로 축소 해석하는 관점을 비판하겠다'는 저자의 목적이 제대로 달성되지 않은 점을 비판한 것인데, 사실 이 목적은 '4. 리쩌허우 비판의 인지적 맹점'이라는 표제로 149~55쪽에서 수행하고 있다.[1] 아울러 리쩌허우가 "어떠한 사상가로 정의되어야 하는가"(103)에 대해서도 위의 인용문으로 요약한 후 1장과 2장과 3장에 걸쳐 규명했음을 밝혀둔다. 물론 요약과 규명이 제대로 되었는지에 대한 평가는 별개의 문제다. 서평자의 이 비판은 최소한 3장 4절을 정독했다면, 나아가 1부 전체를 숙독했다면 제기하지 않을 수도 있는 문제였을 것이다. 단장취의의 전형적인 사례라 할 수 있다.

서평자가 문제 삼고 있는 또 하나는 리쩌허우의 '불분명함과 모호함'(100)이다. '서학의 중국적 응용(西體中用)'에서 서학도 '서구의 복잡한 사상 체계를 뭉뚱그리는 표현'이고, '중국적 상황'에 대해서도 분명하게 해명하지 않고 있다는 것이다. 또한 리쩌허우가 핵심 과제로 설정한 '전환적 창조'도 '개념'에 불과하다고 했다. 이에 대해서는 리쩌허우의 '서학의 중국적 응용'[2]과 '유학 4기설'을 정독하면 모호함이 해소될 수 있을 것이므로 반복하지 않는다.

서평자의 리쩌허우 비판은 두 가지로 요약할 수 있다. '계몽과 구망의 이중변주' 비판과 '적전과 계몽의 상호 충돌'이라는 점이다. 전자에 대해서는 4

1_ 독자의 편의를 위해 다시 정리하면 다음과 같다. 리쩌허우에 대한 비판은 주로 톈안먼 사건 이후 국외 망명과 『고별혁명』이 불러일으킨 오해에서 비롯되었다. 저자는 후자에 대해 허자오톈(2018)과 심광현(2017), 하남석(2018) 등의 견해에 대한 비판을 통해 "인지적 맹점에서 비롯한 오해와 오인에서 기인했음'을 논증했다. 왕후이 표절 등에 관한 서술은 논증 후 여론(餘論)에 해당한다(이상 임춘성, 2021: 151~54 참조).

2_ "유학 4기설이 유학 3기설을 겨냥한 것이라면, '서학의 중국적 응용'은 '중체서용(中體西用)'과 '전면서화(全盤西化)'를 겨냥한 것이다"(임춘성, 2021: 72). "리쩌허우는 '서학의 중국적 응용'을 '전환적 창조'의 방법론으로 간주했을 뿐 아니라, 근현대화와 전통의 모순을 해결하는 사유 방식으로 승화하고 있다"(임춘성: 73). "리쩌허우의 '서체'에서 '체(體)'는 … 생활의 근본이자 본체를 가리킨다. … 리쩌허우는 억만 인민의 일상적 현실 생활이 '체'이고, 이는 또한 근현대적 생산양식이자 생활양식이며 마르크스가 말한 사회 존재라고 말한다. 그는 근현대 중국 역사에서 중국 전통의 강고한 힘이 외래를 압도했다고 본다. 그러므로 그의 과제는 전통을 해체하고 재해석하는 것이다. 근현대 대공업과 과학 기술을 근현대 사회 존재의 본체와 실질로 인정해 근본으로 삼아야 한다고 주장한 것이다"(73~74). "리쩌허우는 '학'이 '체'가 될 수 없음을 이처럼 분명하게 말했다"(74). "중국의 전통을 근현대화된 생산양식과 생활양식의 토대 위에 결합하는 것이 바로 '서학의 중국적 응용'이다"(75).

절에서 상론하기로 하고, 여기에서는 후자에 대해 검토해보자.

서평자는 적전과 계몽이 "원리적으로는 서로 충돌하는 것"(102)으로 이해하면서, 리쩌허우가 "한편으로는 '전승과 축적'을 강조하면서, 다른 한편으로는 '계몽과 각성'을 강조"하는데, "이 두 가지가 어떻게 어우러질 수 있는지를 리쩌허우는 자신의 사상 체계 안에서 분명하게 해결하지 못하고 있다."(102)라고 비판하고 있다. 이런 맥락에서 서평의 3절 표제에서처럼 리쩌허우는 전통주의자인가? 아니면 계몽주의자인가? 라는 이분법의 잣대를 들이대고 있다. 변증법적 유물론의 기본 개념인 모순은 '상호의존적이면서 상호대립적이다.' 저자가 보기에 리쩌허우는 '유학 4기설'과 '서학의 중국적 응용'을 통해 전통으로부터 근현대로의 전환적 창조, 서평자의 표현에 따르면 적전과 계몽의 관계를 훌륭하게 해명했다. 저서의 해당 부분(1장 4절과 5절)의 설명으로 대신한다.

이와 관련해 서평자는 "리쩌허우의 경우, 그가 제시한 '적전설'이 1980년대, 즉 『비판철학의 비판』이 집필되고 출간된 1970년대 말에서 1980년대 초 사이라는 실제 역사적 상황 속에서 어떠한 의미를 갖는지가 분명하게 드러나지 않고 있다"(98). 아울러 『비판철학의 비판』이 "관방의 담론적 흐름에 힘을 실어주는 결과를 초래"(104)했다고 비판하고 있다. 서평자는 『비판철학의 비판』의 역자인 만큼 출판 당시의 역사적 맥락을 잘 이해하고 저서에 그런 내용이 부재한 것을 지적한 것으로 이해한다. 그런데도 다음의 질문에 대해 어떻게 답변할지 궁금하다. "관방의 담론적 흐름에 힘을 실어주는 결과를 초래"하는 것은 누구의 책임일까? 필자의 책임일까? 아니면 독자의 책임일까? 이도 저도 아니면 그런 결과를 초래한 당시 정세에 책임을 물어야 할까? 또는 그런 정세를 조정한 어떤 힘을 찾아 원인을 규명해야 할까? 어떤 사상의 탄생 맥락과 그것이 당시 정국에 미친 영향도 중요하지만, 더 중요한 것은 사상 자체가 아닐까? 부정적인 결과를 초래하면 그것을 헤아리지 못한 필자—리쩌허우든 마르크스든—가 비판의 대상이 되어야 할까?

3. 왕후이와 첸리췬 평가에 대해

서평자는 왕후이와 저자의 마오쩌둥 인식을 비판한다. 그 비판은 다음의 문장에 근거하고 있다. "왕후이와 저자 모두 중국 사회주의 경험을 추동시켰던 마르크스주의[3] 자체에 대해 심도 깊은 이해를 보여주지 못하고 있다. 실상 마르크스주의와 그것에 뿌리를 둔 마오쩌둥 사상의 역정(歷程)은 '모더니티에 대한 방기'가 아니다. 마르크스와 마르크스주의자였던 마오쩌둥은 오히려 역사적 과정 안에서 '모더니티의 완성(혹은 종결)'을 추구했다"(106). 서평자는 이어서 서유럽 모더니티를 수량화와 실증주의로 정의[4]하고, 마오쩌둥이 "이 두 가지를 동시에 추구하면서 그 간극과 갈등을 해결할 수 있다고 생각"(108)했고 "수량화와 그것의 역사적 발전에 따른 완성과 종말을 조금 더 앞당기기 위해 '대약진운동'(물질적 차원)과 '문화대혁명'(정신-문화적 차원)을 일으켰던 것이며 '덕성'의 문제['인민을 위해 복무하라(爲人民服務)'와 같은]를 지속적으로 제기"(108)했다는 역사 해석을 덧붙이고 있다.

서평자의 사회주의 중국의 역사에 대한 인식은 '중국 사회주의 경험을 추동시켰던 마르크스주의'란 무엇인가? 결국 마오쩌둥에 의해 수용된 마르크스주의, 즉 마오쩌둥 사상일 터인데, 그것이 '역사적 과정 안에서 모더니티의 완성(혹은 종결)'을 추구했다라는 단정은, 이론 차원에서의 '추구'라면 혹시 몰라도, 수긍하기 어렵다. 4절에서 다시 이야기하겠지만, 서평자의 마오쩌둥 사상

3_ 이에 대해 이재현의 언급을 참고할 필요가 있다. 이재현은 월러스틴이 오늘날에는 '천(千) 개의 마르크스주의(a thousand Marxisms)'가 있을 수 있다(Wallerstein, 1986)라고 밝힌 것에 기대어, "이 글은 '천 개의' 마르크스주의의 어떤 하나의 관점에서, 중국의 공식 이데올로기와는 달리, '중국 공산당'이 마르크스주의 정당이 결코 아니며 또한 중국 사회는 사회주의 사회가 분명히 아니라는 입장을 단호하게 취한다"(이재현, 2021b: 52)라고 밝히고 있다. 서평자도 자신이 거론한 마르크스주의가 어떤 마르크스주의인지 명확히 밝힐 필요가 있다. 마오쩌둥 사상에 대해서도 마찬가지다.

4_ 서유럽 모더니티를 수량화와 실증주의로 정의하는 것이 어느 정도 설득력이 있을까? 내용으로 보아 모던 초기의 특성으로 보이는데, 이를 모던 전 시기로 일반화하는 것은 조심스러운 일이다. 게다가 그것을 동아시아 근현대에 적용할 때는 신중할 필요가 있다. 참고로, 게오르그 짐멜(2007)은 모더니티의 풍경을 11가지로 나열했고, 마테이 칼리니스쿠(1998)는 모더니티의 얼굴을 다섯 가지로 서술했다.

과 실천에 대한 평가는 마오쩌둥 시기 교과서로 환원하고 있다.

서평자의 첸리췬 평가의 핵심어는 비판과 구축이다. 바꿔 말하면 "'비판' 그 자체가 '사회주의'를 구성할 수 있는가"(112)이고, "새로운 권력을 구축하고자 했던 마오쩌둥의 시도"(112)를 존중해야 한다는 것이다. 하지만 첸리췬은 비판에 머물렀다. 문제는 '새로운 권력'의 성격이다. 마오쩌둥이 구축한 '새로운 권력'은 '정치적 민주주의' 등 근현대성을 담보했는가? 사회주의 민주주의는커녕 자유주의 민주주의 수준도 확보하지 못한 새로운 권력이 독재를 합리화하는 수단이 되었음을 우리는 역사를 통해 잘 알고 있다. 이에 대한 답변 없이 '비판의 극복'(113)을 운위하기는 어려워 보인다.

4. 마오쩌둥과 문화대혁명 평가의 문제

저서에서 마오쩌둥의 3대 이형동질(異形同質, allomorphism)의 오류를 지적한 바 있다. 논의의 수월함을 위해 관련 부분을 인용하면 다음과 같다.

> '반봉건 계몽과 반제 구망의 이중과제'를 설정하고도 그것을 해결하는 과정에서 반제 구망을 주요과제로 선택함으로써 '구망이 계몽을 압도'한 상황을 연출했듯이, 그리고 '옌안 문예 좌담회'에서 '보급과 제고'라는 이중과제를 탁월하게 설정하고도 보급에만 치중함으로써 인민공화국의 문예 수준을 제고시키지 못했던 것처럼, 이번에도 마오쩌둥은 근현대화의 목표와 사회주의적 열망이라는 이중과제 가운데, 자신도 모르는 사이 사회주의 목표가 공업화에 종속되는 길을 선택한 셈이다. 구망이 계몽을 압도하고, 제고를 유보한 보급을 선택하며, 사회주의 목표를 공업화에 종속시킨 것은 마오쩌둥의 3대 이형동질의 오류라 할 수 있다(임춘성: 32~33).

이 가운데 '제고를 유보한 보급'은 마오쩌둥이 1942년 「옌안문예좌담회에서의 연설」에서 '보급(普及)과 제고(提高)의 쌍방향적 관계'를 훌륭하게 개괄해놓고도 실행과정에서는 '제고를 유보한 보급'의 수준에 머물렀던 것을 가리킨다. "마오 쩌둥은 '연설문'에서 '우리의 제고는 보급의 기초 위에서의 제고이며 우리의 보급은 제고의 지도 아래에서의 보급(毛澤東, 1968: 819)이라고 정리했다. 하지만 '제고를 강조하는 것은 당연하지만 그것을 일면적이고 고립적으로 강조하거나 지나치게 강조하는 것은 잘못'(毛澤東: 816)이라고 못을 박고는, 인민 대중에게는 '비단에 꽃을 수놓는 것(錦上添花)'이 아니라 '엄동설한에 숯을 보내주는 것(雪中送炭)'이 무엇보다도 필요(毛澤東: 819)하다고 하면서 '보급'의 일차적 중요성을 강조했다. 이는 결국 당면 현실 과제를 해결하기 위해 장기적인 과제를 유보하게 했고, 유보는 다시 회복되지 않은 채 '제고의 결락'이라는 국면으로 귀결된 것이 인민공화국의 역사였던 셈이다"(임춘성: 89～90).

사상가/이론가로서의 마오쩌둥은 근현대 중국의 이중과제(반제와 반봉건), 사회주의 중국의 이중과제(근현대화의 목표와 사회주의적 열망), 새로운 인민문학의 이중과제(보급과 제고)를 훌륭하게 추출했지만, 혁명가/통치자로서의 마오쩌둥은 이중과제에서 우선순위를 정할 수밖에 없었고 그런 선택은 상호대립적이면서도 상호의존적인 이중과제를 이중변주로 변질시켰던 것이다. 반봉건 계몽과 반제 구망의 이중과제가 이중변주로 변질되는 과정을 예리하게 포착한 것은 리쩌허우의 공로고, 여기에서는 근현대화의 목표와 사회주의적 열망의 이중과제와 보급과 제고의 이중과제에서 후자가 전자를 압도하는 이형동질을 추출해낸 것은 본서의 성과라 할 수 있다.

그러나 서평자는 이런 맥락과는 다르게 해석하고 있다. '반봉건을 유보한 반제' 혁명이라는 저자의 주장을 "'구망에 의한 계몽의 압도'라는 공식으로부터 그대로 도출되는 것"(101)으로 치부하고, "사회주의 시대를 중국 당대사의 외부로 배제시켰다"(101)라는 허구이메이의 논의5)에 기대 "계몽과 구망을 이분법적으로 설정하고, 나아가 전자가 후자에 의해 압도당했다는 (리쩌허우의-

인용자) 주장은 실상 몰역사적인 관점"(101)이라고 단정하는 것은 설득력이 부족하다. 리쩌허우는 이른바 '사회주의 시기'를 타자화하지 않았고 저자 또한 그런 의도를 가지고 있지 않다. 이를 판별할 준거는 개념이나 담론이 아니라 서평자가 강조하는 역사 과정에 대한 검증일 것이다. 기왕에 역사 과정을 거론한다면, 마오쩌둥의 문건만 독파하는 것으로 해결되지 않는 문제들이 산적해 있다는 것도 인지하고 있을 것이다.

저자는 계몽을 반봉건의 방법으로, 구망을 반제의 방법으로 이해했다. 마오쩌둥이 제시한 반봉건과 반제의 이중과제는 리쩌허우에 와서 반봉건 계몽과 반제 구망의 이중과제로 구체화된다. 이중변주라는 것은 이중주를 전제로 한다. 두 개의 악기가 상호 독립적이면서도 상호 조화를 이룰 때 이중주의 장점이 빛날 것이다. 그러나 하나가 자신의 역할을 넘어서 상대방을 압도할 때 불협화음이 일어나고 이중주는 파탄날 것이다. 그러나 역사 과정은 그런 상황에서도 지속될 터이고 리쩌허우는 그런 상황을 '이중변주'라고 비유했다. 이런 이중변주를 이분법으로 단정하는 것이 타당한가? 비판을 위한 비판 아닌가? 저자가 보기에 리쩌허우는 계몽과 구망을 이분법적으로 사고하지 않았다. 반봉건과 반제가 양분될 수 없듯이 계몽과 구망도 상호 침투적이다. 여기에서 마오쩌둥이 시행한 수많은 정책을 일일이 검토할 수 없지만, 중요한 것은 마오쩌둥이 반봉건과 반제의 이중과제를 제시한 것과 1942년 「옌안 문예연설」 이후 급격하게 '제고를 유보한 보급' 위주로 기울고 '반봉건을 유보한 반제' 혁명으로 나아간 역사 과정의 차이를 간과하지 말아야 할 것이다. 그리고 옌안 모델이 중화인민공화국을 주도한 모델이 되었음도 잊지 말아야 한다.

이와 관련해 지적해야 할 것은, 마오쩌둥의 사상과 그것이 관방의 주류

5_ 허구이메이의 논의 또한 일면적이다. 문화대혁명 직후 창작된 「상흔」과 「고련」으로 대표되는 이른바 '상흔소설'에 드러난 문화대혁명의 참상에 대해 허구이메이 등은 어떻게 해명하는지 궁금하다. 상흔소설에 드러난 '문화대혁명의 후유증에 대해서는 임춘성(1995)의 '제4장 이념의 지옥과 꺼지지 않은 불씨—루신화의 「상흔」, 바이화의 「고련」' 와 부분을 참조할 것.

담론으로 자리잡은 맥락을 구분해야 한다는 점이다. 서평자는 1930년대 마오쩌둥의 문헌을 근거로 마오쩌둥 사상의 반봉건적 성격을 증명하고자 했지만, 옌안 정풍 이후 수립된 옌안모델이 1949년 이후 주류가 된 역사적 맥락을 놓치지 말아야 한다. '공자왈(孔子曰)'에 버금가는 '마오 주석이 말씀하시길(毛主席說)'의 영향력은 절대적이었고, 민주집중에서 민주에 괄호가 쳐지고 집중만 남은 것이 옌안모델이었다. 그러므로 1930년대 마오쩌둥의 문건 한두 개로 마오쩌둥 사상의 반봉건을 증명하는 것은 '몰역사적'이다.[6]

마오쩌둥 평가와 관련해 서평자가 거론한 문화대혁명의 기원도 문제적이다. 서평자는 다른 글(피경훈, 2019)에서 『홍기(紅旗)』에 게재된 글(주로 1966년)을 근거로 문화대혁명 기원의 세 가지 축선을 "역사가 봉건주의 시대와 부르주아 단계를 거쳐 사회주의 및 공산주의에 이르게 될 것이라는 이행의 법칙과 전망, 사회를 상부구조와 하부구조로 분석하는 패러다임 그리고 상부구조에 대한 개입을 통한 인간 의식의 개조"(피경훈, 2019: 146~47)라고 요약하고, 문화대혁명의 핵심 과제가 "'인간 의식의 개조'로 수렴"(피경훈: 147)되고 "'사회주의적 주체성'의 추구라는 주제가 그저 부정될 수만은 없다"(148)라고 결론 짓고 있다. 중국공산당 기관지에 해당하는 『홍기』를 통해 문화대혁명의 이론적 기원을 고찰하는 것은 가능하겠지만, 그것으로 문화대혁명의 총체적 기원을 밝히는 것은 충분치 않아 보인다. '인간 의식의 개조'나 '사회주의적 주체성의 추구'라는 핵심어는 20년의 사회주의 실험을 거친 역사적 경험의 적전(積殿)에서 우러나온 것이라기보다는 사회주의 교과서로 '환원'한 것으로 보인

6_ 피경훈과 임춘성의 논쟁에서 주된 쟁점을 '마오쩌둥 사상에 대한 평가'로 파악한 서동진과 정성진의 평가는 타당하다. 그러나 구체적인 쟁점을 정리하면서 중국혁명의 이중과제를 "사회주의의 과제(반봉건(反封建), 계몽(啓蒙), 제고(提高))와 공업화의 과제(반제(反帝), 구망(救亡), 보급(普及))"(서동진, 정성진, 2022: 8)으로 구분한 것은 커플링(coupling)이 잘못되었다. 마오쩌둥의 용어로 개괄하면, 반봉건의 과제(계몽, 제고, 공업화)와 반제의 과제(구망, 보급, 사회주의 건설)로 나눠야 한다. 마오쩌둥은 구망이 계몽을 압도하고, 제고를 유보한 보급을 선택했으며, 궁극적으로 사회주의 건설의 목표를 공업화에 종속시킨 것은 마오쩌둥의 3대 이형동질의 오류라 할 수 있다. — 이 부분은 사후 추가했음을 밝혀둔다.

다. 이는 마치 '알튀세르와 푸코의 부재하는 대화'를 분석하다가 '계급투쟁을 잊지 말자'라는 구호로 마무리(진태원, 2011: 제12장 참조)하는 것만큼이나 황당하다.

서평자는 "1950-1960년대 문건, 특히 '문화대혁명' 시기의 문건을 보면, 마오쩌둥은 '개인적 각성과 덕성'의 문제를 끊임없이 제기하고 있다"(102)라고 논술하고 있다. 그러면 다음 문제에 답해야 한다. '개인적 각성과 덕성'의 문제를 중시한 마오쩌둥은 왜 톈안먼 광장에서 수천 만의 홍위병을 접견하고 그들을 상산하향(上山下鄕)의 길로 인도했을까? 도시에서는 인간 의식 개조가 불가능하고 사회주의적 주체성을 추구할 수 없었던 것일까? 원톄쥔에 따르면, 중화인민공화국의 공업화 초기 '원시적 축적단계'인 1958년~1976년 사이 세 번의 위기가 있었는데 이를 '내향형'으로 농촌에 전가했다고 한다. '상산하향'은 위기를 농촌에 전가한 대표적 운동이다. 1960년, 1968년, 1975년에 시행된 세 번의 '상산하향'에는 도시 중고등학생으로 구성된 지식 청년 약 2천만 명과 그와 비슷한 규모의 농촌 중고등학생 중심의 귀향지청이 참가했다고 한다(임춘성, 2021: 294~95 참조). 약 4천만 명의 지청을 상산하향의 길로 인도한 것을 '인간 의식의 개조'나 '사회주의적 주체성의 추구'로 미화했다면, 이는 역사에 용서받기 어려울 죄과다.

참고로 첸리췬은 마오쩌둥 사상과 마오쩌둥 문화를 20세기 중국의 특징으로 꼽는다. 그가 볼 때 마오쩌둥은 다음과 같은 기본 특징을 가지고 있다. 첫째, 마르크스주의자로서 세계를 해석하는 사상가에 그치지 않고, 동시에 세계를 개조하는 행동가이다. 사상이 추구하는 것은 철저와 비타협, 하지만 실천은 타협을 해야 한다. 사상이 추구하는 것은 초월적인 것, 하지만 실천은 현실을 중시한다. 그러므로 "사상의 실현은 곧 사상 자신과 사상가의 훼멸(毁滅)이다." 둘째, 시인. 이론 형태의 낭만주의가 실천 층위의 전제주의로 전환했다. 셋째, 국가의 최고 통치자. 넷째, 권위주의적 국가의 지도자. 다섯째, 마오쩌둥은 사상을 개조하고자 한다. 마오쩌둥은 스스로를 호걸이자 성인으로 자리매김하고자 했다. 여섯째, 그가 통치하고 개조하고자 한 대상이 전 세계에서 가장 인구가 많은 나라인 중국이라는 점이며, 그 영향이 크고 깊어 가벼이 볼 수 없다. 마오쩌둥 사상은 반세기 동안 지구 인구의 3분의 1을 차지하는 중국인의 생존방식, 기본 사상, 행위방식을 지배했다. 마오쩌둥은 아주 목적의식적으로 그 자신의 사상을 이용해 중국과 세계의 현실, 그리고 중국인의 영혼세계를 개조하고자 했고, 또한 그의 사유 모델에 따라 중앙에서 지방의 기층에 이르는 사회생활의 조직 구조를 만들고자 했다. 이는 마오쩌둥이 사상적 존재일 뿐만 아니라, 더욱이 물질적이고 조직적인 존재임을 말해주는 것이다(전리군, 2012: 23~26 발췌 인용).

첸리췬의 마오쩌둥론의 핵심은 마오쩌둥이 사상가이자 조직가라는 것이고, 국가 최고 통치자이자 권위주의적 국가 지도자로서 비타협적인 사상보다는 타협적인 실천을 선택했다는 것이다. 마오쩌둥의 사상은 타협적인 실천 과정에서 훼멸(毁滅)되었다. 이 글의 맥락에서 보면, 마오쩌둥을 평가할 때 문헌에만 의지해서는 안 된다는 것이다. 첸리췬의 마오쩌둥론은 마오쩌둥의 원전을 독파할 때 잊지 말아야 할 교훈이다.

5. 맺는 글

'편폭의 제한'에도 불구하고 서평자는 본서에 대해 여러 가지 이야기를 했다. 서평자가 제기한 비판에 대해 저자가 중요하다고 생각하는 것들에 대해 답변과 비판을 해보았다. 서문의 맥락에서 셈하면 다섯 번째 비판이다. 서평자는 본서를 '마중물'(116)이라 평함으로써 비슷한 시기의 다른 서평(윤영도, 2021)에서 '나침반'이라는 평가와 궤를 같이하고 있는데, 성원의 마음을 담은 동업자들의 평가를 본서는 감당하기 어렵다. 특히 '마중물'은 '새 물을 맞이하는 물'이라는 의미가 있는데, 본서는 기존의 비판적 지식인의 비판 사상을 비판적으로 고찰했을 뿐이기에, 새 물을 맞이하는 마중물이 되기에는 역부족이다.[7]

이외에 저자의 관점에서 아쉬운 점과 서평자에 대한 기대를 요약하면 아래와 같다.

첫째, 연구대상 문제에서도 언급했지만, 서평자는 저서의 표제를 자의적으로 축소해 저서에서 다룬 7인의 비판적 지식인 가운데 3인만을 대상에 포함했다. 서평자가 공들인 리쩌허우 부분에서도 1장의 소주제만을 주요하게 다뤘을 뿐, 2장과 3장의 내용을 건너뛰었다. 서평이라기보다는 서평자가 하고 싶은 말을 한 독립적 논문의 성격이 강하다.

둘째, 저자의 비판적 고찰에 대한 코멘트가 없다. '책을 펴내며'에서 밝혔듯이, 제국주의와 봉건제를 비판한 공산당과 공산당을 비판한 비판적 지식인, 그리고 이들의 비판을 비판적으로 고찰하고자 한 내용이 본서의 핵심임에도, 그에 대한 서평자의 언급을 찾기 어렵다. 물론 본문에도 텍스트를 분석하면서 비판을 진행했지만, 비판적 고찰은 주로 각 장의 말미―리쩌허우의 경우 1부의 말미―에, 문제 제기, 과제, 문제, 비판, 한계 등의 표제로 배치되어 있다. 그러나 서평자는 이에 대해서는 무심하다.

셋째, 학술 논문에 규범이 있듯이 서평 논문에도 규범이 있어야 한다. 규범이라는 것은 최소를 지향해야 하므로, 서평 글쓰기는 대상 도서의 충실한 독해와 콘텍스트 이해를 전제로 삼는 것을 최소 규범으로 삼아야 할 것이다. 나아가 도서의 주요 논점을 제대로 파악하고 그 논점이 설득력있게 전개되었는지 그리고 부족한 점은 무엇인지를 짚어낸다면 서평 글쓰기의 기본 임무를 수행했다 할 수 있다. 서평도 토론 과정의 일부인 만큼 치열하게 진행되어야 겠지만, 대등한 자리매김이 필요하다. 자신의 문제의식과 다른 부분을 자의로 재단(裁斷)하는 자세는 공부를 열심히 하는 학인이 자주 범하는 오류인데, 이는 그리 모범적인 서평 글쓰기의 태도가 아니다. 마침 피경훈의 서평이 실린

7_ 마중물이 되기 위해서는 대중적일 필요가 있지만, 본서는 기본적으로 전문 독자를 상정하고 있다. 그런 독자에게 필명 리이저의 3인의 본명(96) 등을 일일이 명기해줄 필요는 없을 것이다. 물론 출판사의 요구에 부응해 조금 낮은 눈높이에 맞추어 보완한 각주가 없지는 않다.

『마르크스주의』18권 4호(2021)에는 『차이나 붐』에 대한 서평(김현석, 2021)이 게재되었다. 이 서평은 '1. 들어가며/ 2. 중국 자본주의 발전의 궤적/ 3. 쟁점들/ 4. 나가며'로 구성되어 있고, 2절에서 서평 대상의 저술 목표와 구체적인 내용을 장별로 요약 소개했고, 이어서 3절에서 쟁점들을 다섯 가지로 나누어 논술하고 있다. 나는 서평 논문이 갖추어야 할 최소한의 내용을 공정하게 논술했다는 점에서 김현석의 서평이 모범에 가깝다고 생각한다. 분방(奔放)한 피경훈의 서평과 좋은 대조를 이룬다.[8]

마지막으로, 마오쩌둥과 문화대혁명에 대한 평가에서 저자와 서평자 사이에 현재로서는 메우기 어려운 간극이 놓여있다. 지난 수년간 마오쩌둥의 원전을 홀로 독파하고 있는 서평자의 새로운 창견(創見)을 기대함과 동시에 그것을 절대적 기준으로 삼아 다른 담론을 재단하지 말기를 당부한다. 또한 서평자가 강조하는 역사적 맥락을 텍스트 분석만으로 어떻게 해결할지, 그리고 그 역사적 맥락을 어떻게 복원할지에 대해서는 여전히 의구심을 지울 수 없다. 서평자의 작업이 성과를 거두면 이는 중국 근현대사에 대한 기존 해석을 전복할 수 있겠지만, 자칫 중국공산당의 강령 또는 사회주의 교과서 수준으로 환원할 가능성을 경계해야 할 것이다.

본서에서는 '내부 식민지' 문제를 두 곳에서 거론하고 있다. 하나는 서평자가 지적한 원톄쥔 부분에서, 다른 하나는 리쩌허우 부분에서다. '내부 식민지' 문제는 본서 출판이 임박한 시점에 추가한 핵심어로, 본서에서는 충분히 논의하지 못했다. 다음 저서에서 사이노폰 연구와 결합해 심층 논술할 계획이다. 한 가지 짚고 넘어갈 것은, 그동안 반(半)식민·반(半)봉건 사회라고 인지했던 근현대 중국, 따라서 스스로 제3세계를 자처하면서 피해자 코스프레를 해온 중국 내부에 하층 타자(subaltern), 농민, 여성, 소수 에스닉 등의 식민지가 엄연히 존재해왔다는 점이다. 원톄쥔의 삼농 연구는 농촌이 도시의 내

8_ 이 단락은 사후 수정·보완했음을 밝혀둔다.

부 식민지였음을 반증하는 사례이고, 신장 지역의 위구르 에스닉에 대한 장기간의 동화정책은 제국주의의 식민지 수탈과 다를 바 없으며, 사회주의 가부장제에 대한 비판은 굳이 덧붙일 필요 없을 것이다. '내부 식민지' 관점은 근현대 중국을 새롭게 바라보는 중요한 시좌를 제공할 것이다.

비판의 비판에 대한 비판적 고찰[*]

1.

신민주주의 혁명의 성공으로 1949년 건국된 중화인민공화국(이하 인민공화국)
이 자본주의를 뛰어넘어 사회주의로 진입한 것은 우리에게 명약관화한 사실
이었다. 제국주의와 봉건제를 '비판'하며 건국한 인민공화국의 출현은 반봉
건·반식민지 사회가 사회주의 국가로 변모했다는 맥락에서 전 세계인의 주
목을 받았다. '사회주의 30년'의 시행착오를 거쳐 개혁개방 단계로 접어든 중
국은 '중국 특색의 사회주의'를 내세우며 다시 한번 세계의 이목을 집중시켰
지만, 현재 중국을 사회주의 사회로 보기는 어렵다. 많은 학자가 '중국 특색의
신자유주의' '국가 발전주의 모델' '국가 신자유주의' '권위주의적 자본주의'
'얼룩덜룩한 자본주의' 심지어 '국가자본주의' 등의 용어로 현재의 중국을 규
정하고 있다. 그 가운데 '당-국가 체계(party-state system)'라는 명명은 중국 통치
의 내부 메커니즘을 가리키는 용어라 할 수 있다. 국외에서 '관료 자본주의
국가이며 압축적 성장을 추구하는 개발주의 국가'로 평가되는 중국은 다른 자
본주의 국가와 많은 문제점을 공유하고 있다. 바꿔 말하면, 혐중론자들이 지
적하는 노동 착취와 민주 노조의 부재, 공해와 소수자의 문제 등은 중국만의

---

[*] 『포스트사회주의 중국과 그 비판자들—개혁개방 이후 중국 비판사상의 계보를 그리다』의 「책
을 펴내며」.

문제가 아니라 한국을 비롯한 자본주의 국가에 공통된 문제다.

제국주의와 봉건제를 '비판'하며 건국된 인민공화국은 개혁개방 이후 발생한 많은 문제점으로 인해 새로운 '비판'에 직면했다. '비판'의 주체는 '비판적 지식인'과 '기층 민중'이다. 중국공산당(이하 공산당)이 제국주의와 봉건제를 타도하기 위해 혁명의 기초로 삼았던 '기층 민중'과 연대의 주축이었던 '비판적 지식인'이 언제부턴가 공산당을 '비판'의 대상으로 설정하고 있다. 이 책에서는 '비판적 지식인'의 '비판'에 주목했다. '비판의 비판'에 초점을 맞춘 것이다. 제국주의와 봉건제를 '비판'한 공산당, 그리고 공산당을 '비판'한 '비판적 지식인'. 그러나 우리에게는 그것만으로 부족하다. '비판의 비판'에 대한 검증이 필요하다. 제한적이나마 '비판적 지식인'의 사상 계보를 정리하고, 제국주의와 봉건제에 대한 공산당의 '비판'과, 충분하지는 않지만 새로운 문제를 제기하는 '비판적 지식인'들의 '비판'을, '비판적으로 고찰하고자 했다. 이는 중국을 공정하게 인식하기 위해 필수적인 일이다.

이전 단계에 '비판적 지식인'은 주로 좌파 지식인을 가리켰다. 그러나 우리는 21세기에 좌파의 존재 여부와 방식에 대해 진지하게 질문해야 한다. 20세기에 좌파를 자처했던 사회주의권이 몰락한 지금 좌파의 기준은 무엇이고 그 존재 조건은 무엇인가? 혁명 좌파의 전위 정당이 '마르크스주의 학회' 학생들을 탄압(천슈에이, 2018)하고 좌파 학생들이 '중국은 사회주의인가?'라고 묻는(박민희, 2020) 현재 중국에서 좌파 지식인의 존재 양상은 과연 어떠한 것일까? 그것은 누가 추궁하고 있는가? 중국은 신민주주의 혁명을 통해 인민공화국을 건립한 이후 '중국적 사회주의' 또는 '중국 특색의 사회주의'를 70년 넘게 시행해왔다. 그러나 개혁개방 이후, 특히 1989년 '톈안먼 사건'과 1992년 '남방 순시 연설' 이후의 중국을 과연 '진정한 사회주의'라 할 수 있을지 의문이다. 그와 더불어 '일당전제'의 '당-국가 체계'에서 좌파의 존재 여부와 존재 방식은 관심의 초점이다. 이렇게 볼 때 '6·4 체제'의 공산당 내에서 좌파는 찾기 어렵게 되고 이른바 '신좌파'가 우리의 시선을 끈다. 하지만 '신좌파' 또한 단일하지 않다. 왕후이는 '신좌파'라는 고깔을 달가워하지 않고, 간양은 '자유 우파'를 자처한다. 이런 상황에서 우리는 '비판적 지식인'에 관심을 두게 된다.

'비판적 지식인'의 가장 중요한 덕목은 시간의 고험(考驗)을 견뎌내는 것이다. 시간이 흘러도 초지(初志)를 잃지 않고 일일신(日日新)하면서 자신의 길을 가는 사람. 상아탑에 머물며 전공 이외의 것에는 오불관언(吾不關焉)하는 것도 문제지만, 사회적 실천을 빌미로 자신의 전공을 내던지는 것도 바람직하지 않다. 전공의 유혹에 넘어가는 것도 문제지만 어설픈 사회적 실천은 또 다른 유혹일 수 있다. 유혹을 거절할 줄 알아야 한다. 또 하나 확실한 사실은 공부를 멈추는 순간 비판성을 상실하게 된다는 점이다. 당대 중국의 대표적인 비판적 지식인 첸리췬은 멘토인 루쉰과 스승 왕야오의 훈도에 힘입어 '정신계 전사'를 지향했지만, 그 기저에 '생존의 문제'와 '어느 시점에, 말을 해도 되는지, 어느 정도까지를 말하는지의 분수를 파악'하는 문제가 놓여있다고 털어놓았다. 첸리췬이 대표하는 중국 '비판적 지식인'의 존재 방식은 문자 그대로 지식인의 존재 방식이다. 하지만 우리는 첸리췬이 민간 이단 사상 연구에서 거론한 린시링, 린자오, 천얼진, 리이저, 루수닝 등의 존재도 잊지 말아야 할 것이다. 아울러 민주화 과정에서 수많은 희생을 치른 한국의 '비판적 지식인'의 21세기 존재 방식과 대조할 필요가 있다.

이 책에서 다루고 있는 이른바 '비판적 지식인'은 다들 일가(一家)를 이룬 사상가다. 이들 각자에 관한 종합적인 연구는 별도로 진행되어야 한다. 이 책에서는 각 인물의 핵심(이라고 생각되는 것)을 뽑아 집중적으로 탐구했다. 이를테면 첸리췬의 20세기 중국 지식인의 정신사와 민간 이단 사상 연구, 왕후이의 근현대성의 역설, 쑨거의 동아시아 인식론 등이 그것이다. 단 리쩌허우의 경우는 그가 포스트사회주의 시기 비판 사상의 시원이라는 점에서 종합적으로 다루고자 했다. 아울러 경제학자 원톄쥔의 백 년의 급진과 비용전가론, 정치학자 추이즈위안의 자유사회주의, 마르크스주의 학자 장이빙의 마르크스 역사현상학 등도 함께 다루었다. 하지만 이들이 포스트사회주의 중국의 비판적 사상가의 전부라고 생각하면 그것은 큰 오산이다. 특히 비판 사상의 한 축을 차지하고 있는 왕샤오밍과 다이진화 등의 비판적 문화연구 학자들의 비판 사상은 별도의 독립된 저서에서 다룰 예정이므로 이 책에 포함하지 않았음을 밝혀둔다.

2.

우리 모두 '비판'을 운위하지만 그것이 말처럼 쉬운 일은 아니다. '공략하기보다 낙후시켜라!' 이는 무지한 남성들에 대한 페미니즘 진영의 슬기로운 대응 전략이다. 일반적으로 논쟁에서 상대방의 허점과 약점을 공격하다 보면 상대방은 방어 논리를 개발해 다시 반격해오기 마련이다. 그다음은 흔히 보듯 이 전투구다. 그보다는 상대방 스스로 자신의 허점과 결점을 인식해 자신이 낙후되어 있음을 자인하게 만드는 것이 현명하다. 그러기 위해서는 지피지기해야 함은 물론이고, 상대방보다 높은 위치에 설 내공을 갖추어야 한다. '비판'도 마찬가지다. 지피지기와 높은 내공을 토대로 한 '낙후' 전략을 갖춰야만 제대로 비판할 수 있다.

리쩌허우가 『비판철학의 비판』에서 시도한, '칸트와 마르크스의 교차적 읽기'에서 칸트와 마르크스의 주저 표제에 '비판'이 명시되어 있고, 리쩌허우는 그 '비판'을 다시 '비판'적으로 독해하고 있음을 환기할 필요가 있다. '비판'은 대상 텍스트의 충실한 독해와 컨텍스트 이해를 전제로 삼아야 한다. 장이빙은 '마르크스로 돌아가자'라는 주장의 구체적 방법으로 '역사적 텍스트학'을 제창했다. 이는 "역사 자체의 시간과 공간 구조를 가지고 마르크스 텍스트의 본래적 맥락을 드러나게 함으로써 완전히 새로운 이해의 결과를 얻어내"는 텍스트 분석을 가리킨다(책 9장 2절 참조). 흔히 '비판'이란 명목 아래 임의로 재단(裁斷)하고 단장취의(斷章取義)하며 텍스트를 왜곡·날조하는 사례를 무수히 봐온 필자로서는 충실한 텍스트 독해와 폭넓은 컨텍스트 이해를 최우선으로 삼아 '비판적 고찰'을 진행했다.

　에드워드 사이드는 지식인이 "인간의 사고와 의사전달을 극도로 제한하는 진부한 고정 관념들과 환원적 범주들을 분쇄하는 것"(사이드, 1996: 16)을 과업으로 삼아야 한다고 했다. 지식인은 '제도들'에 어느 정도 '종속'되고 어느 정도 '적대적'인 이중성을 가지므로 철저한 비판정신을 가지고 동시다발적 투쟁을 전개해야 한다는 것이다. '비판'은 궁극적으로 '변화'를 추구하는데 이는 투쟁을 통해 현실을 변형시키는 주체가 현실에서 비판을 작동시킬 때 이루어지기 마련이다. 변형과 변화는 개인의 차원에서, 나아가 사회의 차원에서 작동되어야 할 것이다.

3.

돌아보니, 목포대 부임 첫해 한국연구재단(당시 학술진흥재단. 이하 재단)과 인연을 맺은 후, 네 권의 단독 저서를 모두 재단의 지원을 받아 출간하게 되었다. 우선 감사를 표한다. 지둔한 사람에게 재단의 지원과 핍박은 동력과 활력이 되었다. 재단의 지원 덕분에 학계 동업자 및 타전공 학인과 교류할 수 있었고, 재단의 시한 덕분에 미룰 수도 있었던 글을 마무리할 수 있었다. 재단의 관변적 성격을 우려하는 사람도 많지만 내게는 별로 문제가 되지 않았음을 밝혀둔다. 물론 재단 공모와 심사 과정에서 시련이 없었던 것은 아니었지만, 내 연구주제와 방향이 재단으로 인해 억압받은 적은 없었다. 아울러 계획서와 보고서를 읽고 내 연구주제가 지원받을 만한 가치가 있다고 평가해준 익명의 심사위원들에게 이 자리를 빌어 감사의 마음을 전한다.

　최근 내 공부는 '사이노폰 연구' 세미나와 목포대학교의 '포스트휴먼' 세미나 그리고 '적-녹-보라 패러다임' 세미나를 중심으로 진행되고 있다. 모두 내게는 새로운 영역이고 도전이다. 함께 하는 동도(同道)들에게 감사를 전한다.

연구의 시간과 공간을 제공해준 목포대학교에 감사의 말을 빼놓을 수 없다. 특히 2018년 9월부터 1년간의 연구년은 최종 원고를 마무리하는 데 커다란 도움이 되었다. 또한 2018년 가을부터 반년간 머물렀던 타이중(臺中)의 중싱(中興)대학은 집중적으로 원고를 집필하는 데 최적의 장소였다. 방문 기회를 마련해준 추구이펀(邱貴芬) 교수에게 감사의 마음을 전한다. 중화민국의 국가도서관 한학연구중심(Center for Chinese Studies)의 '타이완 펠로우쉽 프로그램'의 지원에도 감사를 표한다.

『루쉰전집』(2018)을 완간한 그린비와의 만남은 또 하나의 즐거움이다. 12인 역자의 글 20권을 10년에 걸쳐 편집 출간한 저력은 학인들의 칭송을 받기에 손색이 없다. 출판사를 연계해준 유세종 선생과 출간 제안을 흔연하게 수용해주신 유재건 대표께 감사의 말씀을 드린다. 그리고 임유진 주간과 편집부 홍민기 선생, 원고를 꼼꼼하게 검토해준 김혜미 선생에게 고마움을 전한다.

이 책에서 인용한 글들은 국내 번역본을 저본으로 삼았지만, 의미 전달이 어색한 부분은 원전과 대조해 필요할 경우 직접 번역해 인용했음을 밝혀둔다. 호학자의 편의를 위해 번역본과 원전의 쪽수를 함께 적기도 했다. 번역 비평에 참고자료가 되기를 희망한다.

코로나19가 1년 넘게 기승을 부리는 '새로운 일상'이 지속되는 가운데 정년퇴직을 앞둔 시점에 내는 책인지라 비판적 중국연구 학인들에게 누가 되지 않을지 조심스럽다. 강호 제현의 아낌없는 질정을 기대한다.

2021년 4월 30일

2021

학술공동체 40년과 중국 근현대문학[*]
—Publish or perish!

1. 무엇을 어떻게 할 것인가?

문학은 고대부터 중국에서 독특한 지위를 가져왔다. 그것은 학술에서 독립되기 전부터 인문(人文)[1] 기록의 중요한 부분을 담당해왔고 조비(曹丕)가 문학의 독립을 선언한 이후에도 사철(史哲) 및 정치·경제와 긴밀한 관계를 유지해왔다. 겸제천하(兼濟天下)를 지향했던 지식인들은 대부분 문이재도(文以載道)의 관점에서 문학과 사회의 관계에 관심을 가졌다. 문이재도의 전통은 근현대 지식인에게도 면면히 이어져 문학은 격동기 대부분의 시간 동안 사회의 중심에 놓여있었다. 만청(晚晴) 문학혁명, 5·4 신문학운동, 좌익문학운동, 항전문학운동, 인성론 논쟁, 인문정신 논쟁 등이 그 유력한 증거라 할 수 있다. 그러나 제국주의와 싸우며 천신만고 끝에 건설한 '인민문학'은 선전선동 문학의 다른 이름인 '정치화된 국민문학(politicized national literature)'이었다. '인민문학' 이념형은 중국공산당 창당 후 수많은 시행착오를 거쳐 「옌안 문예 연설」에서 '정치 우선'과 '인민을 위해 복무하라(爲人民服務)'는 구호로 정형화되어 사회주의 30년 내내 자유로운 문학의 창작과 향유를 억압했다. 게다가 개혁개방 시기에

---

* 한국 중국현대문학학회 춘계학술대회(2021.5.19.) 고별 강연 원고
1_ 여기에서의 人文은 天文·地文과 어울리는 개념으로, 오늘날의 인문학 범주를 뛰어넘어, 인간의 손이 닿은 모든 것을 가리킨다.

들어 물밀듯 들이닥친 대중문화의 물결은 문학을 주변화(marginalization)시켰고 문학의 위기를 조장했다. 오랫동안 중국 담론계의 중심에 있었던 중국문학이 위기를 맞이한 셈이다.

문학 또는 문학연구가 위기를 맞은 것은 비단 어제오늘의 일이 아니다. 위기를 타개하기 위한 노력은 대개 두 방향으로 진행되었다. 하나는 문학연구 자체를 강화하는 것이고 다른 하나는 문학연구의 외연을 넓혀 학제적(interdisciplinary)·융복합 연구로 나아가는 것이다. 후자에 대해서는 이미 '문화연구(cultural studies)' '여성연구(women's studies)' '지역연구(regional studies)' '영화연구(film studies)' '포스트식민연구(postcolonial studies)' 그리고 '번역연구(translational studies)' 등 많은 시도와 성과가 있으므로 여기에서 중복하지 않는다. 그렇다면 문학연구를 강화하기 위해서는 무엇을 어떻게 할 것인가?

앞당겨 말하면, 문학연구의 강화는 문학연구'만'을 강화하는 것으로 성취되지 않는다. 이는 우선 문학 자체의 의미를 다시 검토하는 일부터 시작해야 한다. 한때 많은 청소년이 시집을 들고 다니던 시절이 있었고 그때의 문학은 삶과 직결되었다. 인생의 희로애락을 노래하고 이상과 꿈을 추구하며 삶의 애환과 좌절을 노래했다. 그러므로 고리키(Maxim Gorky)는 '문학은 인간학'이라는 대명제를 내세웠다. 고리키가 말한 '인간'이란 특정한 생활환경 속에서 활동하는, 사상·감정·성격·영혼을 가진 인간이다. 작가의 주요한 일은 바로 개성이 뚜렷한 살아 있는 사람을 그려내는 것이며 이 같은 사람을 통해 특정 시대의 사회생활을 표상하는 것이다.

고대 중국에서 문학은 '문사철(文史哲)'의 으뜸이었고, 승승장구할 때는 겸제천하하고 여의치 않을 때는 독선기신(獨善其身)하던 전통 지식인들이, 정계에서 물러나 마음을 달래며 귀의한 곳이 바로 문학이었다. 그러므로 2천 년이 넘는 중국문학사는 당대 최고의 인재들이 심혈을 기울인 작품들의 '성좌(constellation)'가 되었다. 그러나 작금의 중국문학연구는 사철(史哲)을 끌어안지 못하고 사회과학에 끌려다니고 있다. 그도 아니면 그것들과 단절한 채 홀로 고독한 길을 걸어감으로써 자의 반 타의 반으로 게토화하고 있다. 역사·철학 전공자들이 문학을 인문학 범주에서 밀어내려 하고, 최근 동향 파악이나 정세 분석에 소홀하다는 이유로 사회과학 전공자들이 문학연구를 안중에 두지 않고 문학 텍스트를 '일반적인 논술의 특수한 사례나 재료'로 삼는 것은, 그들의 문학에 대한 몰지각에 기인한 것이지만 문학연구가 자신의 본분을 다하지 못했기 때문이기도 하다. 특히 "20세기 중국 지식인이 직면한 최대의 책무는 제국주의의 멍에 아래에서 국민문학을 확립하는 일"(초우, 2005: 149)이었는데도 이 과정에 대한 공정한 이해 없이 근현대 중국(modern China)을 인식하려는 시도는 사상누각이기 십상이다.

포스트학(postology) 또는 포스트주의(postism)가 주류가 되고 제4차 산업혁명이 진행되는 21세기에 문학의 존립 방식은 무엇일까? 문학연구는 우선 텍스트 분석에 안주하는 관행에서 벗어나 공공 의제(agenda)에 참여해야 한다. '문학이 인간학'이라면 문학은 인간에 관한 모든 분야에 관여할 수 있고, 관여해야 한다. 문학 텍스트에 안주하지 말고 텍스트와 사회적 맥락의 연관을 집요하게 추궁해야 한다. 물론 그 방식은 문자·의미·서사가 발휘하는 문학의 힘을 발휘하는 방식에 의존해야 할 것이다. 그러나 그 방식이 잘못되면 문학이 선전선동의 도구가 된다는 역사의 교훈을 잊지 말아야 한다.

2. 『사기(史記)』→근현대문학→문화연구→번역연구→사이노폰 연구

대학원 석사과정 입학 면접에서 추천받은 류다제(劉大杰)의 『중국문학발전사』(영인본)를 읽다가 사마천(司馬遷)의 『사기』를 논문 주제로 결정한 이후, 석사과정에서는 주로 고문(古文) 독해에 치중했다. 시경과 초사, 사서(四書)와 서경, 장자 등의 고전이 주 텍스트였고, 궈사오위(郭紹虞)의 『중국역대문론선』(1~4)은 장시간 독해하고 토론했던 텍스트였다. 하지만 강의 시간에 공부의 의미와 목표, 연구방법과 문제의식에 대해 가르쳐준 교수는 없었다.

박사과정 수료 후 근현대문학으로의 전회를 결정한 시점에 캠퍼스연합 '혁명문학 논쟁' 심포지엄 준비 세미나 참여 제안은 가뭄에 단비 격이었다. 이후 2년에 걸친 세미나와 2회의 심포지엄은 내게 근현대문학의 기초를 다지고 박사논문을 준비하는 토대를 다지는 과정이었다.

'중국 근현대문학은 세계문학사의 맥락에서는 제3세계 문학에 속하는 주변부 문학이고, 한국 문학계에서는 비주류문학이다. 이런 상황에서 중국 문학을 업으로 삼다 보니 본업뿐만 아니라 중심부와 주류에 대해 관심을 갖지 않을 수 없었다. 이뿐만 아니라 문사철(文史哲)을 근간으로 하는 중국연구(Chinese studies)에 대한 공부 또한 게을리할 수 없었고 나아가 중국의 정치·경제·사회 등의 사회과학에 대해서도 공부를 등한시할 수 없었다. 이들 공부는 버거운 일이었지만, 그 과정을 통해 동서와 고금을 아우르는 총체적 관점을 체득할 기회가 되었다.

돌이켜보면 선택은 개인의 자유의지였지만 세계문학사와 한국 문학계의 담론권력 구조에서 주변이자 비주류인 중국 문학을 선택한 순간 내 공부의 운명도 결정되었던 셈이다. 문학 분야에서 중심은 영미와 프랑스 중심의 서유럽 문학이었고, 한국 문학계에서는 서유럽 문학과 교배한 한국문학이었다. 중국 문학은 2천 년이 넘는 연속적 흐름을 보유하고 있음에도 불구하고 세계문학사와 한국 문학계에서는 제3세계 문학의 하나일 뿐이었다. 그나마 고대 문학 작품 몇몇은 고전으로 인정되어 인구에 회자하기도 하지만, 근현대문학의 경우 루쉰을 제외하고는 한국 문학계라는 문맥에 부합할 때 잠시 주목을 받는 장신구의 신세에서 벗어나지 못하고 있다.

중국 문학은 문자 그대로 중국과 문학으로 구성된다. 전자에 방점을 두면 중국연구 일부로서의 중국 문학이 되고 이때 문학 텍스트는 중국 이해하기의 사례 또는 경로로 자리매김된다. 문화연구에서도 그것은 서양 최신 이론의 가공을 기다리는 원재료이기 십상이다. 이를 돌파하는 방법으로 '지금 여기(now here)'가 거론되지만 그 또한 만만한 일은 아니다. 후자에 중심을 두면 보편적인 문학 일반 가운데 특수한 중국의 문학이 된다. 중국 중심의 사유와 문학 중심의 사유가 중국 문학 내부에서 화합하기는 쉽지 않아서 지금껏 중국문학은 중국과 문학을 아우르기보다는 양자의 교집합을 대상으로 삼아 연구를 진행해온 셈이다.

'중국 근현대문학'은 여기에 '근현대(modern)'라는 범주를 추가한다. 그리고 한술 더 떠 '중국'과 '문학' 그리고 '근현대'의 교집합만을 대상으로 삼음으로써 영역을 축소했다. 이제 그 울타리에서 나와 중국과 '비'중국, 문학과 '비'문학 그리고 근현대와 '비'근현대를 횡단하고 나아가 이들을 통섭(通攝, conscilience: jumping together)하는 것을 공부의 목표로 삼아야 할 것이다.

모든 공부는 학문의 경계에 놓여 있다. 경계는 담론권력의 바깥을 주변화시킨다. 그렇지만 우리는 주변(margin)의 관점에 철저할 필요가 있다. 주변의 관점은 우리에게 철저한 통찰력을 제공하기 때문이다. 그간 세계문학의 주변부였던 한국문학은 국내에서 중심부 서양 문학과 손을 잡고 기타 문학을 다시 주변화해왔다. 주변이 그 장점을 온존하면서 중심을 극복하기 위해서는 기존의 담론권력 구조에 균열을 일으켜야 한다. 그것은 내부의 힘만으로는 부족하다. 지역연구와 문화연구는 분과학문 체계에 갇힌 중국 문학 연구에 학제적인 횡단 나아가 통섭의 가능성으로 기능할 수 있을 것이다.

나는 공부가 원 그리기라고 생각한다. 계속 원을 그려가면서 다른 원과 접촉지대를 만들어 소통하고 융합하는 것이다. 자기 영역만 고집하다 보면 어느 순간 정체되고 스스로 흥미를 잃게 되고 공부 외의 다른 재미있는 일 없나 두리번거리게 된다. 그래서 완물상지(玩物喪志)의 영역으로 흘러 들어가거나 폴리페서의 길로 나서게 된다. 직업에 귀천이 없듯, 인간의 활동은 모두 나름의 의미가 있다. 하지만 공부의 입장에서 보면 학문 이외의 활동은 완물상지일 뿐이다. 결국 공부하기 위해 교수가 된 것이 아니라, 교수가 되기 위해 공부한 꼴이 된다.

3. 학회와 등재학술지

현재 중어중문학계와 관련된 학회와 연구소의 22개 간행물이 한국연구재단의 등재(후보)학술지로 등록되어 있다. 이는 외형적으로 볼 때 작지 않은 규모라할 수 있다. 국내에서 한국어문학 및 영어영문학과 비교해 손색이 있을 뿐 기타 어문학계에 비해서는 양적으로 뒤지지 않는 것으로 보인다. 문제는 내용이다.

'한국 중국현대문학학회'와 논문을 게재한 적이 있는 중국 관련 학회의 경우 논문 투고부터 심사와 발간까지 대개 1달 반의 시간이 걸린다. 경험 있는 논자라면 알겠지만 중국의 경우 투고부터 발간까지 거의 6개월 걸린다. 이른바 A&HCI급 논문집의 경우에는 그 이상의 시간과 여러 차례의 수정 요구를 감수해야 한다. 그런 사실을 뻔히 알고 있지만 한국 중문학계의 구성원들은 대부분 현재의 학술지 논문 투고 시스템을 바꾸려 하지 않고 그에 안주하면서 연중 제례를 올리고 있다. 어쩌면 학회의 학술지 시스템은 우리의 연구 방식을 규정하고 나아가 연구 사유까지 간섭하고 있는지 모르겠다.

4. 한국의 '중국 근현대문학 연구' 학파를 기대하며

첸리췬 선생은 『1977~2005: 절지수망』의 '상편: 나의 회고와 성찰' 부분을 베이징대학의 정신 전통을 환기하는 것으로 마무리하고 있다. 베이징대학 교수가 퇴임을 앞두고 베이징대학 학생들을 대상으로 진행한 '고별 강연의 강의록인 만큼, 강의자와 수강자의 공감대인 베이징대학에 초점을 맞추고 그 정신 전통에 대해 언급한 것은 당연한 일일 것이다. 하지만 우리는 다음과 같은 질문을 던질 수 있다. 베이징대학의 정신 전통이란 무엇일까? 그 실체는 과연 존재하는 것일까? 범박하게 말해 그것은 인류 문명의 발전에 공헌하는 그런 것이 아닐까? 베이징대학의 정신 전통을 강조한다는 것은 베이징대학 외에는 그런 전통이 없다는 것을 전제하는 것일까? 이를테면, 첸리췬이 말하는 베이징대학의 세 차례의 찬란한 지점—5·4운동 시기, 1957년 5·19 민주운동, 1980년대 사상해방운동(錢理群, 2017: 285)—은 비단 베이징대학만의 찬란함이 아닐 것이고, '독립, 자유, 비판, 창조' 정신(錢理群: 302) 또한 베이징대학만의 전유물은 아닐 것이다. 이와 같은 베이징대학의 정신 전통 운운은 자칫 특권의식으로 귀결되기 쉽다.

한국만큼은 아니겠지만, 중국에서도 학벌은 중요한 작용을 하는 것으로 보인다. 상하이만 해도 푸단(復旦)대학 출신들이 곳곳에 자리 잡고 은밀하거나 공공연하게 카르텔을 형성하고 있으며, 화둥(華東)사대 출신들이 그에 대한 대항마로 또 다른 커넥션을 형성하고 있는 것으로 보아, 베이징대학 네트워크의 현실적 위력은 무시할 수 없을 것으로 보인다. 이런 현실을 감안할 때 베이징대학의 정신 전통은 첸리췬의 의도와는 무관하게 특권 강화의 근거로 작용할 가능성이 크다. 특권은 바로 학벌에서 비롯되기 때문이다. 그러므로 베이징대학의 전통을 강조하기 위해서는 학벌로 귀결되기 쉬운 정신 전통을 강조하기보다는 학술적 결과물로 인정할 수 있는 학술 전통, 즉 학풍의 형성이 더욱 중요할 것으로 보인다. 학풍 나아가 학파로 승화되지 않은 대학의 정신 전통은 학벌로 귀결되기 마련이다.

한국 중국현대문학학회가 학벌에 기울지 않는 학풍을 진작하면서 학파로 나아가길 희망한다!

근현대 중국에서 계급의 관점과 계몽주의의 문제[*]

1.

하남석은 서평 책을 꼼꼼하게 요약한 후 두 가지 쟁점을 제기하고 있다. 하나는 계급투쟁이고 다른 하나는 리쩌허우에 대한 것이다.

먼저 계급투쟁 관점의 부재라는 지적에 대해 답변해보자. 포스트사회주의와 문화연구는 계급 관점을 방기(放棄)하지 않는다. 다만 서평 대상 책에서 계급투쟁 문제를 주요하게 다루지 않은 것에 대해서는 해명이 필요하다. 내 박사학위논문(임춘성, 1993)[1]의 연구대상인 '문예대중화론'은 '홍색의 1930년대'에 지구적으로 유행했던 프로문예운동론의 일환이었고, 계급투쟁의 관점을 가지고 문예 현상을 분석하는 이론이었다. 그런데 계급투쟁 일색의 사회주의 중국의 문예는 단조로운 도식의 '사회주의 사실주의 양식'으로 귀결되고 말았다. 물론 일국의 사례로 일반화를 도출해서는 안 되겠지만, 적어도 중국에서는 계급투쟁의 관점이 상당 기간 중국 문예 발전에 커다란 장애로 작용했음을 지적해야 한다. 그 수준을 논하려면 스타일과 기호의 문제가 개재하기 때문에 한두 마디로 평가하기 어렵지만, 다양한 문학 세계를 통제해 '독백의 시

[*] 하남석의 서평 논문(2018)에 대한 답변. 『마르크스주의 연구』 16권 4호.
[1] 이 논문에서 나는 1917~1949년 사이의 중국문학의 대중화론을 검토하면서 "대중화를 기축으로 하고 민족화와 근현대화의 세 가지 힘의 총합이 중국 근현대문학 발전의 추동력"이라는 가설적 문학사론을 제기한 바 있다.

대' 심지어 '독패(獨覇)의 시대'로 만든 책임은 계급투쟁의 관점에 있었다. 최소한 사회주의 30년의 중국문학은 사회주의 리얼리즘(실제로는 사회주의 사실주의 양식)의 독패, 마오쩌둥 문예사상의 독패에 휘둘려 자유롭고 다양한 '성좌'를 형성하지 못했다. 계급투쟁은 상부구조, 특히 이데올로기 층위의 산물인 문예 작품과 문화 텍스트를 해석하는 관점이 되기에는 한참 부족하다는 것이 현재의 내 판단이다.

이재현 또한 "중국 근현대사 시기 구분 문제에 관한 한, 주로 사상사나 문학사에만 제한해서 중국 근현대사를 논하려고 하는 임춘성의 지적 아비튀스"(이재현, 2017: 274)를 문제 삼은 바 있다. 그리고 '근현대화(modernization)'와 연관해, 자본주의적 산업화와 그 정치적 상부구조인 네이션-스테이트의 존립 여부와 제국주의 그리고 갖가지 제도들이나 전통들, 관습들, 이데올로기들, 성향들 그리고 언어와 무의식 등을 언급했다. 하지만 내가 리쩌허우의 근현대 시기 구분에 주목하는 '아비투스'는 삼분법(진다이-셴다이-당다이) 단계의 시기 구분이 혁명사를 기준으로 삼아 경제사와 문화사에 절대적인 영향을 준 것에 대한 비판의식이다. 그것은 혁명사 중심주의를 경계하며 경제사 환원주의를 경계하고 있다(임춘성, 2018: 195).

생산적인 논의를 위해서는 계급투쟁 관점의 유무에 대한 지적보다는, 계급투쟁의 관점으로 문예 작품과 문화 텍스트를 분석할 때 어떤 성과가 나올 수 있는지에 대한 구체적인 사례를 제시하는 것이 필요하다. 한 가지 명심할 것은 노동자를 다룬다고 그것이 바로 계급투쟁의 관점을 담보하는 것은 아니라는 사실이다. 최근 차오정류(曹征路)의 소설(조정로, 2015)이나 뤼투(呂途)의 노동 현장 조사(려도, 2015; 2017) 등의 작업이 과연 계급투쟁의 관점을 중장기적으로 어떻게 구현하고 있는지는 분명 주목해야 할 것이다. 이런 맥락에서, 하남석이 지적한 대로 "개혁개방 이후 중국에서 자본주의의 수용을 통해 주변으로 밀려나는 서발턴(subaltern)…이 정치경제적으로 어떤 상황에 놓여 있으며, 어떠한 저항의 정치를 통해 새롭게 자신들을 계급적으로 재구성하고 있는지"(하

남석, 2018: 136)를 고찰하는 과제는 이후 텍스트 분석에서 유념할 사항이다.[2]

2.

리쩌허우에 대한 하남석의 지적은 왕후이(汪暉) 평가와 맞물려 있고 나아가 근현대 중국의 계몽주의에 대한 평가와 연계되어 있다.

먼저 하남석이 인용한 리쩌허우와 류짜이푸(劉再復)의 대담집 『고별혁명』(리쩌허우·류짜이푸, 2003)의 출간은, 1989년 '톈안먼(天安門) 사건' 이후 미국 망명과 더불어, 국내외에서 리쩌허우가 부정적 맥락의 '계몽주의자' 또는 '신계몽주의자'로 비판받는 중요한 빌미를 제공했다. 그러나 많은 평자의 폄하와 달리, 이 책을 꼼꼼히 읽어보면, 그의 '고별 혁명'이 단순하게 '혁명'과 고별하고 그 대안으로 '개량'을 선택한 것이 아님을 쉽게 알 수 있다. "그가 혁명과 이별을 고해야 한다고 했을 때, 그 혁명은 반제반봉건의 이중과제 가운데 반봉건의 과제를 결락시키고 오직 반제의 과제에만 매몰된, 반제가 반봉건을 압도한 그런 혁명이었던 셈이다. 그리고 반봉건의 과제는 장기지속적으로 수행되어야 하기에 개량적 방법이 필요하다고 했을 때 그 개량은 혁명을 반대하는 층위의 개량이 아니라 그것을 보완하는 수준의 개량으로 이해되어야 한다. 그러기에 그는 "오직 루쉰만이 위대했다"라는, 학자로서는 쉽지 않은 단언을 한다. 그 이유는 바로 루쉰의 반봉건 계몽의 역할이었다. … 그러므로

2_ 이와 관련해, 익명의 한 심사자는 "계급적 관점"을 "피지배자의 입장에서 서서 비대칭적 지배와 착취의 세계에 대한 분석과 고발"이라 정의하면서, "한국 현재 상황에서 벌어진 여러 대립에서" "계급의 관점은 세대를 잇는 계급재생산의 고착화에 대한 우려와 분노가 표출되는 현상에서 확인"된다고 하면서, 중요한 것은 "'계급을 대체하는 세대의 쟁점이 아니라 '세대라는 방식으로 표출되는 계급이라는 쟁점'"이라는 견해를 제시했다. 이 견해가 '계급이라는 쟁점'을 분석하는 데 유용한 방식임에 동의한다. 익명의 심사자는 '계급적 관점' 외에도 '자유주의 분화의 계보' '신좌파의 국가주의화' '계몽논쟁의 시기'에 대한 유익한 의견을 제시해주었다. 여기에서는 이 글이 서평 답변이라는 점과 주어진 시간의 제한으로 인해 충분히 설명하지 못했다. 추후 별도의 지면을 기약해본다.

'고별 혁명'을 액면 그대로 받아들여, 리쩌허우가 혁명을 반대하고 개량으로 돌아섰다고 이해하는 것은 표층적 이해에 머무는 것이다'(임춘성, 2017: 393~94).

리쩌허우의 '계몽'을 '혁명'과 대립하는 개념으로 곡해하거나, '고별 혁명'에서의 '혁명'이 '변질된 혁명'을 가리키는 것을 이해하지 못하는 논의들은 리쩌허우의 '계몽' 개념과 '혁명' 개념을 오해한 것에서 비롯되었다. 이를테면 허자오톈(賀照田)은 「계몽과 구망(救亡)의 이중변주」에 영향을 받고 그것을 극복하고사 「계몽과 혁명의 이중변주」(허자오톈, 2018)라는 글을 쓴 바 있다. 선배 학자를 뛰어넘으려는 노력은 가상하지만, 허자오톈은 개념의 착위(錯位) 현상을 보인다. 리쩌허우의 「계몽과 구망의 이중변주」에서 계몽과 구망은 혁명의 하위 범주이고, 이 양자가 조화롭게 어울려야 혁명이 순조로울 텐데, 그것이 불협화음에 가까운 이중변주로 변질해 혁명도 변질했다는 것이 리쩌허우의 기본 논리이다. 하지만 허자오톈은 계몽을 상위 범주인 혁명과 대립시킴으로써, 마치 리쩌허우가 혁명을 반대하고 계몽을 주장한다는 오해를 불러일으키고 있다. 이런 왜곡과 오해는 리쩌허우와 류짜이푸의 대담집 『고별혁명』의 출간으로 인해 마치 리쩌허우가 혁명을 반대하는 것으로 오인된 상황에 영향을 받았다. 그러나 『고별혁명』을 제대로 읽은 독자는 잘 알겠지만, 그 책에서 리쩌허우가 '이별을 고'한 혁명은 바로 계몽이 삭제된 마오쩌둥식의 구망 혁명이었다.

그리고 리쩌허우의 수많은 저서 가운데 유독 한 권의 책에서 몇 마디 언급을 문제 삼아 '신계몽주의자'라고 판정하는 것은 온당하지 않다. 그리고 리쩌허우를 넘어섰다고 평가받는 왕후이의 문장 어디에서도 리쩌허우의 이름이나 문장을 찾아볼 수 없고, 유일하게 '주체성 개념'을 언급하면서 후주에서 리쩌허우의 『비판철학의 비판』(1984)을 거론(汪暉, 2000)하고 있는데, 왕후이는 '루쉰의 이론'을 "주체성 사상의 토대 위에서 수립된 비판 이론"(왕후이, 2014: 71)으로 보고 있는바, 이 또한 비판이라기보다는 계승적 성격이 강하다. 2010년 왕후이의 표절 사건[3]의 불씨를 댕겼던 왕빈빈(王彬彬)은 왕후이가 『절망에 반항』에서 리쩌허우의『중국근대사상사론』과『중국현대사상사론』의 일부를 인용해놓고도 표기하지 않은 사실을 들어 '표절'이라 문제 삼기도 했다. 여기에서 내가 주목하고 싶은 것은 왕후이의 표절 여부보다는 왕후이가 리쩌허우의 영향을 받아 자신의 학문 아젠다를 그렸다는 사실이다. 그것을 과장해서 왕후이를 리쩌허우에 종속시킬 것까지는 없지만 왕후이가 리쩌허우와는 전혀 다른 맥락에서 자신의 학문 아젠다를 창신(創新)했다고 평가하기도 어렵다는 것이다. 그런데도 많은 논자는 리쩌허우와 왕후이의 계승 관계에 관심을 기울이기보다는, 왕후이의 신계몽주의 비판을 리쩌허우 비판과 동일시하고 있다. 이런 동일시는 1989년 톈안먼(天安門) 사건 이후 리쩌허우의 미국 망명과 1996년『고별혁명』의 출간에 대한 항간의 오해와도 연결되어 있다. 이는 문제가 아닐 수 없다.

3.

하남석은 이상의 오해와 오인에 근거해 리쩌허우를 1980년대 신계몽주의의 대표로 간주하고 왕후이를 리쩌허우의 안티테제로 설정하면서, 마오쩌둥의 사상을 '반근대성의 근대성'론으로 해석한 왕후이를 추수하고 있다. 앞당겨 말하자면, 리쩌허우를 '신계몽주의의 대표'로 간주하는 왕후이의 관점은 문제가 있고, 왕후이를 리쩌허우의 안티테제로 이해하고 있는 하남석의 견해는

3_ 난징(南京)대 교수 왕빈빈(王彬彬)은 2010년『문예연구』에「汪暉〈反抗絶望—魯迅及其文學世界〉的學風問題」을 발표해, 왕후이의 표절을 문제 삼았다. 왕빈빈에 따르면 왕후이는 최소한 다음 5권을 표절했다고 한다. 李澤厚,『中國現代思想史論』, 東方出版社, 1987; 李澤厚,『中國近代思想史論』, 人民出版社, 1979; [美]勒文森,『梁啓超与中國近代思想』, 四川人民出版社, 1986; [美]林毓生,『中國意識的危机』, 貴州人民出版社, 1988; 張汝倫,『意義的探索』, 遼宁人民出版社, 1986. 왕후이의 표절 시비에 대해 첸리췬은 "『反抗絶望』의 핵심 관점은 왕후이의 독립적인 사고의 결과"라고 하면서 왕후이를 변호한 바 있다. <汪暉抄襲門_百度百科>https://baike.baidu.com/item/%E6%B1%A6%E6%99%96%E6%8A%84%E8%A2%AD%E9%97%A8/12759781?fr=aladdin (검색일자: 2019.01.13.) 하지만 첸리췬의 변호는 '핵심 관점은 독립적이지만, 부분적으로는 표절'이라고 읽힐 수 있다.

왕후이에 대한 오해에 근거하고 있다. 왕후이의 초기 저서를 꼼꼼히 독해한 경험에 따르면, 왕후이는 "진지한 열정에 기초한 참신한 키워드와 현란한 레토릭으로 인해 그간의 논의를 완전히 새로운 차원으로 레벨업시킨 것 같지만, 결국은 마오쩌둥의 반제반봉건의 이중 과제와 리쩌허우의 계몽과 구망의 이중 변주의 이론 프레임에서 그리 멀리 나간 것 같지 않다는 것이 필자의 소견이다"(임춘성, 2019: 193). 그러면 아래에서 하남석의 왕후이 이해와 대비시켜 살펴보기로 하사.

하남석은 왕후이의 주장을 세 가지로 나누어 요약하고 있다. 첫째, 신계몽주의는 '서구의 근대화론'을 받아들인 반면, 마오쩌둥의 '반근대성의 근대성'론은 '자본주의적 근대를 거부'하면서 '발전주의와 국가주의를 특징으로 하는 자본주의적 근대성의 핵심적 특성을 공유'하는 '중국 근대성의 역설'적 구조를 가지고 있다. 둘째, '반근대성의 근대성'은 덩샤오핑 등의 '개혁적 사회주의' 즉 '근대성 지향의 근대성'과는 '단절'적이다. 셋째, '반근대성의 근대성'은 리쩌허우 등의 신계몽주의 경향을 비판하는 동시에 역사적 맥락에서 해체해 버리면서 신좌파들에게 새로운 길을 열어주었다. 이들은 이를 기반으로 해 마오의 시기를 부정하는 개혁파와 추억하는 구좌파들과는 달리 마오주의와 마오 시기의 역사적 경험을 재발견하고 재평가한다.[4]

우선 왕후이를 이해하는 데 있어 「당대 중국의 사상 상황과 현대성 문제」[5]라는 글에서 제기한 '反現代性的現代性'을 어떻게 이해하느냐가 관건이다. 하남석은 '反現代性的現代性'을 '반근대성의 근대성'으로 번역했는데, 이는 좀 안 이해 보인다. 왜냐하면 중국어의 '現代/現代性'이 한국어의 '근대/근대성'에 가

4_ 하남석, 「엉망진창 한국 정치, 해법은 중국 혁명에 있다?: [프레시안 books] 왕후이 <탈정치 시대의 정치>」, 2014. 여기에서는 하남석의 요약(하남석, 2018: 137~38)으로부터 발췌 재인용.
5_ 이 글(왕후이, 1994)은 한국에서 먼저 발표되었다. 그 후 대폭적인 수정 보완을 거쳐 중국에서 발표되었다(汪暉, 1998). 그리고 수정된 전문이 한국에서 다시 완역 발표되었다(왕후이, 2000). 아울러 『사화중온(死火重溫)』(2000)이 번역되면서 세 번째 번역문이 「오늘날 중국의 사상 동향과 현대성 문제」라는 표제로 수록되었다(왕후이, 2005).

까운 표현이긴 하지만, 같은 의미는 아니기 때문이다.[6] 아울러 왕후이가 지칭하는 신계몽주의의 범위도 너무 광범하다. 『사화중온(死火重溫)』에 실린 글을 꼼꼼히 읽어보면, 1980년대의 신계몽 운동 전부와 1990년대 이른바 '신좌파' 특히 본인을 제외한 사상의 흐름을 전부 신계몽주의로 매도하고 있음을 알 수 있다. 이 글을 쓸 때 왕후이는 '유아독좌(唯我獨左)'적 격정에 휩싸여 있었던 것이 분명하다. 학술 논문이라 하기에는 주석도 엄밀하지 않고, 주석이 필요한 곳이 많이 보인다. 내가 볼 때, 왕후이의 근현대성 역설과 신계몽주의 비판은 문제점이 많은데, 하남석은 그걸 무비판적으로 수용하고 그걸 기준으로 리쩌허우를 비판하고 있다. 아래에서 구체적으로 살펴보도록 하자.

왕후이가 신좌파의 기수로 떠오른 것은 마오쩌둥 사상을 '모더니티에 반하는 근현대성' 이론으로 재해석했을 뿐만 아니라, 1980년대 활력이 충만했고 1989년 톈안먼 사건 이후 '보수파'와 '자유파'로 분화했다고 왕후이가 평가한 '신계몽주의 사조'를 비판한 것에서 비롯되었다. 그리고 하남석 등은 리쩌허우를 '신계몽주의 사조'의 대표로 설정하고 있다. 그렇다면 문제는 '신계몽주의'의 정체(正體) 문제와 리쩌허우 사상을 왕후이가 명명한 신계몽주의로 분류할 수 있느냐의 문제로 압축할 수 있을 것이다. 후자에 대한 이 글의 논점은 당연히 부정적이다.

우선 왕후이는 '신계몽주의'와 '신좌파'의 선을 분명하게 그으면서 1989년 이후 "이 운동의 보수적 집단은 체제 내 개혁파나 기술 관료, 또는 근현대화 이데올로기로서의 신보수주의의 관변 이론가가 되었다. 그리고 이 운동의 급

6_ 왕후이의 '現代性'과 '現代'를 옮길 때 이욱연(왕후이, 1994)과 이희옥(왕후이, 2000)은 '근대성'과 '근대'로 번역했고 김택규(왕후이, 2005)는 '현대성'과 '현대'로 번역했다. 앞 2인이 '자국화 (domesticating) 번역'에 입각한 것이라면 후자는 '외국화(foreignizing) 번역'에 따른 셈이다. 이 글에서는 서유럽의 '모던/모더니타'에 상응하는 동아시아적 개념으로 '근현대/근현대성'을 선택했다. 이에 따라 중국어 '現代/現代性'을 문맥에 따라 '모던/모더니타'와 '근현대/근현대성'으로 변별해서 사용하게 될 것이다. 앞당겨 말하면, 모더니티/근현대성은 지향 가치를, 모더니제이션/근현대화는 현실 과정을 가리킨다. '서유럽 모던'과 '동아시아 근현대'에 관한 설명은 임춘성 (2019: 133~34) 참조

진적인 이들은 점차 정치적 반대파를 형성했다. 그들은 자유주의적인 입장에서 중국의 인권운동을 추진하고, 정부가 경제개혁뿐만 아니라 정치 영역에서도 서유럽적인 민주화 개혁을 실행할 것을 촉구했다"(汪暉, 2000: 60)라고 평함으로써, 1980년대의 신계몽주의가 1989년 이후 신보수주의와 자유주의로 분화되었다고 분석했다. 이런 전제 아래 왕후이의 신계몽주의 비판은 "오늘날 중국의 '계몽사상'은 국가의 목표와 대립되는 사조"가 아니고, "'계몽적 지식인들'은 국가에 대항하는 정치 세력"이 아니라는 선언으로 포문을 열고 있다. "역사적으로 볼 때 이 사조의 기본 입장과 역사적 의의는 국가 전체의 개혁 작업에 이데올로기적 기초를 제공하는 것이다"(汪暉: 55). 그리고 왕후이는 휴머니즘적 마르크스주의가 '근현대성의 가치관' 즉 '근현대화 이데올로기'로 전환됨으로써 1980년대 '신계몽주의' 사조의 주요한 구성요소가 되었다고 진단하고 있다.

왕후이의 이해와 달리, 가오리커(高力克)와 첸리췬은 1980년대 '신계몽 운동'이라는 범자유화 사조로부터 자유주의와 신좌파 사조가 분화되었다고 분석하고 있다. 특히 첸리췬은 "신좌파는 중국 사회의 자본주의화가 세계자본주의 체계의 유기적 구성부분이라고 보았고" "비판의 예봉을 시장 패권과 독점 엘리트에게 조준했고", "중국혁명 및 마오 시대에 대해 더욱 많은 긍정적 평가를 부여하고, 문화대혁명에 대한 전면적 부정에도 반대"했으며, "사회적 평등을 중시했고, 중국혁명과 마오의 사회주의 실험의 경험을 참고해 중국 자신의 발전 노선을 걷자고 주장"했다고 분석했다(전리군, 2012하: 384~85). 이에 따르면 신좌파는 중국의 자본주의화를 반대하면서 중국혁명 및 마오쩌둥의 사회주의 실험의 경험으로부터 미래의 전망을 찾으려 한 그룹인 셈이다. 가오리커와 첸리췬에 비춰보면, 1980년대 '신계몽 운동'이라는 범자유화 사조로부터 1990년대 자유파와 신좌파가 분화되었는데, 왕후이는 신계몽주의와 자유파를 하나로 묶어 비판하고 있다. 사실 왕후이가 '계몽주의 및 그 당대적 형태'에서 비판하고 있는 내용은 대부분 1990년대의 자유파에 해당한다. 그러므로 왕후이의 신계몽주의 비판은 당대 즉 1990년대의 자유파 비판으로 읽는 것이 타당하다. 사실 우리가 중국의 비판적 지식인의 대명사로 꼽는 첸리췬도 "내가 1980년대에 주로 견지한 것은 계몽주의 입장이었고, 사상적으로는 자유주의 색채를 띠었다고 해야 할 것"(전리군: 385)이라 했음을 볼 때, 1980년대의 신계몽주의는 왕후이가 비판하고 있는 것처럼 단순한 사조가 아니었음을 알 수 있다.

4.

끝으로, 왕사오광(王紹光), 추이즈위안(崔之元) 등과 함께 '신좌파'로 불리는 간양(甘陽)은 자신들을 마르크스-레닌주의식의 '구좌파'와 변별해 '자유 좌파'라 부르기도 했다. 그에 따르면, 1990년대 중국 자유파 지식인이 '자유 좌파'와 '자유 우파' 또는 '신좌파'와 '신우파'의 두 진영으로 분화되었다(高力克, 2007: 197). 간양의 명명은 나름 심오한 메시지를 내포하고 있다. 신좌파의 내함이 이제는 자유주의의 좌파라는 지적은, 전통적 맥락의 좌파는 이제 중국에 존재하지 않는다는 것이 그것이다. 이렇게 볼 때 왕후이가 1980년대 '신계몽 운동'에 참여했던 대부분의 비판적 지식인들을 싸잡아 '신계몽주의'로 비판하는 '유아독좌' 또는 '독야홍홍(獨也紅紅)'의 포지션은 새롭게 점검할 필요가 있다. 아울러 '신계몽주의'와 선을 긋고 있는 이른바 '신좌파'의 기원과 내력에 대해서도 별도의 해명이 필요할 것이다. 그리고 문제가 되는 '신계몽주의'의 시원인 '계몽주의'가 근현대 중국에 어떻게 수용되었고 변용되었는지에 대해서도 고고학적 고찰이 요구된다.

2018

중국 특수주의와 서유럽 보편주의의 길항(拮抗)?*

1.

'사우(師友)' 이재현은 누구보다도 내 글을 깊게 읽고 그에 대한 의미를 부여하는 동시에 비판적 조언을 아끼지 않고 있다. 지난번 서평(이재현, 2013)에서와 비슷하게 이번 서평[1]에서도 내 공부에 대한 조언을 하면서 유용한 코멘트를 하고 있다.

약간의 거북함을 무릅쓰고 인용하자면, "'쿨'한 편"의 "모던한 퍼스낼리티"(271)라는 인물평은 나를 다시금 되돌아보게 만들었고, "1990년대 중반부터 그는 한편으로는 소위 '문화연구'의 전망과 방법론을 중국 연구에 끌어들이려 했고, 다른 한편으로는 중국 근현대문학사를 '유기적 총체'로 이해할 수 있는 이론 틀을 세웠다고 여겨진다"(271)라는 평가는 지난 20년간의 내 공부를 요약했다. 이는 최소한 『중국 근현대문학사 담론과 타자화』(2013)와 『포스트사회주의 중국의 문화정체성과 문화정치』(2017)를 꼼꼼하게 읽지 않았다면 내리기 어려운 논평이다. 그 외에도 내 공부의 의도를 읽어내는 몇몇 문장을 보고는 나도 모르게 박안(拍案)하며 '지아자, 재현야!(知我者, 在賢也!)'라는 말이 절로

---

* 이재현의 서평에 대한 답글. 『진보평론』, 75호.
1_ 이재현, 「중국 문화연구의 아이스브레이커」, 『진보평론』 73호, 2017. 이하 이 글 인용 시 본문 괄호 속에 쪽수만 표시.

나오게 했다. 물론 그 의도가 제대로 수행되었는지에 대한 평가는 별개의 문제로 치더라도 말이다. 이렇게 몇 마디로 내 20여 년의 공부를 요약할 수 있다는 것은 그가 고수라는 방증이다.

"가급적 혹독하게"(270)라는 이재현의 서평 기준은 너스레가 아니다. 왕샤오밍과 리쩌허우에 대한 내 연구에 대한 이재현의 평가, "리쩌허우나 왕샤오밍에 대해서는 정작 학제적으로 접근하고 있지도 않고 이들을 비판적으로 다루고 있지도 않다"(279)라는 평가는 뼈저리게 수긍할 수밖에 없다. 돌아보면 그동안 그들에 대한 내 연구의 포지션은 해설자를 지향하고 있었다. 전자에 대해서는 한국 중문학계를 고려한 전략적 배려가 있었고, 후자에 대해서는 워밍업 단계였다고 변명해보지만, 이재현의 비판은 내 공부의 맹점을 찌른 셈이다.

2.

왕샤오밍에 대한 평가에서 이재현은 고수의 면모를 유감없이 드러내고 있다. '개입'과 '비껴서기'의 공허함을 지적하면서 왕샤오밍의 실천과 투쟁대상이 모호함을 비판했고, 왕샤오밍의 회심작인 『중국현대사상문선(상하)』(2013)에 대해서도 "과학 · 기술 · 산업 등에 관한 것과 근대적 자유 · 평등 · 권리 등에 관한 것이 누락되어 있"(278)는 것은 "매우 치명적"(278)이라 비판하고 있다. 모두 적절한 비판이다.

하지만 이재현은 한 가지를 빼놓고 있다. 바로 왕샤오밍이 중국의 문화연구에서 '아이스브레이커'라는 점이 그것이다. 이재현이 내 책의 서평을 쓴 것은 내가 왕샤오밍을 국내에 소개한 것과 비슷한 메커니즘이다. 다만 이재현은 "가급적 혹독하게" 다룬 반면 나는 '가급적 관대하게' 해석한 편이다. 굳이 변명하자면, 적막한 국내 '중국문학계'에 자극과 충격을 주고 싶었고 그런 맥락에서 중국 현대문학을 전공하면서 문화연구로 전환한 왕샤오밍은 훌륭한 모범 사례였기 때문이었다. 그리고 고수가 볼 때 문제점이 없지 않겠지만, 당대 다른 학자들과 비교할 때 왕샤오밍은 꽤 괜찮은 지식인임이 틀림없다.

3.

리쩌허우의 경우는 다르다. 내가 그동안 진행해온 리쩌허우에 대한 공부는 비유컨대 시합에 들어가기 전의 스파링에 해당한다 할 수 있다. 이재현은 스파링 파트너를 보고는 리쩌허우의 전모를 파악한 것으로 오해했을 수 있다. 내가 현재까지 공부한 수준의 리쩌허우를 액면 그대로 리쩌허우의 본체로 착각한 것은 아닐까?

　이재현의 리쩌허우 비판은 세 가지다. '중국 근현대 시기 구분 문제'와 '문화심리구조' 개념 그리고 '경험과 선험의 관계'에 대한 것이 그것이다. 먼저 이재현은 "중국 근현대사 시기 구분 문제에 관한 한, 주로 사상사나 문학사에만 제한해서 중국 근현대사를 논하려고 하는 임춘성의 지적 아비튀스"(274)를 문제삼는다. 그리고 '근현대화(modernization)'와 연관해, 자본주의적 산업화와 그 정치적 상부구조인 네이션-스테이트의 존립 여부와 제국주의 그리고 갖가지 제도들이나 전통들, 관습들, 이데올로기들, 성향들 그리고 언어와 무의식 등을 언급한다(274 요약). 내가 리쩌허우의 근현대 시기 구분에 주목하는 '아비튀스는 삼분법(진다이-셴다이-당다이) 단계의 시기 구분이 혁명사를 기준으로 삼아 경제사와 문화사에 절대적인 영향을 준 것에 대한 비판의식이다. 그것은 혁명사 중심주의를 경계하며 경제사 환원주의를 경계하고 있다. 이재현의 말대로 자본주의적 산업화와 국민국가를 중시하되, '사상과 문학 그리고 문화에 구현된 자본과 국민국가의 논리'를 살피자는 것이다. 이재현은 전자를 '잎과 잔가지'로, 후자를 '뿌리와 큰 줄기'로 유비하면서, 본말(本末)을 "빈약하고도 그릇되게 추상화시키는 경우에, 중체서용·동도서기·화혼양재 등"(274)과 같은 슬로건이 등장한다고 한다. 리쩌허우의 '서체중용'도 그 가운데 하나라는 것이다. 과연 그럴까?

　리쩌허우의 '서체중용(西體中用)'은 '유학 4기설'[2])과 함께 '전환적 창조'의 방법론으로 제기되었다. '서체중용은 '중체서용'과 '전면서화(全面西化)'를 겨냥한 것이다. 여기에서 '체(體)'는 생활의 근본이자 본체다. 본체는 가장 근본적이고 가장 실재적이다. 리쩌허우는 억만 인민의 일상적 현실 생활이 '체'이고, 이는 또한 현대적 생산양식이자 생활 방식이고 마르크스가 말한 사회 존재라고 말한다. 그는 근현대 중국 역사에서 중국 전통의 강고한 힘이 외래를 압도했다고 본다. 그러므로 그의 과제는 전통을 해체하고 재해석하는 것이다. 근현대적 대공업과 과학기술을 근현대 사회 존재의 본체와 실질로 인정해 근본으로 삼아야 한다고 주장한 것이다.

중용(中用) 또한 '중학을 쓰임으로 삼는 것(中學爲用)'이 아니라 서학을 '중국에 응용'하는 것이다. 서학을 중국에 응용하려면 중국의 실제와 결합해야 하는데, 중국 현실에서 가장 큰 영향력을 발휘하는 것은 바로 유학이다. 중국인이 인정과 혈육의 정, 고향에 대한 정과 보국의 정 등에 주의를 기울이는 것은 유가와 전체 중국문화의 영향이다. 이런 중국의 전통을 현대화 생산양식과 생활양식의 토대 위에 결합하는 것이 바로 '서체중용'이다.

리쩌허우의 '서체중용'은 '중체서용'의 언어유희가 아니라 근본적 전복이다. 그는 근현대 중국의 역사에서 중국의 전통이 가지는 강고한 힘이 외래(外來)문화를 압도했다고 본다. 그러므로 중국의 과제는 전통을 해체하고 재해석하는 것이다. 현대적 대공업과 과학기술을 현대사회 존재의 '본체'와 '실질'로 인정해 그것을 근본으로 삼아야 한다고 주장하는 이유다. 그 근본적인 동력은 전통적인 '중학이 아니라 근현대의 '서학'인 것이다. 이상 '서체중용'의 내포는 이재현의 이해와는 상당한 거리가 있다. 물론 리쩌허우 주장의 타당성 검토는 별도의 과제다.

2_ '유학 4기설'에서 1기는 공자와 맹자 그리고 순자이고, 2기는 한대 유학(漢儒)이며, 3기는 주희와 왕양명이고 4기는 현재다(李澤厚, 2014: 225 참조). '4기 유학'은 중국 전통의 문화심리구조를 토대로, 과학 기술에 바탕을 둔 서양의 현대화된 물질생활을 흡수해 그것을 본체로 삼아 새로운 단계의 중국 유학을 구성하겠다는 구상이다.

다음으로, 서양 문화연구와 인지과학 등의 성과를 참조체계로 삼아 "'문화심리구조'를 비판적으로 음미하는 것이 우선적이고 근본적"(275)이라는 이재현의 지적은 타당하다. 다만 내가 해설한 '문화심리구조'는 '중국인의 지혜'와 관련해서 설명했는데, 리쩌허우의 문화심리구조는 '공예사회구조'와 연계시켜 이해해야 한다는 점을 덧붙이고 싶다. 리쩌허우는 인류의 본체를 두 가지로 설정한다. 하나는 '도(度) 본체'이고 다른 하나는 '정(情) 본체'이다. 전자는 '도구 본체'로 발전해 인류 사회의 '공예사회구조'를 형성하고 후자는 '정감 본체' 또는 '심리 본체'로 발전해 '문화심리구조'를 형성한다. 전자는 마르크스를 참조했고 후자는 하이데거와 연계되어 있다. 그리고 실용이성은 문화심리구조와 공예사회구조의 주요한 특징이고 적전(積澱)은 그 형성 원리다.

마지막으로 리쩌허우는 칸트가 제시했지만 구체적으로 해명하지 못한 '선험'을 '인류 경험이 역사적으로 적전되어 형성된 것'이라고 독창적으로 해석했다. 리쩌허우는 역사가 적전(積澱)되어 이성이 되고 이성이 응취(凝聚)되어 절대명령이 된다고 했다. 적전은 그가 미의 원시적 형성과정을 '의미 있는 형식'으로 해석하면서 미와 심미의 공통 특징으로 설정한 개념이다. 그에 따르면, 자연 형식 속에 사회 가치와 내용이 적전되고, 감성적 자연 속에 인간의 이성적 특성이 적전된다는 것이다. '심미 적전론'의 적실성에 대한 구체적 검토는 다른 지면을 기약한다.

4.

중국연구를 하면서 스스로 중국 특수주의를 경계해 왔다고 생각했는데 이재현의 비판을 듣고 보니 아직도 그 속에 갇혀 있다는 느낌을 지울 수 없다. 그리고 이재현의 평가를 비판적으로 수용하면서 그에 대한 문제점을 제기하다 보니 이재현이 중국의 특수성을 충분히 이해하지 못했다는 식이 되고 말았다. 바꿔 말하면, 이재현의 비판에 서유럽 보편주의 편향이 있다고 다시 비판한 셈이다. 시진핑 집권 2기 들어 '중국적 기준'이 유난히 강조되고 있는 지금, 우리는 중국을 어떻게 인식해야 할까?

이재현이 현존 비판적 지식인 가운데 거의 유일하게 인정하고 있는 원톄쥔의 연구대상은 기껏 중화인민공화국 약 90년의 역사고, 각을 세워 비판한 왕샤오밍의 연구대상도 아편전쟁 이후 약 180년의 시간에 불과하다. 이 시공간은 그나마 '근현대화'라는 공감대가 있어 서유럽과 비교할 수 있다.

하지만 상고시대부터 아편전쟁까지 장장 3천 년 이상의 전통 중국을 총체적으로 고찰하기 위해서는 어떤 프레임을 설정해야 할까? 그리고 거기에 근현대 중국과의 연속성 및 불연속성을 고찰하기 위해서는 또 다른 프레임이 필요할까? 리쩌허우의 고민은 여기에서 비롯된다. 그러기에 그는 '마지막 양식'이랄 수 있는『인류학 역사본체론』(李澤厚, 2016) 서두에서 "우리는 어디서 왔는가? 우리는 무엇인가? 우리는 어디로 가는가?" 하는 질문에 답하고 있다. 이 세 질문은 고갱(Paul Gauguin)의 대표작 <Where do we come from, What are we, Where are we going>(1897~1898)의 표제이기도 하다. 리쩌허우의 연구 목표는 궁극적으로 인간에 대한 탐구임을 알 수 있게 해주는 대목이다.

물론 지향과 수행이 반드시 일치하지는 않는 법. 그에 대한 평가는 이후 내 과제가 될 것이다. 이 글의 맥락에서 다시 강조하고 싶은 것은 리쩌허우가 중국 상황에만 코를 박고 떠들어대는 "촌스러운 짓"(275)을 하는 것은 아니라는 점이다. 나는 리쩌허우의 지적·학문적 지향을 아래와 같이 표현할 수 있다고 생각한다. 참고로, 셋째 구를 제외하면 사마천(司馬遷)이『사기(史記)』를 저술한 목표였음을 밝혀둔다.

자연과 인간의 관계를 탐구하고(究天人之際)
고금의 변화에 통달하며(通古今之變)
중국과 서양의 경계를 넘나들어(跨中西之界)
일가의 학문을 이룬다(成一家之言)

2018

마르크스 텍스트 해석학과 역사현상학*

1.

이 글은 옮긴이의 후기인 동시에, 번역과 교정 과정을 통해 텍스트를 몇 차례 꼼꼼하게 읽은 옮긴이가 처음 읽는 독자를 위해 제공하는 길안내의 성격을 가지고 있다. 그동안 서양에 경도되어온 한국 학술계에서 중국학자의 서양학 관련 연구서는 낯설 수밖에 없다. 이를테면 중국학자가 칸트의 비판철학을 연구한 결과물인 리쩌허우의 『비판철학의 비판』을 한국어로 번역 출간하는 일은 여러 가지 상황을 고려해야만 가능한 일이었다. 이 책 또한 중국학자가 마르크스 텍스트를 연구한 책이기에, 중국학자의 연구서에 대한 한국 독자들의 낯선 느낌이 없지 않을 것이다.

현재 중국의 마르크스주의 연구 수준을 한 마디로 개괄하기는 어렵지만, 중화인민공화국 건국 이후 중국공산당이 집권하면서 마르크스주의 특유의 비판적 성격이 약화하고 마르크스주의 연구의 주류가 관변적 성격을 갖게 된 것은 분명하다. 하지만 이 책은 다소 달랐다. 중국 내 관변적 학자들은 장이빙(張一兵)의 『마르크스로 돌아가다』에 대해 어느 정도 이론적 급진성을 가지고 있다고 평가한다. 이를테면 탕정둥(唐正東)은 「『마르크스로 돌아가다』와

---

* 『마르크스로 돌아가다─경제학적 맥락에서 고찰한 철학 담론』의 옮긴이 후기 겸 길안내 글.

당대 중국 마르크스주의 철학의 발전』(2018)에서, 이 책으로 인해 중국 학계의 많은 학자가 경전 텍스트 의식을 가지기 시작한 점, 경전 문헌을 운용할 때 뚜렷한 역사의식을 가지게 된 점, 다성악(polyphony)적인 해석 논리로 마르크스 철학 및 마르크스주의 철학의 심층적인 내용을 깊이 있게 이해하게 된 점을 그 긍정적인 점으로 들었다. 하지만 비판적 지식인들의 입장에서 보면 장이빙의 『마르크스로 돌아가다』는 주류 이데올로기 범주에서 수행되는 연구의 일환일 수도 있다. 이런 상황을 감안하되 우리는 실사구시의 입장에서 장이빙의 연구 성과를 바라볼 필요가 있다.

저자 장이빙은 난징대학 부총장, 난징대학 마르크스주의사회이론연구센터 주임, 마르크스주의연구원 원장 등을 역임했는데, 그의 저서 목록은 그의 경력만큼이나 다양하다. 『마르크스 역사변증법의 주체 국면』(2002: 2판)과 『텍스트의 심층 경작—서양 마르크스주의 경전 텍스트 독해』(제1권, 2004; 제2권, 2008)는 『마르크스로 돌아가다』와 더불어 마르크스 및 마르크스주의에 대한 연구서이고, 『무조(無調)식의 변증법적 상상—아도르노 '부정변증법'의 텍스트학 독해』(2001), 『문제설정, 징후적 독해와 이데올로기—알튀세르의 텍스트학 독해』(2003), 『불가능한 존재의 참—라캉 철학 영상(映像)』(2006), 『푸코로 돌아가다』(2006) 등은 서양의 마르크스주의자인 아도르노, 알튀세르, 라캉, 푸코에 대한 연구서이며, 『레닌으로 돌아가다—'철학 노트'에 관한 포스트텍스트적 독해』(2008)는 『마르크스로 돌아가다』와 비슷한 연구를 레닌에 대해 진행한 저서다. 특히 '돌아가다'의 표제가 붙은 세 권은 현상학의 취지에서 진행하는 '사상의 고고학' 시리즈다. 그 연장선상에서 현재는 후배 학자들과 함께 『개념의 맥락과 사상의 고고학: '마르크스로 돌아가다'의 기본으로 다시 돌아가기』와 『하이데거로 돌아가다』라는 표제의 저서를 준비하고 있다. 우리는 저자 장이빙이 마르크스뿐만 아니라, 레닌, 라캉, 알튀세르, 아도르노, 푸코, 하이데거 등을 폭넓게 전문적으로 연구한 경력에 놀라지 않을 수 없다. 그리고 그의 저서들의 표제로부터 그의 주요한 연구방법이 텍스트 해석학 또는 포스트텍스트학임을 유추할 수 있다.

　이 책을 독파하기 위해서는 우선 세 가지 주제어를 이해해야 한다. 첫 번째는 텍스트 해석학이고 두 번째는 이 책의 부제이기도 한, 경제학 맥락에서 고찰한 철학 담론의 전환이며, 세 번째는 저자가 자신의 연구를 명명한 역사현상학이다. 이는 저자가 해제에서 제시한 다섯 개의 키워드—마르크스로 돌아가다, 텍스트학 연구, 경제학 맥락, 잠재적 철학담론, 역사현상학—와 중복된다. 그 가운데시도 "이 책은 『마르크스·엥겔스 전집』 제2판의 최신 문헌을 효율적으로 활용해 대량의 마르크스의 초기 경제학 노트를 독해했고, 이를 철학 이론 분석과 연결시킴으로써 학술적 혁신을 완성한 책"이라는 경제학자 홍인싱(洪銀興)의 평가처럼, 경제학과 철학의 융합적 해석은 이 책의 커다란 성과라 할 수 있겠다.

　그러면 세 가지 주제와 다섯 개의 키워드를 주요 표지판으로 삼아 아래에서 간략한 길안내를 시작해보겠다.

2.[1]

1) 마르크스로 돌아가다: 원전으로 돌아간다는 것은, 아직 도달해보지 못한 완전히 새로운 텍스트 해석의 역사적 관점을 재구축하거나 우리로 하여금 마르크스 사상의 개방성과 당대적 가능성을 새롭게 구축하게 만드는 것이라 할 수 있다. 현대 철학사에서 에드문트 후설은 '사실 자체로 돌아감'을 현상학의 중요한 이론적 출발점으로 삼았다. 그러나 훗날 해석학적 의미에서의 '돌아감'은 하이데거가 소크라테스 이전의 이른바 사유의 본원성으로 돌아감을 통해 현재의 사상사를 새롭게 쓰는 발단이 되었다. 실상 해석학에 있어 그 어떠한 '돌아감'도 역사적 관점의 정합(整合)에 불과하다.

1_ 이에 대한 자세한 분석은 임춘성(2021: 9장)을 참조하라.

마찬가지로 '마르크스로 돌아가다'에서 '텍스트로의 돌아감' 역시 '완고한 숭고의식'에서 비롯된 것이 아니며 '마르크스 원전으로의 물러남'을 의미하는 것도 아니다. 그것은 오히려 교조적인 체제 합법성으로부터 탈피하기 위한 준비이며 기성의 강제성을 배제하고 텍스트에 대한 독해를 통해 새로운 '도구적 존재성(Zuhandenheit, ready to hand)의 상태'를 만들어내는 것을 의미한다. 이것은 또한 중국인들이 과거에 말하곤 했던 '법고창신(法古創新)'의 정신이기도 하다.

'마르크스로 돌아가다' 자체는 우리가 오늘날 얻게 된 최신의 방법과 맥락으로 개방된 시각 속에서 마르크스를 대면하는 것을 말한다. 바꿔 말해 해석학적 관점에 의하면 마르크스는 결코 원초적 대상이 아니라 이미 해석된 역사적 효과가 되었다. 완전히 새로운, 하지만 근거를 갖는 마르크스가 우리 앞에 놓여 있다.

2) 마르크스 철학과 당대성: 마르크스 철학과 당대성의 문제는 결코 새로운 명제가 아니다. 이 문제는 지난 1960년대 교조화된 체제에서의 서술 방식을 둘러싸고 구소련의 전통적인 학계가 논쟁을 벌였을 때부터 존재해왔다. 여기에는 전통적인 인식틀로써 마르크스를 해석하는 방식이 완전하다는 가정이 전제되어 있다. 그러한 해석방식의 이데올로기적 본질은 구소련의 전통적인 마르크스 철학 해석의 비역사적 성격과 절대적인 담론권력의 불법성을 은폐하는 것이다.

실상 마르크스 철학이 반드시 당대적 성격을 띠어야 한다는 것은 의심의 여지가 없는 사실이다. 관건은 그와 같은 의도를 어떻게 현실화할 것인가 하는 것이다. 그러기 위해서는 용감하게 이전의 경전을 다시 해석하고 새로운 텍스트를 정면으로 바라보면서 견실하게 텍스트를 새롭게 펼쳐들어 새로운 역사적 시각 안에서 당대 생활 세계의 새로운 문제들을 진정으로 해결해야 할 것이다. 장이빙은 마르크스 철학에 관한 텍스트(특히 MEGA2)를 직접 정밀하게 독해하지 않는다면 마르크스 사상 발전의 맥락을 과학적이고 전면적으로 파악할 수 없으며, 마르크스 철학의 당대성에 대한 언설 역시 실현할 수 없다고 주장한다.

3) 다섯 가지 독해 모델: 그는 우선 마르크스 철학 발전사를 고찰하면서 객관적으로 존재하는 '다섯 가지 독해 모델'을 추출해낸다. 즉 서유럽 마르크스학 모델, 서유럽 마르크스주의 인간주의 모델, 알튀세르 모델, 구소련과 동유럽 모델, 그리고 중국의 쑨보쿠이 교수 모델이 그것이다. 이에 대해 저자가 '이끄는 말'에서 친절하게 설명하고 있는 만큼, 여기에서는 반복하지 않는다.

4) 마르크스의 텍스트의 분류학적 구분: 장이빙은 마르크스의 텍스트를 세 종류로 분류한다. 첫째는 책을 읽고 발췌한 노트와 사실을 기술한 노트이고, 둘째는 미완성 수고와 서신이며, 셋째는 이미 완성된 논저와 공개 발표 문헌들이다. 이는 마르크스의 텍스트에 대한 '분류학적 구분'이다. 과거 마르크스주의 연구에서 학자들이 보편적으로 중시하고 연구에 열을 올렸던 부류는 대부분 셋째 유형의 논저들이었고 둘째 유형의 문헌들 역시 어느 정도 관심을 받았다. 하지만 첫째 유형의 텍스트들은 아직 실질적으로 그에 합당한 분석과 연구의 지위를 얻지 못하고 있다. 장이빙은 첫째와 둘째 유형의 텍스트들에 대한 심도 있는 분석을 통해서만 마르크스 사상의 발전과 변혁의 진실한 사유의 맥락과 원인이 되는 맥락을 발견할 수 있다고 주장하고, 이 책의 상당 부분을 노트와 수고 등의 텍스트 자체로 돌아가 그에 대한 문헌학적 고증 작업을 진행하고 있다.

특히 장이빙은 노트의 중요성을 강조한다. 마르크스의 노트에는 담론의 단절, 범주의 설정, 그리고 이론논리 속의 특이한 이질성이 남김없이 그리고 무형식적으로 드러나고 있다. 노트 기록은 주로 독서 노트가 중심인데, 이는 마르크스가 독서를 하면서 느낀 점과 해당 도서에 대한 논평을 메모한 것이기 때문에, 우리는 그로부터 학술적 관점의 개요에 실린 이론적 경향성과 최초의 평론, 그리고 논쟁을 통해 형성된 저술 계획과 구상, 그리고 각종 사상이 최초로 형성된 이론적 촉발점과 원초적 단서를 직접적으로 확인할 수 있다. 그것은 첫 번째 텍스트에 대한 '상호 텍스트'적 다시 쓰기로, 저자와 일차

텍스트가 만난 후 만들어진 의식적 효과의 표현이라 할 수 있다. 이와 같은 내용은 일반적인 이론 수고와 논저에서는 찾아보기 어렵다.

5) 기능적 심층 독해 방법: 장이빙은 '기능적 심층 독해 방법'을 제안한다. 이는 알튀세르의 '징후적 독해'에서 계시를 받은 것이다. 장이빙의 스승인 쑨보쿠이도 동일한 텍스트에 담긴 이중 논리를 파악해야 한다고 주장했다. 장이빙은 이 연장선상에서 비교적 성격의 기능적 독해 방법을 제시하고 있다. 이는 특히 마르크스의 노트를 대할 때, 문자에 머무르지 않고 더욱 많은 사고를 하는 것을 가리킨다. 특히 노트 텍스트가 가지고 있는 복잡한 독해 구조, 예를 들어 전도적인 성격의 텍스트(예를 들어『파리 노트』), 그리고 수고 텍스트의 복합적인 담론 구조(예를 들어『1844년 수고』) 등을 분석하기 위해 사용한 방법이다.

6) 단어 빈도 통계연구: 텍스트 해석학과 관련해 주목할 것은 '단어 빈도 통계연구'이다. 이는 저자가 제3판 수정 작업을 진행하면서 이 책이 근거로 삼는 마르크스의 주요 독일어 텍스트에 대해 불완전하게나마 문헌학적 단어 빈도 통계를 진행하면서 명명한 방법론이다. 이는 일본 학자 모치즈키 세이지로부터 얻은 교훈 덕분이다. 단어빈도 통계 방법은 문헌통계학(Biblimetrics)의 전통적인 방법 가운데 하나다. 이른바 단어빈도(term frequency)는 주어진 문헌에서 특정 단어가 그 문헌에 나타나는 횟수를 의미한다. 단어빈도 통계는 연구자가 일정한 연구 목표에 따라 통계학 방법을 운용해 서로 다른 문헌 텍스트(예컨대 인터넷 검색엔진, 신문잡지, 역사문건, 개인기록 등) 연구에서 문제가 되는 핵심 어휘들을 수집하고 특수한 기호화 작업을 거친 뒤 정량(定量) 어휘 빈도 분석을 진행하는 방법이다. 이를 통해 저자는 특정 시기 특정 단어의 사용 빈도수를 통해 마르크스의 개념 형성 과정을 고찰할 수 있게 되었다. 이는 한 사상가의 중요한 텍스트의 모국어 원문에 대해, 지배적 담론 구조에서 나타나는 지배적인 개념 혹은 범주의 통계와 다른 시기에 발생한 중요한 사상 변이의 텍스트에 나타나는 단어빈도를 통계화해 시기에 따른 비교분석을 진

행하고, 아울러 2차원적인 단어빈도 그래프에서 직관의 곡선을 표시해냄으로써 기존의 텍스트학 분석에 데이터를 제공하는 것을 말한다.

7) 경제학 맥락의 철학 담론: 부제에서도 밝힌 것처럼, 이 책의 새로운 관점의 하나는 '경제학적 맥락에서 고찰한 철학 담론'이다. 문자 그대로, 마르크스 경제학 연구의 심층적 맥락에서 그의 철학 담론의 전환을 새롭게 탐색해내는 것이다. 이런 시도는 마르크스와 엥겔스 사후 최초일 것이다. 1842년 하반기 마르크스가 처음으로 경제학 연구를 시작한 이래로 경제학에 관한 내용이 그의 중후기 학술 연구에서 70% 이상을 차지했고 만년에 이르러서는 그 비중이 90%에 달했다. 1846년 이후 마르크스주의의 창시자인 마르크스에게 순수한 철학과 과학적 사회주의는 독자적인 의미에서 근본적으로 존재한 적이 없다. 마르크스는 부르주아 정치경제학 경전에 대한 텍스트 독해를 통해 경제학이 대면하고 있는 각종 상황이 바로 당시의 사회 현실이라는 점을 인식하게 되었다. 그러므로 객관적인 역사적 현실로부터 출발하기 위해서는 우선 경제학에 대한 이해와 깊이 있는 탐구를 완성해야 했다. 그리고 이 주도적인 연구 자체의 실질적인 과정을 분명히 해야만 철학과 과학적 사회주의 발전 경로의 진정한 기초를 근본적으로 파악할 수 있었다.

마르크스 이론을 연구하는 과정에서 마르크스의 철학, 경제학, 그리고 사회와 역사에 대한 현실적 비판(과학적 사회주의)은 하나의 완전하고 시종일관 분리되지 않는 총체로서, 각종 이론 연구의 상호 간에는 상호 침투하고 포용하는 관계가 존재하고 있다. 그러므로 마르크스의 경제학을 연구하려면 마르크스의 철학적 관점을 이해하지 않으면 안 된다. 또한 철학적 분석이 마르크스 경제학 연구와 완전히 분리되어서도 안 된다. 이 두 연구가 마르크스가 자본주의를 비판했던 현실적 목적과 분리되어서는 더욱 안 된다. 장이빙은, 마르크스의 철학을 연구한다는 것은 반드시 마르크스의 경제학 저작을 진지하게 이해해야 한다는 것을 의미한다. 그렇지 않으면 형이상학적 거품 속에서 헤매게 된다. 이것은 또한 『마르크스로 돌아가다』가 본래 의도한 것이기도

하고 이 책의 완전히 새로운 시각이 겨냥하고 있는 바이기도 하다.

8) 마르크스의 3대 담론 전환: 유물론－역사유물론－역사현상학: 장이빙은 이 책에서 마르크스의 세 개의 이론 정점을 지적하고, 그것이 마르크스 철학사상 발전과정의 3대 담론 전환 및 인식의 비약이라 칭하고 있다. 첫째 정점은 1844년으로서 이 시기의 가장 중요한 텍스트는 청년 마르크스가 수립한 인간주의 사회현상학의 『파리 노트』 가운데 『밀 노트』와 『1844년 수고』다. 둘째 정점은 1845년 1월에서 1846년 12월까지로, 이 시기의 가장 중요한 텍스트는 마르크스의 첫 마르크스주의 문헌들, 즉 광의의 역사유물론을 창립한 「포이어바흐에 관한 테제」와 『독일 이데올로기』, 그리고 『마르크스가 안넨코프에게』이다. 셋째 정점은 1847년부터 1858년까지로, 이 시기의 가장 중요한 텍스트는 마르크스가 마르크스주의의 협의의 역사유물론 학설과 역사인식론 위에 역사현상학을 수립한 『57-58 수고』다.

마르크스 철학사상 발전의 첫 번째 전환은 청년 헤겔의 관념론에서 일반유물론으로, 민주주의에서 사회주의(공산주의)로 전환한 것이다. 장이빙은 이 전환이 마르크스주의로의 전향이 아니었다고 밝힌 바 있다. 이 전환은 『크로이츠나흐 노트』에서 시작되어 『헤겔 법철학 비판』과 『유대인 문제에 대하여』를 거쳐 『파리 노트』 후기와 『1844년 수고』에서 최고점에 이르렀다. 일반적으로 말해 이 시기 마르크스의 사상 전환의 현실적 기초는 마르크스의 역사 연구와 사회주의 노동자운동 실천의 접촉이었다. 하지만 이 단계의 후기에 마르크스는 이미 첫 번째 경제학 연구를 시작했다. 이 지점에서 저자는 새로운 견해를 제시하고 있다. 사상 배경과 사고의 맥락을 당시 유럽사상사의 총체적 단면에 놓는다면, 마르크스의 이 사상 전환은 단순한 이론 혁신이 아니라 여러 배경 요소의 제약 아래 발생한 논리적 승인이다. 배경 요소로는 포이어바흐의 일반 유물론과 헤겔의 변증법 외에 청년 엥겔스와 헤스, 프루동 등의 경제학에 기초한 철학 비판과 사회주의 관점도 있다. 그리고 청년 마르크스에게 표면적으로 부정당한 고전경제학의 사회유물론의 사유 경로와 방법도 있다. 마르크스는 이들을 비판적으로 수용해 사상 전환의 자료로 삼은 셈이다.

마르크스 철학사상의 두 번째 전환은 바로 마르크스주의 철학혁명, 즉 마르크스의 첫 번째 위대한 발견인 광의의 역사유물론을 수립한 것이다. 마르크스의 두 번째 경제학 연구(『브뤼셀 노트』와 『맨체스터 노트』) 과정에서 발생한 이 철학사상의 혁명은 「포이어바흐 테제」에서 시작해 『독일 이데올로기』를 거쳐 『마르크스가 안넨코프에게』로 이어졌다. 이러한 전환의 가장 중요한 이론적 기초는 징치경제학에 대한 마르크스의 과학적 비판의 기초가 형성된 것이었다. 장이빙의 새로운 관점은 마르크스가 사회주의 실천과 기타 철학 관념의 영향을 받은 외에도 고전 정치경제학에서의 스미스와 리카도 사회역사관의 사회유물론에 대한 승인과 부르주아 이데올로기에 대한 비판적 초월 위에 역사유물론과 역사변증법을 수립한 것이라는 생각이다. 실천유물론을 기본 입장으로 한 일정한 사회역사 단계의 구체적인 역사적 현실의 사회관계에 대한 연구, 특히 과학적인 역사적 존재에 대한 '본체'적 규정에 관한 사유는 마르크스 철학 관심의 이론적 초점이 되었다. 마르크스주의 철학 연구의 새로운 단계는 사회현실의 경제학 및 역사학에 대해 과학적 연구를 진행하는 시기였다. 따라서 이 특별한 혁명 시기에 마르크스주의 철학변혁의 발단과 정치경제학에 대한 과학 연구의 시작은 전통 연구에서 말하는 것처럼 마르크스가 먼저 역사유물론을 창립하고 나서 뒤이어 정치경제학 연구로 전향한 것이 아니라 동시에 발생한 것이라 할 수 있다.

마르크스 철학사상의 세 번째 전환은 협의의 역사유물론과 역사인식론으로부터 역사현상학의 창립이라는 위대한 인식의 비약이다. 이러한 변화는 마르크스의 세 번째 경제학 연구에 기초한다. 이 변화는 『철학의 빈곤』에서 시작되어 『런던 노트』에서 크게 발전한 다음 『57-58 수고』에서 기본적으로 완성되었다. 그 기초는 직접 마르크스 경제학 혁명의 탐색, 즉 마르크스의 두 번째 위대한 발견인 잉여가치 이론의 형성으로 이어졌다. 1847년 이후 마르크스는 '부르주아 사회'를 생산력 발전의 최고점('인체')으로 하는 인류 사회역사에 대해 과학적 비판과 고찰을 진행하기 시작했다. 이로 인해 이전 자본주의 사회, 특히 자본주의 사회의 경제역사에 대한 마르크스의 연구에서 인류사회 발전의 역사 본질이 처음으로 과학적 설명을 얻게 되었고 모든 사회역사 발전의 특수한 운행 법칙도 처음으로 드러나게 되었다. 인간과 자연(주위환경)의 관계, 인간과 인간 사이의 사회관계가 처음으로 진실한 사회역사의 정경 속에 구체적으로 인식된 것이다. 이것이 마르크스가 창립한 협의의 역사유물론 철학 이론의 주요 내용이다. 자본주의 사회화라는 물질 대생산 발전과정에서 분업과 교환이 형성하는 생활 조건은 필연적으로 인간의 사회적 노동관계의 객관적 외면화(가치) 및 자본주의 시장 조건에서 한 걸음 더 나아간, 사물에 노예화되는 전도된 관계(자본)를 유발한다. 그리고 이에 따라 역사적으로 유사 이래 사회생활 분야에서 가장 복잡한 사회 차원과 내재구조를 구축하게 되고, 이는 필연적으로 독특한 비직접적 역사인식론의 완전히 새로운 철학 기초를 형성하게 된다. 그리고 각종 전도와 사물화된 경제관계 가상을 통해 비판적으로 부르주아 이데올로기의 물신숭배를 배제하고, 최종적으로 자본주의 생산양식의 본질을 설명하게 된다. 이것이 **마르크스 역사현상학**의 주체적 내용이다.

9) 다섯 번의 전환과 전도: 장이빙은 자신의 연구 성과를 토대로, 마르크스에게 5차례의 방법론 전환이 있었다고 주장한다. 이 전환은 단순하고 돌발적인 변화가 아니라 여러 차례 다차원적인 전진을 거쳐 완성된 복잡한 과정이다.

1838년부터 계산하면 첫 번째는 1843년 청년헤겔학파에서 포이어바흐식의 일반 유물론으로의 전향이었고, 두 번째는 1845년에 일반 유물론에서 방법론상의 역사유물론으로의 전환이었으며, 세 번째는 1847년 철학에서 현실비판으로의 전향이었고, 네 번째는 1857~1858년에 역사현상학의 비판논리실현이었으며, 다섯 번째는 경제학 표현 논리 방법의 확립이었다.

시각을 바꿔보면 상술한 변화들은 마르크스 철학 논리의 다섯 차례 전도를 말해준다. 첫 번째는 1843년 마르크스 철학 전제의 전도로서, 감성적 구체에서 출발한(실제로는 아직 비역사적 추상임) 논리를 형성하기 시작했고, 두 번째는 1845년 인지 방법의 전도로서, 실천과 생산의 역사 '본체'라는 현실에서 출발한 논리를 형성하기 시작했다. 세 번째는 연구내용의 전도로서, 역사 현실에서 출발한 논리를 형성하기 시작했다. 네 번째는 1857~1858년의 자본주의 사회 대상화의 표상 현상학의 전도였고, 다섯 번째는 경제학 이론 구축의 형식 전도, 즉 추상에서 구체로의 재귀환이었다. 물론 이처럼 복잡한 사상변화의 과정은 본질적으로는 상술한 3대 담론 전환의 범위 안에서 이루어졌다.

이상의 길안내는 표지판의 위치를 지시할 뿐이다. 자세한 길 찾기는 독자들이 만보객(flâneur)이 되어 수행할 몫이다.

3.

3년 전 맑스 코뮤날레 집행위원회 회의석상에서 만난 정성진 교수가 장이빙 교수의 『마르크스로 돌아가다』의 번역을 제안해왔을 때, 내가 이 책 번역에 참가하게 되리라고는 생각지도 못했다. 왜냐하면 2005년 리쩌허우의 『중국근대사상사론』을 번역 출간한 후 다시는 번역을 하지 않겠다고 마음먹고 있었기 때문이다. 번역에 들이는 시간과 노력을 내 글 쓰는 데 투여해야겠다는 생각이었다. 하지만 중국연구를 하면서 번역과 무관해질 수는 없었고, 그 후에도 여러 권의 책을 엮으면서 감역(監譯)이라는 새로운 역할을 떠맡게 되었다. 아울러 '문화연구'의 연장선상에서 '번역연구(translation studies)'에 관심을 가지면서 대학원에 관련 분야 과목을 개설하고 자연스레 논문 지도를 하게 되었다. 외중에 '번역연구'와 관련해 몇 편의 글도 쓰게 되었다. 그러나 번역을 하는 것과 감역 및 번역연구를 수행하는 것은 별개의 일이다. 얼마 전 『루쉰전집』(20권) 완역 출간을 지켜보면서 오랜 시간 생명력을 가질 책은 어쩌면 『루쉰전집』과 같은 대가의 글일 수 있겠다 하는 생각을 했지만, 그럼에도 내 글을 써야겠다는 생각에는 변함이 없었다.

하지만 이렇게 옮긴이의 말을 쓰게 된 이유는 공동번역자 중 한 명인 김태성 선생과의 오랜 인연과 의리 때문이다. 석사과정부터 고락을 함께해온 오랜 친구 김 선생과는 먹고사는 문제로 인해 소식이 끊겼다가 만나는 과정을 두어 차례 겪었다. 그가 중국어 전문 번역가의 길을 걷게 된 이후에는 동업자로서 자주 만나게 되었고, 정성진 교수가 이 책의 번역을 의뢰했을 때에도 중국 정부의 '중화도서특별공헌상'을 받은 번역자인 만큼 믿을 만하다고 생각해 그를 소개했던 것이다. 그런데 철석같이 믿었던 김 선생이 제시간에 번역을 완료하지 못함으로 인해(중국 출판사와의 계약 문제도 있었던 듯) 소개자로서의 도덕적 책무를 다해야 한다는 생각에서 번역에 뛰어들게 되었다. 게다가 금년 10월에 열릴 마르크스 탄생 200주년 기념 학술토론회에 맞춰 출간하면 좋겠다는 저자의 제안에 부응해야 한다는 주위의 강박에 못 이겨, 부득불 몇몇 동료들과 공동번역팀을 꾸리지 않을 수 없었다. 번역팀의 일원인 김현석 박사는 번역한 원고를 가지고 세미나를 진행하자는 제안을 했지만, 촉급한 시간은 우리에게 그런 여유를 허락하지 않았다.

이상의 외적인 과정과 더불어, 내가 이 책의 공동번역을 조직해 참여하고 인고(忍苦)를 요구하는 통고(統稿)를 자임한 속내는 따로 있다. 무엇보다 중국학자가 '마르크스로 돌아가' 그의 원초적 텍스트를 새롭게 검토하되, 정치경제학과 철학을 결합해 연구해야 한다고 주장하는데, 그의 주장이 얼마나 설득력 있게 논술되었는지가 궁금했다. 나아가 중국학자가 마르크스를 비판적으로 읽어낸 결과물에 대해 그간 서양에 경도되어온 한국 학술계가 어떤 반응을 보일지도 궁금했다. 다행히 이 책은 저자의 학술 파트너인 정성진 교수의 추동에 힘입은 바 크기 때문에 한국 학계의 적극적인 반응이 예상된다. 그리고 더 깊은 층위에는 이 기회를 빌려 그동안 띄엄띄엄 진행해온 마르크스와 마르크스주의에 대한 학습을 정리해보자는 생각도 없지 않았다.

이 책의 번역은 주로 '중국어 『자본론』 독해 세미나'의 구성원이 담당했다. 중국어 『자본론』 세미나는 2017년 제8차 맑스 코뮤날레를 마치고 뒤풀이

자리에서 이재현 선생의 제안으로 구성되었다. 평소 한국의 진보 진영 학자들이 중국에 대한 이해(Chinese literacy)가 부족하다고 생각하고 있던 그는 관심과 의지가 있는 사람들이라도 모여 중국에 대한 공부를 시작해야 한다고 하며 이 세미나를 제안했다. 이에 2017년 7월부터 『마르크스엥겔스 저작 선독-정치경제학(馬列著作選讀-政治經濟學)』(人民出版社, 1988)을 텍스트로 삼아 '참세상 연구소 세미나실'에서 격주 토요일 오후에 한 번도 거르지 않고 3시간씩 독해 세미나를 해왔다. 지금은 독해 세미나에서 발제 토론 세미나로 변신한 『자본론』 세미나 팀에게 이 책의 번역은 훌륭한 실천과 자기 검증의 장이 된 셈이다.

학제적 융복합과 통섭(通攝)이 대세임에도 불구하고 전공 영역의 고유성은 존중되어야 한다. 옮긴이들은 대부분 중국 근현대문학을 기반으로 공부한 터에(경제학 전공의 김현석은 예외) 사회과학, 특히 마르크스주의에 익숙한 편은 아니다. 중국 근현대문학의 전공 특성상 마오쩌둥 사상 및 마르크스·레닌주의와 불가분의 관계에 있었음에도 불구하고, 그리고 개인적으로 마르크스의 저작들을 읽기도 하고 『자본론』 독해의 공동 학습을 거쳤음에도 불구하고 마르크스주의 전공자라 하기에는 부족함이 있다. 이에 정치경제학의 권위자인 정성진 교수에게 감수를 부탁했고, 정 교수의 소개로 마르크스주의 철학 전공자인 서유석 교수에게 감수를 의뢰함으로써, 부족함을 보완하고자 했다. 아울러 모호한 부분에 대해서 여러 차례 저자와 이메일로 확인 과정을 거쳤다. '손안에 있음'으로 번역한 상수성(上手性)이 대표적인 예다. 상수성이 하이데거의 Zuhandenheit(ready to hand, 도구존재성)의 중국식 번역어라는 사실은 저자와의 메일을 통해서야 알 수 있었다. 그럼에도 남겨진 오역이 있다면 이는 오롯이 옮긴이들의 몫이다. 3판 서문과 이끄는 글, 그리고 1, 2, 3장은 김태성, 4장은 김순진, 5장은 고재원, 6장은 임춘성, 7장과 저자 해제는 피경훈, 그리고 8장과 9장은 김현석이 맡아 번역했다.

이 책은 정성진 교수의 제안과 추동이 없었다면 출간되기 어려웠을 것이다. 특히 형식적인 감수에 그치지 않고 거의 모든 원고를 꼼꼼하게 읽고 전문적인 용어와 내용에 대해 대안을 제시해주었을 뿐만 아니라 일본어판을 대조해 상세한 교정까지 진행해주었다. 특별한 감사의 말을 전한다. 그리고 2교 교정을 보면서 독일어 표기를 검토해준 서유석 교수에게 감사드린다. 저자가 마르크스 원전을 읽겠다는 일념에 반백이 넘어 독일어를 학습해서 원전을 대조해 병기한 노고를 치하하는 동시에, 독일어 표기에 일부 혼선이 있어 번역본에서 그것을 바로잡는 데 서 교수가 큰 노력을 기울였음을 밝힌다. 또한 저자와 옮긴이 그리고 중국 출판사 사이에서 정성진 교수와 옮긴이를 믿고 판권 문제를 원활하게 처리해준 난징대학의 쉬리밍(徐黎明) 교수에게 감사의 말을 전한다. 흔연하게 출판을 수락해준 한울 출판사 김종수 사장에게 감사드린다. 아울러 편집부의 신순남 선생에게도 감사드린다. 촉급한 시간과 공동번역으로 인해 난삽(難澁)하게 작성된 초고가 신 선생의 꼼꼼한 교열을 통해, 딱딱한 번역 투 원고에서 벗어나 순통한 우리말 문장으로 바뀌었다. 그럼에도 여전히 남겨진 번역 투의 문장은 당연히 옮긴이들의 책임이다.

지속적으로 학술공동체를 지향해왔음에도 불구하고 공동 작업은 여전히 쉽지 않은 일이다. 각 성원들의 개성과 스타일, 그리고 학문 수준과 중국어 독해력 등을 감안해 하나로 묶는 통고 작업은 경이로운 다양함을 경험하는 과정인 동시에 독자에게 통일된 방안을 제시해야 하는 인고의 과정이기도 하다. 바쁜 와중에 나를 믿고 공동번역에 참가하고 많은 부분을 위임해준 옮긴이들에게 감사의 말을 전한다. 그리고 이 과정이 우리들의 이후 공부에 좋은 밑거름이 되기를 충심으로 기대한다. 이 책은 2014년 1월 장쑤런민(江蘇人民) 출판사에서 나온 제3판을 저본으로 삼았고, 부분적으로 영역본과 일역본을 참조했다. 영역본은 두루뭉술한 번역이 많았고, 일역본은 설명적인 의역이 많았음을 부기해둔다. 독자 여러분의 생산적인 비판을 기대한다!

2018년 10월

옮긴이를 대표하여

2017

문화연구와 중국연구, 1996~2016[*]

중국의 개혁개방은 소련의 페레스트로이카와 글라스노스트보다 8년 이른 1978년 시작되었다. 개혁개방이 시작된 지 소련 기준으로는 30년이 갓 넘었지만 중국 기준으로는 40년이 다 되어가는 셈이다. 개혁개방 이후의 사회주의 사회를 지칭하는 포스트사회주의(postsocialism/postsocialist)라는 용어가 출현한 것도 30년이 넘었다.

그러나 포스트사회주의에 대한 이해는 논자에 따라 다양하다. 딜릭(Arif Dirlik)은 일찍이 사회주의적 이상이 현실에서 실현될 가능성이 배제된 현재와 같은 상황에서, '사회주의가 자본주의와 결합한 상황'을 포스트사회주의로 설정하는 동시에 이를 '지구적 자본주의'와 대립하는 것으로 설정했다. 하지만 개혁개방 시기에 '혁명적 사회주의'는 '중국 특색의 사회주의'라는 목표를 실현하는 데 장애가 되고 있으니, 이는 '사회주의의 합리성 위기'가 아닐 수 없다. 딜릭이 포스트사회주의를 지구적 자본주의의 대립물로 설정했다면, 피코위츠(Paul Pickowicz)는 포스트사회주의를 포스트모더니즘의 이데올로기적 카운터파트로 설정한다. 사회주의의 새로운 단계로 포스트사회주의라는 독자적인 사회구성체를 제안한 피코위츠는 중국에서의 포스트사회주의를 일종의 '감정

---

[*] 『포스트사회주의 중국의 문화정체성과 문화정치』 서문.

구조(structure of feeling)'로 인식했다. 그런가하면, 장잉진(張英進)은 포스트사회
주의를 포스트마오 시대의 다양한 문화경관으로 파악하고 있다.

개혁개방 이후 중국 관방에서 '중국 특색의 사회주의'라고 한 것에 빗대어,
'중국 특색의 자본주의'라는 해석도 설득력 있게 제시되고 있다. 하비(David
Harvey)는 '중국 특색의 신자유주의'라 하고, 소(Alvin Y. So)는 중국이 동아시아
발전 모델에 가까운 국가 발전주의로 이행하고 있다고 주장하기도 한다. 장
쥔(Zhang, Jun)의 경우, '얼룩덜룩한 자본주의(variegated capitalism)'라고 하여 현재
의 중국이 복잡하고 혼종된 발전 유형을 가지고 있는 사회임을 강조하기도
했다.

개혁개방 이후의 중국을 단일한 잣대로 규정하는 것은 현명한 일이 아니
다. 그보다는 사회주의 정치체제를 고수하면서 자본주의를 적극 수용해 신자
유주의적 개혁을 시행하고 있는 중국을 '이행(transition)'의 관점에서 바라보는
것이 설득력 있을 것이다. '중국의 장기 근현대(the long-term modern China)' 시각
에서 보면, 중국은 아편전쟁 이후 반식민·반봉건 사회를 거쳐 1949년 중화
인민공화국, 즉 사회주의 사회로 이행했다. 그리고 지금은 포스트사회주의 시
기를 통과하는 중이다. 관점을 바꿔 말하면, 아편전쟁 이후 저급한 자본주의
를 거쳐 1949년 이후 국가자본주의, 그리고 개혁개방 이후 중국 특색의 자본
주의를 경과하고 있는 것이다. 물론 이행의 관점은 중국이 서양식 시장 자본
주의로 이행할 것이라는 가정을 경계한다. 그렇다고 '현실 사회주의'가 지속
될 것으로 전제하지도 않는다. 현재 중국과 중국인들은 무엇인가로 이행 중
이다. 학생들과 지식인들은 민주로의 이행을 희망하고 언론인들은 언론의 자
유와 더 큰 민주로의 이행을 원하며 많은 중국인들은 더 많은 재화와 더 나은
수준의 삶으로의 이행을 원한다. 비자본주의적이면서 현실 사회주의와는 다
른 제3의 길은 과연 무엇일까?

이 책에서는 포스트사회주의를 개혁개방 이후 중국을 관찰하는 시야로
설정한다. 포스트사회주의는 문화대혁명으로 대변되는 '사회주의 30년'을 부

정하고 그것과 단절되는 측면과, 새로운 단계에 들어섰음에도 문혁의 기제가 여전히 관철되는 측면을 동시에 지적한다는 장점이 있다. 즉 사회주의의 지속(after, 後)과 발전(de-, 脫)을 절합(articulation)시키고 있는 중국 '개혁개방' 시기의 특색을 요약할 수 있다는 점에서 유효하다. 한마디 덧붙이자면, 아리프 딜릭의 결기를 본받아 지구적 자본주의에 대립하는 그 무엇으로 설정하고 싶지만 새로운 유토피아를 만들어내기 전에는 그것이 쉽지 않음도 인식하고 있는 수준의 시야임을 밝혀둔다.

개혁개방 이후 중국의 급변하는 추이를 따라가며 문학적으로 분석해보려 노력한 지도 어언 30년이 넘었다. 좌익문학 운동을 주제로 쓴 박사학위논문을 마무리하고 목포대학에 부임한 후 본격적으로 시작한 이 노력은 '신시기' 소설을 통해 시대 상황을 읽는 방법으로 시작되었고, 학제간 만남이 빈번해지면서 '문학 너머'를 넘보게 되었다. 그 와중에 '문화연구(cultural studies)'를 만난 것이 1996년 무렵이었다. 인문대 동료교수들과 문학이론 공부를 시작하며 자연스레 문화연구에 입문하게 되었던 것이다. 이 책은 그 후 20년간 문화연구와 중국연구(Chinese studies)를 결합한 공부의 결과물이다.

　'문화연구로의 전환(cultural studies' turn)'은 '문화적 전환(cultural turn)'과 긴밀한 관계를 가지고 있다. 문화적 전환은 인문학 및 사회과학 분야의 학자들 사이에서 1970년대 초반부터 문화를 당대 토론의 초점으로 만들기 시작한 운동이다. 그것은 이전 사회과학의 주변 분야에서 나오게 된 다양한 새로운 이론적 충격에서 비롯된 광범한 분야를 포함한다. 포스트구조주의로부터 비롯된지적 혁명은 바로 '문화적 전환'의 주제의식을 가지고 진행되었던 것이라고볼 수 있다. '문화적 전환'이라는 큰 흐름에는 문화연구 외에도 '공간적 전환(spatial turn)' '번역 전환(translation turn)' 등이 포함된다.

　'문화연구로의 전환'은 유독 한국의 중문학계에서는 그 반향이 더뎠다. 문화연구의 특징인 학제간 융복합연구의 관점에서 보면 개혁개방 이후 중국 대륙에서 성과를 낸 학자들은 대부분 '한 우물 파기' 식의 분과학문 연구에서 벗어나, 활발하게 학제간 대화를 진행하며 연구에 전념했다는 면에서 넓은 의미의 '문화연구' 종사자라 할 수 있다. 포스트사회주의 중국의 비판적 사상의 기원이라 할 수 있는 리쩌허우(李澤厚)는 미학과 철학, 사상사 등을 넘나들며 마지막 양식(late style)으로 '인류학 역사본체론'을 제창했고, 첸리췬(錢理群)은 문학과 사상을 넘나들며 루쉰(魯迅) 연구부터 마오쩌둥(毛澤東) 연구까지를 아울렀다. 루쉰 연구에서 시작해 사상과 문화연구를 넘나드는 왕후이(汪暉), 중국문학과 일본사상사를 오고 가며 동아시아 시야를 확보한 쑨거(孫歌), 그리고 문화연구로의 전환을 분명하게 표명한 왕샤오밍(王曉明) 등도 마찬가지다. 이들은 하나의 분과학문에 안주하지 않고 자신의 학문적·실천적 아젠다를 해결하기 위해 인문학의 전통 분야인 문사철(文史哲)을 토대로 삼아, 인류학, 정치학, 사회학 등의 사회과학 범주와 문화연구, 지역연구, 포스트식민연구, 인지과학 등의 신흥 학문까지 아우르면서 융복합적 연구에 매진하고 있다.

문화연구의 발원지인 영국 버밍햄학파는 리비스주의에 대한 반발로 시작되었다. 리비스주의는 '문화의 연구(study of culture)'를 주장했는데, 이는 대중문화를 무정부 상태로 간주하고 비판한 것이었다. 이에 대한 반발로 버밍햄학파의 문화연구는 대중문화 연구에 중점을 두었다. '문화의 연구'에서 대상으로 삼은 것은 고급문화였고, '문화연구'에서는 고급문화 위주의 전통을 비판하면서 대중문화를 연구 시야에 넣었던 것이다. 새로운 단계의 문화연구는 고급문화와 대중문화의 장벽을 타파하고 양성문화에 대한 학제간 융복합적 연구를 진행해야 할 것이다. 리비스주의의 '문화의 연구'로부터 버밍햄학파의 '문화연구'로, 이제 다시 '문화에 대한 문화연구(cultural studies of culture)' 단계로 나아가자는 것이다. 이는 기존의 고급문화와 대중문화의 구분, '문화의 연구'와 '문화연구'의 장벽을 타파하고, 고급문화와 대중문화를 아우르는 문화 개념을 새롭게 제출하면서 그것을 '문화적으로' 연구하자는 것이다. 고급문화 중심의 리비스주의가 1단계였고, 이를 비판하고 대중문화 중심의 문화연구를 제창한 버밍햄학파가 2단계였다면, 고급문화와 대중문화를 구분하지 말고 양성문화를 발굴하고 악성문화를 지양하는 새로운 3단계로 나아갈 필요가 있다고 본다. 이는 기존의 '문화연구'의 입장에서 보면 연구의 대상을 확장하는 것이고, '문화의 연구' 입장에서 보면 연구 방법론을 확립하는 장점이 있다.

'혁명의 80년대'가 저물어갈 무렵 뜻이 맞다고 생각했던 동업자 몇과 모임을 만든 적이 있었다. 당시 타이완 유학파들의 반공 실증주의적 학풍에 식상해 새로운 검을 주조하자는 취지에서 그 모임을 '주검회(鑄劍會)'라 명명했다. 얼핏 '주검'을 연상케 하는 이 단어는 루쉰의 단편소설 「주검(鑄劍)」에서 따온 것이었다. '검을 벼리다'라는 동빈(動賓)구조는 '벼린 검'으로 번역할 수도 있는데, 나에게는 검을 제대로 벼리려면 '주검'을 각오해야 될지도 모르겠다는 생각으로 다가왔다. 하지만 그때 벼리던 검은 몇 년 되지 않아 폐기처분하고 말았다. 나는 지금도 그때 벼리려던 검을 떠올리곤 한다. 그리곤 다짐한다. 언젠가 다시 제대로 된 검을 벼려보겠노라고

이 책을 마무리하는 시간은 탄핵정국의 촛불혁명 진행과 맞물려 있었다. 지난 가을부터 시작된 촛불혁명은 나를 30년 전으로 돌아가게 만들었다. '혁명의 80년대'에 후배들과 함께 공덕동 로터리와 남대문로 등에서 격렬하게 시위하며 맡았던 최루탄 가스가 '1987년 체제'로 귀결되었던 기억이 새로워, 여러 차례 동료와 후배, 그리고 마침 한국을 방문한 외국 친구들과 광화문 네거리 현장에 나가곤 했다. 한 개인에게 30년은 반생(半生)에 가깝지만 역사에서는 한 순간에 불과할 수 있다. 하지만 1987년이 그러했듯이 2016년 가을부터의 시간은 특별한 시간으로 기록될 것이다. 역사가 단순 반복되지 않기 위해서는 1987년을 반면교사로 삼아 촛불혁명을 진정한 '발란반정(撥亂反正)'의 단계로 승화시켜야 할 것이다.

무페(Chantal Mouffe)는 근대 민주주의에서 대의민주주의 실행이 불가피하다고 생각하는 것을 문제로 지적했다. 그녀가 보기에 민주주의의 가장 중요

한 내용인 '인민민주 원칙'을 위해 '대의제'를 시행했음에도 불구하고 '대의제'가 '인민민주 원칙'을 억압하는 현상이 출현한다는 것이다. 그녀는 이를 '민주주의의 역설'이라 명명했다. 우리는 이 '역설'을, 인민이 민주적으로 선거를 통해 선출한 지도자가 당선 이후 인민의 뜻을 대표하지 않는 상황으로 이해할 수 있겠다. 원칙이 통용되지 않는 상황은 어지러움이다. 마침내 우리는 그러한 '어지러움을 평정(撥亂)'했다. 이제 '정의로 돌아가야(反正)' 한다.

돌이켜 보면 이 책에 묶인 글들은 혼자 썼지만 그 과정은 혼자만의 힘으로 이루어진 것은 아니었다. 먼저 '문화기호학' 세미나를 함께해온 목포대학교 동료 교수들에게 고마움을 전한다. 강내희 교수가 주관하는 '인지과학 세미나는 '문화기호학' 세미나와 함께 최근 내 공부를 견인하는 쌍두마차다. 멤버들에게 감사를 전하며 두 분야를 조만간 글에 녹여내기를 기대해 본다. 아울러 '맑스 코뮤날레' 중국세션 멤버들에게도 감사의 마음을 전한다. 이 책의 일부는 2015년과 2016년 지식순환협동과정 대안대학 4쿼터에서 강의 자료로 활용했었다. 어려운 내용을 경청하고 끊임없이 질문을 쏟아내던 대안대학 학생들과의 만남은 전에 없던 신선한 자극이었다.

지속적으로 읽고 쓸 수 있는 여건을 제공해준 목포대학교에도 감사드린다. 이 책에 실은 글들은 대부분 단편논문으로 발표한 것들이다. 게재를 허락해준 『중국현대문학』과 『문화/과학』을 비롯한 여러 간행물에 감사를 표한다. 아울러 한국연구재단의 지원은 이 책을 완성하게 한 주요한 계기이자 동력이었음을 밝혀둔다. 글의 출판을 흔연히 허락해주신 문화과학사의 손자희 선생께 감사의 말을 드린다. 특히 출간에 임박해 생각지 못한 암초를 만났을 때 따뜻한 격려와 믿음을 보내주신 덕분에 난관을 헤쳐 나올 수 있었다. 『문화/과학』과의 만남에 다리를 놓아주고 '맑스 코뮤날레' 및 지식순환협동조합을 함께 하는 심광현 선생에게도 깊은 고마움을 전한다.

3년 전 '문학사 담론' 책을 낼 무렵 사우(師友) 이재현 선생이 '나름의 목소라'를 내라고 충고했을 때 '학이사(學而思)'의 경지로 나아가겠다는 의지를 피력했었다. 지금 새로운 책을 내면서 돌아보니 그때와 많이 달라졌다고 자평하면서도 갈 길이 멀다는 느낌을 지우기 어렵다. 갈수록 박람강기가 쉽지 않지만 새롭게 가다듬으며 발분(發憤)을 기약해 본다.

2017년 3월 31일

인문학과 국책사업[*]

박근혜 정부 들어 인문학에 대한 대대적인 지원이 지속되고 있다. 인문학 진흥과 융성, 인문학 대중화, 인문학 강좌, 독서문화 진흥, 인문문화특별위원회 신설 등등, 정부에서 발표한 정책만 보면 인문학은 조만간 르네상스를 맞이해야 마땅하다. 하지만 인문학을 40년 공부한 입장에서 느끼는 현장의 체감 온도는 그와 거리가 멀다.

정부의 인문학 진흥 정책은 창조경제의 원동력으로 인문학을 강조하고 있는 점에서 스스로 문제를 노정하고 있다. 인문학은 성찰과 관조와 사색을 핵심으로 한다. 눈앞의 성과를 강요하는 어떤 프로젝트나 이니셔티브도 인문학 진흥에 도움을 주기 어렵다. 경제를 활성화하기 위해 인문학을 활성화하겠다는 정책은 본말이 전도된 발상인 셈이다.

그동안 NURI(New University for Regional Innovation), BK(Brain Korea), HK(Human Korea), ACE(Advancement of College Education), CK(Creative Korea) 등 이름도 따라가기 어려운 국책사업들이 진행되었거나 진행 중이지만 소기의 성과를 거두었는지에 대해서는 검증되지 않았다. 특히 최근 쟁점이 되는 '대학 인문역량 강화(initiative for COllege of humanities' Research and Education. 약칭 CORE)' 사업은

---

[*] 이 글은 CORE 사업 준비가 한창일 때 그에 대한 문제점과 고민을 제기한 것으로, 『목포대신문』 508호(2016.5.11.)에 게재했다.

인문대학의 연구와 교육을 주도하기 위한 사업으로, 각 대학교의 인문대학이 "개별 대학에 최적화된 인문학 발전계획을 수립하고, 정부가 통합적으로 지원"하겠다는 것이다. 한데 놀랍게도 CORE 사업에는 교수들의 연구역량 강화는커녕 학생들의 인문학적 소양을 배양하기 위한 고민은, 적어도 내 눈에는 보이지 않는다. 사색, 관조, 통찰 등 인문학의 핵심(core)에 대한 명시적 언급은 어디에서도 찾아볼 수 없다. 그러기에 인문학자들의 학회에서 'CORE 사업이 인문학의 코아를 파괴하고 있다'라는 자조적인 평가가 나오고 있다. 한 걸음 나아가 "하고 싶은 공부를 마음껏 할 수 있게 해달라"는 서울 소재 모 대학 학생대표의 말에 귀 기울일 필요가 있다. 국책사업이 학업을 방해하고 있다.

하지만 후발 지방국립대학의 여건은 비판에만 안주할 수 없게 만들고 있다. 2천여 년 전 중국문학사 최초의 기명(記名)시인 굴원(屈原)은 「어부(漁夫)」에서 이렇게 노래했다. "창랑지수가 맑으면 갓을 씻고 창랑지수가 탁하면 발을 씻으리." 정작 본인은 초나라 멸망 직전 돌을 안고 멱라(汨羅)강에 투신했지만, 그 교훈은 분명하다. 강물의 흐름과 청탁(淸濁)을 좌우할 방책이 없다면, '지금 여기(now and here)'에 적합한 실천방안을 모색하라'는 것이다.

인문학 국책사업에 대한 지방국립대학의 실천방안은 무엇일까? 본부가 사업 참여를 적극 권유하고 있는 시점에 공동체 성원인 인문대가 인문학 정체성 운운하며 거부할 상황은 아닌 듯하다. 부디 학생들의 인문학적 소양과 역량을 배양하면서 취업에 도움이 되는 그런 프로그램을 개발해, 허울 좋은 인문학 역량 강화가 아니라 진정한 인문학적 근육을 키워 인생의 마라톤을 역주할 수 있는 그런 인재를 양성할 수 있기를 바랄 뿐이다. 아울러 정규 수업을 소화하는 것도 힘겨워하는 수강생들을 고려해 취업이라는 명목으로 학생들을 강제 동원하는 프로그램을 남발하지 말았으면 한다. '취업만을 위한 사업'이 아니라 '학업도 충분히 고려한 사업'이 되기를 소망한다.

본부와 인문대가 조화롭게 협력해 국책사업이라는 파도에 지혜롭게 대응함으로써 구조조정과 재정 위기를 슬기롭게 극복하기를 기대한다.

학이사(學而思)와 화이부동(和而不同)[*]

젊은 그대에게!

　청명한 독서의 계절을 맞아 공부 이야기를 할까 합니다. 워낙 공부를 열심히 하는 그대들이지만 그래도 아직 『논어』에는 익숙지 않을 것 같아, 『논어』에서 공부와 관련된 글귀를 뽑아 이야기하려 합니다. 아울러 신영복 선생의 탁월한 해석(interpretation)도 같이 소개하렵니다. 새로운 해석은 기존의 해석을 뛰어넘고 전복하기에 탈(脫) 해석이기도 합니다.

　「학이(學而)」편에 나오는 "學而時習之 不亦說乎?(학이시습지 불역열호)"는 워낙 유명한 글귀라 대부분 잘 알 것이지만, 그래도 우리말로 옮기면, '배우고 때로 익히면 또한 기쁘지 아니한가?' 정도가 될 것입니다. 이 글귀에서 '학습' 즉 '배우고 익힌다'라는 뜻의 공부가 나왔습니다. 원래 '학'은 '본받다'이고, 습은 '어린 새가 날갯짓을 하며 스스로 날기를 연습한다'라는 의미를 지닙니다. 그래서 '익힌다'라고 의미를 새기지요 그 뒤의 문구는 '친구가 먼 곳에서 오니 또한 즐겁지 아니한가?'이고, 마지막으로 '다른 사람들이 나를 알아주지 않아도 화를 내지 않으니 이 또한 군자가 아닌가?'라는 구절이 이어집니다. 고금을 막론하고 음미할 만한 구절이지요

---

[*]　지식순환협동조합 대안대학 학생들의 소식지 『지편』 4호

「위정(爲政)」편의 '溫古而知新(온고이지신)'도 우리에게 익숙한 말입니다. 손의 온기로 가까운 사람의 손을 따뜻하게 해준 적 있습니까? 온고는 바로 낯선 옛것을 손에 쥐고 따뜻하게 만드는 것을 말합니다. 그러나 그 수준에서 멈추면 복고(復古)일 뿐입니다. 고전 공부를 제대로 하려면 새로운 지식도 함께 습득해야 합니다.

「술이(述而)」편에는 '不憤不啓(불분불계)'와 '三人行, 必有我師焉(삼인행 필유아사언)'이란 말도 나옵니다. 앞의 말은 '분발하지 않으면 열어주지 말라'는 의미고 뒤의 말은 '세 사람이 가면 반드시 스승으로 삼을 만한 사람이 있다'라는 말입니다. 앞의 말은 물 마실 의지가 없는 학생에게 군이 물을 줄 필요가 없다는 말이기도 합니다. 그리고 스승의 가장 큰 덕목은 제자와 친구가 되는 것입니다. 그래서 사우(師友)라는 말이 있지요.

오늘 그대에게 강추하고 싶은 글귀는 「위정」편에 나오는 다음 구절입니다. '學而不思則罔 思而不學則殆(학이불사즉망 사이불학즉태).' '學하되 思하지 않으면 어둡고, 思하되 學하지 않으면 위태롭다.'라고 직역할 수 있는 이 구절은 역대로 '학'과 '사'를 독서와 사고로 이해하고 양자를 겸비할 것을 권하는 문구로 해석하고 있습니다. 이를테면 양보쥔(楊伯峻)은 이렇게 풀고 있습니다. '독서만 하고 사고하지 않으면 속임을 당하고, 공상만 하고 독서 하지 않으면 믿음이 결여될 것이다.' 일리 있는 해석입니다.

그런데 실천적 지식인 신영복 선생은 오랜 한학 공부를 바탕으로 독특한 해석을 제시하고 있습니다. 즉 학과 사를 대(對)로 보아 학은 배움(learning)이나 이론적 탐구로 보되, 사를 생각(thought) 또는 사색(思索)으로 읽을 것이 아니라 '실천 또는 경험적 사고'로 읽을 것을 권하고 있는 것이지요. 이는 관행적 해석인 '관념적 사고'와 다릅니다. 학이 보편적 사고라면 사는 분명 자신의 경험을 중심으로 하는 과거의 실천이나 그 기억 또는 주관적 관점을 뜻한다는 것입니다.

이런 맥락에서 보면 '學而思(학이사)'는 일차적으로 독서와 사고의 변증법이라 할 수 있고, 나아가 '이론적 탐구와 실천/경험적 사고의 변증법적 접합이라 할 수 있습니다. 변증법적 접합(dialectic articulation)의 관건은 어느 한쪽으로 환원시켜서도 안 되고 그것을 단계적으로 이해해서도 안 되는 사실임을 명심해야 합니다.

'學而思'가 진정한 공부의 양 측면을 놓치지 말 것을 깨우쳐주는 글귀라면, '和而不同(화이부동)'은 공부하는 자세를 일깨워줍니다. 이 글귀는 「자로(子路)」편에 나오는데, '君子(군자)는 和而不同(화이부동)하고 小人(소인)은 同而不和(동이불화)한다'라면서 군자와 소인을 대비시키고 있습니다. '군자는 타인과 조화를 이루되 부화뇌동하지 않지만 소인은 그와 반대라는 의미입니다. 우리가 잘 새겨야 할 교훈이지요 특히 나와 다른 견해에 대해 적절한 긴장 관계를 유지하면서 조화를 이루기가 쉽지 않은 일임을 우리는 잘 알고 있습니다.

신영복 선생은 화동론(和同論)을 관계론으로 승화시킵니다. 화(和)는 다양성을 인정하는 관용과 공존의 논리이고, 동(同)은 획일적인 가치만을 용납하는 지배와 흡수합병의 논리라는 것입니다. 이렇게 고전은 끊임없이 '재/탈해석할 수 있는 지식과 지혜의 보고입니다.

최근 중국의 부상이 세간의 화제입니다. '대국굴기'가 중국 관방의 레토릭이라면 '슈퍼차이나'는 한국 언론의 재전유입니다. 서유럽 학자들도 '유라시안 시야'와 '신아시아 시대'의 '세계 시장' 시스템을 언급하면서 중국이 주도적인 역할을 할 것으로 예견한 바 있고 심지어 '중국이 세계를 지배하면'이란 저널리즘적 표제의 전문서도 나오고 있습니다.

문명의 전환과 함께 '중국의 시대'가 열린다 해도 걱정이 태산입니다. 다른 문화와 다른 가치 그리고 다른 삶의 방식에 대한 관용과 공존을 존중하는 것과 거리가 먼 '중화주의 중국'이 출현한다면 이는 현재 미국 헤게모니의 시대와 다를 바 없을 것입니다. 하지만 사회주의와 자본주의를 지양(止揚)한 새로운 문명을 앞서서 실험하고 있는 '중국이 동(同)의 논리와 결별하고 공존과 평화의 논리인 화(和)의 논리로 나아간다면, 우리 인류는 새로운 문명을 시작할 수도 있을 것입니다.

중국 '근현대' 문학사 담론과 통속문학의 복권[*]

'5 · 4' '신문학(新文學)'은 이른바 '구문학'을 비판함으로써 자신의 담론권력을 확립했다. 신문학 제창자들은 과장된 목소리로 '신문학'이 아닌 문학을 일괄적으로 '지주 사상과 매판 의식의 혼혈아' '반봉건(半封建) · 반식민지(半植民地) 십리양장(十里洋場)의 기형적인 태아' '오락과 소일거리의 금전주의'라는 식으로 매도했고 자신을 그들의 대립항에 놓았다. 그러나 21세기 통속문학의 문제제기는 '신문학'이 '구문학' '지우기(erasion)'에 의해 자신의 정체성을 확보했던 것이 과연 정당했는가에 대해 의문을 표시한다.

1949년 이후 중국 문학사가들은 5 · 4 이래의 신문학을 '셴다이(現代)문학'으로 개명한 후 그 기의를 '좌파문학'에 고정시켰다. 그 결과 '셴다이문학사'에서는 5 · 4 신문학은 혁명문학의 선구자로 자리매김 되었고 동반자문학이나 우파문학은 그 존립 자체가 불가능할 지경에 이르렀다. 이는 1949년 이후 '좌파문학 독존의 관점에서 1917~1949년까지의 문학을 해석한 것이다. 류짜이푸(劉再復)는 이런 시대 분위기를 '독백의 시대'라고 개괄했다. 그에 따르면 이러한 독백은 정치관념상으로는 마르크스주의 정치 이데올로기의 독백이었고, 문학관념상으로는 마오쩌둥의 「옌안문예좌담회에서의 연설」과 레닌의 문학 당파성

---

[*] 『중국현대통속문학사 上』, 「해제」

원칙의 독백이었으며, 창작방식상으로는 '사회주의 리얼리즘'의 독백이었다(류짜이푸, 1995: 332). 1985년 제기된 '20세기중국문학'의 공헌의 하나는 이전에 억압되었던 동반자문학과 우파문학을 문학사의 연구 시야로 복원시킨 것이다.

'신문학'이 '구문학'의 즉자적인 대립 개념이고 '센다이문학'이 마오쩌둥의 신민주주의혁명기의 좌파문학과 동일한 개념이라면, '20세기중국문학'의 개념은 첸리췬과 천쓰허 등이 나름의 고민과 전망을 담은 참신한 개념이었다. 천쓰허는 이를 "센다이문학의 연구 대상을 해방시켰을 뿐만 아니라 연구자 자신의 학술 시야도 해방시켰다"(陳思和, 1996: 241)라고 평가했다. 이후 '20세기중국문학'이라는 용어는 중국문학계에서 통용되는 개념이 되었고, 한국의 중문학계에서도 낯설지 않은 개념으로 자리 잡았다. '20세기중국문학'이라는 기표는 '세계문학으로 나아가는 20세기의 중국문학'이라는 양적인 규정과 '민족영혼의 개조'라는 사상계몽적 주제를 가진 '반제반봉건 민족문학'이라는 질적인 규정을 명확하게 제시하고 있다(임춘성, 1997: 3장 참조).

판보췬 교수의 『중국 '현대' 통속문학사』(2007)의 문학사적 의미는 '20세기중국문학사'가 '우파문학'을 해방한 것에 뒤이어, '신문학사'가 배제했던 '통속문학(구문학, 전통문학, 특히 전통 백화문학, 본토문학, 봉건문학)'을 복원시킨 것이다. 이보다 앞서 판보췬 교수가 2000년 4월 주편한 『중국 근현대 통속문학사』(상·하)는 중국 근현대문학사 연구의 새로운 단계를 알리는 사건이라 할 수 있다. 본문만 1,746쪽에 달하는 방대한 분량을 사회·언정(社會言情), 무협·당회(武俠黨會), 정탐·추리(偵探推理), 역사연의(歷史演義), 골계·유모(滑稽幽默), 통속희극(通俗戲劇), 통속간행물(通俗期刊編) 등 일곱 분야와 대사기편(大事記編)으로 나누어 서술하고 있다. 이는 하위 장르의 상대적 독립성을 감안(勘案)하고 존중한, 장르별 문학사의 대작이라 할 수 있다.

판 교수에 따르면, 중국 '근현대' 통속문학은 청말민초(淸末民初)의 대도시 상공업 경제 발전을 기초로 삼아 번영·발전한 문학을 가리킨다. 그것은 내용 면에서 전통의 심리 기제를 핵심으로 삼았고 형식 면에서 중국 고대소설 전통을 양식으로 하는 문인의 창작물 또는 문인의 가공을 거쳐 재창조된 작품을 계승했다. 그것은 기능 면에서 흥미와 오락, 지식성과 가독성(可讀性)을 중시했지만 '즐거움에 가르침 없기'(寓敎於樂)의 권선징악의 효과도 고려했다. 그것은 민족의 감상 습관에 부합하는 것을 토대로 하여, 수많은 시민층 위주의 독자군을 형성했으며 그들에 의해 정신적 소비품으로 간주되었다. 그러다 보니 필연적으로 그들의 사회가치관을 반영하는 상품성 문학이 되었다(范伯群 主編, 2000: 18).[1] 중국 '근현대' 통속소설은 대도시의 상공업 경제의 발전을 토대로 번영·발전했으므로 '도시통속소설'이라는 명명이 가능해진다. 그것은 '현대'문학사 또는 '20세기중국문학사'의 주요한 유파인 '사회해부파' 도시소설이나 '신감각파'의 심리분석소설과 달리, 현대 도시 생활에서 광범위한 제재를 선택해 재미있고 세밀하게 묘사함으로써 다양한 사회 풍경화를 제공했다. 이 작품들은 중국 민족의 전통적인 문화심태(cultural mentality)를 잘 파악함으로써 사회의 각종 세태와 인간을 반영하는 데 뛰어났다. 이 소설들은 고대 백화소설의 언어 전통을 계승했을 뿐만 아니라 외국문학에서 배운 기교를 적당히 융합할 줄도 알았다. 그러므로 판 교수가 통속문학 작가들에게 "민족의 전통형식을 숭상하는 동시에 외국문학에서 창작 기교와 살아있는 문학 언어를 배웠다"라고 평가하는 것은 지나치지 않다.

판 교수는 문학사 연구의 공통 인식과 관련해 다음과 같이 주장했다. 최근 20년 동안 '근현대'문학사 연구자들은 한 가지 공통 인식이 있다. 그것은 '근현대' 통속문학을 우리의 연구 시야로 받아들여야 한다는 것이다. 순문학과 통속문학은 우리 문학의 두 날개이므로, 이후 편찬되는 문학사는 두 날개로 함께 나는 문학사여야 한다. 최근 20년 동안 '근현대'문학사 연구자들은 모두 한 가지 관점을 수용하고 있다. 과거 '근현대'문학에서 통속문학의 중요한 유파인 '원앙호접—『토요일』파(鴛鴦蝴蝶—『禮拜六』派)'를 역류(逆流)로 본 것은

1_ 范伯群은 1994년 『中國近現代通俗作家評傳叢書』(南京出版社)의 「總序」에서 이미 비슷한 내용을 언급한 적이 있다.

좌경사조의 문학사적 표현이라는 사실이 그것이다(范伯群主編: 35~36).[2] 요컨대 통속소설을 문학사 연구 범주로 받아들이는 것이 이제는 당연한 현상이라는 것이다.

사실 문학사적 안목으로 통속문학에 대해 고찰한 것은 판 교수가 처음은 아니었다. 류짜이푸는 '본토문학'의 관점에서 진융(金庸) 소설의 문학사적 지위를 논했다. 20세기 초 중국문학은 사회 변화와 외래문학의 영향으로 말미암아 '신문학'과 '본토문학'이라는 두 가지 다른 문학 흐름(流向)으로 분열되었다. 후자는 전자와 함께 '20세기중국문학'의 양대 실체 또는 흐름을 구성해 완만한 축적과정을 거쳐 자신의 커다란 문학 구조물을 세웠다. 그것은 20세기 초의 쑤만수(蘇曼殊), 리보위안(李伯元), 류어(劉鶚), 1930~40년대의 장헌수이(張恨水)와 장아이링(張愛玲) 등을 거쳐 진융에 이르렀다. 진융은 홍콩이라는 새로운 환경에서 본토문학의 전통을 직접 계승해 집대성(集大成)하고 그것을 새로운 경지로 발전시켰다(劉再復, 1998: 19~20). 여기에서의 '본토문학'이 바로 5·4 시기 '신문학'에 의해 문단에서 축출된 '구문학'이고 '원앙호접파' 소설이었는데, 류짜이푸는 그것을 '신문학'과 대등한 수준에서 20세기중국문학의 한 축으로 복원시킨 것이다.

21세기 들어 본격적으로 제기된 '통속문학'의 문제의식은 그동안 '중국 신문학사' '중국 현대문학사' '20세기중국문학사'라고 명명되었던 '중국 근현대문학사' 담론을 새로운 단계로 끌어올렸다. '신문학사'는 '구문학'을 배척했고 '현대문학사'는 '우파문학'을 탄압했으며 심지어 '20세기중국문학사'도 '통속문학'을 홀시했다. '통속문학'의 문제제기는 바로 배척과 탄압으로 점철된 '중국 근현대문학사'의 주류 권력에 대한 비판으로 읽을 수 있다. '중국 근현대문학사 담론'에서 '통속문학'의 문제제기는 '타자들'의 복권의 대미라는 차원에서 그 의미를 부여할 수 있다. 전통적인 '문이재도(文以載道)' 문학관의 연장이랄 수

2_ 이 내용도 『中國近現代通俗作家評傳叢書』, 「總序」에서 언급되었다.

있는 5·4 계몽문학관은 과거와 단절하는 '신문학'을 주장하면서 '구문학'을 비판했지만, 그것은 아속(雅俗)을 구분하는 전통을 답습하고 있었으며 공공연하게 '아(雅)'를 추켜세우고 '속(俗)'을 '타자화'시켰다. '통속문학'은 낡고 퇴폐적인 것으로 단죄되어 문단에서 추방되었다. '인민 해방'을 구호로 내세웠던 중화인민공화국의 문학사는 '인민문학'을 위해 '우파문학'과 '동반자문학'을 타도해야 한다는 이데올로기에 갇혀 그들을 탄압했다. 그리고 '좌파들'은 서로 경쟁하며 '극좌'로 치달았다. 해방이라는 구호는 아무것도 해결하지 못한 채 자신들조차 수렁 속으로 밀어넣고 말았다.

1985년 '20세기중국문학'의 제창은 바로 이에 대한 문제제기였다. 그리고 '현대문학'에 의해 탄압되었던 '우파'와 '동반자'를 해방했다. 그리고 다시 15년이 지난 후 '통속문학'이 제기되면서 '신문학'에 의해 추방되었던 '구문학'을 복권한 것이다. 여기서 중요한 것은 '우파문학'의 해방과 '통속문학'의 복권 자체가 아니다. 중요한 것은 문학사를 아와 속, 주류와 비주류로 나누어 기술하는 것을 지양해야 한다는 점이다.

판 교수는 『중국 '현대' 통속문학사』 '서론'에서 통속문학에게 씌워졌던 '역류'와 '조연'이라는 고깔을 과감하게 벗어던지며, 중국 '현대' 통속문학의 역사를 시간, 원류, 독자, 기능 면에서 개괄하고 있다. 특히 통속문학이 지식인문학의 배척을 받으면서도 그 자양분을 취해 새로운 길을 모색한 것을 '상극(相剋) 가운데 상생(相生)'이라 요약했다. 나아가 만청 견책소설을 사회통속소설로 분류해 외연을 넓히면서 계몽주의와 통속문학의 관계를 고찰했고, 전통의 계승이라는 기능을 재해석했다. 전통 가운데 봉건적 요소를 양기(揚棄)하면서 '효' 문화와 같은 전통 미덕의 계승을 통속문학 생존의 근거이자 의의로 받아들였다. 판 교수의 궁극적인 목적은 '현대' 통속문학을 제대로 연구해서 중국 '현대'문학사의 '대가족'에 통합시키는 것이다. 이것이 그가 말한 '두 날개 문학사'의 내함이다.

판 교수가 말한 '순문학과 통속문학의 두 날개로 함께 나는 문학사'라는

'공통 인식'을 1920년대에 가질 수 있었더라면, '신문학사'는 '신문학'과 '구문학'의 두 날개로 날아, 독자들을 '구문학'에 빼앗겨 '인문학의 위기' 운운하는 일이 없었을 것이다. 이런 '공통 인식'을 1950년대에 가질 수 있었더라면, '현대문학사'는 '현대문학(즉 좌파문학)'과 '우파문학'의 두 날개로 비상해 세계문학과 자유롭게 교류하면서 자신의 정원을 더욱 아름답게 가꿀 수 있었을 것이다. '순문학'과 통속문학의 두 날개로 함께 나는 문학사'가 실현되기 위해 여러 가지 과제가 앞에 놓여 있다. 아(雅)의 속화(俗化), 속(俗)의 아화(雅化) 등도 검토의 대상이 되어야 할 것이지만, 아속공상의 핵심은 아와 속의 동시적 감상이라는 점에 있지 않을까 싶다. 다시 말해, 고아(高雅)한 작품도 감상하고 통속(通俗)적인 작품도 읽는다는 이분법적 사고가 아니라, 한 작품에서 고아한 측면과 통속적인 측면을 동시적으로 감상한다는 것이다. 중요한 점은 이를 감당할 만한 두터운 텍스트(thick text)의 출현이고 그 두터운 텍스트를 감상하고 유통하는 독자 대중의 존재다.

판 교수는 이를 위해 수많은 텍스트를 발굴해서 우리에게 보여주고 있다. 고대문학의 노선에서 현대문학의 노선을 갈아타는 지점에 위치한 『해상화 열전』부터 시작해 그동안 '중국 현대문학사'에서 거론되지 않았지만, 식견 있는 평자들의 호평을 받았던 수많은 작품을 발견해 그것을 보배로 꿴 것이다. 루쉰에 의해 '견책소설'이라 불렸던 작품들은 비교적 익숙한 편이지만, 『해상번화몽』, 『구미귀』, 『루주연』 등 초창기 작품은 그동안 전문 학자들이라 할지라도 잘 들어보지 못한 것들이었다.

이 책의 또 다른 중요한 의미는 중국 통속문학 작품이 실렸던 간행물에 대한 실증적인 연구에서 찾을 수 있다. 대부분 통속문학 작가들이 편집하고 작품을 게재했던 간행물은 당시 독자들과 만나는 중요한 공간이었다. 초기의 『유희보』 등의 소형 신문부터 『신소설』과 『수상소설』, 『소설시보』와 『소설월보』, 『토요일』과 『소설세계』 등 세 차례의 통속간행물 고조에 대해 사회사적이면서도 문화사적으로 접근함으로써 통속문학에 대한 분석에 그치지 않고 당시 사회 문화 상황에 대한 이해를 제공하고 있다. 특히 1920년대 영화 붐과 화보 붐에 대한 논술은 어디에서도 찾아보기 어려운 내용이라 할 수 있다.

최근 중국 근현대문학사 집필 경향은 점차 '유기적 총체성'을 지향하고 있는 것으로 보인다. 2010년 4월 주서우퉁(朱壽桐) 주편의 『漢語新文學通史(上下卷)』와 옌자옌(嚴家炎) 주편의 『二十世紀中國文學史(上冊)』가 동시에 출간되었는데, 둘 다 기점을 앞당기고 있다. 주서우퉁은 '근대 문학개량'이 '5・4' 문학혁명의 서막을 열었다고 주장하면서, 황순셴(黃遵憲)의 '언문일치' 주장(我手寫吾口), 추팅량(裴廷梁)의 백화문 제창, 량치차오(梁啓超)의 문체(文體)혁명, 그리고 린수(林紓)와 옌푸(嚴復)의 번역 등을 아우르고 있다. 특히 주목할 것은 문명희(文明戲), 원앙호접파(鴛鴦胡蝶派) 그리고 남사(南社) 유파 등의 '물건'을 거론했다. 한편 옌자옌은 근현대성(modernity)이라는 기준으로 20세기 중국문학을 개괄하면서 제1장에서 갑오(甲午) 전야의 문학으로 천지퉁(陳季同)의 『황삼객 전기(黃衫客傳奇)』와 한방칭의 『해상화 열전』을 그 효시로 들고 있다. 주서우퉁은 '한어신문학'을, 옌자옌은 '20세기중국문학'을 표제로 내세웠지만, 양자 모두 중국 대륙 이외에 타이완과 홍콩 및 마카오 나아가 화교문학까지 아우르고 있다는 점 또한 이전과 다른 두 문학사 저서의 공통점이라 할 수 있다.

판 교수가 언급한 '두 날개 문학'의 공통 인식이 주서우퉁과 옌자옌의 문학사에 충분히 반영된 것 같지는 않다. 그럼에도 판 교수의 통속문학 연구가 두 종의 문학사에 끼친 영향은 쉽게 발견할 수 있다. 그동안 1917년 또는 1898년으로 운위되던 근현대문학사 기점이 앞당겨진 점, 만청 문학운동과 신문학운동의 연관성, 전통문학과 신문학의 내재적 연계 및 그 과정에서 번역문학의 역할 등이 그것이다. 특히 '통속'과 '현대'의 변증법적 관계에 대한 통찰은, '퇴폐'를 '계몽'과 함께 중국적 근현대성의 범주로 설정한 왕더웨이의 성찰과 함께 중국 근현대문학사를 바라보는 새로운 시야를 제공한 것으로 평가할 만하다.

2015. 7. 26.

2015

1980년대 중국영화론[*]

한국과 중국에서 1980년대는 격동의 시절이었다. 한국은 1980년 광주민중항쟁으로 시작해 '1987년 체제' 수립으로 마치 민주화 운동이 승리한 것처럼 보였다. 그렇지만 1987년 체제는 군부 권위주의를 종식했음에도 불구하고 신자유주의 전략을 사회 운영의 원리로 삼은 결과, 민주주의를 배반하는 각종 정책을 펼쳐왔다.

중국도 1978년 '사회주의 현대화'를 구호로 삼아 시작된 개혁개방이 사상해방의 물결로 이어졌지만, 결국 1989년 톈안먼 사건 진압으로 귀결되었고 이후 이른바 '6·4 체제'가 수립되었다. 해방 이후 각각 자본주의와 사회주의의 길을 걸어온 한국과 중국이 공히 격동의 1980년대를 거쳐 각각 '1987년 체제'와 '6·4 체제'라는 신자유주의적 체제로 진입한 것은 흥미롭다.

어느 시대나 오케스트라의 제1 바이올린 역할을 하는 문예 장르가 있다. 우리가 흔히 선진-진한 산문(先秦-秦漢 散文), 당시(唐詩), 송사(宋詞), 원곡(元曲), 명청소설(明淸小說)이라 일컫는 것이 바로 그러하다. 그러면 1980~90년대 중국에서 제1 바이올린 역할을 했던 것은 무엇일까? 그것으로 당연히 영화를 꼽아야 한다.

---

[*] 류원빙, 『중국영화의 열광적 황금기—어느 영화 소년의 80년대 중국영화 회고론』의 「추천사」.

류원빙(劉文兵)의『중국영화의 열광적 황금기』는 바로 '1980년대 중국영화'를 다루고 있다. 1967년생인 저자는 개혁개방 이후 10대를 보냈고 그 시절 영화관을 '파라다이스'로 기억하고 있다. 문화대혁명 시기 억압되었던 중국영화가 한 달에 15편가량 제작 상영되었고 외국영화도 미국과 서유럽, 소련과 동유럽뿐만 아니라 제3세계 영화들이 다양하게 공개되었다. 그뿐만 아니다. 서양의 이른바 '고전'영화들, 예를 들어 채플린 영화들도 관객들에게 손짓하고 있었다. 감수성이 예민한 시절 이런 호강을 누린 저자가 그 시대를 '열광적 황금기'로 소환하는 것에 누구도 이의를 제기하지 않을 것이다. 더구나 컬러 텔레비전의 보급 이후 영화의 호시절이 지속되지 않은 사실도 알고 있기에 1980년대는 중국영화사의 중요한 시기가 아닐 수 없다.

　이번에 출간되는『중국영화의 열광적 황금기』는 독특한 체제를 가지고 있다. 4장으로 구성된 본문에서 저자는 각각 이데올로기, 문화번역, 배급과 검열, 스타라는 키워드를 가지고 논술하고 있다. 이는 저자의 말대로, 영화학에 그치지 않고, 영화 문화 또는 사회학적인 접근방법으로 영화를 중층적으로 점검하려는 시도라 할 수 있다. 이런 시각에서 포스트 문혁기, 르네상스기, 침체기, 뉴웨이브 대두, 다양화 시대, 전환기의 여섯 시기로 나누고 있다. 그 주요 내용은 아래와 같다.

　제1장. 사회주의/문혁으로부터 해방되었으면서도 그 트라우마에서 벗어나지 못하던 1980년대는 문혁의 고난을 다룬 상흔영화와 개혁개방 정책과 덩샤오핑을 다룬 개혁영화가 중심이었다. 그러나 문혁을 비판한다고 했지만 실제로 쓰인 표현 수법은 선악 이분법에 사로잡힌 문혁 코드 그 자체였음을 간과할 수 없다.『무중풍경』의 저자 다이진화(戴錦華)의 말을 빌리면 '탈주하다 그물에 걸림'이다. 이는 '곤경에서 탈출했지만 더 큰 그물에 걸린 격'인 포스트 사회주의 중국의 사회적·문화적 콘텍스트를 비유한다. 1980년대가 문혁에서 탈출했지만 문혁의 문화심리구조에서 완전히 벗어나지 못한 형국을 지칭한 것이다.

제2장. '문화번역(cultural translation)'은 최근 흥기하고 있는 '번역연구(translation studies)'의 핵심 개념의 하나다. 저자는 개혁개방 이래 서양 문화가 중국에 수용되는 과정을 '문화번역'의 문제의식으로 대중 차원의 댄스 유행과 앙드레 바쟁의 실험 예술 수용에 초점을 맞춰 서술하고 있다. 그리고 이 과정이 단순한 일방적 수용이 아니라 내부의 상상력과 외부의 상호작용이었음을 밝히고 있다.

제3장. 중국영화의 제작, 검열, 배급 구조는 독자가 쉽게 접하기 어려운 분야다. 저자는 사회주의 현대화/자본주의화 과정에서 사회주의 체제가 영화 시스템에 미친 긍정적 영향과 부정적 영향을 여러 가지 사례를 들어 설명하고 있다.

제4장. 이 부분은 이 책의 백미라 할 수 있다. 문혁 이후 국민배우 반열에 오른 류샤오칭과 조안 첸에 대한 분석을 통해, 사회주의 시스템의 스타 소비 형태와 시장 자유화에 따른 여배우의 물신화 경향에 초점을 맞췄다. 이를 통해 저자가 말하고 싶은 것은 결국 1980년대 이래 중국 사회의 변화상이다.

1980년대 중국은 과연 어땠을까? 이를 위해서는 톈안먼 사건의 성격을 이해할 필요가 있다. 뤼신위(呂新雨)는 1990년대 중국에서 진행된 신다큐멘터리 운동을 관찰하면서 그 발전을 이론적으로 개괄한 바 있다. 그녀의 관찰과 인터뷰에 따르면, 중국 다큐멘터리는 1995년에 처음 제작되었지만, 다큐멘터리 운동이 1980년대의 정신과 혈연관계에 있다고 판단하고 그 발전 방향은 우원광(吳文光)의 <유랑 베이징(流浪北京)>에서 기초를 다졌다. 그리고 1990년대 다큐멘터리의 효시인 <피안(彼岸)>의 감독 장웨(蔣樾)는 다큐멘터리 제작과정 자체가 '자아해부이자 자아비판'이고 '정화과정'이라고 표현했다. 뤼신위가 보기에 중국의 신다큐멘터리 운동은 중국 사회변혁 및 사회 담론 공간의 개편과 심층적으로 연계되어 있다. 특히 '새로운 이상주의가 신앙되고 실천된 시대, 새로운 유토피아 시대'였던 1980년대는 신다큐멘터리 운동에 큰 영향을 주었다. 1989년 톈안먼 사건은 유토피아를 추구하다가 좌절한 것이고, 그 폐허에서 침착하게 중국 현실 문제를 사색하게 된 계기는 바로 신다큐멘터리 운동이었다. 1990년대 시작된 중국 신다큐멘터리 운동은 1980년대 개혁 정신의 연장이었다.

톈안먼 사건을 진압함으로써 덩샤오핑 체제를 공고히 한 '6·4 체제'가 완성되었는데, 이는 다른 말로 하면 중국적 신자유주의 체제의 완성이었다 할 수 있다. 류원빙의 이 저작이 중국적 신자유주의로 나아가는 시점에 중국영화의 열광적인 황금시질이었던 1980년대에 대한 만가(輓歌)로 들리는 것은 나 혼자만의 환청은 아닐 것이다.

시체 두 구의 스토리텔링—신위쿤의 <빈관>[*]

1. '제8회 퍼스트(FIRST) 청년영화제'

신위쿤(忻鈺坤)의 처녀작 <빈관(殯棺, The Coffin in the Mountain)>[1]은 2014년 7월 27일 칭하이(靑海)성 시닝(西寧)에서 거행된 '제8회 퍼스트(FIRST)청년영화제' 시상식에서 최우수감독상과 장편극영화 부문 최우수상을 거머쥐었다. '퍼스트 청년영화제'는 신인의 신작 발굴에 주력해 청년영화인들에게 성장과 교류의 무대를 제공하는 비주류 영화제. <빈관>은 각본이 튼실하고 서사가 노련해 재심에서 만장일치로 통과되었을 뿐만 아니라 영화제 기간 관객의 반응이 뜨거웠다. 종심 심사위원들은 이 영화가 올해의 '최대 수확'이라 평했다고 한다. <빈관>은 제19회 부산영화제 아시아영화의 창 부문에 초청되기 전, 제71회 베니스영화제 국제영화평론가 부문에도 초청되었다.

봉준호와 박찬욱을 좋아하고 핀치(Davey Finch)와 놀란(Christopher Nolan)을 학

---

[*] 『부산국제영화제에서 만나는 중국영화 2014』에 게재.

[1] <바이두바이커>에서는 <빈관>이라는 편명을 찾을 수 없고 대신 '제8회 퍼스트(FIRST)청년 영화제'에서 최우수감독상을 받은 작품으로 <심미궁(心迷宮)>이 올라있다. 줄거리(劇情) 요약을 확인한 결과, 부산국제영화제 출품작 <빈관>은 <심미궁>과 동일한 작품이다. 그 외에도 <안녕, 있어도 만나지 않겠다(再見, 在也不見)>(2016), <소리 없이 터지다(暴裂無聲)>(2018)가 있다. https://baike.baidu.com/link?url=ELp-4keeTl-tJ9vQsd6Z8wAQITgslY_7qNo9ve1XepxM SPtNd5Cb6OlppPI-tyuHXZZEumFz4Wi93-gJZ3PewoDLWE-UOu-zdjy9BqhLXLK (검색일자: 2023.07.04)

습하고 스필버그(Steven Spielberg)에게서 계시를 받았다는 신위쿤은 장르영화에 대해 거부감이 없고 언젠가 그럴듯한 장르영화를 찍겠다는 포부도 가지고 있다.

부산영화제 홈페이지에는 <빈관>을 다음과 같이 소개하고 있다. "쿠엔틴 타란티노의 초기작을 연상시키는 올해 중국 독립영화의 놀라운 발견. 시골 마을의 전통 장례식을 배경으로 펼쳐지는 이 의뭉스러운 누아르 스릴러에는 우연히 지역의 폭력배를 살해하게 된 젊은이, 자신의 남편을 죽일 계획을 세운 매맞는 아내, 예상하지 못한 사건을 마주하며 은퇴를 미룬 시골 마을의 촌장이 등장한다." 그리고 감독 이름을 신유쿤으로 소개하고 있는데, 이는 중국식 알파벳(XIN Yukun)에 익숙지 않은 누군가가 영어식으로 읽고 한국어로 표기한 데서 오는 오류다. '신위쿤'이라는 표기가 국립국어원 외래어표기법에 부합한다.

감독 신위쿤은 이 영화가 더 많이 외국영화제에서 상영되어, 중국영화가 정서 표현에만 뛰어난 것이 아니라 이야기 자체와 서사 기교에서도 뛰어남을 전 세계 관중들이 볼 수 있게 되기를 희망한다고 표시했다.

2. 중국 독립영화의 정체성

1990년대 이후 예술영화, 주선율영화, 오락영화로 구성된 중국 도시영화 지형도에서 주목할 부분은 독립영화라 할 수 있다. 진실(truth)과 주변성(marginality)의 특징을 가지는 독립영화(또는 지하영화)는 초기 6세대 감독의 중요한 표지로 장위안(張元)의 <엄마(媽媽)>(1990)를 효시로 한다. 실험적 영화제작자들(장위안, 장밍, 러우예, 자장커, 왕취안안, 그리고 우원광 및 장웨와 같은 다큐멘터리 감독)과 약간 상업적인 감독들(예를 들어 장양과 스룬주)이 이 범주에 속한다.

독립영화 제작자들은 미학적 관점뿐만 아니라 사회적·직업적 정체성의 측면에서 국가에 의해 훈련되고 고용된 앞선 세대와 달랐다. 독립영화 제작자들에게 1993년 7명의 영화제작자에 대한 금지는 하나의 전환점이 되었다.

이 조치는 일련의 '심화' 개혁 또는 더욱 철저한 시장화와 동시에 진행되었다. 사회주의 영화 시스템은 이른바 자본주의화 과정을 향한 복잡한 탈바꿈을 시작하면서 한편으로는 지하영화에 제한을 가하고 다른 한편으로는 상업적이고 이데올로기적으로 무해한 장르에 '새해 경축 코미디(賀歲片)'와 같은 특혜를 주었다. 아울러 상영 분야를 자극하고 관객을 극장으로 끌어오기 위해 국내외 제작영화에 적용되는 분장제(分掌制)가 시행되었다.

어려운 여건에서도 젊은 독립 영화제작자들은 스튜디오와 시장경제의 변화에 의해 만들어진 틈새 공간을 탐험하면서 1994년부터 1996년까지의 가장 어려운 시절에 도전적인 영화들을 발표했다. 장위안의 <광장>과 <동궁서궁>, 왕샤오솨이의 <한랭>과 <짐꾼과 아가씨>, 관후의 <헝클어진 머리카락>, 러우예의 <주말의 연인>, 허젠쥔의 <우편배달부>, 닝잉의 <민경 이야기>, 장밍의 <우산의 비구름> 등이 그것이다. 이 영화들은 엄격한 검열 또는 이익에 쫓긴 배급자와 상영자의 무관심으로 인해 중국 관객들에게 접근이 허용되지 않았음에도 불구하고, 대부분은 다양한 국제영화제에서 비평적 찬사와 상을 받았다.

여기에서 주목할 것은 새로운 종류의 유연한 '독립영화'가 정책 변화와 기관 제한의 새로운 물결이라는 맥락 속에서 출현하기 시작했다는 점이다. 이들은 1990년대 중반의 정책 개혁의 와중에서 대중적이고 상업적인 전환을 시도했다. 장원(姜文)의 <햇빛 찬란한 날들>, 장양(張揚)의 <사랑의 매운탕>, 스룬주(施潤玖)의 <아름다운 신세계> 등이 그것이다. 또한 1996년 미국인 로에르(Peter Loehr, Luo Yi)에 의해 설립된 이마르 영화사(Imar Film Co. Ltd)는 베이징에 기반을 두고 외국인 투자와 제작자를 포함하며 시안(西安) 스튜디오와 공동 제작도 하면서 새로운 바람을 일으켰다. 1998년 베이징 스튜디오와 상하이 스튜디오는 '젊은 감독 희망 프로젝트'를 출범시켜 베테랑 6세대 감독들과 새로운 신인들을 지원하기도 했다.

21세기 들어 중국 독립영화의 범주를 정확하게 정의하기 어려워졌다. 이른바 '국립 스튜디오'에서 만든 영화 이외의 영화를 모두 독립영화라고 하던 시절이 있었는데, 20세기 말부터 중국 당국에서도 독립영화 제작자들을 지원하고 있고, 독립영화 제작자들도 당국과 협상·타협하고 있기 때문이다. 특히 신위쿤은 스타일 면에서 독립영화 제작자의 풍모가 느껴지지 않는다. 그가 거론하는 감독들도 독립영화와는 거리가 멀다. 그러나 <빈관>은 분명 국립영화제작소의 지원을 받지 않고 제작자 런장저우(任江洲)의 전폭적인 지지를 받아 완성되었으니 독립영화에 속한다. 런장저우는 심지어 자신의 고향인 허난(河南)성 예(奭)현을 촬영장소로 섭외하기도 했다.

그럼 영화 텍스트로 들어가 보자.

3. 첫 번째 시체

샤오쫑야오(蕭宗耀)는 아버지 샤오웨이궈(蕭衛國)의 안배로 시내에서 근무하고 있다. 쫑야오는 같은 마을의 황환(黃歡)과 사귀고 있는데, 부모는 시내 아가씨와 결혼하길 바라고 있다. 어느 날 저녁 쫑야오가 집에 돌아와 황환과 데이트하는데, 황환이 임신했다는 말을 마을 불량배 바이후(白虎)가 우연히 듣게 되고 두 사람을 협박해 돈을 갈취하려다 사고로 죽는다. 쫑야오와 황환은 얼떨결에 나뭇가지로 시체를 덮고 시내로 도망쳐 여관에서 밤을 보낸다.

당일 저녁 샤오웨이궈는 마침 동네 행사에서 술에 취해 귀가하다가 우연히 아들이 바이후를 밀쳐 사고 내는 장면을 목격한다. 그는 아들의 과실치사를 은폐하기 위해 시체를 소각한다. 이튿날 아침 마을의 회계를 맡은 자오(趙)씨는 아침 산책에서 불탄 시체를 발견하게 되는데 여기서부터 해프닝이 시작된다.

먼저 황환의 아버지가 지난밤 딸이 돌아오지 않았다며 불탄 시체를 황환으로 오인하고 왕바오산을 족친다. 황환 아버지가 왕바오산을 황환의 살인범으로 오인하는 이유는, 전날 쑨 영감 장례식에서 왕바오산이 황환과 시비가 있었고, 저녁 시간에 왕바오산이 다좡(大壯)의 가게에 들렀을 때, 마침 황환이

쭹야오를 만나러 그 앞을 지나갔기 때문이다. 바오산은 황환을 보지 못했지만, 다챵은 왕바오산이 가게를 나가 황환이 간 방향으로 갔다고 말했고, 그 말에 근거해 황환 아버지는 왕바오산이 딸을 죽였다고 확신하고 윽박지르는 것이다.

그런데 왕바오산은 알리바이를 대지 못하고 계속 당하고만 있다. 사실 왕바오산은 다챵의 가게에서 담배를 사고는 리친(麗琴)의 집에 갔었다. 두 번째 시체이기도 한 천쯔리(陳自力)의 부인인 리친은 어려서부터 왕바오산의 애인이었고 결혼하려 했지만, 바오산 어머니의 반대로 뜻을 이루지 못하고 마지 못해 천쯔리와 결혼했다. 두 사람은 결혼 이후에도 서로를 잊지 못하고 몰래 만나고 있었다. 끝까지 알리바이를 대지 못하다가 정말 살인범으로 몰릴지도 모른다고 생각한 바오산이 결국 촌장에게 리친 집에 있었다고 털어놓지만, 리친은 단호하게 부인한다.

그런 과정에서 장의사가 시체에서 천쯔리의 신분증을 발견하고는 그 사실을 사람들에게 알려준다. 사실 리친은 남편과 이혼하고 싶어 하지만, 이혼 얘기만 꺼내면 천쯔리는 부인을 때렸다. 리친은 몇 번이고 남편을 죽이고 싶어 하지만 감히 행동에 옮기지는 못한다. 그러던 차에 불탄 시체가 남편이란 말을 듣고 속으론 좋아하면서도 겉으로는 슬픈 미망인의 역할을 하며 급히 장례를 치르려 한다.

4. 두 번째 시체

막 운구를 시작하려던 차에 경찰에게서 전화가 걸려왔고 파출소에 가서 보니 천쯔리의 시체가 놓여 있고, 남편임을 확인하고 첫 번째 시체의 장례식을 치르려 했던 것처럼 급하게 화장해서 돌아온다. 이 과정에 다챵이 동반한다. 다챵은 평소 리친을 사모했는데, 천쯔리가 죽었다는 말을 듣고 자신의 소망을 이룰 수 있을 거로 생각하고 발 벗고 나서 리친을 돕는다. 리친 역시 그런 다쨩에게 호감을 느낀다. 천쯔리의 장례를 치르는 데 필요한 물품을 사러 시내에 다녀오다가 다쨩은 마침 집에 돌아오던 천쯔리를 만난다. 죽은 줄 알았던 사람을 만난 것도 놀랄 일이지만, 자신의 소망이 물거품이 된 것을 안 다쨩은 천쯔리를 죽이고 싶어 하지만 역시 행동에 옮기지는 못한다.

그런데 이때 사고가 일어난다. 갑자기 용변이 급한 천쯔리가 차를 세우고 볼일을 보던 중 걸려온 전화를 받다가 절벽 아래로 떨어진 것이다. 천쯔리의 사고는 세 사람의 소원에 부합한 셈이 되었다. 리친과 왕바오산 그리고 다쨩. 왕바오산은 리친에게 배신감을 느끼고 떨어져 나갔고, 이제 리친과 다쨩은 심원을 이룰 수 있게 된 것이다. 다쨩은 본인이 직접 죽이진 않았지만 천쯔리가 떨어진 것을 확인하고는 가방도 던져버린다. 그러나 뒷좌석에 놓인 지팡이에까지는 신경이 미치지 못한다. 이는 나중에 리친이 발견하고는 다쨩이 죽인 걸로 지레짐작하고 다쨩의 호의를 거절하는 빌미가 되고 만다. 화장을 마친 리친은 관을 촌장에게 반납한다.

그런데 첫 번째 시체가 바이후임을 알고 있는 촌장 샤오웨이궈는 조문을 하면서 리친에게 남편에게 전화를 걸어보라 한다. 그리고 본인이 직접 전화를 걸어보니 천쯔리가 받아서 부인 리친에게 바꿔주려고 한다. 바로 그 전화가 천쯔리를 죽음에 몰아넣은 전화였다.

5. 촌장 샤오웨이궈

바이후는 시내로 일자리를 구하러 갔지만 도박에 빠져 빚쟁이가 되고 만다. 사실 그가 죽기 전 우연히 천쯔리를 만나 아침을 얻어먹고는 그의 지갑을 훔친 것으로 추정된다. 그래서 바이후의 몸에서 천쯔리의 신분증이 나왔던 것이다. 그런데 시내 도박장 주인은 갑자기 사라진 바이후를 추적해 형 바이궈칭(白國慶)의 집에 와서 도박 빚 상환을 요구한다. 독촉에 시달리다 못한 바이궈칭 부부는 신원불명의 시체를 촌장에게 가져와 동생 바이후라 사칭하고 장레를 치러 부채 독촉을 회피한다. 이렇게 해서 바이후의 과실치사는 자연스레 미봉된다.

사실 이 모든 과정을 알고 있는 사람은 촌장 샤오웨이궈다. 그는 아들 쫑야오와 바이후가 서로 밀치다가 사고 난 장면을 지켜보았고, 아들의 과실치사를 덮어주기 위해 바이후의 시체를 소각하고 그 과정에서 왕바오산이 지나간 것을 보았으며 아침에 서기 자오씨가 산보 나오길 기다려 소각 장소로 유도하기도 했다. 그리고 바이후의 시체를 몰래 빼와 자기 집 돼지우리 밑에 파묻고 시멘트로 덮었다가 바이궈칭이 시체를 빌려달라는 요청에 다시 파내 관속에 넣어두었다.

바이후의 출상 장면은 의미심장하다. 형인 바위궈칭조차도 그 시체가 동생인지도 모른 채 빚 독촉에서 벗어나기 위해 동생이라 사칭한다. 다른 사람들은 그를 바이후라고 여기지만 그 내막은 촌장만이 안다.

사실 바이후의 사고사는 황환과 친구의 통화에서 비롯되었다. 시내로 간 남자친구가 변심할지 모른다는 친구의 충고를 들은 황환은 마침 TV연속극을 보다가 거짓/상상 임신을 하게 되고, 임신을 빌미로 쫑야오에게 결혼을 강요하다가 바이후가 엿듣게 된 것이다. 도박에 중독된 바이후는 천쯔리의 지갑을 훔치고도 모자라 쫑야오를 협박하다가 결국 목숨을 잃게 된다. 결국 황환의 거짓/상상 임신이 바이후의 목숨을 앗아가는 결과를 야기한 것이다. 그리고 그 과정에서 마을 사람들의 여러 가지 인간관계—아버지와 아들의 관계, 부부 관계, 애인 관계, 이웃 관계 등—가 드러나게 된다. 감독의 말대로 서사 구조가 밀접하게 연관되어 있다.

6. 남겨진 이야기: 포스트사회주의 중국의 검열

신위쿤의 <빈관>이 부산국제영화제에서 상영됨으로써 우리 한국인은 영화를 볼 기회를 얻었지만, 정작 중국인들이 이 영화를 영화관에서 볼 수 있을지는 미지수다. 소식통에 따르면, 이 영화는 아직 검열을 통과하지 못했고, 당국의 검열 결과를 통고받고 수정 여부를 논의중이라고 한다.

포스트사회주의 중국 사회를 바라보는 키워드는 논자에 따라 다양할 수 있지만, 중국의 심층을 바라보는 눈 밝은 이라면 '검열'이 중요한 문제임을 알 수 있을 것이다. 개인 경험만 하더라도, 상하이대학 당대문화연구센터 웹사이트에 올린 글의 한 부분에서 <색, 계>의 섹슈얼리티를 논했다가 한동안 검색이 금시되었고, 장뤼(張律) 관련 글을 세 번 거절당했으며, 『신세기 한국의 중국 현당대문학 연구』를 편집하는 과정에서 가오싱젠(高行建) 관련 글과 작가의 세계관 지양(止揚)과 관련된 글을 제외해달라는 출판사의 요구를 거절할 수 없었다.

우리도 군사독재 시절에 겪었지만 '검열'의 해악은 그 자체로 끝나는 것이 아니라 '자기검열'을 유발하고, 후자의 기준은 항상 전자의 기준을 상회하기 마련이라는 점에 있다. 그리고 분명 '검열'에 비판적인 중국 지식인들도 외국 친구의 호의적인 지적을 수용하다가도 어느 순간부터 국가에 자신을 동일시하면서 국정(國情) 운운하며 불필요한 자존심을 드러내곤 한다. 2011~2012년 방문학자로 머물렀던 상하이대학 중국당대문화연구센터의 웹사이트도 내가 방문하기 전 어떤 일로 폐쇄되었다가 귀국할 무렵 간신히 해제되었다. 폐쇄 조치는 해당 기간 웹사이트를 활용하지 못하게 만드는 것에 그치지 않고, 그동안 축적했던 자료를 회복하는 데 대량의 시간과 인력을 낭비하게 만든다. 이는 마치 청조에서 한족 지식인들의 비판의 화살을 다른 곳으로 돌리게 하려고 『사고전서(四庫全書)』를 편찬케 한 일과 유사하다. 『사고전서』는 인류의 문화유산이 되었지만, 웹사이트 자료 회복은 단순한 소모로 그칠 가능성이 크다. 시진핑(習近平) 정권에 들어 더욱 강화된 검열 지침은 2013년 6월 인쇄만 남겨둔 『열풍학술』 제7집을 다시 표류시켜 6개월 후에야 발간되었다.

최근 중국 당국의 검열은 직접 통제 방식에서 간접 관리 방식으로 바뀐 듯하다. 그 대표적인 예가 TV드라마의 '제편인/즈펜런(制片人) 제도'다. 개혁개방 이후 대중문화가 유행하더니 21세기 들어 중국산 TV드라마가 기세를 떨치고 있다. 1980년대가 '문학의 황금시대'였고 1990년대가 '영화의 시대'였다면 21세기는 'TV드라마의 시대'라 할 수 있다. 수많은 방송국의 프로그램을 일일이 검열할 수 없는 상황에서 등장한 것이 제편인 제도라 할 수 있다. 제편인은 1980년대 말 등장했는데, 이는 시장경제 작동방식이 TV드라마 제작 시스템에 도입된 것이다. 제편인은 정부의 입장을 대변하면서 시장과 시청자의 요구를 반영해 TV드라마 제작부터 배급까지 전체 유통과정을 통제한다. 바꿔 말해 이전에는 당국에서 직접 통제하던 TV드라마를 1980년대 말부터는 제편인 제도를 도입해 그가 대신 관리하게 만든 것이다. 이를 통해 추론해보면, 이전에는 모든 것을 사전에 확인하고 검열했는데, 톈안먼(天安門) 사건 이후 일정 정도 자율적인 공간을 열어주되, 선을 넘어서는 행위에 대해서는 일벌백계라는 사후 책임 추궁의 방책을 시행하고 있음을 알 수 있다.

조정래의 『정글만리』를 '네 번' 읽고[*]

1.

개혁개방 이후 세계 공장을 거쳐 세계 시장으로 가고 있는 중국은 한국에 깊숙이 들어와 있다. 'made/produced in China' 없이는 하루도 살 수 없게 된 것이 어제오늘의 일이 아니고 뉴스에서도 거의 매일 중국 소식을 접하고 있다. 그뿐만 아니다. 수많은 한국인이 중국의 관광 명소를 헤집고 다닐 뿐만 아니라, 한국문학번역원 등의 지원을 받아 웬만한 작가라면 중국어로 번역된 작품집 한두 권씩 가지고 있고 요즘은 광활한 대륙을 배경으로 상상의 나래를 펼치는 작가들이 출현하고 있다. 그에 반해 중국인의 한국 인식은 한류에 국한되어 있고, 한국인의 중국 인식은 공산 독재와 짝퉁 천국에 머물러 있는 것으로 보인다. 이런 시점에 조정래의 『정글만리』가 출간되어 상당 기간 베스트셀러 목록에 오른 것은 한국인의 중국 인식을 새로운 지평으로 이끄는 징후라는 점에서 주목이 필요하다.

유난히 잡무가 많았던 가을 학기에 나는 『정글만리』를 '네 번'이나 읽었다. '처음'에는 『태백산맥』의 작가가 중국 소재 소설을 썼다는 사실에 대한 호기심에서 시작했다. 나쁘지 않았다. 아니, 소설로서도 재미있었고, 중국과 관

---

[*] 『성균차이나브리프』 2권 1호. 『정글만리』에 대한 심화 분석은 임춘성(2017, 13장)을 참조하라.

런된 정보도 골고루 잘 요약되어 있었다. 이만하면 중국 입문자에게 권할 만하다고 생각하게 되었고, 당시 연재하던 칼럼에서 소개 글을 쓰기 위해 '두 번째' 읽게 되었다. 그리고 약간의 시차를 두고 이번 서평을 위해 '세 번째' 읽었는데 앞의 두 번과는 느낌이 달랐다. 뭐랄까, 좀 석연치 않은 느낌이었다. 앞에서 들었던 재미는 식상함으로 바뀌고 요약은 나열로 바뀌었다. 그래서 비판적인 입장에서 다시 읽을 필요가 있다는 생각이 들었다. 이상이 『정글만리』를 '네 번' 읽게 된 경위다.

'두 번째'와 '세 번째' 사이에 홍콩 영자신문 『사우스 차이나 모닝 포스트 (South China Morning Post)』의 오드리 유(Audrey Yoo) 기자로부터 인터뷰 요청을 받았다. 그녀는 조정래의 『정글만리』를 통해 보는 한중관계에 대한 기사를 쓰려고 자료를 검색하다가, 내가 9월에 쓴 칼럼[1]을 읽고 인터뷰를 하고 싶다는 것이었다. 칼럼에서 나는 『정글만리』를 최근 중국 시장에 관한 에스노그라피 (ethnography)이자 중국의 역사와 문화에 관한 학습 보고서라는 취지에서, 전대광과 김현곤에게 초점을 맞춰 중국의 긍정적인 풍경 묘사와 심층 해설을 소개했다. 물론 '개념화'의 약점도 지적하긴 했지만 대체로 '강추' 맥락이었다.

기자의 질문 가운데 『정글만리』가 상당 기간 베스트셀러 목록에 올라 있는 원인에 대한 것이 있었다. 나는 작가의 필력과 서사전략 그리고 내셔널리즘 색채를 들었다. 『태백산맥』과 『아리랑』 그리고 『한강』으로 증명된 작가의 서사 능력은 굳이 여기에서 반복할 필요가 없을 것이다. 아울러 서하원 등과 같은 입문자가 전대광 등의 베테랑 가이드를 통해 중국에 대한 부정적인 편견을 씻고 제대로 인식하는 서사 전략은 대부분 서하원 수준의 중국 인식에 머물렀던 한국 독자들의 공명을 자아낸 것으로 분석할 수 있다. 나아가 전

---

1 임춘성, 「조정래의 『정글만리』를 읽고」, <서남뉴스레터>, 2013.9.25. http://seonamforum. net/ newsletter/view.asp?idx=2156&board_id=21&page=1 이 글은 <서남뉴스레터>와 <프레시안>의 협약에 따라 「조정래의 도발, "너희들이 중국을 알아?"」(2013-10-18)라는 표제로 <프레시안>에 전재되었다. http://www.pressian.com/article/article.asp? article_num=50131013203744 &Section=05

대광이 김현곤·하경만 등과의 대화 및 사색이라는 장치를 통해 풀어내는 10년 넘는 중국 생활의 진수는 독자의 선망을 자아내기에 부족함이 없다.

작가의 내셔널리즘 색채는 당연하게도 이중 전술을 취하고 있다. 한국/한국인에 대한 칭찬과 외국 특히 일본/일본인에 대한 폄하가 주를 이루고 있다. 똑같은 중국 주재 회사원임에도 불구하고, 한국 주재원들은 중국어에 능통하고 중국의 역사와 문화에 지대한 관심을 보이는 데 반해, 일본 주재원들은 통역 없이는 중국인 고객과 의사소통하지 못하고 중국인 직원들의 문화도 제대로 이해하지 못하는 수준이다.[2] 그뿐만 아니라 퇴폐 마사지업소와 룸살롱 등을 드나드는 일본 주재원들과 일본인 관광객의 집단 매춘에 대한 묘사는 내셔널리즘 정서를 자극하면서 한국인의 도덕적 우월성을 확보하게 만들고 있다. 동북공정 등에 대한 일방적인 이해 등 『정글만리』의 내셔널리즘 색채는 다른 장점을 뒤덮을 만큼 도처에 드러나 있다.

한 가지 추가할 것은 네이버 연재를 통한 입소문 전술이다. "조정래의 『정글만리』는 올해 3월 25일부터 4개월간 네이버에서 108회 연재한 후 책으로 출간한 것"으로 "수많은 조회 수와 댓글을 기록하며 화제가 되었다. 입소문이 자자히 나면서 중국 비즈니스를 하는 기업체들에서 신입사원 교육용으로 대량 주문하는 등"(이종민, 2013: 365~66), 인터넷 연재는 큰 성공을 거둔 셈이다.

2.

텍스트에 다양하게 접근하기 위해 초점 인물을 달리해보자. 『정글만리』는 대하소설 작가의 작품답게 등장인물이 많다. 각양각색의 한국인과 중국인 그리고 외국인이 등장한다. 기업소설이라는 장르를 선택한 만큼 전대광과 김현곤,

---

2_ 일본인 주재원들이 하나같이 중국어를 할 줄 모르는 것으로 묘사된 것은 과도하다. 비교 대상이 꼭 들어맞는 것은 아니지만, 내가 중국현대문학/문화연구를 매개로 국제 컨퍼런스에서 만난 일본 학자들은 대개 중국어에 능통했다.

하경만 등의 기업가가 주선을 이루고 있다. 그런데 이들과는 다른 부류의 인물이 등장한다. 작품에서 상당한 비중을 차지하고 있는 대학생 연인 송재형과 리옌링이다. 미래지향과 장기지속의 관점에서 보면 젊은이의 시각이 중요하다. 송재형과 그의 연인 리옌링은 소설 내 비중이 전대광보다 낮지만 한 나라의 핵심인 대학과 미래의 주역인 대학생의 삶과 의식을 보여준다는 점에서 주목할 필요가 있다. 작가는 두 사람의 연애를 양념으로 삼아 상호 호감의 시선으로 상대국을 바라보게 설정한다.

송재형은 어머니의 강권으로 경영학을 공부하다가 역사학으로 전공을 바꾸고 바야흐로 중국사 공부에 열을 올리고 있는 베이징대 학생이다. 송재형은 몇 년간의 경험을 바탕으로 "앞으로 중국은 틀림없이 미국과 맞먹는 나라"가 될 것이라는 확신이 있다. 2천 년이 넘게 도도하게 흘러온 중국사는 연인 리옌링만큼이나 아니 그 이상으로 그를 유혹하고 있다. 그는 여러 방면에서 흠잡을 데 없는 전도유망한 '귀 밝고 눈 밝은(聰明)' 청년이다. 자신과 너무 다른 친구 이남근에 대해서도 그 나름의 인생관을 존중할 줄 알고, 이남근의 작은아버지가 짝퉁 사건으로 공안에 체포되었을 때 석방을 도와주면서 작은아버지의 삶의 방식과 철학에 대해서도 공감하는 능력을 소유하고 있다. 그는 자신의 지향 추구에 엄격하지만 타인에 대한 너그러운 이해심을 갖추고 있다. 그러기에 경영학에서 역사학으로 전공을 바꿀 때 학교까지 찾아온 엄마를 매정하게 모른 척했지만, 훗날 역사학 전공을 기정사실로 만든 후 귀국해서는 "에미 맘을 풀어주고 떠날 줄 아는 아들"이라는 느낌을 들게 만드는 '장성한 청년'의 면모도 아우르고 있다.

그는 독자들에게 두 차례의 특이한 경험을 전한다. 그것은 베이징대 학생들의 집단 인터뷰 관찰이다. 한번은 미국 시사주간지와의 공개 인터뷰이고, 다른 한 번은 한국 일간지와의 인터뷰다. 송재형은 인터뷰 관찰을 통해 중국 청년들의 식견과 배짱 그리고 한계를 여실하게 파악하게 된다. 통역 없이 영어로 진행된 미국 시사주간지의 인터뷰에서 진행자는 중국인들을 난처하게 만드는 질문들을 쏟아낸다. 예를 들어, 지적 재산권, 애플의 짝퉁 소탕전과 아이패드 상표권 등록 소송, 마오쩌둥 숭배 현상, 중미 관계 등에 관한 질문은 사실 중국의 치부를 건드리는 것들이었지만, 그에 대한 중국 학생들의 답변은 서양 중심의 논리를 반박하면서 중국 상황에 맞는 논리를 개발해 대응했다. 송재형이 놀라고 감탄한 것은 이들의 거칠 것 없는 발언과 배짱이었다. 특히 미중 관계를 묻는 진행자의 질문에 "친구로 대하면 친구고, 적으로 대하면 적"이라는 답변을 듣고는 충격을 받고, 마오쩌둥 신격화에 대한 질문에 대해 "신은 있다면 있고, 없다면 없는 것"이라는 답변에 대해서는 입을 다물지 못한다. 이런 답변은 한국 학생은 절대로 할 수 없다고 생각하기 때문이다. 또한 『중국의 붉은 별』을 통해 마오쩌둥과 중국공산당을 대외에 보도했던 에드거 스노의 무덤에서 시작한 한국 기자들과의 인터뷰는 역사학 전공 학생들의 역사의식과 현실 인식을 묻는 것이었고 나아가 동북공정과 같은 미묘한 문제도 있었고 짝퉁과 같은 거북한 질문도 있었지만, 중국 학생들은 당황하지 않고 자신의 논리를 가지고 의연하게 대응하는 모습을 보여주었다. 특히 한국에 대한 중국 대학생들의 다양한 평가는 한국 독자들이 귀담아들어야 할 내용이 가득하다.

총명하고 자유분방하면서도 심지가 굳은 베이징대생 리옌링은 송재형의 연인이자 심층 가이드다. 그녀를 통해 송재형은 전공을 중국사로 바꿨고 그녀를 따라 두 번의 인터뷰에 참가했으며 난징대학살 현장 탐방 및 대토론회에도 참석했다. 특히 주목할 것은 그녀의 아버지 리완싱으로, 그는 중국 이해를 위한 심화 텍스트다. 리완싱은 개혁개방의 바람을 타고 떼돈을 번 벼락부자(暴發戶)의 전형이다. 그는 프랑스 명품회사의 보석 가공과 옥공예 하청 회사를 운영하는 동시에 폭죽 공장, 향 공장, 비닐제조 공장을 거느리고 값싼 노동력과 장인의 재주를 최대한 활용해 떼돈을 벌고 있다. 명품회사 중국 지사장 자크 카방과 그는 애초에 갑과 을의 관계였다. 그러나 자주색 '리화(梨花)' 명품 지갑이 현지화에 성공을 거두면서 명품회사의 동업자가 되고는 그와 자

크 카방의 관계는 역전되었다. '각 민족마다, 각 국가마다 심층 저 깊이 뿌리
발을 하고 있는 그 무엇'을 외국인은 알 수 없고 오로지 오랜 시간 현지에서
관찰한 본국인만이 알 수 있기 때문이다. 이렇게 돈벼락을 맞은 졸부들 덕분
에 "너무 비싸고 기름 많이 먹어 비실비실하던 롤스로이스"가 "창업 이후 최
대 호황을 맞고 있다." 그들은 자주색 대리석 호화 주택을 짓고 얼나이(二奶)
들을 거느리고 벌금을 물면서 자식을 낳는다. 그런데 중국공산당은 이들을
당원으로 받아들이고 있다. 축첩은 고위 공무원과 대부호들 사이에서 유행이
다. 젊고 똑똑한 여성들을 얼나이로 거느리면서 손님을 초대하곤 그녀들에게
식사 시중까지 들게 한다.

리완싱의 파트너 자크 카방은 중국의 급변을 보여주는 매개다. 송재형의
관찰과는 달리, 자크 카방이 볼 때 중국인들은 서양인들, 특히 프랑스인들에
게 무조건 친절하다. 자크 카방은 이런 친절을 '프랑스사람'에게 보이는 '중국
인다운 호감'으로 해석한다. 그리고 한밤중에도 급박한 항공권 예약이 해결되
는 중국은 G2다운 변모를 보이고 있고 G2의 등극과 함께 중국은 일본을 걸
어차고 명품시장 고객 2위에 올랐다. '발 빠르게 변모해 가는 모습에 감탄하
고 당황하면서도 그 중국으로 인해 자신이 편안한 향락을 즐길 수 있다는 사
실에 만족하고 있다. 물론 왕링링의 '먹튀' 일화는 최근 중국의 또 다른 풍경
이다.

작가는 자크 카방의 체득에서 한 걸음 더 나아가 '한중일의 백인 선호'에
대해 장광설을 늘어놓는다. 연미복으로 대변되는 일본사람들의 서양 흉내 내
기부터 일본의 서양화 갈망을 논하면서 그와 동전의 양면인 동양인에 대한
경멸과 천시를 비판한다. 한국인도 그 비판에서 벗어나기 어렵다. 특히 한국
대학생들의 인종차별은 도를 넘어선다. 중국인들의 백인 선호는, 일류 미녀는
바다를 건너가고부터 시작해 외국 기업가의 얼나이, 사업가, 선전과 주하이,
가라오케 호스티스, 광저우와 상하이로 간다는 순커우류(順口溜)에서 그 극치
를 보여준다.

3.

이제 『정글만리』의 문제점을 이야기할 차례다. 우선 앞에서 언급한 내셔널리즘 외에 남성중심주의를 들 수 있다. 숭녀공처(崇女恭妻)라는 중국의 사회적 가치관에 대해 작가는 못마땅함을 여과 없이 드러낸다. 마오쩌둥이 시행한 여성 해방으로 인해 중국은 여자들에게는 천국이지만 남자들에게는 지옥이라는 것이다. 한자 실력까지 동원해 남(男)성은 밭에 나가 일하므로 가사노동은 여자가 하는 것이 자연의 순리에 따른 역할 분담이고 업무 분업이라는 인식을 읽다 보면 고루한 가부장의 모습이 느껴진다. 그러기에 여성의 성적 자유를 성적 문란으로 비판하지만, 남성의 성적 타락에 대한 비판은 어디에도 없다. 심지어 전대광이 김현곤을 찾아 시안에 갔을 때 싼페이(三配)를 낭만이자 멋으로 설정하고 있다. 그는 한자 남(男)에 대한 해석을 전제할 뿐, 그 글자가 만들어진 이데올로기에 대한 비판은 꿈도 꾸지 못하고 있다.

『정글만리』의 성공과 문제점의 핵심에 전지적 작가 시점이 도사리고 있다. 모두 알다시피, 전지적 작가 시점은 현대소설에서 거의 쓰지 않는 기법이다. 전지적 작가는 중세의 신에 해당한다. 작가는 모든 것을 알고 있고 독자들은 작가가 알려줘야만 정보를 알 수 있다. 이것이 전지적 작가 시점의 존재 이유다. 이런 맥락에서 볼 때 작가는 중국에 무지한 평균 한국인을 독자로 설정하고 자신의 학습 심득(心得)을 독자들에게 알려주고 있다.

소설적 맥락에서도 전지적 작가 시점만큼이나 어설픈 장치가 도처에 드러나고 있다. "늘 느끼는 것이지만 사람의 마음이란 참으로 복잡하고 그리고 미묘한 것"임을 작가는 잘 알고 있다. 그러나 작품에 나오는 인물들은 어느 순간 복잡하고 미묘한 마음을 털어내고 단순한 확성기로 바뀌고 만다. 누구를 막론하고 작가의 손에 걸리면 대변인이 되고 마는 것이다. 작가는 중국의 여기저기를 돌아다니며 이것저것 건드리면서 고희의 언덕에서 이런저런 심득을 토로하고 있지만, 깊이 있는 새로운 성찰을 찾아보기는 쉽지 않다. 『정글만리』는 현재 평균적인 한국인 독자의 눈높이에 맞춘 중국 입문서 성격을 띤

기업소설이고, 기업소설의 옷을 입은 계몽소설이다. 그리고 급변하는 중국이라는 제재를 빈 작가의 강연집이라 할 수 있다. 따라서 『정글만리』는 눈 밝은 독자들에게 두고두고 회자되기에는 부족함이 많다. 그럼에도 필력과 경륜을 갖춘 작가가 맘먹고 만든 중국 관련 기업소설 또는 계몽소설에 많은 독자가 환호하고 있다면 그 나름의 효용이 있는 법. 희수의 나이에 중국 학습을 시작한 조정래에게 박수를 보내면서 많은 한국인이 그의 학습노트를 지침으로 삼아 중국을 제대로 인식하기를 기대한다. 그러나 『태백산맥』의 애독자의 한 사람으로서 작가 조정래에게는 안타까운 마음을 금하기 어렵다.

2014

이민과 조계의 도시, 상하이[*]

1. '모던 상하이'

근현대 중국의 대외교류 창구는 주장(珠江) 삼각주와 창장(長江) 삼각주 사이를 오갔다. 1840년 이전의 광저우(廣州), 1843년 개항 이후 1949년 중화인민공화국 건국 직전까지의 상하이(上海), 1950년대 이후의 홍콩(香港), 1980년대 개혁개방 이후의 광저우와 선전(深圳), 1990년대 이후 상하이가 중심 역할을 했다. 중국 근현대 장기 지속(longue durée)의 관점에서 볼 때, 상하이는 가장 오랜 시간 동안 중국의 대외 창구 노릇을 했다.

1840년 아편전쟁이 일어나고 1842년 난징(南京)조약이 체결된 다음 해 상하이는 개항을 맞이하면서 중국의 새로운 중심으로 부상했다. 개항 이전부터 상하이는 인근 도시의 기능을 흡수하고 있었고, 그보다 훨씬 이전인 1685년 청 강희제가 개방했던 네 곳의 항구 가운데 하나인 강해관(江海關)이 상하이 인근인 쑹장(松江)에 자리하고 있었다. 그리고 명나라 정화(鄭和)의 대항해(大航海)도 이곳에서 시작했다. 이렇듯 상하이의 지정학적 가치는 일찌감치 주목을 받아왔고 1843년의 개항을 계기로 집약적인 발전을 하게 된 것이다.

난징조약 직후 개항된 상하이에 가장 먼저 온 사람들은 서양인들과 무역

---

[*] 『국토』 제390호.

에 종사했던 광동인이었고, 뒤이어 오랜 도시 경영의 경험을 축적한 인근의 닝보(寧波)인들이 몰려왔다. 전자가 상하이의 대외무역을 주도했다면 후자는 주로 금융업에 뛰어들었다. '모던 상하이'는 광동 무역과 닝보 금융의 경험을 받아들인 기초 위에 '몸소 서양을 시험(以身試西)'해 자신의 독특한 정체성을 창안했다. 1949년 이후 상하이 금융인들은 마오쩌둥뿐만 아니라 장제스의 손아귀에서 벗어나기 위해 홍콩을 선택했다. 이들은 서유럽식 금융업과 상업 실무를 습득한 최초의 중국인으로, 서양의 규칙에 따라 국제적인 금융 게임에 참가했다. 그리고 1960년대부터 전 세계 화교들의 국경 없는 네트워크 형성에 주도적인 역할을 했고 1980년대 대륙의 개혁개방에 지대한 공헌을 했다. 상하이는 중국 근현대사의 진행 과정을 압축적으로 구현하고 있다. 그러므로 상하이와 상하이인의 정체성을 파악하는 것은 근현대 중국의 핵심을 이해하는 것이기도 하다.

2. 베네치아 영화제 수상작 <색, 계>

2012년 김기덕의 <피에타>에 황금사자상을 안겨줬던 베네치아 영화제는 중국영화와 인연이 남다르다. 1989년 허우샤오셴(侯孝賢)의 <비정성시>를 필두로, 장이머우(張藝謀)가 1992년 <추쥐의 재판(귀주 이야기)>, 1999년 <책상 서랍 속의 동화>로 황금사자상을 두 차례 수상했다. 그리고 2005년 리안(李安)의 <브로크백 마운틴>이, 2006년 자장커(賈樟柯)의 <스틸 라이프>가, 2007년 다시 리안의 <색, 계>가 3년 연속 황금사자상을 석권했다. 3연속 수상은 당시 베이징올림픽을 앞두고 있던 중국과 중국인에게 대단한 자부심을 안겨주었다. 문화 올림픽을 통해 국가의 위상을 한껏 높이려 벼르고 있던 중국에 베네치아 영화제 3연속 대상 수상은 문화대국의 명예를 안겨준 셈이었다. 리안이 미국 국적을 가지고 있었던 것은 문제가 아니었다. 국경을 뛰어넘어 화인(華人)이라는 명명으로 그를 중국의 품으로 안을 수 있었다.

2007년 가을과 겨울 사이 홍콩과 타이완 그리고 대륙에서 리안의 <색, 계>는 대대적으로 환영을 받았고, 상하이에서는 영화가 끝난 후 관객들이 기립 박수와 함께 "리안 만세, 만만세!"를 외쳤다고 한다. 리안 신화, 리안 기적, 세계적으로 공인된 감독, 할리우드에서 성공한 중국계 감독 등의 수식어가 어색하지 않게, 그는 상업과 예술이라는 두 마리 토끼를 거머쥐고 대륙·홍콩·타이완을 넘나들고, 중국어 세계와 영어 세계를 횡단함으로써 '화인의 빛(華人之光)'이 되었다.

리안의 <색, 계>는 '두터운 텍스트(thick text)'다. <색, 계>의 두터움은 우선 서사구조에서 비롯한다. <색, 계>는 최소한 세 개의 이야기 층위로 구성되어 있다. 바깥에서부터 보면, 리안의 영화 <색, 계>, 장아이링(張愛玲)의 소설 「색, 계」, 그리고 딩모춘(丁默村)-정핑루(鄭苹如) 사건(일명 '시베리아 모피점 사건')이 그것이다. 오리지널 이야기는 미인계 간첩 이야기로, 이는 장제스 정부(난징→충칭)와 왕징웨이(汪精衛) 정부(우한→상하이)에 관계된 국민당 내부모순에 관련되어 있고, 나아가 일본과 연계되어 있다. 이 사건은 당시 상하이의 특수한 상황, 즉 조계지라는 특성과 긴밀한 관계를 맺고 있다.

장아이링은 당시 왕징웨이 정부의 고위직을 맡고 있던 남편 후란청(胡蘭成)을 통해 이 사건을 전해 듣고 소설화했다. 그녀는 「색, 계」에서 이(易) 선생과 왕자즈(王佳芝)의 이야기를 모던한 '재자(才子)+가인(佳人)'의 수준으로 발전시켰다. 이 '재자+가인' 모델에는 남편인 후란청에 대한 장아이링의 정서가 녹아 있는 것으로 볼 수 있다.

리안의 <색, 계>는 장아이링의 「색, 계」를 토대로 삼아 많은 공백을 메우고 있다. 주인공 이 선생(易默成)의 이름에는 '시베리아 모피점 사건'의 주인공 딩'모'춘과 장아이링의 남편 후란'청'의 이름이 혼합되어 있다. 이모청은 오랫동안 아무도 믿지 않아 외로운 인물이다. 그는 어두운 곳이 싫어 영화관에도 가지 않고, 손님이 적기 때문에 맛이 없는 식당을 골라 다니는 인물이다. 그는 모든 인간의 눈에서 두려움을 읽어내는 인물로, 동창을 처단한 후 애인과 밀애를 즐기는 그런 인물이다. 또한 여주인공 왕자즈에게도 홍콩대학 생활을 부여해 장아이링의 그림자를 투영시켰다. 영화로 개편된 <색, 계>는 장아이링의 원작보다 훨씬 정채롭다. 특히 클립형 체위 등 베드신은 대륙의 노출 수위를 넘나들었고 국민당 내부의 모순을 다룬 것 또한 그동안의 금구(禁區)를 정면으로 다룸으로써 '금지된 것을 돌파하는 즐거움'도 선사했다.

똑같은 베네치아 영화제 금사자상 수상작임에도, <스틸 라이프>는 일부 지식인에게 호평을 받았지만 중화권 관객의 반응은 냉랭했다. 또한 <색, 계>와 비슷한 수준의 노출(noodle hair)과 금구(천안문 사건)를 다뤘음에도, 러우예(婁燁)의 <여름 궁전(頤和園)>(2006)은 당국으로부터 5년간 영화제작 금지 처분을 받았다. 왜 중국 대중은 <색, 계>에 환호하고, 왜 중국 당국은 <색, 계>에 관대한가? 과연 <색, 계>의 감동의 원인은 무엇일까?

우선 '사랑의 진정성(authenticity)'에서 그 답을 찾을 수 있다. 이 선생이 자신을 진정으로 사랑하고 있음을 느낀 왕자즈는 이 선생에게 '빨리 도망치세요'라고 말한다. 이 말을 할 때 후과(後果)를 인지했는지는 모르지만, 그 대가로 그녀는 채석장에서 동창 6명과 함께 총살당한다. "여성의 마음에 이르는 길은 음도(陰道)를 통한다"라는 장아이링의 언급을 남성이 체득하기는 불가능하지만, 왕자즈가 다이아몬드반지와 육체적 쾌락으로 구현된 이 선생의 사랑을 '진정'으로 받아들인 것은 분명하다. 이에 비해 <스틸 라이프>에서 돈을 주고 데려왔던 부인이 딸을 데리고 돌아간 지 10여 년 만에 모녀를 찾아 나선 한싼밍(韓三明)의 이야기는 진정성 면에서 왕자즈의 그것을 압도한다. 한싼밍의 이야기는 감동적임에도 불구하고 관객에게 매력을 주지 못한다. 여러 요인이 있지만 섹슈얼리티(sexuality)의 부재를 한 요인으로 꼽을 수 있다. 리안의 <색, 계>는 섹슈얼리티로 넘쳐난다. 전통적인 '재자+가인' 서사 모델을 모던한 수준으로 승화시켰을 뿐만 아니라 베드신 연출은 포르노 뺨친다. 그러나 <색, 계>의 섹슈얼리티는 인위적이고 깔끔하며 특이한 체위와 미장센으로 구성되어 있다.

'색, 계 현상'은 상하이 노스탤지어와 섹슈얼리티, 그리고 국제적 공인 등이 중층적으로 교직된 결과라 할 수 있다. 물론 국제적 공인의 배후에는 미국의 권위가 존재하고, 미국의 권위에 의해 인정받은 감독에 환호하는 것은 현 중국의 미국 숭배와 미국 상상을 드러내는 것이기도 하다. 그리고 그 이면에는 문화 내셔널리즘 기제가 자리하고 있다.

3. 상하이 노스탤지어의 빛과 그림자

이야기의 배경에 1940년대 초 상하이가 놓여 있어 영화의 '문화적 두터움'을 더해 주고 있다. <색, 계>에 재현된 1942년의 상하이는 매우 다채롭다. 특히 국제화 수준이 남다르다. 상점(커피숍, 보석점 등) 직원부터 교통경찰, 레스토랑의 피아니스트 등에 이르기까지 외국인의 모습이 심상하다. 주인공도 수시로 외국인 점원에게 영어로 의사소통한다. 심지어 배급으로 연명하는 줄 선 외국인들과 가창(街娼)으로 보이는 거리의 외국 여성까지도 눈에 띤다.

　그러나 꼼꼼하게 보면 <색, 계>에서 보여주는 상하이 모습은 1990년대에 크게 유행한 '상하이 노스탤지어'의 상상과 크게 다르지 않다. 큰길의 모습은 난징루(南京路)에 국한되어 있고 주인공의 패션은 대형 화보 잡지『양우(良友)』의 수준을 넘어서지 못한다. 모던 치파오(旗袍) 여성과 서양식 정장 남성의 조합은 모던한 '재자+가인'의 패턴을 창출했다. 수십 곳의 치수를 재야 하는 모던 치파오는 '순수하고 소박한 올드 상하이'가 끼어들 여지가 없는 억압으로 변모해 그 속의 사람들이 숨쉬기 어렵게 만든다. 리안이 구성한 상하이는 영화의 주요한 공간인 침실과 마찬가지로 '상상된 공간'인 것이다.

　여기에서 우리는 '상상된 노스탤지어'에 주목할 필요가 있다. 상하이 노스탤지어는 1990년대 이래 중국 전역을 풍미하고 있는 중요한 문화현상 중의 하나이다. 1930-40년대 국제적 수준에 올랐던 중국의 자본주의는 사회주의 중국 30년 동안 '숨은 구조(hidden structure)'로 억압되었다가 개혁개방 시기에 들어 부활한다. 1990년대 중반 이후 중국 전역에서 일어난 '상하이 노스탤지어 붐'은 그 부활의 한 형태라 할 수 있다. 그것은 사회주의 이전의 상하이, 특히 1930-40년대 상하이, 즉 '올드 상하이'를 주요 대상으로 삼고 있다. 노스탤지어는 상하이에만 국한된 현상이 아니다. 그것은 도시민의 소비 욕망을 겨냥하는 지구적 자본주의가 지닌 상업전략의 핵심이기도 하다. 그것은 역사와 기억을 소비 상품으로 유통한다. 그래서 수많은 중국인은 부자의 꿈을 안은 채 공부를 하고, 주식과 부동산 투자를 하며 살아간다. 이는 또한 사회주의 이전의 자본주의 착취에 대한 '기억이 배제된 노스탤지어'이기도 하다. 그러기에 상하이 노스탤지어 현상은 탈역사적이고 탈영토적이다.

잊지 말아야 할 것은, 노스탤지어 현상 이면에 존재하는 소수자(minority) 또는 타자화(othernization)에 대한 '역사들'과 '또 다른 기억'이다. 그것은 노스탤지어의 주체들에게는 지워버리고 싶은 역사들이고 '망각하고 싶은 기억'이다. 개혁개방과 '사회주의 현대화'의 구호에 가려진 '중국적 마르크스주의'의 실험이 전자를 대표한다면, '동방의 파리'라는 기표에 가려진 소외된 계층의 존재는 후자의 주요한 측면이다. 조계와 이민의 도시 상하이에서, 외국인은 중국인을 타자화시켰고 똑같은 이민이면서 먼저 온 사람은 후에 온 사람을 주변화시켰으며 중상층은 하층을 소외시켰고 자유연애와 모던 신여성의 등장에도 불구하고 남성은 여전히 여성을 억압했다. 그리고 개혁개방 이후 시장은 혁명을 포섭했고 자본주의는 사회주의를 통합했다. 그러나 다음의 의문은 여전히 남는다. 설사 사회주의 실험이 실패했다 하더라도, 사회주의 이외의 역사, 다시 말해 자본주의의 역사는 아름답고 순수한 기억일까? 이런 문제설정 (problematic)은 '순수 과거'의 밖에 존재하는 '현실 과거'를 되살리는 작업을 요구하게 된다. 그 작업은 때로는 기억을 위한 투쟁이 될 수도 있지만, 때로는 기억의 고통을 수반하기도 한다. 거대서사에 대한 미시서사의 탐구, 정치사에 대한 생활사의 복원, 전통과 근현대의 중층성에 대한 고찰, 근현대성의 양면성에 대한 성찰, 포스트식민주의적 접근 등은 바로 이런 문제의식과 연결되어 있다.

외국인 조계와 이주를 통해 중국의 새로운 중심으로 부상한 모던 상하이는 1930-40년대 이미 세계적인 국제도시의 이름을 날렸다. 그러나 1949년 공산화 이후 그 영광을 홍콩에 넘겨주었다. 식민지였으면서도 20세기 자본주의 정점의 하나를 구축했던 홍콩의 발전은 상하이의 후견 아래 이루어졌던 셈이다. 1930년대 서양인들에게 '동양의 파리' 또는 '모험가들의 낙원'으로 일컬어졌던 상하이가 왕년의 영광 회복을 선언하고 나선 것은 1990년대 들어서였다. 푸둥(浦東) 지구 개발로 뒤늦게 개혁개방을 실시한 상하이는 10여 년만에 중국 최고 수준의 발전을 이루는 저력을 과시하고 있다. 특히 2008년 베이징올림픽에 이어 열린 2010년 상하이세계박람회는 21세기 초강대국으로 비상하고픈 중국의 염원을 상하이라는 특수한 공간에 투사한 것이라 할 수 있다. 동방명주와 와이탄(外灘) 야경 그리고 신천지(新天地) 등으로 대표되는 상하이의 경관을 보면서 그 이면에 가려진 농민공과 실직 노동자 등 하층 인민들의 모습을 놓치지 말아야 할 것이다.

2014

상하이학파의 가능성*

1.

나는 2011년 8월 22일부터 1년간 상하이대학 '중국당대문화연구센터'(이하 '센터')에 방문학자로 머물렀다. '센터'는 2001년 11월 창설되었는데, 화둥사범대학 중문학부 교수였던 왕샤오밍은 이 '센터'와 문화연구학과 개설을 위해 상하이대학으로 자리를 옮겼다. '센터'는 1년여의 준비기간을 거쳐 2003년부터 1단계 연구 활동을 시작했고, 2008년부터 2단계 프로젝트를 시작해 현재 진행 중이다. 1단계 연구주제는 '1990년대 상하이지역 문화 분석'이었고, 10년 예정의 2단계 주제는 '당대 문화의 생산기제 분석'으로, 이는 '새로운 지배문화의 생산기제 분석'과 '중국 사회주의 문화의 문제점 분석'이라는 세부 주제로 구성되어 있다. 1단계를 '비판적 분석'의 단계라 한다면, 2단계는 '촉진적 개입'의 단계라 할 수 있는데, 이는 새로운 이론을 건설할 때 이전 것을 '파괴'하면서 새로운 것을 '구성'하는 것과 맞물린다.

'센터'는 중국 문화연구 최초의 진지라 할 수 있다. 2004년 대학원 협동과정으로 중국 대륙 최초의 문화연구 교학기구인 '문화연구 과정(Program in Cultural Studies)'을 개설했고, 2012년에는 독립적인 단위로 석박사 대학원생을

---

* 『상하이학파 문화연구: 비판과 개입』, 「책을 펴내며」.

184　동회(同懷) 40년

모집하게 되었다. 기존 분과학문 제도를 비판하며 학제적 횡단과 통섭을 지향하는 문화연구를 전술적으로 제도화시킨 만큼, 왕샤오밍은 연구자와 학생들이 기존의 사회 재생산 기제에 흡수되는 것을 특히 경계한다. 이를 위해 역사적 깊이가 있는 글로벌한 안목, 이론적 사유 능력, 당대 중국 문화와 사회현실을 이해하고 분석하는 능력, 현실적 조건에서 실제로 문화변혁을 촉진하는 능력, 사회변혁에 대한 믿음 등을 공들여 배양하려 한다.

교학 외에 '센터'의 주요 활동은 당연히 연구와 교류에 집중되어 있다. 내가 2003년 처음 '센터'를 방문했을 때 연구원은 주임을 포함해 3인이었고, 이 구성은 일정 기간 지속되다가 최근 '센터'/문화연구학과의 전임 교직원은 7인으로 증원되었다. '센터' 운영의 기본 메커니즘은, 연구주제를 개별적/집단적으로 진행하면서 일정 기간 경과 후 국내외 학자들과 만나는 장, 즉 학술토론회를 마련하고 그 결과를 간행물이나 단행본으로 출간하는 것이다. '연구─학술토론회─출간'이 삼위일체를 이루고 있다. 그간 무크지 형식의 간행물 『열풍학술(熱風學術)』 6권과 30여 권의 시리즈가 출간되었다. 이들의 연구대상은 무척 다양하다. 도시와 농촌의 관계, 농민공의 문제, 사회주의 노동자 신촌(新村), 인터넷문화/문학, 도시화, TV드라마, 매체문화, 신(新)다큐멘터리 운동, 교과과정 개혁, 젠더와 도시 신빈곤 등에 대한 연구를 진행했거나 진행하고 있다. 이들은 또한 사회주의 시기의 문화와 상하이지역 문화부터 당대 지배문화와 주류 이데올로기의 생산기제 및 작동방식 그리고 당대 '감정구조'를 밝혀내고자 한다. 목하 핵심 프로젝트는 '현대 초기 혁명사상'과 더불어 '상하이 청년들의 거주문화'다. 후자는 새로운 도시형 주거생활을 경제 제도, 일상생활, 매체의 세 측면으로 나누어 현지 조사와 통계, 설문과 인터뷰를 활용하는 방식으로 진행되고 있고, 조만간 새로운 연구 결과물을 우리에게 선보일 것이다.

이들이 다른 학과와 변별되는 가장 중요한 특징으로 '중국 혁명전통과 문화연구의 접합'을 들 수 있다. 대부분 이론은 그 이론이 나온 시대와 지역의 경험에 근거하고 있다. 이른바 '여기 지금(here and now)'에 기초한 것이다. 왕샤오밍도 이런 맥락에서 중토성(中土性)을 강조하고 있다. 중토성은 중국의 진보적 혁명 전통을 창조적으로 계승하는 한편 외래의 문화연구를 비판적으로 수용해, 양자를 접합시키려는 기획으로 표현된다. 이를 위해 사회주의 혁명 이전의 비판적 혁명사상을 발굴해 그것을 사상자원으로 삼아 오늘과 미래를 가늠하는 시금석을 벼리고자 한다. 1천 쪽이 넘는 『중국 현대사상 문선』은 그 최초의 성과물이다. 지난 6월 29일 한국문화연구학회 국제학술대회에서 왕샤오밍은 현대 초기 혁명사상의 특징으로, 늘 피억압자와 약자 편에 서고, 정신과 문화의 관점에서 변혁을 구상하며, 새로운 중국과 세계 창조를 제일 동력으로 삼고, 부단하게 실패를 기점으로 삼으며, 고도로 자각적인 실천 및 전략 의식이 있음을 들었다. 수많은 중국 학자들이 빠지곤 하는 중국중심주의의 함정을 경계한다면, 중국의 비판적 혁명의 사상자원을 가져와 우리의 사상자원으로 삼을 수 있고, 나아가 동아시아의 공유 자원으로 삼을 수 있을 것이다.

'비판적 분석과 촉진적 개입의 절합'을 특징으로 삼는 이 그룹을 '상하이학파(Shanghai School)'라 명명할 수 있다. 이들은 센터와 문화연구학과라는 진지를 구축해 4세대를 아우른 집단연구를 지향하고 있고, '비판적 현지 조사'라는 독특한 연구방법을 실험하고 있다. '비판적 현지 조사'는 기존의 사회과학에서 실시하는 정량적 현지 조사에서 한 걸음 나아가 질적 연구를 지향하는 것으로, 인류학의 '에스노그라피' 연구방법과 겹친다. 문화연구의 발원지인 버밍엄대학의 현대문화연구소도 현판을 내린 지금, 상하이대 문화연구학과는 협동과정의 단계를 거쳐 2012년 석박사과정을 운영하는 독립 단위로 인가를 받았다. 제도화의 길을 가면서 고착화를 지속적으로 경계하는 것, 이는 이후 '센터' 및 문화연구학과 존립의 관건이 될 것이다.

2.

이들은 이미 상당한 연구 성과를 축적하고 있다. 그에 대해서는 이 책의 1장

「포스트사회주의 중국의 사상 상황과 비판적/개입적 문화연구」에서 개괄했으므로 여기에서는 생략한다. 여기에서는 이 책에서 선별한 상하이 문화연구를 대표하는 글들을 네 부분으로 나누어 요약하고자 한다.

제1부는 '도론'으로, 1장은 상하이의 비판적/개입적 문화연구에 대한 해제다. 아울러 상하이 문화연구가 형성되기 이전 포스트사회주의 중국의 사상 상황에 대해 리쩌허우, 첸리췬, 왕후이에 초점을 맞춰 개술했다. 2장은 상하이 문화연구의 또 다른 핵심인 '중국 혁명전통과 문화연구의 접합'에 대한 최초의 시도로, 1949년 이전 중국의 진보적 좌익사상자료를 발굴·분류해 자료집을 출간하고 그에 붙인 서문이다.

제2부 '농민공 조류와 농민의 도시 진입'에서는 목하 중국 사회를 바라보는 키워드 가운데 하나인 '삼농(三農)' 문제를 문화정치학의 관점에서 다룬 글들을 골랐다. 농민공 조류를 역사적으로 고찰한 뤼신위의 글, 문학작품에 표상된 형상들의 계보를 추적해 도농 관계를 바라본 쉐이의 글, 그리고 최근 도시 신빈곤 현상을 성별 관점에서 고찰한 진이홍의 글은 각 주제에 대한 장기간의 심층적인 고찰을 통해 나온 결과물이라 할 수 있다.

제3부는 21세기 중국 대중문화의 꽃이랄 수 있는 TV 드라마를 통해 당대 지배 이데올로기의 작동방식을 고찰하려는 의도를 가지고 글을 골랐다. 우선 두 차례의 좌담은 상하이 문화연구의 핵심 멤버들이 '중국 TV드라마의 중국적 숨결'과 '중국 TV드라마의 시대의 아픔'이라는 주제로 진행되었다. TV드라마 연구의 선봉장인 마오젠은 주선율 드라마가 대중의 환영을 받는 현상을 '총알받이(炮灰)' 제재에 초점을 맞추어 분석했고, 니웨이는 첩보드라마를 통해 혁명이 신앙화되는 현상을 문화적 징후로 진단했으며, 둥리민은 시공초월극에 초점을 맞춰 젠더와 역사가 어떻게 만나는지를 고찰했다. 1편의 좌담과 3편의 글을 통해 우리는 최근 중국 TV드라마의 흐름을 파악할 수 있을 것이다.

제4부 '생활 세계와 문화 유턴'에서는 네 편의 글을 골랐다. 존엄이 있었던 생활 세계를 구현했던 상하이 노동자 신촌에 대한 뤄강의 조사보고서,

생활 세계를 재구성하고 생활 정치를 재가동해 미시혁명을 구현하자는 장렌
훙의 제안, 상하이를 바라보는 여러 가지 방식을 검토하고 있는 쩡쥔의 글,
그리고 2008년 베이징올림픽을 전후한 중국에서 '국민국가'란 무엇인가라는
질문을 '포스트80 세대'에 초점을 맞춰 기술한 레이치리의 글 등은, 우리에게
구체적이고 섬세한 중국인의 생활 세계를 보여주는 동시에 이후 중국인들이
어떤 선택을 할지에 대한 단서를 제공한다는 점에서 그 풍부한 함의들을 찾
을 수 있을 것이다.

3.
이 책의 기획은 2011년 가을 상하이에서 시작되었다. 이전부터 교류해온 상
하이대학교 중국당대문화연구센터에 1년간 방문학자로 가 있던 중 이들의 연
구 성과를 한국에 소개하려는 생각을 가지게 되었다. 그 창구는 오래전부터
문화연구를 키워드로 삼아 한국의 문화연구를 선도해온 『문화/과학』이었다.
'해외문화연구 동향' 란을 신설해 매호 중국 학자들의 글을 소개할 기회가 『문
화/과학』에 축적되었기에 가능한 일이었다.

그리고 무엇보다도 글을 선별하는 과정에 도움을 준 왕샤오밍 선생과, 다
른 글을 추천해준 쉐이 선생과 궈춘린 선생에게 감사를 표한다. 아울러 흔연
하게 글 번역을 수락해준 필자들에게 깊은 감사를 드린다. 대부분의 중국 학
자들이 미국화에 경도되어 있고 가능하면 영어로 학술교류에 열을 올리고 있
는 중국에서 한국 학자와의 만남에 의미를 부여하고 자신들의 연구 성과를
한국에 소개하는 것에 의미를 부여하는 학자들의 존재는 소중하다. 이들을
통해 한국의 연구 성과를 중국에 소개하는 것도 적극 추진할 과제다.

상하이에서 푸단대학과 상하이대학의 유학생들을 만난 것은 커다란 즐거
움이었다. 1년 동안 매주 한 번씩 만나 함께 들뢰즈와 베냐민을 읽는 과정에
서 교학상장(敎學相長)의 의미를 되새길 수 있었다. 『중국근대사상사론』 출간

이후 번역을 삼가고 있던 엮은이가 다시 공동번역 기획을 추진할 수 있었던 것은 이들을 만났기 때문이었다. 중국어의 엄밀한 구조를 분석하며 그 내용을 토론하던 지루한 대조 과정을 거치는 동안 이들은 어느덧 글쓰기 주체로 성장하고 있었다. 이들을 중심으로 문화연구에 관심 있는 몇몇 소장학자가 번역작업에 동참했다. 엮은이를 믿고 함께 해준 이들 소장학자와 학문후속세대에게 깊은 감사를 전한다. 최근 서양 이론의 합리적 핵심을 중국 근현대문학과 문화연구에 어떻게 결합할지는 여전히 명쾌하게 해결하기 어려운 과제다. 함께 했던 시간이 이들의 학위논문에, 나아가 이후 맞닥뜨리게 될 장기지속의 동서고금과의 대결 과정에서 조그만 실마리가 될 수 있기를 바랄 뿐이다.

한국 문화연구를 대표하는 강내희 교수의 번역 원고에 감사드린다. 2012년 상반기 상하이대학 중국당대문화연구센터에 방문학자로 체류하면서 중국어 회화와 독해를 익힌 강교수가 왕샤오밍 교수의 글을 엮은이와 함께 독해한 후 독자적으로 번역한 것은 '노익장의 저력을 보여준 것이다. 후학들의 훌륭한 귀감이 될 것으로 기대한다.

마지막으로 이 책은 지구적 자본주의 문화에 공동으로 대응할 시의성의 긴급함으로 하여 중국 문화연구의 이론적 성과와 실천을 한국에 소개할 필요성이 생겨났기 때문에 가능한 작업이었음을 덧붙여 말해둔다. 특히 이 책은 『21세기 중국의 문화지도—포스트사회주의 중국의 문화연구』의 속편이자, 이 책과 함께 출간되는 왕샤오밍의 문화연구 글 모음 『가까이 살피고 멀리 바라보기』의 자매편으로 위치 지을 수 있다. 혹여 한국 문화연구가 소홀히 지나치거나 미처 고려하지 않은 부분이 있다면 이 책을 통해 그에 대한 적절한 보완이 되기를 기대해본다.

강호 제현의 관심과 질정을 바란다.

2014년 1월 3일

2013

주변에서의 외침*

한국의 중문학 연구는 한국 학술연구의 보편적 '이데올로기 지형'의 규정에서
크게 벗어나지 않는다. 해방 이후 1980년대 초반까지 한국의 이데올로기 지
형은 본질적으로 분단 사회라는 제약에 지배당하고 있으므로, 여타의 사회에
비해 그 폭이 매우 협소했다. 오랜 군사독재 지배로 인해 기본적으로 체제의
본질을 건드리기 어려웠고 학문과 사상의 자유는 극도로 위축되어 있었다.
협소한 이데올로기 지형은 진보적 연구 전통의 단절, 주체적 연구 관점의 부
재로 이어지면서 총체적 연구가 봉쇄되었다. 게다가 해방 이후 대륙과 연계
가 단절됨으로 인해, 한국의 중문학 연구는 주로 타이완에 의존하게 된다. 타
이완의 중문학 연구는 훈고학과 고증학으로 외연 되는 실증적 연구 방식과
사회와의 비연관성을 특징으로 하고 있었다. 이 영향에서 자유스럽지 못했던
한국의 중문학계에서 중국근현대문학은 '현대문학 강독'이라는 명목 아래 루
쉰, 저우쭤런, 주쯔칭, 쉬즈모, 궈모뤄 등의 초기 작품을 독해하는 수준에 머
물러 있었고 연구도 이들 작가에만 국한되었다.

　한국의 중문학 연구에서 근현대문학을 본격적으로 시작한 것은 1980년대
에 이르러서였다. 1980년대에 거국적 민주화운동과 함께 일어난 문학운동의

---

* 『新世紀韓國的中國現當代文學硏究』, 「編者序言: 吶喊在邊緣」의 번역문.

열풍과 '민족문학 논쟁'은 한국의 중국 근현대문학 연구에 지대한 영향을 주었고, 그것은 중국 대륙의 문학 현상에 대한 관심을 촉발했다. 중국의 신민주주의문학과 사회주의문학의 경험들은 해방 이후 한국 근현대문학의 진행 과정에는 결여된 것이었기 때문이다. 각 부문에서의 민주화 운동, 이와 맞물린 노동해방문학과 민중문학, 이들을 엮어내는 문학운동론과 대중화론 등의 현실적 요구들은 중국 근현대문학 운동사로부터 많은 교훈을 시사 받을 수 있었고 자연 이에 대한 관심도가 높아졌다. 이런 맥락에서 한국의 중국 근현대문학 연구사에서 1980년대는 특별한 의미가 있다.

한국의 중국 근현대문학 연구에 기폭제 역할을 했다고 할 수 있는 문학운동과 문학이론에 대한 연구는 1980년대 한국에서의 '사회구성체 논쟁' 및 '민족문학 논쟁'이라는 시대적 토양에 힘입은 바 크다. 그것은 해방 이후 단절되었던 '좌익문학'의 전통을 복원시키는 동시에 민족문학사의 공백을 메우려는 노력의 일환이었고, 그 이면에는 기존의 중문학계가 이렇다 할 연구의 가치지향 없이 실증주의적 경향으로 기운 것에 대한 비판의식이 깔려 있었다. 이 시기 근현대문학 연구의 또 하나의 특색은 집단연구를 지향했다는 점이다. 1989년과 1990년에 각각 '혁명문학 논쟁'(『1920년대 혁명문학 논쟁』, 1989)과 '문예대중화 논쟁'(『중국현대문학』 제5호, 1991)을 주제로 학술토론회를 개최한 것이 그 대표적인 예이다. 이는 이후 '한국 중국현대문학학회'의 심포지엄으로 이어졌다. 아울러 활발하게 전개된 캠퍼스별 또는 캠퍼스 간의 공동 학습은 제도권 대학원 강의의 공백을 일정 정도 보충하는 것으로서, 중국 근현대문학을 중심으로 하되 철학, 미학, 역사, 예술론 등을 아우르는 폭넓은 이론연구의 학습이었다. 집단연구와 발표, 문학이론 및 문학운동론에 경도된 연구 풍토는 1980년대 한국문학 운동의 시대적 추이에 젊은 연구자들이 동참하고자 한 의지의 반영이라 할 수 있다.

1990년대의 중국 근현대문학 연구는 1980년대의 자양분을 섭취한 기초 위에서 더 개방적이고 다양하게 진행되었다. 연구대상의 확장이되 그것에 그치지 않는 '동아시아' 시좌의 도입, '모더니티'에 대한 재성찰, '글쓰기'에 대한 고민, 다양한 연구방법론의 시도 등이 그것이다. 각 연구 주제에 대한 진지한 탐구는 이제 한국에서의 독자적이고 주체적인 연구 작풍을 형성할 가능성을 보여주고 있다. 그리고 '문화연구(cultural studies)'와 방법론적 결합은 21세기 들어 주요한 흐름이 되고 있다.

한국의 중국 근현대문학 연구사를 요약하면, 1970년대까지를 전사(前史)로, 1980년대를 개척기로, 1990년대를 발전기로, 그리고 21세기를 다양화 시기로 설정할 수 있다. 연구 주체의 변화를 보면, 1980년대 이전부터 진행된 선구자들의 개척 작업, 1980년대 후반에 본격화된 1세대 연구자들의 '이데올로기 지형' 확장 작업, 그리고 1990년대부터 다양한 연구방법론을 습득해 활발하게 작업을 진행하는 2세대와 3세대 연구자들의 활동이 학회 차원에서 유기적으로 결합해 있다 할 수 있다.

그러면 21세기 한국의 중국 근현대문학 연구의 주요한 흐름을 과제와 연계시켜 몇 가지로 개관해 보도록 하겠다.

첫째, 주체적 시각을 확립하려는 노력. 우리에게 강한 자력을 행사해 온 타이완의 우편향적 연구 풍조는 물론이고 근현대문학 연구에 영향을 미친 대륙의 좌편향 역시 넘어서야 할 대상이다. 한국인만이 가질 수 있는 연구 시각을 중국 근현대문학의 '한국학파'라는 말로 요약하는 것이 가능하다면, 그것은 중국과 한국의 연구 동향을 충분히 섭렵하면서 한국적 주제 의식, 나아가 동아시아적 시야를 가지고 중국 근현대문학을 연구하는 것이 될 것이다.

둘째, '한국 중국현대문학학회' 차원에서의 중점 주제 설정. 이는 초기에 연말 심포지엄과 이듬해 『중국현대문학』 특집으로 연결되었다. 1990년대에도 '중국현대문학에서의 문예대중화론 특집'(5호, 1991), '루쉰 탄생 110주년 기념 특집'(6호, 1992), '타이완 근현대문학 특집'(7호, 1993), '루쉰의 문학과 사상 연구 특집'(8호, 1994), '신시기 특집'(9호, 1995), '루쉰과 동아시아 근대'(17호, 1999)

등이 있었고, 21세기 들어서는 '루쉰 특집'(22호, 2002), '루쉰 특집 2'(23호, 2002), '동아시아 대중문화 교류'(30호, 2004), '중국영화를 보는 복수의 시선'(32호, 2005), '타이완문학 특집'(34호, 2005), '중국현대문학 동향과 전망'(37호, 2006), '문화대혁명 시기의 문학과 예술'(38호, 2006), '중국 현대성과 언어 이데올로기'(39호, 2006), '중국문학과 문화적 상징체계 연구'(44호, 2008), '작품으로 읽는 역사공간과 도시공간: 『형제』와 『상하이 베이비』'(45호, 2008), '중국 청년문화 90년'(49호, 2009) 등이 있었다. 최근에는 심포지엄 기획이 느슨해지고 그와 연관된 특집도 줄어들었지만, '한국 중국현대문학학회'의 심포지엄과 『중국현대문학』의 특집은 한국의 중국 근현대문학 연구의 주요한 방식이었음이 틀림없다.

셋째, 연구 시기와 범위의 확장. 20세기에는 '셴다이(現代)문학만을 움켜쥐고 진행되던 연구의 지평을 21세기에는 이른바 '진다이(近代)문학과 '당다이(當代)문학'으로 확대했다. 초기 루쉰에 대한 관심, 왕궈웨이와 량치차오에 대한 재평가 등을 아우르면서 신시기 논쟁 및 작가 작품에 대한 탐구가 광범위하게 진행되었다. 진다이문학 가운데 『점석재화보』와 『신보』 등 매체 연구가 많이 이뤄졌고 신시기문학 연구에서는 5세대와 6세대의 영화연구로 연구 범위가 확장되었다. 이처럼 진다이와 당다이로의 시간 확장 및 매체 및 영화 등의 범위 확대로 인해 근현대문학 연구가 상대적으로 소홀해진 점도 지적해둘 필요가 있다.

넷째, 루쉰 연구. 많은 연구자가 비슷한 시기에 루쉰에게 관심을 가지기 시작한 것은 1980년대 한국 현실에서 촉발된 문제의식과 이것을 문학연구와 통일시키려고 한 고민과 연결되어 있었다. 반식민지 반봉건의 국가적 위기 상황 속에서 첨예한 현실 문제를 문학 공간에서 소화 또는 해결해나간 루쉰 문학의 치열한 리얼리즘적 특성과 자신이 존재했던 시대를 뛰어넘어 성취한 예술적 성과, 그리고 역사와 인간에 대해 가졌던 모던한 통찰 등은 1980년대의 한계를 극복하고 새로운 연구 지평을 열어가고자 했던 한국 연구자들에게 새로운 연구대상으로 다가왔다. 21세기에 한국의 루쉰 연구는 중문학에 국한되지 않고 동아시아문학의 가능성을 염두에 두면서 한국 작가와 대비하는 작업을 진행하고 있다.

다섯째, 다양한 연구방법론의 시도 연구자의 주체적 시각의 확립과 현실적 문제의식의 문학적 해결은 연구자에게 새로운 연구방법론 탐색이라는 과제를 부여했다. 사조유파론과 체계론을 비롯해 페미니즘과 다양한 포스트주의와 중국 근현대문학 연구의 결합이 시도되었고 최근에는 인류학의 에스노그라피 방법론을 도입한 문학인류학적 연구도 시도되었다.

여섯째, 문화연구로의 확장. 21세기 한국의 중국 근현대문학계의 커다란 이슈는 '문화연구'를 둘러싼 것이라 할 수 있다. 문화연구로의 확장은 한편으로는 문학작품 이외의 텍스트, 특히 영화와 도시문화 등을 연구 대상으로 삼았고, 다른 한편으로는 연구방법론상으로 학제적 연구를 수용했다. 문화연구로의 확장은 문학연구를 부정하지 않는다. 이는 작품 분석에만 매몰되는 문학연구를 뛰어넘어 다른 학문분과와의 교류를 염두에 두면서 텍스트를 고찰하는 것이다. 특히 텍스트 생산 및 수용 등의 기제를 고찰하는 데 유용하다.

마지막으로 연구 성과들을 모은 단행본 저작의 출간이 증가하는 추세를 들 수 있다. 우선 '한국 중국현대문학학회'에서 편집한 학회 총서를 들 수 있다. 중국 현대시를 근현대성의 문제와 연결한 논문과 현대 시론(詩論), 현대시 유파에 대한 연구, 기타 작가 작품 및 타이완 현대시에 대한 논문들로 구성된 『중국 현대시와 시론』(1994), 루쉰의 사상과 문학에 대한 기존의 연구 성과 중에 주로 최근의 문제의식을 반영하고 있는 논문들을 모은 『魯迅의 문학과 사상』(1996), 루쉰을 제외한 13인의 대표적인 중국 근현대문학 작가와 작품에 대한 논의를 모은 『중국 현대문학의 세계』(1997) 등이 그것이다. 2004년 한국인에게 중국은 '선택'이 아닌 '필수'로 다가오는 거대한 텍스트라는 인식 아래 근현대 중국에 대한 심층적이고 대중적인 이해를 목적으로 '중국현대문학@문화' 시리즈를 기획했다. 그 가운데 『중국 현대문학과의 만남』(2006)은 3부로 구성되어 있다. 1부는 시기별 · 지역별 문학사론을, 2부는 장르론을, 그리고 3

부는 작가론을 다루었다. 그리고 마지막으로 '에필로그'에서는 서유럽의 모던을 참조체계로 삼아 '동아시아의 근현대'의 가능성을 점검했다. 이 시리즈에는 『영화로 읽는 중국』(2006)과 『중국영화의 이해』(2008)가 포함되어 있다.

학회 총서 이외의 단행본 가운데 눈에 띄는 현상은 문학사류의 출간이다. 현대문학의 주요한 항목에 대해 사전식 서술 방식을 채택한 『중국 현대문학의 이해』(유중하·김하림·이주노, 1991), 사실만을 서술하되 논평하거나 재단하지 않겠다는 '술이부작(述而不作)'의 정신에 따라 기술한 국내 최초의 본격 현대문학사 저작인 『중국현대문학사』(김시준, 1992), 중국문학사 삼부작의 하나로 기획된 『중국현대문학사』(허세욱, 1999) 등이 있다. 신세기에 출간된 『중국현대문학사』(신진호, 2009)는 '중국현대문학사'가 19세기 말부터 "지난 20세기 전체를 포함하면서도 여전히 진행 중인 중국 문학의 변화와 발전을 다루어야 한다"라고 함으로써 '넓은 범주의 중국 현대문학' 인식을 보여주고 있다. 중국의 문학비평가를 망라해 설명한 『중국 현당대 문학비평가 사전(상하)』(조성환, 1996)은 문학사의 보충 저작이라 할 수 있다.

다음으로는 박사학위논문을 단행본으로 출판한 경우와 그 외의 전문서가 있다. 먼저 박사학위논문의 단행본 출간을 보면, 『현대 중국의 리얼리즘 이론』(전형준, 1997), 『중국 항전기 리얼리즘문학논쟁연구』(백영길, 1998), 『文과 노벨novel의 결혼: 근대 중국의 소설 이론 재편』(이보경, 2002), 『근대 중국의 문학적 사유 읽기』(이종민, 2004), 『郭沫若과 중국의 근대』(이욱연, 2009) 등이 있다. 그동안의 연구 축적을 모은 성과로는, 현대시에 대한 일반 연구자들의 관심이 거의 없었던 때 썼던 중국과 타이완 현대시에 대한 연구논문 모음집인 『중국 현대시 연구』(허세욱, 1992), 5·4 이후에서 1980년대에 이르는 대표적인 소설들과 그것을 통해 본 중국 현대사의 음지와 양지를 서술해 역사와 소설의 대중적 만남을 시도한 『소설로 보는 현대중국』(임춘성, 1995), 국문학에 대한 장기간의 천착에 기초해 중국 근현대문학을 조망하려 한 『현대 중국문학의 이해』(전형준, 1996), 고전시가 연구의 성과를 근현대시까지 확장한 논문 모음집인『중국 현대시의 이해』(류성준, 1997),『郁達夫 沈從文 소설의 연구』(강경구, 1999) 등이 출간되었다. 그리고 20세기 들어『중국 현대 문학과 현대성 이데올로기』(정진배, 2001),『정신계의 전사 노신』(엄영욱, 2003),『무협소설의 문화적 의미』(전형준, 2003),『동아시아적 시각으로 보는 중국문학』(전형준, 2004),『高行健과 중국당대소설』(강경구, 2005),『중국 현대소설의 탐색적 연구』(신정호, 2005),『중국현대문학의 근대성 재인식』(신정호, 2005),『魯迅의 문화사상과 외국문학』(엄영욱, 2005),『'탈현대와 동양적 사유논리—동양의 <눈>을 찾아서』(정진배, 2008),『루쉰식 혁명과 근대 중국』(유세종, 2008),『화엄의 세계와 혁명—동아시아의 루쉰과 한용운』(유세종, 2009),『인간, 삶, 진라—중국 현당대 문학의 깊이』(심혜영, 2009),『포스트 사회주의 시대의 중국문화』(이욱연, 2009) 등이 있다. 공동연구의 성과물로는,『중국 근대의 풍경』(2008),『냉전 아시아의 문화풍경 1: 1940~1950년대』(2008),『냉전 아시아의 문화풍경 2: 1960~1970년대』(2009),『동아시아 문화와 문화적 정체성』(2009),『상하이영화와 상하이인의 정체성』(2010),『상하이영화: 역사와 해제』(2010) 등이 출간되었다. 그리고 편역서로『21세기 중국의 문화지도—포스트사회주의 중국의 문화연구』(2009) 등이 있다.

이상에서 고찰한 주요한 흐름은 이후에도 지속해서 진행되는 주제이기도 하다.

여기에서 소개하는 글들은 21세기 한국의 중국 근현대문학 연구 성과의 일부분으로, 크게 세 부분으로 나누었다. 제1부는 근현대문학의 초기에 해당하는 량치차오의『소년중국설』(민정기)과 '화보'를 통해 당시의 청소년 담론과 근대 도시의 소비문화를 고찰했고(문정진), 한중 언문일치운동을 영미의 이미지즘과 비교했으며(이보경), 또한 관동대지진을 응시하는 세 작가의 시선을 대비하고(김양수), 한중 초기의 근대문학사 서술의 특징을 비교했다(홍석표). 제2부는 작가작품론이라 할 수 있다. 루쉰(유세종, 김하림)부터 장아이링(임우경), 왕멍

(장윤선), 진융(임춘성), 위화(윤영도), 웨이후이(이종민, 임대근), 『딩쫭띵』(김순진) 등을 고찰했다. 제3부는 이론적 탐토이다. 진화 담론(이보고), 현대 도시의 소가족 형성(박자영), 한국의 중국 현당대문학의 번역과 연구(김혜준), 왕빙의 <철서구>, 동아시아 담론(임춘성) 등이 그것이다.

'傍觀者淸'이라는 속담이 있다. 옆에서 바라보는 사람은 대상과 거리를 유지하고 있으므로 더 잘 볼 수 있다는 말이다. 중국 연구는 대상에 거리를 둘 필요가 있다. 그러기 위해서는 중심에서 나올 필요가 있다. 중국 근현대문학 연구에서 한국은 주변이다. 주변은 중심에서 보지 못하는 것들을 성찰하는 강점이 있다. 주변의 성찰은 중심의 반성을 촉구하게 마련이다. 편자의 의도를 긍정적으로 수용해 흔쾌하게 자신의 글을 번역해 보내준 모든 필자에게 깊은 감사의 말을 전한다. 모두 19편의 글로 구성된 이 책을 통해 중국의 동업자들이 한국의 최근 연구 동향과 흐름을 이해하기를 희망한다.

2013년 6월 14일

미끄러지는 기표 그리고 학이사(學而思)[*]

1. 외래어 표기 또는 용어 문제

외래어표기법은 '문제적'이다. 국립국어원 '외래어표기법'에 문제가 있다고 판단하는 학회나 출판사가 나름의 표기법을 만들어 자의적으로 사용하고 있다. 그것을 국가기관이 주도한 사회적 합의로 보고, 특정 단체에서 그것을 '문제적'이라 생각한다면 그에 대해 문제를 제기함으로써 새로운 합의를 도출하는 것도 방법이지만, 그것이 무망하다고 여기고 자신만의 '합의'를 만들어 사용하는 것이 작금의 현실이다. 국립국어원 외래어표기법을 존중하되 그 문제점에 공식적으로 문제를 제기하고 국립국어원은 그 문제를 개방적으로 검토해 새로운(新) 표기법을 만드는(創) 방향으로 가야 하지 않을까?

우리에게 익숙하지만 그 표기를 재고해야 할 것들에 대해 살펴보자. 이를테면 '서구'라는 표기가 대표적이다. '서구(西歐)'는 '서구라파(西歐羅巴)'의 약칭으로, '서'는 'Western'을 의역한 것이고, '구라파'는 '유럽(Europe)'을 중국어 발음으로 음역해 '歐羅巴(Ouluoba: 어우뤄바)'로 표기한 것이다. '유럽'과 '어우뤄바'의 음가가 얼마나 근접한 것인지와 무관하게, 중국인들은 그렇게 '자의적'으로 약속했고 그래서 상호 소통한다. 그런데 우리는 그것을 한자만 들여와 우리

---

[*] 이재현의 서평(2013)에 대한 답글. 『문화/과학』 75호.

식 한자음으로 독음하고 있다. 우리는 자의적 약속이 아니라 '추수적'으로 사용하고 있다. 이런 사실을 알면 '서구'라는 용어를 더는 사용하고 싶지 않을 것이지만, 너도나도 '서구'라고 쓰는데 나 혼자 굳이 '서유럽'이라고 쓰는 것이 쉽지 않은 것이 통념의 힘이고 '소통의 현실 정치학'일 것이다. 서양 각국의 이름도 비슷한 경로로 우리에게 수입되었다. 예를 들어, 영국은 '英格蘭(Yinggelan: 잉거란)이라는 나라'를 줄여 '英國(잉궈)'로 표기하고, 미국은 '美利堅(Meilijian: 메이리젠)이라는 나라'를 줄여 '美國(메이궈)'로 표기했다. 우리는 그것을 몰주체적으로 사용하고 있다. 동아시아 담론을 운위하고 세계문학과 소통하려 한다면 동아시아에서 소통할 수 있는 대응 기표를 찾고 나아가 세계문학과 소통할 수 있는 구체적 경로를 모색해야 할 것이다. 아래에서 modern과 nation의 번역어에 대해 좀 더 살펴보자. 미리 전제할 것은 아래의 검토가 통합을 겨냥한 것이 아니라 주체적 소통을 위한 것이라는 점이다.

1) modern: 현대와 셴다이

박사과정에 입학해 뒤늦게 '중국현대문학'으로 전업하면서 '기표와 기의의 관계는 자의적'이라는 구조주의 언어학의 명제에서 받았던 신선한 충격이 지금도 뇌리에 선하다. 마오쩌둥의 신민주주의 혁명시기(1919~1949)의 문학을 지칭했던 이른바 '셴다이(現代)문학'은 한자 기표의 동일함을 근거로 우리에게 '현대문학'으로 수용되었다. nation을 '민조꾸(民族)'로 번역한 일본식 표기를 한자 독음 '민족'으로 수용한 것처럼 말이다. 民族은 '민조꾸/민족'으로 각기 표기되어도 그 기의가 같기 때문에 큰 문제가 없지만, 現代의 경우는 중국의 셴다이와 한국의 현대라는 표기가 지칭하는 기의가 다르기 때문에 기표도 달리 표기하는 것이 좋다. 중국 셴다이문학이 종결된 시점(1949년)에 한국 현대문학이 시작(1948년)한다는 사실을 깨달은 것은 박사논문을 완성할 무렵이었고, 그래서 1917~1949년의 대중화론을 다룬 박사학위 논문(임춘성, 1993) 제목에 '전기'라는 용어를 사용해 1949년 이후와 변별했다. 한국에서 근대와 현대의 구분이 모호했던 반면, 중국은 진다이(近代, 아편전쟁 이후)―센다이―당다이 (1949년 이후)의 이른바 '삼분법'이 '20세기중국문학' 담론이 제기되기까지 견지 되었다. 대학에 따라 차이는 있지만 중문학부(中文系) 내에 센다이문학 교연실 (敎硏室-전공에 해당)과 당다이문학 교연실이 나뉘어 있고 베이징대학 대학원 의 경우는 지금도 신입생을 교연실 별로 모집하고 있다. '20세기중국문학' 담 론은 혁명 이전 단계와 이후 단계를 구분하려는 센다이와 당다이의 장벽을 타파하고 그것을 하나의 유기적 총체로 봐야 한다는 점에서 설득력이 있었다.

그러면 진다이는? 이는 구민주주의 혁명시기이기에 20세기중국문학 담론 에서도 그 일부만 용납했을 뿐 전체를 고려하지는 않았다. 그러나 민주주의 혁명이라는 말 자체가 '현대적(modern)'이므로, 그것이 '구'인지 '신'인지를 변별 하는 것은 정치 논리에 불과하다. 사실 삼분법 자체가 혁명사 시기 구분의 외 연인 만큼, 이런 고민들을 해결하려는 나의 시도가 '중국 근현대문학'(1997)이 라는 기표로 표현됐고, 이를 확장한 것이 '동아시아 근현대'(2008)라는 기표였 다. 이것은 근대와 현대 또는 진다이와 센다이 그리고 당다이를 단순 통합한 것이 아니라, '서유럽 모던'의 대응 개념으로 내발적/외발적 요인에 의해 시작 된 동아시아의 새로운 단계를 지칭하기 위함이었다. 이 가설적 개념을 내세 울 수 있었던 것은 리쩌허우의 近現代라는 용법을 참조했기 때문이었다.

리쩌허우는 그의 주저인 '사상사론' 시리즈에서 古代와 近代 그리고 現代 를 다루면서 當代라는 별책을 내지는 않았다. 이는 두 가지로 해석할 수 있다. 當代를 별도로 다룰 생각이 없거나, 아니면 當代를 독립 시기로 인정하지 않 겠다는 의미다. 『중국현대사상사론』의 내용 대부분이 이른바 '센다이'에 국한 된 것은 사실이지만 「20세기 중국문예 일별」 같은 글은 그 범위를 20세기 전 체로 확장하고 있고, 더 중요한 것은 도처에서 近現代라는 용어를 사용하고 있는 점이다. 그가 말하는 '진센다이'는 이 글의 '근현대'와 내포와 외연을 같 이 하는 개념이다. 그는 '진다이'와 '센다이'를 별책으로 집필했음에도 불구하 고 도처에서 '진다이'와 '센다이'를 하나로 묶어 '진센다이(近現代)'라 칭하면서 그에 대한 시기 구분을 시도했다. 미리 알아둘 것은 그의 시기 구분이 하나만을 고집하지 않고 관점과 대상에 따라 유연한 유동성을 가지고 있다는 점이다. 그는 『중국근대사상사론』에서 세 차례 시대 구분을 제시하고 있다.

1) 이를테면 중국 전체의 근현대를 (1) 1840~1895, (2) 1895~1911, (3) 1911~1949, (4) 1949~1976, (5) 1976 이후의 다섯 단계로 나누었다.

2) 또 중국 근현대 '지식인의 세대 구분'을 시도하는데, (1) 신해 세대, (2) 5 · 4 세대, (3) 대혁명 세대, (4) '삼팔식' 세대에다가 (5) 해방 세대(1940년대 후기와 1950년대)와 (6) 문화대혁명 홍위병 세대를 더하면 중국혁명의 여섯 세대 지식인이다. 그리고 (7) 제7세대는 완전히 새로운 역사 시기일 것이라 했다.

3) 신해혁명이 실패한 후 지식인의 세대 구분을 세밀하게 했다. (1) 계몽의 1920년대(1919~27), (2) 격동의 1930년대(1927~37), (3) 전투의 1940년대(1937~49), (4) 환락의 1950년대(1949~57), (5) 고난의 1960년대(1957~69), (6) 스산한 1970년대(1969~76), (7) 소생의 1980년대, (8) 위기의 1990년대. 이는 10년 단위로 근현대사를 이해하기 좋아하는 중국인의 문화심리구조를 염두에 둔 개괄로 보인다.

4) 「20세기 중국(대륙)문예 일별」에서는 '지식인의 심태(心態) 변이(變異)' 기준으로 다음과 같이 구분했다. (1) 전환의 예고(1898 戊戌~1911 辛亥), (2) 개방된 영혼(1919~1925), (3) 모델의 창조(1925~1937), (4) 농촌으로 들어가기(1937~1949), (5) 모델의 수용(1949~1976), (6) 다원적 지향(1976년 이후).

이런 맥락에서 '중국 근현대'는 아편전쟁 전후 어느 시점에 시작해 지금까지의 시기를 유기적 총체로 보자는 것이고, 이전 단계의 삼분법 또는 사분법의 단절적 사고를 극복하고자 '중국 근현대 장기지속'이라는 용어를 쓰기도 했다.

2) 네이션/국족과 에스닉/민족

nation과 ethnic을 발음대로 '네이션'과 '에스닉'으로 표기하는 것이 한 노선이고, 그것을 가능한 우리말로 번역하자는 것은 또 다른 노선이다. 전자를 '외국화(foreignization)'라 한다면 후자를 '자국화(domestication)'라 할 수 있다. 전자의 장점은 개방적이다. 굳이 우리 어휘에 없는 단어를 오해의 여지를 남겨두면서 번역하는 것보다 외래어를 그대로 받아들이는 것이다. 이를테면 치즈, 커피, 초콜릿 등은 이제 한글을 풍부하게 해주는 단어가 되지 않았는가? 물론 초기에는 구구한 해설이 필요하겠지만 일정 시간이 지나면 라디오나 피자처럼 아무도 그것이 뭔지를 묻지 않아도 되는 시점에 도달할 것이다. 반면 외국화를 '들이대기'로 간주하고 그보다는 '길들이기'가 좋다고 생각하는 자국화론자들은 출발어(source language)에 해당하는 도착어(target language)를 최대한 자국어에서 찾으려는 노력을 경주한다. 이들은 nation을 처음 접했을 때 民族(민조꾸/민쭈/민족)을 선택했지만, nation이 state와 긴밀한 관계(nation-state)에 있음을 새로이 인지하곤 民族이라는 도착어보다는 궈쭈(國族, 타이완), 음역(일본), 국민(한국) 등으로 바꿔 표기하고 있다. 나는 궈쭈라는 기표에 동의하면서 그것의 한자 독음 표기인 '국족'으로 표기하는데, 이는 현대와 센다이의 기의가 달라지는 것과는 변별되기 때문이다. 물론 국가의 경계를 가로지르거나 국가의 형태를 갖추지 못한 에스닉의 존재를 부정하는 것은 아니지만, 중국 범주에 국한해 이를 네이션의 하위 개념으로 설정하고 '민족'을 번역어로 선택했다.[1]

3) 김용과 왕안이

모택동과 등소평은 그래도 익숙하지만 호금도와 습근평은 그렇지 않다. 익숙함의 근거는 무엇일까? 그것은 대중매체의 호명으로 귀결된다. 우리는 부지불식간에 대중매체에 길들고 있다. 대중매체에서 모택동 하면 그렇게 인식하고 시진핑 하면 그렇게 따라가고 있다. 『영웅문』이 유행하던 1980~90년대에 중국 인명의 원발음을 존중하자고 생각한 대중매체가 있었는가? 김용이

1_ 2021년의 저서에서부터는 혼선을 피하려고 nation을 네이션으로, ethnic을 에스닉으로 표기한다.

란 기표는 그렇게 한국에서 소통되었고 나는 그것을 다시 생각해보자는 것이다. '상호성의 원칙'이라는 것도 있고 '소통의 정치학'이란 것도 있다. 그러나 그에 앞서는 것이 세상에 유일한 고유명사의 원래 발음을 존중하자는 것이다. 내가 린춘청으로 불리기를 거부하는 것처럼(그렇다고 중국 친구들이 그렇게 부를 때 못 들은 체할 수는 없다) 왕샤오밍(WANG Xiaoming)도 왕효명으로 불리는 것을 원치 않을 것이다. 그렇지만 기표는 자의적인 만큼 강요할 필요는 없다고 본다. 따라서 습근평으로 표기하든 시진핑으로 표기하든 그 기의가 동일하다면 굳이 어느 한쪽을 우길 필요 없다. 이는 시비의 문제가 아니니까. 그러나 한국의 '현대'와 중국의 '셴다이'는 한자 표기가 같을 뿐 기의가 다르다. 그러므로 양자의 표기를 변별해주어야 한다. 무협소설 주인공들의 이름표기를 고민하다가 고대 인명은 한글 독음으로 읽는다는 원칙을 적용했는데, 거란인 蕭峰을 거란어 발음으로 표기해야 한다는 지적은 백 번 타당하다. 그렇게 하지 못한/않은 것은 그 접근이 쉽지 않거나 게으름(이재현의 표현에 따르면 귀차니즘)의 증거다.

2. 20세기중국문학과 두 날개 문학

첸리췬 등의 '20세기중국문학과 판보췬의 '두 날개 문학'의 의미를 파악하면서 그 허점을 파헤치는 이재현의 필봉은 예사롭지 않다. 특히 괴테가 중국의 전기(傳奇) 작품의 프랑스 번역본을 읽은 후 세계문학 개념을 형성했을 것이라는 황쯔핑·천핑위안·첸리췬의 추정에서 전형적인 내셔널리즘의 징후를 읽어내는 것은 날카롭고, 그들이 언급한『풍월호구전』과 그보다 뒤에 번역된 『화전기』와『옥교리』등의 재자가인 소설에 대한 언급도 치밀하다. 사실 괴테에게는 중국문학 이전에 페르시아문학의 세례가 있었다. 칠순을 바라보던 괴테가 14세기 페르시아의 시인 하피스의 독일어 번역본을 받아 읽고 느낀 시적 감흥에 자극받아 쓴 239편의 시들을 12개의 주제로 나누어 연작시 형태로 묶은 시집인『서동시집』은, '중국-독일식 하루와 일 년의 시간(Chinesisch-Deutsche Jahres und Tageszeit)이라는 제목 아래 14편의 연작시로 결실을 본 시기보다 14년 앞선다(안문영, 2013).[2] 그러므로 괴테의 세계문학 개념을 중국문학에만 연결시키는 첸리췬 등의 논술은 분명 객관성을 결여하고 있다. 사실 20세기중국문학 담론은 발표된 지 30년 가까운 지금 시점에서 보자면 문제가 많다. 이재현이 지적한 것과 내가 비판한 것—개방형 총체를 지향했음에도 중국 내에 국한, 연구와 교학 사이의 괴리, 지식인 중심의 계몽에 초점—외에도 서양중심론의 영향, 충분치 않은 모더니제이션 등의 비판이 있다. 중요한 것은 20세기중국문학 담론이 제기된 맥락을 놓치지 말아야 한다. 그것이 "문학사와 현대사 연구 속에서 毛澤東의 '신민주주의론' 모델로부터 빠져나오기 위한 것"(전리군, 2012하: 312)이었다는 첸리췬의 고백은, 20세기 대륙을 지배했던 마오쩌둥 문화의 산물임을 자인하는 민간 이단사상 연구자의 언급이기에, 충분히 평가되어야 할 것이다. 좀 더 부언하면, 1989년 '톈안먼 사건' 그리고 1992년 '남방 순시 연설' 이후의 중국을 '일당전제'의 '당-정 국가'로 파악하고 있는 첸리췬은 이른바 덩샤오핑의 '6·4체제'가 마오쩌둥의 '57체제'를 계승했다고 본다. 그러므로 마오쩌둥 사후 그에 대한 과학적 비판의 부재가 톈안먼 사건으로 귀결되었기에 뒤늦게라도 "어떻게 마오로부터 빠져나올 것인가?"를 급선무로 삼아야 한다. 이는 첸리췬 개인만의 문제가 아니다. 마오쩌둥 사상은 이미 개인의 것이 아니고 마오쩌둥 문화는 전통 중국 밖에 존재하는, 그것과 확연히 구별되는 새로운 문화로, 이는 중국 대륙의 새로운 국민성을 형성케 했기 때문이다. 1980년대 지식계는 그 과제를 인식하지 못했고 그렇기 때문에 해결하지 못했다. 우리는 첸리췬의 이런 평가를 현실로 받아들일 필요

2_ "시집 제목에 들어있는 "서·동"은 서양과 동양을 가리킨다. 괴테는 처음에 '페르시아의 시인 마호메드 쉠쉐딘 하피스의 디반시집'에 한결같이 관련된 독일시 모음집이라는 긴 제목을 생각했었다. 따라서 이 시집은 '서양의 시인 괴테가 동방의 시인 하피스의 시에서 받은 감동에 답하기 위해 쓴 시 모음집'이라는 의미를 제목에 함축적으로 표시해 놓고 있는 것이다."

가 있다. 20세기중국문학사 담론의 역사적 의의는 바로 이 점에 있다.

　5·4 이후 신문학에 의해 타도되고 문학사에서 지워졌던 통속문학이 험난한 과정을 거쳐 중국근현대문학사에 복권된 것은 실로 경하할 만한 일이다. 물론 지금도 모든 논자가 그에 동의하는 것은 아니다. 또한 이재현이 거론한 린자오(林昭)의 혈서라든가 구준(顧准)의 일기 등은, 린줴민(林覺民)의 「아내에게 보내는 편지」나 루쉰의 『양지서』 등을 문학사에서 다루고 있으므로, 문학사에 편입될 수 있을 것이다. 물론 소수 에스닉의 작품도 빼놓을 수 없고 일제 강점기 타이완 작가인 양쿠이(楊逵)의 일본어 작품도 다 비석을 세워줘야 할 대상들이다. 다만 담론의 속성상 과정이 필요하고 시간이 걸릴 것이다. 내게 새로운 문학사를 쓰라면 이재현의 권고를 받아들이겠지만 유감스럽게도 나는 아직 '중국근현대문학사'를 새롭게 쓰려는 의지가 없고 그보다는 더 생기발랄한 주제와 텍스트로 나가려 한다.

3. 學而思

『논어』 「위정」편에 나오는 다음 구절은 우리에게 무척 익숙하다. "學而不思則罔, 思而不學則殆." "학(學)하되 사(思)하지 않으면 어둡고, 사(思)하되 학(學)하지 않으면 위태롭다."쯤으로 직역할 수 있는 이 구절은 역대로 '학'과 '사'를 독서와 사고로 이해하고 양자를 겸비할 것을 권하는 문구로 해석하고 있다.[3] 그런데 실천적 지식인 신영복은 오랜 한학 공부를 바탕으로 독특한 해석을 제시하고 있다. 즉 학과 사를 대(對)로 보아 학은 배움(learning)이나 이론적 탐구로 보되, 사를 생각(thought) 또는 사색(思索)으로 읽을 것이 아니라 '실천 또는 경험적 사고'로 읽을 것을 권하고 있다. 이는 관행적 해석인 '관념적 사고'와 다르다. 학이 보편적 사고라면 사는 분명 자신의 경험을 중심으로 하는

3_ "只是讀書, 却不思考, 就會受騙; 只是空想, 却不讀書, 就會缺乏信心"(楊伯峻罪註, 1984: 18).

과거의 실천이나 그 기억 또는 주관적 관점을 뜻한다는 것이다(신영복, 2004: 179, 180). 이 맥락에서 보면 내 공부는 여전히 학(學)의 단계에 머물러 있다. '학이불사'를 경계하며 '임춘성 나름의 목소리'를 내라는 이재현의 충고는 뼈 저리다. 이런 요구가 '사이불학'으로 나가라는 것은 결코 아닐 것이다. "지금 까지의 공부를 일단락하고 새로운 단계로 나아가고픈 열망" 가운데 독서와 사고 또는 이론적 탐구와 실천/경험적 사고의 변증법적 절합인 '학이사(學而 思)'의 경지로 나아가겠다는 의지도 포함되어 있다. 관건은 어느 한쪽으로 환 원시켜서도 안 되고 그것을 단계적으로 이해해서도 안 되는 사실을 명심할 일이다.

이재현의 언어는 간결하면서도 신랄하고 비유는 현란하고 대담하다. 글 전체 를 무림대회로 비유하면서 중국 근현대문학사 연구를 정파로, 문화연구를 사 파로 설정하기도 했고, 관례적인 서평을 '드립질'로 조소하는가 하면, 중국 근 현대문학이 '수십 개의 촉수를 지닌 에어리언이나 여러 개의 목을 가진 히드 라로 표상되어야 한다'라는 표현은 은연중 중국(문학)을 괴물에 비유하는 것이 아닌가 하는 생각이 들게 한다. 이는 예전에 세계문학이 성립하기 위해서는 영문학과 중문학을 타파해야 한다는 조동일의 주장을 연상시키기도 한다. 백 미는 '두터운4) 비평적 실천'을 '버려진 낡은 묘지터'에서 '묘비명도 없이 묻힌 작품들을 찾아내서 그것을 조심스레 이장하거나 안장하는 행위'로, 이는 '무 당─연구자의 목소리와 죽은 저자─텍스트의 목소리를 동시에 듣게 되는 것' 이라는 비유다. 이는 왕년에 이름을 날리던 민중문학 진영 평론가의 목소리 를 다시 듣는 느낌을 준다. 요즘 저술에 몰두하면서 여전히 '동-서-고-금'을

4_『중국 근현대문학사 담론과 타자화』 원고를 출판사에 넘길 때 '두터운'이라는 용어를 사용했는 데, 이것이 교열 과정에서 '두꺼운'으로 바뀌었다. 교열 전문가의 의견을 무시하는 것은 아니지 만, '두터운'이 더 적절한 표현이다. 마지막 교열에서 수정된 것을 확인하지 않은 것은 필자의 책임이다.

넘나들며 수작을 벌이는 그가 최근 중국에 필이 꽂혀 관련 서평도 자원해서 쓰고 여러 가지 '비평적 잡문[5]'을 쏟아내는 것은 '평유' 입장에서도 중국연구 종사자로서도 반가운 일이다. 왕년의 왕성한 필력을 지면에서 자주 접할 수 있기를 기대한다.

5_ 다음카페 <포스트사회주의 중국의 문화연구>(http://cafe.daum.net/postsocialismchina) 참조.

횡단과 통섭을 위하여[*]

1.

'중국 근현대문학'은 세계문학사의 맥락에서는 제3세계 문학에 속하는 주변부 문학이고, 한국 문학계에서는 비주류문학이다. 이런 상황에서 중국문학을 업으로 삼다 보니 본업뿐만 아니라 중심부와 주류에 대해 관심을 두지 않을 수 없었다. 이뿐만 아니라 문사철(文史哲)을 근간(根幹)으로 하는 중국연구(Chinese studies) 공부 또한 게을리할 수 없었고 나아가 중국의 정치·경제·사회 등의 사회과학 공부도 등한시할 수 없다. 이들 공부는 버거운 일이었지만, 그 과정을 통해 동서와 고금을 아우르는 총체적 관점을 체득할 기회가 되었다.

돌이켜보면 선택은 개인의 자유의지였지만 세계문학사와 한국 문학계의 담론 권력 구조에서 주변이자 비주류인 중국문학을 선택한 순간 내 공부의 운명도 결정되어 있었던 셈이다. 문학 분야에서 중심은 영미와 프랑스 중심의 서유럽 문학이었고, 한국 문학계에서는 서유럽 문학과 교배한 한국문학이었다. 중국문학은 2천 년이 넘는 연속적 흐름을 보유하고 있음에도 세계문학사와 한국 문학계에서는 제3세계 문학의 하나일 뿐이었다. 그나마 고대문학 작품 몇몇은 고전으로 인정되어 인구에 회자하기도 하지만, 근현대문학의 경

---

[*] 『중국 근현대문학사 담론과 타자화』, 「책을 펴내며」.

우에는 한국 문학계라는 문맥에 부합할 때 잠시 주목을 받는 장신구의 신세에서 벗어나지 못하고 있다.

중국문학은 문자 그대로 중국과 문학으로 구성된다. 전자에 방점을 두면 중국연구의 일부로서의 중국문학이 되고 이때 문학 텍스트는 중국 이해하기의 사례 또는 경로로 자리매김한다. 문화연구에서도 그것은 서양 최신 이론의 가공을 기다리는 원재료이기 십상이다. 이를 돌파하는 방법으로 '지금 여기(now here)'가 거론되지만 그 또한 만만한 일은 아니다. 후자에 중심을 두면 보편적인 문학 일반 가운데 특수한 중국의 문학이 된다. 중국 중심의 사유와 문학 중심의 사유가 중국문학 내부에서 화합하기는 쉽지 않아서 지금껏 중국문학은 중국과 문학을 아우르기보다는 양자의 교집합을 대상으로 삼아 연구를 진행해온 셈이다.

'중국 근현대문학'은 여기에 '근현대'라는 범주를 추가한다. 그리고 한술 더 떠 '중국'과 '문학' 그리고 '근현대'의 교집합만을 대상으로 삼음으로써 영역을 축소했다. 이제 그 울타리에서 나와 중국과 '비'중국, 문학과 '비'문학 그리고 근현대와 '비'근현대를 횡단하고 나아가 이들을 통섭하는 것을 공부의 목표로 삼아야 할 것이다.

모든 공부는 학문의 경계에 놓여 있다. 경계는 담론 권력의 바깥을 주변화시킨다. 그렇지만 우리는 주변의 관점에 철저할 필요가 있다. 주변의 관점은 우리에게 철저한 통찰력을 제공하기 때문이다. 그간 세계문학의 주변부였던 한국문학은 국내에서 중심부 서양 문학과 손을 잡고 기타 문학을 다시 주변화 해왔다. 주변이 그 장점을 온존하면서 중심을 극복하기 위해서는 기존의 담론 권력 구조에 균열을 일으켜야 한다. 그것은 내부의 힘만으로는 부족하다. 이 부분이 근현대적 분과학문 체계를 뛰어넘어, '예술과 학문과 사회 간의 수평적 통섭이라는 역사적 과제'를 어떻게 해결하느냐에 따라 인류 앞에 '통제사회와 문화사회의 갈림길'이 놓여 있다는 주장을 음미해야 할 지점이다. 지역연구와 문화연구는 분과학문 체계에 갇힌 중국문학 연구에 학제적 횡단,

나아가 통섭의 가능성으로 기능할 수 있을 것이다.

2.

'근현대문학'이란 개념에 처음 생각이 미친 것이 벌써 15년이 넘었다. 20세기 중국문학사 담론의 제출과 확산 과정을 보면서 담론에 작용하는 권력을 인지했고 그것이 텍스트를 선택하고 지배하고 있음을 파악했다. 이를 이 책에서는 '타자화(otherization)'라 이름했다. 이 지점에서 푸코(Michel Foucault)와의 만남을 언급하지 않을 수 없다. 사실 이 책을 관통하는 방법론이 있다면 그것은 푸코에게 빚지고 있다. 처음부터 푸코를 독파하고 내면화한 것은 아니지만 중국 근현대문학의 연구 현장에서 가졌던 문제의식들을 헤쳐나오다 보니 어느 지점에선가 푸코를 만나게 되었다. 푸코의 담론 개념은 '배제(exclusion)'를 전제하고 있다. 그의 기본적인 가설은 이렇다. "어떤 사회에서든 담론의 생산을 통제하고, 선별하고, 조직화하고 나아가 재분재하는 일련의 과정들—담론의 힘들과 위험들을 추방하고, 담론의 우연한 사건을 지배하고, 담론의 무거운, 위험한 물질성을 피해 가는 역할을 하는 과정들—이 존재한다." 그리고 그것을 '배제의 과정들'이라 일컬었다. 회의주의와 비환원적 태도를 특징으로 하는 푸코의 시선을 통해 보면, 우리가 그동안 당연하다고 여겼던 문학 등의 근현대 분과학문과 대학 제도라는 관행의 이면에 무엇인가 작용해왔다는 사실을 인식할 수 있다. 푸코는 그것을 '권력'—훈육 권력' '지식 권력' '담론 권력' 등등—이라 일컬었고 푸코의 학문적·실천적 삶은 권력의 작동방식을 밝혀내는 것이었다 해도 과언이 아니다.

포스트주의(postism) 또는 포스트학(postology)이 출현하면서 그 이전, 즉 근현대 시기에 당연하다고 생각되었던 것들이 새롭게 해석되고 있다. 그에 따르면, 우리가 '(그) 중흥의 역사적 사명을 띠고 이 땅에 태어났다'라고 수도 없이 반복 낭독하고 청취하다가 무의식에까지 각인된 '민족nation'도 '상상된imagined'

(Anderson) 것이고, 오래전에 형성되어 면면히 흘러 내려와 반드시 수호해야 할 것이라 알았던 전통(tradition)도 '만들어진(invented)'(Hobsbawm and Ranger) 것이며, 심지어 '이성'과 함께 근현대를 열었다고 일컬어지는 '주체(subject)'도 '구성된(consisted)' 것(Foucault)이다. 근현대 분과학문 체계도 포스트주의의 표적에서 벗어날 수 없다. '지속(after, 後)'과 '발전(de-, 脫)'의 의미를 절합하는 '포스트'의 방법론을 온전하게 전유할 때 중국 근현대문학은 '중국'과 '문학' 그리고 '근현대'의 울타리를 벗어나 새로운 횡단과 통섭의 세계로 나아갈 수 있을 것이다.

이 책의 목적은 푸코 및 포스트주의의 합리적 핵심을 빌어 중국 근현대문학사의 관행을 파헤치고 새로운 문학사의 구성을 위해 몇 가지 지점을 점검하는 것이다.

3.
이 책은 크게 3부로 구성되어 있다.

제1부는 총론으로, 이 책의 대주제인 담론과 타자화의 두 가지 사례를 「20세기문학과 두 날개 문학」 및 「근현대문학사 기점과 범위」로 나누어 고찰했다. 전자는 '신문학' '셴다이문학' '진셴다이(近現代) 100년문학' '20세기문학' '셴당다이(現當代)문학' '두 날개 문학' 등 계속 미끄러져 온 기표를 일단 '근현대문학'으로 고정하고, 5 · 4 이후 지속해서 논의되어온 '근현대문학사'에 관한 담론을 고찰하는 동시에 그 내부에 온존하고 있는 '타자화의 정치학(politics of otherization)'을 규명했다. 후자는 새롭게 구성되고 있는 중국 근현대문학사의 기점과 범위에 초점을 맞췄다. 기점 면에서 첸리췬 등의 20세기중국문학사가 1898년을 기점으로 제시했고 판보췬은 1892년으로 앞당겼으며 옌자옌은 1890년으로 설정하고 있다. 왕더웨이에 따르면 1851년 태평천국(太平天國) 시기로 앞당겨진다. 문학사 범위도 지속해서 팽창하고 있다. 삼분법 시기의 셴다이문학사는 좌익문학사였지만, 20세기중국문학사에서 우파문학을 복권했고 '두

날개 문학사'에서 통속문학을 복원시켰다. 21세기 들어 중국 근현대문학사는 초국적으로 팽창하고 있다. '중국문학(Chinese Literature)'으로부터 '중어문학(漢語文學, Chinese Literature)'으로 그리고 '중국인문학(華人文學, Chinese Literature)'으로 자기 변신하고 팽창하면서 재구성 단계에 들어섰다.

제2부에서는 중국 근현대문학사를 총체적으로 이해하는 데 관건이 되는 몇 가지 주제를 선택했다. 먼저 「언어와 장르」에서는 5·4 백화문운동에서 제기된 구두어의 실체와 문제점, 5·4식 백화를 비판하며 전개된 대중어 운동과 라틴화 운동을 고찰했고, 고대 장르에서 근현대 장르로 전변하는 과정에 대해 고찰했다. 「대중화와 실용이성」은 그동안 배제되었던 통속문학을 고찰하는 핵심이다. 중국 근현대문학 대중화의 허실을 검토한 후 무협소설과 대중화의 관계를 고찰하고 리쩌허우의 실용이성을 빌어 진융 무협소설에 나타난 위군자의 권력 욕망과 진소인의 생존본능을 분석했다. 「동아시아 문화 횡단과 공동체의 가능성」에서는 중국 근현대문학사를 보기 위한 동아시아 시야와 관련해 동아시아 대중문화의 유동과 횡단, 반한과 혐중, 포스트 한류와 한국문학, 동아시아 공동체 등을 고찰했다. 마지막으로 「중체서용과 지식인의 문화심리구조」는 문사철 전통이 승한 중국에서 근현대 지식인이 전통의 창조적 계승과 외래의 비판적 수용이라는 과제를 수행하는 기본적인 문화심리구조에 대해 논했다. 주로 중체서용에 대한 일반적인 해석, 민두기의 새로운 해석 그리고 리쩌허우의 서체중용 등을 통해 고찰했다.

제3부는 각론이라 할 수 있다. 우선 「성찰적 글쓰기와 기억의 정치학」에서는 문화대혁명에 대한 글쓰기를 상흔 글쓰기와 성찰적 글쓰기로 나누고, 그 가운데 성찰적 글쓰기에 대해 고찰하면서 폭력에 대한 이론적 검토를 아울렀다. 그리고 가오싱젠의 작품을 통해 기억의 정치학을 '고통의 기억, 기억의 고통'이라는 측면에서 고찰했다. 「포스트사회주의 시기의 문학지도」에서는 개혁개방 이후의 중국을 바라보는 새로운 관점인 포스트사회주의에 대한 이론적 검토를 한 후 이 시기의 문학 지도를 그려보았다. 「포스트냉전 시기

타이완 문학/문화의 정체성」에서는 계엄 해제 이후 타이완의 문학/문화의 정체성을 포스트냉전이라는 관점에서 고찰했다. 먼저 아시아의 냉전과 포스트냉전에 대해 검토한 후 최근 중국 근현대문학사의 타이완문학 기술의 변화를 분석했다. 그리고 계엄 해제 이후의 정체성에 대한 논의를 통해 이 문제가 여전히 타이완문학과 문화에 중요한 논점임을 확인했다. 「홍콩문학의 정체성과 포스트식민주의」에서는 포스트식민주의의 관점에서 홍콩문학의 정체성을 논했다. 먼저 홍콩문학을 바라보는 기존의 두 가지 시선을 검토한 후 새로운 시선으로서 포스트식민주의를 제시했다. 「무협소설 전통의 부활과 근현대성」에서는 개혁개방 시기 유행한 신파 무협소설이 사실은 1949년 이전에 흥성했던 구파 무협소설과 연계되어 있음을 밝히고 무협소설의 근현대성을 애국 계몽과 상업 오락, 한족 중심과 오족공화, 다양화와 혼성성에 초점을 맞춰 고찰했다. 「도시문학과 상하이 글쓰기」는 포스트사회주의 시기 급속히 진척된 도시화에 초점을 맞춰 도시문학과 상하이 글쓰기에 대해 논했다. 주로 상하이 도시공간에 대한 담론에 중점을 두었다. 아울러 왕안이의 『장한가』를 '상하이 에스노그라피'로 설정해 문학인류학의 가능성을 점검했다.

보론 「한국의 중국 근현대문학 연구」에서는 1970년대까지를 연구의 전사(前史)로, 1980년대를 개척기로, 그리고 1990년대 이후를 발전기로 설정하되, 1990년대 이후의 현황을 중심으로 그 주요한 흐름을 따라 간략하게 정리하고 몇 가지 과제를 제시했다. 부록에는 두 편의 글을 실었다. 「20세기중국문학을 논함」은 1985년 발표되자마자 중국 내외의 호응을 얻었던 글이다. 「통속문학과 두 날개 문학」은 바로 순문학과 통속문학의 두 날개가 '20세기중국문학사'를 제대로 날게 할 수 있다면서 통속문학을 근현대문학사에 편입할 것을 주장했다. 두 편의 글은 각각 중국 근현대문학사 담론 발전의 전환점이 되었던 '20세기중국문학' 담론과 '두 날개 문학' 담론의 선언문 의미가 있다.

느지막이 읽고 쓰는 일에 재미와 의미를 부여하고 한 걸음씩 걸어가는 사람을 묵묵히 지켜보며 성원해주는 한국 중국현대문학학회 동업자들에게 깊은 감사를 전한다. 그리고 읽고 쓸 수 있는 근거와 조건을 제공해준 목포대학교와 그간 함께 해온 동료들 그리고 학생들에게도 고마움을 표한다. 뒤늦게 조우한 『문화/과학』의 동인들은 횡단과 통섭의 안내자이자 동반자다. 생산적이고 치열한 만남을 다짐해본다. 끊임없이 차이를 반복함으로써 불편한 현실을 깨닫게 해주는 아내는 나를 되비치는 또 하나의 거울이다. 부디 건강을 회복해 더불어 반복의 차이의 경지에 이를 수 있기를 기대한다. 아울러 흔연히 출판을 수락해주신 문학동네 강병선 대표님과 인문팀의 고원효 편집장 그리고 송지선 선생에게 고마움을 전한다. 마지막으로 이 책을 함께 하지 못한 시공간에 대한 작은 보상의 의미가 되길 기대하며 은영과 하영에게 바친다.

이 책은 한국연구재단(구 학술진흥재단)의 인문저술사업의 지원을 받았고, 지금까지의 공부를 일단락하고 새로운 단계로 나가고픈 열망을 담았다. 강호제현의 질정을 기대한다.

2013년 3월

2013

타이완을 관찰하는 다양한 시선들*

중국 대륙과 교류가 불가능했던 시절 한국에서 타이완은 중국을 대표했다. 중국(문)학을 공부하기 위해서 타이완으로 유학 갔고 학부생들은 연수를 갔다. 나 또한 전역 후의 공부 의지를 타이완 연수 결행으로 표현했던 기억이 새롭다. 일개 대학생에게는 쉽게 내주지 않던 여권을 어렵사리 발급받아 도착한 타이완 중정(中正) 공항(현 桃源 공항)은 내가 밟은 최초의 외국 공항이었다. 30여 년이 지난 시점에 회상해보면, 똑같은 일제 식민지를 겪었음에도 반일 일색이었던 한국과는 달리 타이완 백화점에는 일본 상품이 넘쳐났고 그곳에서 유행하던 농구와 야구에서 일본팀에게 지면 별일 없던 관중들이 한국팀에게 지면 시끄럽곤 하던 기사를 읽었던 기억이 석연치 않게 남아있다. 그리고 음식점에서 와자지껄 차이취안(猜拳)하며 술 마시던 젊은이들, 서로 결혼도 못 한다는 외성인과 내성인 등등.

계엄 해제 이전 타이완의 복잡한 상황은 대학 3년생에게 쉽게 접근할 수 있는 텍스트는 아니었다. 더구나 대부분 유학생이 중국을 공부하러 타이완에 간 것이지 타이완을 공부하러 간 것은 아니던 시절이었다. 타이완이 한국을 중화문화권의 속국쯤으로 간주했다면 한국은 타이완을 중국으로 가기 위한

---

* 『臺灣을 보는 눈—한국-대만, 공생의 길을 찾아서』(백영서 · 최원식 엮음) 서평, 『ASIA』 제8권 제3호.

경유지로 설정했다고 하면 과장된 개괄일까? 대한민국과 중화민국은 자유 진영 우방이라는 표층과는 달리 양자는 지금껏 상대를 진정한 대상으로 보지 않고 타자로 설정했었다. 한쪽은 새 친구를 만나기 위해 옛 친구를 헌신짝처럼 버렸고, 다른 쪽은 의리 없는 친구임을 알면서도 계속 만날 수밖에 없는 그런 관계. 이런 상황에서 '준학술서' 성격의 '안내서'를 자임하는 『臺灣을 보는 눈』의 출간은 시의적절하다. 「책머리에: 臺灣 가는 길」에서 제시한 '탈경계화의 상상력'을 가지고 '탈중국화-본토화' '타이완문학' 등의 핵심어를 통해 타이완을 관찰하는 것은 필요한 일이다. 문제는 관찰자들의 다양한 시선'들이다.

1. 시선 하나: 대만/타이완의 족군/에스닉

에스닉[1]은 타이완 정체성을 규명하는 키워드임이 틀림없다. 타이완 정체성을 중국으로 설정한 국민당과는 달리, 천수이볜(陳水扁) 정부는 타이완의 문화정체성을 다음과 같이 규정한 바 있다. "타이완문화는 중국문화의 일부분이 아니라, 대륙문화, 일본문화, 원주민문화로 이루어진 멀티 에스닉(多族群) 문화다"(Wu, Chin-fa, 2004). 그들은 타이완 에스닉을 4개로 분류한다. 인구 70%를 차지하는 푸라오런(福佬人, 민난어 사용), 15%의 커자/하카런(커자/하카어 사용), 10%의 외성인(주로 베이징어), 5%의 원주민(원주민어). 허이린(何義麟)도 원주민, 민난인, 하카인, 신주민의 '4대 에스닉' 담론을 언급한다. 푸라오런과 민난인이 같은 기의의 다른 기표라면, 신주민은 외성인에다가 계속 이주해오는 인구를 포함하고 있다. 허이린은 4대 에스닉 외에 두 개 문화권(남도 문화와 한족 문화)과 식민지 3대개발구역(서부 평원, 동부 종곡, 중앙산지)이 '2·28사건'과 함

1_ ethnic을 중어권에서는 쭈췬(族群)으로, 한국에서는 민족 또는 종족으로 번역하고 있다. 에스닉은 당연히 네이션과의 관계 속에서 신중하게 번역해야 하는데, 이 글에서는 혼란을 피하기 위해 음독 '에스닉'을 사용했다.

께 타이완을 이해하는 핵심어라고 설명한다. 그는 원주민과 한족을 남도어족과 이주민으로 설정하고, 한족에 동화된 원주민을 숙번(熟蕃) 그렇지 않은 원주민을 생번(生蕃)으로, 한족을 내성인(민난인과 하카인)과 외성인으로 나누었다. 에스닉을 혈통과 언어로만 볼 필요는 없다. 올드 상하이에서 쑤베이라오(蘇北佬)를 차별한 것은 출신 지역이 에스닉 판별의 기준이 되기도 한 경우다. 에스닉은 타이완을 관찰하는 기본적인 시선이라 할 수 있다.

멀티 에스닉으로 구성된 타이완인 정체성이 외부 적대세력의 출현으로 촉진된 것은 흥미롭다. '푸젠성 장저우(漳州)와 취안저우(泉州)의 주민 및 광둥성 동부의 하카인 등'의 이민자들 사이에 토지와 수원 쟁탈 문제로 1세기 이상 충돌이 지속되었는데, 이들은 일본 제국주의의 출현으로 당시 타이완인 의식을 확립했고 국민당의 권위주의 통치에 반발해서 타이완 의식을 강화했으며, 지금은 중화인민공화국이라는 외적 요인이 새로운 타이완인 의식 형성에 큰 영향을 미치고 있는 것으로 보인다.

2. 시선 둘: 포스트식민

좌파 지식인의 입장에서 문화정체성을 고찰하는 천팡밍(陳芳明)은 역사적 변화 속에서 타이완 의식 또는 타이완 내셔널리즘이 날로 성숙해갔다고 본다. '타이완의 중화 내셔널리즘'을 객관적 토대가 결여된 일종의 '문화적 향수병'으로 간주하는 그는 타이완인 정체성이 85%에 가깝다고 단언하면서, 이제 근현대화와 본토화를 완성하고 시민사회로 나아갈 수 있을 것으로 낙관한다. 이는 그의 포스트식민 담론만큼이나 단순명쾌하다. 그는 『후식민 타이완: 문학사론 및 그 주변(後殖民臺灣: 文學史論及其周邊)』에서, 일제시대가 '식민' 시기라면 국민당 통치 시기는 '재(再)식민' 시기이고 1987년 계엄 해제 이후는 '후(後)식민' 시기이다. 그에 따라 당면 과제는 '탈식민(去殖民, decolonization)'이고 역사 기억의 재건이며, 그것은 '타이완 의식'을 정립하고 '에스닉 기억' 및 '젠

더 기억'을 재구성하는 일이다. 이는 철저하게 해방 이전 시점의 타이완 한족, 즉 내성인의 입장이라 할 수 있다. 이 입장은 당연하게도 식민체제와 계엄 체제의 주체인 일제와 국민당을 역으로 배제하고 있다. 일제를 배제하는 것은 별문제가 없지만 국민당은 문제가 다르다. 식민체제와 계엄체제에 의해 망각된 역사 기억을 재건하는 것과 해방 이후 실존했었던 역사를 말소하는 것은 별개의 일이다. 천광밍은 이 두 가지를 뒤섞고 있다.

계엄 시기에 외성인이 다른 에스닉을 억압한 것은 사실이지만 그렇다고 외성인을 타이완에서 배제할 수는 없는 노릇이다. 결국 이들을 모두 아우르는 것이 타이완인의 정체성이라 할 수 있다. 계엄 해제 이후 포스트냉전 시기에 들어선 시점의 타이완이라는 시공간에서 타이완인의 정체성은 민난인과 커자/하카인, 원주민과 외성인이 어우러져 이뤄질 것이라는 점이다. 역사 기억의 재건은 화해(解寃)에 있지 원한 맺기(結怨)에 있는 것이 아닐 것이다.

3. 시선 셋: 상대방의 입장에서 보기

한국인의 입장에서 바라본 타이완에 관한 글은 향토문학, 신(新)영화, 사회운동, 경제발전모델 등 구체적 사례 비교를 통해 한국 독자들에게 타이완을 친근하게 느끼게 하는 장점이 있지만, 타이완의 맥락이 한국의 맥락에 의해 조정됨으로써 '진정한 타이완 담론'의 형성을 방해할 수도 있다. 내게는 한국인 최말순이 타이완인의 입장에서 한류를 해석한 「臺灣의 한류 현상과 이를 통해 본 臺灣사회」와, 『쯔유스바오(自由時報)』의 한국 관련 기사를 "기본적으로 한국을 매개로 타이완을 논하는 데 주요 목적을 두고 있음"이라 분석하고 "한국의 역사·사회적 맥락에 입각한 한국 담론이 생산될 것을 기대"하는 쩡텐푸(曾天富)의 논의가 흥미롭게 다가온다. 상대방의 입장을 이해하고 그 맥락에 들어가 독해하려는 노력을 경주하고 있다는 점을 높게 평가해야 할 것이다.

여기서 한 걸음 더 나가면, 자문화와 타문화의 횡단을 통해 새로운 주체를 형성하는 단계를 전망할 수 있는데, 그 경로는 우선 타문화에 심층 진입한 체험을 통해 자문화를 되먹이는 과정이 필요하다. 이를 '부정의 부정을 지향하는 문화횡단'이라 할 수 있다. 이를테면 다케우치 요시미(竹內好)가 루쉰을 연구하고 그것을 일본으로 가져가 전후 침체한 지식계의 돌파구로 삼았다면, 쑨거(孫歌)는 다케우치를 통해 일본 사상계로 깊숙이 들어갔다가 다케우치의 루쉰을 다시 중국으로 가져왔다. 이제 루쉰과 다케우치 그리고 쑨거는 중국과 일본, 나아가 동아시아의 공동 사상자원이 되었다. 한국과 타이완 사이에도 이런 심층적인 교류가 필요하다.

우리는 "한국과 지적 연대를 장기간 지속한 극소수의 타이완인"이라 자처하는 천광싱(陳光興)에게서 그 가능성을 엿볼 수 있다. 그는 "경계를 넘고 나면 상황을 분석하게 된다"라는 진리를 깨닫고 "서울을 이해하는 만큼 타이완을 더 잘 알게 된다는 사실"에 스스로 놀라워하는데, 이 자체가 이미 놀라운 일이다. 물론 그가 접촉한 서울이 한국을 대표할 수 없듯이 그가 접촉한 지식인도 일부이긴 하지만, 그는 한국에서 자신의 참조점을 잘 찾아 동아시아 연대의 실천을 진행하고 있다. 한국 지식계에 대한 그의 개방적 자세가 지속적으로 심화·확대되기를 기대한다. 아울러 타이완에 깊숙이 들어갔다 나온 한국인의 이야기를 듣고 싶다.

4. 시선 넷: 동아시아 시각

자신이 '발견한 타이완'에서 시작한 백영서는 「우리에게 대만(臺灣)은 무엇인가」에서 동아시아 시각으로 관찰할 것을 권한다. '동북아와 동남아를 잇는 가교'이자 '남도(南島) 문화와 한족 문화의 교차점'으로서의 타이완을 발견할 수 있다는 것이다. 그리고 복잡한 에스닉 분포와 정치 상황에서 비롯된 '다문화주의의 실험장'으로서의 타이완도 한국에게는 익숙지 않은 훌륭한 참조점이다. '민주화와 본토화의 이중주를 수행하는 주체들의 고뇌와 통찰'도 이제는 한국이 역으로 참조해야 할 비판적 흐름이 되었다. 과연 '진보적 본토'의 요구가 타이완 사회의 새로운 사회적 운동의 재출발점이 되어 동아시아의 비판적/진보적 연대의 출로를 만들어낼지 지켜볼 일이다.

최근 홍중추(洪仲丘) 사망으로 야기된 바이산쥔(白衫軍) 운동[2]은 한편으로는 국가권력의 여전한 작태를, 다른 한편으로는 새로운 시민운동의 가능성을 보여주고 있다는 점에서 주목할 사건이다.

최소한 세 차례의 국제회의를 거쳐 나온 결과물이기에 필자들이 핵심어와 관점을 공유하는 것은 당연하고도 필요한 일이다. 그러나 같은 내용이 중복된 것은 꼼꼼한 독자들에게 지루함을 주기도 한다. 그리고 앞에서 잠깐 언급했지만, 한국과의 비교는 타이완의 맥락을 제대로 이해하는 데 방해가 되기도 한다.

마지막으로, "일반적으로 국가의 이름은 한국식으로"(12)라는 표현은 재고할 필요가 있다. 여기에서 '한국식'은 정확히 말하면 '한국식 한자 독음'이다. 국내 소통만을 염두에 두면 중국, 미국, 일본, 대만 등의 표기가 가능하겠지만, 동아시아의 소통, 나아가 지구적 소통을 지향한다면, 중궈, 아메리카, 니뽄, 타이완 등으로 나가야 할 것이다. 한국식 표기가 가능한 것은 (대)한(민)국밖에 없다. 그와 더불어 국가원수가 밖에 나가 '퍄오진후이'라고 불리는 일이더는 없어야 하는 것은 그 반면 과제이다.

2_ 이에 대한 자세한 소개와 코멘트는 sunanugi, 「가혹행위로 살해된 대만 병사의 죽음 항의—시민 25만명 8월 3일 대만 총통부 앞 대로에서 시위」(2013.8.5.) 참조. http://cafe.daum.net/postsocialismchina/R8hk/106

문학과 학문 그리고 정의[*]

번역 소개한 장청즈(張承志)의 글 가운데 「문학과 정의」는 지난 4월 28일 성공회대에서 했던 특강[1]을 요약한 것이고, 「세계와 우리의 학술」은 특강 주제와 관련된 것으로 장청즈가 참고자료로 보내온 것이다. 강연 원고를 보면 알겠지만, 장청즈는 「문학과 정의」의 첫 문단을 칭화부중(淸華附中)의 홍위병 운동으로 시작하고 있다. 그리고 그는 2012년 10월경 자비 출간한 『정신의 역사(心靈史)』 개정판 전언(前言)의 요약문을 이렇게 시작하고 있다. "나는 위대한 1960년대의 아들로 그 감동과 무게를 짊어지고 있어 발과 가슴은 온통 가시

---

[*] 『중국현대문학』 제65호.

[1] 특강의 경위는 이러하다. 장청즈 선생의 부인이자 라틴아메리카 전문가인 쒀싸(索颯) 선생이 부산외대 중남미연구원의 초빙을 받아 학술대회에 참가하게 되었고, 장 선생은 부인의 건강을 염려해 동행했다. 두 사람은 세계 각국을 돌아다녔지만 한국 방문은 처음이었다. 부산외대의 부탁을 받고 상하이대 중국당대문화연구센터를 통해 쒀싸 선생에게 방한을 요청했기에, 부산외대의 공식 일정 외에 쒀싸 선생과 이메일을 통해 열흘간의 방한 일정을 확정했다. 원래는 한국 중국현대문학학회의 특강을 통해 한국 독자 및 연구자들과 만나려 했으나, 갑작스레 쒀싸 선생의 부친이 위독해 일정을 닷새로 단축하는 바람에 학회 일정은 취소되고 성공회대 동아시아연구소 주관으로 일요일 특강을 갖게 되었다. 이 과정에서 학회 특강을 주선했던 김진공 선생과 성근제 선생, 부산 일정을 위해 애쓴 김태만 선생과 이종민 선생 그리고 차수경 양에게 감사드린다. 일요일임에도 불구하고 흔연히 특강 개최를 수락해준 동아시아연구소의 백원담 선생과 김미란 선생, 윤영도 선생, 당일 통역을 맡아 수고한 임우경 선생에게 감사드린다. 아울러 일요일에 학교에 나와 특강을 경청하고 진지한 질문과 토론을 한 성공회대 중국학과 학생들에게도 고마움을 전한다.

투성이다. 그 시대의 패배와 그 시대의 의의는 나로 하여금, 멀리 지구 각 구석에 있는 동지들과 마찬가지로, 일생동안 자아비판과 정의 계승의 길을 추구하게 했다'(張承志, 2012: 2). 1960년대는 진정 위대한 혁명의 시대였다. 중국의 문화대혁명이 그랬고 프랑스에서 시작된 68혁명이 그랬다. 전자는 국가권력의 개입으로, 후자는 강고한 자본의 벽을 넘지 못함으로 인해 실패를 고했지만, 장청즈는 그 위대한 혁명 시대의 아들을 자처하고 '위대한 시대의 정의'를 구현하기 위해 평생의 삶을 살고 있다.

「문학과 정의」에서 장청즈는 소수민족 출신의 중국 작가인 자신이 30년 전에 출간했던 장편소설(張承志, 1991)을 3년에 걸쳐 수정했지만, 출판사를 찾지 못해 자비로 출간했고 그 가운데 정장본 750부의 수익금 10만 달러를 팔레스타인 난민들에게 이슬람식 회사(喜捨)인 자카트(zakat, 天課) 방식을 통해 전달한 과정을 이야기하고 있다. 이 과정은 바로 장청즈가 말하고 있는 '정의를 구현하는 방법'인 셈이고 그것은, 그가 그다지 좋아하지 않는 추상화2) 방식으로 말하자면, '소수자의 국제적 연대'에서 나온 행동이라 할 수 있다. 좀 더 구체적으로 보면, 장청즈는 2010년 3월 정식으로『정신의 역사』수정을 시작해 2011년 9월에 완성, 서북지역의 두 도시에서 편집했다. 이 과정에서도 계속 수정했다. 2012년『정신의 역사』개정판 750권을 가죽 표지와 은박 제호 등의 호화장정으로 출간했다. 책에는 독자에게 "수익금 전부를 빈민 구제에 쓰겠다"라는 약속을 밝혔다. 5월 24일 정장본을 베이징에 가져와 7월 상순 권당 1,500위안의 가격으로 모두 팔았다. 9월 7일 중동으로 가 9월 12~15일 요르단 경내의 팔레스타인 난민촌에 가서 개정판 수익금을 기부했다. 그는 모두 5개 마을의 476가구 팔레스타인 난민 및 요르단의 가난한 농민들에게 10만 달러를 기부했고, 「사해(死海)를 넘어」라는 제목으로 다섯 차례 강연했다. 그리고 이 과정을 10월과 11월 사이 상하이 아시아 사상 포럼과 난징대학과

2_ 장청즈는 질의응답 시간에 서양의 중국 소수 에스닉 연구자들의 연구가 "궁극적으로 소수 에스닉의 억압에 기여하고 있다"라고 하며, 현장 체험이 결여된 강단학파의 연구 경향을 비판했다.

푸단대학 및 베이징에서 4차례 보고했다.

나는 문득 장청즈의 지난 40여 년 삶의 역정이 궁금해졌다. 위대한 혁명의 시대에 참여했다가, 비록 실패했지만 그 시대 정신을 잊지 않고 온몸으로 부대끼며 살아온 한 혁명가의 삶이 궁금해진 것이다. 1948년생인 그는 홍위병 운동에 참여했던 칭화부중을 졸업하고 베이징대학 역사학부에 입학하기 전 1968년부터 1972년까지 내몽고로 하방되어 현지인들과 같은 조건에서 생활하는 특수한 경험을 한다. 칭화부중과 베이징대학이라는 엘리트 코스에 끼워진 내몽고 생활 4년은 장청즈의 원체험을 형성한 것으로 보인다. 1978년 중국사회과학원 연구생에 합격함으로써 학자의 길에 들어선 장청즈는 같은 해 몽골어로 지은 시 「인민의 아들」과 단편소설 「가수는 왜 어머니를 노래하는가」를 발표했고 후자가 제1회 전국우수단편소설상을 받음으로써 문학의 길에 접어들었다.

쾅신녠(曠新年)은 이렇게 평한다. "장청즈와 루쉰은 20세기 전반과 후반의 빛나는 문학 대가이자 '진정한 용사'이다. 그들 두 사람은 순문학을 대하는 태도에서뿐만 아니라 사회 시대적 처지도 매우 비슷하다. 더 중요한 것은 그들은 마지막에 허구적인 문학 창작을 버리지 않을 수 없었다는 점이다"(曠新年, 2006: 1).

장청즈를 읽을 때 작가와 용사 외에도 학자와 지식인이라는 키워드를 놓치지 않아야 한다. 작가이면서 학자인 장청즈는 중국 지식인으로는 드물게 이슬람적 세계관을 체화하고 있다. 그가 보기에 세계사는 1492년에 커다란 변화를 맞이했다. 그해는 우리에게 너무 익숙한 해로, 콜럼버스가 미주대륙을 발견한 해인 동시에 800년간 지속되어오던 이슬람 문명의 중심지인 그라나다가 함락된 해이기도 하다. 오늘날 세계의 과제를 자본주의 극복이라 한다면 1492년은 서양에서 발원한 자본주의가 해양을 통해서 비서양으로 확장된 동시에 자본주의의 육로 확산을 막고 있는 이슬람 제국의 포위망을 뚫은 것이다. 이후 세계사는 서양 '대국³)'의 식민 정복의 역사였고 부르주아계급의 잔혹한 포식의 역사였다. 장청즈의 문제 제기는 바로 이 지점에서 시작된다. 이슬람 문명은 고대의 수호자 역할을 하면서 서양의 자본주의 포식자로부터 비서양 전체를 수호했다. 그러므로 오늘날 자본주의를 종식하려면 이슬람적 가치는 중요한 사상자원의 하나가 될 것이다.

'총체적 미국화'가 심화함으로 인해 '절망 사회'로 전락하고 있는 한국 사회에서 최근 '유럽적 가치'가 새롭게 조명4) 받는 것은 다행스러운 일이다. 그러나 식민의 주체였고 지금도 그 혐의에서 자유롭지 못한 유럽적 가치에 대한 깊이 있는 역사적 고찰과 비판의 병행이 필요하다. "20세기 중반 이후 미국적 가치의 헤게모니적 지배가 새로운 유럽적 가치를 발생시켰으며, 이 새로운 유럽적 가치가 아시아적 가치와 수렴하는 경이로운 현상"이 "진정한 의미의 세계화가 요구하는 시대정신"(김누리, 2013)이 되기 위해서는, 유럽의 역사가 정복하고 수탈하고 끊임없이 타자화의 대상으로 삼아온 이슬람적 가치에 대한 근본적인 사고의 전변과 생산적 성찰이 필요한 지점이다.

이런 맥락을 이해하면, 장청즈가 팔레스타인 난민을 현 세계의 '약한 고리'로 생각하고 그들을 돕는 것이 위대한 혁명 시대의 아들이 수행해야 할 가장 중요한 '정의'의 과제라고 생각하고 있는 것에 공감을 할 수 있다. 성공회대 강연에서 보여준 50장 가까운 사진들은 200달러씩 담은 500장의 봉투에서 시작해 그것을 전달하는 과정과 아울러 모금 과정에서의 여러 가지 사연들이 빼곡히 들어있었다.

장청즈가 어느 순간부터 허구에 염증을 느끼고 소설을 쓰지 않는 것 또한 이상하지 않다. 그런 그에게 평론가들은 말한다. 루쉰과 비슷하다고 말년의 루쉰도 소설보다는 전투적인 산문을 통해 논쟁에 몰두했다. 그는 답한다. 시대가 달라졌다고 루쉰 시대는 논쟁의 시대였지만, 자신이 살아온 시대는 논

3_ 반제반봉건 혁명으로 신중국을 건설한 중국공산당이 이제는 이전의 제국을 대국으로 명명하면서 그 대열에 동승하고 있는 것이 포스트사회주의 중국의 현실이라 할 수 있다.

4_ 김누리는 지구화 시대의 문제로 '미국화'를 들었고 그를 극복하는 방안으로 '유럽적 가치'를 제기하고 있다(김누리, 2013).

쟁을 불허한다고.

"내용과 표현 모두 다수적인(지배적인) 문학에 반하는 정치적 문학인 소수적 문학으로 정립했다"라는 평을 받는 카프카의 "모든 작품에서 정치적이지 않은 것은 하나도 없다"라고 한다(이진경, 2001: 7). 유대인 카프카는 프라하에서 독일어로 작품을 써서 소수적인 문학을 정립했는데, 그것은 언어의 탈영토화, 개인적인 것과 정치적인 직접성의 연결, 언표행위의 집합적 배치(들뢰즈·가타리, 2001: 48)라는 특징을 가진다. 이 글은 장청즈의 문학 세계를 논할 준비가 되어있지 않지만, "거대한(혹은 기성의) 문학이라고 불리는 것 안에서 만들어지는 모든 문학의 혁명적 조건을 뜻하는"(들뢰즈·가타리: 48) '소수적'이라는 개념은 장청즈의 문학 세계를 운위할 때 결락시킬 수 없는 핵심어로 보인다. "소수적이지 않은 위대한 문학이나 혁명적 문학은 없다. … 자기 자신의 언어를 소수적인 방식으로 사용할 수 있는 가능성 … 자기 자신의 언어 안에서 이방인처럼 되는 것"(들뢰즈·가타리: 67)은 카프카에게만 해당하는 것이 아니다.

장청즈는 강연 마지막에 성공회대 학생들의 질문에 답변하면서 성공을 도모하지 말고 정의를 구현하기 위한 노력을 기울여야 한다고 했다.

이제 우리는 한 걸음 더 나아가야 한다. 성공과 정의를 변증법적으로 절합해 정의를 성공시킬 방법을 모색해야 한다.

정의가 더는 정의를 추구하는 사람과 정의로운 사람의 '묘비명'이 되지 않기를 간절히 희망한다!

동아시아 (학문) 공동체의 가능성[*]

1. 차이의 국면으로서의 동아시아

동아시아는 서유럽에 의해 명명되었다. 근현대(modern) 이전 동아시아 지역에는 '우리 의식(we-ness)'이 존재했던 적이 없었던 것으로 보인다. 이를테면 임진왜란은 중세 동아시아 역사에서 한·중·일 삼국이 충돌한 중요한 사건이었지만 당시 세 나라는 스스로 하나의 단위로 인식하지 않았고, 근현대 초입 새로운 동아시아판도 형성에 중대한 영향을 미쳤던 청일전쟁에서도 그러한 인식은 크게 달라지지 않았다. 역사적으로 볼 때 동아시아는 서유럽에 의해 명명된 것으로 보아야 한다. 그들은 무력을 통해 자신의 경제적 이익을 위해 동아시아를 구성했다. 그리고 동아시아가 그것을 내면화(internalization)했다. 서유럽의 동아시아 명명을 범박하게 오리엔탈리즘(Orientalism)이라 한다면, 동아시아에서 몇 세대에 걸쳐 "지식인, 학자, 정치가, 평론가, 작가라는 오리엔탈리즘에 꿰뚫린 사람들이 반복 재생산한 표상=대리 표출(representation)에 의해 구성된 현상"(고모리, 2002)을 셀프 오리엔탈라이제이션(self-orientalization)이다.

동아시아와 서유럽의 관계를 역사적으로 고찰해보면, 서유럽에 의한 동

---

[*] 『인문정책포럼』 7호

아시아 구성, 동아시아에 의한 서유럽 수용과 상상, 동아시아에 의한 서유럽 응시(gaze), 그리고 동아시아에 의한 동아시아 상상으로 나누어 볼 수 있다. 근현대 이래 동아시아가 서유럽에 의해 상상되고(imagined), 발명되고(invented), 구성되고(consisted), 조직되었(organized)던 것이라면, 이제는 동아시아 스스로 주체적으로 상상하고 발명하고 구성하고 조직하는 것이 과제인 셈이다(임춘성, 2010).

그런데 과연 동아시아 공동체라는 것이 가능할까? 이를테면 한국과 중국과 일본의 국민이, 나아가 러시아와 몽골과 미국의 국민이, 더 나아가 동남아시아 각국의 국민이, 국가의 경계를 넘어 '우리 의식'을 가질 수 있을까? '홍콩인다움(HongKonger-ness)'과 '상하이인다움(Shanghainese-ness)'의 상위에 '중국인다움(Chinese-ness)'을 두듯이, '한국인다움(Korean-ness)'과 '일본인다움(Japanese-ness)'의 상위에 '동아시아인다움(East-Asian-ness)'을 설정하는 것이 가능할까? 궁극적으로 동아시아 공동체를 논하는 것이 어떤 의미가 있을까? 남과 북으로 분단된 한반도에서 다시 동서로 갈리고 수도권과 비수도권이 대립하고 있는 우리 현실에 비추어 볼 때 동아시아 공동체는 요원한 과제로 보인다. 그러므로 현재로서 동아시아는 실체로서 존재하기보다 지향하는 가치라고 답변하는 것이 안전할 것이다. 그러기에 지정학적 실체로서의 동아시아에 접근하려는 시도는 대개 자기모순에 빠진 반면, 그와 거리를 두면서 지식인의 자기반성과 해체의 계기로 삼는 '방법으로서의 아시아'(다케우치 요시미, 천광싱), '프로젝트로서의 동아시아'(아리프 딜릭), '지적 실험으로서의 동아시아'(백영서), '태도로서의 동아시아'(쑨거) 등의 접근은 나름의 성과가 있었다.

이들과 문제의식을 공유하면서 우리는 동아시아를 '차이의 국면(dimension of difference)'으로 바라볼 필요가 있다. 동아시아를 고정된 실체로 볼 것이 아니라, 각 국가의 차이들이 나타나는 국면, 차이에 기반을 둔 동아시아 정체성, 그리고 그것을 정의하기 위해 동원된 차이들의 부분집합 또는 차이의 절합(articulation)을 자연화하는 과정으로 보자는 것이다. 아울러 '차이의 국면으로서의 동아시아'를 '타협적 평형(compromise equilibrium)'으로 설정하는 것도 필요하다. 이는 각국의 서로 상충하는 이익과 가치가 모순적으로 혼합된 상태를 가리키는 것으로, 동아시아를 일국의 정체성 또는 패권의 통합력과 타국 정체성의 저항력 사이의 투쟁 또는 각축의 장으로 설정하는 것이기도 하다.

2. 동아시아 문화의 유동과 횡단

동아시아 공동체의 가능성은 무엇보다 대도시 중심의 대중문화 영역에서 잘 드러나고 있다. 브루스 리(李小龍)와 첼시아 첸(陳秋霞)을 앞세운 칸토 팝(Canto-pop)이 아시아를 호령한 데 이어 드라마를 중심으로 한 일류(J-pop), 그리고 영화와 음악, 드라마를 앞세운 한류(K-pop)가 동아시아 지역에서 트랜스내셔널(transnational)하게 수용되어온 역사적 사실은 동아시아 대중문화의 트랜스내셔널 유동과 횡단을 잘 설명하고 있다. 최근 급속한 경제성장과 내수 확대를 바탕으로 장이머우 및 앙 리(李安) 등 명망 있는 감독과 중국적 무협을 앞세우며 급속히 부상하고 있는 중국 대중문화(C-pop)는 동아시아 대중문화의 '탈영토적 문화횡단(de-territorial transculturation)'의 가능성을 가늠할 수 있는 또 하나의 시금석이다.

이와 더불어 동아시아 각국의 영화 시장을 동시에 겨냥하고 있는 합작영화의 제작, 여성연대 운동과 같은 동아시아 지역의 민간연대 활동, 동아시아 내부의 국제결혼과 유학 등은 국가의 경계를 횡단하면서 동아시아를 지역화(regionalization)하고 있다. 여기에서 한 걸음 더 나아가 박은홍과 조희연은 '사회적 아시아(social Asia)'를 제창하면서 "국가 주도의 지역협력(state-centric regionalism)과 자본 주도의 지역협력(capital-centric regionalism)을 뛰어넘는 '참여지향적 지역협력(participatory regionalism)'의 실현"(박은홍·조희연, 2007)을 주장하고 있다. 이로 미루어 볼 때 동아시아 공동체는 국가를 뛰어넘고 자본의 통제를 벗어나 시민의 연대로부터 시작해야 함을 알 수 있다.

3. 동아시아 출판인 회의

이런 맥락에서 볼 때 2005년 도쿄에서 시작해 동아시아 3국 5지구(한·중·일·타이완·홍콩)의 동아시아 출판인회의는 주목이 필요하다. 이들은 다년간의 논의를 거쳐 2009년 동아시아 인문 도서 100권의 책(한·중·일 각 26권, 타이완과 홍콩 22권)을 선정해 상호 번역하기로 합의했다. 2008년 4월 제6회 교토 회의에서 선정 기준을 논의하면서 6개 항에 걸친 도서 선정의 기본 방향을 설정했다. 동아시아에서 공유되어야 할 '현대의 고전', 다른 지역의 독서인과 자국의 젊은 세대 독자를 대상으로 자국 인문학의 정수라 할만한 서적, 과거 50년을 중심으로 각국과 각 지역의 인문서의 커다란 흐름과 전개·발전을 통람할 수 있는 도서, 각국의 독자적인 고전뿐만 아니라 동아시아 공통의 고전과 서유럽의 고전에 관한 새로운 연구나 해석, 상호 번역이 이루어지기 어렵고 또한 그 실적 역시 현저하게 부족한 동아시아의 인문서, 그리고 상호 번역 출판이 가능한 학술적 전문 가치가 높은 인문서가 그것이다. 특이한 것은 이른바 '고전'과 특정 문학·예술 장르(시가·소설·희곡)의 작품은 이번 추천 도서에서 제외된 점이다. 이는 고전과 작품이 중요하지 않다는 것이 아니라 그동안 상당한 분량이 번역되었음을 감안했기 때문일 것이다. 각국과 각 지역이 나름의 방식으로 선정하고 2009년 2월의 도쿄 회의와 4월의 리장(麗江) 회의에서 검토한 후 2009년 10월 제9회 전주 회의에서 100권의 최종 목록을 결정·공표할 수 있었다. 그리고 2010년 100권에 대한 해제라 할 수 있는 『동아시아 책의 사상 책의 힘』(동아시아출판인회의, 2010)을 각각 출간했다.

동아시아 인문 도서 100권의 책을 선정하고 상호 번역 출간하는 일은 그 자체로 거대한 의미가 있다. 이들은 한 걸음 더 나아가 전통 시기에 존재했던 '동아시아 독서공동체의 재생'을 지향하는 동시에 동아시아 독서대학을 기획하고 있다. 인문서의 침체와 위기가 비단 우리 독서계만의 현실이 아닌 시점에, 동아시아 독서공동체의 구상이 찻잔 속의 태풍으로 그칠지 아니면 남상(濫觴)의 가능성을 열어줄지는 예의 주시할 일이다.

동아시아 출판인회의에 대해 비판이 없을 수 없지만, 그 가운데 반드시 짚고 넘어가야 할 문제는 북한의 부재다. 똑같은 분단 체제면서도 중국과 타이완은 1국 2지역으로 포함되었는데 유독 북한만 제외된 상황을 어떻게 받아들여야 할까? 북한에는 과연 함께 공유할 만한 인문서가 없다는 것일까? 아니면 다른 이유 때문일까? 외부 관찰자의 관점에서 추측건대 정치적 상황이 주된 원인일 것이다.

4. 동아시아 (학문) 공동체의 가능성

지난 3월 발생한 '천안함 침몰 사건'은 동아시아에서 북한이 얼마나 중요한 위상을 차지하고 있는지를 역설적으로 알려주었다. 결과적으로 그로 인해 그동안 북방 외교니 하면서 냉전 시대의 적대국과 동맹을 맺곤 했던 '포스트냉전 국면'이 일순간에 '냉전 국면'으로 회귀했고 '남한-미국-일본' 대 '북한-중국-러시아'의 대립 구도가 재확인되면서 동아시아 공동체 형성까지 요원하고 험난한 길이 놓여 있음을 실감케 하고 있다. 침몰 원인을 북한의 어뢰 공격이라 단정한 공동조사단의 발표와 그에 대한 반박을 통해 우리는 어뢰 공격 사실 여부와 무관하게 북한이 동아시아 공동체 구상의 핵심에 놓여 있다는 사실을 확인할 수 있다.

21세기 동아시아 공동체 구상에서 북한을 중심에 두어야 한다는 발상은 일본의 원로학자 사까모토(坂本義和)에서 구체화하고 있다. 그는 '글로벌화라는 비가역적인 동력'을 특징으로 하는 21세기의 도전에서 '인간성을 제고하는 글로벌화(humanized globalization)'를 제시하면서 그를 위한 네 가지 조건을 제시한다. '평화의 글로벌화' '모든 인간이 기아나 빈곤에서 해방되어 격차 없는 공정한 자원배분을 달성하는 것' '자연과의 환경친화적(ecological) 공생을 달성하는 것' '타자를 대등한 존재로 인정하지 않는 사상, 종교, 습속, 편견 등을 극복하는 것'이 그것이다(사까모토, 2009).

북한을 중심에 두고 21세기 동아시아 공동체를 구상한 독특한 발상은 동아시아 지역에서 북한이 약한 고리임을 전제한 것이다. 그가 볼 때 현재 동아시아 지역의 최우선 과제는 북한과의 전쟁 가능성을 극소화해 제로로 만들고, 또 북한이 전쟁 가능성은 없다고 믿을 수 있는 정치 상황을 조성하는 것이다. 이는 '동북아시아 공동체' 건설의 첫걸음이기도 하다. 사까모토가 구상하는 21세기 동아시아 공동체는 '비핵공동체'이자 부전공동체(security community)이다. 이를 수행하기 위해 현재 이 지역에서 안전보장의 주도권을 잡은 미국과 일본 그리고 한국의 역할이 중요하다. 그리고 이 지역의 체제를 개혁하기 위해 한국과 일본이 힘을 합해 동아시아를 초월하는 동아시아를 구상해야 한다. 그러나 이 실천은 국가보다는 시민에게 달려 있다.

사카모토의 구상은 최원식의 '소국주의에 기초한 중형국가' 구상 및 백영서의 '복합국가론'과 맞물려 있다. 전자는 한반도를 출발점으로 삼아, 한국과 조선이 합의하고, 일본 및 중국과 합의하며 동남아 각국과 합의한다면, 나아가 세계 각국과의 합의로 나아갈 수 있다면 이는 그야말로 대동세계가 되는 것이다(최원식, 2009). 후자는 "단일국가가 아닌 온갖 종류의 국가결합 형태, 즉 각종 국가연합(confederation)과 연방국가(federation)를 포용하는 가장 외연이 넓은 개념"(백영서, 2008)으로 제기되었다.

21세기 동아시아 공동체는 무엇보다도 시민공동체가 우선되어야 한다. 이 시민공동체는 당연히 국경과 지역을 횡단해야 한다. 이를 가능하게 하는 방법의 하나가 '동아시아를 함께 사유하는 훈련'(최원식, 2009)이다. 그리고 '북한을 중심에 두고 사유하는 훈련'도 아울러야 할 것이다. 동아시아 학문공동체는 시민공동체와 유기적으로 연계하면서 나아가야 할 것이다.

2012

왕샤오밍 교수 인터뷰*

일시: 2012년 8월 1일, 09:30 ~ 12:10

장소: 상하이대학(上海大學) 중국당대문화연구센터(中國當代文化硏究中心)

인터뷰이: 왕샤오밍 교수(상하이대학) 인터뷰어: 임춘성 교수(목포대학)

주제: 중국의 비판적/개입적 문화연구

녹취, 번역: 주제(朱杰, 상하이대학 박사후과정), 김소영(상하이대학 박사과정)

임춘성(이하, 임): 오늘 이 인터뷰는 한국 부산의 『오늘의 문예비평』의 요청에 의한 것입니다. 이렇게 인터뷰할 기회를 갖게 되어 정말 기쁩니다.

사실 선생님의 글은 한국에 이미 여러 편이 번역되어 있습니다. 예를 들어, 최근 「문화연구의 세 가지 난제」가 『중국현대문학』에 발표되었으며, 『문화/과학』에 발표된 글로 「최근의 중국문화연구」와 「오늘날 상하이의 신 삼위일체」가 있으며, 『황해문화』에 실린 글로는 「현대 중국의 민족주의」가 있습니다. 또한 「육분천하(六分天下)」는 『창작과비평』(「오늘의 중국문학」)과 『중국현대문학』(「천하의 6할: 오늘날의 중국문학」)에 실렸으며, 2009년에 저와 공동으로 펴낸 『21세기 중국 문화지도』에도 선생님의 글 두 편이 들어있습니다. 한국에 소개된 것이 적지 않아, 이미 할 말은 다 한 것 같은 느낌이라 어떻게 해야 새로운 이야기를 끌어낼 수 있을지 고민스럽습니다. (웃음)

---

* 『오늘의 문예비평』 87호.

얼마 전에는 작가 왕안이(王安憶)를 인터뷰했는데, 우연히 하게 된 것이 아니라 제가 작년에 상하이에 온 이후에 「왕안이의 『장한가(長恨歌)』와 상하이 민족지」라는 제목의 글을 발표했기 때문이었습니다. 왕안이에 관해 선생님도 몇 년 전에 글을 발표하신 적이 있는데요. 제목이 「'화이하이루(淮海路)'에서 '메이자차오(梅家橋)'까지」였던 것으로 기억합니다. 제 생각에는 문화연구적인 시각에서 문학을 연구한다면 선생님의 그 글이 하나의 좋은 예가 아닐까 싶습니다. 말이 나온 김에, 문화연구적인 시각에서 문학을 연구하는 것의 의의가 어디에 있는지, 『푸핑(富萍)』을 분석하신 그 글을 예로 하여 설명해 주시겠습니까?

왕샤오밍(이하, 왕): 그 글은 제 문학연구의 한 변화를 드러내는 것이라고 할 수 있습니다. 그 이전에는 중국의 근현대문학을 분석할 때, 주로 두 가지 문제에 관심을 가졌었습니다. 하나는 중국 지식인의 사상 문제이고, 다른 하나는 '무엇이 좋은 문학인가'였는데, 그때의 '좋은' 것이란 주로 그 당시 제가 이해하고 있던 '심미'적인 시각에서 파악한 것이었습니다. 그렇지만 이 글을 쓸 때부터 제게는 관심이 가는 문제가 하나 더 늘었습니다. 바로 '오늘날의 사회는 어떤 사회인가?'라는 문제입니다. 이 글을 쓴 이후의 저의 거의 모든 문학 평론은 기본적으로 이러한 측면에서 분석해 들어간 것입니다.

임: 어떤 면에서는 선생님의 글 「L현 견문」과 「'화이하이루'에서 '메이자차오'까지」는 모두 '민족지(ethnography)'적인 성격을 띠고 있는 것 같은데요, 당시에 의식적으로 '민족지'적인 방법을 사용하셨나요? 제가 조금 전에 왕안이에 관한 저의 글을 말씀드렸는데, 그 글에서 저는 『장한가』를 상하이에 관한 '민족지'로 보고 고찰했습니다. 선생님의 그 두 편의 글에도 유사한 방식이 들어있지 않나 하는 생각이 듭니다. 선생님은 『푸핑』을 당대 사회를 이해하는 자료로 삼고 있으며, 「L현 견문」에서는 L현에 머문 일주일 동안 그 지역을 관찰한 것을 기록하셨는데, 이 모두가 '민족지'에서 말하는 '참여관찰(participant observation)'과 비슷합니다. 그러니까 제 질문은 『푸핑』을 '민족지'적 자료로 삼

으신 것은 아니었나, 또 「L현 견문」을 선생님의 '민족지' 기록으로 볼 수 있을까 하는 것입니다.

왕: '민족지'에 대한 자각은 거의 없었습니다만, 어떤 면에서는 선생님과 같은 그런 판단이 가능하다고 생각합니다. 왜 '어떤 면에서는'인가에 대해 말씀드리겠습니다. 1980년대에 중국의 비평계는 소설을 사회 분석의 자료로 삼는 일을 보편적으로 반대했습니다. 즉 소설적 묘사와 현실 생활 사이에 등호를 긋는 것, 예를 들어 『관장현형기(官場現形記)』에서 청말의 관료사회를 묘사한 것을 두고, 청말의 관료사회는 정말 그러했다고 여기는 것에 반대했습니다. 1980년대에는 많은 사람이 그렇게 등호를 긋는 것은 소설의 허구적 특성을 간과한 것이며 작가가 현실 생활을 그릴 때의 주관의 역할을 간과한 것이라고 여겼습니다. 그러나 1990년대에 이르러, 저는 다시 소설과 현실을 연결하기 시작했습니다. 이때, 소설의 허구성과 작가의 주관의 역할을 어떻게 처리하는가가 핵심적인 문제가 되었습니다. 소설이 현실분석의 자료가 될 수 없는 것이 아니라, 소설 속에서 어떤 것을 현실분석의 자료로 선택하는가, 혹은 소설을 구성하는 가장 중요한 요소가 무엇이며 따라서 우선 분석할만한 자료가 무엇이라고 생각하는가가 관건이라고 생각했습니다. 당시의 생각으로는 '작가가 왜 이렇게 썼을까'가 '그가 무엇을 썼는가'(즉 작품의 내용)보다 더 중요하고, 더 사회 분석의 자료로 삼을만한 것이라고 여겨졌습니다. 제가 고찰하고자 했던 것은 어떠한 사회 변화로 인해 왕안이 같은 작가가 '이러한' 소설을 쓰게 되었는가였습니다. 따라서 그 글을 쓸 때, 작가의 창작방법, 인물 설정, 서사 어조 등의 문제에서부터 손을 대기 시작했는데, 이런 문제들은 그 전에는 보통 '예술기법' 문제로 간주되어 작가의 취미, 풍격 등으로 귀납되던 것이었습니다. 그러나 저는 다소 거칠게 이를 사회의 변화에서 기인하는 것으로 해석했습니다. 사회가 변했기 때문에, 새로운 현실이 나타났기 때문에 작가가 이렇게 소설을 쓰게 되었다고 말입니다. 저는 분명 민족지를 명료하게 자각적으로 의식하지는 못했지만, 결과적으로 보아 '민족지'와 유사한 일

을 한 것 같습니다.

「L현 견문」도 그렇게 볼 수 있습니다.

임: 선생님은 중국근현대문학으로 학자 생활을 시작해 근현대 사상으로 영역을 넓혀왔고 최근에는 문화연구를 축으로 삼아 문학과 사상을 아우르며 현실에 개입하는 지식인의 모습을 보이고 있습니다. 제가 알기로는 2003년 이후 선생님은 자신이 이끌고 계신 중국당대문화연구센터에서 당대 중국의 문화 상황에 대한 분석을 계속해서 전개해왔습니다. 예를 들어, 선생님은 2003년에 상하이대학 당대문화연구센터에서 '1990년대 상하이지역 문화 분석'을 큰 주제로 한 5년짜리 연구프로젝트를 시작했습니다. 이 프로젝트는 8부분으로 구성되어 있는데, 미디어(TV), 부동산시장과 광고, 거리의 시각 이미지, 노동자 신촌, 공장과 노동자의 문화사, 문학 사이트, 도시 속의 새로운 공간, 유행하는 옷 스타일 등입니다. 2008년, 당대문화연구센터에서는 다시 10년 계획으로 더 큰 규모의 연구프로젝트를 시작한 상태입니다. 이번 프로젝트는 '당대 문화생산 분석'을 큰 주제로 삼고 있는데, 이는 '새로운 지배문화의 생산 메커니즘'과 '중국 사회주의 문화 문제 분석'이라는 두 부분으로 이루어져 있는 것으로 알고 있습니다. 저는 선생님의 주관하에 전개되고 있는 이러한 작업들을 '비판적 문화연구'로 이해하고 있는데, 이런 표현이 적합할까요? 또 선생님은 이미 진행된 작업들을 어떻게 평가하고 계십니까?

왕: 2003년의 프로젝트는 2002년에 이미 실질적인 연구를 시작하고 있었습니다. 초기의 연구 구상은 좀 단순했는데, 우리는 중국사회의 문화 상황에 중대한 변화가 생겼음을 분명히 느꼈고 그래서 개방적인 자세로 이러한 변화들을 분석하고자 했습니다. 이 프로젝트를 진행하기 전에도, 중국에는 '문화연구'의 시각에서 당대문화를 분석한 학자들이 있었지만, 대부분 '문화'를 영화, 문학 등 다소 좁은 의미로 이해하고 있었습니다. 우리의 프로젝트에서는 '문화'에 대한 정의를 상대적으로 넓게 잡아, 주택, 인터넷, 대중매체, 거리, 공장문화 등으로 확대했습니다. 그와 관련된 다른 특징은 상하이에 초점을 맞

추었기 때문에 도시연구적인 성향이 뚜렷이 드러난다는 점입니다. 당시에는 여덟 가지의 연구 과제를 각기 전개했는데, 어떤 것은 순조롭게 진행되기도 했지만, 어떤 것은 완성하지 못하기도 했고, 또 어떤 것은 원래의 과제와는 다른 새로운 과제로 바뀌기도 했습니다.

지금 돌이켜보면, 당시 연구에서 가장 불만스러운 점은 중국 대륙의 문화연구에 대한 총체적 구상이 빈약했다는 점입니다. 중국 대륙의 문화연구는 미국대학과 같은 길을 가서는 안 된다는 점은 당시에도 분명히 깨닫고 있었지만, 자신의 길을 어떻게 가야 할지는 아직 잘 알지 못했기에 그저 한 걸음씩 더듬어보며 나아가야 했습니다. 2008년에 새로운 10년 계획을 확립할 때 중국 대륙의 문화연구가 나아가야 할 길에 대해 어느 정도 분명한 견해를 갖고 있었습니다.

간단히 말씀드려, 중국 대륙의 문화연구가 적어도 이 기간 내에 완성해야 할 임무, 혹은 그 근본 목적은, 마르크스의 말을 응용하자면, 중국혁명의 정신적 전통에 입각해, 광의의 문화 측면에서 중국의 현실에 개입해 중국 사회가 좋은 방향으로 변화하게끔 노력하는 것입니다.

이 목적을 이루기 위해서는 인간, 즉 지금의 중국인, 특히 지금의 중국 젊은이들에 주목해야 한다는 것이 우리의 기본 견해입니다. 중국을 변화시키려면 젊은이들에게 의지해야 합니다. 그런데 오늘날의 중국 젊은이들은 어떤 모습일까요? 그들은 어떤 생각을 하고 있을까요? 물론 젊은이들은 각양각색이지만, 서로 다른 지역과 다른 상황 아래 있는 젊은이들에게 공통적인 것은 없을까요? 만약 있다면 그것은 무엇일까요? 저는 이것이 중국 대륙의 문화연구가 중점적으로 그 해법을 찾아야 하는 문제 중 하나라고 생각합니다.

이 문제의 답을 찾기 위해서 우리는 몇 가지 일을 제대로 해둬야 할 필요가 있습니다. 첫째는 오늘날의 중국 사회를 이해해야 합니다. 문화연구의 시각에서, 이것은 오늘날 중국의 지배적 문화가 어떤 것인가를 이해해야 함을 의미합니다. 왜냐하면 오늘날 중국 젊은이들의 생각과 상황을 결정하는 일에

이 지배적 문화가 아주 결정적인 역할을 하고 있기 때문입니다.

두 번째로, 현실분석을 통해 현실을 바꾸는 데 개입하려면, 자원이나 도구가 있어야 합니다. 지금의 중국에서 주요한 자원이나 도구는 서양 이론이 아닐 것입니다. 서양 이론은 물론 아주 중요하지만, 더 중요한 것은 '중국혁명'의 역사적 전통입니다. 물론 무엇이 '중국혁명'의 전통인지에 대해 아주 많은 주장이 있습니다만, 제 개인적인 견해는 그것이 중국공산당보다는 훨씬 큰 하나의 역사적 운동이며, 중국공산당은 그것의 산물 중 하나이고 또한, 적어도 지금은, 1940년대의 국민당과 마찬가지로 그 전통의 배반자 중 하나라는 것입니다.

우리의 기본적인 생각은 현대 '중국혁명'의 전통이 해결하려고 했던 기본 문제가 오늘날 중국 대륙의 문화연구가 다루고자 하는 문제이기도 하다는 것입니다. 그 문제는 곧, 많은 사람이 중국인이 아주 열악한 상황에 처해 있다고 생각할 때, 어떻게 사람들에게 영향을 주고 사람들을 변화시켜서 사회를 변하게끔 하는가 하는 문제입니다. 이것이 바로 제가 중국혁명의 전통이 우리에게 특별히 중요하다고 생각하는 이유입니다. 이 전통의 인도가 있기에, 우리 문화연구자들은 자신도 역사의 일부분으로 여기고 역사에 책임이 있다고 생각하며 마땅히 역사에 개입해야 한다고 생각하는 것입니다. 미국 문화연구의 가장 큰 문제점은 '역사의 바깥에 서 있다'라는 점입니다. 단지 미국 사회에 대해 분석만 할 뿐, 미국 사회에 개입해 들어가려는 의사가 전혀 없는 것처럼 보입니다. 반면 레이먼드 윌리엄스 등이 참여한 영국 문화연구의 장점은 바로 현실에의 '개입'에 있으며, 그들의 근본적인 의도가 사회 현실에 개입하려는 것이라는 데 있습니다.

종합하자면, 우리의 두 가지 프로젝트는 비판적인 분석에서 점차 현실 개입으로 전환하고 있습니다. 왜 지배적인 문화 생산 메커니즘을 분석해야 할까요? 왜 사회주의 문화 문제를 분석해야 할까요? 그 근본적인 목적은 새로운 문화실천을 전개하려는 것입니다.

임: 선생님께서 청년 문제를 언급하셨는데요. 청년 문제는 당연히 교육과 관련이 있습니다. 선생님이 「문화연구의 세 가지 난제」에서 현재 중국의 문화연구는 먼저 체제를 이용하면서 체제에 이용되는 것을 경계할 수밖에 없다고 하셨습니다. 제가 알기로 금년 가을부터 여기 문화연구학과에서 '문화연구' 학위 과정을 이수할 석박사학생을 뽑기 시작할 것이라고 하던데, 이는 독립된 단위의 문화연구학과로서 이미 체제의 인가를 얻었음을 의미한다고 할 수 있겠습니다. 이러한 상태에 대해서, 선생님께서도 골치 아파하고 계실 것 같습니다. (왕: 아주 머리가 아파요!) 이는 '체제'와 관련된 문제일 것입니다. 또한 최근 출간된 30년 기념문집 『근시와 망원(近視與遠望)』의 "1998년 기록"에서 선생님은 1990년대 말에 대학 강연으로 줄곧 바빴으며 그 내용은 새로운 주류 이데올로기에 집중되어 있었다고 쓰셨습니다. 당시에 푸단대학(復旦大學)에서 강연을 했을 때, 금융을 전공하는 한 학생이 선생님의 '성공 인사'에 대한 견해에 완전히 동의하지만, 졸업 후에는 그 자신도 '성공 인사'의 길을 선택하게 될 것이라고 말했다고도 쓰셨는데요. (웃음) 이러한 반응은 물론 선생님께서 말씀하시는 당대의 지배적인 문화와도 관련이 있을 것입니다. 지금은 '체제'와 '교육'의 문제를 어떻게 보고 계십니까?

왕: 최근 10년 동안, 적어도 상하이대학에서 문화연구는 체제화의 길을 걸었고 여러 가지 어려움은 있었지만 결국은 길을 개척해 사실상 이미 대학의 기존 체제의 일부분이 되었다고 할 수 있습니다. 그러나 이것이 문화연구의 성공이라고 할 수 있을까요? 그렇다고 말하기 어려운 점들이 있는데요. 한편으로는 체제의 지지를 얻은 후로 하고 싶던 많은 일을 할 수 있게 되었습니다. 예를 들어 어느 지역이나 기업에 들어가 설문조사를 하고 인터뷰를 하려면 학교의 조력, 특히 학교에서 내주는 공식 소개서가 큰 도움을 줍니다. 그러나 다른 한편으로 체제 내에 있기에, 다량의 번잡한 절차와 요구사항들 이외에도, 더 큰 문제가 나타났습니다. 바로 우리와 우리의 학생들이 결국에는 기존 사회 재생산에 필요한 인간이 되어버리는 것을 어떻게 막을 것인가 하

는 문제입니다.

오늘날 사회 재생산의 핵심은 이 사회의 필요에 부합하는 인간을 생산하는 것인데, 이런 사회의 필요에 부합하는 인간은 단일한 종류의 인간이 아닙니다. 겁 많고 비관적이며 순종적인, 많은 수의 공민뿐 아니라 수는 많지 않더라도 불만을 가진, 비판적 태도를 지닌 듯한, 그러나 제도를 근본적으로 파괴하지는 않을 인간도 그 안에 포함됩니다. 사회에는 늘 비판과 반항의 공간이 존재하기 마련이므로 이 제도는 그런 인간을 만들어 그 공간을 메우려고 합니다. 그렇지 않으면 진정으로 반항하는 자나 혁명가가 생겨나고 자랄 공간이 생겨버리기 때문입니다. 이 점을 이루어내야 사회가 순조롭게 돌아갑니다. 즉 이런 사회에서는 말을 잘 듣는 사람도 있고 말을 듣지 않는 사람도 있으며, 이 둘이 함께 사회를 유지하고 있는 겁니다. 어느 면에서, 오늘날의 중국 대학은 바로 이런 종류의 '인간'을 재생산하는 중요한 부문 중 하나입니다.

우리의 문화연구 수업이 어떻게 해야 이러한 재생산과 변별점을 지닐 수 있을까요? 현재, 우리가 공들여 배양하려고 하는 것은 학생들의 다섯 가지 면에서의 능력입니다. 첫째는 역사적 깊이가 있는 글로벌한 안목입니다. 세계의 현 상태를 알아야 할 뿐만 아니라 그것의 역사적 원인도 알아야 합니다. 또한 서양을 알고 있어야 할 뿐만 아니라 비서양권의 상황도 알고 있어야 합니다. 둘째는 이론적 사유 능력입니다. 이는 그저 사변적이라거나 외국어, 학술적 표현 등만을 가리키는 것이 아니라 남과 소통하는 능력도 가리킵니다. 예를 들어, 공장에 갔을 때 노동자들과 어떻게 대화할 것인가, 이는 국제학술회의에서 유창한 영어로 발표를 하는 것과 똑같이 중요한 능력입니다. 셋째는 당대 중국문화와 사회 현실을 이해하고 분석하는 능력입니다. 넷째는 현실적 조건하에, 실제로 문화변혁을 촉진하는 능력입니다. 이 방면에서 우리는 지금 이 능력을 단련할 '장소' 세 곳을 가지고 있습니다. 하나는 '시민강좌'로, 시민들이 관심을 가지는 문제를 가지고 정기적으로 시내에서 도시화 문제에 관한 '시민토론회'를 여는 것입니다. 여기서의 '시민'은 주로 사무직 근로자들입니다. 다른 하나는 육체노동자들이 모여 사는 교외 지역에서 여는 정기 토론회로, '노동자 야학과 비슷한 것입니다. 마지막은 우리 센터 홈페이지(이미 거의 10년의 역사를 갖고 있습니다)에 사회현상/사건에 대한 '단평'을 발표하는 것입니다. 이는 센터 홈페이지에서 가장 눈에 띄는 부분입니다. 시민강좌와 노동자 야학 그리고 센터 홈페이지에서의 학생들의 실천은 모두 문화연구학과 박사 커리큘럼에 포함되어 교학의 일부를 이루고 있습니다. 다섯째는 사회변혁에 대한 믿음입니다. 즉, 이 사회가 좋아질 수 있다고 믿는 것입니다. 이것은 사실 아주 중요한데, 오늘날의 사회 재생산의 핵심 중 하나가 바로, 현실은 너무 강력하고 개인은 아주 보잘것 없기에 우리는 현실을 변화시킬 수가 없고 단지 현실에 적응할 수 있을 뿐이라는 인식을 끊임없이 만들어내는 데 있습니다. 사회 현실에 대한 이런 비관적인 이해는 사회 재생산이 특히 퍼뜨리고자 하는 것입니다. 그것은 당신이 무슨 일을 하는 사람이건 상관없이 모두 마음 깊은 곳에서 그렇게 세계를 대하고 그렇게 인생을 대하게 만들려 합니다. 우리는 우리가 문화연구를 통해 배양해내는 학생들이 이와 다를 수 있기를 바랍니다.

이 다섯 가지 능력은 물론 갖추기 어려운 능력들이라 여러 해에 걸쳐 지속적인 노력이 필요할 것입니다. 문화연구의 교학을 통해 할 수 있는 것은 이 노력을 위한 안정적인 기초를 닦는 일, 다시 말해 정신적인 출발점을 만드는 일이라 할 수 있습니다.

임: 그렇군요 자세한 설명 감사합니다. 화제를 좀 바꿔보겠습니다. 얼마 전 『열풍학술』 제6집이 나왔습니다. '열풍 총서'도 여러 권 계속해서 나오고 있는데, 센터의 출판물에 대해 소개해주시기 바랍니다.

왕: '열풍 도서 시리즈'는 모두 여섯 부분으로 이루어져 있습니다. 하나는 '워크숍'으로, 주로 개인의 연구서를 출판하고 있습니다. 둘째는 '사상논단으로 주로 강연집이나 논문집입니다. 셋째는 '강의록과 교과서'로, 주로 수업에 필요한 것들입니다. 넷째는 '번역총서'입니다. 다섯째는 '당대 관찰'에 해당하

는 비(非)학술적인 소책자인데, 이 부분은 많이 팔려서 일반 독자들에게 직접적으로 영향을 미칠 수 있기를 희망하고 있습니다. 여섯째가 『열풍학술』로 문화연구 잡지입니다. 지금까지 출판된 것을 다 합하면 26권 정도 됩니다.

임: 문화연구센터에서는 국제적인 교류에 대해 개방적인 태도를 지니고 있고, 현재 여기 센터와 협력관계에 있는 학교들은 대만, 일본, 한국 등에 편재되어있는 것으로 알고 있습니다. 문화연구는 학과를 넘어설 필요가 있으며, 지금은 국가의 경계를 넘어서는 것도 필요하다고 할 수 있습니다. 그래서 '아시아 문화연구'와 같은 개념도 나오고 있습니다. 국제교류와 연대에 대한 선생님의 견해를 듣고 싶습니다.

왕: 이 문제는 여러 측면에서 이야기할 수 있겠습니다. 우선은 중국의 대학들이 현재 '국제화'를 추구하고 있다는 점입니다. 그렇지만 이 '국제화'는 사실 아주 편파적인 것으로, 서양이나 서양식의 국제 '일류대학'과의 교류를 가리킵니다. 이른바 이들 '일류대학'은 유행하는 각종 '대학 순위표'에 근거해 정해집니다. 이 '순위표'는 당대 자본주의의 전 세계적 평가체계에 종속되어 있습니다. 거기에 따르면 하버드대학, 와세다대학은 '일류대학'이고 성공회대학과 목포대학은 그렇지 않은 것이 됩니다. 물론 그 '일류대학'들이 좋지 않다는 것이 아닙니다. 그 대학들에는 아주 훌륭한 학자들과 뛰어난 학과들이 있습니다. 그렇지만 그들만을 알려고 하는 것은 문제가 있다는 겁니다. 그것은 적어도 기준이 단일하다는 말이 되는데, 이렇게 단일한 기준, 이는 물론 서양적 기준인데, 이 기준에 따라 전개된 이른바 대학과 학술의 '국제화'는 전체적으로 봤을 때 당대 자본주의 세계체계의 일부이며, 이 체계가 잘 돌아가도록 하는 데 일조하는 것입니다.

그러면 문화연구는 어떻게 해야 할까요? 그렇기에 다른 측면에 대해 말하게 되는데요, 이러한 강력한 체제의 요구 아래에서 그 힘을 빌리면서도 어떻게 하면 이와는 다른 국제교류를 할 수 있을까 하는 것입니다. 그동안 우리는 사실 적잖은 국제 '일류대학'으로부터 들어오는 교류와 협력 건의를 완곡히 거절해왔습니다. 이름은 거론하지 않겠습니다만, 그들의 학술적인 수준이 떨어져서가 아니라 수준은 모두 높았지만 우리가 하려는 일과 별로 관련이 없는 것 같아서였습니다. 그동안 우리는 사실 서양의 일류대학보다는 뜻이 맞는 다른 학교나 연구기관들과 더 많이 교류해왔습니다. 그것은 우리가 서로 유사한 문제에 직면해있으며 비슷한 이상을 지니고 있기 때문입니다. 학술회의의 예를 들자면, 2007년 우리가 2년에 한 번 열리는 'Inter-Asia Cultural Studies' 회의 개최를 맡았을 때, 서양 일류대학에서 온 많은 신청들을 거절하고 비서양권, 특히 이른바 저개발지역의 학자들이 더 많은 참가 기회를 가질 수 있도록 인원과 경비를 빼두었습니다. (임: '소수자[minority]'의 입장에 서는 것이군요.) 여러분의 노력에 힘입어, 이미 몇몇 교류의 장이 마련되었습니다. 한국과 관련된 것을 말하자면, 성공회대학과 함께 만든 상하이—서울 청년논단, 『문화/과학』, Inter-Asia Cultural Studies, '동아시아 현대사상 프로젝트' 등이 있습니다. 이 교류들은 총장들에 의해 이루어진 것이 아니라 뜻이 맞는 개인들을 통해 이루어졌으며, 하나의 구체적인 교류를 통해 각자 학교의 자원을 빌려 조금씩 형태를 만들어 간 것들입니다. 이런 측면에서 보면, 대학이 지닌 '국제화'의 갈망도 우리의 뜻에 맞게 쓸 수 없는 것은 아닙니다.

임: 대학교육 이야기가 나왔으니 말이지만, 제게는 아주 어렵게 여겨집니다. 대학의 문제는 사실 중고등학교 교육, 심지어 초등학교 교육까지 거슬러 올라가게 되기 때문입니다. 얼마 전 센터를 방문했던 한국의 심광현 교수도 교육 문제, 특히 미술 교육에 관심이 있습니다. 선생님은 중고등학교 교육, 초등학교 교육 문제에 대해 고민해 보신 적이 있습니까?

왕: 그것에 대해서는 토론도 여러 번 하고 퇴직 후 함께 학교를 세우자는 농담조의 이야기를 한 적도 있습니다. (웃음) 우리 중에는 이 부분의 연구를 하는 사람도 있습니다. 예를 들어, 화동사범대학(華東師範大學)의 니원젠(倪文尖) 교수는 여러 해 동안 중고등학교의 어문교육 문제에 줄곧 관심을 가져왔고 여러 가지 방법을 모색하고 있습니다. 문화연구의 시각에서 보면 이제 대학

교육 부분은 공간이 만들어지기 시작했는데, 이를 어떻게 중고등학교와 초등학교 교육의 영역으로 발전시켜나갈 수 있을지는 아주 중요한 문제이지만 현재로서는 아직 다루지 못하고 있는 상태입니다.

임: 중국의 많은 지식인이 중국이 어디로 가야 할 것인가 하는 문제를 고민하고 있습니다만, 왜 칼 폴라니(Karl Polanyi)는 그들의 시야에 들어가지 못하는 걸까요? 폴라니가 관심을 가졌던 것은 '시장'의 문제였습니다. 시장에 대해 하이에크는 완전 긍정을, 마르크스는 완전 부정을, 케인즈는 조건적 긍정을 했습니다만, 폴라니는 현대사회에서의 시장의 흥기를 고찰한 뒤, 시장이 항상 그렇게 중요했던 것은 아니라고 합니다. 예를 들어, 오늘날의 신자유주의 경제에서는 기본적으로 시장이 사회를 압도하고 있지만, 폴라니에게 사회란 마땅히 시장에 대해 통제력을 지닌 것이어야 합니다. 선생님은 이 문제를 어떻게 보시는지요? 이런 질문을 드리는 것은 선생님께서 당대 중국 사회에는 정부가 유일하게 큰 존재라는 견해를 갖고 계신 듯해서입니다. 만약 그렇다면 좋은 점도 있겠지요. 사회를 위해 시장을 통제할 수 있을 테니까요. 나쁜 점은 물론 각종 검열제도와 자기검열일 것입니다. 이 문제를 선생님은 어떻게 보십니까?

왕: 칼 폴라니의 책, 예를 들어 『거대한 전환』 등을 우리는 문화연구 석사과정의 교재로 쓴 적이 있습니다. 그러나 지금까지 그것이 특별히 중요한 참고서가 되지는 않고 있는 것도 사실입니다. 그 이유는 많지만, 그중 특히 중요한 이유를 들자면 중국혁명의 전통과 그에 따라 만들어진 정치 현실을 들 수 있겠습니다. 20세기 전반을 통틀어, 중국 혁명가와 지식인이 고민한 큰 문제는 어떤 방식이 중국의 개혁에 가장 효과적일까 하는 것이었습니다. 그들은 갖가지 방식을 시험해 보았지요. 결국은 혁명당을 세우고, 혁명당을 통해 혁명군대를 창건하며, 다시 혁명군대를 가지고 혁명정권을 수립하고, 다시 혁명정권의 힘으로 총체적인 사회 개조를 하는 것이 가장 효과적이라는 것을 발견했습니다. 쑨중산(孫中山)이 국민당을 개조하고 황포군관학교를 설립한 것

도 그러한 길을 가려 한 것이며, 중국공산당도 후에 그 길을 갔습니다. 짧은 시간을 두고 보면 이 방식은 분명 다른 길에 비해 훨씬 효과적이었지만, 이 길을 걷고 있을 때는 독립 범주로서의 사회가 얼마나 중요한지는 느끼지 못하게 됩니다. 사실상, 1950년대 중반 이후 중국에서 '국가'와 '사회'는 빠르게 포개지기 시작했고, 1960년대에는 이런 중첩이 최고조에 이르러 '국가' 바깥에 '사회'는 거의 존재하지 않게 되었습니다. 1980년대에 개혁이 시작되고 또 30년이 지나고 있지만 '국가'는 여전히 가장 큰 힘을 지니고 있으며 이전의 혁명당이 통제했던 '당—국가(黨國)'에서 '중국 특색'을 지닌, 세계에서 가장 강력한 '회사'로 변했을 뿐입니다. 명의상은 아직 공산당이라고 부르지만 하는 일은 거의 완전히 자본가와 같으며, 게다가 크고 넓게 내다보는 눈을 지니지 못한 그런 자본가 같습니다.

어떻게 해야 할까요? 어떤 사람은 본래 혁명의 길로 돌아가서, 공산당을 다시금 진정한 혁명당으로 만든 후 이를 통해 이미 고도로 자본주의화한 국가를 통제하고 변화시킬 것을 주장합니다. 또 어떤 사람은 독립적인 '사회'를 발전시켜, 사회의 압력으로 '국가'에 제약을 가함으로써 그것이 하고 싶은 대로 하지 못하게 할 것을 주장합니다. 저 개인적으로는 후자의 사유에 더 공감이 갑니다. 왜냐하면 전자의 가능성은 이미 거의 존재하지 않게 되었기 때문입니다. 여기에서 새로운 '사회'가 어떠할 것인지를 논할 수는 없지만, 한 가지 확신할 수 있는 것은 그것이 폴라니가 유럽의 역사와 경험에 의거해 총괄해낸 그 사회와는 크게 다를 것이라는 점입니다. 그것은 이른바 사회계약 위에 세워진, 개인을 기본단위로 하는 그런 사회가 아닙니다. 이런 사회는 자본주의에 이용되기 쉽습니다. 새로운 사회의 기초는 이보다 훨씬 더 다양할 것이며 단지 개별적 인간들의 자유로운 연합에 그치지 않을 것입니다.

선생님께서 방금 강력한 정부의 검열 문제를 언급하셨는데요. 제 생각에는 오늘날 중국 정부가 유일하게 크기 때문에 생기는 각종 부정적인 상황 중에 가장 심각한 것은 그것이 모든 것을 관리, 통제하려는 것이 아닙니다. 정부는 분명 그렇게 하고 싶어 하지만 실제로 그렇게 하지 못하고 있습니다. 오늘날 중국의 실제 상황을 보면, 한편으로는 정부가 자원의 가장 많은 부분을 장악하고 있으면서, 다른 한편으로는 정부가 책임져야만 하는 수많은 일에 대해 점점 책임을 지지 않고 직무 유기를 하고 있습니다. 왜 이렇게 되었을까요? 저는 그 중요한 원인 중 하나가 '국가' 혹은 '정부'—이 둘의 높은 수준의 결합은 중국 정부의 큰 특징 중 하나입니다—가 나날이 기업화되고 있으며 이에 상응해 관료들은 나날이 자산계급화하고 있기 때문이라고 생각합니다. "도모할 이익이 없으면 내가 왜 해?"라는 사고방식이 나날이 각급 정부의 실제적인 행동 준칙이 될 때, 권력 집중과 무책임이 자연히 동시에 나타나게 되는 것입니다.

임: 우리가 읽은 여러 이론은 그 이론이 나온 시대와 지역의 경험에 근거하고 있습니다. 이른바 '여기 지금(here and now)'에 기초한 것이지요. 선생님도 중국의 '중토성(中土性)'을 특히 강조하시는데, 제가 알기로는 마오쩌둥도 '중국 특색'을 특별히 강조했습니다. 현재 중국의 유명하다는 학자들은 모두 중국만을 보고 있지 다른 지역은 보지 못하는 것 같습니다. 이것은 '중국 특색'을 지나치게 강조하는 데서 오는 사고의 경직 또는 한계가 아닐까 합니다. 어떻게 해야 세계적 보편 속에서 중국적 특색을 논하는 태도를 가질 수 있을까요?

왕: 중국학자들에 대한 선생님의 비판은 일리가 있습니다. 이 부분에 대해, 저는 다소 단순하게, '중국 특색'을 강조하려 할수록 '중국에만 관심을 가져'서는 안 된다고 주장하고 있습니다. 세계에 대한 전체적인 이해가 있어야만 중국 특색이 무엇인지를 분명히 알 수 있습니다. 또한 이 세계의 중심은 절대로 서양만이 아니며, 오늘날 그것은 아마도 점점 더 비(非)서양 세계로 옮아갈 것입니다. 또 하나 말하고 싶은 것은, 고대부터 현대에 이르기까지 '천하를 가슴에 품는 것'이 줄곧 중국의 독서인(선비)들이 숭상해 온 기본적인 품성입니다. 오늘날의 중국 지식인들은 이런 좋은 전통을 계승하고 발양해야 합니다. 자신이 좌익이라고 생각하는 사람은 더더욱 그래야 합니다. "노동자는

조국이 없다"라는 말은 마르크스의 명언 아니겠습니까.

임: 2008년 새로 제작된『삼국』을 보면, 조조나 유비 모두 계승자의 문제를 매우 중시했습니다. 이른바 '뒤에 올 사람을 생각한다(思後來者)'라는 것이 겠지요. (웃음) 조조와 유비는 각각 사마의와 제갈량이 후래자의 재능을 가졌음을 알았지만 유감스럽게도 천하위공(天下爲公)의 입장에 서지는 못했습니다. '계승'의 문제는 중요한 문제입니다. 선생님께서 화둥사범대학에 재직하신 지거의 30년이 되어가고, 현재 화둥사범대학과 상하이대학에서 박사를 양성하고 계십니다. 어떤 의미에서, 이미 하나의 학파를 이룬 것 같이 보입니다만, 선생님 생각은 어떠신지요?

왕: 아직 학파라고 말하기는 어려울 것 같습니다. 문화연구도 일종의 학술 활동이므로, 현재 나와 함께 상하이에서 문화연구를 하는 사람들에게는 대체로 공통된 문제의식이 있습니다. 간단히 말해서, 첫째, 현재 중국의 문화상태가 나쁘다는 점, 둘째, 더 훌륭한 문화를 세우지 못하면 훌륭한 중국인도 있을 수 없다는 점, 훌륭한 중국인이 적으면 좋은 중국도 있을 수 없다는 점, 훌륭한 중국이 없으면 훌륭한 세계도 있기 힘들고, 있을 수는 있지만 어려울 것이라는 점입니다. 그러나 더 나아간 많은 문제에 대해서, 예를 들어, 이렇게 나쁜 오늘날의 문화 상황은 어떻게 형성된 것인가? 어디에서부터 손을 대서 이것을 변화시킬 것인가? 중국의 미래 방향은 어떠해야 하며, 1950~1970년대의 역사는 어떻게 이해할 것인가 등의 문제에 대해서, 우리 사이에도 상당히 큰 견해 차이가 존재합니다. 이것은 사상과 연구의 추진에 있어서는 아주 좋은 현상이지만, 어떤 학파로 발전하려면, 보다 좁은 의미에서 '학파'라는 말을 적용할 때는, 이것이 오히려 큰 장애가 될 것입니다. 왜냐하면 대체로 합의하는 이른바 '중간지대'와 같은 연구 노선을 만들기 어렵기 때문입니다.

임: 최근 중국 모델, 충칭(重慶) 모델, 광둥(廣東) 모델 등, 중국의 진로에 대해 국내외에서 여러 가지 추측들이 나오고 있습니다. 선생님은 현재 중국이 어떤 사회라고 보십니까? 구체적으로 말씀드리자면, 한국의 경우 박정희

시대만 하더라도 국가권력이 자본을 통제했었습니다. 그러나 시간이 지날수록 자본의 힘이 국가권력을 능가하는 현상이 벌어지고 있습니다. 현재 이명박 정부는 자본에 기대어, 자본을 위해 국가를 통치하고 있다 해도 과언이 아닙니다. 한국과 대비해볼 때 중국의 상황은 어떻습니까?

왕: 현재 중국의 상황은 무척 복잡합니다. 인구가 많고 땅이 넓은 만큼 더욱 복잡하지요. 한국 등 기타 자본주의 사회와 비교해볼 때 중국의 당—국가 권력은 유독 크다(獨大) 할 수 있습니다. 그러나 내막을 들여다보면 꼭 그런 것만은 아닙니다. 금년 중국에서 일어난 일 가운데 보시라이(薄熙來)와 그 부인의 사건은, 그 정치적·경제적 성격을 한 겹 벗겨보면, 현재 중국 사회의 한 단면을 드러내고 있습니다. 즉 남편은 정치가, 부인은 사업가의 유형입니다. 또 다른 유형은 부모가 정치가이고 자식이 사업가인 경우입니다. 이와 같은 가족형 정경 유착은 현재 중국 사회의 심층을 구성하고 있다 할 수 있습니다.

임: 곧 타이완에 가신다는 이야기를 들었습니다. 어떤 계획이 있으신지요?

왕: 네, 타이완 자오퉁대학(交通大學)의 사회문화연구소에 가서 강의할 계획입니다. 이것도 우리 센터와 그 연구소의 교류 프로젝트 중의 하나입니다. 이 프로젝트는 두 방면에서 진행되고 있습니다. 하나는 교수들이 상대방 학교에 가서 강의하는 것이고, 다른 하나는 양쪽의 대학원생들이 연합 워크숍을 여는 것입니다. 후자는 이미 상하이대학에서 한번 열렸으니 다음번에는 그쪽에서 열릴 것이고, 교수 강의 부분은 천광싱(陳光興) 선생님이 작년에 상하이대학에서 한학기 강의를 하셨으므로, 올해는 제가 갈 차례입니다.

임: '상하이학과'의 명성이 널리 알려지기를 기원하겠습니다. 감사합니다!

1990년대 중국의 도시화와 도시영화*

1. 포스트사회주의 또는 포스트 '1989'

최근 부상하는 중국(rising China)을 바라보는 다양한 시야(perspective)가 제시되고 있다. 지구적 자본주의의 궁극적 승리와 중국적 사회주의의 견지는 그 대표적 견해다. 그런데 최근 중국의 부상을 '이행(transition)'의 관점에서 바라보는 시야가 주목을 받고 있다. '유라시아 시야(Eurasian perspective)'에서 포스트사회주의의 이상과 이데올로기 그리고 실천을 인류학적으로 검토하고 있는 『포스트사회주의─유라시아에서의 이상, 이데올로기 그리고 실천(*Postsocialism─Ideals, Ideologies and Practices in Eurasia*)』(2002)이 대표적이다. 엮은이 크리스 한(Chris Hann)은 「사회주의 '타자'와의 작별(Farewell to the socialist 'other')」이라는 서문에서, 과거 제국주의 시절의 인류학자들이 비서유럽 사회를 '야만적 타자(savage other)'로 설정한 우를 예로 들면서, 지구적 자본주의 시대에 사회주의를 '타자(other)'로 설정해서는 안 된다고 경고하고 있다. 그는 현실 사회주의권이 와해된 1991년 이후 약 10년간 진행된 사회주의 및 포스트사회주의에 대한 연구 동향을 요약하면서 '이행'의 관점을 강조하고 있다. 사회주의 다음 단계로 '서양식 자본주의 발전 도로'를 설정하는 '이행의 목적론(the teleology of transition)'과

---

* Reading The Urban Generation(2007). 『중국지식네트워크』 1권 1호.

는 달리, '이행'의 관점은 '현실 사회주의'가 자본주의와 결합한 후 나아갈 길을 개방적으로 검토하고 있다.

또 다른 엮은이 험프리(Caroline Humphrey)는 「'포스트사회주의' 범주가 여전히 의미가 있는가?(Does the category 'postsocialist' still make sense?)」에서 포스트사회주의 범주 존립의 합리적 가정과 포스트사회주의를 연구해야 하는 이유를 꼼꼼하게 점검하고 있다. 그녀가 보기에 '현실 사회주의(actually existing socialism)'의 몰락을 문자 그대로 '사회주의의 몰락'으로 볼 수는 없다. 한 사회가 쉽게 다른 사회로 '이행'하기도 어렵거니와, 비록 실패를 고했다 하더라도 실재했던 70여 년의 역사 경험은 지구 곳곳에 스며들어(pervasive) 있을 뿐만 아니라 더 중요한 점은 사회주의의 이상과 이론에 합리적 부분이 있다는 것이다. 그러므로 사회주의 연구―최소한 그 유산에 대한 평가―를 통해 자본주의보다 더 나은 인류의 새로운 길을 모색해야 한다는 것이다. 이 새로운 길은 기존의 유로아메리카의 가치 체계에서 비롯되는 것이 아니라, '유라시아 시야'의 확보를 통해 포스트사회주의를 이해하고 해석하는 데 달렸다는 것이 험프리의 핵심이다.

레이섬(Kevin Latham)은 「중국인 소비의 재고찰: 포스트사회주의 중국의 사회적 임시방편과 이행의 수사학(Rethinking Chinese consumption: social palliatives and the rhetorics of transition in postsocialist China)」에서 '이행이 현 중국 담론의 핵심 개념'임을 강조하고 있다. 그는 베르더리(Katherine Verdery)의 논의에 기대어 이행학의 목적론, 특히 포스트사회주의에 대한 접근이 서양식 시장 자본주의로의 '가정된 이행(assumed transition)'을 전제하는 것을 경계한다. 레이섬이 볼 때, 어떤 연구자들에게 중국은 소비자 혁명을 통해 시장 경제로 이행하고 있고, 다른 사람들에게는 신생 시민사회와 함께 개방적 정부와 자유민주로 가는 길에 있다. 바꿔 말하면, 아리프 딜릭(Dirlik, 1989)처럼 사회주의에 대한 낙관적 전망도 존재하고 있고 왕샤오밍과 같은 비관적 견해도 병존하고 있다. 레이섬은 다양한 버전의 이행의 공통점을 '중국과 중국인들은 무엇인가로 이행중'

이라고 요약했다. 학생들과 지식인들은 민주로의 이행을 희망하고 언론인들은 언론의 자유와 더 큰 민주로의 이행을 원하며 많은 중국인에게 이행은 단지 더 커다란 재화와 삶의 더 나은 기준으로의 이동을 의미한다는 것이다. 레이섬은 이를 '이행의 수사학(rhetorics of transition)'이라 명명했다. 푸코(Michel Foucault)의 '담론 공동체'를 연상시키는 레이섬의 '이행의 수사학'은 중국이 이행하고 있는 사실만 지시할 뿐 그 방향과 출로에 대해서는 아무런 이야기도 하지 않는다는 점에서 서양의 중국 인식을 대변하고 있다. 그 밖에도 딜릭(Arif Dirlik)(Dirlik, 1989)과 아리기(Giovanni Arrighi)(아리기, 2009)의 논의를 참고할 필요가 있다.

국내에서도 중국에 대한 다양한 견해와 전망이 제시되었다. 중국 사회주의가 제국주의와 투쟁한 저항적 경험을 인정해야 한다는 주장(김희교), 친사회주의적 연구를 경계해야 한다는 주장(이희옥), 중국을 바라보는 반성적 시각으로서 '글로벌 차이나'(이종민), 세계를 바라보는 하나의 '시야로서의 중국(백승욱), 변하는 중국, 변하지 않는 중국(황희경), 자본주의와 사회주의를 지양한 새로운 구성 원리를 준비하고 있는 현장(신영복) 등의 논의가 있다(임춘성, 2009). 우리는 이 지점에서 기본적인 문제의식을 환기할 필요가 있다. 현실 사회주의가 자본주의를 수용해서 어떻게 변화했는지, 사회주의와 결합한 자본주의에는 어떤 변화가 생겼는지, 그리고 사회주의와 자본주의를 뛰어넘는 제3의 가능성은 무엇인지? 딜릭의 도저한 낙관론과 중국의 새로운 주류 이데올로기에 대한 왕샤오밍 등의 결연한 비판은, 낙관과 비관이라는 차이는 있지만, 분명 자본주의와 사회주의를 유기적으로 결합해 양자를 초월하는 새로운 길을 모색하고 있다.

참고로, 장잉진(Zhang, Yingjin 2007)은 영어권 학계에서 포스트사회주의 개념을 점검하면서 '역사적 시대구분 꼬리표(a label of historical periodization)' '정서구조(a structure of feelings)' '일련의 미학 실천(a set of aesthetic practices)' '정치경제 체제(a regime of political economy)'로 구분하고, 피코위츠(Paul Pickowicz)와 아리프

딜릭 그리고 장쉬둥(Zhang, Xudong)의 논의를 검토한 바 있다. 그리고 '포스트 사회주의'를 '포스트 마오쩌둥' 또는 '포스트 1989'와 혼용하고 있다.

2. 『도시세대』 읽기

포스트사회주의 중국의 특색을 꼽으라면 열 손가락으로도 부족할 것이다. 개혁개방부터 시작해 대중문화의 흥기, 눈부신 경제성장으로 GDP 세계 2위에 도달한 동시에 GNP는 여전히 개도국 수준에 머물러있는 경제 상황, 베이징 올림픽, 상하이 엑스포, 광저우 아시안게임, 문화 중국, 문화 내셔널리즘 등등. 그 가운데 '도시화(urbanization)'는 포스트사회주의를 독해하는 키워드로서 충분한 자격을 가지고 있다. 『도시, 인류 최후의 고향』(2006)의 저자 리더(John Reader)에 따르면, 20세기 초 4분의 1이던 도시 거주자가 21세기 초에는 절반가량으로 늘었고 2030년에는 세계 인구의 3분의 2가 도시에 살게 될 것이라 한다. 최근 개혁개방으로 급속한 경제성장을 이루고 있는 중국의 경우 도시화의 정도는 유례를 찾기 어려울 정도로 빠르게 진행되고 있다. 우리는 이를 사회문화적인 도시생태학의 관점에서 고찰할 필요가 있다.

포스트사회주의 중국의 도시화를 가장 잘 볼 수 있는 지점이 도시영화다. 가장 근현대적(modern) 장르라 일컬어지는 영화는 제작비와 관객이라는 불가피한 요소로 인해 태생적으로 도시와 친연성을 가지고 있었다. 사실 신중국 건국 이전의 중국영화는 상하이영화와 원주가 거의 비슷한 동심원 관계를 이루고 있었다. 상하이영화가 발전할 수 있었던 것은 다름 아닌 신흥 도시 발전과 긴밀한 관계를 맺고 있었기 때문이었다. 알다시피 중국영화는 개혁개방과 함께 시작된 5세대와 함께 부활했고 이들의 공헌은 중국영화를 세계에 알린 것에 그치지 않고 개혁개방 이후 중국 사회의 문화를 견인한 측면에도 존재한다. 지금은 중국식 블록버스터[大片]에 몰두하고 있지만 5세대의 명성을 국내외에 날리게 했던 작품들은 대부분 농촌을 배경으로 하고 있었다. 이에 반해 이른바 '6세대' 감독들은 '도시 리얼리즘'에 관심이 있다.

중국 도시영화 연구는 최근 시작되었다고 해도 과언이 아니다. 그것은 북미에서 올드 상하이영화에 대한 관심에서 비롯되었고 6세대 영화 연구로 이어졌다. 우선 주목할 선행연구는 다이진화의 『무중풍경』(戴錦華, 2000; 다이진화, 2007)이다. 그녀는 도시의 표상 아래의 고요한 소란이라는 주제로 도시 황당극 <흑포사건>, 왕숴(王朔) 현상과 왕숴 영화들을 분석하고 현대 우언의 공간이라는 관점에서 <얼모>를 분석했다. 그리고 <베이징 녀석들(北京雜種)>, <유랑 베이징>, <주말 연인> 등 6세대의 도시영화를 '안개 속 풍경'이라는 관점에서 논했다. 또한 리다오신(李道新, 2000) 등 영화사의 해당 부분도 유용한 참고자료가 될 것이다. 최근 출간된 소장학자 녜웨이(聶偉, 2010)의 성과도 눈여겨볼 만하다. 특히 문화연구의 방법론으로 도시영화를 다루고 있는 1부의 글 가운데 상하이영화와 관련된 부분은 주목할 필요가 있다. 아울러 최근 국내에서 출간된 상하이영화 관련 저작(임춘성·곽수경 엮고 씀, 2010; 임대근·곽수경 엮고 씀, 2010)도 도시영화 연구의 중요한 성과이다. 특히 눈여겨볼 만한 성과로, 장잉진(Zhang, Yingjin, 2002)은 『영상 중국(Screening China)』의 7장에서 주로 1980~90년대 홍콩과 상하이를 재현한 영화를 중심으로 '초국적 상상 속의 글로컬(glocal) 도시'를 다루고 있다. 로컬 문화와 트랜스로컬 문화를 대비시키면서 홍콩에서 소실되고 새롭게 재현되고 있는 것이 무엇인지, 새로운 정체성이 어떻게 형성되고 있는지를 구체적인 영화 텍스트를 통해 추적했고, 노스탤지어 영화를 통해 상하이로 넘어가 장아이링 작품의 영화화가 트랜스로컬 로맨스를 만들어낸 동시에 상하이 재현 영화에 나타난 동시성과 다양성의 혼란을 지적했다. 그 외에도 영문 자료 가운데 산견(散見)되는 도시영화 관련 논급도 점검해야 할 자료들이다.

이 글에서 중점적으로 살펴볼 『도시세대—21세기 전환점의 중국 영화와 사회』(Zhang, Zhen ed., 2007)는 1990년대 초 이래 급격하게 재형성되어온 중국 대륙의 영화문화 경관을 다루고 있다. 국영 스튜디오들이 1990년대 중반 상명하달식의 제도 개혁으로 악화된 재정적, 이데올로기적 압박이라는 심각한 현실에 직면한 반면, 스튜디오의 안과 밖에서 대안 영화 또는 '소수(자) 영화 (minor cinema)'가 등장했다. '소수자 영화'는 장전 등이 '도시 세대'라고 부르는 영화제작자들과 그들의 서포터즈, 팔로워들, 그리고 팬들로 대표된다.

엮은이 장전에 의하면, '도시세대'라는 용어는 2001년 봄 '공연예술을 위한 뉴욕 링컨 센터'의 월터 리드 극장(the Walter Reade Theater at New York's Lincoln Center for the Performing Arts)에서 상영된 영화 프로그램을 위해 신조되었다. 그 프로그램은 젊은 영화제작자들에 의해 도시화의 경험에 초점을 맞춘 일련의 작품들을 전시했다. 이들은 5세대 감독들의 국제적 명성과 억압된 1989년 민주화운동이라는 이중 그늘 아래 출현했다. 이 용어는 또한 국가 또는 상업적 주류(국내와 초국적)에 의한 '탈영토화(deterritorialization)'와, 그것을 소외하거나 주변화하는 똑같은 힘에 의한 부단한 '재영토화(reterritorialization)' 사이의 역동적 긴장에 사로잡힌 영화 실천을 지칭하고 있다. 이 새로운 도시영화의 '소수(자)' 상태는 한편으로는 그 젊음—이른바 6세대의 '성년'과 1990년대의 다른 신세대의 출현—의 중첩을 미덕으로 삼고 있다. 다른 한편 이 용어는 공식적으로 인가받은 주류 영화와 연관되었을 뿐 아니라 대화하고 있는 '소수자로서의 지위를 나타내고 있다. 주류 영화는 국가에서 후원하는 '주선율'영화를 포함한다. 주선율영화는 이데올로기적이고 도덕적인 불확실성투성이 시대에 공산당의 창당 전설과 사회주의 유산을 재포장(또는 숭배)하는 것을 폭넓게 겨냥하고 있다.

'도시세대'는 또한 국내와 외국에서 제작된 상업영화를 포함하고 있다. 6세대는 주로 1989년 톈안먼 광장 사건 이후 출현한 베이징 영화아카데미(Beijing Film Academy)의 불평분자 졸업생들—장위안(張元), 왕샤오솨이(王小帥), 허이(何一), 러우예(婁燁) 등—로 구성되어 있다. 1990년대 이 그룹은 자신을 개혁하면서 점점 영향력이 커졌으며 여러 층위에서 신기원을 연 '청년 도시영화 운동'으로 수렴되었다. 이 신생 영화의 다채로운 제도적, 사회적, 예술적 정체성들과 이른바 전환 시대 또는 '포스트 신시기'의 현재 중국 영화 문화와 사회의 관계를 규명하는 것이 이 책 기획의 중심 초점이다.

도시영화의 의미는 포스트 1989년 중국의 사회구조와 도시 정체성들의 해체 및 재구축에 대한 독자적 선취에 기인한다. 새로운 도시영화의 역사성은 21세기 입구에서 전례 없는 광범한 스케일의 중국의 도시화와 전 지구화 과정에 정확하게 닻을 내렸다. 대변동에 야기된 사회경제적 불평등, 심리학적 호기심 그리고 도덕적 혼란과 함께 일어난 중국의 이 변화의 강렬함은 아마도 20세기 초 메트로폴리스 상하이의 부상과 같은 대무역항의 최초의 근현대화 물결과만 비견할 수 있다. 사실 지난 세기에 중국 도시는 도시 발전이라는 용어에 그다지 부합되지 않았다. 1990년대에 이르러서야 포스트마오 프로그램들이 도시에 가시적 충격을 주기 시작했고 비로소 활기 넘치는 소비자문화와 대량문화(mass culture)가 뿌리내리기 시작했다.

'21세기 전환점의 중국 영화와 사회'라는 거창한 부제를 달고 있는 『도시세대』는 '1990년대 도시화 경험과 새로운 도시 정체성 형성의 구체적인 영화적 절합과 '1990년대 중국의 도시세대 개념화와 그에 따른 사회변혁'을 다루고 있다. 이들은 부제에서 보다시피 자족적인 텍스트 분석을 뛰어넘어 도시화에 초점을 맞추면서 상호텍스트적이고 콘텍스트적인 관계를 추구한다. 12명의 필자들은 신(新)다큐멘터리 운동 등 예술운동 자체에 머물지 않고 그 독특한 공헌을 찾아내서 중국 사회와 문화 전체에 일어나는 광범하고 복잡한 개혁 과정에 그것을 결합시키려 한다. 이를 위해 새로운 도시영화의 사회문화적 생태학의 윤곽을 포착하고 자신의 상상 영토에서 구체적 토포스(topos)로 움직이는 연구를 진행하고 있다. 이 기획에서 이들은 최근 중국문화 탐구의 새로운 장을 열고 포스트사회주의 및 트랜스내셔널 문화생산에 관한 현재의 토론과 관계 맺기를 겨냥한다. 나아가 1990년대 중국에서 출현했고 새로운 세기에 끊임없이 확장하고 분기하는 영화와 문화 분야에서, 광범한 기원들을 추적하고 장편영화들의 복잡한 구조의 윤곽을 잡고자 한다. 중국이 WTO에 가입하고 최근 영화·문화 정책이 변화하면서 중국영화가 급속하게 변화하고 다양화됨에 따라 영화제작자, 관객 그리고 비평가들은 새로운 세기를 위한 거대한 영향을 염두에 두고 역사적 과정을 증언할 책임을 똑같이 지고 있는데, 이 책의 필자들은 바로 그 책임을 자각하고 있는 것이다.

이 책은 3부로 구성되어 있다. 제1부는 '이데올로기, 필름 실천 그리고 시장(ideology, film practice and the market)'으로, 다큐멘터리 운동을 포함한 새로운 도시영화의 부상을 포함한 복잡한 역사 조건을 분석한다. 이 부분에서 저자들은 시대 구분적이고 분석적이며 미학적 범주로서 '포스트사회주의'의 적용 가능성을 평가한다. 그렇게 함으로써 그들은 한편으로는 중국 내에서 도시세대의 출현과 새로운 시장 경제 및 대중문화의 연계를 보여주고, 다른 한편으로는 초국적 영화 실천의 충격을 보여준다. 제2부는 '도시 공간의 정치학과 시학(the politics and poetics of urban space)'으로, 지난 15년간 강화된 도시화의 구체적인 현상으로 이동하면서 새로운 도시의 정치학 및 시학과 영화 및 아방가르드 문학예술 등의 기타 매체의 연관을 추적한다. 루(Sheldon H. Lu)와 브래스터(Yomi Braester)의 글은 1990년대 도시 중국의 변화하는 도시경관, 특히 광범한 철거 및 재배치(拆遷) 현상과 사회구조의 부수적인 파편화에 초점을 맞춘다. 이 둘은 미학적 어필과 사회적 기능의 다양화 사이의 중요한 변별을 관찰하면서 영화 및 비영화 자료를 광범하게 조사했다. 제3부는 '욕망의 산물과 복수의 정체성(the production of desire and identities)'이다. 급속한 시장화와 사유화는 주변인과 이주민을 포함한 광범한 범위의 새로운 도시 주체들을 받아들였고 현존하는 주체들의 변화를 가져왔다. 제3부의 글들은 영화 안팎에서 드러난 대량-소비자 문화의 부상에 따른 욕망, 젠더, 도시 정체성들의 문제에 명쾌하게 접근하고 있다.

3. 몇 가지 논점

새로운 도시영화에 '거주'하는 주체들은 개혁 시기의 주변에 있는, 서민적이지만 문제가 많은 사람이다. 목적 없는 보헤미안들, 좀도둑, 노래방의 호스티스, 기녀 그리고 집배원과 경찰, 택시 기사, 알코올 중독자, 동성애자, 장애인, 이주 노동자 등등이 그들이다. 재미있는 것은 이들이 비전문적 배우 역할을 하면서 동시대의 사회 공간을 공유하고 있다는 점이다. 도시는 급격하고 때로는 폭력적인 경제적, 사회적, 문화적 변형이 가장 집중적으로 드러나는 곳이다. 유동하는(floating) 도시 주체, 특히 이주 노동자 또는 농민공의 돌출은 새로운 중국 도시의 건설에서 도시화 과정의 스케일과 강도를 기록하면서 이주 노동자의 노동을 보여주고 있다. 유동하는 도시 주체들은 최근 근현대화 추진 과정에서 새로운 계급 분할과 사회 불평등 그리고 갈등을 만들어내고 있다. 이주 노동은 세계에서 가장 급속하게 발전하는 중국 경제 내에서 도시-농촌 간 또는 풍요로운 동부 연해와 빈곤한 '대(大)서부' 사이의 내부 균열을 폭로함으로써 '제3세계' 국가로서의 중국 이미지를 문제화한다. 도시영화는 이들 형상을 통해 자신의 급격한 동시대성과 지구화의 본토화한 비평을 절합시킨다.

이들 유동하는 주체가 부딪치고 살아가는 공간은 도시화가 첨예하게 진행되고 있는 장소이자 도시영화가 '있는 그대로' 드러내고자 하는 곳이다. '철거하고 이주시킨다'는 의미의 '탁천(拆遷)'은 최근 중국 도시화의 한 지표라 할 수 있다(자장커의 <스틸 라이프>의 철거 현장 참고). 왕샤오밍이 상하이 도시공간을 고찰하면서 사라져가는 것과 새로운 공간을 대비1)시킨 것처럼 최근 중

1_ 왕샤오밍은 우선 사회주의 초기의 산업 공간과 문혁 및 1980년대를 거치면서 공공집회 공간, 그리고 골목을 중심으로 전개되던 서민들의 정겨운 생활 모습이 소실되면서 비정치적이고 개인적 삶이 중시되었음을 논술했다. 새로 생기거나 확대된 공간으로, 얽히고설킨 도로와 상업공간의 확대 및 정부와 국유전매기관의 사무공간의 호화로운 변신, 그리고 신속하고 대규모로 확장된 공간으로 주택 공간을 들고 있다. 특히 주택 공간은 전철역, 버스정류장, 대형마트, 학교, 음식점, 병원 등과 같은 시설들이 모두 주택의 부속물이 되어 주택을 중심으로 공간이 조합되고 재구성되는 것을 의미한다(왕샤오밍, 2009 참조).

국 도시는 해체되고 건설되는 중이다. 도시영화 제작자들은 바로 이 변화 현장의 증인을 자처하고 그것을 기록하고 있다. 이런 맥락에서 1990년대 도시영화는 도시화와 더불어 도시 주체의 형상과 그 정체성을 고찰할 수 있는 주요한 텍스트가 된다.

중국영화학자 장잉진은 『도시세대』에 실린 「이유 없는 반항?—중국의 새로운 도시세대와 포스트사회주의 영화제작(rebel without a cause?—china's new urban generation and postsocialist filmmaking)」에서 1990년대 중국영화 제작의 주요한 범주를 주선율영화, 예술영화, 오락영화(또는 상업영화)로 구분하고, 이들이 각각 정치, 예술, 자본의 요소에 의해 움직이고 있음을 지적했다. 이 세 가지에다 장잉진은 '주변성(marginality)'이라는 요소에 의해 움직이는 '지하영화(또는 독립영화)'를 더해 21세기 중국영화의 정치경제 지형도를 완성했다. 첫째, 상상을 특징으로 하고 창조성에 의해 생성된 예술은 미학과 특권을 추구하며 교육받은 소규모의 국내외 관객을 타겟으로 삼는 예술영화를 제작하기 위한 민간과 해외로부터 충분한 재정 지원을 이끌어낸다. 둘째, 권력을 특징으로 하고 검열에 의지해 지속되는 정치는 선전과 지배를 추구하며 거대한 재정 손실을 감수하면서 주선율영화를 만들기 위한 국가 지원금을 끌어들이고 전국적으로 군중을 동원한다. 셋째, 돈을 특징으로 하고 시장에 의해 동기가 부여된 자본은 이윤과 지배를 추구하며, 대중을 타겟으로 삼는 오락영화를 제작하기 위해 민간 그리고 때로는 국가로부터 상당한 재정 지원을 이끌어낸다. 넷째, 진실을 특징으로 하고 반대에 고취되는 주변성은 사실과 특권을 추구하며 세계 또는 때때로 비정상적 통로를 통해 유포되는 지하영화를 제작하기 위해 민간과 해외로부터 낮은 예산 재정 지원을 이끈다. 나아가 장잉진은 이 네 가지 요소들의 결합 관계를 꼼꼼하게 점검하고 있다. 사실 1990년대 중반 이후 이 네 가지 요소들은 국내외의 '시장 주변을 돌면서 협상과 타협을 진행하고 있다. 정치, 예술, 자본, 주변성의 요소를 시장을 중심으로 배치한 장잉진의 지형도는, 조반니 아리기의 '세계—시장 사회(a world-market society)'[2]와 호응하면서, 1990년대 이후 중국영화의 윤곽을 파악할 수 있는 기본 시야를 제시한 것으로 평가할 수 있다.

독립영화 또는 지하영화는 초기 6세대 감독의 중요한 표지였다. 실험적 영화제작자들—장위안(張元), 장밍(章明), 러우예(婁燁), 자장커(賈樟柯), 왕취안안(王全安), 그리고 우원광(吳文光)과 장웨(張悅)와 같은 다큐멘터리 감독—과 약간 상업적인 감독들—예를 들어 장양(張揚)과 스룬주(施潤玖)—이 이 범주에 속한다. 독립영화 제작자들은 미학적 관점뿐만 아니라 사회적, 직업적 정체성의 측면에서 국가에 의해 훈련되고 고용된 앞선 세대와 달랐다. 독립영화 제작자들에게 1993년 7인의 영화제작자들에 대한 금지는 하나의 전환점이 되었다. 이 조치는 일련의 심화 개혁 또는 철저한 시장화와 동시에 진행되었다. 이러한 이중성은 사회주의 영화 시스템이 자본주의화 과정을 향한 복잡한 탈바꿈을 시작하면서 한편으로는 지하영화에 제약을 가하고 다른 한편으로는 상업적이고 무해한 장르에 '새해 경축 코미디(賀歲片)'와 같은 특혜를 주는 것으로 드러나고 있다. 아울러 관객을 극장으로 끌어오기 위해 분장제(分掌制)가 시행되었다. 어려운 여건에서도 젊은 독립 영화제작자들은 스튜디오와 시장경제의 변화로 만들어진 틈새 공간을 탐험하면서 1994년부터 1996년까지의 어려운 시절에 도전적인 영화들을 발표했다. 장위안의 <광장(The square)>과 <동궁서궁(East Palace West Palace)>, 왕샤오솨이의 <한랭(Frozen)>과 <짐꾼과 아가씨(So Close to Paradise)>, 관후의 <헝클어진 머리(Dirt)>, 러우예의 <주말의 연인(Weekend Lovers)>, 허젠쥔(何建軍)의 <우편배달부(Postman)>, 닝잉(寧瀛)의 <민경 이야기(On the Beat)>, 장밍(章明)의 <우산의 비구름(Rainclouds over

---

2 조반니 아리기는 『베이징의 애덤 스미스(*Adam Smith in Beijing*)』(2009)에서 "현재 진행 중인 세계 정치경제의 중심지가 북아메리카에서 동아시아로 이동하는 현상을 애덤 스미스의 경제 발전론의 관점에서 해석"하고자 한다. 물론 그가 말하는 동아시아의 중심은 중국이다. 그는 "'새로운 미국의 세기 프로젝트'의 실패와 중국의 성공적인 경제 발전이 결합된 결과, 세계 문명들 사이의 더 큰 평등성에 기초한 스미스 식 세계-시장 사회가 『국부론』 출판 이래 250여 년간 어느 때보다도 실현 가능성이 높아졌다" 진단을 내린다. 이것이 바로 '세계-시장 사회'다.

Wushan)> 등이 그것이다. 이 영화들은 엄격한 검열과 이익을 추구하는 배급자와 상영자의 무관심으로 인해 중국 관객들에게 접근이 금지되었지만, 대부분은 다양한 국제 영화제에서 비평적 찬사와 상을 받았다.

여기에서 주목할 것은 새로운 종류의 유연한 '독립영화'가 정책 변화의 새로운 맥락에서 출현하기 시작했다는 점이다. 이들은 1990년대 중반의 정책 개혁의 와중에서 대중적이고 상업적인 전환을 시도했다. 장원(姜文)의 <햇빛 찬란한 날들>, 장양의 <사랑의 매운탕>, 스룬주의 <아름다운 신세계> 등으로, 예술영화와 상업영화의 결합 사례라 할 수 있다. 또한 1996년 미국인 로에르(Peter Loehr, 중국명 羅異)에 의해 설립된 이마르 영화사(Imar Film Co. Ltd)는 베이징에 기반을 두고 외국인 투자와 제작자를 포함하며 시안(西安) 스튜디오와 공동 제작도 하면서 새로운 바람을 일으켰다. 이마르 현상은 분명 '주류'도 아니고 정치적 현상에 대한 대립도 아닌 대안영화를 유지하기 위한 시장화와 멀티미디어적 접근이라는 모험을 시험하고 있다. 1998년 베이징 스튜디오와 상하이 스튜디오는 '젊은 감독 희망 프로젝트'(青年導演希望工程)를 출범시켜 베테랑 6세대 감독들과 새로운 신인들을 지원했는데, 이들은 프로젝트 지원을 무조건 거부하지 않고 적절하게 활용하면서 자신의 스타일을 추구하고 있다.

도시 리얼리즘(urban realism)은 크라머(Stefan Kramer)가 『중국영화사』(2000)에서 6세대 감독을 일컬었던 개념이다. 크라머는 이들의 작품이 중국 사회와 타협하지 않으며 개인주의 성향이 강하고 비판적 시각과 아주 단순한 리얼리즘을 보여주고 있다고 평한다. 이들은 과거사에 집착하지 않고 1990년대 이후 탈이데올로기화되고 상업화된 중국의 도시를 자신의 고유한 체험에서 우러난 관점으로 관찰한다. 이들은 중국의 현대도시가 안고 있는 정치적·사회적 모순이나 인간 상호간의 모순들을 찾아내 강도 높게 비판한다. 한편으로 급격한 산업화와 다른 한편으로 사회 구석구석에 스며들어 있는 과거의 규범과 전통, 이데올로기 사이에서 균열된 사회 모습을 보여준다. 경제의 기적에 가려진 현실과 집권층이 선전하는 개혁영화들과는 완전히 상반된 사회상을 고발한다. '소시민'의 관점에서 모든 미학적 수식이나 영화적 도식을 배제하고, 거대도시 베이징에서 살아가고 있는 보통 사람들이 일상에서 느끼는 환멸감을 표현하는 것이다. 이들의 도시 리얼리즘 스타일은 다큐멘터리 기법 및 아마추어 연기자의 캐스팅과 함께 효과적으로 세팅된 가식 없는 영상들을 담고 있어 1940년대 이탈리아의 네오리얼리즘과 음울한 필름누아르를 연상시킨다.

도시 리얼리즘의 심층에 자장커가 자리하고 있다. 맥그레이스(Jason Mcgrath)는 『도시세대』에 실린 「자장커의 독립영화(the independent cinema of Jia Zhangke)」에서 자장커 작품의 리얼리즘의 두 가지 연원으로 1990년대 초반 중국의 기록영화와 창작영화 제작에서 보였던 '포스트사회주의 리얼리즘(postsocialist realism)'과 국제 예술영화의 전통, 특히 1990년대 후반 세계의 유수 영화제와 예술영화계의 두드러진 특징이었던 '미학화된 롱테이크 리얼리즘(aestheticized long-take realism)'을 들고 있다. 전자는 감독의 초창기 프로젝트와 단편 작품에 분명하게 드러나는 반면, 후자는 서사적 작품인 <플랫폼>에서 찾아볼 수 있다. 그의 영화는 중국문화와 대화를 하기 위한 개입인 동시에 동시대 세계 예술영화의 미학 수준에 어필하는 문화 상품으로 이해될 수 있다.

리얼리즘과 긴밀한 관계가 있는 것이 1989년 이후 다큐멘터리 영화와 비디오 실천이다. 혁신적이고 사회적으로 주목받는 이 새로운 다큐멘터리 운동(呂新雨, 2003)은 텔레비전 세계로부터 출현했다. '진짜 같아지기' 위한 민감한 욕망을 내재하고 있는 신다큐멘터리는 '즉흥 촬영(spontaneous shooting)' 또는 '현장 리얼리즘'을 특징으로 하며 주류 다큐멘터리와 달리 설교 포맷을 결락시켰다. 다큐멘터리 트렌드는 평범한 사람들과 그들의 일상생활의 관심에 대해 토로하면서 텔레비전의 급속한 확장과 심각한 상업화에 편승해, 1990년대 텔레비전에 생겨난 공공 공간의 형성에 일조했다.

이 밖에도 포스트혁명과 친시장적 중국에서 문제적 젠더와 섹슈얼 정치학 그리고 남성의 욕망 및 남자다움(masculinity), 도시, 경찰, 영화 사이의 삼각

관계에서 변화하는 동력학을 볼 수 있는 '경찰영화' 지방적·코즈모폴리턴의 열망을 가진 독립 예술영화 등이 논의되고 있다.

4. 맺는 글

포스트사회주의 중국 연구가 일천하고 나아가 그것과 도시영화를 연계시키는 경우는 매우 드물다. 또한 중국영화 연구에서도 6세대 영화에 대한 연구가 적지 않지만, 그 주제를 도시영화의 관점에서 심화시킨 연구는 그리 흔치 않다. 『도시세대』는 1990년대 이후 중국 도시영화가 '포스트사회주의 중국의 도시화와 도시 정체성'을 고찰할 수 있는 적절한 지점이라는 사실을 알려주고 있다. 한 걸음 더 나아가, '포스트사회주의 중국의 도시화—도시 정체성—도시영화의 절합'이라는 맥락에서, 전 지구화 과정과 중국의 근현대화 과정이 첨예하게 만나는 지점으로 도시화를 설정하고 그것을 기록·재현하고 있는 도시영화 텍스트의 변용(transfiguration)을 분석한 후 다시 도시화의 현장(on-the-spot)과 대조함으로써, 포스트사회주의 중국의 도시화와 그 속에 살면서 도시화를 바라보는 중국인의 의식과 정서를 확인하게 된다면 최근 부상하는 중국과 중국인을 해석(interpretation)할 수 있는 유효한 틀을 마련하게 될 것이다.

중국영화를 통해 본 상하이와 상하이인의 정체성[*]

이 글은 기본적으로 근현대 중국을 대표하는 상하이라는 도시에 대한 관심과 그 도시문화의 핵심을 구성한다고 판단되는 영상문화를 탐구하고자 하는 시도에서 출발한다. 도시연구(urban studies)와 영화연구(film studies)라는 두 영역의 결합을 통해, 전통과 근현대 혹은 동양(중국)과 서양이 혼성 교차하면서 오늘날 가장 근현대적임과 동시에 가장 중국적인 문화를 형성해 온 상하이와 상하이인의 정체성을 고찰하는 것은 중요한 과제이다.

1. 중서(中西) 교류와 모던 상하이의 부침

1840년 아편전쟁이 일어나고 1842년 난징조약이 체결된 다음 해 상하이는 개항을 맞이하면서 중국의 새로운 중심으로 부상했다. 그러나 1843년 개항 이전에 상하이는 인근 도시의 기능을 흡수하고 있었고, 그보다 훨씬 이전인 1685년 청 강희제가 개방했던 4곳의 항구 가운데 하나인 강해관(江海關)이 상하이 인근인 송강(松江)에 자리잡고 있었다. 그리고 명나라 정화(鄭和)의 대항

---

* 이 글은 한국학술진흥재단 2004년도 인문사회분야 지원 국내외지역 사업의 지원을 받은 <상하이영화를 통한 상하이와 상하이인의 정체성>의 연구 결과물인 『상하이영화와 상하이인의 정체성』에 수록된 총괄 논문이다.

해도 이곳에서 시작했다. 이렇듯 상하이의 지정학적 가치는 일찌감치 주목을 받아왔고 1843년의 개항¹⁾을 계기로 집약적인 발전을 하게 된 것이다.

그럼에도 중서 교역의 관점에서 아편전쟁 이전의 광둥(廣東)에 주목할 필요가 있다. 1840년 이전 광저우(廣州)는 국가의 공인을 받은 특허 상인인 '13공행(公行)'을 대표로 하는 광둥 무역체계의 중심이었다. 이들은 서양과의 무역뿐만 아니라 외교업무도 관장했다. 서유럽의 중상주의와 중국의 중화주의의 동상이몽의 현장으로서 광둥 무역체계를 고찰한 리궈룽(李國榮)에 의하면, 명청에 걸친 300년의 봉쇄 이후 강희제(康熙帝)가 4곳의 항구를 개방²⁾한 지 70여 년 만에, 방어가 통상보다 중요하다고 생각했던 건륭제(乾隆帝)는 한 곳만 남기고 문을 닫아버렸다. 그러나 정작 중요한 사실은, 이때까지 서양 선박은 주로 월해관으로 입항했다는 것이다(馬士, 1991; 리궈룽, 2008: 36 요약 재인용).³⁾ 이는 각 항구의 역할에 차이가 있었고(리궈룽: 36)⁴⁾ 광저우의 성숙한 양행(洋行) 제도와 해안 방위 등의 조건이 어우러진 결과였다.

아편전쟁 이전 월해관은 중서 해상 교통의 중요한 교차로이자, 나라의 재화와 부가 모이는 곳이었다. 또 대외무역의 전통과 해안 방어에서 특수한 지위를 가진 곳이었다. 때문에 쇄국정책을 실시하던 때에도 매우 특별한 공간으로 취급받아, 아편전쟁 이전 중국 대륙의 유일한 개방 항구가 될 수 있었다. 이를 통해 광저우는 중서 무역의 중심이 될 수 있었고 그 중심에 광저우 13행이 자리하고 있었다. 이들은 "월해관 대신 세금을 징수하는 등 관청의 승인을

1_ 상하이는 개항을 계기로 난징(南京), 양저우(揚州), 닝보(寧波), 항저우(杭州), 쑤저우(蘇州) 등의 인근 도시들의 기능을 서서히 수용하면서 1930년대에 국제적인 도시 '대(大)상하이'가 되었고 1950년대 이후 공화국의 장자(長子)가 되었다.

2_ 1685년 청나라 정부는 동남 연해에 월해관(粤海關), 민해관(閩海關), 절해관(浙海關), 강해관 등 4개의 세관을 설치하고, 외국 상선이 입항해 무역할 수 있도록 허용했다(리궈룽, 2008: 11).

3_ 모스의 『동인도회사 대중국무역 편년사』에 따르면, 1685년부터 1753년까지, 중국에 온 영국 동인도회사의 상선 189척 가운데 157척(83%)이 월해관으로 왔고, 민해관에 17척(9%), 절해관에 15척(8%), 강해관에는 아예 없는 것으로 나타났다.

4_ 강해관은 주로 국내 연해의 각 항구 사이의 무역을 담당했고, 절해관은 일본 무역을, 민해관은 남양 각국과의 무역을 담당했다. 그리고 월해관은 서양 각국과의 무역을 독점했다.

받은 유일한 대외무역 대리상이었다. 그들이 광주항의 모든 대외무역을 담당했으므로, 내륙의 화물들은 반드시 그들에게 수속비를 낸 뒤 그 이름을 해관에 보고해야만 수출할 수 있었다. 행상은 많은 이익을 남겼지만, 책임 또한 무거웠다"(리궈룽: 48).

미국의 『아시아 월스트리트 저널』은 2001년 지난 천 년 동안 세계에서 가장 부유한 50명을 선정 발표했다. 그 가운데 미국의 록펠러와 빌 게이츠가 있었고 중국에서는 칭기스칸과 쿠빌라이 그리고 근대의 쑹쯔원(宋子文)과 함께 오병감(伍秉鑒)이라는 생소한 이름이 포함되었는데, 이는 반진승(潘振承)의 동문행(同文行, 1744)에 이어 이화행(怡和行, 1783)을 연 오국영(伍國營)의 아들이었다. 그는 1801년 가업을 계승한 후 1807년 광저우 총상(總商) 자리를 이어받아 행상의 지도자로서 매우 중요한 역할을 수행했다(104). 그러나 광저우는 마치 양날의 검처럼 새로운 문화를 수입하는 동시에 엄청난 재앙을 불러들이고 있었다. 17~18세기 중서 무역을 총괄했던 13행은 19세기 중엽 국가 위기의 희생양이 되었다. 이는 주로 아편전쟁의 배상금 부담과 5구통상으로 인한 독점적 지위의 상실로 표현되었다. 13행은 상업 무대에서 완전히 사라졌고, 행상들도 파산하거나 외국 상인들에게 매판으로 고용되는 등 저마다 다른 길을 걷게 되었다. 일부 영리하고 모험심 강한 상인들은 새로운 개항 항구인 상하이로 가서 떠오르는 부자가 되기도 했다. 1850년대 상하이는 광저우를 대신해 중국 최대의 무역항이 되었다. 작은 어촌이던 상하이가 전국 최대의 무역항이 된 것은 광둥 상인들이 있었기 때문이다.

난징조약 직후 개항된 상하이에 가장 먼저 온 사람들은 서양 상인들과 무역에 종사했던 광둥인이었고, 뒤를 이어 오랜 도시 경영의 경험이 있던 인근의 닝보(寧波)인들이 몰려왔다. 전자가 상하이의 대외무역을 주도했다면 후자는 주로 금융업에 뛰어들었다. 모던 상하이는 광둥 무역과 닝보 금융의 경험을 받아들인 기초 위에 '몸소 서양을 시험(以身試西)'해 자신의 독특한 정체성을 창안했다. 이들 상하이 금융인들은 마오쩌둥뿐만 아니라 장제스의 손아귀에서 벗어나기 위해 홍콩을 선택했다. 이들은 서유럽식 금융업과 상업 실무를 습득한 최초의 중국인으로, 서양의 규칙에 따라 국제적인 금융 게임에 참가했다. 그리고 금융산업이 세계 경제를 주도하기 시작한 1960년대부터 형성된 전세계 화교들의 국경 없는 네트워크 형성에 주도적인 역할을 했고 1980년대 개혁개방에 지대한 공헌을 했다.

중서교류의 관점에서 볼 때, 중국 측 창구는 1840년 이전의 광저우, 1843년 개항 이후 중화인민공화국 건국 직전까지의 상하이, 1950년대 이후의 홍콩, 1980년대 개혁개방 이후의 광저우와 선전(深圳), 1990년대 이후 상하이가 중심 역할을 했음을 알 수 있다. 크게 보면 주장(珠江) 삼각주와 창장(長江) 삼각주 사이를 오간 셈이다. 중국 근현대 장기 지속(longue durée)의 관점에서 볼 때, 상하이는 가장 오랜 시간 동안 중국의 대외 창구 노릇을 했다. 외국인 조계와 국내외 이주를 통해 중국의 새로운 중심으로 부상한 모던 상하이는 1930~40년대 이미 세계적인 국제도시의 이름을 날렸다. 그러나 1949년 공산화된 이후, 그 영광을 홍콩에 넘겨주었다. 식민지였으면서도 20세기 자본주의 정점의 하나를 구축했던 홍콩의 발전은 상하이의 후원 아래 이루어졌던 셈이다. 1930년대 서양인들에게 '동양의 파리' 또는 '모험가들의 낙원'으로 일컬어졌던 상하이가 왕년의 영광 회복을 선언하고 나선 것은 1990년대 들어와서였다. 푸둥(浦東) 지구 개발로 뒤늦게 개혁개방을 시행한 상하이는 10여년 만에 중국 최고 수준의 발전을 이루는 저력을 과시하고 있다. 상하이는 중국 근현대사의 진행 과정을 압축적으로 구현하고 있다. 따라서 상하이와 상하이인의 정체성을 파악하는 것은 근현대 중국의 핵심을 이해하는 것이기도 하다.

2. '상하이영화'와 '영화 상하이'

중국영화는 오래된 제왕의 도시 베이징에서 탄생했지만 결국 조계 시대의 상하이를 자신의 성장지로 선택했다. 영화 성장에 적합한 토지였던 상하이는 중국영화의 발상지가 되었다. 알다시피 중국영화에서 '상하이영화'의 비중은 매우 크다. 상하이영화 발전에 몇 개의 전환점을 찾아볼 수 있는데, 조계, 최초의 영화 상영, 항전, 신중국, 개혁·개방 등이 그 주요한 지점이다. 영화와 자본주의 시장의 긴밀한 관계를 고려할 때 신중국 건설은 상하이영화 발전의 주요한 분기점이었다. 중화인민공화국 건국 이전까지 중국영화사는 상하이영화사라 해도 과언이 아니었다. 중국영화는 상하이영화와 '원주가 비슷한 동심원'이었던 셈이다. 근현대도시, 이민도시, 국제도시, 상공업도시, 소비도시 등의 표현은 영화산업 발전의 요건을 설명하는 명칭이기도 하다. 영화가 상하이로 인해 입지를 확보하고 영역을 넓힐 수 있었다면, 상하이는 영화로 인해 근현대화를 가속할 수 있었다. 그러므로 상하이의 영화산업은 상하이 나아가 중국 근현대화의 핵심이라 할 수 있다. 특히 영화의 유통과 소비는 상하이의 경제와 문화의 중요한 부분을 차지했다. 참고로, 중국 근현대문학의 비조 루쉰도 상하이 시절 택시를 대절해서 영화감상을 즐겼다고 한다. 반제·반봉건의 기수이자 엄숙문학과 진보문화의 상징이었던 그가 즐겨본 영화는 아이러니하게도 제국주의의 대명사 할리우드의 '타잔' 영화였다고 한다. 대중문화에 대한 이성적 차원의 비판과 정서적 차원의 향유라는 중층적 수용을 루쉰에게서도 발견할 수 있다.

상하이영화에 대해 통시적·공시적 고찰을 시도한 임대근(2006)의 논의에 의하면, 적어도 2000년대 초반까지는 '상하이영화'라는 명명이 쓰이지 않았거나 쓰였다 하더라도 적극적인 의도가 있지는 않은 것으로 보인다고 한다. 그는 상하이영화를 도시와 영화의 관계라는 측면에서 접근하면서 우선 '도시 속의 영화'와 '영화 속의 도시'로 구분하고 후자를 다시 제작과 상영으로 나누고 있다. 다시 말해, 상하이영화는 '상하이(를 재현한) 영화(films on Shanghai), 상하이(에서 제작된) 영화(films in Shanghai), 상하이(에서 상영된) 영화(cinema culture in Shanghai)5)로 나눌 수 있다는 것이다. 그리고 이 세 가지에 대한 연구를 '도시연구' '영화연구' '문화연구'로 나누고 상하이영화 연구는 이 세 축이 상호 뒤

얽혀 들어있는 방식으로 진행될 것으로 예측하는 것으로 논의를 마무리하고
있다. '상하이영화'에 대한 임대근[6]의 진지한 고찰은 통시성과 공시성을 겸했
기에 설득력이 있다. 그러나 '상하이영화'의 하위범주로서 '상하이 영화문화'
의 범위를 어떻게 설정할 것인지를 미결의 과제로 남겨두고 있다.

이 글에서 관심을 가지는 '영화 상하이'는 '영화 속의 도시'이고 '상하이를
재현한 영화'[7]이다. 그러나 '영화 상하이'에는 '상하이영화'로 포괄할 수 없는
부분이 존재한다. 즉 상하이에서 제작되지도 않고 상영되지도 않았지만, 상하
이를 재현한 영화가 그것이다. 이를테면 『인디아나 존스』라든가 최근의 <미
션 임파서블III> 등의 외국영화와 <아나키스트> 등의 한국영화에서 재현된
상하이는 임대근이 고찰한 '상하이영화'의 범주에 귀속되지 않는다. 나아가
중국 내의 다른 지역, 특히 홍콩에서 제작된 상하이 재현 영화[8]의 비중은 상
하이 연구에 무시할 수 없는 비중을 차지하고 있지만 '상하이영화'에 포함되
지 않는다.[9]

5_ 이 부분의 영문 번역은 비약이 있다. '상하이에서 상영된 영화'와 '상하이 영화문화'는 일치하지
않는다.

6_ 「상하이영화 연구 입론(立論)」의 영문 제목 'A Speculative Argument on Shanghai Cinema
Studies'는 또 다른 논의의 여지가 있다. '상하이영화에 대한 연구(Study on Shanghai Cinema)'가
아니라 '상하이영화 연구(Shanghai Cinema Studies)'에 대한 입론이라는 의미는 '상하이영화 연
구'를 '문화연구(Cultural Studies)' 등의 수준으로 끌어올리겠다는 의도로 읽을 수 있는데, 「상하
이영화 연구 입론(立論)」이 그 폭과 깊이를 담보해냈는지가 문제적이고, 그와 별도로 그 성립
가능성에 대해서도 심화된 논의가 필요하다.

7_ 노정은에 의하면, '영화를 통해 상하이를 읽는 것은 중국 영화의 선택과 배제의 전략을 밝히는
것이다. 다시 말해, 1930년대 상하이인의 모더니티 경험을 재현, 중재하는 역할을 수행했던
중국 영화들은 프레임 안에 선택된 것과 프레임 밖으로 배제된 것에 대한 공감화된 담론으로
작동하면서 상하이의 지정학을 그려내었고, 상하이라는 특수한 공간을 페티쉬화하면서 부분으
로 전체를 보여주었다(노정은, 2004: 130). 이에 따르면, 상하이 재현 영화는 결국 상하이 상상
(imagination) 또는 발명(invention)의 일환인 것이다.

8_ 스탠리 콴(Stanley Kwan, 關錦鵬)의 상하이 재현 영화―<흰 장미 붉은 장미>, <롼링위>,
<장한가>―와 앤 후이(Ann Hui, 許鞍華)의 <반생연> 등이 대표적이다.

9_ 박자영(2004)은 글의 서두에서 왕카와이(王家衛)의 <화양연화(花樣年華)>에 대한 분석으로 '상
하이 노스탤지어'를 풀어나가고 있다. 그녀에 따르면, <화양연화>에 묘사된 1960년대 홍콩의
주택가와 사무실, 치파오 등에 상하이의 자취가 넘실댄다.

왕더웨이(王德威, 2001)는 『소설 중국』이라는 책의 서문에서 "소설이 중국 현대화 역정을 기록"한다는 의미와 "역사와 정치 논술 속의 중국에 비해 소설이 반영한 중국이 더 진실하고 실재적일 수도 있다"는 맥락에서 '소설 중국'이라는 개념을 제출했다. 자오시팡(趙稀方, 2003)도 이에 근거해 '소설 홍콩'이라는 용어를 사용했다. 또한 천쓰허(陳思和, 2003)도 왕안이(王安憶)의 『장한가』를 분석하면서 '문학 상하이'라는 표현을 사용하고 있다. 이들과 불모이합(不謀而合)으로 필자도 『소설로 보는 현대중국』에서 "중국의 근현대소설은 중국 근현대사를 이해하는 데에 있어서 가장 풍부하고도 재미있는 사료적 성격을 가진다"(임춘성, 1995: 6)라는 점에 착안해 '지안문을 통해 보는 천안문'으로 유비한 바 있다.

'영화 상하이'는 이상의 맥락과 궤를 같이한다. 이는 우선적으로 영화를 통한 상하이 연구이고, 영화연구와 도시연구의 유기적 결합, 텍스트 연구와 콘텍스트 연구의 상호 작용에 대한 연구이다.

3. 상하이인의 역사적 형성

'영화 상하이'라는 문제의식은 당연하게도 상하이인에 대한 관심으로 연결되기 마련이다. 역사적으로 볼 때 상하이인의 정체성 형성에 몇 가지 중요한 계기[10]가 있었다. 그중에서도 인구의 유동이 많았던 상하이에서 그 정체성 형성에 결정적인 역할을 한 것은 '신중국' 건설 이후 시행된 '후커우(戶口) 제도' 였다. 신중국의 후커우 제도는 1951년 도시에서 먼저 시행되었고, 1955년 농촌에 확대 적용되었다. 1958년 후커우등기조례(戶口登記條例)가 국가주석령으로 공포되면서, 전국적인 범위에서 엄격하게 실시되기 시작했다(이강원, 2006: 155). 중국의 후커우 제도는 일반적인 의미에서의 한국의 '호적제도(戶籍制度)

10_ 1853~1855년의 소도회(小刀會) 사건과 1870년의 쓰밍공소(四明公所) 사건 등이 대표적이다.

와 유사하지만, 단순한 인구등록제도나 인구통계제도를 넘어선 성격을 지니고 있다. 국가는 후커우 등기와 관리를 통해 직간접적으로 인구이동의 양과 방향에 개입한다. 중국의 후커우 제도는 후커우의 분류상 상주 지역과 양식의 조달 경로라는 이중의 범주를 사용하고, 후커우의 천이(遷移)와 관련해 '정책(政策)'과 '지표(指標)'라는 이중의 통제를 사용한다.[11] 그 목적은 국가가 가능한 한 최대한으로 농촌에서 도시로의 자발적인 인구이동을 제한하려는 것이다(이강원: 184). 1993년 이래 상하이의 후커우 인구는 자연증가를 멈춘 것으로 알려졌다. 따라서 상하이와 같은 대도시의 인구 증가는 외래 '유동 인구'에 의한 것으로 파악된다. 이 '유동 인구'의 대부분을 차지하고 있는 것은 '농민공'[12]이라고 불리는 비정규직 노동자다.

후커우 제도는 근현대도시 상하이 발전의 기본 동력이랄 수 있는 이주민의 전입을 근본적으로 봉쇄했다.[13] 그리하여 한편으로는 '새로운 상하이다움(new Shanghai-ness)'의 수혈을 저해했지만, 다른 한편으로는 이주가 금지되었던 약 30년 동안 형성된 상하이다움을 돌아보고 다듬을 수 있게 되었다. 다시 말

11_ 호구제도는 공민이 상주 지역에 따라 등기를 행하는 이외에, 식량을 어떻게 해결하느냐에 따라, 농업호구와 비농업호구로 나뉘어진다. 호구제도 하에서, 공민이 농촌에서 도시로 이주할 때에는 상주 지역 등기(農村戶口, 城鎭戶口)의 변경뿐만 아니라 '농업호구를 비농업호구로 전환'(=약칭으로 農轉非 혹은 戶口農轉非라 불림)시켜야 한다. 농업호구를 비농업 호구로 전환시키는 것은 하나의 행정적 과정이지만, 국가의 '정책'과 '지표'의 이중적인 속박을 받는 것으로서 정부의 간섭이 매우 강한 절차이기도 하다. 많은 연구들은 이것을 도-농간 인구이동의 장애물로 간주하고 있다(이강원, 2006: 161).
12_ 개혁·개방 이후 대도시로 몰려드는 '농민공'들의 경우, 대도시의 호구를 얻지 못하면 임금을 1/3 수준으로 받게 된다. 약 2억 명에 달하는 농민 호구의 도시 노동자인 '농민공'은 도시-농촌 차별, 노동자-농민 차별, 육체노동의 차별을 한 몸에 가지고 있다(황희경, 2007: 131~32). 최근 중국 경제의 비약적 발전 이면에는 '농민공'의 희생이 존재하고 있다. 또한 왕샤오밍은 시장경제개혁은 30년간 지속된 사회주의 계층 구조를 뒤흔들었고 그로 인해 새로운 네 계층이 등장했다고 분석했다. 첫째 신부유계층, 둘째 사무직(白領), 셋째 실업 노동자, 넷째 농민공이 그것이다. 그 중 농민공은 상하이에서 200만 명이 넘지만 도시 호구가 없기 때문에 상하이 인으로 취급되지 않고 항상 존재하지 않는 것처럼 무시된다. 그들은 이미 상하이 노래방과 영화관의 열렬한 관중이고 무협·애정 등 염가 통속잡지의 주요한 독자층이 되었으며 그들의 문화 취향은 점차 노래방과 영화관, 출판사와 통속잡지에 영향을 주고 있다(王曉明, 2003: 4~5).
13_ 이런 도시를 '빗장도시(gated city)'라 한다.

해 이주의 각도에서 볼 때 이 30년의 공백은 그 전과 후를 나눌 수 있는 분기점이 되었고, 이전의 상하이와 상하이인의 정체성을 돌아보고 다듬을 수 있는 시간이 되었다. 흔히 이 공백기 전의 상하이와 상하이인을 '라오상하이(老上海)'와 '라오상하이인(老上海人)'이라 하고, 개혁개방 이후의 상하이에 이주한 사람을 '신상하이인(新上海人)'이라 일컫는다. 그리고 '신상하이'란 '신상하이인'만의 상하이가 아니라 그들이 '라오상하이인'과 함께 만들어가는 상하이를 가리키는 것으로 보아야 한다. 물론 양자 사이의 역학 관계가 충분히 고려되어야 할 것이다. 이 글에서는 '라오상하이인'과 '신상하이인'이라는 역사적 개념을 전제하되, 양자를 불변하는 고정된 개념으로 설정하지 않고, 양자가 끊임없이 섞이고 호동(互動)함으로써 '상하이인'이라는 문화적 개념을 생성하는 것으로 본다(임춘성, 2006: 294~95).[14]

이주의 각도에서 볼 때 상하이는 베이징과 대비된다. 이전의 과거(科擧) 응시로 대변되던 입신양명(立身揚名)을 추구한 사람들이 베이징으로 몰렸다면, 상하이 이민들은 돈을 벌기 위해 몰려왔다. 베이징의 경우, 수많은 베이징 토박이(老北京)가 존재했기에 새로 온 이민이 기존의 베이징문화에 동화된 측면이 강했다면, 신천지 상하이는 '온갖 하천이 바다로 모여(海納百川)' 새로운 근현대적 도시문화를 형성해갔다.

4. 정체성의 정치학

상하이인의 정체성이 작동하는 기제를 고찰하려면 '정체성의 정치학(politics of identity)'에 대한 이론적 접근이 필요하다. '정체성의 정치학'에서 중요한 부분

14_ 신상하이인과 라오상하이인의 구분은 고정적인 것이 아니라 유동적으로 변화하는 과정 속에 있다. 즉 외지인이 상하이에 와서 신이민이 되고, 신이민은 일정 기간이 지나면 신상하이인이 되며 신상하이인은 다시 라오상하이인으로 되는 과정, '외지인-신이민-신상하이인-라오상하이안'의 과정이 지속되면서 상하이는 일관된 생기와 활력을 유지하게 되는 것이다(같은 글: 301 참조).

을 차지하는 것은 '차이의 정치(the politics of difference)'이다. 이는 인류의 불평등이 시작된 이래 끊임없이 작동해온 기제인 '구별 짓기(distinction)' 또는 '타자화(othernization)'를 극복하기 위한 것이다. 정치학자 이남석은 21세기를 '차이의 시대'이자 '차이가 정치의 주체로 나서기 시작한 시대'로 규정하면서, 대의제 민주주의에 의해서 배제된 모든 집단은 차이의 정치의 주체가 될 수 있음을 주장했다(이남석, 2001: 147). 자유주의 정치 원리가 차이를 인식하지 못했고, 차이의 정치가 공동선을 추구하는 데 실패했다면, 정치 사회를 유지하기 위해서 공동선을 부정해서도 안 되며, 공동선을 추구하기 위해서 차이를 배제하지 말아야 한다면, 양자의 적절한 결합만이 요구된다(이남석: 142~43)는 것이 이남석의 새로운 대안이다. 새로운 대안은 타자성을 수용하는 동시에 '구성적 공공선'을 만들 것을 제안하고 있다(146).

인류학자 장정아는 홍콩인이 중국 본토(內地)에서 낳은 자녀들의 홍콩거류권 분쟁에 대한 참여관찰을 통해 그 속에 관류하고 있는 '정체성의 정치(학)'를 고찰했다. 그에 의하면, '정체성의 정치(학)'는 "홍콩인이 내지인을 타자화하면서 자기 정체성을 형성하는 과정에서 작동할 뿐 아니라" "거꾸로 내지인들의 의미 부여와 실천이 이러한 '홍콩인' 정체성의 모순을 드러내는 과정에서도 작동하고 있다"(장정아, 2003: 1)라고 한다. 1997년 반환과 함께 홍콩은 '탈식민화되었지만, 식민 과거는 지금도 홍콩을 크게 규정하고 있다. 홍콩인들은 심지어 '영국이 있는 영국식 지배'의 존속을 원했고 이에 대해 하등의 수치도 느끼지 않았으며, 식민역사 속에서 만들어진 정체성—대륙에 대한 철저한 부정을 기반으로 하는—을 지금도 자랑스럽게 유지하며 대륙(인)을 타자화하고 있다(장정아: 257). 영국인-홍콩인-대륙인의 관계는 마치 독일인-유태인-팔레스타인인의 관계[15]와 같이 끊임없는 타자화의 사슬에 얽매여 있음을 알 수

15_ 서경식(2009)은, 2차대전 홀로코스트의 생존자인 사라 로이 교수의 '홀로코스트와 더불어 살아간다'라는 글에서 언급한 일화를 소개하며 폭력(고난)이 반복되고 있음을 지적한다. "칫솔로 사람 다니는 길을 닦도록 강제당한 일, 대중의 면전에서 턱수염을 깎인 일 등 1930년대 유대

있다. 이는 자신의 경험을 역사화하지 못하는 한계에 기인하기도 하지만 '타자에 대한 둔감성'(서경식) 또는 '차이에 대한 무관심'(Pattrick, 2000: 38; 이남석: 18 재인용)에서 비롯된다.

중국의 일본학자 쑨거(孫歌)는 최근 일본을 관찰하는 중국(인)의 시각에 대해 언급하면서 오키나와 문제를 거론했다. 그녀는 우선 시각의 복수성(複數性)을 전제하면서 일본이 중국 침략 시 자행했던 여러 가지 사건들—난징(南京) 대학살, 세균전, 위안부 문제 등—과 일본 각료들의 야스쿠니(靖國) 신사 참배를 언급했다. 쑨거는 상징성에 의해 매몰되기 쉬운 역사성의 문제를 언급하면서 그 예로 오키나와 전투와 집단자결에 대한 일본 내부의 시각들을 소개하고는 다음과 같이 말한다. 오에(大江健三郎)와 사카모토(坂本義和) 등의 비판적 지식인들이 "자성적인 자세로 그들의 문제를 밀고 나갔을 때 태평양 전쟁 말기 오키나와의 무고한 백성들의 집단자살 문제와 일본 사회의 여타 문제 사이에 연관성이 드러났다. 위안부 문제와 세균전 문제 그리고 교과서 문제 등이 오키나와의 시각에서 새로운 형태를 획득했을 뿐만 아니라 난징대학살과 야스쿠니 신사 참배라는 두 가지 상징적인 사건 이면에 은폐된 일본 사회 정치 구조의 문제도 오키나와 사건으로 인해 무대 앞으로 끌려 나왔다"(쑨거, 2008: 431). 쑨거 글의 궁극적 목적은 "중국인들이 피해국가의 국민으로서 오키나와 민중의 저항운동에 어떻게 반응해야 하며 나아가 우리는 도대체 '일본'을 어떻게 보아야 할 것인가"였지만, 그가 일본을 관찰하는 주요 고리로 선택한 오키나와는 일본 내 차별화의 첨예한 표현이었고 그것은 주류의 국가를 위해 주변인들을 '옥쇄(玉碎)'라는 미명으로 집단자살로 내몰 수 있음을 보여주고 있다.

'정체성의 정치학'을 이론화한 학자는 네오 마르크스주의의 입장에서 문화연구를 수행하는 홀(Stuart Hall)이다. "정체성은 우리를 둘러싼 문화 체계들

인들이 나치한테서 당한 수모들이었다. '그 늙은 팔레스타인 사람한테 일어난 일은 그 원래나 의도, 충격에서 그런 수모들과 다를 게 하나도 없었다는 걸 로이 교수는 깨달았다."

속에서 재현되거나 다뤄지는 방식과 관련해 형성되고 끊임없이 변형되는 것이다"(Hall, 1987). 완전히 통합되어 있고, 완성되어 있고, 확실하고 일관된 정체성이란 환상이다. 홀 연구자인 프록터(James Proctor)의 요약에 의하면, 홀의 '정체성의 정치학'은 '차이의 정치학' '자기 반영성의 정치학' '맥락[상황]에 따라 달라지지만 끊임없이 작동 가능한 정치학'16) 그리고 '절합(切合, articulation)의 정치학'17)으로 구성되어 있다. 차이, 자기 반영성, 맥락 의존성, 절합을 핵심어로 삼는 홀의 정체성 이론은, "모든 타자들의 배제를 통해 공동 전선을 취하는 특정 공동체에 대한 절대적이고 완전한 헌신 및 그것과의 동일시로 규정"(프록터, 2006: 218)되고 "내적 차이를 억압하고, 차이들을 모두 타자화하는 암묵적 전제를 강요"(프록터: 219)하는 '정체성 정치'18)와는 변별된다. 그것은 전통적인 정체성 정치로부터 "차이에 입각한 정치학으로의 변화"를 드러내고 (229) "차이 안의 '통일성들'"(Hall, 1987: 45; 프록터: 224 재인용)19)을 지향한다.

5. 영화를 통해 본 상하이와 상하이인의 정체성 연구를 위한 연구영역

이 연구는 이런 인식을 토대로 삼아, 도시연구와 영화연구를 유기적으로 결

16_ 차이의 정치학은 '하나 안에 있는 '많은 것[多]'을 인식하는 것, … 명쾌한 이항 대립을 거부하는 것과 관련이 있다. 차이들은 결코 (그룹이나 '개안'의) 정체성에서 외재적인 것이 아니라 내재적인 것이다. 자기 반영성은 발화 입장의 특수성을 부각시키는 것을 뜻한다. 맥락 의존성은 다른 사건이나 맥락에 기댄다는 관념, 혹은 우리가 취하는 정치적 입장이 고정불변의 것이 아니라는 인식, 따라서 우리 자신을 시간에 따라 그리고 상이한 환경에 따라 재위치시켜야 한다는 인식이다. (앞에서 언급했듯) 예컨대 어떤 상황에서는 여성해방 운동이 진보적이지만, 또 다른 조건 속에서는 퇴영적 운동이 되기도 한다(프록터, 2006: 221).
17_ 개별적인 것들을 연결시키거나 함께 묶어 새로운 연합을 형성. 홀의 정체성 이론은 데리다의 해체, 그람시의 헤게모니, 라클라우와 무페의 작업을 아우르고 있다(프록터: 224).
18_ 옮긴이 손유경은 전통적인 것은 '정체성 정치'로, 대안적인 것은 '정체성의 정치학'으로 번역한 것으로 보인다.
19_ "모든 정체성은 어떤 문화, 언어, 역사 안에 자리잡고 위치지어진다. … 그것은 국면적 특수성을 요구한다. 그러나 그 정체성이 반드시 다른 정체성들을 향해 무장을 갖추고 맞서고 있지는 않다. 그것은 고정적이고 영원한 불변의 대립 관계를 형성하지 않는다. 즉 전적으로 배제만으로 규정되는 것이 아니다"(Hall, 1987: 46).

합해 상하이와 상하이인 정체성의 지도를 그려보고자 한다. 이를 위해선 중국 소장 영상자료들을 토대로 삼아 '상하이 영상문화와 도시 정체성'과 '상하이인의 정체성'이라는 두 영역을 설정할 수 있다. 전자는 다시 '상하이의 영상문화'와 '상하이의 도시 정체성'으로, 후자는 '이주민 정체성' '성별 정체성' '문화적 정체성' 등의 모두 다섯 가지 세부 주제로 나눌 수 있다. 그 외에도 미적 정체성, 좌익 영화, 상하이인의 시민문화 등도 연구 지평에 놓을 수 있다.

첫째, 상하이의 영상문화. 이는 20세기 상하이 영상문화의 형성 기제를 고찰하는 것이다. 근현대 이행기에 놓인 새로운 도시 공간 출현에 영상문화가 어떠한 영향을 미치게 되었는가 하는 점을 밝히고자 한다. 이 연구를 통해 20세기 전반(全般)에 걸친 근현대적 도시 공간(근현대와 전근현대, 서유럽과 동양의 교량)으로서의 정체성을 갖게 될 수밖에 없었던 필연적 원인과 그에 따라 직조된 구체적인 현상들, 그리고 그러한 현상들이 엮어내는 역사·문화·사회적 의미망을 통해 근대 이후 형성된 동아시아적 인간과 세계의 면모를 재구성하고 이를 통해 우리의 근대와 비교·참조할 수 있는 체계를 구성해 보고자 한다.

둘째, 상하이의 도시 정체성. 이는 공간 문화적 영상 알레고리를 통한 상하이의 도시 정체성을 고찰하는 것이다. 영화에 재현된 상하이의 공간 문화적 영상 알레고리를 분석해 상하이의 도시 정체성을 파악한다. 영화는 문자와 달리 사실의 재현과 생활화라는 영상 미학적인 서사 특징이 있다. 그리고 영상은 문학작품이나 회화, 기사, 역사 소품 등과는 매체로서의 차원을 달리하며 구체적인 영상을 통해 생활 현장이 가감 없이 재현된다. 상하이는 극영화에 자주 등장하는 '문제 공간'이다. 또한 1920~30년대 중국영화 창작의 메카라면 역시 상하이를 꼽지 않을 수 없다. 이런 지역적 특성은 연구대상으로 상하이영화를 주목했던 동기로 작용했다. 상하이인의 정체성 모색을 위해 문제 영화에 대한 영상 공간의 분석과 정리가 연구내용을 채우는 중심 대상이 될 것이다. 이는 공간 문화적 영상 알레고리를 통해 상하이의 도시 정체성을 이해하기 위한 시도이다. 공간 문화적 영상 알레고리는 영상 공간의 분석을 바탕으로 한 상하이 도시공간과 도시문화에 대한 접근을 통해 정체성의 유동성이 사회문화적 현실의 변화와 맞물려 있으며, 이것이 영상에 투영되어 있다는 전제를 바탕으로 한다. 이러한 전제를 바탕으로 영상 알레고리를 통한 상하이 도시 정체성의 이해는 상하이 문화의 독특하면서도 고유한 특성과 의미를 포착하는 작업으로서 매우 중요한 의미를 담고 있다고 하겠다.

셋째, 상하이 이주민의 정체성. 타 지역 출신이 대부분인 '이주민의 도시' 상하이에서 이주민의 정체성은 주요한 관심사일 수밖에 없다. 광둥과 닝보(寧波) 지역에서 온 이주민이 주종을 이루는 이들은 상하이로 진입하면서 동향인 조직의 강한 연대를 바탕으로 커다란 영향력을 행사하게 된다. 이들은 고향의 언어와 문화를 유지하면서도 기존 상하이의 언어 및 문화와 혼합되면서 독특한 새로운 상하이인의 정체성을 형성시킨다. 이 부분에서는 바로 이들 이주민의 정체성에 초점을 맞추어 이들의 이주와 정착, 동향인 간의 네트워크 구성 및 토착민과의 갈등 등의 양상을 영상자료를 통해 분석하고자 한다.

넷째, 성별 정체성. 전통사상과 서유럽 신사상의 충돌로 인해 자유연애를 주창하고 여성의 사회적 역할에 주목하면서 생물학적 의미의 '성'이 서서히 도전을 받고 있었을 뿐 아니라 봉건사회에서 자본주의적 요소의 유입으로 인한 사회의 변화는 많은 여성을 가정에서 방직공장이나 수공업 공장으로 불러냈으며 뒤이어 사회에 확산된 좌익운동이나 항전 등의 중국의 현실 여건은 더 큰 여성의 역할을 요구했다. 이와 같은 사회 역사적 현실 속에서 상하이라는 도시의 복잡한 성격은 중국 내의 타 지역에 비해 개성과 자립심이 강한 상하이 여성을 양성할 수 있게 했으며 높은 사회적 성취도를 가지고 강도 높은 업무를 감당해내게 함으로써 여성의 사회적 역할이 보다 중시되었으며 그럼으로써 오늘날 상하이는 중국 내의 타 지역보다 남녀평등, 혹은 양성평등을 잘 구현하는 사회의 모습을 띠고 있는 것으로 평가된다.

다섯째, 상하이인의 문화적 정체성과 시민문화. 상하이의 문화적 정체성

은 혼합문화(mixed culture) 속에서 배양되고 성장해 세계로 퍼져나간다. 여기에
는 혼종 또는 잡종(hybrid)의 특성이 내포되고 있다. 이민사회로서 각지로부터
이주해 온 사람들의 충돌과 결합, 조화, 갈등을 통해 형성된 혼합문화는 상하
이 정체성을 대표하는 주요 주제라고 할 수 있으며, 이러한 상하이 문화의 형
성 배경에서 조계지로서의 역할을 무시할 수 없다.

이 연구는 영화를 텍스트로 삼아 상하이 사회와 문화에 대한 이해에 접근하
고 있다는 점에서 상하이 지역연구에 포함될 수 있을 것이다. 영화를 텍스트
로 하는 지역연구는 한국 학계에서 친숙하지 않은 참신한 시도가 될 것이다.
영화 미학적 측면에서 중국 영화의 영상만을 가지고 연구를 한다면 그 성과
가 절반에 그치고 말 우려가 있다. 그 까닭은 사회주의 국가인 중국의 영화
정책도 정책이지만, 중국의 역사와 문화를 포함한 사회 현실을 올바로 알지
못하고선 영화를 제대로 읽어낼 수 없다는 말이다. 이만큼 중국영화에 반영
된 중국의 현실은 적나라하고 때론 국가의 정책적 감시를 피한 영상 알레고
리를 통해 표현되어 있다. 이런 영화의 특수한 현상을 충분히 감안해 시도할
영상을 통한 상하이에 대한 지역연구는 포스트모던, 정보화, 디지털 시대에
걸맞은 이론적, 방법론적 시도로서 과학적 실용적 실증적 측면에서 그 연구
내용뿐만 아니라 인문학 연구의 새로운 경지를 개척한 연구사적 의의까지 동
반될 수 있다고 본다.

2009

동아시아의 냉전문화와 문화냉전*

1.

한국 사회에서 동아시아 담론이 '주류화되었다'거나 동아시아에 대한 '연구가 과잉되었다'라는 평가가 나옴에도 불구하고 동아시아는 여전히 모호하다. 마누엘 카스텔은 다음과 같은 문제를 제기한 바 있다. "모든 정체성은 구성된다는 점에 쉽게 동의할 수 있다. 그런데 진정한 문제는 어떻게, 무엇으로부터, 누구에 의해, 무슨 목적으로 정체성이 구성되는가이다"(카스텔, 2008: 23~24). 이를 동아시아에 적용해보면, 근현대(modern) 이전 동아시아에는 타자를 상정할 만큼의 '우리 의식(we-ness)'이 존재했던 적이 없었다. 동아시아(인) 정체성은 일차적으로 서유럽에 의해 무력을 통해 그들의 경제적 이익을 위해 구성되었다. 그리고 이차적으로는 동아시아가 그것을 내면화했다. 전자가 오리엔탈리즘적 시선이라면 후자는 오리엔탈리즘의 내면화 또는 셀프 오리엔탈리즘(self-Orientalism)이라 할 수 있다. 후자에 대해 고모리(小森陽一)는 "몇 세대에 걸친 지식인, 학자, 정치가, 평론가, 작가라는 오리엔탈리즘에 꿰뚫린 사람들이 반복 재생산한 표상=대리 표출(representation)에 의해 구성된 현상"(고모리, 2002: 12)이라고 규정했다. 여기에 바바(Homi Bhabha)의 양가성 이론에서 식민자의

---

* 『냉전 아시아의 문화풍경 2』 서평. 『중국현대문학』, 51호.

시선(look)과 피식민자의 응시(gaze)를 결합하고 세계체계(world system)의 시야(perspective)를 가지고 동아시아와 서유럽의 관계를 역사적으로 고찰해보면 거칠게나마 아래와 같은 단계를 설정해볼 수 있다.

첫째 단계는 서유럽에 의한 동아시아 구성이다. 동아시아의 입장에서 볼 때 서유럽 제국주의의 침략은 동아시아의 근간을 흔든 '서양의 충격'이었다. 서유럽 제국주의는 식민지를 '야만'이라 규정하고 그것을 '문명'화(化)하려 했다. 사실 서유럽이라는 개념 또한 유라시아 대륙의 서쪽 귀퉁이라는 단순한 지리적 개념이 아니라 역사적으로 구성된 것이다. 그것은 동아시아 등 '그 외의 사회'를 타자화(otherization)하는 과정에서 발명되었고(invented), '그 외의 사회'에 강요되었으며, '그 외의 사회 사람들'은 그것을 내면화했고 열심히 추종해왔다.

둘째 단계는 동아시아에 의한 서유럽 수용과 상상이다. 이는 주로 일본의 서유럽 모방으로 대표되었다. 전통적으로 중국 중심의 조공외교 체계에 편입되어 있던 일본이 아편전쟁에서 패배한 중국 제국의 몰락 징후를 간파하고 만국공법 중심의 서유럽 외교체계에 자발적으로 진입한 것을 가리킨다. 이 과정에서 일본은 중국을 타자화시키는 동시에 아이누인을 내부 식민지로 만들었으며, 이어서 류큐와 타이완 그리고 조선을 식민지화함으로써 자신과 동아시아의 다른 '야만' 국가들과의 차별화를 도모했고 서유럽과 비슷한 수준의 '문명' 국가임을 증명하기 위해 그들을 모방했다.

셋째 단계는 동아시아에 의한 서유럽 응시(gaze)다. 이는 식민자의 시선(look)을 분열시키는 역할을 한다. 이를테면 1919년 조선 반도의 3·1운동이나 중국 대륙의 5·4운동이 대표적이다. 이들은 현실에서 성공을 거두지 못했지만 해당 지역에서 진정한 근현대의 시작을 표지하는 사건으로 기록되고 있다. 마루카와(丸川哲史)에 의하면, 일본이 아시아를 침략하고 식민지로 지배했으며, 그 반대편에서는 반(半)식민지 상태의 아시아 각지에서 민족주의가 흥성했는데, 일본은 1919년의 파동을 그대로 비켜감으로써 일본의 '아시아' 담론

구조가 1919년을 놓쳐 버린 채 성립되었다(마루카와, 2008: 59).

마지막으로 동아시아에 의한 동아시아 상상이다. 근현대 이래 동아시아가 서유럽에 의해 상상되고(imagined), 발명되고(invented), 구성되고(consisted), 조직되었(organized)던 것이라면, 이제는 동아시아 스스로 주체적으로 상상하고 발명하고 구성하고 조직하는 것이 오늘의 과제이다. 우리는 동아시아(인) 정체성을 서유럽에 의해 구성된 것을 수용하는 차원이 아니라 재창안(reinvention)의 차원에서 새롭게 조직해야 할 것이다. 그것은 무엇보다 기존의 서유럽적 상상과 구성에 저항하면서 동아시아(인) 자신의 정체성을 형성하게 될 것이다.

2.

오리엔탈리즘 및 내셔널리즘과 함께 냉전은 동아시아 근현대를 고찰하는 관건적인 고리임이 틀림없다. 『냉전과 대학』의 엮은이인 시프린(A. Schiffrin)은 냉전을 이렇게 평가한다. "역사가들은 20세기 후반기 우리 모두의 삶에서 가장 중요한 사실은 냉전이었다는 데 동의한다. 냉전은 우리의 정치를 지배했고 우리의 경제를 변형시켰고 또 무수한 방식으로 전세계 사람들의 삶에 영향을 끼쳤다. 냉전은 역사의 사유 방식에서부터 다른 나라들 문화 및 사회의 접근 방식에 이르기까지, 수많은 중요한 영역에 대한 우리의 시각을 근본적으로 변화시켰다." 그러나 "냉전이 지식인의 삶에 끼친 영향을 철저하게 규명하는 연구는 하나도 없었다"(시프린, 2001: 7). 여기에서 '우리'는 주로 미국인을 가리키지만 시프린의 이 언급은 동아시아에 적용해도 무리가 없을 것이다. 쑨거(孫歌) 또한 '냉전구조 속의 동아시아 시각[1]'을 언급하고 있다. 그는 기존

1_ 쑨거는 기존의 동아시아 시각으로 전통 유학의 시각, 근대화 시각, 그리고 전쟁에 관한 상흔의 기억이라는 시각을 들고 있다. 그러나 첫 번째 시각은 그것이 전성기를 누릴 때조차 이데올로기로서의 유학은 이 한중일 세 나라를 하나로 포괄하는 데에 아무런 매개 역할도 수행하지 못한다는 점을 지적했고, 근대화 시각에 대해서는 동아시아를 서유럽을 따라잡거나 그것에 대항함으로써 근대화의 구현을 도모하는 지역으로 간주하면 동아시아 각국은 타국을 서방을

의 동아시아 시각에는 냉전의 형성과 해체가 동아시아에 가져다준 국제적 변동이라는 역사적 시야가 빠져있다고 본다. 그 대표적인 예가 북한 핵 문제에 대한 태도이다. 그가 볼 때 동아시아 담론의 하나로 간주되어야 할 북한의 핵 문제가 단지 일회적인 국제정치 문제로서 다루어질 뿐, 동아시아라는 틀과 연계되어 인식되지 않고 있다는 것이다(쑨거, 2009: 42). 그러므로 그는 한·중·일 모두 '냉전구조 속의 동아시아' 시각을 가질 것을 주장한다. 냉전구조가 사실상 해체된 상황에서조차 냉전 이데올로기는 여전히 상대적으로 독립된 채로 불변의 형태를 유지하고 있으며 갈수록 단순화되고 경직화되고 있기 때문이다.

3.

성공회대학교 동아시아연구소[2])에서 『냉전 아시아의 문화풍경 1: 1940～1950년대』(이하 『풍경 1』)에 이어 『냉전 아시아의 문화풍경 2: 1960～1970년대』(이하 『풍경 2』)가 출간되었다. 공동연구자 이동연은 『풍경 1』과 『풍경 2』의 성과를 '동아시아의 문화지역주의와 냉전문화'로 요약하면서 "동시대 동아시아를 하나의 탈냉전 시대의 문화권역으로 설정하면서 배타적인 문화민족주의에 대한 비판을 통해 새로운 문화소통과 탈국민-국가적 횡단을 기획하고자 한

따라잡는 일종의 경쟁 상대로 파악함으로써 동아시아 시각 확보에 실패했다고 진단했다. 마지막은 전쟁기억과 관련된 것인데, 이 관점에서 보면 "일본은 동아시아의 잔혹한 접착제"였고 지금도 그러하다. 그럼에도 쑨거는 일본의 진보세력이 전쟁책임의 규명과 전쟁기억의 정확한 전승을 위해 수행한 노력을 낮게 평가할 수 없다는 점을 강조하고 있다(쑨거, 2009: 16～19 참조).

2_ 2003년에 창설된 성공회대학교 동아시아연구소는 그동안 학술진흥재단(현 한국연구재단)의 지원을 꾸준히 받아 공동 연구를 수행하면서 동아시아의 대중문화 교류, 냉전기 국민문화 형성, 문화 생산과 조절 등의 과제를 통해 동아시아의 문화변동 과정을 인터아시아(亞間亞)적 관점에서 성찰적이고 비판적인 연구를 수행하고 있다. 2007년에는 '문화로서의 아시아'라는 주제로 '인문한국' 연구사업을 수행 중이다(이상 동아시아연구소 팸플릿 참조). 국가의 지원을 지속적으로 받으면서 자신의 특색을 살리기가 쉽지 않을 터인데 두 마리 토끼를 놓치지 않고 대학 내 연구소의 기반을 확립해가고 있는 모범적 사례라 할 수 있다.

다"(이동연, 2007: 112)라고 했다. 그는 특히 연구책임자인 백원담의 동아시아론을 "한・중・일 국민-국가의 패권적 지역주의가 아니라 밑으로부터의 이해관계를 결집시키고 동아시아 내 다양한 저항의 경험들을 서로 공유하는 대안적 지역주의 구성"으로 파악하면서, 『풍경 1』과『풍경 2』의 연구들이 "동아시아의 문화적 근대성을 연구하는 데 있어 냉전문화를 주목"(이동연: 113)함으로써 "동아시아 내 민족주의와 국가주의 형성에 대한 재고찰과 1950년대에서 1970년대 동안 동아시아 냉전문화와 국민문화의 형성에 대한 연구들은 탈냉전 시대의 문화적 지역화나 문화적 아시아화를 이해하는 데 도움을 주고 있다"(113)라고 평했다. 나아가 이런 시도가 "동아시아 문화연구의 공시성과 통시성을 동시에 아우를 수 있는 접점을 마련"(115)했고 "특정한 지역과 분과주제에 매몰되어 있는 전통적인 지역학의 한계를 극복한 사례"이지만, "냉전문화와 국민문화를 비판적으로 접근한 연구성과들이 앞서 언급한 대안적 문화지역화라는 실천적인 상상과 어떻게 접목될 수 있는지에 대한 공통의 문제의식은 부족해 보인다"(115~16)라는 지적도 함께 하고 있다.

『풍경 2』는『풍경 1』의 연장선상에 놓여 있다. 백원담은 서문격인 「글문을 열며」에서 개인의 미시사를 통해 냉전의 경험과 냉전연구의 역사적 해후가 갖는 문화적 의미망을 서술하면서 한반도와 아시아의 근현대에서 오리엔탈리즘과 더불어 냉전이 관건적인 고리임을 전제하고 있다. 백원담에 따르면, 『풍경 2』에는 두 가지 전제가 있다. 첫째는 동아시아의 '국민문화' 형성을 '냉전문화'와의 관련 속에서 연구하는 것이고, 둘째는 '냉전문화' 연구에 '인터아시아적 시각'을 확보할 때 역내 문화 간의 모방・전파・변용・대치라는 다각적 차원에서의 교차적 입체적 연구가 가능하며 비로소 동아시아 '국민문화'의 형성에 관한 구체적 심층적 연구에 도달할 수 있다는 것이다(백원담, 2008: 15~16). 동아시아 국민문화 형성에 끼친 냉전문화의 광범한 영향에 주목하면서 인터아시아적 시각3)을 확보하자는 것이다.

전자와 관련해, 백원담은『풍경 1』에서 식민체제와 냉전체제를 연속/이중

구조로 파악하면서 다음과 같이 주장한 바 있다. "아시아에서 민족해방운동과 국민국가 형성과정에서 관철된 문화냉전, 이데올로기적 대치와 제도적 장치의 구축, 일상적·심미적 과정에서 내재화된 냉전성은 아메리카나이제이션(Americanization)과 소비에타나이제이션의 단선적 대립과 각축에 의해서가 아니라 아시아 내셔널리즘이라는 바탕 위에서 그 각기의 사상문화적 변주를 통해 일종의 정체성 정치를 구현해 왔다는 것이다"(백원담: 55). 2차대전 종결 후 미국이 주도하고 소련이 부응한 냉전구도가 단순하게 자본주의 진영의 미국화와 사회주의 진영의 소비에트화에 의해 수동적으로 형성된 것이 아니라, (동)아시아 각국의 내셔널리즘에 의해 구성되었다는 것이다. 백원담은 이런 관점을 다듬어 냉전을 "과거 식민종주국과 식민지, 자유진영과 공산진영을 막론하고 각 국민국가의 틀이 고착되는 과정에서 동아시아인의 의식적·일상적 차원을 규정짓는 문화논리"의 차원으로 승격시킨다. "동아시아에서 냉전은 대동아공영권이라는 식민지시대 거대한 지역체제가 자유진영과 공산진영이라는 대척구도를 기반으로 각각의 국민국가로 분절되는 과정에 은장된 '공통분모'라 할 수 있"(백원담: 15)기 때문이다. 이러한 냉전문화는 탈냉전의 시대에도 문화냉전의 차원에서 지속적으로 동아시아인들에게 영향력을 행사하고 있다.

기초자료가 우리 손에 있지 않다는 자료의 착위(錯位)[4]문제로 인해 아시아의 역사가 아시아에 의해 제대로 쓰여본 적이 없다는 사실과, 세계와 아시아에서 모두 쉽게 확인되는 학문의 역사적 비대칭성으로 인해 그 주체 설정이 아직도 어렵다는 점(13~14)을 감안하면서 『풍경 2』는 "냉전문화를 동아시아에서 국민화의 제도적 장치이자 내재화·일상화 원리"로 간주한다. 이를

3_ '인터아시아(inter-Asia)'라는 신조어는 문제가 있다. 이는 인터네이션(inter-nation)과 비교해보면 쉽게 알 수 있다. 인터네이션은 네이션과 네이션의 관계를 의미하는 데 반해, 전자는 하나밖에 없는 아시아와 아시아의 관계를 지칭하기 때문이다.

4_ 이는 "아시아연구에 가장 적합한 장소는 미국의 아시아 관련 연구소와 도서관들"이라는 '장소의 착위'와 연계되어 있다(백원담: 91).

위해 거시적 관점에서 식민체제로부터 냉전체제로 연속/전환되는 과정에서 아시아 각국이 '국민문화'를 형성하고 제도화하는 과정에 대해 분석하고, 미시적 관점에서 '냉전'이 의식적 · 심미적 · 일상적 · 문화적 차원에서 국민화된 사람들에게 내재화되는 과정을 분석하며, 역내 문화교통과 관련해 각국의 '냉전-국민' 문화가 서로 모방 · 전파 · 대치 · 교차되는 양상을 문제 삼는다(14).

두 번째 전제인 '인터아시아적 관점'은 천광싱, 왕샤오밍 등 지역 내 문화연구(cultural studies) 학자들과의 소통과 연대를 통해 획득한 소중한 성과라 할 수 있다. 이를 통해 연구 초기의 문제인식[5]을 극복하면서 "아시아정체성과 주체형성 문제를 새롭게 사고하게 하는 중요한 계기"(17)를 마련한 것으로 보인다. 인터아시아적 관점은 인터아시아 네트워크 형성으로 이어져, 동아시아 지역 내 학자들의 글을 수합해 실은 것도 망외의 성과다. 『풍경 1』에서 뤄융성(로윙샹), 미치바 치카노부, 렁유, 도야 마모루, 허둥홍의 글을 실은 것에 이어 『풍경 2』에서도 미치바 지카노부, 로윙샹(뤄융성), 조엘 데이비드, 커위펀, 뷔리야 사왕초트의 글을 만날 수 있어 반가웠다.

4.
『풍경 2』는 4부 14편으로 구성되어 있다. 주마간산격으로 요약해보면 다음과 같다.

백원담은 「아시아에서 1960~70년대 비동맹/제3세계운동과 민족 · 민중 개념의 창신」에서 아시아 내셔널리즘이라는 관점을 통해 '비동맹운동(non alignment movement)'과 '제3세계운동(third world movement)'을 전후 아시아 지역정체성이 구성되는 과정, 즉 '아시아에 의한 아시아' 구성과정(27)으로 이해하면서, 아시

5_ "자유진영의 경우 식민체제-냉전체제로 이어지는 과정에서 미국문화에 대한 동경과 모방이 국민문화 형성 원리로 작동했다고 한다면, 중국이나 북한 · 베트남과 같은 공산진영에서는 식민체제나 미국화를 적대시하는 형태로 국민문화가 형성된다는 것"(백원담: 17).

아에서 발아된 비동맹운동으로부터 제3세계운동으로 전화되는 과정의 중요 회의 및 결의문을 통해 아시아에서 연대운동의 대두 원인과 발전적 전개의 부면들을 포착하고자 했다(95). 박경태는 「'화교'에서 '화인'으로: 냉전시기 인도네시아 화인들의 정체성 변화」에서 인도네시아의 민족 만들기(nation-building) 와 화인 정체성의 변화(143)에 초점을 맞추어, 인도네시아 중국 '화교'가 '화인' 이 되어간 과정을 '냉전 논리'와 연계시켜 분석했다.

<냉전풍경2: 국민국가의 문화 구상, 그 제도와 재현의 임계>에서, 로윙상은 「변동하는 중국의 문화민족주의: 홍콩 문화냉전의 충격들」에서 냉전기 식민주의와 민족주의의 재배치 과정에 대한 비판적 재해석을 통해 포스트식민시대 홍콩의 문화지정학을 분석했다. 특히 미국이 홍콩의 좌익 흐름을 견제하기 위해 홍콩 내 중국 난민들에게 지원금을 주면서 '달러문화(greenback culture)'를 만들고 CIA와 연관되어 있던 아시아재단(The Asia Foundation)이 주요 출판사들에 자금을 지원(207)했으며, 이를 통해 신유학 등의 문화민족주의가 부흥하게 되었다는 것이다. 윤영도는 「냉전기 국민화 프로젝트와 '전통문화' 담론: 한국·타이완의 사례를 중심으로」에서 1960-70년대 '전통문화' 담론들을 냉전과 국민화 프로젝트라는 이중과제에 대한 대응 산물로 파악했다. 박자영은 「동아시아에서 사회주의 인민의 표상: 1970년대 리영희의 중국 논의를 중심으로」에서 리영희의 중국 논의가 냉전체제의 논리와 문화가 일국 차원을 넘어선 것임을 포착함으로써 냉전체제에 대한 전복적 사고를 시도한 것으로 평가했다.

<냉전풍경3: 미디어 장(場)의 구성과 작용>에서 염찬희는 「1960년대 한국영화 다시 읽기: 반공과 발전 논리를 중심으로」에서 한국영화를 근대화하려는 영화인들의 욕구와 빈곤 상황의 일반 대중의 근대화 욕망을 전유한 박정희 정권이, 영화사 허가, 검열, 수상제도 등을 통해 생산 주체 및 영화의 내용을 관리했을 뿐 아니라 '애국가-대한뉴스-문화영화-본영화'를 조합시킨 특수한 수용상황을 만들어 일반 대중을 근대적인 '한국민'으로 구성하고자

했고, 영화 속에서 근대화 논리가 친미, 발전, 반공 논리와 결합했음을 밝혔다. 이종님은 「1960-70년대 텔레비전 드라마를 통한 '공공'이데올로기 형성에 관한 연구: 한국·일본을 중심으로」에서 계몽의 도구로 활용된 텔레비전 드라마가 일상생활에 필요한 규범, 인간관계, 다양한 문화를 전파시키면서 현실사회에 순응할 수 있는 매개체로서 역할을 충실히 해왔음을 비판적으로 고찰했다.

<냉전풍경4: 일상 대중문화의 역학과 욕망학>에서 김예림은 「1960년대 중후반 개발 내셔널리즘과 중산층 가정 판타지의 문화정치학」에서 중산층 가정 모델에 내포된 개발국가의 현실과 욕망의 거리를 드러내고 1960년대 중후반 한국사회에 나타난 변화의 배후에 냉전 시스템과 반공적 군사주의의 영향이 작용하고 있음을 논했고, 신현준과 뷔리야 사왕초트는 「음악적 공공 공간과 '순수/퇴폐'의 문화정치(학): 1970년대 냉전기 한국과 태국에서 청년문화의 출현과 종언」에서 대중음악의 진화라는 관점에서 양국의 청년문화를 조명했다. 이들은 서양(미국)의 대중음악이 다양한 계층에 어떠한 차별적 영향을 미쳤는가, 그리고 태국의 '삶을 위한 노래'와 한국의 '포크송'이 학생운동의 좌파정치와 어떤 연관을 갖는지 등에 대해 분석했다. 한편 이동연은 「주변부 스포츠 이벤트의 탄생과 국가나르시시즘: 1970년대 아시아 국제축구대회의 근대표상」에서 '아시아적 발전 모델'의 상징적 분출구라 할 수 있는 '아시아 국제축구대회'에 대한 분석을 통해 냉전시대 스포츠를 매개로 삼아 그 표상의 장소를 획득한 국가 나르시시즘의 문화정치학을 비판적으로 재고했다. 특히 월드컵이 최대 화제가 되고 있는 지구촌 시대에 돌아볼 때, 메르데카컵, 킹스컵, 박스컵 등의 아시아 축구 이벤트들이 "아시아를 매개로 한 세계화에 대한 (국가 나르시시즘의) 욕망"(495)이었을 수도 있다는 진단은 의미심장하게 다가온다.

5.

이들 각론이 전체 주제와 어떻게 유기적인 관계가 있으며 또한 각론 사이에 긴밀한 연계가 있는지 등에 대한 평가는 더 꼼꼼한 독서가 필요하다. 한 가지 지적할 것은 『풍경 1』에서와 마찬가지로 『풍경 2』에서도 '아시아'는 동아시아의 범주를 넘어서지 않고 있다는 사실이다. 백원담의 글을 제외하면, 거개가 한·중(타이완과 홍콩 포함)·일의 협의의 동아시아에 집중되어 있고 동남아시아에 관한 몇 편의 글을 합해도 넓은 의미의 동아시아 범주를 벗어나지 못하고 있다. 또한 동남아시아 연구도 14편 가운데 3편에 불과하고 아세안(ASEAN) 10개국 가운데 인도네시아 화인, 필리핀 영화정책, 태국의 청년문화를 다룸으로써 지역적 불균등 현상을 초래하고 있다. 한·중·일을 중심으로 한 동아시아에 충실하느냐, 동아시아에 동남아시아를 포함시키느냐, 아니면 중앙아시아와 남아시아까지 포함한 명실상부한 아시아로 나아가느냐의 문제는 제목에 국한되지 않은, 동아시아연구소의 향후 발전 방향과 연계된 문제로 보인다.

2009

중국 근현대문학 장기지속의 관점에서 바라본 '오사문학'*

北京大學(이하 北大) 中文系 高遠東 교수의 초청 메일을 받은 것은 작년 연말이었다. 5·4와 연원이 깊은 北大에서 90주년을 기념하기 위한 학술대회인지라 기꺼이 승낙했다. 北大 교수와 그 출신 학자들이 주축이 되어 타이완과 홍콩, 한국과 일본 그리고 유럽과 미국의 학자들이 대거 참가해 4월 23일부터 25일까지 3일간 열두 세션에서 100명이 넘는 학자가 발표했다(첨부 일정표 참조). 주최 측의 면면을 보면, 1993년 '한국 중국현대문학학회'에서 개최한 국제학술대회에 참가했던 嚴家炎(1-1), 孫玉石(1 좌장), 錢理群(7 좌장) 등의 원로교수와 溫儒敏(5 좌장), 陳平原(12 좌장) 등의 중견교수가 주축이 되고 三東으로 불린 高遠東(7-6), 孔慶東, 吳曉東(3-5) 교수, 특히 高 교수가 실무 총책으로 대학원생들을 진두지휘했다. 그 외에도 夏曉虹(5-4), 高丙中(11-1), 方錫德(11-7), 商金林(12-5) 등이 참여했고, 當代文學敎硏室 소속으로는 張頤武(6-5), 賀桂梅(4-6) 등이 눈에 띄었다.

　이번 회의의 가장 두드러진 점으로는 국내외의 학자들을 망라했다는 점이다. 중국 내 각 지역의 대표학자들을 두루 초청했을 뿐만 아니라 세계 각국의 학자들도 참가했다. 한국과 일본, 타이완과 홍콩 그리고 마카오는 말할 것

---

* 2009년 北京大學에서 개최된 '五四與中國現當代文學 國際學術硏討會' 참관기. 『중국현대문학』 49호.

도 없고, 영국과 프랑스, 오스트레일리아까지 포함해 가히 세계국제학술대회
라 해도 손색이 없었다. 그 가운데 미국과 중국을 오가며 활발한 활동을 벌이
는 중국계 미국인[1] 쉬둥 장(張旭東)과 잉진 장(張英進), 특히 전자는 매스컴과
학생들의 환영을 받는 학술 스타의 모습을 보였다. 중국인 학자 가운데 錢理
群 교수도 쉬는 시간이면 기자들이 계속 따라다녔다. 또 하나 눈에 띄는 현상
은 소장학자들의 적극적 활동이었다. 중국사회과학원의 程凱(3-6), 화동사범
대학의 羅崗(6-6)과 倪文尖(12-3), 상하이대학의 孫曉忠(6-8), 중산대학의 林岡
(12-1) 등은 발표와 토론에서 활발한 모습을 보였고 원로와 중견 학자들도 그
들의 성과를 인정하고 격려하는 분위기였다. 이들은 상하이의 薛毅, 倪偉, 董
麗敏, 曾軍, 張業松, 劉志榮 등과 함께 차세대를 이끌어갈 주자들이다. 필자의
과문으로 더 거명하지 못했지만, 중견으로 성장하는 소장 학자들에게 주목해
야 할 것이다.

회의 내용 면에서 보면, 주제가 다양하고 심화되어 있음을 알 수 있다. 큰
주제가 5·4인 만큼 그와 관련된 주제—5·4문학, 5·4신문화운동, 신청년,
전통과의 관계, 魯迅, 혁명문학 등—가 주류를 이루었다. 또한 각 세션에서
커다란 주제를 나눠놓았으므로 그것을 반복하지 않는다. 그 가운데 눈에 띄
는 주제는 다음과 같다. 방법론에 대한 고민으로, 백화 산문과 전통의 재발명
(張旭東 1-4), 지식사회학(賀桂梅 4-6), 비교(藤井省三 2-1, 김언하 3-4) 등이 있고,
(근)현대(성)의 문제(尾崎文昭 1-6, Charles A. Laughlin 6-4), 주체의 문제(李怡 2-8,
吳曉東 3-5), 지역문학 및 문화와 연결한 것으로 5·4 전후의 산둥(季劍青 2-5),
閩籍학자(朱水湧 2-7)와 安徽俗話報(趙沈允 6-1)를 다루었다. 아울러 문학사에
대한 고민(임춘성 1-8, 許子東 4-1, 黃曼君 4-2 등), 만청문학과의 관계(세션 5) 등

1_ 최근 중국 근현대문학과 문화연구에 대한 논의에서 미국의 연구동향을 빠뜨릴 수 없다. 어우판
리(李歐梵)부터 데이비드 왕(王德威) 등의 臺灣大學 外文系 출신과 홍콩대학 출신의 레이 초우(周
蕾) 그리고 대륙 출신의 학자들까지 미국 유학 후 현지에 자리 잡은 중국학 연구자들은 그
자체로 이미 동서를 아우르는 장점을 가지고 있다. 심지어 쑹웨이제(宋偉杰)는 北大 박사 취득
후 컬럼비아대에서 다시 박사학위를 취득하기도 했다.

도 적지 않았다. 기독교 관련으로 周作人의 기독교관(백영길 7-7)과 劉廷芳과 5·4 기독교신문화운동(方錫德 11-7)을 다루었다. 통속문학 관련으로 1921~ 23년의 이속문단의 분화(范伯群 9-5)와 5·4신문학과 원앙호접파의 연관 관계 (湯鐵聲 9-7)를 다루었다.

특이한 개념과 주제로 '北大에서 臺大까지'라는 주제로 타이완대학의 신문학 전승과 전화를 다룬 글(梅家玲 2-6)과 5·4신문학의 空域 배경(朱壽桐 3-3), 梁濟 등의 자살을 통해 본 『京話日報』의 계몽 곤경(楊早 6-3), 5·4문학과 當代의 底層寫作(趙學勇 4-9) 등이 있었다. 이상은 3일 동안 청강하는 자세로 임하면서 인상 깊었던 발표를 주마간산 격으로 소개한 것이다.

이번 회의를 주관한 단위는 現代文學敎硏室이었다. '20세기중국문학'을 제창한 北大임에도 불구하고 現代文學과 當代文學의 벽이 허물어지지 않고 있고, 北大 當代文學敎硏室 소속 李楊 교수는 여전히 當代文學의 독립성을 주장하고 있다. 중국의 많은 대학이 現代文學과 當代文學을 통합해 現當代文學敎硏室을 운영하고 있지만, 北大는 여전히 분리되어있다. 타국 대학의 분과 체제를 논할 계제는 아니지만, 분과 체제는 연구자의 시야를 제한하기 마련이다. 또한 여러 발표자의 글에서 볼 수 있었지만, 現當代文學 체제로 갔다 하더라도 연구자들은 여전히 분과 체제에 사로잡혀 있었다. 중국 학자의 글에서 現當代(文學)라는 표제어를 쓴 것은 딱 한 편(黃曼君 4-2) 있었다. "동아시아라는 공감각을 형성"(최원식, 2009: 45)하기 위해 훈련이 필요한 것처럼, 중국 근현대문학[現當代文學]도 그 대상을 하나로 보는 훈련이 필요하다. 그러나 이번 회의에 참여한 중국 학자들에게 現代文學과 當代文學을 아우르는 '공감각의 형성'은 절실해 보이지 않았다.

알다시피, 5·4는 중국 근현대문학(modern literature)의 본격적인 시작이다. 그러나 중국 근현대문학 장기지속(longue durée)의 관점에서 바라보면 그것은 분화와 협착화(狹窄化)의 시작이기도 하다. 이번 회의에서 민주와 과학의 5·4 정신을 자유와 평등으로 확대(王富仁 1-2)한 것은 새로운 시도라 평할 수 있다.

그런데도 5 · 4 가치를 강조하다 보면, 그것과 다른 구문학을 폄하하기 마련이다. 특히 5 · 4문학은 자신의 생존을 위해 당시 문단 권력을 장악하고 있던 구문학과의 투쟁을 마다할 수 없었고, 결국 구문학을 지우고(to erase) 나서야 자신을 세울 수 있었다. 이는 장기지속의 관점에서 보면 스스로 자신의 살을 떼어낸 것에 불과하다. 이런 행위는 1949년 이후 '센다이문학'에 의해 다시 한 차례 자행되어 우파문학과 동반자문학을 잘라냈고 협착화의 극단을 달렸다. 1985년 '20세기중국문학'이 제기된 후에야 우파문학이 복권되었고, 2000년 '두 날개 문학사'가 제기된 후 구문학이 중국 근현대문학사의 품으로 돌아올 수 있었다.

애당초 물리적으로 불가능해 보였던 회의는 '10분 발표'의 마술로 해결되었다. 국내 학회에서도 최소한 20분을 주고 15분 발표도 자주 보았지만, 10분 안에 A4지보다 크게 편집한 5쪽에서 10여 쪽 분량을 발표하는 것은 애당초 무리였다. 그러나 발표자들은 모두 9분 예비종부터 조정에 들어가 10분과 11분 사이에 발표를 마무리했다. 그것도 자신의 견해를 충분히 발표한 듯한 표정으로 간혹 11분이 넘는 경우가 없지 않았지만 그것은 발표자의 과욕에 불과했다. 나도 발표 전날 모처럼 발표 연습을 하지 않을 수 없었고 파란색과 붉은색 사인펜을 사용해 세모와 가위표를 그으면서 요약한 결과 10분 조금 넘어 마무리할 수 있었다. 이를 '10분의 미학'이라 불러도 손색이 없을 것이다. 두 번째 날부터는 10분도 길게 느껴지는 발표가 눈에 띄기도 했다. 이런 맥락에서 미완성의 메모식 발표는 성실성 측면에서 주목받기 어려웠다. 학술 발표회가 지적 축적의 만남의 장이라면, 그것을 보다 집중적으로 운영함으로써 보다 많은 축적을 효율적으로 소통할 방법을 적극 모색해야 한다는 것을 깨닫게 해주었다.

회의 둘째 날 만찬 후 北大 中文系 학생회에서 준비한 <紅樓鐘聲的回響─北大詩人的五四詩歌朗誦/演唱會>는 北大와 관련이 있는 시인들의 시를 北大 中文系 학생들이 음악과 춤을 곁들여 낭송함으로써 이번 회의에 잔치 분위기를 가미했다. 한국 중문과 학생들의 행사에 도입해 봄직한 프로그램이었다.

올해는 5·4 90주년인 동시에 건국 60주년이다. '中國當代文學六十年' 국제학술연토회가 6월 13～15일 상하이대학(뉴욕대학과 공동 개최)에서 거행되었고 9월 25～28일 武漢의 華中師范大學에서 '中國現當代文學硏究60年' 國際學術討論會가 개최될 예정이다. 이들 회의에 대한 참관기가 이어지기를 기대한다.

첨부] "'五四'与中國現當代文學"國際學術硏討會議程表

第一場在北大英杰交流中心陽光大廳, 其余各場在北大圖書館北配殿;
每人發言十分鐘, 其余時間提問与討論;

4月23日(星期四)
8：20 - 8：40 開幕式

[1] 五四綜論　　　　　　　　　　主持人　孫玉石(北京大學)

1) 嚴家炎(北京大學)《五四文學思潮探源》

2) 王富仁(汕頭大學)《"五四"新文化運動的關鍵詞》

3) 費南山Natascha Gentz(英國Edinburgh University)《五四運動与現代戱劇理論的誕生》

4) 張旭東(美國New York University)《白話散文与傳統的再發明─＜中國新文學的源流＞与"五四"的激進詮釋學》

5) 董　健(南京大學)《60年代"反修防修"文學与五四現代精神的背离》

6) 尾崎文昭(日本東京大學)《爲二十世紀精英文學而爭名─略談文學現代性的社會功能》

7) 何碧玉Isabelle RABUT(法國Institut national des langues et civilisations orientales)《法國漢學家心目中的五四新文化運動》

8) 林春城(韓國木浦大學)《中國現当代文學史學的興起和話語的歷史變遷》

[2] 五四与現代敎育……主持人　張英進(美國University of California, San Diego)

1) 藤井省三(日本東京大學)《魯迅的<孔乙己>与芥川龍之介的<毛利先生>ー圍繞淸末讀書人和大正時期英語教師展開的回憶故事》

2) 鮑國華(天津師范大學)《小說敎育与現代中國小說史學的興起ー以北京大學爲中心》

3) 林分份(北京師范大學)《求爲"有學問的實行家"ー五四時期鄧中夏的文化選擇及歷史意義》

4) 張洁宇(中國人民大學)《"新文人"与新文學ー"五四"新文化運動与"學院型文人"群的形成》

5) 季劍靑(北京市社會科學院)《地方精英, 學生与新文化的再生産ー以五四前后的山東爲例》

6) 梅家玲(台湾大學)《從北大到台大ー台湾大學的新文學傳承与轉化》

7) 朱水涌(厦門大學)《閩籍學者与中國現代文化轉型的啓示》

8) 李　怡(北京師范大學)《誰的五四?ー論"五四文化圈"》

[3] 新文化与新文學······主持人　嚴家炎(北京大學)

1) 朱德發(山東師范大學)《辯証認識五四時期中國文學的現代轉型》

2) 朱曉進(南京師范大學)《從30年代對"五四"文學傳統的反思看兩种不同的文學思路》

3) 朱壽桐(澳門大學)《"五四"新文學的空域背景》

4) 金彦河(韓國東西大學)《丹齋与魯迅的思想比較ー韓國三一与中國五四的代表思想》

5) 吳曉東《在文本与歷史之間ーー論現代文學創生期小說中的主體問題》

6) 程　凱(中國社會科學院)《"不看中國書"与再造"新靑年"的歧路ー由1925年"靑年必讀書"事件所引發的考察》

7) 李俊國(華中科技大學)《五四新文化運動与中國新文化元典精神》

8) 王乾坤(華中科技大學)《新文化運動与普世意識》

[4] 五四与当代文學······主持人　謝冕(北京大學)

1) 許子東(香港岺南大學)《寫作時間与文學史現場》

2) 黃曼君(華中師范大學)《"五四"精神光照下中國現当代文學建設設想》

3) 姚　丹(中國人民大學)《"人"脉絶續ー1950年代"革命歷史小說"的五四資源》

4) 程金城(蘭州大學)《從新時期文學嬗變回望五四時期文學理想》

5) 季紅眞(沈陽師范大學)《汪曾祺与"五四"新文化運動》

6) 賀桂梅(北京大學)《80年代、五四傳統与"現代化范式"的耦合一知識社會學視角的考察》

7) 李政勛(韓國梨花女子大學)《90年代"知識話語"轉型中的"五四"》

8) 孟繁華(沈陽師范大學)《五四漸遠 晚明漸近一五四運動90周年時代的思想文化环境》

9) 趙學勇(陝西師范大學)《"五四"文學的啓蒙指歸与当代的"底層"寫作》

4月24日(星期五)

[5] 五四·晚淸以及傳統文學······主持人 溫儒敏(北京大學)

1) 李書磊(中共中央党校)《五四新文化運動作爲對晚淸文化論爭的接續》

2) 汪暉(淸華大學)《文化与政治的變奏一戰爭, 革命与1910年代的"思想戰"》

3) 朱棟霖(蘇州大學)《五四思想是什么思想》

4) 夏曉虹(北京大學)《晚淸白話文運動的官方資源》

5) 賴芳伶(台湾東華大學)《論許地山的"五四精神"与"台湾淵源"一以〈讀《芝蘭与茉莉》
   因而想及我底祖母〉爲例》

6) 王光明(首都師范大學)《"新筑詩中大舞台"一"新詩"与晚淸"詩界革命"的歷史糾纏》

7) 張福貴(吉林大學)《傳統的撕裂与回歸: "現代"文學的蛻變》

8) 高旭東(北京語言大學)《反傳統的悖論与中西文化的合璧一論"五四"与傳統的夏雜糾
   結及新文化的屬性》

[6] 知識分子問題······主持人 許子東(香港岭南大學)

1) 趙沈允(美國Rice University)《安徽俗話報: 新靑年溯源》

2) 孫 郁(魯迅博物館)《陳獨秀: 我們如何表達》

3) 楊 早(中國社會科學院)《〈京話日報〉的啓蒙困境一以梁濟等人自殺爲中心》

4) 羅福林Charles A. Laughlin(淸華大學IUP中文中心)《從縱欲到"化欲": 新文學与左派文
   學關于欲望的對話》

5) 張頤武(北京大學)《建构現代的公民身份一以"五四"和"抗戰"兩个時期的文化思潮爲

中心》

6) 羅　崗(華東師范大學)《1916年: "民國"危机与"五四"新文化的展開》

7) 袁國興(華南師范大學)《發生期中國現代文學的士大夫精神一兼及五四文化傾向中的知識分子意識轉向問題》

8) 孫曉忠(上海大學)《走出家庭与改造家庭》

[7] 周氏兄弟研究······················主持人　錢理群(北京大學)

1) 張釗眙(澳大利亞University of Queensland)《尼采与魯迅五四時期批評的中國"國民性"》

2) 金河林(韓國朝鮮大學)《五四時期魯迅的苦悶一个人的自立, 民衆的連帶, 社會的發展》* 불참

3) 長堀佑造(日本慶應義塾大學)《魯迅對富田事變与肅AB團的反應》

4) 汪衛東(蘇州大學)《文學的五四, 文學的世紀和"魯迅文學"》

5) 韓秉坤(韓國順天大學)《魯迅<過客>解讀》

6) 高遠東《高長虹与周氏兄弟冲突的另一种意義一兼及五四啓蒙的權力關系与"相互主体性"問題》

7) 白永吉(韓國高麗大學)《五四時期周作人的基督教觀》

8) 張先飛(河南大學)《"五四"前期周作人人道主義"人間觀"研究》

9) 高恒文(天津師范大學)《哪里來? 何處去?一論周作人的"五四"文學觀》

[8] 五四新文學······················主持人　山口守(日本大學)

1) 陳國恩(武漢大學)《嬗變与建构的当代意義一論五四文學傳統》

2) 劉　勇(北京師范大學)《五四新文學理性与非理性的思考》

3) 宋劍華(暨南大學)《五四文學革命: 傳統文化的突圍与重构》

4) 何錫章(華中科技大學)《論"五四"新文學的現代品格: 以自由爲中心》

5) 黃開發(北京師范大學)《五四文學革命的倡導者与"文以載道"》

6) 張志忠(首都師范大學)《曖昧的啓蒙　曖昧的自我一《狂人日記》,《沉淪》新論》

7) 魏　建(山東師范大學)《1919: 郭沫若的詩探索》

8) 陳継會(深圳大學)《五四文學与鄉土叙事》

4月25日(星期六)

[9] 性別研究以及文學史‥‥‥‥‥‥‥‥‥主持人 白永吉(韓國高麗大學)

1) 錢南秀(美國Rice University)《女性視界中的晚清詩學: 薛紹徽及晚清閩派女詩人對閩詩派的歷史建构》

2) 胡纓(美國University of California , Irvine)《從烈女到女烈士: 爲什么"中國的娜拉"不能是徹底的新女性?》

3) 黃錦珠(台灣中正大學)《從發刊詞与征稿告白看小說女作者的存在位置: 以淸末民初小說雜志爲觀察中心》

4) 楊聯芬(北京師范大學)《新倫理与旧角色: 五四新女性的身份認同危机》

5) 范伯群(蘇州大學)《1921-1923: 中國雅俗文壇的"分道揚鑣"与"各得其所"》

6) 宋偉杰(美國Rutgers University)《另類五四靑年与章回体羅曼史: 張恨水的北京叙事》

7) 湯哲聲(蘇州大學)《"五四"新文學与"鴛鴦蝴蝶派"文學究竟是什么關系》

8) 高 玉(浙江師范大學)《歷史的"五四"和現實的"五四"》

[10] 戲劇, 影視以及歷史書寫‥‥‥‥‥‥‥‥主持人 藤井省三(日本東京大學)

1) 山口守(日本大學)《巴金〈家〉与香港電影―五四現代主義的重現》

2) 邵迎建(日本德島大學)《家破國碎思家國―四十年代的上海話劇与"五四"精神》

3) 何杏楓(香港中文大學)《中國現代戲劇中家的意象―從胡适〈終身大事〉談起》

4) 千野拓政(日本早稻田大學)《現代文學的誕生与終結―以日本和中國爲例的初步考察》

5) 張英進(美國University of California, San Diego)《魯迅‥‥‥張愛玲: 中國現代文學硏究的流變》

6) 傅光明(中國現代文學館)《歷史的五四与文學史的五四》

7) 白元淡(韓國圣公會大學)《五四新文化運動的亞洲化問題》

[11] 民間想像与學術史‥‥‥‥‥‥‥‥‥‥主持人 林明德(台灣彰化師范大學)

1) 高丙中(北京大學)《"文化"透鏡下的日常生活: 對中國文化的現代歷程的一种理解》

2) 徐國源(蘇州大學)《大衆文化對"民間遺産"的継承与改造》

3) 劉曉春(中山大學)《当代中國民俗學: 從"民俗"到"語境中的民俗"一對"五·四"傳統的繼承与超越》

4) 宣炳善(浙江師范大學)《近代知識分子的啓蒙演講及其口頭表演的适應》

5) 毛巧暉(山西師范大學)《啓蒙者的民間文學之旅》

6) 李揚眉(山東大學)《從經學到史學: 顧頡剛對康有爲學術遺産的繼承与轉換》

7) 方錫德(北京大學)《劉廷芳与五四基督教新文化運動》

[12] 回顧, 紀念与反省　　　主持人　陳平原(北京大學)

1) 林　崗(中山大學)《開辟道路　留下虛无一以〈新青年〉爲中心》

2) 王本朝(西南大學)《主義話語与五四新文學内部的質疑》

3) 倪文尖(華東師范大學)《中國革命的"五四觀"与解放區文學的解讀潛力一以趙樹理的〈邪不壓正〉爲例》

4) 逢增玉(中國傳媒大學)《内生的自反性叙事一新文學對五四思想价值的質疑与解构》

5) 商金林(北京大學)《現代作家論"五四"》

6) 樊善標(香港中文大學)《余光中筆下的"五四新文學"》

7) 劉玉凱(河北大學)《五四新文學運動的歷史評价》

8) 李継凱(陝西師范大學)《九点論: "五四"90周年退思》

9) 楊　揚(華東師范大學)《從結果看源頭一反思五四新文化運動》

0. 因各种原因, 以下學者提交論文, 但不在大會上宣讀

黃英哲(日本愛知大學)《論戰后初期"五四"在台湾的實踐一許壽裳与魏建功的角色》

鄭燦榮(韓國東西大學)《三一運動与五四運動的文化論探討》

錢理群(北京大學)《五四新文化運動中的魯迅》

王　風(北京大學)《周氏兄弟早期著譯与漢語現代書寫語言》

姜　濤(北京大學)《五四社會改造思潮下的文學"志業"態度一對文學研究會"前史"的几点再考察》

陳平原(北京大學)《波詭云譎的追憶, 闡釋与重构一解讀"五四"言說史》

2009

중국의 비판적 문화연구*

2001년 11월 창설된 상하이대학 '당다이(當代)문화연구센터'를 인지하고 처음 방문한 것은 2003년 2월이었다. 목포대학에 부임한 이래 꾸준히 진행해온 서양이론서 독해를 통해 '문화연구(cultural studies)'의 필요성을 인식하고 2000년 부터 진융의 무협소설, 홍콩인의 정체성 등의 연구를 진행하던 상황에서, 당다이문화연구센터 소장 왕샤오밍 선생과 공동 연구를 모색하기 위해서였다. 화둥사범대학 중문학부 교수였던 왕 선생은 이 센터와 문화연구학과 개설을 위해 상하이대학으로 옮긴 상태였다. 그 이후 매년 한두 차례 만나고 수시로 이메일을 주고 받았다. 그러던 중 2004년도 학술진흥재단의 지원으로 '상하이 영화와 상하이인의 정체성' 과제를 수행하면서 긴밀한 관계로 발전했다. 그러던 중 2005년 여름 상하이에서 왕샤오밍 선생에게 중국의 '문화연구'를 한국에 소개하자는 나의 제안으로 이 책을 기획하게 되었다. 상하이 연구자들의 글 9편을 왕샤오밍 선생이 뽑았고, 여기에 베이징을 대표하는 문화연구자인 다이진화 선생의 글 1편과 왕샤오밍 선생의 글 2편을 내가 보완했으며, 여기에 12편의 글에서 직접 다루지 못한 포스트사회주의 중국의 문화 경관을 개괄한 글 1편을 더했다. 2006년 10월 목포대학 아시아문화연구소와 상하이대

---

* 『21세기 중국의 문화지도—포스트사회주의 중국의 문화연구』, 「책머리에」.

학 당다이문화연구센터가 공동 주관한 학술심포지엄에서 원고를 넘겨받은 지 2년이 지나서야 결실을 맺게 되었다.

중국의 '문화연구'는 1990년대에 들어서야 본격적으로 시작되었다. 사회주의 30년 동안 금제되었던 서양의 이론들이 '셴다이화(現代化)'의 이름으로 개방되면서 물밀 듯 들어왔고, 중국의 지식인들은 포스트주의(postism 또는 postology, 중국어로는 '後學'이라 함)와 함께 '문화연구' 방법론에 관심을 가지게 되었다. 서양의 이론들은 개혁개방 초기 중국 지식인들의 갈증을 풀어주는 데 일정한 역할을 했지만, 중국의 현실이라는 벽에 부딪쳐서는 '회색'이 될 수밖에 없었다. 그 와중에 연구방법론으로서의 이론만이 유효할 수 있었고 '문화연구'는 바로 비판적이고 유효한 학제적 연구방법으로 인정받게 되었다.

'문화연구'는 중화권 학자들에게 낯선 분야가 아니다. 1997년 회귀를 전후한 홍콩을 대상으로 지구적 관심이 집중된 적이 있었고 타이완의 복잡한 정체성 문제도 문화연구의 중요한 주제였다. 다만 홍콩과 타이완의 문화연구 학자들은 유럽보다는 미국의 문화연구에 경도되어 있다. 이들은 대부분 홍콩이나 타이완에서 대학을 졸업하고 미국 대학에서 비교문학이나 문화연구를 전공한 후 귀국해서 홍콩이나 타이완의 대학에 자리를 잡고 중문학, 중미 비교문학, 문화연구 등에 매진하곤 한다. 물론 레이 초우처럼 미국 대학에 머물면서 미국의 주류 담론에 편입되기도 한다. 이들은 중국어와 영어, 그리고 광둥어 등을 자유자재로 구사하면서 학제적이고 트랜스내셔널한 연구를 수행하는 데 장점이 있다.

홍콩과 타이완의 문화연구와는 달리, 대륙의 문화연구 학자들은 대부분 토종이다. 한국의 문화연구 학자들이 대부분 영문학 또는 미디어 전공에서 넘어간 것과는 달리, 대륙에서는 중문학 전공자들이 문화연구 쪽으로 영역을 확장한 경우가 많다. 이 책의 공동 편저자인 왕샤오밍 선생과 필자인 다이진화 선생이 대표적이다. 이들은 중국의 일반 중문학자와 달리 서양 이론에 개방적이면서도 그에 대한 비판적 수용의 자세를 견지하고 있다. 그리고 중요한 것은 중국뿐만 아니라 다른 지역의 소수자에게도 관심의 끈을 놓지 않고 있다는 점이다. 이들의 연구 경향을 '비판적 문화연구'라 해도 손색이 없을 것이다. 왕샤오밍 선생은 만날 때마다 한국 사회에 관한 질문을 빠뜨리지 않는다. 작년 6월 푸단대학 국제학술대회에서 만났을 때도 한국의 '촛불 시위'에 진지한 관심을 보이기도 했다. 우리는 이들의 연구 성과를 통해 문화연구가 포스트사회주의 중국을 보는 유효한 렌즈이자 21세기 중국의 문화지도를 읽는 나침반임을 알게 될 것이다.

이 책에 실린 글들은 강단의 이론적 논설과는 거리가 있다. 필자들이 각자의 현장에서 나름대로 관찰을 통해 얻은 심득을 글로 옮긴 것이다. 그러므로 미국의 문화연구가 빠진 이론적 유희의 늪에서 성큼 벗어나 있다. 또한 최근 중국의 어떤 징후, 즉 개혁·개방 직후 서양 이론에 경도되었다가 그로부터 빠져나오는 동시에 전통의 창조적 계승에 몰두하고 있는 징후에 대해서도 거리를 두고 있다. 그리고 중국 자체에 매몰되어 있는 수많은 대륙 학자들과는 달리, 동아시아 나아가 전지구를 염두에 두고 있는 왕샤오밍 교수와 다이진화 교수 그리고 이들과 학문적 지향을 함께 하는 소장 학자들의 글을 모은 것이다.

이 책은 3부 13장으로 구성되어 있다.

먼저 1부는 포스트사회주의 중국의 문화연구를 개괄한 글이다. 아편전쟁으로 자본주의 시장에 타율적으로 편입된 이후 신해혁명, 신민주주의혁명, 사회주의 등의 상전벽해 과정을 거친 중국은, 개혁개방으로 경천동지의 과정을 겪고 있다. 19세기 중엽의 '종이 호랑이'에서 21세기의 '글로벌 차이나'까지의 험난한 과정에서 포스트사회주의 30년은 관건적인 시간이다. 2부는 매체와 기호 그리고 문화정치 등의 주제를 다루었다. 노래방과 MTV 등의 매체는 중국인들의 서정형식을 바꾸고 있고, 샤오바오, 인터넷, 다큐멘터리 등의 새로운 매체는 중국인의 의사 표현 공간을 날로 다양화시키고 민중들의 다양한 삶을 표현하고 있다. 필자들은 다양화한 매체의 형식과 공간을 분석하면서 그 이면에서 작동하는 이데올로기와 문화정치에 초점을 맞추고 있다. 제3부는 상하이 도시문화 연구에 관한 글들을 모았다. 최근 중국의 대도시가 급속하게 변화하고 있는데 상하이는 그 가운데서도 발군의 속도로 왕년의 영광을 회복하고 있다. 중국 개혁·개방의 성과를 한몸에 아우르고 있는 상하이를 건축과 광고, 호텔과 모더니티, 바와 노스탤지어, 장아이링 붐과 상하이 드림 등에 초점을 맞추어 분석했다.

용어에 대해 설명이 필요하다. 한국의 근대·현대와 중국의 진다이(近代)·셴다이(現代)는 한자로는 같지만 그 기의가 다름을 여러 차례 언급한 바 있다. 근대와 현대가 서유럽의 모던과 연계된 용어임에 반해 진다이와 셴다이는 중국 혁명사 시기 구분에서 비롯되었기 때문에 기의가 다르다. 이 책에서는 '서유럽의 모던'에 해당하는 개념으로 '동아시아의 근현대'를 설정했고, 중국의 특수한 상황에 국한해서 진다이와 셴다이, 당다이(當代)를 사용했다. '최근'이라는 의미가 강할 때는 '당대'로 표기하기도 했다. 또 다른 번역어인 국족(nation)과 민족(ethnic)도 구분했다. 일국 내 소통의 정치학도 무시할 수 없지만 최소한 동아시아 역내 소통을 염두에 두고 용어를 다듬어야 할 것이다. 고유명사 표기는 국립국어원 외래어표기법을 따랐다.

'중국 문화연구 공부 모임'은 번역에 참여한 옮긴이들을 지칭하기 위해 만든 이름으로, 그 이전에 성원이 한자리에 모인 적은 없다. 번역을 흔쾌히 맡아준 분들께 감사를 드린다. 엮은이와의 개인적인 친분 때문에 참여했지만, 모두 중국의 문화연구에 관심을 가지고 실제 연구를 진행하고 있는 분들이다. 문학에서 문화연구로의 확장이 문학을 더욱 제대로 연구하는 것임을 잘 아는 분들이다. 앞으로 한국의 중국 근현대문학과 문화연구의 주축 역할을 할 것으로 믿어 의심치 않는다.

한국 중국현대문학학회의 '중국영화 포럼'과 '연구위원회 콜로키엄(일명

잡담회)'은 최근 내 공부의 중요한 둥지다. 전자가 중국영화를 중심으로 문화연구를 논할 수 있는 자리라면 후자는 중문학을 중심으로 동아시아를 자유롭게 담론할 수 있는 공간이다. 그간 함께해 온 그리고 함께 할 동지들에게 두루 고마움을 표한다.

　　베이징올림픽을 전후해 한국 독서 시장에 중국 바람이 불고 있다. 한국의 출판계가 중국 소설 번역에 드라이브를 걸면서 중국의 웬만한 작가들의 작품이 다수 번역되고 있는 것은 전공자로서 고무적인 현상이다. 그러나 한국의 중국 학습은 여전히 사서오경(四書五經)과 『삼국지(실제로는 삼국연의)』를 중심으로 한 고전에 초점이 맞춰져 있다. 온고(溫故)의 편식도 문제지만 지신(知新)의 정보도 정치적·경제적 동향에 국한되어 있다. '글로벌 차이나' 시대를 대비해 폭넓은 온고와 더불어 사회주의 및 포스트사회주의 중국에 대한 문화적·사회적 섭렵과 천착이 필요하다. 이런 상황에 포스트사회주의 30년에 대한 문화연구 성과의 출간은 한국의 중국 학습 수준을 한 단계 끌어올릴 것으로 확신한다. 혜안을 가지고 출판의 용단을 내려준 현실문화연구의 김수기 대표께 감사드린다. 중국과 한국의 12명의 필자와 한국의 12명의 역자로 구성된 특이한 책을 꼼꼼하게 교정하고 멋있는 책으로 꾸며준 현실문화연구의 좌세훈 팀장과 편집부 식구들에게도 감사의 말을 전한다. 오류와 문제점에 대해 강호제현의 비판과 충고를 기대한다.

2009년 1월

2008

한국 무협소설 vs. 중국 무협소설*
—『소설 영웅문』과『진용작품집(金庸作品集)』

이진원의『한국무협소설사』(2008)로 인해 우리는 한국 무협소설이라는 독자적인 연구영역과 그 역사에 관한 연구서를 가지게 되었다. 이 책은 기존 한국에서 창작·번역된 무협소설과 그에 관한 평론 및 연구를 최초로 망라했다는 장점이 있다. 저자는 한국 무협소설이 중국 무협소설의 단순한 번역 또는 번안에서 유래한 것이 아님을 밝히기 위해 그 기원을 조선 시대 또는 그 이전까지 소급해 영웅소설이나 군담소설에서 무협소설의 맹아를 발견하려 한다. 그리고 중국 무협소설의 영향과 무관한 일제강점기의 역사무예소설을 그 후예로 삼고 1980년대의 창작 무협소설과 1990년대의 신무협을 그 '창조적 계승'으로 설정하며 그 흐름을 '한국적 무협소설'로 명명한다. 한국 무협소설은 바로 이 '한국적 무협소설'과 중국 무협소설을 모방해 창작한 '중국식 창작 무협소설'로 구성된다는 것이다.

기존 연구 가운데 박영창의 「중국 무협지 번역의 역사」는 '한국의 무협소설'을 '김광주' '위룽성(臥龍生)' '창작무협' '진용(金庸)' '재판 중국무협' '창작무협 부흥'의 여섯 단계로 나누었는데, 절반이 중국 무협소설의 번역 및 번안이고 나머지 절반 가운데 하나는 모방이다. '한국 무협소설'은 '중국 무협소설'과

---

* 『플랫폼』9호, 인천문화재단.

떼려야 뗄 수 없는 관계를 맺고 있다. 사실 이진원의 저서에서도 기원을 모색하는 1장과 2장을 제외한 3장과 4장의 12절 가운데 '한국적 무협소설'과 직접 연관된 부분은 네 절—14. 80년대 무협소설의 새바람; 18. 한국적 무협소설, 그 모색의 길; 19. 신무협의 등장; 20. 판타지와 신무협의 공존—뿐이다. 영향 관계를 서술한 부분—12. 중국·일본 무협소설의 영향 속에 성장한 한국 무협소설—까지 포함해도 다섯 절에 불과하다. 한국 무협소설은 순수한 창작만으로 자신의 역사를 구성하기에는 아직 빈약함을 역설적으로 드러내고 있다. 그러므로 『한국무협소설사』에서 중국식 창작 소설이 다수를 차지하고 있고 중국 무협소설 번역·수용의 역사를 서술 범위에 끌어안을 수밖에 없었다.

이진원과 달리, 전형준은 『무협소설의 문화적 의미』(2003)에서 한국 무협소설의 외연을 무작정 확대하기보다는 그 독특함을 챙긴다. 오랜 기간 '문학' '평론'에 종사해온 그에게 무협소설에서 '한국적' 정체성을 모색하는 시도는 '서유럽 지향적 무의식'과 '민족주의적 무의식'의 공모'일 뿐이다. 그러므로 그는 좌백 이후 한국의 무협소설을 '신무협'[1]으로 파악하고 그것을 워룽성·진융·구룽(古龍)에 대한 전복으로 자리매김하면서 전복의 문화적 의미를 탐색하고 있다. 후속 작업이랄 수 있는 『한국무협소설의 작가와 작품』(2007)에서 전형준은 무협소설이라는 장르문학을 '문학'으로 승격시켜 진지하게 '평론'하고 있다. 그런데 그가 '전복'이라 명명한 내용이 명실상부한 '전복'인지는 대조가 필요하다.

그에 의하면, "한국의 신무협은 현실도피와 대리만족이라는 기존 무협소설의 틀을 초월하거나 전복하고 생에 대한 진지한 성찰과 실존적 탐구를 나름대로 의미 있게 수행했다"(전형준, 2008). 그뿐만 아니라 신무협은 문학 수준의 향상, 내용과 형식면에서의 독자성, 근현대성과 포스트근현대성 그리고 문화적 동시대성을 구비하고 있다는 것이다. '문학' 진영의 진지한 '평론가'가

1_ 참고로, 중국 대륙에서 20세기 말부터 시작된 우자(戊戟) 등의 무협소설 창작 흐름을 '신무협'이라 일컫고 있다.

'삼류문화의 온상'이었던 무협소설을 이렇게 평가할 수 있다는 사실 자체가 이미 놀라운 문학현상임에 틀림없다. 그러나 신무협이 전복했다고 하는 대상으로 한국의 무협소설 외에 중국 무협소설 작가들까지 포함한 것은 섣부르다. 특히 1980년대 중국 대륙의 캠퍼스를 점령하고 1990년대 경전화(經典化)된 진융의 작품과 관련해, 한국 신무협이 전복한 내용이 무엇인지에 대한 자세한 설명이 뒤따라야 할 것이다. 최소한 '신무협'의 전복적 내용이 진융의 작품에서 발견되지 않아야 할 터인데 과연 그럴까?

무협소설이라는 장르가 '중국적' 성격이 강하고 한국 무협소설에 대한 영향도 지대하므로, 한국 무협소설의 역사를 기술할 때 그에 대해 적절하게 언급하는 것은 필요한 일이다. 그런데 그동안의 관련 담론을 보면 중국 무협소설에 대한 오해를 읽을 수 있다. 그것은 다름 아닌 '김용의 소설 영웅문'을 중국을 대표하는 무협소설로 간주하고 그것을 독파하면 중국 무협소설을 정복한 것으로 착각하는 것이다. 앞당겨 말하면, '진융의 사조(射雕)삼부곡을 번역한 『소설 영웅문』은 완역이 아니라 70% 수준의 번역이었고 그 문체라든가 문화적 측면까지 평가하면 50% 이하의 번역물이다. 그러므로 '김용의 소설 영웅문'은 '진융의 사조삼부곡'과는 다른 별개의 텍스트이자 한국의 문화현상인 셈이다. 김광주의 『정협지』를 번안 내지 창작소설이라 한다면, '영웅문' 또한 축약 내지 생략했다는 측면에서 또 다른 번안이라 할 수 있다. '소설 영웅문'의 번안·출판은 한국적 맥락에서 이전 단계의 무협지라는 통념을 깨뜨린 사건이었지만, 중국적 맥락에서는 원작의 의미와 재미를 상당히 훼손시켰다는 것이 이 글의 판단이다.

한국의 '영웅문 현상'에서 이상한 점은 진융의 작품이 모두 번역되었음에도 독자들은 유독 '소설 영웅문'에 집착한다는 사실이다. '소설 영웅문'의 원작인 '사조삼부곡'이 흥미로운 작품인 것은 틀림없지만, 문화적 측면에서 『소오강호』, 『천룡팔부』, 『녹정기』로 이어지는 후기 대작들이 훨씬 풍부한 내용을 가지고 있다. 주인공인 협객의 성격만 보더라도, 유가적 협객(원승지·곽정),

도가적 협객(양과), 불가적 협객(장무기)을 거쳐, 협객의 일반적 의미에서 벗어나는 비협(非俠)적 인물(적운·석파천)과 심지어 시정잡배에 가까운 반협(反俠)적 인물(위소보)로 변천해가는 계보만으로도 그 전복적 성격을 미루어 짐작할 수 있다. 그뿐만 아니라 수많은 역사 사실과 문학작품 그리고 문화적 요소들로 충만하다. 중국 불교에 입문하려면 진융의 작품을 읽으라는 베이징대학 교수 천핑위안(陳平原)의 말은 과장이 아니다. 송말부터 명 건국까지의 역사를 재미있게 읽으려면 '사조 삼부곡'에서 시작하고 명말 청초의 역사 공부는 『녹정기』와 함께 하면 좋을 것이라는 권유는 필자의 심득(心得)에서 비롯된 것이다. 그러나 이러한 '문화적 두터움(cultural thickness)'은 장르문학으로서의 무협소설 애독자들의 독서를 방해하는 요소로 작용했을 가능성이 크다.

또 하나 지적할 것은 중국에서 박사학위를 취득한 이진원과 중문학 연구자이기도 한 전형준의 저서에서, 진융의 '원작을 통독했더라면 거론됐을 법한 내용이 보이지 않는다는 사실이다. 그들은 '김용의 영웅문'(원문 기준 각 4권)에 초점을 맞추어 이야기하고 있고 조금 더 범위를 넓혀 『소오강호』(4권), 『천룡팔부』(5권), 『녹정기』(5권) 등의 대작 장편 정도까지 언급하고 있을 뿐이다. 진융 작품의 문화적 두터움이 이들 6부의 대작에 구현된 것은 분명하다. 그러나 『서검은구록』(2권), 『벽혈검』(2권), 『설산비호』(1권), 『비호외전』(2권), 『연성결』(1권) 등의 장편과 「월녀검」(30쪽), 「원앙도」(52쪽), 「백마소서풍」(104쪽) 등의 중단편을 빼고 진융의 작품세계를 운위하는 것은 온당치 못하다.

1990년대부터 진융의 소설은 중화권에서 교학과 연구의 대상이 되면서 이른바 '경전화' 작업이 진행되었고 전문 연구서만 해도 백 권을 넘게 헤아리면서 '진쉐(金學)'2)란 신조어까지 출현하고 있다. 1993년 베이징대학에서 진융에게 명예교수직을 수여하고 '싼롄서점(三聯書店)'에서 『진융작품집』 35권을 출간한 것은 그 이정표라 할 수 있다. 베이징대학과 싼롄서점은 역사와 전통

2_ '金學'은 '金庸에 관한 연구'라는 의미다. 2천 년이 넘는 문학사에서 작가 또는 작품에 '學'이라는 말을 붙인 것은 『홍루몽(紅樓夢)』연구를 '홍학(紅學)'이라 명명한 것이 유일했다.

을 자랑하는 유수의 대학이고 출판사이다. 중화권에서 진융의 작품은 무협소설에서부터 애정소설, 역사소설, 문화적 텍스트 등의 다양한 스펙트럼을 가지고 있다. 한국의 '영웅문 현상'은 그 스펙트럼에서 무협소설 요소만을 가져와 조악하게 재구성된 텍스트에 의존한 것임을 인지해야 한다.

1990년대 동아시아에서 환영을 받았던 한류가 이제 포스트한류를 고민하고 있고, 무라카미 하루키가 동아시아에서 광범하게 수용되고 있는 문화횡단의 시대에, 진융의 작품도 동아시아 문화교류의 관점에서 고찰할 필요가 있다. 이때 진융 작품의 '문화적 두터움'은 동아시아 문화를 풍부하게 만들 콘텐츠이기도 하지만, 자칫 '중화주의 서사'와 '중국 상상'을 강화하는 기제가 될 수 있음도 경계해야 할 것이다.

2008

베이징성과 상하이시에 부는 지구적 자본주의의 계절풍[*]

『중국의 두 얼굴』의 원제인 '성시계풍(城市季風)'은 의미가 심장하다. '성시(城市)'는 '성벽'과 '도시'라는 사전적 의미를 지니지만, 여기에서는 '성과 '시'를 나누어 보아야 한다. '시'와 변별되는 '성'은 '성곽'의 성으로, '내성외곽(內城外郭)'의 준말이다. 서울로 보면, 사대문을 연결한 것이 내성이라면 남한산성은 외곽 또는 외성이 될 것이다. '성과 구별되는 '시'는 '시장'을 가리키는데, 이는 사람이 가장 많이 모이는 곳이다. '성'은 전통적 도시 형태를, '시'는 근현대적 도시 형태를 지칭한다.

중국의 북방과 남방을 대표하는 베이징성과 상하이시는 근현대 들어 자주 대비되곤 했고 많은 사람이 경파(京派)-해파(海派) 논쟁 구도에서 두 도시와 사람에 대해 언급했다(루쉰 외, 2006). 루쉰(魯迅)과 린위탕(林語堂), 저우쭤런(周作人)이 대표적이고, 최근 작가로 왕안이(王安憶), 이중톈(易中天), 룽잉타이(龍應臺) 등도 두 도시의 우열을 논했다. 800년 제왕의 도시 베이징에 비하면, 1842년 난징조약으로 개항된 시점의 상하이는 인구 10만을 헤아리는 어촌이었다. 그러나 상하이는 개항을 계기로 난징(南京), 양저우(揚州), 닝보(寧波), 항저우(杭州), 쑤저우(蘇州) 등의 인근 도시들의 기능을 서서히 수용하면서 1930

---

[*] 『중국의 두 얼굴』 서평. 『플랫폼』 12권.

년대에 국제적인 도시 '대(大)상하이'가 되었고 1950년대 이후 공화국의 장자(長子)가 되었다.

저자 양둥핑(楊東平) 교수는 베이징성과 상하이시의 문화 정신을 비교하면서 '근대' '혁명' '사람' '시장경제'를 키워드로 삼아 역사적 고찰을 진행했다. 저자의 의도를 존중하는 맥락에서 보면, 아편전쟁 이후 불어 닥친 서세동점은 첫 번째 계절풍이었고 쑨원이 이끌었던 국민혁명과 마오쩌둥이 지도했던 신민주주의 혁명은 두 번째 계절풍이었다. 그리고 마지막은 지구적 자본주의의 계절풍이다. 이 책의 미덕은 지구화에 직면한 베이징성과 상하이시의 변화를 기술한 점이다. 또한 베이징과 상하이를 언급하면서 광둥에 대한 배려를 잊지 않았다. 최근 개통한 광저우-선전-홍콩을 잇는 광선강(廣深港) 고속철과 홍콩과 주하이(珠海) 및 마카오를 잇는 대교 건설은 주장(珠江) 삼각주 일대를 하나의 경제권으로 통합해서 '진주 바다'로 만들려는 야심의 구현이다. 이는 분명 수도권 지역과 창장(長江) 삼각주 지역에 못지않은 문화·경제 구역임이 틀림없다.

도시를 거론하면서 그 속에 사는 사람을 놓치지 않고 있는 것은 이 책의 또 다른 미덕이다. '사람'은 도시의 영혼이자 도시문화의 주역이다. 호방하고 정치를 좋아하며 유머를 즐기는 베이징인과 실용적이고 개방적이며 규칙을 잘 지키는 상하이인이라는 대조는 '일반화의 오류'를 경계한다면 적용 가능한 특성이라 할 수 있다. 특히 상하이인에 대한 이야기는 전국적인 화제가 되고 있다. 최근 '마다사오', 즉 장보기(마이차이買菜), 청소하기(다싸오打掃), 요리하기(사오차이燒菜)를 상하이 남성의 특징으로 거론하고, '소극적이고 완화된'이라는 사전적 의미를 가진 디댜오(低調)라는 용어로 '침착하고 세련된' 상하이인을 지칭하기도 한다. '마다사오'와 '디댜오'의 심층에는 상하이 여성의 정명(精明)함이 자리하고 있다.

대부분의 근현대적 대도시가 그렇듯이 베이징성과 상하이시에도 전국 각지에서 수많은 이민이 몰려들었다. 그러나 두 도시에 온 이민들의 정향(定向)

은 각기 달랐다. 이전의 과거(科擧) 응시로 대변되던 입신양명(立身揚名)을 추구한 사람들이 베이징으로 몰렸다면, 상하이 이민들은 돈을 벌기 위해 몰려왔다. 베이징의 경우, 수많은 베이징 토박이(老北京)가 존재했기에 새로 온 이민이 기존의 베이징문화에 동화된 측면이 강했다면, 신천지 상하이는 '온갖 하천이 바다로 모여(海納百川)' 새로운 근현대적 도시문화를 형성해갔다.

난징조약 직후 개항된 상하이에 가장 먼저 온 사람들은 서양 상인들과 무역에 종사했던 광둥(廣東)인이었고, 뒤를 이어 오랜 도시 경영의 경험이 있던 인근의 닝보(寧波)인들이 몰려왔다. 전자가 상하이의 대외무역을 주도했다면 후자는 주로 금융업에 뛰어들었다. 근현대 도시 상하이는 광둥 무역과 닝보 금융의 경험을 받아들인 기초 위에 '몸소 서양을 시험(以身試西)'해 자신의 독특한 정체성을 창안했다. 이들 상하이 금융인들은 마오쩌둥뿐만 아니라 장제스의 손아귀에서 벗어나기 위해 홍콩을 선택했다. 이들은 서유럽식 금융업과 상업 실무를 습득한 최초의 중국인으로, 서양의 규칙에 따라 국제적인 금융 게임에 참가했다. 그리고 금융산업이 세계 경제를 주도하기 시작한 1960년대부터 형성된 전세계 화교들의 국경 없는 네트워크 형성에 주도적인 역할을 했고 1980년대 개혁개방에 지대한 공헌을 했다.

올림픽을 계기로 베이징은 자신의 외관을 일신했다. 상하이는 2010년 엑스포를 거쳐 세계만방에 자신의 위용을 자랑했다. 이제 두 도시는 중국 내적 비교를 넘어 지구적 차원으로 나아가 뉴욕, 파리 등의 글로벌 시티와 어깨를 겨루면서, 중국의 부흥을 선도하는 주자로 나서고 있다.

2008

소멸된 혁명과 불멸의 루쉰[*]

20세기 중국에서 루쉰은 불멸하다. 5·4를 논할 때 빠뜨릴 수 없고 1930년대 좌익문학에서도 결락될 수 없다. 사회주의 30년 동안 누구도 건드릴 수 없는 성역이었을 뿐만 아니라 개혁개방 초기의 금구를 타파하는 데에 루쉰 연구가 돌파구 노릇을 했다. 루쉰은 마오쩌둥식 혁명에서도 필수적인 존재였지만, 그 것을 부정하고 극복하는 데에도 유용한 방법이 되었다.

루쉰의 삶과 정신 역정은 그 결과처럼 단순하지는 않았다. 20세기의 과도 적이고 개방적인 성격은 그로 하여금 끊임없이 신(新)과 구(舊)의 갈등 속에 있 게 했고, 동서교류라는 시대적 특징으로 인해 서양에 대한 지향과 배척의 사 이에서 배회했다. 게다가 좌와 우의 극한적 대립은 후기 루쉰에게 선택을 강 요했고 그로 인해 자신의 현실적 선택과 이상 사이에서 방황했다. 그는 경계 인이었고 '역사적 중간물'이었다.

전 베이징대학 중문학부 교수이자 루쉰 연구의 권위자인 첸리췬은 루쉰 정신을 '반역' '탐색' '희생'으로 요약한 바 있다. 루쉰의 반역은 도저한 회의주 의와 부정 정신에 기초했고 그 탐색은 창조 정신과 개방 정신에 연결되었다. 그리고 루쉰의 희생정신은 그를 '중국혼' 또는 '강골'로 추앙받게 만든 관건이

---

* 「중국 '혁명적 지식인' 루쉰—『루쉰식 혁명과 근대 중국』」, 『세계일보』, 2008.9.5.

었다.

동아시아의 비판적 지식인에게 루쉰은 줄곧 화두였다. 다께우찌 요시미는 전후 일본의 무기력한 지성계를 타개하기 위해 루쉰을 가져왔고, 한국의 실천적 지식인 리영희와 신영복도 독재정권의 억압에 맞서면서 끊임없이 루쉰의 삶과 사상을 언급했다. 그뿐만 아니다. 한국의 중국 현대문학계에서 1990년대 초 이데올로기 금구를 뚫고 나올 때 선봉에 내세웠던 것도 루쉰 연구였다.

유세종의 『루쉰식 혁명과 근대 중국』은 바로 그 연장선에 있다. 그러므로 저자는 중국의 혁명적 지식인 루쉰 탐구에 그치지 않고 한국의 '지금 여기'에 어떤 의미를 갖는가를 집요하게 추궁한다. 여러 해 동안 루쉰에 천착해온 결과물인 이 책의 주제를 한마디로 요약하자면 '루쉰식 혁명이 지닌 현재성의 탐색'이라고 할 수 있다.

저자는 루쉰의 실천방식인 '쩡자(挣扎)'에 주목한다. '필사적으로 싸우다'의 의미를 가진 이 말을 루쉰 실천의 핵심으로 파악하는 것이다. '쩡자'했기에 '철로 된 출구 없는 방'에서 외칠 수 있었고, '쩡자'했기에 절망에 반항할 수 있었다. 루쉰은 자신을 둘러싼 모든 것과 '쩡자'했다. 그리고 '쩡자'의 근원에는 생명과 평등을 향한 인본주의적 가치지향과 평민 의식이 있었다고, 저자는 말한다.

혁명의 전망이 불투명한 '지금 여기'에서 루쉰식 혁명의 의의는 무엇일까? 저자의 서술은 여기에 주목하고 있으며, 나아가 루쉰식의 혁명이 지닌 인문학적 성격, 혁명의 출발지로서의 개인, 혁명의 일상성 등을 논하고 있다. '21세기로 걸어들어온 루쉰'을 어떻게 재해석할 것인가를 놓고 최근 몇 년간 학계가 시끄러웠다. 사라져간 혁명의 시대에 마오쩌둥과 루쉰이 계속 논의되고 있는 현상을 어떻게 해석할 것인가? 평민의 시대가 아직 도래하지 않아서인가?

시그레이브의 '중국 그리고 화교'*

중국이 대국으로 부상하고 있다. 개혁개방 30년째에 접어들면서 중기적으로는 사회주의 30년을 포함하는 역사를, 장기적으로는 1840년 아편전쟁 패배이후 실패와 좌절로 얼룩진 근현대사를 고쳐 쓰고 있다. '보이지 않는 제국'으로 일컬어지는 화교는 조국에 돌아와 개혁개방의 추동력이 되었다.

화교의 정체성은 추방과 탈출로 점철된 이주에서 비롯된다. 이들은 대부분 해외 이주 전 국내 강제 이주의 경험이 있다. 전국시대의 오자서, 손무, 범려, 손빈 등은 그 선구자다. 오자서 이외의 인물들은 '자신을 드러내지 않는' 손자병법의 가르침을 체화함으로써 오늘날 전 세계 화교들의 귀감이 되었다. 특히 상성(商聖)으로 추앙받는 범려는 경제적인 중국 상인들의 수호신이 되었다.

화교는 그동안 동남아시아에서 위력을 발휘해왔다. 이곳에 진출해 네트워크를 형성한 것은 500년이 넘었다. 싱가포르의 탄카키, 태국의 친 스폰파니치, 인도네시아의 린사오량, 홍콩의 리커싱 등 금융가들은 베트남의 호찌민, 싱가포르의 리콴유 등 정치가들과 함께 막강한 영향력을 행사했다. 화교 네트워크의 구심점인 홍콩이 반환되기 전 이들에게 탈아(脫亞) 흐름이 일어나면서, 환태평양 지역 경제의 주역으로 부상했다. 밴쿠버, 샌프란시스코, 로스앤젤레

---

* 「책읽기 365」, 『경향신문』, 2007.11.22.

스 등은 이들의 재력과 두뇌력에 의해 재충전되고 있다. 시그레이브의『중국 그리고 화교』(프리미엄북스)는 폭정과 핍박 속에서 생존한 화교의 발전과정을 추적한 책이다. 환태평양 국가의 역사 및 경제 흐름과 연계시켜 화교와 화교의 역사를 심층적으로 고찰한 게 돋보인다.

국민국가의 신화와 일상생활의 복원*

1.

1920~30년대 중국의 자본주의와 상하이의 도시문화는 사회주의 중국 시기의 '숨은 구조(hidden structure)'로 억압되었다가 개혁개방 시기에 들어 부활한다. 1990년대 중반 이후 중국 전역에서 일어난 '상하이 노스탤지어 붐'은 그 부활의 한 형태라 할 수 있다. 그것은 사회주의 이전의 상하이, 특히 1920~30년대 상하이를 주요 대상으로 삼고 있다. 상하이 노스탤지어는 '문화대혁명'의 '10년 동란'의 시기를 막 통과한 중국인에게 결핍되었던 풍요로움에 대한 기억을 제공하면서 1990년대 이래 중국 전역을 풍미하고 있는 중요한 문화현상 중의 하나이다. 장이머우의 <상하이 트라이어드>와 천카이거의 <풍월>에서 발단한 상하이 노스탤지어 붐은 이후 왕안이의 『장한가』, 신톈디의 스쿠먼(石庫門), 헝산루(衡山路)의 카페 등으로 이어진다. 이제 라오상하이는 부르주아 공간을 안전하게 소비하고자 하는 욕망(박자영, 2004: 99)과 결합되어 "시간경험을 변경시키고 역사성을 희석시키면서 유사 역사감각을 상기시키는 노스탤지어 현상"인 '상상된 노스탤지어(imagined nostalgia)'(아파두라이, 2004)를 제공한다. 노스탤지어를 상기하는 것은 지구적 자본주의가 도시민의 소비 욕망

---

* 『20세기초 상해인의 생활과 근대성』(배경한 엮음, 2006) 서평. 『중국근현대사연구』 제30집.

을 겨냥한 상업전략의 핵심이기도 하다. 그것은 역사와 기억을 소비하는 상품으로 유통시킨다.

그러나 잊지 말아야 할 것은, 노스탤지어 현상 이면에 존재하는 타자화에 대한 '또 다른 기억' 또는 '망각하고 싶은 기억'이다. '동방의 파리'라는 기표에 가려진 소외된 계층의 존재가 그 주요한 측면이다. 외국인은 중국인을 타자화시키고, 중상층은 하층을 주변화시켰으며 남성은 여성을 억압했다. 해납백천(海納百川)으로 묘사되는 상하이의 개방성에도 불구하고, 그 속에는 주류와 지류가 존재했었고, 중심화에 따른 주변화가 진행되었으며, 양지의 이면에 넓은 음지가 자리하고 있었다는 사실에 대해 '상하이 노스탤지어 붐'은 눈을 감고 있다. 거대서사에 대한 미시서사의 탐구, 정치사에 대한 생활사의 복원, 전통과 근현대의 중층성에 대한 고찰, 근현대성의 양면성에 대한 성찰 등은 바로 이런 문제의식과 연결되어 있다.

2.

『20세기초 上海人의 생활과 근대성』(이하 『생활과 근대성』)은 그동안 중국 근현대사 방면에서 축적된 상하이 연구의 집대성이라 할 만하다. 이는 '생활사'라는 각도에서 1920~30년대 상하이와 상하이인을 고찰하고 있다. 그 키워드는 '근(현)대성(modernity)'이다. 우선 엮은이의 안내를 따라 윤곽을 살펴보자.

우선 『생활과 근대성』은 '근대성과 그 존재 양식'에 초점을 맞추고 있다. 근현대성을 "근대라는 시대를 지배해 온, 그리고 지배하고 있는 인식론적 틀과 사고방식, 정치 및 사회·경제적 제도, 생활방식과 관습 등에 나타나는 원리와 그 특성"(배경한 엮음, 2006: 11)으로 파악하면서 "전근대적 공동체 질서로부터 벗어난다는 자유·해방의 측면과, 자본(자본가)으로 대표되는 근대적 지배체제에 편성 종속되어 간다는 억압·구속의 측면이라는 양면성"(배경한 엮음: 12)에 대한 성찰도 병행하고 있다. 그리고 '20세기 초 상하이인들의 생활 속에서 나타났던 근대성의 네 가지 특성'을 다음과 같이 요약하고 있다. 첫째, '다양한' 근대 지향적 변화들, 둘째, 해방의 측면과 구속의 측면이라는 양면성, 셋째, 전통과 근대의 차별성에 대한 지나친 강조보다 양자를 중첩적이고 연속적인 것으로 파악해야 할 측면들이 더 많은 점, 넷째, '식민지 근대성'이 가지는 약탈성과 불균형성(23~25).

　기존의 정치사 중심에서 생활사에 주목한 것은 이 책의 소중한 시도다. 근현대라는 것이 국가권력과 시장으로부터 자유롭지 못하지만, 그것을 부분적으로나마 전복하는 힘은 문화에서 비롯된다. '정치력/경제력/문화력 사이의 상대적 비중 차이'에서 문화력이 왜소할수록 그 사회의 전망은 어둡기 마련이다. 국가권력과 시장의 대해(大海)에서 그에 저항하는 희망의 샘물을 긷기가 쉽지는 않지만, 그런 노력은 지속되어야 할 것이다. 생활사 연구가 중요한 것은 이런 이유에서일 것이다.

　다만 이 책은 '생활과 근대성'을 연결하기보다는 근대성의 다양한 양상에 초점을 맞춘 것으로 보인다. 그러면 본론에 들어가기 전, 동아시아의 근현대에 대한 몇 가지 문제의식을 점검해보자.

3.

우리는 그동안 서유럽의 모던 과정이 있었고, 동아시아를 비롯한 서유럽 이외의 사회는 그것을 모범으로 삼아 지역적 특수성을 가미해서 근현대 과정을 겪은 것으로 이해해왔다. 물론 모던이 우선적으로 서유럽에서 전개되었다는 역사적 사실을 부인할 필요는 없을 것이다. 그러나 그동안 간과되어온 사실은 서유럽의 모던이 유럽 내부에서 순수하게 형성·발전한 것이 아니라 서유럽과 서유럽 외부의 관계를 통해서 형성·발전한 것이라는 사실이다(Stuart Hall). 이제 우리가 할 일은 서유럽의 모던 과정을 여러 가지 모던 과정의 하나로 설정하고 서유럽 이외의 다양한 모던 과정을 고찰하는 일이다. 딜릭(Arif

Dilrik)에 의하면, 그것은 서유럽 모던의 대문자 역사(History)를 비판하고 복수의 역사들(histories)을 복원시키는 작업이기도 하다.

스튜어트 홀은 '서양과 그 외의 사회들'이라는 관념이 어떻게 구성되었는지 그리고 서양 사회와 비서양 사회 사이의 관계들이 어떻게 재현되었는지를 검토한 바 있다. 그 주장의 핵심적인 출발점은 "'서양이 지리적이 아닌 '역사적인' 구성물이라는 것이다." 그에게 있어 '서양적'이라는 말은 '발전된, 산업화된, 도시화된, 자본주의적인, 세속적인, 그리고 현대적인'이란 말과 통하는 것이고, '서양'이라는 개념 또는 관념은 '사고의 도구' '이미지들 또는 재현(표상) 체계'이자, '비교의 표준이나 모델' '평가 기준 또는 이데올로기'로 작용한다고 해석했다. 이는 서양이 '그 외의 사회들'을 '타자화'시키는 것과 동시에 진행된 것이다.

서양의 이른바 '모던'한 사회형태의 형성(formation)과 특징은 서유럽 내부로부터 틀지어졌지만, 이러한 형성이 '전세계적' 과정이기도 했다는 점, 다시 말해 그 형성과정은 중요한 '외재론적' 특징들을 가지고 있다. 결국 '서양'과 '그 외의 사회들', 즉 이른바 '중심'과 '주변'은 이렇게 긴밀하게 상호 연관되어 있었다.

이렇게 긴밀하게 연관되어 있음에도 불구하고 우리는 서유럽과 동아시아를 확연하게 차이가 나는 것으로 인식해왔다. 그런 인식을 '역사적인 구성물'로 보는 것이 포스트식민주의의 관점이다. 서유럽이라는 개념은 유라시아대륙의 서쪽 귀퉁이라는 단순한 지리적 개념이 아니라, 동아시아 등의 '그 외의 사회'를 타자화시키는 과정 속에서 발명되었고 '그 외의 사회'에 강요되었다.

'포스트'학은 서유럽과 동아시아의 관계를 더욱 복잡하게 만드는 변수다. 서유럽의 맥락에서 포스트모더니티의 출현은 모더니티의 역사 전제와 가정(假定)에 대해 문제를 제기한 것이다. 이런 상황 때문에 불확실성이 출현했다. 포스트모더니티는 모더니티를 극복의 대상으로 삼지만 다른 한편으로 포스트모던은 모던의 변증법적 부정이면서 매 계기마다 모던 내부에 존재하고 있다.

포스트모던이 모던의 지속(後 after)이자 변화(脫 de-, 超 beyond)라면 동아시아의 탈/후 근현대는 더욱 복잡해질 수밖에 없다.

4.

국민국가(nation-state)의 건설을 지상과제로 삼았던 중국 근현대에서 '근현대화' 의 과제는 주로 국가의 몫이 된다. 그 과제는 도시의 공공교통, 공공사업, 위생, 교육, 자선 등 여러 분야에 걸쳐 있고 행정기관 또는 민간단체가 그 주체가 될 수 있지만, 주요하게는 상명하달의 형태를 띠고 있다. 다시 말해 상하이의 근현대적 재편 과정은 도로, 전기, 상수도, 위생 등의 공공영역을 "통치의 도구로 끌어들였다는 점"(배경한 엮음: 95)에 잘 드러나 있다. 이는 근현대화의 급변하는 과정에 대한 상하이 거주민의 입장에서의 대응이라기보다는 국가권력이 국민의 생활 속으로 침투해가는 과정으로 보인다.

1927년 7월 7일 상하이특별시 성립 당시 장제스가 직접 상하이에 와서 행한 연설에서 "상해가 진보하는지 퇴보하는지는 전 중국의 성쇠나 국민당의 성패에 관련되어 있다"고 선언했다(45). 1929년 1월에 수립된 중앙집권적 국민국가인 난징정부의 전 단계로 볼 수 있는 상하이특별시의 성립은 뒤이은 '대(大)상하이계획'이 보여주듯 국민국가 건설의 시금석이었다. 성립 다음 날 모든 기관을 합병해 9개국(局)을 만들어 정부의 관리 기능을 집행하기 시작한 상하이특별시는 공공영역과 민간영역에서 도시 근현대화 과정을 통해 상하이인들의 심리와 인식의 변화를 주도해갔음을 알 수 있다. 특히 조명시설과 상수도망 등 도시 공공시설 분야의 근대적 변모에 대한 고찰을 통해 얻은 다음의 중간 결론은 이런 사실을 잘 표현해주고 있다. "상해의 외국인 거류민들이 공공사업을 운영한 뒤 상해인들이 보여준 심리상태 변화를 통해, 부국강병(富國强兵)의 길에 대한 상해인의 인식이 피동(被動)에서 주동(主動)으로 끊임없이 심화되어 갔고, 상해 도시 근대화의 주류 의식을 이루어 갔음을 알 수 있다"(54).

다시 말해, 조계의 존재는 한편으로는 치욕과 굴욕의 증거였지만, 다른 한 편으로는 중국 근현대사의 엄격한 '훈련소'이자 서양 학습의 '학교'로서의 구실을 했던 셈이다. 상하이인들은 '몸으로 서양을 체험'한 최초의 사람들이었다. 그러나 "서구 식민주의자는 비록 객관적으로 상해의 일부 도시 공공사업을 근대화시켰지만, 그것은 분명 기형적 근대화였으며 거대한 약탈성을 동반하고 있었다고 하겠다. 이것은 상해 도시 공공사업의 진행 과정에서 드러난 하나의 특징이었다"(77).

YWCA,[1] 잔질원,[2] 유민습근소[3] 등은 국가의 행정기관이 아니었지만, 그 맡은 바의 사업과 관리 기제가 공공사업에 가깝다. 특히 유민습근소의 경우 미셸 푸코의 '판옵티콘'을 연상케 하는 기율은 교도소의 그것과 다를 바 없다. "민중을 계몽하여 '국민'으로 재탄생시킴으로써 국가 통합의 기반을 마련하고자 했던 국민정부의 노력에, 국가가 파악할 수 없는 체제 밖의 존재로서 질서 수립에 최대의 위협이 되는 광범위한 유민집단의 형성은 상당한 위협이 되었"(356)다. 그에 대한 대책의 하나가 유민습근소의 설립이었다. 그 운영 구상은 유가적 윤리교육과 서유럽의 형법 관념이 결합되어 있었지만, "유민들을 기율에 적응하는 집단으로 포섭함으로써 신국민이 되는 갱생의 전망"(382)을 주려는 시도는, 출소자의 추적 관리 과정에서 드러난 것처럼 다시 유민화되는 경향이 강하게 나타났다. "그것은 아마도 유민을 유민으로 남게 하는 사회 체제의 변혁이 없는 상태에서, 개별 신체에 대한 교육과 훈련이 갖는 한계 때

1_ 여청년회의 활동 내용이란 것이 대부분 체제 안에서 허용될 수 있는 성질의 것들이었고, 지도부의 상당수는 사회 상층 인물과 저명 인사 또는 그들의 가족이었다. 여기에 조계라는 지배구조에서는 기독교를 매개로 여청년회의 지도층과 서양 자본가, 정치가들 사이에 보이지 않는 네트워크가 만들어질 수 있었다. 그 네트워크는 … 여청년회의 기금 모집에 서양의 많은 은행이나 기업, 정치가들이 참여하는 데서도 나타난다(281).
2_ 사단 관계망으로써 상해의 도시 특성을 파악, 그 존재 양태와 특징에 접근(22).
3_ '근대적 국민국가가 어떠한 경로를 통해 유민들을 신국민 곧 근대적 국민으로 정착시키려고 노력했는가(22~23).

문이었을 것이다. 1930년대 상해 사회의 근대성은 이러한 상황 속에서 그 가
능성과 한계를 드러내고 있었다"(382). 유민습근소에 대한 분석에서 당시 상하
이를 해석할 수 있는 근거를 확보하고, 그 관리체제 속에서 "한쪽에서는 예치
적(禮治的) 발상이 다른 한쪽에서는 시장사회의 현실에 적응하는 신체관리적
발상이 공존했던 것이 1930년대 근대 상해 사회의 현실"(382)을 읽어내는 것
은 혜안이 아닐 수 없다.

유민습근소 수용자의 출신지별 구성은 우리에게 재미있는 사실을 연상시
킨다. 총 2,231명 가운데 장쑤(江蘇) 출신이 1,407명으로 63%를 차지하고 있는
데(363, <표2>), 이는 '습근소의 지리적 위치'(362) 때문이기도 하지만, 상하이
에서 주변화되었던 이른바 '쑤베이인(蘇北人)'의 실상이기도 하다. 호니그(Emily
Honig)에 의하면, 쑤베이인이 상하이에 정착하려는 시도는 이미 자리잡은 장
난(江南)의 중국 엘리트집단과 외국 통제하의 시정부의 견제를 촉발했다. 쑤베
이인은 중국 엘리트집단이 추구하는 모던하고 고아한 정체성에 위협이 되었
고, 상하이 공부국은 그들이 이 통상항구의 모범 거주구라는 지위에 손상을
줄 것으로 생각했다. 중외 엘리트들에게 쑤베이인은 외인 또는 객민(客民)이었
다. 좀 더 구체적인 조사와 분석이 요구되지만, 상하이인의 정체성은 '닝보(寧
波)인이 중심이 된 장난(江南)인이 쑤베이인을 타자화하면서 형성되어간 것'이
라고 할 수 있겠다.

5.

앞의 영역들이 국가 권력이 국민의 생활 속에 침투한 측면이라면, 상업과 문
화의 영역에서는 일정 정도의 자율성을 찾아볼 수 있다. 민국 시기 상하이 금
융업의 어음 결산체계를 "관행적 질서가 제도적 질서로 이행해 가는 길"로 보
고 "전통적 영역 내부에서 진행된 근대적 이행의 일례"(121)로 분석한 것은 좋
은 예라 할 수 있다. 물론 시장의 논리와 지구화의 과정에서 자유로울 수는

없지만 "근대성의 형성이라는 것이 결국 전통적 요소의 현실적 효용을 무시하고 인위적으로 이루어지는 것은 아니라는 사실을 새삼 주목하게 한다"(122). 리쩌허우의 '문화심리구조'를 연상시키는 필자의 성찰은 근현대성의 중층성에 주목하게 만든다.

그러나 자본은 '이윤이 생긴다면 애비의 무덤도 판다'라는 말과 같이 자신의 논리를 관철해나간다. 그 앞에서는 "친밀한 인간적 관계보다는 상업적인 관계와 이익이 우선시되었고, 밀집된 공간에서 생존하기 위한 치열한 경쟁"(165)이 난무한다. 그리고 "상권의 전문화와 지역적인 분화는 도시 공간이용의 효율성을 높였지만, 한편으로 도시 공간을 계층화하고 위계화하면서 지역 발전을 차별화시키고 불균등 발전을 더욱 심화시켰다"(165). "상해에는 개방성과 지역사회의 '동질적 응집'이라는 양면성이 존재했다. 이 둘의 결합이 상해에 다원성을 부여했고, 동시에 계층 갈등 또는 동향 집단 사이의 경쟁이란 의식을 부여한 반면에, 나아가서는 상해인으로서의 응집력도 부여했다. 그들은 다른 지역의 사람과는 다른 '상해'에 사는 사람들이었다"(166).

결국 1930년대 상하이의 상권의 특색은 서유럽의 모방과 추종으로 외연되는 식민지 근대성이라 할 수 있고, 그것을 주도한 중국인은 '공공조계에 거주했던 중상층'(167)이었다.

6.

도시민의 생활은 잡지와 영화 텍스트에서 그 구체적인 모습을 살펴볼 수 있다. 그런 면에서 『생활주간』을 통해 근현대성을 고찰하는 시도는 소중하다. 그동안 『점석재화보』, 『양우』 등의 잡지 연구가 중국현대문학계에서 활성화되고 있고 『만상』의 경우에는 베이징대학 박사학위논문으로 다루어진 바 있다. 『생활주간』은 "진보적인 고급 교양 잡지의 면모를 유지하면서도 통속적이고 보편적인 삶의 문제를 본격적으로 다루었다". "전통적 가치를 재해석함과 동시에, 신구(新舊) 생활양식의 조화를 탐색함으로써 『생활주간』은 '전통'의 긍정과 그 지양(止揚)을 모색했다"(174). 아울러 이 잡지는 '물질문명에 대한 숭배와 경계의 교차점'에 놓여 '시대적 고뇌'를 안고 있던 1930년대 상하이인의 생활상과 정체성을 고찰하기 위한 훌륭한 텍스트라 할 수 있다. 이 텍스트의 분석에서 필자는 '지식과 인간 그리고 직업에 대한 새로운 인식' '돈과 부에 대한 집착' '근대적 개인'의 출현, 신여성의 등장과 가부장적 질서의 재해석 또는 부정 등을 거론했다. 그 가운데 상하이에서의 '근대적 개인'에 대해 "본래의 함의보다는 예교질서를 대체하는 생활방식과 모던 지상적 생활양식을 옹호하는 논리로 해석되어 성찰 없는 근대 편향을 조장"했다는 분석은 탁월하다. 그리고 "그러한 경향은 근대적 개인의 굴절된 해석이자, 분명한 오독이었다. 그러나 그 굴절이 자체로서 확대 재생산되면서 일상의 영역에서 상해인의 근대가 또다시 만들어지고 있었던 것이다"(220). '성찰 없는 근대 편향'과 '굴절된 근대'의 흐름 속에서 미약하나마 '서유럽의 상대화' 탐색이 진행되었음도 확인할 수 있다.

중국영화는 오래된 제왕의 도시 베이징에서 탄생했지만 최종적으로는 조계 시대의 상하이에서 흥성했다. 자신의 성장에 적합한 토지에서 상하이는 중국영화의 발상지가 되었다. 중화인민공화국 건국 이전까지 중국영화사는 상하이영화사라 해도 과언이 아니다. 근현대도시, 이민도시, 국제도시, 상공업도시, 소비도시 등의 표현은 영화산업 발전의 요건을 설명해주는 명칭이기도 하다. 영화가 상하이로 인해 입지를 확보하고 영역을 넓힐 수 있었다면, 상하이는 영화로 인해 근현대화를 가속할 수 있었다. 그러므로 상하이의 영화산업은 상하이 나아가 중국 근현대화의 핵심이라 할 수 있다. 특히 영화의 유통과 소비는 상하이의 경제와 문화의 중요한 부분을 차지했다. 참고로, 중국 근현대문학의 비조 루쉰도 상하이 시절 택시를 대절해서 영화감상을 즐겼다. 반제반봉건의 기수이자 엄숙문학과 진보문화의 상징이었던 그가 즐겨본 영화는 아이러니하게도 제국주의의 대명사 할리우드의

'타잔' 영화였다고 한다. 대중문화에 대한 이성적 차원의 비판과 정서적 차원의 향유라는 이중적 잣대를 루쉰에게서도 발견할 수 있다. 대중문화를 '저항과 통합의 타협적 평형(compromise equilibrium)'의 장(場)으로 파악한 그람시의 통찰을 염두에 둘 때 1930년대 영화를 대표로 하는 상하이 대중문화의 지형도는 중요한 의미가 있다. 앞에서 본 『생활주간』 분석은 이 지점과 맞닿아 있기도 하다.

최근 지속되는 교육부의 개혁 드라이브는 위로부터의 개혁이라는 점에서, 관의 통제력 강화라는 점에서, 그리고 정량(定量) 평가 위주라는 점에서, 나아가 주무부서 구성원의 개혁 의지의 불균등성이라는 점(담당자가 바뀌면 개혁의 내용이 바뀌는 것) 등에서 많은 문제점을 가지고 있다. 특히 교육인적자원부의 인센티브 전략은 대부분 대학을 잿밥과 떡고물에 눈멀게 했고, 이제 BK, NURI를 대표로 하는 사업은 대학 통제의 새로운 방법으로 자리 잡아가고 있다. 1920년대 상하이의 대학 상황을 보노라면 지금과 큰 차이가 없음을 느끼면서, 학교를 교회와 함께 '이데올로기적 국가장치'로 설정한 알튀세르의 선견지명에 탄복하게 된다. 1920년대의 상하이의 대학의 '실용교육을 중시하는 운영방침'을 보자. "인문교육보다 실용교육을 강조함으로써 대학들은 상해라는 도시에 적응해야만 했다. 후발 대학일수록 그와 같은 필요성은 더욱 컸다. 영어교육을 강조하고 상과를 비롯한 실용학과를 개설함으로써 학생들을 안정적으로 모집하고, 다른 대학과의 경쟁에서 뒤떨어지지 않고, 궁극적으로는 상해의 도시화·근대화에 필요한 전문적인 인력을 제공할 수 있었던 것이다"(304). 21세기 한국의 대학의 운영방침과 대동소이할 것으로 보인다.

외국어 학습도 크게 다르지 않다. 특히 선진적인 일본을 배우려는 상하이인들의 근현대성 지향은 배일이라는 민족적 저항을 넘어서는 수준에 이르렀다고 한다. 재학시절 '반미' 데모를 하다가 졸업 후 미국으로 유학 가는 우리사회의 자화상을 보는 듯하다.

7.

주어진 시간과 지면에 맞추어 주마간산 격으로 쓰다 보니 필자들의 소중한 연구 과정을 충분히 읽어내지 못했다는 느낌을 지울 수 없다. 덕분에 1920~30년대의 상하이에 대한 여러 방면의 견문을 넓힌 것은 글쓴이의 큰 소득이다. 공동연구에서 각 필자의 주제 의식을 하나로 모으기는 쉽지 않은 일이지만, 이 책은 커다란 공통의 주제 의식에 도달한 것으로 평가할 수 있다. 도시화, 상공업, 문화, 공공성 등의 영역으로 나누어, 교통, 공공사업, 위생, 어음결산 관행, 상권, 생활문화, 영화산업, 기독교여청년회, 대학, 외국어, 자선, 유민습근소 등의 다양한 방면에 걸쳐, 근현대성의 양면성 내지 중층성을 구체적으로 분석한 것은 '근대성의 다양한 양상에 대한 구체적인 접근'이라는 취지에 충분히 부응한 것으로 보인다. 나아가 사회의 편린(片鱗)이랄 수 있는 분야에서의 정치한 분석을 통해 전체 사회를 해석할 수 있는 근거를 확보한 것도 이 책의 미덕이라 할 수 있다.

정치사가 거대서사라면, 생활사는 미시서사라 할 수 있다. 엮은이는 한 걸음 더 나아가 생활사 연구를 언급했지만, '이 책의 전반적인 내용이 생활사와는 얼마간의 거리가 있음을 인정할 수밖에 없다. 생활사에 주목한 것은 소중하지만, 대부분 글은 상하이의 근현대적 재편 과정이 위로부터의 근현대화였고 그것이 마치 톱니바퀴처럼 상하이인들의 일상생활 속에 침투해가는 모습을 주로 보여주고 있다는 점에서 아쉬움을 남긴다. '생활 속에 구현된 근현대성'의 측면이 부각되었더라면 생활사적 접근과 근현대성의 주제 의식을 결합할 수 있지 않았을까 하는 생각을 사족으로 덧붙여본다.

2006

중국 대중문화 교육의 실제와 이론[*]
―敎學相長의 변증법을 위해

1. 이끄는 글

"르네상스 이후의 서유럽문화의 특성을 한마디로 규정한다면 그것은 통속성
이다."『현대의 화가들』의 저자 러스킨(John Ruskin)의 이 말은 충분히 전복적
이다. 고급문화와 대중문화가 여전히 대립각을 세우고 있는 포스트모던 시대
에, 마치 고급문화의 기성 권력에 대중문화의 새로운 의미를 주장하는 듯한
대립 구도를 보이는 지금, 과거에도 비슷한 쟁점이 있었다는 사실은 적어도
논쟁의 가치를 확인하는 차원에서 고무적일 뿐만 아니라, 민중문화와 대중문
화의 구분이 모호한 시점에 통속성이 민중성을 포용하는 듯한 견해는 의미심
장하다. "러스킨은 자신이 노동계층의 동반자였기 때문에 통속성과 관련하여
거드름 피우는 계층 구분의 편견을 그대로 받아들일 수가 없었으며 또한 그
자신이 전통적인 아름다움의 수호자였기 때문에 고상하고 순수한 고전적인
세계를 단념할 수도 없었다"(패티슨, 2000: 127). 마오쩌둥의「옌안 문예좌담회
에서의 연설」의 '보급과 제고의 통일'을 연상케 하는 이 평가는 지배계층의
취향을 비판하면서도 전통적인 미적 기준을 견지하려는 의지에 대한 것이다.
그러나 마오쩌둥과 러스킨은 이론적 차원에서 양자를 통일시키려는 의도가

* 이 글은 2005년 11월 5일 <2005년도 중어중문학 연합학술대회>(주제: 중어중문학 교육의
  이론과 실제)에서 발표된 같은 제목의 글을 보완해『중어중문학』제38집에 게재했다.

있었을지 모르겠지만, 현실에서는 보급[1]과 통속성을 선택할 수밖에 없었다.

러스킨의 언급은 마오쩌둥의 그것처럼 자못 선언적이고 도발적이다. 선언적 언설은 자신의 정치적 힘의 부족을 자백하고 있는 법이다. 다시 말해, 르네상스 이후 서유럽문화는 비통속성, 즉 고상함이 주류였다는 사실이 전제되고 있다. 이는 21세기를 사는 한국의 모더니스트들조차 대부분 비통속적인 고상한 서유럽문화를 보편적인 것으로 상정하고 그 잣대로 대중을 계몽하고자 하는 것만으로도 예증이 될 수 있을 것이다. 계몽 또한 자신의 지향에 미흡한 현실을 전제하는 법이기 때문이다. 그러나 근대적 산업도시의 발전과 공공영역의 출현 그리고 대중적 저널리즘의 탄생(이동연, 2002: 13) 등은 한국의 모더니스트와 계몽주의자들을 비웃듯 최소한 양적으로 주류를 차지하고 있는 듯하다. 현장 활동 경력을 가지고 있는 한 연구자는 한국 사회의 대중문화 현실을 이렇게 진단한다. "대중문화가 지배적 문화가 된 지가 언제부터인지 아득하다. 마치 태어나서부터 대중문화의 바다에서 성장해온 것이 아닌가 하는 착각도 든다. 물론 엘리뜨문화와 민중문화가 흔적도 없이 사라진 것은 아니지만, 20세기 말 특히 페레스트로이카 이후 잠깐의 코드 조정 이후, 우리는 대중문화의 시대에 본격적으로 진입한 듯하다."[2] 1970년대 이전 엘리트문화가 지배문화로 군림하다가 1980년대의 민중문화가 그 지배구조에 균열을 만드는가 싶더니, 어느새 대중문화의 시대로 접어들었다.

사실 "대중문화는 고급문화의 입장에서 보면 취향의 타락[3]이고, 민중문

1_ '보급에 기초한 제고'라는 결합 방식 … 결과는 '제고를 유보한 보급'이었다. 중국 혁명과 혁명문학의 성과를 '대중화와 민족화가 결합된 인민문학'이라고 평가하는 것은 '제고를 유보한 보급의 또 다른 표현이라 할 수 있다(임춘성, 1995: 224~25).

2_ 이동연은 1980년대와 1990년대의 문화운동 지형도를 다음과 같이 요약한다. "80년대의 문화운동은 대중문화를 이념적으로 넘어서야 할 하나의 단일한 문화로 단정하면서 계급/민족문화의 대당으로 추상화시켰고 이 과정에서 대중문화에 대한 비판적 분석과 연구들이 제대로 이루어지지 않았다." "이와는 다르게 90년대 문화운동은 대중문화에 대한 새로운 이해와 개입, 다양한 문화적 차이들의 반란, 문화적 감수성과 욕망의 분출, 새로운 청년문화들의 활성화, 영상시각문화의 진보적 실험 등 오히려 문화적 콘텐츠들이 수면 위로 올라오는 사건들을 많이 경험했다"(이동연, 2002: 115).

화의 입장에서는 착취의 도구[4]로 간주된다"(박성봉, 2000: 10). 그러나 "통속성이란 진지성과 함께 어우러져서 인간과 인간의 삶을 이루고 있는 핵심적인 것이다"(박성봉: 11). 전자의 입장에 서면 대중문화는 일고의 가치도 없는 천박하고 저급한 현상일 뿐이다. 그러나 후자의 입장에서는 고상한 취향의 이면에 자리를 잡고 있는 통속성의 표현으로 대중문화를 정위(定位)한다.[5] 대중문화 교육의 필요성과 방법론에 초점을 맞춘 이 글은 당연히 후자의 입장을 지지한다.

러스킨의 진단에 의하면 서유럽은 르네상스 이후 통속성이 실질적인 특성이었고, 이동연은 한국이 최소한 20세기 말 본격적인 대중문화 시대에 들어섰다고 본다. 지구화(globalization) 담론에 의하면 전 세계는 대중문화 시대에 접어든 것이다. 여기에서 대중문화 지형도와 관련된 문화 권력의 문제까지 논할 여유는 없다. 다만 중국 관련 학과(전공)의 교육과 관련지어 중국 대중문화 교육의 실제와 앞으로의 방향에 대해 소략한 의견을 피력하고자 한다. 이 글은 개인적 경험과 모색을 바탕으로 작성한 글임을 미리 밝혀둔다.

2. 중국 대중문화 관련 강의의 연기(緣起)

내가 강의실에서 대중문화를 다루기 시작한 것은 몇 년 되지 않는다.[6] 평상

3_ 대중문화는 상품성과 표준화된 성격 때문에 대중들의 미의식을 표준화시켜 대중의 자발적인 성숙을 막는다(한국철학사상연구회, 2000: 177).

4_ 대중문화가 지배 이데올로기를 전달해서 허구적 욕망을 양산하고 이를 통해 대중을 수동적 존재로 만들어 현실에 대한 올바른 인식을 가로막는다(한국철학사상연구회, 2000: 177).

5_ 고전주의 시대에 감정이나 정서는 절제해야 할 대상이었다. 따라서 고상한 취향에서는 배제되었다. 그러나 로맨티시즘 시대에 들어, 특히 존 러스킨은 신사란 느끼는 사람, 직관적으로 열려 있는 사람으로 정의함으로써 기존의 고상한 취향에 흠을 냈다.

6_ 논문에서 일인칭을 사용하는 것이 금기시되던 시절이 있었고 지금도 학회지에 논문을 투고하면 심사위원의 수정 요구 사항으로 지적되는 경우가 있다. 이들 수정 요구는 객관성을 지향하자는 차원에서 이해할 수 있다. 다만 인문학적 글쓰기가 주체의 해석(interpretation)이자 재현(representation)이라는 사실을 인정한다면 굳이 일인칭 사용을 회피할 필요는 없다는 것이 이 글의 입장이다. 중요한 것은 글의 논리성과 설득력이 아닌가? 이 부분에서 일인칭을 사용한

시 대중가요나 영화 등에 관심이 없었던 것은 아니었지만, 그것을 이른바 '공부'와 연결하려는 생각은 '언감생심(焉敢生心)'이었다. 우리 세대7)가 받아온 교육은 공부와 놀이의 구분을 엄격하게 요구하고 있었기 때문이었다. 그 구분을 깬 계기는 나의 바깥으로부터 찾아왔는데 그것은 바로 강의실의 학생들이었다. 중어중문학 관련 강의실에서 언어학과 문학에 전망을 부여하지 않는 학생들8)에게 담당교수가 할 수 있는 일은 두 가지일 것이다.9) 하나는 교수가 되지 않더라도 중어학과 중문학이라는 인문학의 하위범주가 인생살이에 중요하다는 사실을 교수-학생의 불평등 관계에 편승해 강요하는 것이고, 다른 하나는 중국어의 실용성을 내세워 그것을 중국문화와 연결하도록 유도하는 일이다. 최근 정치·경제적으로 급부상하는 중국은 학생들에게 후자의 학습 의욕을 유발할 수 있는 든든한 배경이 된다. 나의 경우, 사회주의 경험이 없는 우리 사회에서 구민주주의혁명, 신민주주의혁명, 사회주의 개조 및 건설, 개혁개방, 사회주의 상품경제, 사회주의 시장경제 등의 용어를 모르면 중국을 이해할 수 없다고 으름장을 놓으면서 <중국 근현대사의 이해>10)를 거의 모

것은 중어중문학 관련 강의에 대중문화 과목이 자리 잡게 된 경로를 미시 서사와 결합하려는 의도에서 비롯되었음을 밝혀둔다.

7_ 이 글에서 '우리 세대'는 주로 1950년대에 출생하고 1970년대에 대학에 입학한 세대를 가리킨다.

8_ 이종민은 중국 관련 인재의 유형을 '연구자' '전문가' '실무자'로 분류하고 있다(이종민, 2005: 472). 그의 말을 빌리면, "언어학과 문학에 전망을 부여하지 않는 학생들"은 '전문가' 또는 '실무자'의 가능성을 가지고 있다 할 수 있다. 사실 이종민은 "전지구적 자본주의 시스템이 개혁개방 이후 세계의 공장이 되고 있는 중국 시장을 중심축으로 작동하고 있으며, 이에 따라 정치, 경제, 외교, 문화 등 중국과 관련된 제반 업무를 담당할 수 있는 인재가 긴급하게 필요"(464)하다는 진단 아래 중국전문가 양성을 논하고 있다. 그에 따르면, "교육자가 양성하려는 인재가 연구자가 아니라 전문가 혹은 실무자임을 자각하고, 문학교육이 해석이나 학술적 정보 제공이 아니라 중국 연구를 위한 통로가 될 수 있는 교육방법을 개발하거나 혹은 중국 사회문화 교육자로서의 변신을 적극적으로 모색"(481)할 것을 권유하고 있다. 이 권유가 최소한 비중어중문학 중국 관련 학과(전공)의 교육자들에게는 타당할 수 있지만, 중어중문학 관련 학과(전공)의 교육자들에게는 많은 논란을 불러일으킬 수 있다.

9_ 이는 비단 중어중문학에만 국한되지 않는, 어문학 계열의 공통된 현상이 아닐까 싶다. 특히 '국어국문학'과 '영어영문학' 관련 학과(전공)의 경우에는 이른바 어문학의 '정통'을 수호해야 한다는 신념(또는 강박)을 가진 교수가 상대적으로 많은 듯하다. 경상계열에 비해 소외된 어문 계열 가운데에서도 기득권의 메커니즘은 관철되고 있음을 알 수 있다.

든 과목의 '서두(開場白)'로 삼기도 했다.

대부분의 중국 관련 학과에는 <중국문화 개론> 과목이 빠지지 않는다. 내가 대학을 다닐 때도 1학년 필수과목으로 개설되어 있었다.[11] 나도 재직 대학에 부임한 후 리중구이(李宗桂)의 『중국문화개론』(번역본, 1991)을 주교재로 삼아 몇 차례 강의한 적이 있었다. 그러다가 '중국 문화 전반에 대한 문사철(文史哲)의 통합적 이해'라는 '당위의 대해(大海)'에서 허우적대는 학생들에게 조금이나마 현실적 동질감을 가지게 할 수 있는 방안의 하나로 '중국 근현대 문화'를 특성화하는 실용적 시도를 해보았다.[12] 그리고 '근현대', 특히 개혁개방 시대를 보기 위해서는 '대중문화'를 결락시킬 수 없었다. 주교재로 공상철 등이 쓴 『중국 중국인 그리고 중국문화』(2001)의 제5장과 멍판화(孟繁華)의 『축제인가 혼돈인가—오늘의 중국 대중문화 읽기』(번역본, 2002)가 유용했다. 이것이 하나의 경로다.

강의하다 보면 학생들에게 이런저런 예를 들기 마련인데, 학생들이 소설 등의 작품을 거의 읽지 않았을 뿐만 아니라 그에 대해 관심을 별로 기울이지 않는 것이 최근에 국한되지 않는 흐름이었다. 물론 학부 공통과목으로 <문학의 이해>와 <문학 고전의 산책> 등을 강요하고, 전공과목으로 '작품 독해'[13] 등을 개설해 작품 읽기를 요구하지만 그 분위기는 강압적일 수밖에 없다. 그

10_ <임춘성 교수의 청송산방>-<강의자료실>-<중국학입문> 4번 <되짚어 읽는 중국 근현대사>.
11_ 당시 교재로 많이 쓰였던 허세욱(1974)은 머리말을 제외하면 민족과 민족성, 언어와 문자, 정치, 경제, 사회, 종교, 문학, 철학, 예술, 교육, 과학의 11개 부분으로 나누어 서술하되, 대부분 청대를 하한선으로 삼아 서술하고 있다.
12_ 여기에서 '실용적'은 '접근 가능성'의 차원에서 사용되었다. 그리고 이런 시도가 결코 '근현대 이전의 중국문화를 등한시해도 좋다는 의미는 아니다. 다만 육경(六經)부터 시작하다가 '근현대'에 들어가지도 못하고 끝나는 것보다는, '근현대'를 먼저 학습시키면서 고대문화를 접목하는 것이 학생들의 입장에서 중국문화에 접근하기 수월할 것이라는 판단에 기초한 것이다. '사회주의 현대화 시기는 '중국적 특색을 가진 사회주의'이기도 하고 '중국적 특색을 가진 자본주의'이기도 하지만, 마오쩌둥 사상과 신민주주의 혁명에 대한 이해 없이 지금의 중국을 이해하기는 쉽지 않다.
13_ 그러나 전공 독해의 경우에는 감상의 차원보다 중국어 교육의 요소가 더 강한 점을 무시할 수 없다.

라나 간혹 영화를 예로 들어 설명하면 몇몇이나마 학생들이 반응을 보였다. 그리고 소설을 과제로 내주는 것에 비해 영화는 짧은 시간에 함께 감상할 수 있는 장점이 있어 자주 이용하게 되었다. 멀티미디어 강의라는 시류의 압박도 없지는 않았다. 이것이 또 하나의 경로다.

이처럼 나의 대중문화 강의는 대부분 강의 시간에 학생들의 반응을 고려해 참여도를 진작시키는 차원에서 시도되었다. 이제는 그것을 체계화해야 할 시점이라는 생각을 하게 되었다.

3. 중국대중문화 교육의 목표

여기에서 중국대중문화 교육의 목표와 연결된 임대근의 주장을 주목할 필요가 있다. 그는 한국의 중어중문학 대학원에서 최초로 중국영화를 대상으로 학위논문을 쓰면서 초기 영화를 대상으로 삼아 문예(연극 및 문학) 전통과의 계승 관계를 궁구한 바 있다(임대근, 2002). 아울러 영화를 중어중문학 또는 중국문화를 이해하는 도구적 차원에서 한 차원 승화시켜 중국문예사에서의 영화의 지위를 자리매김하려는 노력을 경주하고 있다(임대근, 2004). 이는 한국의 중어중문학 관련 학과라는 제도의 문제와도 맞물려 있다. 그는 「중국영화교육 추의(芻議)」(2005)에서 한국에서 현실적으로 이뤄지고 있는 중국영화교육을 그 목표에 따라 세 가지 유형으로 분류했다. 첫째, 중국어 교육을 위한 중국영화교육.14) 둘째, 중국영화 그 자체에 대한 교육.15) 셋째, 중국의 사회문화 등에 대한 지식 함양을 위한 중국영화교육.16) 그리고 마지막으로 둘째와 셋째를 절충하는 네 번째 유형도 실험적으로 제시했다(임대근, 2005: 465~66). 임대근은 첫 번째 유형은 언어교육의 영역으로 설정하고, 두 번째와 세 번째를

14_ <영상 중국어>, <스크린 중국어>, <영화 중국어> 등.
15_ <중국현대영화비평>, <중국영상문학의 이해>, <중국영화의 이해> 등.
16_ <영화로 보는 중국>, <영화로 보는 현대중국> 등.

영화교육의 유형으로 현실적으로 인정[17]하고 있지만, "전문적인 기술미학의 영역과 영상미학이라는 독특한 분야"(임대근: 467)에 기반하고 활용하지 않으면 텍스트에 대한 충분한 이해가 이뤄질 수 없음도 경고하고 있다. 임대근의 잠정적인 결론은 이렇다. "결론적으로 말하면, '중문학'에서 '중문'의 개념을, 통합적 인문학에 관한 중국학의 전통을 계승함과 동시에 환경의 변화에도 적응해 '중국문학'이라는 둘레로 한정하지 말고 '중국문예' 또는 '중국문화'의 개념으로 유동시켜보자는 것이다. 그렇게 될 때만 중어중문학과 내에서 이뤄지는 중국영화교육에 관한 자기 정당성이 확보될 수 있을 것이다"(461). "영화교육이 영상미학에 대한 교육으로 환원될 수 없는 바, 특정한 국적에 의해 수식되는 영화에 대한 교육은 결국 특정한 사회문화적 혹은 역사적 맥락을 갖고 이뤄질 수 있다고 말할 수 있을 것이다. 이는 중국영화교육이 중국문화교육의 하위범주로 자리 잡을 수 있는 논리적 근거를 획득하게 한다"(468). '중문'의 개념을 '중국문예' 또는 '중국문화'로 확장하게 되면, '중국영화'를 그 하위 범주로 자리매김할 수 있다는 것이다.

임대근의 주장은 기존의 학계와 대학의 제도에 대한 문제 제기로 연결할 수 있다. 먼저 학계의 경우, 사학·철학·사회과학을 제외한 중어중문학 관련 학계에서 학술대회를 개최하게 되면 <언어학>, <고전문학>, <현대문학>의 분과로 나누어 발표하는 것이 통례다. 문화와 영화 관련 글은 대개 <현대문학> 분과에 소속된다. <한국중국현대문학학회>의 2004년 국제학술대회(한국중국현대문학학회, 2004)는 영화를 학회의 연구대상으로 껴안은 사실을 선언한 것이고, <중어중문학 교육의 이론과 실제>[18]에서는 제6부에서 문화를

17_ <3장 수업 조직의 실례>에서 '중국영화 자체를 목적으로 삼는 교과의 경우' '중국영화를 도구로 삼는 교과의 경우' 그리고 '절충형의 경우'로 나누고, 앞의 두 경우에 대해서는 시간 단위까지 세분한 모범적인 강의계획서를 제시하고 있다.

18_ '2005년도 중어중문학 연합학술대회'의 형식으로 개최된 발표회는 중국어, 중국고전문학, 중국현대문학, 중국문화 등의 분과로 나누어 진행되었고, 특별분과로 '다매체'를 다루었다. 한국 중어중문학회(2005) 참조

별도로 설정한 점에서 임대근의 문제 제기는 이미 그 회답을 받은 셈이다. 다만 어느 시대든 인문학 연구에는 모든 사람이 100% 동의하기는 힘들다는 사실만 환기하자. 대학 제도의 경우, <중국영화학과>의 설립 가능성이 희박한 현 상황에서는 미국의 <언어와 문화(Language and Culture)>의 형식을 참조할 필요가 있다. 최근 미국의 '중문'학자들은 현대를 전공할 경우, 문학과 영화 텍스트 분석 및 언어학 등을 넘나드는 학제적 연구(interdisciplinary studies)를 전개하고 있다. 레오 어우판 리(Leo Oufan Lee, 李歐梵)[19]가 그 선구적 역할을 수행했고, 데이비드 왕(David Der-wei, Wang, 王德威), 리디아 류(Lidia Liu, 劉禾)(류, 2005), 레이 초우(Rey Chow, 周蕾)(초우, 2004; 2005), 반 왕(Ban Wang, 王班) 및 잉진 장(Yingjin Zhang, 張英進), 전 장(Zhen Zhang, 張震) 등이 그 뒤를 잇고 있다.

영화 교육 및 연구에서 '문화연구(cultural studies)'의 접근법이 유용하다. 영화미학의 방법론과 텍스트 분석 나아가 콘텍스트와의 연계 등을 매개해줄 수 있는 것이 문화연구이기 때문이다. 사실 영화를 대표로 하는 대중문화 연구는 '문화연구'라는 방법론을 얻기 전까지는 무주공산(無主空山)의 영역이었다고 해도 과언이 아니다. '문화연구'는 영국 버밍엄대학의 '현대문화연구소'에서 이루어진 일련의 '문화적 연구'를 지칭하는 개념이다.

4. 대중문화와 문화연구

윌리엄스(Raymond Williams)는 『기나긴 혁명(*The Long Revolution*)』(1961)의 '서론'에서 "내가 관심을 가진 문제들을 철저히 탐구할 만한 학문 분야가 없다. … 언젠가는 그런 학문 분야가 생겨나기를 바란다"(윌리엄스, 2007: 12)라고 했다. 그는 "우리의 가장 난해한 사회 사상의 중심"에 있는 "민주주의 혁명과 산업혁

19_ Lee의 책(1999)는 이 방면에서 선구적 저서로 꼽힌다. 이 책은 중국어로도 번역되었고(李歐梵, 2000), 한국에서도 번역 출판(리어우판, 2007)되었다. 이 책에 대한 평가는 박자영(2004: 107~12) 참조.

명의 복잡한 상호작용" 외에도 "제3의 혁명"(윌리엄스: 14)이 있음을 누구보다 먼저 갈파했다. "우리가 몸담은 공동체의 형태에서 교육의 조직 및 내용에 이르기까지, 가족의 구조에서 예술과 오락의 지위에 이르기까지 우리의 생활방식 전체는 민주주의와 산업 진보 간의 상호작용에 의해, 그리고 커뮤니케이션의 확장에 의해 심대한 영향을 받았다"(15). 윌리엄스는 이를 "심오한 문화 혁명"이라 명명하고, 그것이 "가장 의미 있는 우리 삶의 경험을 이루는 대부분이며, 예술과 사상의 세계에서 매우 복잡한 방법으로 해석되고, 쟁취되는 것"(15)이라 하면서 '학제적 연구'의 필요성을 제창했다. 윌리엄스는 '민주주의를 위한 투쟁' '산업의 발전' '커뮤니케이션의 확장' '보다 심오한 사회적·개인적 변화들'이라는 "거대한 변화의 과정을 기나긴 혁명이라 명명"(17)했다. 윌리엄스의 꿈은 1964년 홀(Stuart Hall)과 호가트(Richard Hoggart)가 '문화연구(cultural studies)'의 기치를 내걸고 버밍엄대학에 '현대문화연구소(Center for Contemporary Culture)'를 설립함으로써 이루어졌다. 이들은 훗날 '문화주의자'라는 명칭을 얻는다. 이들은 특정한 집단에 계급 또는 전체 사회의 경험이나 가치 등 감정의 구조를 재구성하기 위해, 또 그 문화를 생성시킨 자들의 삶을 보다 잘 이해하기 위해 문화적 텍스트와 문화행위를 연구했다. 각기 다른 방법들—호가트의 팝 음악 분석, 문화에 대한 윌리엄스의 사회적 정의, 톰슨의 '역사적 구출'이라는 행위, 리비스주의에 대한 홀과 화넬의 '민주적' 확대 등—은 결국 평범한 남녀의 살아있는 문화로 규정지어진 대중문화가 연구할 만한 가치가 있음을 보여주었다(스토리, 2002: 79).

이들의 논의에 힘입어 대중문화는 학문 분야로 편입될 수 있었다. 문화연구에서 대중문화를 어떻게 정의하는가? "대중문화의 일반적인 개념적 지도"를 훌륭하게 작성한 것으로 평가[20]되는 스토리(John Storey)의 논의를 따라가 보자. 스토리는 대중문화에 대한 다양한 정의를 일곱 가지로 나누어 설명하

20_ 한국에서만 해도 2종의 번역본이 나와 있고(스토리, 1999; 2002), 중국 베이징대학에서는 제3판 원문을 재출판(Storey, 2004)해서 교재로 사용하고 있다.

고 있다.

첫째, 많은 사람이 폭넓게 좋아하는 문화다(스토리: 8). 물론 양적인 정의는 논의의 출발점은 될 수 있어도 확실한 범주를 담보해주지는 않는다. 이를테면 루치아노 파바로티의 음반이라든가, TV 연속극에 활용되어 인기를 끈 가곡(보리밭, 비목, 선구자 등)들은 많은 사람의 사랑을 받았지만 그 자체는 이른바 고급문화에 속한다.

둘째는 고급문화라고 결정된 것 이외의 문화를 모아보는 것이다(8). 즉 고급문화의 '여집합'으로 대중문화를 정의하는 것이다. 이 또한 고급문화에 대한 정의를 어떻게 할 것인가의 문제가 야기된다. 지배계급이 누리는 정치적 기준,[21] 고급문화의 취향을 배양할 수 있는 시간과 경제력이 요구되는 경제적 기준 등이 주요한 측면이 됨에도 불구하고 '문화적 이동현상'[22]은 그 기준의 확실성에 문제를 제기하기도 한다. 그리고 고급문화와 대중문화의 이분법에는 반드시 엘리트주의가 존재한다. 엘리트주의는 취향을 강조하게 되고 취향은 '구별짓기(La Distinction)'(부르디외, 1995)로 나아갈 수밖에 없다.

셋째는 대중문화를 '대량문화(mass culture)'로서 정의하는 것이다(스토리: 12). 대중문화는 어쩔 수 없는 상업문화, 그것은 대량소비를 위해 대량생산된 것이며, 그것의 관중은 무분별한 대량소비자집단이다. 문화 자체가 극히 상투적이고, 대중 조작적이다. 그것은 마비된 정신으로 또는 무감각한 상태에서 수동적으로 소비되는 문화이다. 그러나 현대의 문화소비를 기계적이고 수동적인 행위로 보는 것에 대한 피스크(John Fiske)와 프리스(Simon Frith) 등의 유효한

21_ 피에르 부르디외는 문화의 소비는 "의식적, 의도적이건 아니건 간에 계급의 차이를 정당화하기 위한 사회적 작용을 충족시키기 위해 미리 배열되어 있는 것"이라 했다(스토리, 2002: 9 재인용).

22_ 오늘날 셰익스피어는 고급문화의 전형적인 예로 꼽히지만 그 시대 사람들에게는 대중적인 연극 이상이 아니었다(이런 모습은 <Shakespeare in Love>에서 잘 묘사되어 있다-인용자). 찰스 디킨즈의 작품들도 마찬가지이다. 유사한 예로 필름 느와르(film noir)는 대중문화와 고급문화의 경계를 넘나드는 듯이 보이는데, 이 또한 처음에는 대중영화로 출발했지만 지금은 아카데미와 영화협회에서 보존할 정도의 수준이 되었다(스토리: 9).

비판도 존재한다. 특히 피스크는 대중문화의 모순적 성격—산업화와 대중의 문화—에 착안해 다음과 같이 주장한다; 대중의 관심은 산업의 관심과 다르고, 대중은 값비싼 것을 실패하게 만들기도 하며, 대중문화에 끼어들기 위해 상품은 또한 대중의 관심을 담을 수밖에 없다. 대중문화는 소비가 아니라 문화다. 대중문화는 사회체계 안에서 이루어지는 의미와 쾌락의 능동적인 창조 및 순환과정이다(피스크, 2005: 29~30). 이런 이중성에 대한 말트비(Richard Maltby)의 다음과 같은 언술은 분명 진전된 견해다. "대중문화의 죄가 우리의 꿈을 빼앗아서 그것을 다시 포장해 우리에게 되판 것이라면, 대중문화의 공로는 그것이 없었다면 결코 알 수 없었을, 더 많고 다양한 꿈들을 가져다 준 것이라고 할 수 있다(Maltby, 1989: 11; 스토리, 2002: 13 재인용)." 대중문화의 천국이라 운위되는 홍콩에서 홍콩인들은 대중문화로 인해 더 많고 다양한 꿈들을 꾸었음이 분명하다.

넷째, '민중(the people)'으로부터 발생되는 문화(스토리: 14). 대중문화는 민중의 진정에서 우러난 문화이다. 이는 민속문화로서의 대중문화이며, 사람들을 위한 사람들의 문화이다. "현대 자본주의 사회에 대한 상징적 저항의 주된 원천이라고 해야 할 이른바 매우 낭만적인 성격을 띤 노동계급 문화와 같은 개념이다." 이 정의에서도 민중의 범주가 명확하지 않고, 문화가 만들어진 재료 및 출처의 성격도 모호하다(14). 대중문화의 바다에서 민중문화의 샘물을 긷고 한국 문화의 우수성을 중국인들에게 알리는 것은 소중한 노력이다. 하지만 그것만으로는 매일 밤 10시 이후 휴식을 반납하고 TV 앞에서 한국 드라마에 열중하는 중국인들의 문화심리구조와 최근 중국 사회의 운행 기제를 분석하기는 어렵다.

다섯째, 그람시(Antonio Gramsci)의 정치적 분석, 특히 그의 헤게모니 개념의 전개에서 나온 것으로, 대중문화를 사회 피지배계층의 저항력과 지배계층의 통합력 사이의 투쟁의 장(스토리: 15)으로 보는 것이다. 그람시에 의하면 대중문화는 위로부터 강요된 문화와 '민중'의 대항문화 사이의 교류 및 유통이 일어나는 영역이며, 그 영역은 저항과 통합으로 표현된다. 대중문화의 텍스트와 실천행위는 그람시의 말에 의하면 '타협적 평형(compromise equilibrium)' 속에서 작동하며, 그 과정은 통시적이면서 동시에 공시적이다. 다시 말해서 한순간 대중문화로 불리다가 다음에는 다른 문화로 불린다는 점에서 통시적이고, 또 주어진 어느 역사적 순간에서 저항과 통합 사이를 움직인다는 점에서 공시적이다. 네오-그람시적 관점으로 대중문화를 보는 이들은 대체로 그것을 지배-피지배 계급 사이, 지배-피지배 문화 사이에 벌어지는 이데올로기적 투쟁의 영역으로 보려고 한다.[23] 무페(Chantal Mouffe)는 대중문화가 'articulation-disarticulation의 과정'이라는 특징을 가지고 있다 했고, 페미니즘 역시 항상 서로 경쟁하는 대중문화 속에서 문화투쟁의 중요성을 인정해 왔다. 윌리엄스는 이렇게 말한다. 하나의 대중적 텍스트나 실천행위 안에서도 '지배적'이거나 '부상하는' 것이거나 또는 '잔여적인' 서로 다른 특성의 계기들이 있음을 확인할 수 있다. 그러므로 작품은 서로 다른 문화적인 힘들의 모순적 혼합으로 이루어져 있다. 이런 요소들이 접합되는 방식은 작품의 제작과 수용과정에서 사회적 상황과 역사적 조건에 의해 부분적으로 좌우된다. 윌리엄스를 이어 홀은 '독자반응이론(theory of reading position)'을 수립하고 이를 종속, 지배, 타협으로 분류했다. 그리고 몰리(David Morley)는 이 모델을 언술체계와 주체성이라는 요인을 염두에 두고 수정했는데, 이 경우 읽기를 텍스트의 언술체계와 독자의 언술체계 사이에 이루어지는 상호작용으로 보았다. 이 계열에서 대중문화이론이 실은 '민중'의 구성에 대한 이론이라는 주장이 있다. 대중문화가 민중의 정치적 구조와 그들이 권력집단과 갖는 관계에서 빚어지는 갈등의 장소

23_ 이에 대해 베네트(Tony Bennett)는 이렇게 말한다. "대중문화의 영역은 지배계급이 헤게모니를 쟁취하려고 하는 시도와 이에 대한 저항의 형태로 짜여 있다. 그러므로 대중문화는 지배 이데올로기와 일치하는 강요된 대량문화로 구성되는 것도 아니고 단순히 자발적으로 발생하는 대항의 문화들로 구성되는 것도 아니다. 오히려 그것은 여러 가지 조합으로 지배적·피지배적 또는 서로 상반되는 문화적·이데올로기적 가치와 요소들이 '섞인 두 문화—서로 다른 독특한 두 가지 유형의 문화—의 타협 장소라고 할 수 있다"(Bennett, 1998: 221; 스토리: 15 재인용).

라는 홀의 주장이 그것이다. 또한 피스크는 그람시의 헤게모니 개념을 '기호학적'으로 사용해서[24] 대중문화는 문화산업의 생산물로부터 사람들이 만들어내는 것이라고 했다.

여섯째 포스트모더니즘과 관련된 것이다. 포스트모더니즘 문화는 고급문화와 대중문화의 구분을 더 이상 인정하지 않는다(스토리: 18). 왜냐하면 후기 산업사회 이후 상업과 문화는 상호 침투되어 있기 때문이다.

마지막으로 대중문화를 산업화와 도시화에 뒤따라 일어난 문화라고 정의한다(19). 윌리엄즈가 『문화와 사회』의 서문에서 "문화라는 개념과 그 용어가 근대에 보편적으로 사용된 것은 흔히 우리가 산업혁명이라 부르는 시기에 영어권에서 비롯되었다는 것이 이 책의 주된 원칙"(Williams, 1963: 11; 스토리: 19 재인용)이라고 말한 것은 문화 또는 대중문화에 대한 정의가 자본주의 시장경제와 깊은 연관이 있음을 확인하는 것이다. 영국에서 시작된 산업화와 도시화가 대중문화의 지형에서 문화적 관계를 근본적으로 바꿔놓았다.[25] 그 주요한 변화는 가부장적 사고 외곽에서 하나의 문화적 공간을 만들어내는 것으로 현상했고, 그 결과 지배계급의 통제권 바깥에 대중문화가 만들어지기 위한 다소간의 문화공간이 마련되었다. 아널드(Mathew Arnold)와 리비스(Frank R. Leavis) 등의 '문화와 문명' 이론[26]의 접근방식이 등장한 직접적인 원인이 바로 이 새로운 문화공간에 대한 불안감이었다(19).

이처럼 다양한 정의는 한편으로 대중문화에 대한 다양한 입장과 견해를

24_ 그는 미셸 드 세르토의 대중문화와 미셸 푸코의 권력작용에 대한 이론화를 통해 자신의 개념을 정교하게 다듬었다.

25_ 첫째, 산업화는 고용인과 피고용인들 사이의 관계를 변화시켰다. 상호 의무를 바탕으로 형성된 관계에서 현금 거래관계를 요구하는 관계로 변화했다. 둘째, 도시화는 계층 간에 주거 분리를 발생시켰다. 최초로 노동하는 남녀들만 사는 도시지역이 생겼다. 셋째, 프랑스 대혁명의 공포가 (영국) 정권으로 하여금 연이어 급진주의를 분쇄하기 위한 다양한 억압을 행하게끔 했고 정치적 급진주의와 노동조합주의는 … 중산층의 간섭과 통제를 피하기 위해 지하조직화되었다.

26_ 이는 또한 "문화의 통속화를 반대하는 인문주의적 경향"(이동연, 2002: 14)이기도 하다.

보여주는 것이고, 다른 한편으로는 대중문화 개념의 두터움(thickness)을 보여주는 것이기도 하다. 이 글에서는 대중문화 연구가 일곱 번째 정의에 기초해서 다섯 번째 정의에 주의를 기울여야 한다고 생각한다. 특히 대중문화를 '저항과 통합의 타협적 평형'의 장으로 보는 그람시의 이론은 놀라운 통찰력을 가지고 있다. 예를 들어 군사정권에서 억압되었던 민중문화 운동가들이 국민정부 이후 문화정책의 주도권을 행사하는 현상도 재미있는 분석 대상이 될 수 있다. 그들이 문화권력 장악을 위해 그렇게 험난한 투쟁을 한 것은 아닐 것이지만, 문화정책과 문화 관련 주요 지점에 그들이 자리 잡은 것도 부인할 수 없다. 그렇다면 그들은 저항의 역할에서 통합의 역할로 자리바꿈한 것이 아닌가? 역으로 이런 질문도 가능하다. 그들이 통합으로 자리바꿈한 시점에 저항의 역할은 누가 하는가? 이른바 '조·중·동'이 자처하는 저항이 과연 진정한 저항이라 할 수 있는가? 또 한 가지 현실 생활의 절박한 경험을 소개한다. 군사정권 시절 저항문화는 탈춤이나 풍물패를 주요한 상징으로 삼았다. 그러나 지금은 방약무인(傍若無人)하게 대학 캠퍼스 한가운데에서 시도 때도 없이 장구와 꽹과리를 쳐댄다. 오가면서 타일러도 보고 대표를 불러 야단도 쳐보지만 막무가내다. 다른 학생들도 학교 홈페이지에서 이런저런 지적을 함에도 오불관언(吾不關焉)이다. 현재의 학생들이 겪어온 역사도 아니련만 그네들은 과거 선배들의 희생과 공헌을 내면화(internalization)한 것처럼 보인다. 이것은 저항문화일까 지배문화일까? 중국 고대 황조의 멸망은 대개 농민봉기에 기인하지만, 차기 권력자는 그것을 이용해 새로운(새롭지 않은) 황조를 건설하고 선배들을 답습한다. 그리고 일정 시간이 지나면 또 농민봉기가 일어나고, 저항과 통합의 자리바꿈의 가능성에 대한 그람시의 통찰은 섬뜩한 느낌을 준다.

　　스토리는 대중문화를 연구하는 방법론으로 문화주의, 구조주의와 후기구조주의, 마르크스주의, 젠더와 섹슈얼리티, 포스트모더니즘 등을 들고 있다.27)

27_ 포스트식민주의(post-colonialism)가 결락된 것은 아쉬운 부분이다.

5. 중국 대중문화 교육의 몇 가지 사례

돌이켜보니 그동안 대중문화 및 문화연구와 관련된 강의를 여러 차례 진행해왔다. 아래에서 몇 가지 예를 들어보자.

1) 문학의 이해─문학과 페미니즘

<문학의 이해>(또는 <문학개론>) 강의를 하다 보면 지루함에 지배당하는 경우가 많았다. 그러던 중 두어 차례 <문학과 페미니즘>을 주제로 삼아 강의해보니, 학생들의 반응이 상당히 활발했다. 물론 페미니즘이라는 주제가 <문학의 이해>라는 강의 목표를 완전히 소화하지 못한다는 동료 교수들의 비판을 감수해야 했지만, <페미니즘>을 통해 <문학>을 이해하는 경로는 학생들의 관심 유발과 의사소통이라는 측면에서 유효했던 경험이었다. 특히 두 차례 정도의 영화감상과 비평 글쓰기는 수강생들의 적극적인 반응과 활발한 토론을 불러일으켰다. '영화비평 글쓰기'에 익숙하지 않은 학생들에게 영화 속의 인물을 선택해서 '1인칭 주인공 시점'의 글쓰기 방식을 권장한 것도 학생들이 수월하게 접근할 수 있도록 도와준 것으로 보인다.[28] 이는 '중국 대중문화 교육의 범주에 포함되지는 않지만, 유익한 사례로 활용할 수 있을 것이다.

2) 글쓰기 연습─영화비평 글쓰기

가장 반응이 열렬했던 강의는 <글쓰기 연습>이었다. 이 강의 또한 주제를 <영화비평 글쓰기>로 잡고 2시간 영화감상, 2시간 발표 토론(학생들의 동

28_ 2001년도 2학기 강의에서 <델마와 루이스> 감상 후 제출한 학생 보고서의 내용은 <임춘성 교수의 청송산방> 토론방 4를 참고. 2003년 2학기 강의의 <델마와 루이스> 및 <돌로레스 클레이븐> 감상 후 제출한 학생 보고서는 <임춘성 교수의 청송산방> 토론방 7과 8을 참고. 유감스럽게도 강의 카페를 개설했던 프리첼이 2013년 2월 18일 서비스를 종료하는 바람에 강의자료를 찾을 수 없다. 2011년 이후 강의는 <다음 카페>를 이용했다. <임춘성 교수의 중문학/문화연구 공부방>(https://cafe.daum.net/chneselc) 참조.

의를 받아 1시간 연장), 학생들의 부담을 감안해 2주에 1회 발표의 형식으로 진행했다. 이 강의는 학생들이 재미있게 그리고 열심히 참여했다. 특히 글쓰기에 익숙하지 않은 1학년들의 경우, 등장인물 가운데 1인을 선택해 '1인칭 주인공 시점'으로 줄거리를 정리하는 발표는 글쓰기의 흥미를 유발하는 데 많은 도움을 주었다. 물론 텍스트에 표현되지 않은 내면 심리 묘사 등은 적절한 장치와 설득력을 갖추도록 지도함으로써 지나친 주관적 감상을 경계했다.

글쓰기의 경우 그동안 취업 시험과 중국어 학습에 대한 요구에 밀려 뒷전이었지만, 궁극적으로 창의력 등의 인문학적 사유 능력의 배양이 학생들의 실무 능력 강화에도 도움이 된다는 확신이 글쓰기 과제를 적극적으로 부여할 수 있는 내적 근거라면, 최근 문화 콘텐츠의 각광 등으로 넓은 의미의 작가에 대한 사회적 요구가 커진 것은 그 외적 요인이라 할 수 있다.[29] 또한 '수학능력 시험'과 연관된 '논술고사' 대비가 학생들의 글쓰기 능력 배양에 일정 정도 공헌한 것도 확인할 수 있었다.

3) 영화로 보는 현대중국

이 과목은 문자 그대로 영화를 통해 근현대 중국에 대한 이해를 증진하는 목적이 있다. 중국 근현대사에 대한 전반적인 이해는 시대별 풍경과 인생역정을 보여주는 <인생(活着)>(張藝謀, 1994), <패왕별희(覇王別姬)>(陳凱歌, 1993), <푸른 연(藍風箏)>(田壯壯, 1993) 등이 유효했고, 중국 페미니즘과 관련된 것으로는 <홍등(大紅燈籠高高掛)>(張藝謀, 1991), <송가황조(宋家皇朝)>(張婉婷, 1997) 외에 수많은 텍스트가 있다. 그리고 도시문화를 주제로 삼으면 베이징, 홍콩, 상하이 등에 대해 여러 가지 소주제(홍콩 회귀 또는 홍콩인의 정체성,[30] 상하이 도시문화, 근현대 베이징의 변천 등)로 토론할 수 있다. 또한 영화비평 글쓰기와

29_ 2004년 2학기 어문학부 공통과목 <글쓰기 연습>의 보고서는 <임춘성 교수의 청송산방>의 토론방 26 및 31을 참고

30_ <임춘성 교수의 청송산방>-<강의자료실>-<영화중국> 83번 <영화로 보는 현대중국(계획04-1) 참고

결합한다면 '현대중국, 중국영화, 글쓰기'라는 일석삼조'의 효과를 기대할 수 있다.

4) 〈중국 대중문화의 이해〉

<중국 대중문화의 이해>[31]는 주로 개혁·개방 이후 중국의 문화 상황을 학생들에게 이해시키는 과목으로 설정했다. "1949년 이후 현대 중국에 차별적 양태로 존재했던 '대중문화'를 시기구분하고 각 시기의 역사적 형세의 특징들을 검출"(신현준, 2004: 61)하는 것을 목적으로 설정한 연구에 의하면, 중국의 대중문화는 1977년 이전과 1978~1989년, 그리고 1990년대의 세 단계로 나눌 수 있는데, 첫 단계는 '유럽문화적 기원'과 '농민문화적 성격'을 가진 프롤레타리아 군중문예(신현준: 63)로 대중문화의 범주에 들어가기 어렵다. 두 번째는 서양적 현대성의 '수입'과 '번역', 국가와 시장의 긴장과 협상의 단계로, 대중문화 영역에서의 문화적 번역 사례로 대중음악(港臺音樂→通俗音樂→西北風)을 분석했다(68~69). 특히 1990년대의 '팝 문화혁명' 혹은 '소비문화 혁명'에 주목하면서, 이른바 '후신시기' 이후 중국의 대중문화가 온전한 의미에서 '서양적' 대중문화의 형세를 보인다고 진단한다(59~60). 사실 대중문화는 산업화가 시작되면서 번성하기 시작했고 '시장'과 긴밀한 관계를 맺고 있다. 따라서 시장이 형성되기 이전의 중국에서 '대중문화'를 논하기는 쉽지 않은 일이다.

이 강의에서는 스토리(2002)의 제1장을 대중문화 일반에 대한 서론으로 삼고 멍판화(2002)를 주교재로 삼았다. 또한 1990년대 중국 사회의 이면을 독특한 방식으로 보여주는 <베이징 녀석들(北京雜種)>(張元, 1993)의 감상 및 글쓰기를 통해 이 시대 중국 청년들의 고뇌와 방황을 체험할 기회를 제공한다.[32]

31_ <임춘성 교수의 청송산방>-<강의자료실>-<영화중국> 72번 <중국대중문화의 이해(계획 03-2) 참고.

32_ 한 걸음 더 나아가, <베이징 녀석들>과 <와이키키 브라더스>(임순례, 2001)의 비교 분석을 통해 1990년대 중국의 록(搖滾) 밴드와 1970년대 한국의 삼류 그룹사운드의 무기력과 절망을

5) 〈대중문화의 이해〉

2005년부터 학교의 요구로 <대중문화의 이해>라는 교양강의를 진행했다. 늘어나는 대중문화 강의에 대한 학생들의 요구와 이론 정리의 필요성이 결합되어 실시된 이 강의는 주로 존 스토리의 번역본(2002)을 가지고 진행했고, 학생들의 예습·복습을 위해 중간고사 보고서로 스토리(2005)에 관한 서평을 부과했다. 아울러 2~3주에 한 번씩 배운 내용을 요약하는 보고서를 제출게 함으로써, 자칫 흥미를 잃기 쉬운 학생들에게 학습의 끈을 놓치지 않도록 안배했다. '재미있는 대중문화를 재미없게 만드는 강의'라는 엄포에도 불구하고 100명이 넘는 수강생이 신청했고 주로 1학년임에도 불구하고 자못 진지하게 그리고 생소한 용어를 더듬거리면서 강의 내용과 텍스트 분석에 임하고 있다. <젠더와 섹슈얼리티> 부분에 호기심 어린 반응이 두드러지긴 하지만, 여러 가지 낯선 이론가와 어려운 용어에 익숙해지는 과정을 지켜보면서, 교양과목에서 이론 강의가 불가능한 것이 아니라는 사실을 확인할 수 있었다.

6. 맺는 글

교육에 관한 논의는 일차적으로 교과과정의 문제로 귀결된다. 지금은 달라졌지만, 1990년대 전반까지만 해도 전국 대학 중어중문학 관련 학과의 교과과정은 천편일률적이었다. 문학에 국한해 보면, 대부분 타이완의 교과과정을 그대로 옮겨와 문학사라는 총론과 시경·초사, 선진산문부터 시작해서 당시, 송사, 원곡, 명청소설 등의 각론, 그리고 사서강독 및 중국문화개론 등의 과목으로 구성되었다. 그리고 현대문학은 양념으로 강독 형식의 한두 과목이 전부였다. 나는 지금도 중국연구(Chinese studies)의 기본은 '문사철의 통합적 이해'라는 생각을 버리지 않고 있다. 다만 이 생각을 모든 학생에게 일률적으로 강요

살펴보는 것도 욕심내볼 만한 시도다.

하는 것은 바람직하지 않다고 생각한다는 것이 이 글의 핵심이다. 나 개인의 경우에도 대학원 석사과정과 박사과정에서 중국문학을 전공했지만 그리고 어떤 선생님도 역사와 철학을 함께 공부해야 한다는 가르침을 강조하지 않았지만, 나 스스로 『사기(史記)』를 석사논문 주제로 삼고 경서들도 넘겨보지 않았던가? 그리고 이렇게 학생들의 요구에 부응해, 그리고 내 판단에 따라 대중문화 공부를 시작하지 않았는가?

　최근 정부 주관의 교육개혁은 여러 가지 문제점을 많이 가지고 있지만, 그 와중에 각 대학의 특성화라는 성과를 기대할 수도 있을 듯하다. 이에 따라 각 대학 중국 관련 학과/전공은 교과과정을 특성화시킬 필요가 있다. 아울러 이 시대 대학에서 중국을 더 잘 이해하기 위한 교과과정은 어떻게 구성되어야 하는지에 대한 진지한 성찰이 필요하다.[33] 중어중문학 박사이기 때문에, 그리고 학과명이 중어중문학과이기 때문에 교수가 중어중문학 교과과정을 영원히 반복할 권리는 없을 것이다. 물론 요즈음 자신을 특성화시키는 교수들이 많아지고 있는 것은 고무적인 일이다. 다만 우리 가운데 인간과 사회에 관한 인문학적 고민을 방치한 채 자신이 아는 것을 전부라고 생각하고 그것만을 학생들에게 강박하는 사람이 있지 않은가에 대한 자성이 필요하다.

　한 가지 간과하지 말아야 할 것은, 학생들은 강의에 시간을 들인 만큼 빚어지는 법이라는 점이다. 교수가 강의를 준비한 만큼 학생들의 수강 태도는 진지하고, 과제물을 점검해준 만큼 더 열심히 준비한다는 사실을 모르는 교수는 없을 것이다. 담당 교수가 학생이 과제물을 베낀 사실을 간과하면 다음에 또 베끼는 행위를 나무라기 어렵다. 특히 글쓰기 과제를 부과할 경우, 그에 대한 단평은 담당 교수의 필수 과제다. 강의 조교가 부재한 상황이라도 반드시 수행해야 할 일이다. 그렇지 않으면 과제 부과의 효과를 거두기 어렵다.

　중국 대중문화 교육은 새로운 분야다. 이를 소재적으로 다룰 때 영화, 무

33_ 이종민(2005)의 제안은 이런 고민의 일환으로 읽을 수 있다.

협소설, 대중음악 등 몇 가지 갈래로 나누어 그 두드러진 현상들을 소개하는 것으로 끝날 수도 있다. 중요한 것은 텍스트를 다루는 방법론이고 텍스트 해석 능력을 배양시키는 것이다. 그 과정을 통해 중국을 폭넓게 그리고 심도 있게 이해하는 것이다. 이를 위해 학제적 연구인 '문화연구'의 다양한 방법론뿐만 아니라 중국연구의 기본인 중국 문사철에 대한 통합적 이해가 뒷받침되어야 할 것으로 생각한다.

2006

'중국현대문학@문화' 시리즈를 내며[*]

지금 한국인에게 중국은 '선택'이 아닌 '필수'로 다가오는 거대한 텍스트이다. '중국현대문학@문화' 시리즈는 현대 중국에 대한 심층적이고 대중적인 이해를 목적으로 기획되었다. 그동안 '한국 중국현대문학학회'는 여러 권의 연구서를 내면서 결실을 맺은 전문적인 연구 결과들을 일반 독자들과 어떻게 공유할 것인가를 고민해왔다. 학회에서 '중국현대문학@문화' 시리즈를 처음 기획한 것은 2004년 하계수련회에서였다. 그해 7월에 편집출판위원회를 꾸렸고, 그 뒤 2005년 11월까지 매월 한 차례씩 만나 목차와 필자를 조정하는 과정을 거쳤다. 2005년 7월에 필자들에게 원고를 의뢰했고, 이제 그 결과물을 내놓게 되었다. 기획부터 꼬박 두 해가 걸린 셈이다.

편집출판위원회에 적극적으로 참여해준 유영하, 김양수, 공상철, 김미란, 조영현, 김진공, 김순진, 임대근, 김영문, 김언하, 이보고 등 여러 선생님들에게 이 자리를 빌어 감사의 말을 전한다. 학회에 대한 애정과 일반 독자에게 연구 성과를 알리고자 하는 사명감이 없었더라면 많은 시간과 노력을 요구하는 회의에 그렇게 적극적으로 참여할 수 없었을 것이다. 아울러 대화와 토론

---

[*] 한국 중국현대문학학회에서 기획한 시리즈의 서문. 4권의 기획 가운데 『중국현대문학과의 만남』, 『영화로 읽는 중국』, 『중국영화의 이해』를 출간했다. 시리즈의 핵심이랄 수 있는 『중국 근현대 문화』를 출간하지 못한 것은 유감이다.

을 통해 서로 다른 의견을 조정해 새로운 의견을 만들어가는, 위원회의 민주적 과정을 경험한 것은 망외의 즐거움이었다.

위원회의 논의를 거쳐 첫 기획으로 '중국현대문학' '영화로 보는 중국' '중국영화' '중국현대문화' 네 분야를 선정하고, 각 권의 기획위원을 위촉했다. 기획위원이 주도해 각 권의 목차를 확정한 뒤 집필을 희망하는 회원들에게서 신청을 받았다. 신청을 토대로 위원회에서 될 수 있으면 필자가 중복되지 않도록 집필위원을 선정했다. 아무리 편집계획을 잘 짜도 직접 책을 만드는 것은 필자의 몫이다. 위원회의 기획에 부응해 흔쾌히 집필을 수락하고 기획 의도에 맞추어 대학생 및 일반 독자들에게 쉬우면서도 알찬 내용의 글을 써주신 집필위원들에게 감사의 말씀을 드린다. 여러 필자들이 공동 참여하는 출판에서 요구되는 귀찮은 사항들을 불평 없이 감수하면서 여러 차례 교열해주신 것에 대해서도 충심으로 감사드린다. 이 시리즈가 급변하는 현대 중국의 모습을 이해하는 데 일조할 수 있기를 기대한다.

마지막으로 '한국 중국현대문학학회'의 '중국현대문학@문화' 시리즈 출판을 흔쾌하게 수락해준 도서출판 동녘의 이건복 사장님과 이희건 주간님, 그리고 꼼꼼하게 교열해준 동녘 편집부에도 감사의 말씀을 전한다.

참고로, '중국현대문학@문화'에서 @는 'and' 'as' 'at'의 의미를 다중적으로 혼용한 것임을 밝혀둔다.

2006년 8월

한국 중국현대문학학회 회장

중국현대문학과의 아름다운 만남을 위하여[*]

한국에서 중국현대문학이 독립적인 학문 분야로 인정받은 1980년대부터 그에 관한 수많은 저서와 번역서가 출간되었다. 『중국현대문학과의 만남』은 그동안의 연구 성과를 바탕으로 각 분야 전문가들이 깊이를 담보하면서도 대학생 및 일반 독자들과 공유할 수 있도록 기획되었다. 이를 위해 서른두 명의 전문가가 공동 집필에 참여했다.

1부는 시기별·지역별 문학사론이다. 먼저 '근대 전환기의 중국문학'에서는 그동안 고대문학으로 취급하던 '진다이(近代)' 부분을 전환기로 읽어내면서 현대문학과의 관련성을 강조했다. '5·4문학혁명' '좌련' '항전' 등은 1920년대, 1930년대, 1940년대로 나누어, 문학과 사회의 관계, 즉 문학이 혁명·이데올로기·전쟁 등과 직면할 때 어떤 모습을 보여주었는지 그에 대한 사례를 제시했다. 사회주의 시기(1949~1976)를 하나로 묶은 것은 사회주의 개조 및 건설이라는 시기적 지속성을 중시한 기획 의도를 반영한 결과이다. '문화대혁명'이 종결되고 시작된 '신시기'는 1980년대의 과도기를 거쳐 1990년대에 이르러서야 진정한 새로움을 획득한다.

2부와 3부는 장르론과 작가론이다. 전자는 전통적인 방식으로 시, 소설,

---

[*] 『중국현대문학과의 만남』 서문.

산문, 희곡 네 분야로 나누었다. 장르별 큰 흐름과 작가론에서 다루지 못한 주요 작가들을 살펴볼 수 있도록 안배했다. 후자에서는 중국현대문학의 아버지라 할 수 있는 루쉰부터 최근 작가 왕쉬까지, 그리고 타이완과 홍콩의 작가 천잉전, 위광중, 진융을 배치했다. 절망과 좌절을 깊이 맛보았으면서도 그에 대한 저항을 멈추지 않은 나그네 루쉰, 개인의 자유를 추구한 위다푸와 저우쭤런, 로맨티스트 쉬즈모, 불굴의 여성 혁명작가 딩링, 대지의 시인 아이칭, 무정부주의자 바진, 인성을 토래한 선충원, 중국현대극의 개척자 차오위, 근현대 중국의 비극을 대표하는 후펑, 저항시인 베이다오, 지식인 작가 왕멍, 도시통속소설 작가 장아이링, 상저우(商州) 지방문화의 뿌리를 추구하는 자핑와, 사회주의 체제에서 일탈한 신세대를 묘사한 왕쉬, 중국인의 오랜 숙원인 노벨상을 수상했으면서도 중국인에게 환영받지 못하는 망명 작가 가오싱젠, 무협소설을 통해 새로운 중국을 상상한 홍콩작가 진융, 타이완이라는 냉전의 잔해 속에서 고뇌한 지식인 작가 천잉전, 그리고 현실과 상상을 넘나들며 타이완을 노래한 시인 위광중을 만날 수 있다.

마지막으로 에필로그에서는 서유럽의 모던을 참조체계로 삼아 '동아시아의 근현대'의 가능성을 점검했다.

이 책의 기획은 원래 김영문 선생이 주도했는데, 김 선생이 개인 사정으로 도중하차해 부득불 당시 위원장이던 필자가 이어받아 마무리했다. 이 자리를 빌어 당시의 노고에 깊은 감사의 마음을 전한다.

2006년 8월
『중국현대문학과의 만남』 기획위원

부록: <목차>

학제적 공동연구의 소중한 성과[*]

이 책은 한국학술진흥재단의 2003년도 협동연구의 연구결과물이다. 연구자들은 '1997년 이후 홍콩과 홍콩인 정체성의 지속과 변화'라는 대주제 하에 홍콩과 홍콩인 정체성을 역사, 소비문화, 장례풍습, 문학 및 영화 텍스트 등을 통해 다각도로 조명하고자 했다. 이 책은 서론을 포함해 3개 부분으로 나뉘어 있다.

　　제1부에서는 <홍콩인 사회의 문화와 역사>라는 주제 하에 이 책의 전체 서론에 해당되는 내용으로 「서론: 1997년 7월 1일 이후 홍콩과 홍콩인의 정체성, 어떻게 볼 것인가?」라는 글과 「홍콩인 사회의 생성과 변화」를 다룬 글을 함께 실었다. 전자는 1997년 이후 홍콩과 홍콩인 정체성의 문제를 다룰 때 고려해야 할 몇 가지 측면이 갖는 문화적 의미를 홍콩 사회라는 맥락에서 다룬 글이며, 후자는 역사적 관점에서 홍콩인 사회의 형성과 변화과정의 의미를 분석한 글이다.

　　제2부는 <홍콩인의 문화적 정체성과 장례 풍습>이라는 주제 하에 3개의 글이 포함되어 있다. 「홍콩인의 문화적 정체성의 지속과 변화: 전통 사회조직의 기능과 의미를 중심으로」에서는 홍콩인의 문화적 정체성 문제를 경제적, 사회적 측면, 특히 전통 사회조직의 기능과 의미라는 측면에서 홍콩인의 문

---

[*] 『홍콩과 홍콩인의 정체성』, 글쓴이의 말.

화적 정체성 문제에 접근하고 있다. 「1997년 이후 홍콩인 정체성의 지속과 변화: '홍콩인 정체성 만들기'의 문화적 의미」라는 글은 홍콩인의 문화적 정체성 문제를 '홍콩인 정체성 만들기'의 정치경제학과 그 문화적 의미를 통해 1997년 이후 홍콩 경제의 변화에 따라 홍콩인 정체성의 의미가 가변적이고 유동적이라는 점을 기술, 분석한 글이다. 이를 통해 홍콩인 정체성의 문제가 정치경제적, 문화적 맥락에 따라 매우 다양하고 복합적인 양상을 띠고 전개될 수 있음을 다양한 사례를 통해 밝히고 있다. 「장례 풍습의 변천을 통한 홍콩인의 의식변화」는 홍콩의 장례 풍습에 대한 민족지고고학적 접근방식을 활용해 홍콩인들의 장례 풍습에 대한 의식 또는 인식이 어떻게 변화되었으며, 그 의미는 무엇인가를 분석한 글이다.

제3부는 <텍스트를 통해본 홍콩인의 정체성> 문제를 다룬다. 여기에는 모두 3편의 글이 포함되어 있는데, 「홍콩영화를 통해본 홍콩인의 문화적 정체성―<동사서독>과 <차이니즈 박스>를 중심으로」라는 제목의 글은 홍콩인의 문화적 정체성 문제를 홍콩영화, 그중에서도 특히 <동사서독>과 <차이니스 박스>라는 영화를 통해 조명한 글이다. 홍콩인의 정체성이 영화 속에서 어떻게 재현되는가의 문제 제기를 통해 홍콩인 정체성의 유동적이고 가변적인 특성을 강조한다. 「홍콩문학의 정체성과 탈식민주의」는 홍콩문학과 탈식민주의와의 상관성에 주목한 글이다. 홍콩 사회의 변화가 홍콩문학에 미친 영향을 논의하면서 홍콩문학의 정체성이 홍콩의 사회 변화, 특히 탈식민적 사회 분위기의 형성과 어떠한 관련을 맺고 있는가의 주제를 텍스트를 통해 분석하고 있다. 「홍콩영화에 재현된 홍콩인의 정체성과 동남아인의 타자성」은 홍콩영화 속에서 홍콩인은 어떻게 재현되는가라는 질문을 통해 홍콩인들이 바라보는 동남아인의 모습은 어떠한 것인가를 분석한다. 홍콩영화 속에서 동남아인은 하나의 타자로서 자리매김하고 있으며, 홍콩인의 동남아인에 대한 타자화는 영화 텍스트의 재현 방식을 통해 재생산되고 있음을 밝히고 있다.

이 책을 준비하는 과정에서 협동연구의 즐거움을 경험할 수 있었던 것은 연구성과물의 출판 이외에 가외의 소득이었음을 밝혀두고자 한다. 문학, 역사학, 고고학, 문화인류학 전공자들이 홍콩이라는 하나의 지역과 정체성 문제라는 하나의 주제에 대해 각 전공의 고유한 영역과 분야의 이론과 접근방법을 활용해 공통의 주제의식으로 수렴되어 가는 과정 자체가 거의 불가능할 것처럼 보였던 학제간 연구의 실마리라도 발견한 것 같은 기쁨을 주었음을 이 자리를 빌어 고백하고자 한다. 학제간 연구 또는 공동 연구의 이상은 여전히 높아 가야할 길이 멀게만 느껴지는 것이 사실이지만, 그래도 이번 홍콩 연구의 결과를 한권의 책으로 엮어내는 과정에서 경험한 즐거움을 통해 조금이나마 가까이 갈 가능성은 존재하는 것이라는 믿음을 확인한 것 자체가 공동작업의 소득이라면 소득이라고 할 수 있겠다.

이 책이 나오기까지 적지 않은 분들의 도움을 받았다. 우선 불원천리 남도까지 달려와 목포대 아시아문화연구소의 <동아시아 학술포럼>과 <홍콩 콜로키엄>에서 좋은 글을 발표해주셨던 인천대의 장정아 교수와 백석대의 유영하 교수에게 이 자리를 빌어 감사의 마음을 전한다. 아울러 현지조사 과정에서 여러 가지 협조를 아끼지 않았던 홍콩대학의 웡슈룬(Wong, Siu-lun, 黃紹倫) 교수와 추인와(Chu Yin-wah: 朱燕華) 교수, 홍콩중문대학의 매튜(Gorden Mathews) 교수와 에릭 마(Eric Ma) 교수, 그리고 링난(嶺南)대학의 렁핑콴(Leung, Ping-kwan, 梁秉鈞) 교수에게 감사의 마음을 전한다. 끝으로 홍콩 관련 도서가 아직 불모지나 다름없는 한국 독서계의 상황을 무릅쓰고 출판을 흔쾌하게 수락해준 학연문화사의 권혁재 사장님께 감사드린다. 그리고 이 책을 깔끔하게 다듬어준 편집부 식구들에게도 고마움을 전한다.

홍콩의 역사와 사회, 문학과 문화에 대해 관심이 있는 모든 이들의 관심과 질정을 바라는 바이다.

2006년 8월

사마천에서 리쩌허우로*

지금 내 책상 위에는 3권의 『중국근대사상사론』이 놓여 있다. 베이징 인민출판사본(1979년)과 안후이(安徽) 문예출판사본(1994년), 그리고 톈진(天津) 사회과학출판사본(2003년). 10여 년 간격으로 판본을 거듭해 재출판되었다는 것은 개혁개방 시기의 중국에서 이 책이 지니는 무게를 간접적으로 말해주고 있다. 처음 책이 출간되고 25년이 넘었으니 한국에서 이제 번역·출간된다는 것은 너무 늦은 감이 없지 않다. "늦은 봄 꽃 수풀에 앉아서 마른 국화를 비벼 코에 대는" 격이 아니길 바랄 뿐이다. 사실 한동안은 이 분야의 전공자들이 빨리 번역해주어서 이 책을 읽는 개인적인 수고를 덜 수 있기를 은근히 바랐다. 그러다 목마른 사람이 우물을 파는 격으로 조금씩 번역을 시작하게 되었다. 워낙 난해한 문장이 많아 우리말로 옮겨놔야만 내용의 구석구석이 명료하게 와 닿는 아둔한 내 공부방식의 탓도 있었으리라.

　처음 이 책을 번역하면서는 연구 관심 영역을 사상 쪽으로 넓히는 것과 시기적으로 '근대'로 거슬러 올라간다는 의미를 부여해 나름대로는 자못 고무적이었다. 그러나 번역하는 동안 곳곳에서 암초에 부딪혔고, 그때마다 원고를 던져두었다 다시 잡곤 하기를 수없이 반복했다. 처음 중국문학에 입문할 때 류다제

---

* 『중국 근대사상사론』, 옮긴이의 말

(劉大杰)의 영인본『중국문학발전사』를 보면서, 제자백가서와 역사서가 문학사에서 서술될 수 있다는 사실이 경이로웠고, 그 경이로움으로 석사과정 첫 학기에『사기』를 연구대상으로 삼았다. 선진(先秦)시기와 진한(秦漢)시기의 문장을 읽어내는 일이 간단하지는 않았지만, 수많은 독회를 통해 원전들을 읽어나갔다. 돌이켜보면 박사과정 수료 직후 근현대문학으로 방향을 바꾸기 전까지, 대학원 시절 대부분 시간을 원전 강독과 씨름하면서 보낸 셈이다. 그것을 밑거름으로 삼아 문사철을 경계 없이 넘보고자 했으며, 나름대로 오늘날 중국 및 중국연구에 대한 커다란 그림 한 가닥을 잡을 수 있게 되었다고 생각한다. 지금도 '중국연구의 기본은 문사철의 통합적 이해'라는 생각을 버리지 않고 있다. 그리고 이런 사고가 바탕이 되었기에 과감하게 이 책을 번역·출판하게 된 것인지도 모르겠다.

　이 책을 집중적으로 번역한 때는 1998년 9월부터 1999년 8월까지로 옌타이(煙臺) 대학에서 연구년을 보내던 시기였다. 돌이켜보면 그 기간은 나에게 하나의 전환점이었다. 이 책의 번역 작업 틈틈이 손에 잡은 책이 진용의 작품이었고, 그것을 계기로 무협소설 연구에도 손을 대고 계속 영화로 이어지는 등 대중문화에 관심을 갖게 되었다. 그런 의미에서 옌타이대학에서 안식한 그 1년은 내게 무척이나 소중한 시간이자 이 책의 번역에 중요한 시기라 할 수 있다. 개인적인 관심으로 량치차오 관련 문장을 번역한 것은 1995년 무렵이었고,『중국 근대사상사론』을 우리말로 모두 번역하겠다고 마음먹은 것은 1997년 한길사의 제안을 받았을 때였다. 꼬박 10년이 걸린 더딘 작업이었다. 김태성 선생의 소개로 홍콩에 가서 류짜이푸 선생을 만나 밤이 이슥하도록 근현대 중국의 역사와 혁명을 논한 것이 2002년 가을이었고, 류짜이푸 선생의 주선으로 미국에 체류하는 리쩌허우 선생에게서 출판 동의를 받았다. 곳곳에 벌겋게 표시해두었던 요령부득의 문장을 가지고 리쩌허우 선생과 여러 차례 편지와 전화를 주고받으면서 번역을 마무리할 수 있었다.

리쩌허우의 문장은 난해하다. 그의 3부작이라고 하는『중국고대사상사론』,

『중국근대사상사론』, 『중국현대사상사론』가운데 나의 경우는 유독『중국 근대사상사론』이 난해했다. 그 난해한 원인은 여러 가지를 들 수 있겠는데, 첫째는 문장의 호흡이 지나치게 길다는 점이다. 둘째는 인용하는 원전을 단장취의해 자신의 논의 전개에 종횡으로 배치하되 그 출처가 명시되어 있지 않은 날것이 많다는 것이다. 셋째는 도치문을 빈번하게 사용한 데서 오는 난해함이다. 이런 문제들에 대한 해결방법은 번역하는 과정에서 자연스레 몇 가지로 수렴되었다. 첫째, 원문의 맥락을 해치지 않는 범위 안에서 한 문장을 여러 문장으로 과감하게 나누었다. 둘째, 명확하게 인용문 출처를 밝힌 것을 제외하고는 원전에 있는 수많은 인용 표시를 생략해 문장 안에 흡수해 번역하되, 가능한 한 원전을 거의 확인하고자 노력했다. 이 과정에서 필자의 인용 오류 혹은 인쇄상의 오류 확인도 적지 않았다. 이는 필자와 상의 후 정정했다. 셋째, 문장의 도치는 수사학의 일종이거나 필자 특유의 문체이므로 최대한 존중하되 우리말로 옮겼을 때 어색한 경우에는 문장 구문을 정치(正置)시켰다. 그리고 근현대문학 연구를 하면서 별다른 필요를 느끼지 않던 자전을 다시 꺼내 들었다. 특히 『漢語大詞典』(1~12, 漢語大詞典編纂委員會 漢語大詞典編纂處 編纂, 漢語大詞典出版社)의 도움이 컸다.

1999년 가을, 번역의 초고를 마쳤을 때는 이 책을 김명호 선생의 주관 아래 출판할 것으로 예상했다. 그즈음에 김 선생은 '마르코 폴로 총서'를 기획하고 있었는데, 옮긴이에게 여러 가지 유익한 이야기를 많이 해주었다. 이 자리를 빌어 그때의 따뜻한 성원에 감사를 드린다. 이 책의 출판과 관련해 유세종 교수에게 감사의 말을 전하지 않을 수 없다. 유세종 교수의 도움이 없었더라면 이 책은 빛을 보기 어려웠을 것이다. 그는 번역 초고를 처음부터 끝까지 꼼꼼하게 읽고 교정했다. 이 과정을 통해 적지 않은 오역을 발견해 바로잡았을 뿐만 아니라 직역 위주의 문어투를 자연스러운 우리말로 바꿀 수 있었다. 특히 '아름다운 한국어'를 고집하는 그는 문장의 리듬과 단어의 선택에서 거의 소모적이리만치 나와 논쟁하기도 했다. 탄쓰퉁 부분을 교정하면서 울었다고 하는 그는 수시로 날카로운 비판과 격려로 나를 지지해주었다. '난해한 암초'를 만나 내가 너무 오래 딴전을 피우고 있으면, 이 번역은 아무나 할 수 있는 작업이 아니라고 하면서.

최근 나의 연구와 관련된 교류는 주로 목포대학교에서 이루어지고 있다. 학술공동체를 지향하는 아시아문화연구소의 동아시아학술포럼은 내가 주로 노니는 중국현대문학학회 이외의 또 하나의 학문적 둥지다. 그곳에서 학제간 연구의 즐거움을 느낄 수 있었고 분과학문에 매몰되기 쉬운 연구의 균형감각을 얻을 수 있었다. 또한 인문관 교수들의 공부모임인 '문학/문화 이론연구회'는 부족한 공부를 서로 채찍질해주는 유쾌한 시공간이다. 몇몇 동료 교수는 이 책의 출간이 늦어지는 것이 나의 게으름 탓이 아닌가 하고 충고와 격려를 마다하지 않았다. 10년을 헤아리는 시간을 함께해온, 그리고 앞으로도 함께할 동료 교수들에게 두루 감사의 말을 전한다.

　　마지막으로, 처음 번역을 제안하고 오랜 시간을 기다려준 한길사의 김언호 사장님께 감사를 드린다. 난삽하고 방대한 원고를 꼼꼼하게 교정하고 우아한 책으로 꾸며준 한길사 편집부의 안과 밖 식구들에게도 모두 감사를 드린다. 옮긴이의 불성실로 인한 오류와 문제점에 대해서는 강호제현의 날카로운 비판과 충고로 계속 수정 보완할 것을 기대한다.

　　이 책은 안후이 문예출판사본(1994년)을 저본으로 삼았고 베이징 인민출판사본(1979년)과 톈진 사회과학출판사본(2003년)을 참고했다.

2005년 7월
승달산 자락 청송산방에서

* 부기: 2010년 5월 2쇄를 출간하면서 적잖이 손을 봤지만 굳이 개정판이라 밝히지 않았음을 밝혀둔다.

2003

중국의 거상(巨商)에게서 배우는 '인문 경영'의 지혜[*]

1. 상인(商人): Shang's people or a merchant

상인(商人)이란 한자어는 우리에게 상(商)나라를 연상시킨다. 중국 고대국가인 상(商)은 탕(湯) 임금이 하(夏)나라의 마지막 왕인 걸(桀) 임금을 물리치고 세운 나라로, 훗날 반경(盤庚) 임금 시절 은(殷) 지방으로 도읍을 옮기게 되고, 그래서 은(殷)나라라고도 불린다. 우리가 <세계사> 시간에 배운 은허(殷墟)의 갑골문(甲骨文)은 바로 이 은(殷)나라의 유물이다. 또한 상(商)나라를 멸하고 세워진 주(周)나라가 상나라의 귀족인 미자(微子)를 송(宋) 지방의 제후로 봉했는데 이를 상(商)이라 부르기도 했다. 이 맥락에서 보면, 은(殷)이든 송(宋)이든 상인(商人)은 고유명사로, '상(商) 지방의 사람'을 가리키는 셈이다.

그런데 어떤 연유에서인지 상 지방의 사람(Shang's people)과 장사꾼을 가리키는 말인 상인(商人, merchant)이 똑같은 글자를 쓰고 있다. 이를 해명하는 작업이 어떤 의미가 있을지 판단하기가 쉽지 않다. 다만 서양에서도 유대인 하면 『탈무드』와 함께 그들의 상술(商術)을 거론하듯이, 그리고 우리에게도 개성(開城) 상인이니 병영(兵營) 상인이니 하는 호칭이 있듯이, 상(商) 지방 사람들이 셈과 장사에 뛰어나 상인이라 부르지 않았을까 추측해볼 수는 있겠다.

---

[*] 『상경―14억 중국인의 경영 정신이 된 최고의 경전』(스유엔, 2008) 서평. 미발표

유감스럽게도 상 나라의 사람(商人) 가운데 장사에 뛰어났던 사람(商人)의 기록을 지금은 찾아볼 수 없다. 중국 고대사의 집대성인 『사기』의 「화식(貨殖) 열전」에 의하면, 나라를 부강하게 한 인물로부터 농업, 목축업, 어업, 상업 등으로 치부(致富)한 인물 약 30인을 망라하고 있다. 그중 가장 유명한 사람이 바로 상성(商聖)으로 추대받는 범려(范蠡)와 공자(孔子)의 제자인 자공(子貢)이었다. 사마천(司馬遷)은 이들의 치부 과정을 소개하면서 그 과정의 보편적인 법칙 비슷한 것을 추출한다. 그는 치부 과정을, 자본이 없을 때의 노력(無財作力), 중소자본 단계의 지혜 싸움(少有鬪智), 대자본 단계의 시기 선택(旣饒爭時)의 세 단계로 나누었고, "성실하고 일관됨(誠壹之所致)"을 필수조건으로 꼽았다. 이처럼 중국은 일찍부터 치부를 중시했음을 알 수 있다.

2. 상성(商聖) 도주공(陶朱公)

서양보다 상대적으로 '희박(稀薄)한 종교의식'은 '중국적임(Chineseness)'의 한 가지 특성이다. 그렇지만 이들에게도 경(經, bible)과 성인(聖人, saint or great man)은 존재한다. 이른바 유가의 육경(六經: 詩, 書, 禮, 樂, 易, 春秋), 도가의 도덕경(道德經, 즉 『老子』), 묵가의 묵경(墨經, 즉 『墨子』) 등과 공자(孔子), 노자(老子) 등이 그것이다. 무인들은 『손자병법(孫子兵法)』을 경으로 삼고 손무(孫武)를 병성(兵聖)으로, 관왕(關王, 즉 關羽)과 악왕(岳王, 즉 岳飛)을 성인으로 추모한다. 의인(醫人)들은 약왕(藥王, 즉 神農氏)을 섬긴다. 그리고 상인들은 바로 도주공(陶朱公)을 성인으로 추대해 상성(商聖)이라 부른다.

평소 중국에 관심이 많은 독자라 하더라도 도주공이란 이름은 낯설 수밖에 없다. 그러나 도주공의 다른 이름인 범려(范蠡)는 그래도 귀에 익을 것이다. 춘추시대의 패자(霸者) 가운데 오왕 부차(夫差)와 월왕 구천(勾踐)이 엮어내는 오월춘추(吳越春秋)에서 구천을 도와 20년 동안 복수의 칼을 갈아 오나라를 멸망시키고 월을 남방의 패자로 만든 일등 공신이 바로 범려였다. 중국인들에게 상성으로 추앙받는 도주공이 전문적인 상인이 되기 전, 국가를 경영하던 재상이었다면 우리는 당연하게 그의 국가 경영 방법을 살펴보아야 할 것이다.

월왕 구천의 자만심에서 비롯된 오나라 침공은 와신(臥薪)의 신고(辛苦)를 이겨낸 부차에 의해 처절한 실패로 끝났고, 회계산(會稽山)에서 결사 항전의 뜻을 다질 수밖에 없었던 구천에게 남은 병사는 단 5천 명이었다. 이때 범려와 문종(文種)의 간언에 따라 구천은 부차에게 항복한다. 그리고 범려는 항복의 예물로 자신의 연인인 서시(西施)도 함께 바친다. 그리고 월왕 구천을 도와 부국강병의 총책임을 맡게 된다. 이름해 "20년 프로젝트!" 오나라에게 복수하려면 군대를 강화[强兵]해야 하고, 그를 위해 범려는 과부와 홀아비의 결혼을 장려하는 인구 증가 정책부터 시작하고, 증가한 인구를 부양하기 위해 산업을 장려[富國]한다. 월왕 구천의 상담(嘗膽)의 고난과 명재상 범려의 지휘로 월나라는 회계산의 치욕을 설욕하고 오나라를 멸망시킨다. 그러나 월왕 구천이 "어려움은 함께할 수 있어도 즐거움은 함께하기 어렵다"라는 사실을 감지하고 범려는 '토사구팽(兎死狗烹)'이라는 명언을 남긴 채 연인 서시와 함께 월나라를 떠난다. 이 장면에서 현대의 혁명가 체 게바라를 연상하는 것은 과도한 연상일 수도 있겠지만, 기존의 성공에 만족하지 않고 끝없이 새로운 사업에 도전하는 정신은 일맥상통하는 측면이 있어 보인다. 그는 일국의 재상으로부터 상인으로 변신한 후 장사에서도 수완을 발휘해 큰 이름을 날렸고 사람들은 그를 상성으로 추대했다. 사마천은 그를 "부유하면서도 덕을 행하기 좋아하는 사람"이라 평가했다. 이익과 인간을 동시에 고려하는 중국 상인의 '인문(人文) 경영' 정신은 바로 도주공과 그에 대한 사마천의 평가에서 비롯되었다고 해도 과언이 아닐 것이다.

3. 홍정상인(紅頂商人) 호설암(胡雪巖)의 상경(商經)

그동안 출세와 성공 그리고 경영에 관한 책이 이루 헤아릴 수 없이 많았다.

이들의 대부분은 서양의 책을 번역하거나 그들의 경영 방법에 대한 것이었다. 그러다가 최근 드라마 <상도(商道)> 방영 이후 우리 선조의 상술(商術)이 관심을 끌더니 이제 중국 상인의 이야기까지 확대되고 있다. 그 불을 지핀 책은 다름 아닌 『상경(商經)』(더난출판, 2002)이다.

사실 근현대 중국의 역사에 대해 우리는 별반 관심을 가지지 않았었다. 아편전쟁을 전후해 동아시아의 패자로부터 서양의 침략 대상이 된 '종이호랑이' 청(淸)나라는 급기야 청일전쟁에서 패배한 후 급속하게 반(半)식민지의 길로 전락해 한반도와 비슷하면서도 상호 전혀 영향을 주고받지 못한 근현대화의 길을 걸어왔다. 1949년 우리와는 달리 자율적인 해방을 획득했지만, 1992년 수교 이전까지 죽의 장막에 가려져 있던 나라, 남북분단의 아픔을 가지고 있었기에 정치적인 관심은 가지고 있었지만, 경제적인 의미와 가치는 부여하기 어려웠던 나라 중국! 이제 우리는 중국을 알지 못하면 아무것도 할 수 없을 것이라는 사회적 공감대를 형성할 지경에 이르게 되었다.

중국의 WTO 가입과 더불어 2008년 베이징 올림픽 개최 확정은 우리의 중국에 대한 관심을 증폭시키고 있다. 이제 한국의 중국 열풍은 중국의 한류(韓流)에 뒤지지 않는다. 베이징과 상하이의 신공항의 거대한 위용은 마치 기나긴 잠에 빠져있다가 이제 용트림하며 승천(昇天)의 준비를 하는 거대한 잠룡(潛龍)으로 느껴지는 것은 과민한 착시현상일까? 우리가 미처 감지하지 못하는 사이에 개혁개방을 시행한 후, 상하이 푸둥(浦東) 지구 개발을 대표로 하는 개혁개방의 2단계를 거쳐 이제는 서부 개발이라는 거대한 반세기 프로젝트를 공포했다. 현재 중국의 변화는 예측을 불허하고 있다. 어쩌면 예측불허라는 점에서 우리는 저들에게 동일성을 인식(認同)할 수 있지 않을까? 개혁개방 2기인 1990년대 이후의 중국은 지구적 자본주의에 포섭된, 그러나 중국적 특색을 지닌, 그런 사회인 것이다.

이런 시점에 지피지기(知彼知己)의 유용한 도서는 많을수록 좋은 법이고, 『상경』은 그 대표적인 책이라 할 수 있다. 이 책은 청(淸) 말의 대상인(大商人

호설암과 그의 어록을 중심에 두고, 중국 고대의 유명한 상인과 근현대의 저명한 기업가를 망라하는 체제를 가지고 있다. 총 18장으로 나누어 중국 상인의 대명사인 도주공 이래 최대의 상인이자 경영자인 홍정상인(紅頂商人) 호설암의 지혜와 미덕에 초점을 맞추고 있다.

『상경』을 보노라면 참다운 상인이 되기가 쉽지 않다는 것을 알 수 있다. 지신(砥身)과 어정(御情)부터 견신(堅信)과 독의(篤義)에 이르기까지, 축시(逐時)와 임세(任勢)로부터 홍시(哄市)와 조장(造場)에 이르기까지, 그리고 예리한 안목(眼銳)에서부터 국가에 대한 보답(效國)까지. 이것들은 범인(凡人)이 실천하기에는 쉽지 않은 항목들이다.

4. '인문 경영'의 지혜

호설암의 경영 핵심은 인간이다. 우리는 인간을 배제하지 않는 그의 경영 방식을 '인문 경영'이라 명명해본다. 그는 인간에 대한 투자를 아끼지 않고, 인정을 잊지 않으며 사람과 신용을 위해서라면 기꺼이 손해를 볼 줄 안다. 이는 호설암의 유별난 경영 방식이 아니라, 상성 도주공에게서 비롯된 유구한 전통의 계승이다.

흔히 자본주의적 논리에서는 '돈과 명예'를 양립하기 어려운 것으로 본다. 그러기에 훌륭한 자본가의 성공 사례는 칭송을 받아도 그의 인격과 덕망은 주목받지 못한다. 이에 반해 중국의 상인은 도주공 이래 호설암에 이르기까지 덕(德)을 중시해왔다. 우리는 그들로부터 돈과 명예가 양립 가능한 것임을 알 수 있다. 그리고 그 원인은 바로 그들이 명예롭지 않은 이익을 추구하지 않았기 때문이었다.

우리는 도주공과 호설암을 위대한 성인이라 떠받들 필요는 없다. 왜냐하면 그들의 궁극적인 목적은 이익이었기 때문이다. 그러나 이익만을 추구하는 수많은 상인과는 달리, 그들은 이익을 추구하되 의리를 중시하고 천하를 격정하며, 남다른 배짱과 식견, 원대한 안목 등을 갖췄다. 그들은 금전거래로 대변되는 인간관계에 그치지 않고 그 내면에 존재하는 인정의 중요성을 누구보다도 잘 이해한 상인이었다. 그러기에 빌린 돈을 갚고도 다시 인정까지 갚았다. 그들은 금전출납부의 계산에도 밝았지만, 인간관계 출납부의 셈에도 뛰어난 능력을 발휘했다. 그들은 상인에 앞서 인문인(人文人)이었다.

호설암의 인문 경영의 특징은 인간에 대한 깊고 넓은 이해에 바탕을 두고 있다. 이를테면 농명(洞明) 편에서 "상대의 뜻을 충족시키면서 자신의 살길을 마련하는 방법"을 고민하면서 "상인이 이익을 위해 뛰어다니듯이 관리도 손에 잡히는 이익이 있어야만 움직인다"라는 깨달음과 "관계(關係)가 곧 재산"이라는 자각은 인간의 욕망에 관한 심층적 이해 없이는 도달하기 어려운 경지다. "적을 만들기는 쉽지만 없애기는 어렵다"라는 지혜도 비슷한 맥락이다. 인간의 심리를 이용한 홍보 전략은 오늘날 광고 전략에서도 유용할 수 있는 전략으로 보인다.

이 책을 통해 근현대 중화권 경영인들의 성공 사례를 알 수 있었던 것은 망외(望外)의 소득이다. 해방 이후 우리 사회가 유럽과 미국으로 정향(定向)되었기 때문에, 카네기니 포드니 하는 이름은 익숙하게 들었지만, 리카싱(李嘉誠)이나 채만림 등의 이름은 그야말로 금시초문이다. 『상경』을 통해 타이완, 홍콩 그리고 대륙의 수많은 경영자에 관한 정보를 접할 수 있었고 그들의 성공 사례는 우리 기업인들에게 그 지역에서 어떻게 성공할 수 있을 것인가를 가늠할 수 있게 할 것이라 믿는다.

그리고 번역에서 한자어에 얽매이지 않고 순통(順通)한 우리말로 바꾼 역자의 유려한 문체 또한 이 책의 빼놓을 수 없는 미덕이다.

'혁명문학'과 '페미니즘': 중국 근현대문학 연구의 두 계기[*]

1. 한국의 중국 근현대문학 연구

한국에서의 중국 근현대문학 연구의 역사는 일천(日淺)하다. 1970년대는 주로 타이완 유학파들이 딜레탕티즘(dilettantism)적 차원에서 소개하는 단계였고, 1980년대에 이르러서야 '근현대' 문학이 중국문학 연구에서 하나의 독립된 분야로 인정받게 되었다. 이전까지 여기(餘技) 정도로 여겨지던 근현대문학이 사계의 주목을 받은 것은 홍콩을 통해 대륙 자료를 구할 수 있었던 것이 계기가 되었지만, 더 주요하게는 국내 상황에 의해 촉발되었다. 국내 상황이란 1980년대에 거국적인 민주화 운동, 그와 함께 일어난 문학운동의 열풍 그리고 '민족문학 논쟁'을 주로 가리킨다. 이는 한국의 중국 근현대문학 연구에 지대한 영향을 주었고 그에 따라 중국 대륙의 문학 현상에 대한 관심을 촉발했다. 중국의 신민주주의문학과 사회주의문학의 경험들은 해방 이후 한국 근현대문학의 진행 과정에는 결여된 것이었기 때문이다. 각 부문에서의 민주화운동, 이와 맞물린 노동해방문학, 농민운동 및 농민문학, 이들을 엮어내는 문학운동론, 대중문학론 등의 현실적 요구들은 중국 근현대문학운동사로부터 많은 교훈을 시사 받을 수 있었고 자연 이에 대한 관심도가 높아졌다. 이런 맥락에서

---

[*] 이 글은 목포대학교 여성연구소 포럼(2001.12.5)에서 「중국 (근)현대문학 연구와 페미니즘」이라는 제목으로 발표했던 글을 수정 보완해, 『아시아문화연구』 제6호에 게재했다.

한국의 중국 근현대문학 연구사에서 1980년대는 특별한 의미가 있다. 이 시기 근현대문학 연구의 또 하나의 특색은 집단 연구를 지향했다는 점이다. 1989년과 1990년에 각각 '혁명문학 논쟁'과 '문예대중화 논쟁'을 주제로 학술토론회를 개최한 것이 그 대표적인 예이다.

그러나 1980년대 한국의 중국 근현대문학 연구는 분명 중국의 연구 경향을 크게 벗어나지 못한 혐의가 짙다. '리얼리즘 독존론', 근현대문학사 삼분법('진다이近代: 1840~1917, '셴다이現代': 1917~1949, '당다이當代': 1949년 이후) 등이 대표적인 예이다. 그리하여 한동안 중국 교과서의 평가를 그대로 따랐고 그들이 거론하던 '셴다이문학'만을 연구대상으로 삼음으로써 스스로 연구 지평을 제한하기도 했다. 그들의 '진다이문학'과 '당다이문학'을 껴안은 것은 1990년대 들어와서의 일이었다. 다음으로는 중국의 문학운동 및 이론에 대한 연구가 한국 현실에서 제기된 문제의식에서 비롯되었음에도 한국 민족문학 연구와의 교류가 충분하게 이루어지지 못했다. 물론 연구 주체는 그런 의지를 갖추고 출발했지만 과제 연구의 속성상 상당한 시간과 노력의 축적을 요구하는 것이었기 때문에 실제로는 일차자료의 충실한 정리 작업이나 소개에 그치고 말았다. 여기에는 중국 근현대문학 연구자들이 절실한 현실 인식 및 문제의식에도 불구하고 한국 문학운동 진영에서 주변에 자리하고 있거나 민족문학 운동에 대한 연구 축적이 취약했던 원인이 자리하고 있다.

한국의 중국 근현대문학 연구의 역사를 돌이켜볼 때 주요한 계기가 된 주제 의식이 두 가지 있었다. 하나는 '혁명문학'이고 또 다른 하나는 '페미니즘'이다. '혁명문학'은 1989년 12월 '1920년대 중국 혁명문학 논쟁'이라는 주제로 캠퍼스 연합 형태로 열린 심포지엄(이하 '혁명문학 심포')에 의해 촉발되었고, '페미니즘'은 2001년 4월에 개최된 한국 중국현대문학학회 춘계 학술회의(이하 '페미니즘 심포')에 의해 그 실체를 드러냈다. 전자가 중국 근현대문학 연구를 업여(業餘)의 수준에서 전업(專業)의 단계로 끌어올린 계기였다면, 후자는 연구의 심화를 표지하는 징표라 할 수 있다. 특히 후자는 페미니즘 연구방법론을 연구 제재로부터 주제의 차원으로 심화시켰다 할 수 있다. 그러면 아래에서 그 구체적인 면모를 살펴보자.

2. 혁명문학: 업여(業餘)로부터 전업(專業)으로

'혁명문학 심포'는 1989년 초에 기획되었다. 당시 문학평론가를 겸업하면서 현실 문학운동(민문연)과 연계되어 있던 유중하(당시 연세대 박사과정 재학)의 주도 아래 김하림(당시 조선대 교수 겸 고려대 박사과정 재학), 이주노(당시 서울대 박사과정 재학), 김양수(당시 성균관대 박사과정 재학) 그리고 필자(당시 한국외국어대학교 박사과정 재학) 등과의 논의를 거쳐 캠퍼스 연합 학술발표회 개최를 결정했다. 당시 한국의 중국문학 연구는 일반적 학술 연구의 보편적 '이데올로기 지형(Ideological Terrain)'의 규정에서 크게 벗어나지 못하고 있었기 때문에,[1] 이 기획은 한국의 중국문학 연구사의 획기적인 사건으로 기록될 만하다.[2]

'혁명문학 심포'를 준비하기 위해 1989년 1~2학기에 걸쳐 세미나가 진행되었다. 위의 다섯 명이 중심이 되어 주요 캠퍼스의 석사과정 재학생들과 함께 발제를 통한 일차자료의 점검을 매주 한 번씩 진행했다. 8월 말 연세대 일산 수양관에서 수련회 형식의 발표회 때 초고를 발표했다. '혁명문학 논쟁'의 주요 축이었던 창조사(創造社)와 태양사(太陽社), 루쉰(魯迅)과 마오둔(茅盾) 등의

1_ 해방 이후 1980년대 초반까지 한국의 이데올로기 지형은 "본질적으로 분단 사회라는 제약에 지배당하고 있기 때문에, 여타의 사회에 비해 그 폭이 매우 협소"(김동춘, 1987: 267)했다.

2_ 한국의 중국문학 연구는 반공 이데올로기의 금제로 인해 대륙과의 연계가 단절된 채 주로 타이완에 의존하고 있었다. 타이완의 연구는 훈고학과 고증학으로 외연(外延)되는 실증주의적 연구 방식과 사회와의 비연관성을 특징으로 하고 있었다. 타이완적 연구방식은 기타 학문 분야 및 한국문학을 비롯한 기타 문학과의 연관을 배제시킨 데다가 서방 실증주의와는 달리 과학 기술 혁명의 성과에 주의를 기울이지 않음으로 인해 타이완 내적으로는 물론이고 그곳에서 수학한 연구자들까지 포함해 일차자료의 성실한 정리 외에는 이렇다 할 창조적 연구 성과를 내지 못하고 있다는 것이 1990년대 초반까지의 상황이다. 이는 문학에만 국한되지 않는 일반적 평가라 할 수 있다(임춘성, 1998: 152).

입장과 주장, 그리고 한계 등이 논자별로 한 꼭지를 차지했고, 1920~30년대의 국제 프로문학 운동과의 연관을 고찰하기 위해 '혁명문학 논쟁의 국제적 성격'을 한 꼭지로 배정했다.

12월 발표회 당일, 연세대 문과대 강당을 가득 메운 심포는 진지하고 열정적인 분위기 속에서 진행되었다. 당시 근현대문학과 관련된 박사학위논문은 2편(김철수, 1984; 조대호, 1989)에 불과했고 석사학위논문도 몇 편 되지 않았다. 그리고 학위논문을 준비하고 있던 사람까지 합쳐도 30명을 넘지 못하던 상황에서 100명이 넘는 연구자가 모였던 원인은 '혁명문학 논쟁'의 내용보다도 심포의 '혁명적' 성격에 기인하는 것으로 보아야 할 것이다. 금기시되었던 '혁명문학'을 주제로 심포를 개최한 것과 캠퍼스 간의 연합이라는 성격이 그것이다. 이 팀이 중심이 되어 이듬해 '문예대중화 논쟁' 심포를 개최했고, 당시 명망가 위주로 구성되었던 중국현대문학학회의 개혁과 맞물려 학회로 편입되었다. 이후 중국 근현대문학 연구는 '한국 중국현대문학학회'를 구심점으로 삼아 활발하게 진행되고 있다.3)

3. 페미니즘: 제재로부터 주제로

'혁명문학 심포'가 한국의 중국 근현대문학 연구의 기폭제 역할을 했다면, 11년 5개월의 시차를 두고 개최된 '페미니즘 심포'는 연구의 심화와 성숙 그리고 다양화를 알리는 선언이었다. 이날 발표된 논문은 모두 7편이었는데, 그중 2편은 다른 주제였고, 1편은 한국문학 관계였으며, '20세기 중국문학과 페미니즘'이라는 주제에 걸맞은 글은 김미란(2001), 김순진(2001), 임우경(2001), 박종

3_ 1990년대 이후 중국 근현대문학 연구의 현황은 다음과 같다. 첫째, 주체적 시각을 확립하려는 노력, 둘째, 학회 차원에서의 중점 주제 설정, 셋째, '근대 문학'과 '당대 문학' 껴안기, 넷째, 다양한 연구 방법론의 시도, 다섯째, 루쉰으로 돌아가기, 마지막으로 연구 성과들을 모은 단행본 저작의 출간이 증가하는 추세. 이상의 현황은 동시에 과제이기도 하다(임춘성, 1998: 3장 참조).

숙(2001)의 4편이었다. 이중 앞의 3명은 '여성문화이론연구소'의 회원이기도 하다. 이날 필자는 학교 행사 때문에 참여하지 못했지만, 전해 들은 바에 의하면 대부분 남성 연구자들이 여성으로 태어나지 못한 것('야만적 남성') 때문에 거북함을 느꼈다고 한다. 그 이전에도 여성문학에 대한 연구는 주로 여성 연구자들을 중심으로 진행되었다. 그러나 대부분은 여성작가의 작품 분석이 주류를 이루었던 것에 반해, '페미니즘 심포'에서 발표된 글들은 페미니즘에 대한 세계관적 고민에 바탕해 그것을 방법론으로 충분히 활용한 흔적이 역력하다. 특히 토론 과정에서 '여성성의 구체적인 내용이 무엇이냐'라는 선배 교수의 질문에 대해 '어머니와 암컷'이라고 야무지게 답변했던 김미란은 한 살배기 아기를 데리고 베이징으로 박사후과정을 다녀오기도 한 행동파이기도 하다.

'페미니즘 심포'에서 발표된 글들은 그동안 제재 차원에서 다루어지던 한국의 중국문학 연구를 주제 차원에서 고민하는 수준으로 승화시켰다 할 수 있다. 여기에서는 4편의 글 가운데 김미란과 김순진의 글에 대한 소개를 통해 그 수준을 가늠해보고자 한다. 특히 두 편에서 다루고 있는 작가 딩링(丁玲)과 장아이링(張愛玲)은 각각 1920~30년대와 1930~40년대를 대표하는 작가인 동시에 "딩링이 끝나는 곳에서 장아이링은 시작하고 있다"라는 평가가 나올 정도로 중국 근현대 여성문학사에서 중요한 작가이기도 하다.

1) 여성과 모성

김미란의 「『母親』을 중심으로 본 丁玲의 여성의식 연구」는 원고지 230매 분량의 중량감 있는 글이다. 이 글은 딩링(丁玲)의 여성문학작품을 문화의 '가소성(可塑性)'이란 의미망 속에서 독해하고자 한다. 즉 특정한 사회제도(자본주의, 혹은 사회주의), 제도의 존속과 밀접한 관련이 있는 주류 문화, 이러한 제도, 혹은 문화의 산물로서 여성에게 부여된 그 시대 고유의 이미지, 세 지평의 복합체로서 여성문학 작품을 분석하려는 것이다. 이 글에서는 그동안 사회주의 중국에서 딩링의 대표작을 『태양은 상건하를 비추고』(스탈린 문학상 수상, 사회주의 사실주의)로 보아온 관점을 강하게 비판하면서, 그다지 주목받지 못했던 『모친』을 중심으로 전기 작품인 「소피여사의 일기」와 후기 작품인 『두만향(杜晚香)』과 연계시켜 페미니즘적 분석을 시도했다. 부언하면, 「소피의 일기」를 대표로 하는 초기작이 여성의 심리적 특성을 과장한 히스테릭한 반응을 통해 환경에 저항했고, 『두만향(杜晚香)』을 대표로 하는 후기작이 집단주의적 색채를 농후하게 띠는 것에 반해, 『모친』(1932)의 주인공인 위만전(于曼貞)은 상대적으로 이지적인 태도로 환경을 변화시키는 능동성을 보이는 점에 착안해 "사회적 존재로서의 여성 정체성을 확립"(김미란, 2001: 46)한 점에 초점을 맞추고 있다. 이 작품은 작가 딩링이 불평등한 여성 문제4)를 가장 깊이 있게 사색했던 시기의 작품이라는 의미를 지닌다.

딩링의 『모친』은 작가의 자기 투시와 자기암시가 강하게 배어있다(남편 胡也頻의 총살). 필자는 이 작품을 신해혁명 시기의 신여성을 단순히 형상화한 것이 아니라 이 시기의 여성 형상을 빌어 작가의 전망을 투영한 작품으로 읽

4_ 중국에서는 여성운동을 '부녀운동(婦女運動)'이라 하고 여성의 날을 '부녀절(婦女節, 3월 8일)'이라 한다. 원래 '부(婦: 빗자루를 든 여자)'는 '가(家: jia)'라는 혈통 단위 내에서의 서열을 의미하는 말이다. 즉 이는 가정 내의 관계틀로서 기능하는 여성의 직책을 의미한다. 따라서 '부(婦)'는 여성성 가운데 '어머니됨(Mothering)'에 상응하는 범주라고 할 수 있다. '여(女: Women)'는 가정이나 관계라는 범주적 틀을 벗어난 삶의 주체로서의 여성을 의미한다. 따라서 논리적으로 보자면 여성운동은 婦로부터 女로의 발전을 목표로 해야 하지만, 이러한 범주 구분은 독자적인 '여성성'의 개념을 가지고 있던 서유럽 여성학자들의 시각에 의해 비로소 이루어진 것이고 중국의 부녀운동이 시작되었던 19세기 말 변법유신(變法維新) 시기에는 자각조차 되지 않았다. 심리적, 성(性)적 측면에서 여성의 욕구가 문학적 표현을 얻은 것은 프로이트의 성심리학이 수용된 이후에 속하는 1990년대 이후의 일이다.
사실 1980년대까지도 중국 여성문학은 남장 영웅 '무란(木蘭, Mulan)'식의 우(愚)에서 벗어나지 못한 한계를 가지고 있다. 문혁 종결 후 여성문학가들은 여전히 '주류 담론의 안내와 제약'을 벗어나지 못한 채 정치 담론 안에서 사유했으며, 역사의 피해의식을 남성에 대한 이상화를 통해 위로받고자 했다. 이러한 창작 태도는 1990년대에 이르러서야 극복되기 시작하는데, 바로 그러한 이유에서 중국의 연구자들은 중국의 진정한 여성문학은 1990년대에 시작되었다고 본다. 1990년대 여성작가들은 '성적 주체'라는 지평에서 성과 권력의 관계를 전복(顚覆)적인 태도로 사유하기 시작한 것이다.

어주어야 한다고 말하고 있다. 그를 위해 첫째, 「소피여사의 일기」에서 제기한 여성의 주체성 문제를 『모친』에서 어떻게 발전시켰는가, 둘째, 계급혁명의 요구를 『모친』에 어떻게 투사시켰는가에 초점을 맞추어 분석했다.

주인공 위만전은 남편의 죽음, 친정으로 돌아감, 신사조의 수용, 전족(纏足)을 풀고 여학교에 입학(친어머니의 경우), 신해혁명에 동참 등의 줄거리로 이루어져 있다. 1920년대 소설에 등장한 여성들이 세상과의 의사소통 불능으로 인해 폐병 등의 물리적인 질병을 앓고 있었지만, 위만전은 남편의 장례식을 마친 후 시댁과의 관계를 끊고 자신의 모성을 새롭게 정의하고 있다. 즉 그녀는 이제는 과거에 연연하지 않고 과감히 "마님 옷을 벗어버리고 농촌 아낙의 옷을, 능력 있는 어머니의 옷"을 입으리라고 스스로 다짐한다. 그리고 소문으로만 들리던 신해혁명의 움직임이 우링현(武陵縣)에 임박했음을 느끼자 위만전은 여학교 친구들과 회의를 열어 다음과 같이 자기 생각을 밝힌다. "먼저 사람과 말을 구하고 사람들을 규합한 다음에 내가 우리 동생에게 가서 말을 꺼내 보고 만약에 그쪽이 진짜 혁명당이라면 동생네와 합류해서 그들이 지시하는 대로 따르면 될 것이다." 마을에 자발적인 혁명군을 조직하겠다는 위만전의 발상은 5년 전 「소피여사의 일기」에 드러난 히스테릭한 저항과는 질을 달리하는 능동적이고 과단성 있는 태도다. 그러나 무엇보다도 눈에 띄는 것은 그녀가 이러한 자신의 행동을 설명하는 이유로 '모성'을 끌어들였다는 점이다. 즉 그녀는 자신이 가령 황제를 암살하러 나선다면 그 역시 제 아들과 딸이 망국노가 되기를 원치 않기 때문에 하는 행동이라고 설명하고 있다. 모성의 역할을 천하의 흥망과 연관 지어 사고하는 사유 방식은 전족 반대와 함께 신해혁명 시기 여권운동의 특징이다.

『모친』에 묘사된 농촌 현실은 두 개의 시선으로 관찰되고 있다. 하나는 실의한 주인공에게 생명감을 불어넣어 주는 농촌, 즉 지주의 눈에 비친 정서화된 농촌이고, 다른 하나는 작가의 이지(理智)가 작용한 농민의 관점에서 기술한 억압받는 하층민의 현실이다. 후자는 작가의 의도가 다분히 작용한 부분으로서 「물(水)」에서 보여준, 개인으로부터 사회로 나가는 창작 태도의 연장선에 놓여 있다. 전자는 묘사 면에서 훨씬 정채롭지만 관조적이란 특징을 띤다. 위만전의 눈에 비친 정서화된 농촌은 객지를 떠도는 주인공의 향수를 자극하던 추억 속의 농촌이 아니라, 주인공의 행동에 직접 영향을 미친 농촌이다. 논밭과 양계장을 돌아보고 농사라도 지으며 삶을 꾸려갈 희망을 품게했다는 점에서 『모친』의 농촌은 의미 있는 환경이라 할 수 있다.

딩링의 초기작품집 『어둠 속에서』(「소피여사의 일기」 수록)에 실린 작품들은 지배문화의 억압성을 잘 드러내었다. 소설 『모친』의 경우 여성해방과 계급혁명이란 두 과제를 목표로 했고 후기작 「두만향」은 혁명의 이상이 현실을 가린 작품이다. 딩링의 문학작품에 나타나는 특징적인 점은 후기로 올수록 지배문화와의 거리가 좁아지면서 비판적 거리가 상실된다는 데 있다. 이러한 비판적 거리가 사라질 싹은 이미 『모친』에 내장되어 있었다. 딩링이 신해혁명 시기의 여성상을 택했다는 사실, 즉 '구국의 의무와 공민으로서의 책임에 초점을 맞춘 남녀평등을 선전하는 여성운동' 시기를 선택했다는 점이 계급해방의 논리의 하위범주에 여성 문제를 위치시킨 후기의 논리를 낳은 것이다. 따라서 소설 『모친』이 지니는 의미는 여성의 자각 의식과, 이상화된 혁명 지향이 낳은 절충 또는 중간물(中間物)이라고 할 수 있을 것이다.

2) 욕망하는 여성

김순진의 「張愛玲 소설을 통해서 본 여성의 '몸'」은 제목에서 제시하듯이 여성의 몸과 욕망에 초점을 맞추고 있다. 그에 의하면 여성의 몸에 대한 금기의 시작이 여성의 욕망에 대한 억압에서 비롯되었기 때문에 몸의 담론은 욕망의 담론과 구분될 수 없다. 또한 여성의 몸과 욕망을 억압함으로써 여성을 통제하고자 했기 때문에 몸과 욕망에 대한 자유로운 담론은 정신 해방을 의미하기도 한다. 그리고 여성의 욕망을 통제하고 억압하고자 했던 것이 남성 자신의 욕망에 대한 억압의 의도에서 시작되었기 때문에 욕망과 몸의 담론은 여성의 정체성뿐만 아니라 남성 자신의 몸과 정신의 통일된 정체성 수립을 위해서도 절실한 문제라고 할 수 있다. 이를 위해 이 글은 정신과 육체의 이분법에 대한 해체를 시도한다. 이제 몸은 정신이나 영혼과 구분되어 이분화된 존재가 아니라, 정신이 체현된 실체이며 사회성이 이루어지는 시작이기 때문이다. 이분법은 남성은 정신적 존재, 여성은 육체적 존재로 간주해 여성은 남성의 정신적 성숙을 가로막는 불안한 존재로 여겨져 금기의 대상이 되어 왔다. 인간을 육체와 정신으로 이분화하는 사유는 전자를 부정하고 후자를 긍정하면서 육체의 감정과 감각을 통제하는 행위를 통한 정신적 승화를 중요시하게 한다. 페미니즘의 입장에서 이러한 이분법이 문제시되는 것은 육체의 억압은 욕망의 억압이고, 욕망을 억압하기 위해 여성의 육체를 억압했기 때문이다. 나아가 여성의 육체는 남성의 욕망을 일으킬 수 있는 존재라고 여겼기에 사악한 존재였고 남성의 잘못에 대한 원인 제공자로서 징벌의 대상이었다. 몸에 대한 담론의 시작은 정신에 중점이 가 있는 몸과 정신이라는 이분법을 해체하고 몸의 해방을 통해 정신과 몸의 통일된 정체성을 확립하고자 하는 시도라고 할 수 있다.

장아이링은 여성의 몸에 대한 남성적 시선을 거부하고 끊임없이 욕망하는 여성(특히 어머니)의 모습을 보여줌으로써 중국의 전통적인 '모성주의'에 대한 해체와 여성성에 대한 재인식을 시도하고 있다. 작가는 여성의 몸에 대한 남성적 이분법을 해체하기 위해 다양한 전술을 운용한다. 양성적 인간 형상을 모색하기도 하고 남성에 의해 형성된 이중적 여성 이미지를 해체하는 등이 그것이다. 장아이링은 이러한 양성적 인간 형상을 등장시킴으로써 '여성'과 '남성'에 대한 억압적 성담론을 해체하는 시도를 한다. 그 대표적인 인물은 『茉莉香片』의 녜촨칭(聶傳慶)이다. 장아이링은 생물학적 인간의 몸에 전통적인 '여성적/남성적'이라는 양 특성을 동시에 부과함으로써 사회적 성정체성을 해체하는 글쓰기를 하고 있다. 이는 인간의 성정체성이 사회적 관념에 의해 부과됨을 드러내는 과정이라고도 할 수 있다.

남성 중심의 세계 속에서 여성은 성스러운 '어머니'의 형상이거나 욕정적인 '창녀'의 형상으로 드러나며 남성이 여성을 대하는 방식도 이 두 가지 형상에 의존한다. '어머니'의 형상은 아들의 시각에서 보는 것이라면 '창녀'의 형상은 '남성'으로서 '여성'을 보는 시각이다. 중국의 전통문화는 아름다운 여성을 남성을 유혹하는 대상으로 경시하면서 여성의 욕망을 불필요한 것으로 여기고 사적인 가정이라는 공간 속에서 여성을 억압해 왔다. 이 때문에 여성문학은 여성의 내면적 욕망을 가시적 공간으로 끌어내는 것을 중요한 과제로 삼고 있다. 여성 욕망의 드러냄을 주요한 제재로 삼고 있는 장아이링의 소설은 '여성 욕망에 대한 억압'이라는 가부장적 폭력 이데올로기를 해체하는 것을 주요한 전략으로 삼고 있다고도 할 수 있다. 장아이링 소설에서 여성의 욕망을 드러내는 전형적인 인물은 「金鎖記」의 차오치차오(曹七巧)와 「沉香屑 第一爐香」의 량(梁) 부인이라고 할 수 있다. 장아이링 작품 속에서 자신의 욕망을 강하게 인지하고 표현할 수 있는 여성은 대부분 어머니라는 이름을 지닌 여성들이다. 욕망하는 어머니의 모습은 여성을 어머니와 창녀로 구분하는 남성적 이분법을 해체하기 위한 의도적 글쓰기로 보인다. 이러한 그로테스크한 이미지는 자신의 욕망을 위해 조카딸을 미끼로 사용하는 철저한 욕망의 실현가인 「沉香屑 第一爐香」의 량 부인에 대한 묘사에서도 드러난다. 자신의 욕망에 솔직한 량 부인의 '욕망하는 어머니인 여성'이라는 이중적 위치는 더욱 여성에 대한 남근적 이중 이미지의 허상을 노골적으로 폭로하고 있다. 여성에 대한 남성의 시각에 대한 반항과 부정을 장아이링은 욕망하는 어머니상을 창조함으로써 극복하고자 했던 것으로 보인다. 장아이링에게 긍정적인 여성의 이미지는 자신의 욕망을 인정하고 그것을 움켜쥐려는 강인함을 지닌 여성이다. 여성의 욕망에 대해 부정적 시각을 지닌 가부장적 남성의 시각은 여성의 순결성에 대한 환상을 만들어낸다. 여성의 순결한 몸에 대한 환상은 지고지순한 어머니에 대한 환상이 전이된 결과라고 보인다.

장아이링 작품에서 여성 육체가 욕망을 발현하는 공간은 통통한 피부, 머리카락, 입술 등이다. 「화조(花凋)」에서의 병들은 자신의 마른 육체에 대한 찬 창(川嬙)의 부정적 의식은 약혼자의 새로운 연인의 건강하고 통통한 육체를 부러워한다. 장아이링의 소설에서 욕망이 사장된 마른 몸은 모두 죽음을 향 하고 있다. 이는 욕망의 소멸은 결국 죽음이라는 작가의 의식이 반영된 것으 로, 여성이 욕망을 억압하는 것이 정당화되었던 남성 중심 세계관에 대한 부 정이라고 할 수 있다. 또한 작품에서 자궁은 자기애의 공간으로 그려진다. 장 아이링은 가부장적 이데올로기를 벗어나 여성 자신의 모습을 찾아가는 공간 으로 닫힌 공간을 설정한다. '닫힌' 공간이란 외부세계와의 단절을 의미하며, 이때 외부세계는 질서와 규칙의 세계, 즉 남성 중심의 상징계적 세계를 의미 한다. 상징계적 질서 속에 있는 여성 역시 상징계적 질서의 법칙을 받아들일 수밖에 없기에 해체주의 페미니스트들은 여성들이 상상계적 이전 단계로 돌 아가기를 주장한다. 장아이링은 여성들에게 새로운 여성상을 제시하거나 행 동을 요구하는 계몽적 글쓰기를 포기하고 '코라'(줄리아 크리스테바)와 같은 원 형적 공간 속에서 자신의 내면을 드러남을 요구하는 글쓰기를 시도한다. 이 러한 원형의 공간으로 상정된 것이 「봉쇄(封鎖)」의 막힌 공간 '전철'과 「붉은 장미 흰장미(紅玫瑰與白玫瑰)」의 흰장미 옌리(烟鸝)의 유일한 휴식공간인 '화장 실'이다. 「봉쇄」의 첫 부분은 지렁이처럼 꿈틀거리며 '전진'하는 전차가 봉쇄 되는 장면을 시적으로 묘사하는 것으로 시작된다.

그 밖에도 인지체로서의 몸의 존재성을 자기 존재에 대한 자각의 시간성 으로서의 밤, 재구성한 현실의 공간성으로서의 황야로 나누어 논술하고 있다.

남성 억압의 일차적 공간이었던 여성의 몸은 장아이링 소설에서 여성이 자신의 욕망을 긍정하고 자아를 인식하는 일차적 공간으로 변화한다. 근대적 남성의 사유에 의해 정신에서 일탈한 몸은 다시 여성적 시선 속에서 정신과 결합한 통일체로 존재할 수 있게 된 것이다.

4. 맺는 글

한국에서의 중국문학 연구는 이중적 과제를 가지고 있다. 외국문학이기 때문에 중국의 연구 동향 및 조류를 민감하게 파악해야 하는 한편, 그 행위의 공간적 배경이 한국이니만큼 광의의 한국문학의 범주에 속하기 때문이다. 이러한 이중적 과제에 대한 올바른 인식을 결하게 되면 한국문학을 중심에 두고 중문학 바라보기나 중문학을 중심에 두고 한국문학 바라보기 또는 소재적 차원에서의 비교문학 연구에 머무르게 될 것이다.

중국 근현대문학 분야에서의 이러한 고민은 한국의 민족문학론과 중국의 혁명문학론(또는 인민문학론)의 연계 모색에서 비롯되었고, 그것은 다시 '동아시아문학'이라는 시좌의 설정으로 연결되고 있다. 1980년대에 학위논문을 쓴 세대들은 '민족문학과 세계문학'의 틀을 제시한 백낙청의 문제의식을 중국문학과 연결하려고 고민했고, '동아시아문학'을 연구대상의 확장에 그치는 것이 아니라 연구방법론의 차원으로 제고시키고자 했다. 그들의 기본적인 문제의식은 개별 민족문학과 세계문학 보편 사이에 특수한 동아시아문학을 설정하고 민족문학의 강화와 세계문학으로의 발전의 필연적 경유 지점의 하나로서 중국문학을 바라보는 것이었다. 과제의 성격상 일국 문학에만 매몰되어서는 성과를 내기 어려운 과제인 데다가 해당 전공자들의 공동 연구가 단시일에 이루어질 여건이 조성되지 않았기 때문에 개별 연구자들이 조심스럽게 이론적으로 탐색하거나 자신의 전공 분야를 중심으로 양국 또는 삼국 문학의 일부 양상들에 대해 논의를 진행하고 있는 것이 현재 상황이다.

1980년대 후반부터 사회 전반에 걸쳐 소개되기 시작한 페미니즘은 문화 현상을 읽는 중요한 담론으로 자리를 잡기 시작했는데 중국문학 연구에서도 이와 연관된 연구가 나오기 시작해 작품 속에 드러난 여성성 연구, 여성 문학과 여성 작가에 대한 관심이 높아졌다. '페미니즘 심포'는 이런 맥락에서 중국 근현대문학 연구와 페미니즘 연구방법론을 깊이 있게 결합한 결과물이었다.

1997

문학운동과 중국 근현대문학[*]

1980년대에 본격화된 한국의 '민족문학 논쟁'과 문학운동의 열풍은 한국의 중
국 근현대문학 연구에 거대한 영향을 주었다. 그것은 중국 대륙의 문학 현상
에 대한 관심을 촉발했다. 20세기 중반 이후 중국문학과는 역향적(逆向的) 노
정을 걸어왔던 한국문학에게 저들의 경험은 분명 차감할 가치가 있었다. 중
국의 신민주주의 문학과 사회주의 문학의 경험들은 해방 이후 한국 근현대문
학의 진행 과정에는 결여된 것이었기 때문이다. 자신에게 없는 것을 다른 사
람이 가지고 있으면 그것은 원래의 가치보다 더 좋아 보이기 마련이다.

1980년대 중반부터 본격화되기 시작된 중국 근현대문학 연구의 주요한
특징은 문학운동과 문학이론 연구로부터 비롯되었다는 점이다. 그 이면에는
그동안 한국의 중문학계가 뚜렷한 이론 정립 없이 한자 해석에만 매달리는
저급한 실증주의에 매달려온 사실에 대한 비판의식이 깔려 있었다. 연구 주
체들도 현실 운동과 일정 정도 직간접적인 관계를 맺고 있었음도 부인할 수
없다. 문학운동과 문학이론에 대한 본격적인 연구는 사회구성체 논쟁 및 민
족문학 논쟁이라는 1980년대의 토양에 힘입은 바 크다. 그것은 해방 이후 단
절되었던 '좌익문학'의 전통을 복원시키는 동시에 민족문학사의 공백을 메꾸

---

[*] 『중국근현대문학운동사』, 「책을 내면서」

는 노력의 일환이었다 할 수 있다.

이 시기 근현대문학 연구의 또 하나의 특색은 집단연구 지향이었다는 점이다. 1989년과 1990년에 각각 '혁명문학 논쟁'과 '문예대중화 논쟁'을 주제로 학술토론회를 개최한 것이 그 대표적인 예이다. 아울러 캠퍼스별 또는 캠퍼스 간의 공동학습은 제도권 대학원 강의의 공백을 일정 정도 보충하는 소임을 수행기도 했다.

그러나 모든 일에는 장단점이 동전의 양면처럼 따라다니게 마련이다. 1980년대 한국의 중국 근현대문학 연구의 경우도 예외는 아니었다. 그 한계를 살펴보면 다음과 같다. 우선 추수적 경향을 들 수 있다. 1980년대 한국의 중국 근현대문학 연구는 분명 중국의 연구 경향을 그대로 답습한 혐의가 짙다. '리얼리즘 독존론', 삼분법('근대': 1840-1917, '현대': 1917-1949, '당대': 1949년 이후) 등이 대표적인 예이다. 그리하여 한동안 저들 교과서의 평가를 그대로 따랐고 저들의 '현대문학'만을 연구대상으로 삼음으로써 스스로 연구 지평을 제한하기도 했다. 저들의 '근대문학'과 '당대문학'을 껴안은 것은 1990년대 들어와서의 일이었지만, 아직은 단순협업적 연구 수준에 머물러 있는 수준이다. 다음으로는 중국 근현대문학 연구가 한국의 현실과의 관계에서 비롯되었음에도 그것은 한국 민족문학 연구와의 결합이 충분치 않았다. 물론 연구 주체는 그런 의지가 있었음이 분명하지만, 과제 연구의 속성상 상당한 시간과 노력의 축적을 요구하는 것이었기 때문에 실제로는 일차 자료의 충실한 정리 작업 내지는 소재상의 연계로 만족할 수밖에 없었다.

페레스트로이카의 충격 이후, 저들의 신시기(개혁개방 시기의 문학사적 지칭) 연구 동향이 입수되면서 그동안의 연구 관행에 대한 진지한 반성이 진행되었다. 중국은 신시기에 들어와 기존의 문학과 사회, 문학과 정치에 초점을 맞추던 '외부법칙 연구'로부터 문학 자체의 특수성과 '문학다움'에 초점을 맞추는 '내부법칙 연구'로의 전환이 진행되었다. 이에 대한 본격적인 문제 제기는 1985년에 개최된 '현대문학연구 창신(創新) 좌담회'에서 류짜이푸에 의해 이루어졌다. 그는 「문학 발전 추세에 관한 몇 가지 생각(關於文學發展趨勢的幾點思考)」이라는 발표문에서, 사회주의 휴머니즘을 제창해 인간에게 주체성의 지위를 부여하고, 과학적 방법론을 제창해 독단론과 기계적 결정론을 반대했다. 아울러 문학연구 발전의 큰 추세를 다음과 같이 정리했다. '외부법칙 연구에서 내부법칙 연구로, 일원적 연구에서 다양한 연구로, 미시 연구에서 거시 연구로, 폐쇄적 연구에서 개방적 연구로, 정태적 연구에서 동태적 연구로, 객체로부터 출발하는 연구에서 주체로부터 출발하는 연구로.' 그의 두 가지 주장과 여섯 가지 추세는 예단적 성격이 강함에도 불구하고 이후 신시기 문학의 논의를 상당 기간 주도하는 근거가 되고 있다.

신시기의 가장 큰 특징은 토론에서 찾을 수 있다. 1949년 신중국 성립 이후에도 토론이 없었던 것은 아니었지만 그 토론은 대개 '민주집중'이라는 이름으로 미리 정해놓은 결론을 향해 일로매진하기에 십상이었음을 비추어 볼 때, 신시기의 수많은 문제에 대한 다양한 의견의 제기는 질과 양에 있어서 이전과는 다른 면모를 보여주고 있다. 수많은 토론의 주제는 다양했지만 그 전제를 이룬 것은 과거 역사에 대한 '반성적 사유(反思)'였다. 이러한 '반성적 사유'의 주요 대상은 1949년부터 1976년까지의 역사였지만, 그것은 현재와 미래에 대한 관심으로 이어졌다. 새로운 역사시기는 경제 정치와 사상 문화 영역의 심각한 변화를 가져왔고, 사회의 거대한 변화는 그에 부응하는 신문화를 건립함으로써 객관적 상황의 진일보한 발전을 추동할 것을 요구했다. 이러한 요구에 부응한 것이 바로 1984년부터 본격화된 '문화열 논쟁'이었다. 그것은 '사회주의 4개 현대화 건설의 요구' '개혁과 개방의 요구' '건국 이래 역사에 대한 반성적 사유' '학술 연구 발전 자체의 요구' 등에 부응해 전 학술 분야에 걸쳐 진행되었다.

문학의 영역에서도 예외는 아니었다. 문예학 일반에 대한 새로운 접근과 급변하는 중국 내외의 정세와 관련된 몇 가지 쟁점에 대한 토론이 끊이지 않고 일어났다. 문예학 일반에 대한 새로운 접근은 마르크스-레닌주의 및 마오쩌둥 사상 문학이론의 새로운 체계 확립 및 공산당의 문예정책에서부터, 문예와 정치의 관계, 문예와 생활, 문예의 상부구조적 특성, 문예의 사회적 기능, 문예창작과정의 이성과 비이성, 문예의 진실성, 예술전형과 인물형상화, 창작방법과 비평방법, 물질생산과 예술생산의 불균등 발전, 찬양과 폭로, 형상사유와 창작 심태(心態), 창작 영감, 공통미, 인민성, 제재와 주제, 새로운 인물형, 애정 묘사, 비극과 사회주의 문예비극, 몽롱시와 새로운 미학원칙, 자아표현, 문예연구방법론, 문예반영론 등에 관한 토론으로 드러났다. 이러한 토론은 소련의 '에스테티체스꼬에' 논쟁 이후 문학예술을 '반영과 변형, 인식과 가치평가를 포괄하는 현실의 특유한 전유(專有)방식으로 파악하는 흐름 및 1968년 이후 유럽 좌파들이 나아갔던 방향과 대동소이하다 할 수 있다. 다시 말해서, 신시기 문예이론 일반에 관한 토론은 대개 속류사회학주의, 경제주의, 속류인식론주의, 리얼리즘 독존론 등에 대한 반성의 계기를 내포하고 있다.

한편 중국 내외의 정세와 관련된 쟁점으로는 '문예와 인성 및 휴머니즘' '문학의 주체성 문제' '뿌리 찾기(尋根) 논쟁' '20세기 중국문학 및 문학사 새로 쓰기 토론' '서양 모더니즘 및 포스트모더니즘(後現代主義)과 중국문학 등을 들 수 있다.

이러한 추세에 힘입어 한국의 중국 근현대문학 연구도 점차 내부법칙 연구에 경도되어 작가작품론에 관한 학위논문과 연구논문이 급증한 것이 1990년대 초반의 현상이다. 내부법칙 연구에 대한 관심은 자연스레 러시아 형식주의와 프랑스 구조주의 등에 대한 관심으로 이어졌고, 구조주의에 대한 관심은 1968년 이후 진행된 서유럽 지성사—대부분의 중국문학 연구자들이 도외시해온—에 대한 학습의 서막이었다. 서양의 후기구조주의, 정신분석학, 페미니즘, 해체론, 포스트모더니즘, 체계론, 기호학, 텍스트 분석, 담론 이론, 욕망 이론 등 이루 헤아리기 어려운 서양 이론들이 번역 소개되었고, 중국문학 연구자들도 이에 대한 학습을 진행했다. 마르크스주의만 하더라도 루카치 수준에 머물기에 십상이었던 이전 단계보다 알튀세르의 징후 독해, 까간의 체계론과 가치론, 바흐찐의 대화론 등이 소개됨으로써 수준 제고에 기여했다. 이러한 추세를 한마디로 요약하면, 연구방법론이 다양화되면서 이전 단계에 세계관으로 추존되던 마르크스주의가 이제는 하나의 방법론으로 정립되었다는 점이다. 이제는 연구방법론의 측면에서 춘추전국적 국면이 형성되고 있다. 이제는 연구주제와 대상에 적합한 연구방법론을 얼마나 효율적으로 운용하는가의 문제가 관건으로 제기되고 있는 셈이다.

이러한 시점에 우리는 진보와 퇴보를 거듭해온 문학사 발전에서의 '사회적 규정성과 상대적 독립성의 관계'를 새롭게 점검해야 한다. 그동안의 외부법칙 연구가 이 명제를 올바로 해명하지 못한 것이 사실이지만, 내부법칙 연구가 그것을 해명할 전망도 분명치 않은 듯하다. 두 가지 연구의 결합만이 이 명제를 해결할 수 있을 것이다. 이 책은 이상의 전제 아래 외부법칙에 대한 새로운 조명을 목적으로 기획되었다. 실제로 중국의 근현대문학은 끊임없는 운동의 연속이었다. 1930년대의 좌익문학과 1940년대의 민족화 문학, 그리고 1950년대 이후의 대중문학은 말할 것도 없고, 5·4 시기와 만청(晚淸) 시기의 문학 혁신 역시 운동의 흐름을 타고 있었다. 이러한 문학사 현실은 우리에게 중국 근현대문학이라는 숲을 제대로 보기 위해서는 문학운동이라는 틀을 사용하지 않을 수 없게 하고 있다.

문학운동이란 프로문학에만 고유한 개념은 아니었다. 서양의 경우에도 괴테와 쉴러가 주도했던 질풍노도 운동이 있었고, 중국의 경우에도 한유(韓愈)와 유종원(柳宗元)이 주도했던 고문(古文) 운동과 백거이(白居易)가 주창했던 신악부(新樂府) 운동을 지칭하는 당대(唐代)의 시문혁신 운동이 있었다. 그러나 20세기에 들어와 문학운동이란 주로 프로문학운동을 가리키는 것이 사실이다. 문학운동을 이론화시킬 때 그것은 후기 자본주의의 문학산업론에 대응되는 개념으로서, 그 하위에 문학이념론, 조직론, 창작방법론, 장르론, 대중화론, 매체론, 사회구성체론, 상호 영향 관계 등의 범주를 가지게 된다. 사회주의 또는 사회주의를 지향했던 문학 현상을 고찰하기 위해서는 문학운동론이라는 관점이 필수적이다. 이 책에서는 크게 집단적 문학의 흐름과 문학 논쟁을 주요 대상으로 삼아 문학운동의 역사를 전개하고 있다.

여기에서의 중국은 타이완, 홍콩 등을 제외한 대륙만을 지칭한다. 엄밀한 의미에서의 중국은 타이완 등을 포함해야 한다. 한국의 문학사 발전 맥락의 측면에서 볼 때, 중국 대륙의 문학은 역향적이지만, 타이완의 문학은 동보적인 성격이 강하다는 점에서 더 관심을 기울일 필요가 있다. 타이완까지 포함하는 중국의 통일문학사는 다음 단계의 과제로 설정할 수밖에 없는 것이 현재 상황이다.

이 책에서의 '근현대'는 서유럽의 '모던'에 해당하는 개념으로 사용했다. 사실 서유럽의 '모던'이라는 개념 자체가 모호한 만큼 그것에 해당하는 동아시아적 의미를 정의하는 것 또한 간단치 않다. 그동안 한국은 '근대'와 '현대'로, 중국은 '근대' '현대' '당대'로 나누는 것이 통례였지만, 이 글에서는 19세기 들어 세계사를 주도해 온 서유럽의 문화가 동아시아의 문화와 본격적으로 충돌하기 시작한 19세기 중반을 그 기점으로 설정하고 그때 제기된 과제가 아직 근본적으로 해결되지 않았다는 점에 주목해, 그때부터 지금까지의 역사를 하나의 '유기적 총체'로 설정하며, 그것을 동아시아의 '근현대'라고 명명하고자 한다. 아울러 서유럽의 '모더니티(modernity)'를 동아시아의 '근현대성'으로, 서유럽의 '모더니제이션(modernization)'을 동아시아의 '근현대화'로 바꾸었다. 이때 동아시아의 근현대는 서양의 포스트모던(post-modern)까지 포함하게 된다. 동아시아문학의 '근현대'의 기점은 중국의 경우 아편전쟁 전후, 한국의 경우 강화도조약 전후가 타당할 듯싶다. 동아시아 '근현대'의 기점 논의는 더 세밀한 고찰을 통해 검증되어야 할 것이다.

명실상부한 동아시아의 근현대가 되기 위해서는 1840년 전후한 시점부터 시작해야 할 것이지만, 이 책에서는 1840년부터 1917년 이전까지를 5·4 문학혁명의 역사적 배경으로 처리했다. 그리고 1982년 이후의 논쟁을 텍스트에 담지 못했음을 밝혀둔다.

지금까지 중국에서는 기존의 삼분법에 따른 문학사류가 대부분이었다. 간혹 1917년 이후의 문학사를 한 권의 책에 담은 문학사서가 눈에 뜨이기는 하지만, 뚜렷한 문학사관을 제시하지 못한 단순통합적 성격이 짙은 것들이었다. 새로운 근현대문학사론의 가능성을 제시한 것은 첸리췬, 천핑위안(陳平原) 등의 '20세기중국문학'(1985)이 최초였고, 1987년 이후 천쓰허, 왕샤오밍 등이 제창한 '문학사 새로 쓰기(重寫文學史)' 토론이 전개되어 지금에 이르고 있다. 이러한 모색 과정을 거쳐 나오게 될 새로운 근현대문학사를 기대하면서, 이 책은 기존에 나와 있는 도서 중 문학운동에 관한 부분이 비교적 충실하게 논술되었다고 판단되는 다음의 도서를 저본(底本)으로 삼았다. 제1부는『中國現代文學史教程』(朱德發・馮光廉 編著, 山東教育出版社, 1984), 제2부는『中國當代文學史』(20院校編寫組, 福建人民出版社, 1981)에서 관련 부분을 선역(選譯)했다. 우리말로 옮기는 과정에서 상투적인 선전 문구와 과도한 수식어는 문맥을 해치지 않는 범위 내에서 삭제했음을 밝혀둔다. 그리고 한국의 독자들에게 필요하다고 보이는 내용을 역주의 형식으로 보충했다. 강호 제현의 아낌없는 비판을 바라마지 않는다.

영상매체가 기승을 부리는 시대에 도서 출판의 임무를 소명으로 삼아 진지한 도서를 출판하고 있는 한길사와의 만남은 필자의 즐거움이었다. 한길사 김언호 사장님께 깊은 감사의 뜻을 전한다. 아울러 이 책을 정성껏 만들어주신 편집부 여러분께 격려와 감사를 드린다.

중국 종군기자의 한국전쟁 보고[*]

1.

그동안 한국전쟁에 대한 사회주의권의 평가는 우리에게 거의 알려지지 않았다. 이번에 출간된 쑨유제의 『압록강은 말한다』는 한국전쟁에 참여한 중국 종군기자의 육성 보고라는 점에서 의미가 있다. 중국에서 출간된 한국전쟁 관계 자료의 수량은 우리의 상상을 초월한다. 1988년에 출간된 『항미원조사(抗美援朝史)』 등의 공식적인 전사 외에도 범박한 의미에서 문학 범주에 속하는 작품들이 발표되었다. 이 작품들은 크게 두 종류로 나눌 수 있다. 하나는 개혁개방 이전에 발표된 『누가 가장 사랑스러운 사람인가』, 『삼천리강산』, 『동방』, 『어제의 전쟁』 등을 대표로 하는 장편소설류로, 대부분 애국주의와 영웅주의의 기조 위에서 전쟁 영웅들을 찬양함으로써 독자들에게 큰 영향을 주었지만, 혁명적 로맨티시즘의 한계를 벗어나지 못하는 단조로움을 가지고 있다. 다른 한 가지는 1980년대 말 이래 발표된 보고문학 작품이다. 이 작품들은 과거에 알려지지 않았던 기밀과 내막을 처참하고 비극적인 줄거리로 폭로함으로써 독자들의 커다란 호응을 받았지만, 그 기밀과 내막의 진실성 여부는 확실치 않다. 『마오안잉의 죽음』과 『지원군 포로의 기록』 그리고 예위

---

[*] 『압록강은 말한다』(쑨요우지에, 1996) 서평, 『상상』 4권 3호.

몽(葉雨蒙)의 『검은 눈(黑雪)』과 『한강의 피(漢江血)』 등이 대표적 작품이다. 이 외에도 중국 지원군 지휘관이었던 펑더화이(彭德懷), 양더즈(楊得志), 훙쉐즈(洪學智) 등의 회고록이 있다.

중국의 공식 전사와 이들 작품을 읽어보면, 중국이 한국전쟁을 '미국에 대항하고 조선을 지원하며 국가를 보위하는 전쟁'이라고 부르며, 참전 장병들의 의식과 생활에서 애국주의와 영웅주의, 심지어 휴머니즘 정신을 발휘하고 있음을 알 수 있다. 이는 한국의 일반 독자에게 당혹감을 불러일으키는 동시에 한국전쟁에 대해 다시 성찰할 것을 요구하고 있다.

1945년 해방 이후 5년 만에 일어난 한국전쟁은 한반도의 분단 체제를 고착시켰을 뿐만 아니라 동북아 냉전체제를 본격적으로 출범시킨 사건이었다. 그것은 초기에 남한과 북한의 충돌이라는 내전의 성격을 띠었지만, 곧이어 미군의 개입으로 미국과 북한의 전쟁으로 전변되었고, 중국의 참전으로 자본주의와 사회주의의 체제 대립이라는 성격을 가지게 되었다. 한국전쟁은 사상자(실종자 포함)만 해도 635만여 명이라는 엄청난 인명 피해를 기록했을 뿐만 아니라 1천만 이산가족이라는 후유증을 남김으로써 한국 근현대사의 커다란 획을 그었다.

그동안 우리는 한국전쟁을 6·25사변이라 불렀고, 소련의 지령을 받은 북괴가 전쟁 의사가 없었던 남한을 무력 침공함에 따라 평화와 자유의 수호신을 자처하는 미국이 백척간두의 위기에 처한 남한 정부와 국민을 구출하기 위해 유엔군을 이끌고 달려왔다고 배워 왔다. 그러나 국내외의 전문가들이 모두 이 전면 남침설에 동조하는 것은 아니다. 북한의 공식 입장인 전면 북침설은 차치하더라도, 미국 내에서조차 '남측이 전쟁을 유도하기 위해 제한적으로 북을 공격했을 가능성'(브루스 커밍스 『한국전쟁의 기원』)을 배제하지 않고 있고(제한 북침설), 또 북한이 서울 점령을 목표로 공격했다는 제한 남침설도 제기되고 있는 것을 보면, 한국전쟁에 대한 객관적 평가는 아직 이루어지지 않았음을 감지할 수 있다.

이러한 와중에 1980년대의 소용돌이를 거치면서 한국의 소장 연구자들 사이에서는 왜곡된 역사를 바로잡자는 움직임이 일어났다. 이들은 한국전쟁에 대해서 어느 한쪽의 주장에 경도되지 않고 종합적이면서 객관적인 평가를 시도했다. 그 결과 전쟁 직전의 한반도 정세를 "남한 외부에서는 (미국, 일본, 타이완 등) 자유 진영의 롤백(roll-back)주의자들이 전쟁의 발발을 고대하고 있고 소련은 북한의 무력 강화를 도와주는 가운데, 남한 정권은 내부 위기의 돌파구를 찾고 있었고 북한은 고도의 긴장 속에서 무력 강화와 전투 계획 작성에 치중하고 있었던 상황'(『한국현대사 2』, 풀빛, 37쪽)이라고 분석하고 있는데, 이는 다른 주장에 비해 설득력이 있다.

2.

『압록강은 말한다』는 한국전쟁 당시 중국 측 최전방 취재를 담당했던 『승리보』의 종군기자가 전쟁 당시의 비망록에 기초해 전쟁이 끝난 후 약 40여 년에 걸친 자료 수집과 참전 장병 인터뷰를 통해 완성한 작품이다. 작가는 전자를 통해 구체성과 핍진성을 확보한 동시에 후자를 통해 총체성과 객관성을 겨냥했다.

작가는 '역사를 존중하는 증인'의 입장에서 1950년 10월 1일 이동 명령을 받은 후부터 전쟁이 교착 상태에 빠지면서 지루한 휴전 협상이 진행되고 있던 1952년 10월 27일까지 제27군단과 생사고락을 같이하면서 부대원들의 전투와 생활을 기록했다. 비록 중국 지원군에 속한 종군기자의 입장에서 크게 벗어나지 않았지만, 그들의 승리와 용감함, 숭고함만을 기록하는 데 그치지 않고 실패와 비겁함, 졸렬함까지도 진솔하게 그렸다는 점에서 의미가 있다. 종군기자라면 으레 아군의 승리를 대서특필함으로써 전방 군인들의 사기를 진작시키고 후방의 국민에게 안도감을 주는 역할을 하기 마련이다. 그러나 『압록강은 말한다』에서는 중국 지원군의 탈영, 자해, 풍기문란 등의 부정적인 측면도 빠뜨리지 않음으로써 그 속에서 묘사되고 있는 긍정적인 측면의 신뢰도를 높이고 있다.

종군기자의 기록에 걸맞게 이 책에는 수많은 영웅이 등장하고 있다. 순조로운 진군을 위해 대포를 어깨로 떠받쳐 발사하게 함으로써 반탄력에 의해 전사한 포병 부대 분대장 쿵칭싼, 탱크 3대를 수류탄으로 폭파한 부분대장 예융안 등의 형상은 전사에 기록되지 않은 무명용사들을 생생하게 복원하고 있다. 하급 단위 사병들의 이러한 분투 정신이야말로 현대화된 장비로 무장된 미군에게 대항할 수 있는 원천이었던 셈이다.

지원군의 최대의 적은 미군의 공습이었다. 전쟁 기간에 한반도 북반의 대부분을 쑥대밭으로 만들었던 폭격으로 인해 중국 지원군은 작전은 물론이고 수송에도 커다란 어려움을 겪었다. 애초 공군과 보급 물자를 지원하기로 했던 소련은 막상 전쟁이 본격화되자 미국과의 충돌을 기피해 뒷짐을 지고 있었다. 장비와 기술이 월등한 미국의 군사력에 대항해 대의명분과 드높은 사기를 가지고 치른 전쟁이었기에, 중국 지원군은 열악한 객관적 조건을 정신력으로 극복한다는 마오이즘의 주의주의(voluntarism)적 성격을 전형적으로 드러냈다 할 수 있다. 우리가 '인해전술'이라고 일컬었던 중국 지원군의 무모함의 근저에는 바로 혁명전쟁을 치르면서 단련된 자발적 희생정신이 깔려 있었다. 그러므로 마오쩌둥은 한국전쟁을 '미국군의 강철에 대한 중국군의 기개 싸움'이라고 명명한 바 있다.

미군의 제공권에 압도당한 중국 지원군은 야간 전투와 근접전의 전술로 대항했지만 혹심한 추위와 식량난은 또 다른 심각한 위협이었다. 혹심한 추위는 동상을 유발함으로써 전력의 손실을 가져다주었고 해동 이후에는 질병에 시달렸다. 매일 한 끼니로 버티는 식량문제는 날이 갈수록 심각한 문제가 되었다. 1950년 10월 25일부터 11월 6일까지의 1차 공세에서 유엔군을 청천강 이남으로 구축했고, 11월 27일부터 12월 25일까지의 2차 공세에서 유엔군에게 치명적 타격을 입힘으로써 전세를 역전시켜 유엔군을 전면 후퇴시켰던 중국 지원군은 이듬해 1월 4일 서울을 함락시키고 37도 선까지 육박했음에도 불구하고, 1월 이후 공격에서 방어로 전환했다. 이 전환의 가장 큰 원인은 식량 수송의 문제였다.

이러한 악조건 속에서도 중국 지원군은 북한 주민에게 별다른 피해를 주지 않았던 것으로 이 책은 기록하고 있다. 오히려 북한 주민들은 그들에게 숙소와 음식을 제공했을 뿐만 아니라 자발적으로 그들을 돕고 있다. 중국 해방군이 혁명전쟁 때부터 3대기율과 8항주의(『압록강은 말한다』, 74쪽)의 엄격한 군기를 확립하고 있었다는 사실을 아는 독자라면 그들이 한국전쟁에서도 그 미덕을 여전히 발휘했을 것이고 이런 그들에게 북한 주민들이 진심으로 대했을 것이라는 사실을 상상하기 어렵지 않을 것이다.

3.

있었던 일을 기록하는 역사와 있을 수 있는 삶을 묘사하는 문학이 결합하기는 쉽지 않은 일이다. 역사소설이 후자에 중점을 둔 장르라면 보고문학(紀實문학, 르포문학)은 전자에 역점을 두고 있다. 역사소설이 문학의 속성의 하나인 상상력의 운용을 허용한다면 보고문학은 과도한 상상력의 발휘에 제동을 건다. 그러므로 보고문학 작품인 『압록강은 말한다』에 기록된 내용은 대부분 실제 있었던 일로 보아도 무방할 것이다.

문제는 우리들의 수용 태도이다. 20세기를 지배했던 이데올로기의 대립이 종언을 고한 것으로 보이는 세기말에 민족의 번영과 국가의 발전을 위해 '적과의 동침'도 불사해야 하겠지만, 과거에 대한 정당한 평가 없는 새로운 관계는 사상누각이기 쉽다. 우리는 전쟁의 당사자이자 그로 인해 피해를 본 사람들의 후손이다. 그러므로 우리는 이 전쟁에 대한 정서적 잔재에서 벗어날 수 없다. 물론 이성적으로는 한국전쟁에 대한 객관적이고 총체적인 평가를 기대하고 있지만, 그런 분석이 도출된다고 하더라도 그 결과에 승복할지는 의문이다. 특히 한국전쟁을 직접 경험한 세대가 자신이 겪은 고난과 혈육을 잃은 아픔을 극복하고 객관적인 인식에 도달할 수 있을지는 문제가 아닐 수 없다.

나는 마침 옌타이를 방문하게 되어 작가를 직접 만날 기회를 얻었고 종군 당시의 상황에 대한 열정적인 이야기를 다시 한번 들었다. 고희를 넘긴 쑨유제 선생은 조만간 한국을 방문할 것이라 했다. 아직도 한국전쟁 당시의 참상과 비극을 생생하게 기억하고 있는 그가 한국의 변모된 모습을 보고 무엇을 느낄지 궁금하다.

1996년 7월 9일 옌타이에서

1995

지안문(地安門)을 통해 본 천안문(天安門)[*]

최근 우리 독서계에는 루쉰의 소설과 산문, 다이허우잉(戴厚英)의 삼부작, 자평와(賈平凹)의 『폐도』, 문화열(文化熱) 논쟁, 신유가 사상 등등으로 대표되는 중국의 문학과 사상의 흐름에 대한 일반의 관심이 고조되고 있다. 이러한 현상이 일과성이 되지 않기 위해서는 중국에 대한 올바른 이해가 요구되고 있다고 보인다. 그러나 중국 근현대사 이해의 관건이 되는 요소인 '사회주의'에 대한 학술적 평가가 제대로 이루어질 수 없었던 1980년대 이전의 우리에게 중국의 근현대사는 전혀 소개되지 않았거나 혹 소개된 것이 있어도 반공의 논리에 갇힌 수준의 것이었다. 이러한 시각의 편향은 사회체제, 민족성, 문화 심리구조 등이 상당히 유사했던 우리 조상들의 전사(前史)가 있다가, 근현대에 와서 갑자기 파행으로 내달은 한국사와 중국사의 역향성(逆向性)이 쉽게 수용되기 어려웠기 때문이다. 그러므로 중국의 근현대사에 대한 객관적인 이해가 없는 상황에서의 위와 같은 독서계의 관심은 일반 독자들의 오독과 오해의 층을 더욱 가중시킬 우려를 낳고 있으며 그러한 현상이 이미 나타나고 있다. 역사에 대한 이해 없는 문화 이해는 있을 수 없다. 중국의 사회주의혁명과 사회주의 정치체제, 문화대혁명, 그리고 신시기에 대한 이해 없이 중국 사회주

---

* 『소설로 보는 현대 중국』 서문.

의 소설과 문화대혁명에 대한 반성의 문학을 이해할 수는 없다. 그러한 의미에서 중국근현대사에 대한 편견 없는 객관적인 이해를 소개하는, 일반 독자를 위한 평이한 교양서로서의 역사서 소개는 시기적으로 늦은 감이 있다.

한 시대와 역사를 올바로 이해하기 위해서는 그 시대의 한가운데서 살았던 주요 인물은 물론 평범한 인물들이 겪었던 개체적 삶의 경험과 그 속에 녹아 있는 시대와 역사의 구체적인 흔적을 살핌으로써, 지나간 사건의 전개로 기술된 죽어 있는 역사가 아니라, 생생한 삶의 현장과 사건 현장에서의 살아있는 역사를 만나야 할 것이다. '문학과 역사의 유례없는 긴밀한 결합'이라는 독특한 특성이 있는 중국의 근현대문학은 시대와 역사 및 개인, 그리고 그 시대의 의식과 정신을 총체적으로 반영한다는 리얼리즘 문학의 고전적 원리가 가장 충실하게 지켜졌다고 평가된다. 그러므로 중국의 근현대소설은 중국 근현대사를 이해하는 데에 있어서 가장 풍부하고도 재미있는 사료적 성격을 가진다.

세계사의 각도에서 볼 때, 중국은 2천 년 전후의 통일된 역사를 가진 유일한 국가이다. 문학사의 경우에는 그 통일적 흐름이 더욱 두드러진다. 그리스, 로마 신화로부터 최근의 사회주의 리얼리즘 문학 또는 포스트모더니즘 문학에 이르기까지의 전체 서양문학의 역사에 필적할 문학적 유산과 보고를 가진 것이 중국 문학사다. 그러나 근현대에 들어서면서 자연과학, 휴머니즘, 계몽주의 등에 기초한 서양의 물질적, 정신적 발전이 세계를 주도하면서 중국을 비롯한 아시아는 일정 정도 그 영향 아래 놓이게 되었다. 이로 인해 동아시아의 근현대는 자신도 모르게 '서양중심론'적인 사고에 젖게 되었고, 그에 대한 반성으로부터 시작되었지만 다시 그것과 동전의 양면을 이루는 '동양중심론'에 침윤되기도 했다. '서양'과 '동양'의 합리적 핵심을 올바로 파악할 여유와 문제의식을 제대로 갖지 못한 채 현재에 이른 실정이다.

개혁개방 시기에 들어와 '휴머니즘' '전통과 현대화' '동양과 서양의 문화충돌' '사회주의와 자본주의' 등을 주요 쟁점으로 하는 중국에서의 논의들은 이데올로기의 대립으로 점철되었던 20세기의 역사를 되돌아보며 인류의 미래를 설계하고자 한다는 점에서 우리에게도 하나의 귀감(龜鑑)이 되고 있다. 이데올로기의 금제에서 벗어나지 못했던 우리에게 중국 근현대사의 진행 과정과 그들의 체험은 우리가 겪지 못했던 인류사적 경험을 제공함으로써 우리 민족의 미래와 사회 발전에 타산지석이 될 것이기 때문이다.

21세기의 문턱에서 새로이 정립된 한중관계는 더는 전통적인 관계의 연장이 되어서는 안 될 것이다. 아울러 근현대의 서로 다른 체제로 인한 단절이 지속되어서도 안 될 것이다. 새로운 시대의 새로운 관계를 정립하기 위해 양국이 서로의 어제와 오늘을 제대로 파악하는 것은 필수적인 전제이다. 중국을 파악하기 위한 경로는 여러 가지가 있을 것이지만, 근현대소설을 통한 근현대 중국의 이해는 살아 있는 역사로서의 중국 이해에 효과적인 방법이 될 것이다.

이 책은 중국 근현대사에 대한 총체적이고 풍부한 이해를 위한 일반 교양도서로서의 가치를 지향했다. 그러나 교양도서라는 평계로 신변잡기식의 잡문은 경계했다. 진정한 대중성이란 전문성에 의해 인도되고 뒷받침되어야 하기 때문이다. 중국 근현대문학이 범한 역사적 시행착오인 '제고를 유보한 보급'의 오류를 되풀이하지 않기 위해, 이 책은 전문성과 결합된 대중성을 지향하고자 했다. 문제는 글쓴이가 얼마만 한 폭의 대중성과 얼마만 한 깊이의 전문성을 가지고 있고, 그 양자를 내적으로 통일해 녹여내고 있느냐의 여부이다. 이 판단은 결국 독자에게 맡길 수밖에 없다.

인간은 자신이 아는 만큼 본다고 한다. 우리가 중국을 방문하게 되면 열에 아홉은 베이징에 들르게 되고 베이징을 가게 되면 반드시 들르는 곳이 천안문이다. 어떤 사람은 천안문 광장에서 1989년의 민주화운동을 떠올릴 것이고, 어떤 사람은 1976년 4월 5일 저우언라이(周恩來)의 죽음을 추모하기 위해 모인 군중들이 너도나도 추모사를 씀으로써 천안문 시초(詩抄) 운동을 일으켜 사인방 타도의 결정적 계기가 된 사건을 기억할 것이다. 어떤 사람은 천안문

광장 옆에 자리 잡은 마오쩌둥 기념관을 보면서 1949년 10월 1일 마오쩌둥의 건국 축사를 떠올리면서 중국의 신민주주의 혁명의 필름을 되돌릴 것이다. 그뿐만 아니라 중국 현대사의 기점이라 할 수 있는 1919년의 5·4애국운동을 연상하는 사람이라면 중국 근현대사에 대한 상식이 보통 수준은 넘는 독자이리라. 중국 역사상 얼마나 많은 국가의 공식 행사가 천안문 앞에서 행해졌을까? 천안문은 지금은 박물관이 된 청대의 궁전 '자금성(紫禁城)'의 남쪽에 있는 정문이다. 천안문은 중국 역사의 중대한 사건을 지켜본 역사의 산증인이다. 그러나 천안문은 말이 없다. 말은 없지만 천안문은 베이징의 상징이고 중국의 상징이며, 14억 중국인의 애환이 숨을 쉬는 곳이다.

그런데 고궁의 북쪽으로 가면 천안문과 정반대의 위치에 지안문(地安門)이 있다. 이 문을 기억하는 독자는 그리 많지 않을 것이다. 똑같이 황궁의 출입문이면서도 하나는 역사의 정면에서 수많은 사건을 목격했지만 다른 하나는 뒤안길에서 묵묵히 역사를 지켜 왔다. 마치 역사의 정면에 등장하는 인물과 그렇지 못한 수많은 이름 없는 사람들처럼. 천안문이 역사의 정면에 드러난 공식 역사를 상징한다면 지안문은 바로 평범한 사람들의 숨어 있는 역사를 상징한다. 우리가 중국을 진정으로 이해하기 위해서는 천안문으로 상징되는 드러난 역사의 흐름을 파악하는 것 못지않게 지안문으로 상징되는 역사의 뒤안 내지 이면을 구성하고 있는 일반 민중의 삶을 이해해야 한다. 이 책은 '지안문'을 통해 '천안문'의 전모를 파악하고 '천안문'을 통해 '지안문'의 섬세한 결과 애환을 이해하는 것을 중국 이해의 경로로 삼았다.

이를 위해 이 책은 중국 근현대소설사에서 대표적인 작가의 대표작을 대상으로 삼되 특정 역사 시기의 어떤 본질을 반영하는 작품을 주요 대상으로 선정했다. 그러므로 누구나 인정하는 대가의 대작임에도 불구하고 시대적 배경이 지나치게 광범한 경우는 제외했고, 가능한 국내에 번역 소개된 작품을 대상 선정에 고려했다. 이러한 원칙을 가지고 선정했음에도 불구하고 문학사적인 평가가 어느 정도 이루어진 1949년 이전의 작품과 그 이후, 특히 신시기

작품의 선정 기준은 일관되기 어려웠다. 작품 선정에서 갈등이 생길 때 당시의 역사와 역사적 삶을 얼마나 충실하게 보여주고 있는가를 주요 기준으로 삼았다.

제1부 '계몽과 구망(救亡)'에서는 5·4시기부터 중화인민공화국 건국 이전까지의 시기를 다루었다. 먼저 루쉰의 「광인일기」를 중심으로 5·4시기 계몽자의 성격을 살펴본 후, 일인칭 관찰자 시점의 소설들을 중심으로 그들의 좌절과 참회를 살펴보았다. 그리고 위다푸(郁達夫)의 대표작 「타락」을 통해 당시 지식인의 개성해방의 한 측면을 살펴보았다. 1930년대는 일본의 침략이 중국 내지까지 깊숙이 들어와 있었고 국민당과 공산당, 도시와 농촌, 민족자본과 매판자본의 갈등과 싸움이 전면적으로 노골화되는 시기이다. 이 시기를 가장 심도 있게 반영하고 있는 마오둔(茅盾)의 『한밤중』과 '농촌삼부작'은 도시와 농촌을 배경으로 하고 있다. 발자크의 『인간 희극』이 프랑스 귀족사회의 몰락과 허상을 보여주고 있다면, 마오둔의 『한밤중』은 거대한 스케일과 다양한 인물 군상들이 중국 민족자본의 성장과 몰락의 과정, 매판자본과 제국주의의 교묘한 침탈과정을 보여주고 있다. '농촌삼부작' 역시 당시 농촌의 몰락과정을 그리면서 국민당의 부패와 비리, 일본 침략이 농촌에 미친 영향, 내외의 이중고 속에서 생존 기반을 잃어가고 있는 농민 군상을 보여주고 있다.

1940년대는 공산당과 국민당의 대결이 더 첨예화된 시기이면서 옌안(延安) 근거지에 정착해 뿌리를 내리고 있는 공산당의 혁명 활동이 농민대중과 홍위병으로 확고한 지지 속에서 '중화인민공화국'의 기초를 다져 가고 있던 시기였다. 딩링(丁玲)의 『태양은 쌍간허에 비추고』는 이 시기, 이 지경에서의 가장 중요했던 농민정책과 토지개혁의 문제, 그리고 그것을 둘러싼 공산당 대중노선의 관철, 지주와 소작농의 갈등, 농민들의 애환과 우여곡절을 적나라하게 그리고 있다. 딩링의 작품은, 공산당의 혁명 활동이 어떻게 농민을 각성시키고 그러한 농민 세력의 동조 아래 어떻게 중국혁명을 성공시킬 수 있었는가를 엿볼 수 있는 역사적 현장으로 독자를 안내할 것이다.

제2부는 '수난과 고련(苦戀)'의 시대다. 1949년 중화인민공화국 창립부터 문화대혁명까지를 포함한다. 사회주의 사회로의 진군나팔이 수억 인구의 가슴에 발전과 도약에 대한 희망과 기쁨을 주었고, 미래의 공산(共産)사회에 대한 무한한 신뢰와 꿈을 심어 주었다. 그러나 꿈과 이상은 10년을 채 넘기지 못하고 경제정책의 실패, 대약진운동의 과욕, 국제적 고립화 속에서 '수난'의 늪으로 빠져들었다. 늪에서 탈출하고자 이념을 재차 강조하고 인민의 의식을 재무장시키고자 하면 할수록 더 깊이 늪으로 빠져든 시대, 10년 재난의 시대, 이념 지옥의 시대, 이름만 좋았던 문화대혁명의 시대였다. 순수한 농민들과 지식인, 기술자, 노동자, 대다수 중국인이 그들의 조국과 잘사는 미래에 대해 넘어지고 채찍을 맞으면서도 쓰디쓴 '짝사랑(고련)'을 한 시대다. 이런 시대에 좋은 작품이 나올 리 없었다. 작품이 있긴 하지만 대체로 이념의 도식화, 교조화의 틀 속에서 풍부하고 복잡한 삶과 역사를 몇 가지의 유형으로 재단한 것들뿐이다. 삶과 역사를 거짓으로 기록하고 있는 셈이다. 그래서 1976년 이후에 나온, 사상해방과 개혁개방이 진행되면서 나온 작품들, '수난과 고련'의 상처를 내보이고, '수난과 고련'의 오류와 고통을 참회하고 반성하는 작품들을 골랐다. 중단편소설집 『상흔』과 『고련』에는 새로운 사회 건설의 열정이 어떻게 해서 이념의 지옥으로 변질했는지와 그 후유증이 각계각층 사람의 다양한 삶의 모습에 반영되어 있고, 다이허우잉의 『시인의 죽음』에서는 사회주의 사회의 대의명분을 빌어 사리사욕을 채우는 사람들의 권력 욕망과 이들에 의해 왜곡되고 소외된 다양한 인물 형상들이 펼쳐진다. 장셴량(張賢亮)의 『자귀나무』와 『남자의 반은 여자』에서는 물질적 욕구와 정신적 욕망이 거세된 우파 지식인의 상처와 자아 회복의 과정을 볼 수가 있다. 역사와 이념이 중국인에게 남긴 상처와 그 상처의 치유는 아직도 진행 중이다.

제3부는 '반성적 사유(反思)와 다성악(多聲樂)'의 시대다. 문화대혁명 이후의 이른바 '신시기'를 말한다. 수난의 시대에 받은 상처를 핥으면서 중국인들은 과거의 반성과 더불어 역사와 이념, 삶과 인간의 문제를 전면적으로 성찰한

다. 모든 문제의 핵심에 '인간'의 문제를 놓고 '인간'에 대해 대사색의 길로 접어들었다. '신시기' 1980년대는 크게 전후기로 나눌 수 있다. 상처를 노래한 '상흔문학'의 시대에서 '인간성 회복'의 문제가 화두가 된 '반성적 사유'의 시대가 그 전반부라면, 후반부는 개방경제의 정책 아래 서양에서 유입된 자본주의, 상품경제의 물신이 중국인들의 일상생활을 비약적으로 풍요롭게 만들어 준 반면, 이기적이고 소비향락적인 인간군상을 만들어 간 시대다. 다이허우잉의 대표작 『사람아 아, 사람아!』는 반성적 사유로서 인간다움이 무엇인가, 인간성이란 무엇인가에 대한 집요한 추구를 보여주고 있으며, 천룽(諶容)의 중편소설 「중년이 되어」는 문화대혁명 시기 지식인의 고난과 그 직후 그들의 고뇌, 그리고 가정과 직장에서의 극심한 과로에 쓰러지면서도 사회주의 강국을 건설하기 위해 봉사하는 중년 여성의 사랑과 이상, 강인한 생활력을 잔잔한 비애와 시적 분위기 속에서 보여준다. 이들은 인간성 회복과 역사 발전을 위해 희망과 신념을 갖고 살아가는 사람들이다. 왕쉬(王朔)의 『노는 것만큼 신나는 것도 없다』와 다른 두 편의 소설은 '건달' 형상을 통해 물신 풍조에 물든 젊은 세대와 세태를 리얼하게 보여주고 있다. 출판되자 수십만 부가 팔려 중국인들의 관심을 집중시킨 자핑와의 『폐도』는 전반적 자본주의화가 진행되는 현시점에 한 중국적 지식인과 그 주변 인물들의 퇴폐적 생활 양태 및 허무적 색채가 짙은 시대 정서, 썩어서 죽어가고 있는 한 도시, 그러한 중국 사회를 그리고 있다. 갑자기 몰아닥친 자본주의적 이익의 논리, 물적 풍요에의 맹목적 집착, 모든 추상적 가치에 대한 회의 등이 만들어가는 현 중국 사회의 단면을 적나라하게 풍자, 비판한 작품이다. '다양'한 소리와 빛깔, '다양'한 이념과 가치가 착종(錯綜)하는 '다성악'의 시대다. 중국은 이제 오랜 '독백' 시대의 금제와 압제로부터 풀려나 '다양신(多樣神)'이 만들어낸 혼란스러운 '다성악의 시대에 와 있다.

보론은 근현대문학과 소설의 발전사에 관한 글을 실었다. 「중국 근현대문학 발전의 윤곽과 동력」은 동아시아 문학의 모더니티라는 문제의식에 근거해 아편전쟁 전후부터 시작되어 지금까지 진행되고 있는 중국 근현대문학 발전을 고찰한 글이다. 「중국 소설의 근현대화 과정」은 베이징대학 교수 천핑위안(陳平原)의 글로, 1889년부터 1927년까지의 근현대소설이 긴밀한 연관 관계 아래에서 발전했음을 밝힌 글이다. 「독백의 시대로부터 다성악의 시대로」는 중국사회과학원 문학연구소 소장을 역임했던 류짜이푸(1995)의 글로, 1949년 이후의 소설 발전을 '독백'과 '다성악'으로 개괄한 글이다. 중국 근현대소설의 발전 맥락에 관심이 있는 독자들에게 훌륭한 안내자의 역할을 할 수 있음은 물론 소설사의 발전 맥락을 따라가면서 그것들이 반영해내는 중국 근현대사의 그림자도 읽을 수 있다.

부록에서는 이 책에서 다룬 텍스트의 작가를 소개했다. 1부에서 다룬 작가는 『中國文學家大辭典』(四川人民出版社, 1979)에서, 2부와 3부에서 다룬 작가는 『當代中國文學名作鑑賞辭典』(遼寧人民出版社, 1992)을 참고했다. 번역 시 중국 특유의 과장된 묘사와 공산당 입장이 반영된 부분은 삭제했고, 작가의 최근 작품과 동향은 가능한 범위 내에서 보충했음을 밝혀둔다.

이 책에서는 중국 인명을 원어 독음에 가깝게 표기했다. 동아시아 3국은 같은 한자문화권에 속하지만 사용하는 언어체계가 달라서 같은 한자의 독음이 서로 다른 현상이 존재하고 있다. 공용 문자이므로 본래 한자의 뜻은 존중하되, 고유명사의 경우 각국의 독음을 존중하는 것이 원칙이라고 생각한다. 아직 언론 대부분과 출판매체에서 일본의 고유명사는 원어 독음으로 처리하면서도 중국의 고유명사는 우리 독음 표기를 고집하고 있는 것은 옳지 못하다. 반대로 중국어에서도 우리의 고유명사를 중국식으로 표기하는 것은 지양해야 한다. '베이징'이 북경이 아니듯 '서울'은 한성(漢城)이 아니다.

이 책이 완성되기까지 많은 분의 도움을 받았다. 개인적으로 그동안 이론 분야에 치중했던 연구의 불균형을 극복하기 위해 소설작품에 대한 연구계획을 잡았다. 그것을 우연히 학술진흥재단 양서 개발 기획에 지원했다가 선정되었다. 그것은 행운이자 고통이었다. 학술진흥재단의 지원과 독려에 깊은 감사를 드린다. 인문과학, 특히 문학연구 분야의 책이 별로 독자의 호응을 받지 못함을 알면서도 출판의 용단을 내려주신 장하린 사장님과 종로서적 출판사 관계자들에게도 감사를 드린다. 그리고 일반 독자에게 커다란 호응을 받지 못하고 있는 중국 소설을 번역하고 출판해 주신 여러분께도 감사의 말씀을 드리고, 특히 이 책에서 다루고 있는 15종(원본 2종, 번역본 13종)의 텍스트 중 5종을 번역한 박재연 교수의 노고에 감사한다.

마지막으로 효도와 제가(齊家)를 그다지 열심히 하지 않은 장남을 인내심과 사랑으로 너그럽게 지켜봐 주시는 부모님과 입신양명에 별 뜻이 없는 외손자를 지극한 사랑으로 걱정해 주시는 외조모님께 이 책을 바친다.

1994

1980～90년대 연구 동향과 근현대문학사론[*]

1.

그동안 세계를 지배해왔던 '진영 테제'와 '냉전 논리'는 21세기 진입을 앞둔 시점에 그 이론적 설득력을 상실하고 있다. 20세기의 마지막 10년에 돌입한 시점에서 지구는 자국 이익의 극대화와 일국 내 민족 분규가 착종되면서 이념과 계급의 문제가 점차 퇴색되어가고 있는 실정이다.

　최근 우리가 각별한 관심을 기울이고 있는 중국도 예외는 아니다. 과거에 인도의 불교를 수용해 중국적 불교인 선종(禪宗)을 개창했듯이 근현대 들어 러시아혁명 이후 마르크스-레닌주의를 받아들여 중국적 마르크스주의인 마오이즘(Maoism, 毛澤東思想)을 빚어낸 중국은 뒤늦게나마 그 막강한 소화력의 예봉을 자본주의라는 거대한 괴물에 겨누고 있다. 인류사의 관점에서 볼 때, 이른바 '사회주의 셴다이화(現代化)'라고 일컬어지는 사회주의 중국의 자본주의 수용은 21세기 이후 인류의 미래를 가늠하는 거대한 실험임이 분명하지만, 그 문제 의식의 핵심이 중국 민족의 이익에 뿌리를 두고 있음을 간파한다면, 자본주의의 승리 또는 사회주의의 견지라는 근거없는 비관 또는 낙관에서 벗어나 새로운 중국관을 정립하는 것은 비단 중국문학 연구자에게 국한되지 않

---

[*] 『중문학 어떻게 공부할까』 서론 부분에 수록.

는 한국 민족의 당면 과제라 할 수 있다. 일국 내셔널리즘의 입장에서 볼 때, 이른바 '신시기' 이후 과거의 상처를 반추하면서 새로운 길을 모색하는 중국은 우리에게 전인미답(前人未踏)의 교훈을 줄 가능성을 가지고 있지만 그와 동시에 한반도의 통일과 한국 민족의 이익을 위협할 가능성도 부인할 수 없는 새로운 강대국임에 틀림없다는 것이다.

정치적 사회주의와 경제적 자본주의, 그리고 이 양자를 떠받치고 있는 내셔널리즘은 현재의 중국을 지탱하고 있는 세 기둥이다. 이러한 시점에 한국의 중국문학 연구가 중국의 연구 성과를 섭렵하면서 한국문학의 발전에 기여할 수 있는 고리를 발견하고 한국문학을 세계문학의 중심부로 끌어올리는 역할을 수행하는 것은 화급한 과제이다. 최근 국내에서 민족문학이라는 큰 테두리 내에서 한국문학과 서양문학의 관계, 민족문학과 세계문학의 특수고리로서의 동아시아 문학(최원식, 백낙청), 제3세계 문학으로서의 동아시아 문학(조동일), 나아가 근현대성(modernity) 등에 대한 논의가 이루어지고 있는 것은 고무적인 일이다. 그러나 전통적 측면에서 긴밀한 관계에 있었을 뿐만 아니라 근현대에 들어와서도 20세기 전반의 동보성(同步性)과 후반의 역향성(逆向性)을 가지고 있는 한국문학과 중국문학의 연구 접점은, 그것이 가지는 의의에도 불구하고 제대로 이루어지지 못하고 있다. 바로 이 지점에 한국의 중국문학 연구의 본질적이면서 고유한 과제가 놓여 있다. 이때 한국문학 연구에의 우선적 복무라든지 중국문학 연구의 독자성 확립이라는 주장은 개방적이어야 할 한중문학 연구의 의미를 협소하게 만드는 단계론적 사고일 수 있다. 중국문학 연구와 한국문학 연구를 결합하는 것은 더 이상 미룰 수 없는 과제인 것이다.

2.

중국 근현대문학사론이라는 과제에 들어가기 앞서 최근 중국의 연구 동향을 살펴보는 것은 필요한 일일 것이다.

이른바 '신시기'에 들어와 전반적인 반성적 사유(反思)가 행해지면서 연구경향에 대대적인 지각변동이 일어난다. 신시기의 실질적 시작이라 할 수 있는 1978년 12월 18~22일에 거행된 중국공산당 11기 중앙위원회 제3차 전체회의의 개방개혁 정책에 따라 학술계와 문예계에도 실사구시(實事求是)와 백화제방(百花齊放)의 바람이 불기 시작했고, 그것은 무엇보다도 문화대혁명에 대한 반성적 사유로서 '문화열(文化熱)' 토론으로 나타났다. 그리고 문학계에는 1986년의 '주체성 논쟁'을 대표로 하는 수많은 논쟁과 토론이 벌어졌다. 독자의 이해를 돕기 위해 이른바 '현대문학' 연구와 직접적으로 관련되는 논의를 중심으로 신시기의 새로운 연구경향을 살펴보면 아래와 같다.

신시기에 들어와 현대문학과 관련된 최초의 학술토론회는 1978년 3월 베이징대학(北京大學) 등의 주관으로 베이징에서 개최된 '제3차 현대문학 학술토론회'로 추정된다. 그러나 이 토론회에서는 항전시기의 '두 가지 구호', 즉 국방문학과 민족혁명전쟁의 대중문학의 문제가 주제여서 신시기의 문제의식과 직접적인 관련은 없어 보인다. 신시기의 연구경향과 초보적으로 결합된 최초의 것은 1980년 7월 12~18일 중국현대문학연구회의 주최로 바오터우(包頭)에서 개최된 '중국현대문학연구회 제1차 학술토론회'라 할 수 있다. 이 토론회에서는 현대문학사의 본래 면목의 회복, 「옌안 문예좌담회에서의 연설」 및 1940년대 해방구 문예운동에 대한 역사적 평가, 해방 전 후펑(胡風)의 문예사상 및 후펑이 편집 간행한 창작의 경향, 신월파(新月派)와 현대파(現代派)의 홍망성쇠 등이 주요 논점으로 제출되었다.

이렇게 시작된 신시기의 현대문학 연구에 관한 학술토론회는 1981년 4월 25~29일 중국사회과학원 문학연구소의 주최로 베이징에서 개최된 '중국 현대문학 사조유파문제 학술교류회'와 1982년 5월 24일~6월 1일 사이에 중국현대문학연구회의 주최로 하이커우(海口)에서 개최된 '중국현대문학연구회 제2차 학술토론회', 그리고 1983년 1월 17~22일 중국사회과학원 문학연구소의 주최로 베이징에서 개최된 '중국현대문학 사조유파문제 제2차 학술교류회'로 이어진다. 1981년의 학술교류회에서는 '중국 현대문학사에서의 각종 문학사조, 문학유파의 생성, 발전 및 영향' '중국 현대문학사의 각종 문학사조와 문학유파의 홍망성쇠로부터 문학발전의 법칙을 탐토' '중국 현대문학과 중국 고대문학·외국문학의 관계' '마르크스 문예이론의 중국에서의 전파와 발전'을 주요 논점으로 진행되었다. 1982년의 토론회에서는 '중국 현대문학사에서 「옌안 문예좌담회에서의 연설」이 가지는 의의'와 '중국 현대문학 발전과정에서 사조, 유파 및 현대 작가 작품 연구에 관한 문제'에 초점이 맞추어졌다. 1983년의 회의에서는 '현대문학의 사조와 유파를 연구하는 의의' '문학유파의 획분' '민족전통의 영향과 외래의 영향' '중국시가회·현대파소설·원앙호접파·현대시파·칠월시파 등에 관한 논의' '중국 신시에 대한 서방 현대파의 영향' '현대문학과 당대(當代)문학' 등에 관한 견해가 주로 논의되었다. 이 세 차례의 학술토론회에서 주목할 부분은 1980년대 이전에는 거의 백안시되었던 '사조유파론'에 대한 진지한 검토이다. 한국문학의 입장에서 보면 진부하게 보일지 모르겠지만 1980년대 이전까지 '외부법칙 연구'에 중점을 두었던 중국의 상황을 감안한다면 '내부법칙 연구'에 대한 관심 및 그것에로의 전환을 예고하는 것이라 할 수 있다. 사조유파론으로 계기지어진 문학 내부연구에 대한 관심은 새로운 연구방법론에 대한 관심과 함께 문학 연구의 공간을 다양하고 광범하게 확장시켰다. 사조유파론의 가장 큰 의의는 현대문학사에서의 리얼리즘, 로맨티시즘, 모더니즘의 흐름을 인정함으로써 기존의 '리얼리즘 독존론(獨尊論)'의 협애한 시야를 타파한 점에 있다 하겠다. 세 차례에 걸친 사조유파에 관한 학술토론은 『중국 현대문학 사조유파 토론집』(馬良春·張大明·李葆琰 編, 1984)으로 집성되었고 이후에도 유파에 초점이 두어지면서 계속적인 연구가 진행되었다.

이어서 1984년 9월 2~8일 중국현대문학연구회의 주최로 하얼빈(哈爾濱)에서 '중국현대문학연구회 제3차 연회(年會)'가 개최되었고, 1985년 5월 6~11

일 중국현대문학연구회, 중국사회과학원 문학연구소, 중국작가협회 중국현대문학관의 연합 주관으로 베이징에서 '현대문학연구 창신좌담회'가 개최되었다. 1984년의 회의에서는 '중국 현대문학이 받은 외래 영향의 긍정적인 경험과 부정적인 경험의 총결'과 '역대 쟁론이 있어온 비교적 복잡한 상황의 작가와 사단에 대한 새로운 평가'를 주된 논점으로 진행되었다. 1985년의 좌담회는 가장 주목을 요하는 회의라 할 수 있다. 이 좌담회에서는 그동안의 축적을 바탕으로 (1) 중국 현대문학의 내포와 외연 문제, (2) 문학 연구방법의 혁신문제, (3) 중국 현대문학연구와 당대문학의 관계에 대해 집중적인 토론을 진행했다. 좀더 자세하게 살펴보면, (1)에 대해 천쉐차오(陳學超)는 근대문학과 현대문학의 연속성을 중시해 양자를 결합시킬 것을 주장했고, 첸리췬(錢理群)·천핑위안(陳平原)·황쯔핑(黃子平)은 세계 현대문학 발전과의 동보성을 중시해 1898년부터 신시기까지의 중국문학발전사를 하나의 정체(整體)로 삼아 '20세기중국문학'이라는 개념을 제출했다. 또한 천쓰허(陳思和)는 현대문학과 당대문학의 관통성을 중시해 5·4 신문화운동부터 신시기 문학까지를 새로운 현대문학 연구의 큰 틀로 삼을 것을 주장했다. (2)에 관해서도 류짜이푸(劉再復), 웨다이윈(樂黛雲)을 비롯한 많은 사람들이 자신의 견해를 발표했는데, 그중 주목할 만한 것은 류짜이푸의 보고 「문학 발전추세에 관한 몇 가지 사고」이다. 그는 이 글에서 사회주의 휴머니즘을 제창해 인간에게 주체성의 지위를 부여하고 과학적 방법론을 제창해 독단론과 기계적 결정론을 반대했다. 아울러 문학연구 발전의 큰 추세를 다음과 같이 정리했다. 외부법칙 연구에서 내부법칙 연구로, 하나에서 다양함으로, 미시에서 거시로, 폐쇄에서 개방으로, 정태(靜態)에서 동태(動態)로, 객체로부터 출발에서 주체로부터 출발로 그의 2가지 주장과 6가지 추세는 예단적 성격이 강함에도 불구하고 이후 신시기 문학의 논의를 상당기간 주도하는 근거가 되고 있다.

1986년 9월 9~12일 사이에 중국사회과학원 문학연구소의 주최로 베이징에서 개최된 '중국 근대, 현대, 당대문학 분기문제 토론화'에서는 문학사 분기의 기준 및 기존 분기에 대한 평가가 집중적으로 논의되었고, 1987년 9월 14～19일 중산대학(中山大學) 주최로 광저우(廣州)에서 '중국 현대문학과 중외문화 학술토론회'가 개최되어 중서문화의 횡적 연계 문제를 집중적으로 토론했으며, 그 이후 1990년 11월 8～12일 중국현대문학연구회와 저장대학(浙江大學) 및 항저우대학(杭州大學) 중문과가 공동으로 주최해 항저우에서 개최된 '중국현대문학연구회 제5차 연회'에서는 좌익작가연맹과 1930년대 문학, 오월(吳越)문화와 중국 현대작가를 중심의제로 진행되었다.

이상의 학술토론에서 논의된 내용들은 그때그때 합의된 결론을 도출하지는 못했지만 점차 연구자들의 공감대를 넓히는 동시에 새로운 연구영역을 계속 확장하고 있는 것으로 보인다. 이러한 논의의 중심은 무엇보다도 문학관의 변화에서 기인한다. 그것은 이전 단계의 협애한 문학관, 즉 정치에 복무하는 문학이라는 관념에서 벗어나 '문학의 자각', 즉 문학 본래의 모습을 회복해야 한다는 것에서 찾아볼 수 있다. 이러한 문학관의 전변은 자연히 내부법칙 연구로의 전환을 유도하게 되고 그에 대한 연구 역사가 긴 서방문학에서 도움을 받는 것으로 형태지워진다. 이러한 흐름은 일단 '전통과 근현대화'라는 주제의식으로 개괄할 수 있겠다. 아울러 금년(1994년) 5월 시안(西安)에서 개최될 예정인 중국 현대문학연구회 제6차 연회는 그동안의 연구성과를 집성할수 있으리라는 전망 속에 주목과 관심을 끌고 있다.

3.

무릇 모든 연구가 거시연구와 미시연구의 결합이어야 한다는 것은 다 아는 사실이다. 문학사론이라는 과제는 분명 거시연구에 속하지만 그것은 작가론과 작품론이라는 미시연구에서부터 사조유파론, 창작방법론, 대중화론 등의 중간 층위의 연구에 기초해야 할 것이다. 그럼에도 불구하고 인문과학 연구에서 가설의 정립은 필요한 일이다. 특히 문학사론과 같은 거시연구에서는 연구의 방향과 범주를 가설적으로 정립하는 것은 필수적이라 할 수 있다. 김 삿갓과 같은 방랑이 아닌 바에야 먼 길을 가는 여행자가 자신의 여행 경유지와 숙박 등에 대한 계획을 가지는 것은 너무도 호모 사피엔스적인 것이다. 하물며 인간의 이성적인 측면을 최고로 발현시킬 것을 요구하는 연구 작업에 있어서랴!

이 글에서는 기존의 '근대―현대―당대―신시기'로 획분되었던 시기(鴉片戰爭 또는 19세기 초부터 최근까지의 약 150~200년)를 하나의 '유기적 총체(整體)'로 보아야 한다는 것을 문제 의식의 출발점으로 삼고 있다. 그 주요한 근거는 다음과 같다.

그것은 우선적으로 1980년대 말부터 1990년대 초 사이에 이루어진 세계사의 급격한 지각 변동에 기인한다. 1917년 러시아 혁명으로 계기지어진 자본주의와 사회주의 진영의 대립은 양자간의 화해할 수 없는 적대적인 관계로 발전되었고, 그에 따라 무제한적인 군비 경쟁으로 이어졌다. 군축과 국지전으로 표현된 냉전의 논리는 사실상 양진영의 극한적 대립의 미봉책인 동시에 분출구였던 셈이었다. 그러나 소비에트 연방의 와해와 동유럽 사회주의의 몰락은 진영 테제를 해소시키면서, 20세기 사회주의의 실험을 자본주의 발전의 특수한 형태로 해석할 수 있는 가능성을 열어놓았다. 중국, 북한, 베트남, 쿠바 등의 사회주의 국가도 생존을 위해 자본주의에 대한 개방 정책을 시행하고 있거나 준비함으로써 사실상 세계 시장에 편입되었다. 이처럼 급격한 세계사의 지각변동은 그동안 적대적 대립의 극한으로 치달았던 자본주의 사회와 사회주의 사회로 하여금 상대방의 장점을 취함으로써 자신의 약점을 보완할 것을 요구하고 있다. 이것은 우선적으로 사회주의 사회의 개방으로 현상하고 있다. 문화적 각도에서 볼 때 그것은 자유지향적 사조와 평등지향적 사조의 결합으로 표현되고 있다. 이렇게 볼 때 그동안 중국의 근현대사를 '자본주의 단계(반식민지 반봉건 사회)'와 '사회주의 단계(사회주의 건설기)'로 구분하던 견해는 그 설득력을 상실하고 있다.

둘째, 동서 문화의 교류라는 각도에서 볼 때, 아편전쟁부터 신시기까지의 과정은 연속성을 가지고 있다. 문화 교류에 임하는 주체의 사유 방식의 측면에서 보면 중국중심론[中華思想]→중체서용(中體西用)→전면서화[全般西化]→중국화 등의 순환을 겪어왔는데, 신시기의 '문화열' 논쟁에서 제기된 유학부흥론/ 비판계승론/ 서체중용론(西體中用論)/ 철저재건론 등(한국철학사상연구회 엮음, 1992)은 신시기의 논리적 성과일 뿐만 아니라 과거 문화교류 역사에 대한 역사적 반사(反思)의 결과이기도 하다.

셋째, 거시[去觀]문학사론의 추세이다. 거시문학사론은 인간의 역사에 대한 자각의 표현이라 할 수 있다. 중국 근현대의 격변 과정은 분명 상전벽해(桑田碧海)의 현상을 초래했다. 그러나 그 이면에 흐르는 인간의 의식은 여전히 과거를 반복하면서 조금씩 진전했을 뿐이다. 격변에 대한 인간의 격세지감(隔世之感)이 바로 문학사 시기 구분의 근거가 될 수는 없다. 거시문학사론은 문학사 발전의 본질과 동력에 대한 자각에 기초하고 있는 것이다.

그럼에도 불구하고 신시기 이전까지의 문학사에서는 혁명사 시기 구분을 추수함으로써 3분법(근대-현대-당대) 또는 4분법(당대에서 신시기를 독립)을 철칙처럼 준수해왔다. 이러한 분기법은 외부법칙을 연구의 중심에 둔 것으로, 문학의 사회적 규정성의 해명이라는 합리성이 없는 것은 아니었지만 문학 자체의 발전 법칙과 동력을 해명할 수 없었다는 한계를 노정함으로써 내부법칙 연구로 전환된 것이 신시기의 상황이었다. 금후의 과제는 당연히 외부법칙 연구와 내부법칙 연구가 결합된 연구틀의 확립일 것이다.

근현대문학사론과 관련된 신시기의 문제 제기는 일단 기표(記標, signifiant)와 기의(記意, signifié)의 관계로 요약할 수 있다. 다시 말해서, 기존의 '근대문학' '현대문학' '당대문학'이라는 기표를 논자별로 통폐합하면서 그 기의를 새롭게 규정하고 있다는 점이다.

사실 중국 근현대문학사를 접하다 보면 무엇보다도 먼저 혼란을 느끼는 것이 근대 또는 현대의 의미 규정이었다. 편의상 기존의 근대-현대-당대라는 삼분법을 습용하면서 그 내용을 각자 새겼지만, 한국 사회에서 통용되었던 서양중심적 의미 규정과는 거리가 있음을 발견하고 연구자들은 혼란을 일으키기 마련이었다. 이는 논자마다 기표와 기의의 관계를 명확하게 규정하지 않고 사용하는 경우가 대부분이기 때문이지만, 때에 따라서 특정의 기표가 내포하는 기의가 다른 경우도 있고, 기의의 내포가 같은 것으로 보이는 경우에도 기표를 달리하는 것에서 기인한다. 전자의 경우를 살펴보면, 중국에서 '현대문학'이라는 기표는 1917~1949년 간의 문학을 지칭하는 것이 일반적이지만, 때로는 1917~1976년까지의 문학을 지칭하는 논자도 있고(許志英, 1987 등), 1917년부터 신시기까지를 지칭하기도 하며(王瑤·錢理群, 1987 등), 1949년 이후의 문학만을 가리키는 논자도 있다. 국내 연구자의 경우도 마찬가지이다. 중국의 일반적인 현대 개념을 그대로 습용하는 경우(이주노, 1992; 김하림·유중하·이주로, 1991 등), 1917년부터 현재까지로 설정하는 경우(임춘성, 1993 등), 그리고 기점을 1911년으로 잡는 경우(김시준, 1992) 등이 있다. 또한 후자의 경우에도, 1917~1949년 간의 문학을 대개 '현대문학'이라 하기도 하지만, '신문학'이라고 지칭(王瑤, 1982; 劉綬松, 1979; 전형준, 1992 등)하기도 한다. 참고로 천쓰허(陳思和)의 경우에는 '신문학'이라는 기표로 1917년 이후의 문학 전체를 지칭하기도 했다(陳思和, 1987).

여기에서 특별히 우리의 관심을 끄는 것은 '20세기중국문학'이라는 기표이다. 이 기표는 비교적 명확한 기의 규정을 가지고 있다. 즉, '20세기중국문학'이라는 기표는 '세계문학으로 나아가는 20세기의 중국문학'이라는 양적인 규정과 '민족영혼의 개조'라는 사상계몽적 주제를 가진 '반제(反帝) 반봉건(反封建) 민족문학'이라는 질적인 규정을 명확하게 하고 있다. 이 글에서는 「20세기 중국문학을 논함」(黃子平·陳平原·錢理群, 1985)과 『중국 현대문학 30년』(錢理群·吳福輝·溫儒敏·王超氷, 1987)의 「제1장 서론: 중국 현대문학의 기본 특징과 역사적 지위」를 중심으로 '20세기중국문학'의 개념을 검토하겠다. 「중국 현대문학의 기본 특징과 역사적 지위」를 집필한 쳰리췬이 황쯔핑, 천핑위안과 공동으로 집필한 「'20세기중국문학'을 논함」은 발표되자마자 학계의 주목을 받은바 있다. 이 글에서 그들은 '20세기중국문학'에 대한 구상을 초보적이면서도 체계적으로 천착(穿鑿)함으로써 중국 현대문학에서의 관행에 대해 참신한 문제의식을 제출했다. 이 두 문건이 발표된 시기와 언급된 범주는 약간의 차이가 있지만 기본적인 문제 의식은 동일한 연장선 위에 놓여 있는 것으로 보인다. 그러면 두 문건에서 나타나는 '20세기중국문학'의 구도를 범박하게 살펴보면 아래와 같다.

그들의 기본적인 출발점은 '문학의 상대적 독립성'이라는 명제로 보인다. "토대가 변함에 따라 상부 구조도 급격히 또는 서서히 변한다"라는 토대-상부구조론에 입각하되, 기존의 정치중심적 문학사 서술 및 연구에 대해 이의를 제기하면서 문학 자체의 상대적 독립성을 연구의 주요 대상으로 설정하고 있다. 그들에 의하면, 1840년 아편전쟁 시기부터 서양을 학습하기 시작한 중국은 수많은 시행착오를 거치면서 서양의 기술을 단순히 모방하던 단계에서 그들의 정치, 경제, 법률 등의 제도를 답습하던 단계를 거쳐 19세기 말에 이르러서야 서양의 문학예술에 관심을 가지게 되었다. 1898년에 「천연론(天演論)」이 출간되었고, 량치차오(梁啓超)의 「정치소설 번역 출판 서문」과 추팅량(裘庭梁)의 「백화는 유신의 근본임을 논함」이 발표되면서 문학의 사회적 기능에 대한 본격적인 고찰이 시작되었고, 이때부터 고대 중국문학과 전면적인 '단절'이 시작되었다. 이러한 단절은 5·4시기에야 최종적으로 완성되었고, 5·4시기는 20세기중국문학의 첫 번째 빛나는 고조기가 되었다. 이들의 논리는 기존의 근대-현대-당대의 문학사 시기 구분의 틀을 타파하면서 '20세기중국문학'을 나눌 수 없는 유기적 총체로 파악하고는 그것을 공시적(共時的)으로 고찰하는 것으로 진행되고 있다. 그들은 1898년부터 1917년까지를 '20세기중국문학'의 준비기로, 1917년부터 1949년까지를 '상편(上篇)'으로, 그리고 1949년 이후를 '하편(下篇)'으로 설정했다. 이들이 '20세기'라는 '문학사 시간'을 설정하는 또다른 중요한 근거는 이른바 '세계문학'의 형성이다. 이들은 '세계문학'이라는 대체계(大體系)와 중국문학이라는 소체계(小體系)를 설정하고 있다. 19세기 말에 초보적으로 형성된 '세계문학'은 각국 민족문학의 실체 사이의 관계에 의해 결정되는 체계질(體系質)을 갖추고 있는데, 각국 문학이 20세기 '세계문학'에 합류하는 과정은 각기 다르다. 그들은 20세기 '세계문학'이라는 대체계의 구성요소인 '중국문학'이라는 소체계는 1898년부터 고대문학과의 전면적인 단절이 시작되어 5·4시기에 완성되었다고 보고 있다. 이들의 연구방법론의 주요한 특징은 '정체의식(整體意識)'이다. 종적으로는 2천년의 전통을 가진 중국 고전문학을 시간적 배경으로 하고, 횡적으로는 20세기 세계문학의 총체적 틀을 공간적 배경으로 삼고 있다. 아울러 그들은 문학이론, 문학사, 문학비평의 분업적 연구관행도 과감히 비판하면서, 문학사의 새로운 서술이 문학이론의 혁신 및 새로운 비평기준의 확립과 긴밀한 관계에 있는 것으로 평가한다. 이러한 '정체의식'은 20세기 중국문학의 미감 특징을 '비량(悲凉)'으로 규정한다. '비량'은 이성과 정의 그리고 낭만적 격정으로 특징지어지는 19세기 문학과는 확연히 구별되는 20세기적 위기감과 초조감의 산물이다. 이는 서양 및 고대 중국과 변별되는 현대적 비극감으로서의 비량이다. 문학의 상대적 독립성에 대한 주의는 자연히 예술형식에 대한 관심으로 이어지기 마련이다. 그러나 이들은 여느 형식주의자들의 관심과는 달리, 새로운 사상(내용)을 전파하는 형식으로서의 언어구조와 장르에 관심을 가지는데, 그 문제의식은 '현대화와 통속화'라는 축이다.

이상으로 '현대문학'의 기표와 관련된 견해를 살펴보았다.

한편 '중국 근대문학'의 경우에도 상황은 크게 다르지 않다. '신민주주의 혁명문학'에서 '사회주의 문학'으로 발전하는 연속성을 강조하는 문학사들에서는 '구민주주의 혁명문학'에 대한 관심이 낮은 수준에 머물렀다. '구민주주의 혁명문학'에 대한 관심은 바로 이러한 문학사들에 대한 문제 제기 이후 1980년대 중반부터 일어나기 시작했다.

먼저 기존의 '구민주주의 혁명 단계의 문학'이라는 개념을 고수하면서 그 내용과 논리를 보다 강화하는 견해를 들 수 있다. 이들은 '근대문학'의 중요한 특징을 '과도성'으로 요약하면서 그것을 '변혁과 변혁의 불철저의 통일'로 파악하고 있다. 즉, '근대문학'의 변혁적 성격으로 인해 '고대문학'과 변별되는 동시에 변혁이 불철저함으로 인해 5·4 이후의 '현대문학'과 변별된다는 것이다. 이러한 견해는 기존의 이론 구조를 비판하는 시점에 기존 논리를 강화하고 있는 시대착오적인 측면을 가지지만, 부분적으로는 '근대문학'의 특징을 과도성으로 설정한 점에서 진전은 이룩했다.

그러나 1980년대 중반 이후 '근대문학'에 대한 보다 많은 관심은 기존 '근대문학' 개념을 새롭게 재구성하려는 방향으로 표현되었다. 그 중에서도 '근대문학'과 '현대문학'을 통합하자는 견해는 상당한 호응을 받고 있는 것으로 보인다. 최초의 문제제기자는 천쉐차오(陳學超, 1983; 1986)이다. 그는 이미 1983년에 '근대백년문학사'라는 개념을 제창한바 있다. 그는 후성(胡繩)의 아편전쟁부터 1949년까지의 중국 근대사 규정에 의거해 5·4문학혁명에서 제출한 주요 구호와 임무가 거의 아편전쟁 이후의 80년간이라는 모태에서 배태되고 탄생되었다는 연속성을 강조했다. 1986년에 이르러서도 그는 아편전쟁부터 중화인민공화국의 건설까지의 문학발전사는 시종일관 전통문학과의 부단한 분열, 세계문학과의 부단한 융합이라는 과제가 실현되는 단계라고 지적했다. 또한 마량춘(馬良春, 1987)은 문학 발전과 사회 발전의 관계의 동보성(同步性)과 불균등 발전성(非同步性)을 문학사 분기의 주요한 기준으로 들면서 이전 단계의 '근대'와 '현대'를 하나의 시기로 통합시킬 것을 주장했다. 아울러 1949년 이후는 반제 반봉건의 임무와는 멀어졌고 사회주의 시기 문학의 고유한 특징과 임무가 나타났다고 했다. 이들의 견해는 베를린 장벽의 타파와 같은 의미를 가지고 있지만, 그것이 가지는 한계도 고스란히 가지고 있다. 즉, 양자의 내적 동일성과 단계적 차별성을 추출해내지 못한 단순 통합의 성격이 강하다는 것이다.

이들과 궤를 같이 하는 논자 중에 주목을 요하는 사람은 왕뱌오(王瑤, 1986)

이다. 그는 '19세기 중엽부터 20세기 중엽까지의 중국문학'이라는 시간적 규정을 내세우면서 세계 근대문학사, 중국 근대사회사, 중국 고대문학을 참조체계로, 서양 근대문학의 중국화(번역 소개 모방→근대 문예사조의 이식 개조→프로문학 영향)와 중국 민족문학의 부흥을 좌표축으로 설정하고, 그 주요한 질적 규정을 '동방형(東方型)' '반제반봉건 민족민주문학' '문학 근대화 또는 현대의 문학부흥'으로 요약했다. 그는 19세기 중엽~20세기 중엽까지의 중국문학 근대화의 과정을 4단계(1840전후-19세기 말-20세기 초-1920년대-1930~40년대)로 구분하고, 문학 변혁 사조의 주선을 궁쯔전(龔自珍)의 대변사상(大變思想)→량치차오의 문학신민설(文學新民說)→루쉰의 국민성 개조→리다자오(李大釗)・천두슈(陳獨秀)의 문학혁명으로 보았다. 아울러 언어와 장르의 변혁과 발전에도 주의를 기울였다. '근대'와 '현대'의 연속성을 강조하는 견해는 5・4문학혁명의 뿌리찾기[尋根]에서 비롯된 것으로 보인다.

이들보다 상한선을 올려잡은 논자로는 천보하이(陳伯海, 1987)가 있다. 그는 '19세기중국문학'이라는 기표로 가경(嘉慶, 1796~1820), 도광(道光, 1820~1850) 연간부터 5・4 전야까지의 기간을 대상으로 삼아, 봉건사회가 몰락하기 시작했고 근대 사상과 문학 창작의 기풍을 연 궁쯔전과 웨이위안(魏源) 등이 활약했던 19세기 전반(아편전쟁 이전까지)을 '전통과 중세로부터의 탈출'이라는 질적 규정으로, '심태의 변화' '제재와 형식의 개혁' '개념의 점차적 갱신'의 3단계로 나누었다. '19세기중국문학'의 특징은 외부 요소의 촉진으로 '조산'했기 때문에 '미숙아'가 되었다는 것이다. 아울러 그는 미숙아의 표지를 '인문 핵심의 불충분한 발전' '몽롱(朦朧)' '협착(狹窄)'을 들었고, '신구(新舊)' '중서(中西)' '아속(雅俗)'의 갈등을 세 가지 장애 요인으로 들었으며, '이고율금(以古律今)' '이서취중(以西就中)' '견속보아(牽俗補雅)'의 구불구불한 길을 경과했다고 했다.

한편 상한선을 내려잡은 논자로는 자오선슈(趙愼修, 1980; 1986)가 있다. 그는 체계론(system theory)에 입각해 1898년을 분기점으로 삼고 그 이전, 특히 1840~1898년까지의 시기는 근대사회의 변화와 문학 사이에 동보적 관계가

성립되지 않았다고 판단해 고대문학체계의 연속으로 간주하고, 1898～1917
년을 근대문학의 제1차 문학혁명, 1917～1949를 고대문학체계의 해체, 근대
문학체계의 확립기라고 설정했다. 그에 의하면 고대문학체계와 근대문학체계
의 차이는 아래 <도표 1>로 요약할 수 있다.

<도표 1> 고대문학체계와 근대문학체계

	고대문학 체계	근대문학 체계
장르	시문 위주의 잡문학 체계	소설, 희곡 위주의 순문학 체계
언어	문언 위주	백화 위주
계승 관계	종적 계승 위주	횡적 계승 위주
시기	아편전쟁 이전- 1840～1898 과도기	1898～1917 1차혁명- 1917～1949 확립기

자오선슈의 1898년 기점설은 '20세기중국문학'의 구도와 불모이합(不謀而合)으
로 맞아떨어지고 있다. 황쯔핑, 천핑위안, 첸리췬에 의해 제창된 '20세기중국
문학'은 서양의 문학예술에 관심을 가지게 된 19세기 말, 보다 구체적으로는
「정치소설 번역 출판 서문」(梁啓超), 「백화는 유신의 근본임을 논함」(裵庭梁)
등이 발표되면서 문학의 사회적 기능에 대한 본격적인 고찰이 시작되었고,
고대 중국문학과 전면적인 '단절'이 시작되었다고 본다. 이러한 '단절'은 5·4
시기에 최종적으로 완성되고 5·4부터 1949년까지를 상편(上篇), 1949년 이후
를 하편(下篇)으로 분기했음은 앞에서 살펴본 바와 같다. 이들의 구상은 천핑
위안의 괄목할만한 연구성과(陳平原, 1988; 1989; 1993)에 힘입어 소설사에서의
1897년 또는 1898년 상한선의 타당성을 입증하고 있다.

이상으로 기존 논리를 고수하는 견해, 근대와 현대의 통합 견해, 그리고
상한선을 19세기 초까지 올리는 견해 및 19세기 말로 내리는 견해를 살펴보

았다. 이상을 요약하면 아래 <도표 2>와 같다.

<도표 2> 논자별 시기 구분 및 내용

구분 / 논자	이념형 또는 기표	시기	기본 특징	분기 기준	소시기 구분
郭延禮	구민주주의 혁명문학	1840~1917	과도성	정치사 기준	
陳學超	반제반봉건 근현대백년문학	1840~1949	연속성	전통문학과의 단절 세계문학과의 통합	1840~1917 ~1949
馬良春	(반제반봉건 근현대문학)	1840~1949	반제반봉건		
王瑤	반제반봉건 민족민주문학	19C중엽~20C중엽	동방형 문학근대화	서양 근대문학의 근대화 중국 민족문학의 부흥	1840~19c말 20c초~1920 ~1940
趙愼修	근대문학	1898~1949	횡적 계승 위주, 백화, 순문학	문학체계의 발전	1898~1917 ~1949
陳伯海	19세기문학	1796~1917	조산, 미숙아, 잡(雜)	전통과 중세로부터의 탈출	1796~1840 ~1917~1949
錢理群	20세기문학	1898~현재	현대화와 통속화의 갈등	고대문학과의 전면적 단절	1898~1917 ~1949~현재

4.

20세기 중반 이후 역향적인 발전 경로를 걸어왔던 한국과 중국의 문학사는 나름의 고유한 연구과제를 가질 수밖에 없다. 문제는 하나의 과제를 해결하려고 매진했던 과거의 경험이 우리에게 주는 교훈을 되새겨야 한다는 점이다. 예컨대 첸리췬 등의 '20세기중국문학'을 과거의 좌편향에 대한 즉자적 반발로서의 우편향으로 평가한다면 더 이상의 논의는 불필요한 일이 될 것이다. 그들의 견해가 아직 정합적(整合的) 이론 체계에 이르지는 못했지만 그들의 고민은 바로 1980년대 노동자문학, 민중문학의 기치 아래 일로매진했던 한국 민족문학의 앞날의 모습일 수도 있다는 것이다. 역향적 경험에 기초한 상호보완 및 종합은 한국과 중국의 민족문학에게 부여된 역사적 과제이기도 하다. 그러할 때 우리는 동아시아 문학, 나아가 세계문학 속의 한국문학을 정초할 수 있을 것이다.

20세기 후반 이후의 역향성은 한중 근현대문학사론을 검토하는 데 신중을 요하게 하고 있다. 특히 서양에서는 가치개념으로 인지되어온, 따라서 우리에게도 그렇게 통용되어온 '근대'가 중국에서는 단순한 시간개념으로 사용되는 반면, 우리에게는 아직도 가치규정되지 않은 채 시간개념으로 사용되는 '현대'가 그들에게는 가치개념으로 사용되는 경우가 많기 때문이기도 하다. 이러한 기표와 기의 관계의 혼란에는 동양과 서양의 역사 발전의 차이, 문학의 사회적 규정성과 상대적 독립성의 관계 등에 기초한 문학사 시기 구분이라는 복잡한 문제가 내재되어 있는 것으로 보인다.

또 한 가지 주의할 점은 가치 개념으로서의 '근대문학' 또는 '현대문학'을 어떻게 규정할 것인가가 중요하지, 기표를 '근대문학'으로 할 것인가 '현대문학'으로 할 것인가의 문제는 표층적인 논의에 그칠 것이라는 점이다. 이 글에서 '근현대문학'이라 명명한 것은 그러한 비생산적 논의의 단계를 뛰어넘자는 의도에서 비롯되었다. 부언하자면, 자생적 modernization의 발전 과정('제3세계 이행기문학 1기', 조동일)에서 서양의 충격(western impact)에 의해 계기지워진 '이행기문학 2기'로의 이행, 그리고 본격적인 modern literature의 단계로 진입한 시점부터 지금까지의 문학을 하나의 '유기적 총체[整體]'로 보자는 것이다. 그리고 그것을 '근현대문학'이라 잠정하겠다. 아울러 5·4 이전까지를 1기, 중화인민공화국 건립 이전을 2기, 문화대혁명까지를 3기, 그리고 신시기를 4기로 시기구분하고자 한다. 이러한 가설은 검증해야 할 수많은 문제점이 존재하지만, 그중에서도 두드러진 것은 1기의 상한선, 즉 '근현대문학'의 상한선을 어디까지 올릴 것이냐의 문제, 2기에서 「옌안 문예 연설」 이후 공산당 통치구 문학과 3기문학의 연속성 문제(陳思和), 그리고 3기와 4기의 연속성 및 4기와

1~3기 단계와의 차별성 등이 해명해야 할 주요 과제가 될 것이다. 이후의 과제를 다시 정리해보면 아래와 같다.

우선, '근대문학'과 '현대문학'의 내적 동질성의 문제이다. 이것은 결국 서양의 'modern literature'를 참조체계로 삼아 진행된 동양의 '근현대문학'의 '근현대성(modernity)', 그리고 각국의 그것을 어떻게 규정하느냐의 문제가 핵심이 될 것이다. 아울러 내적 동질성에 기초한 각 단계의 차별성을 규명하는 작업도 병행되어야 할 것이다. 이 문제의 해결은 실로 복잡한 내용과 과정을 예시하고 있느니만큼 한국문학 및 기타 외국문학 전공자들과의 유기적 연계가 요구된다. 다음의 정의와 개념은 이 문제 해결을 위한 실마리이자 근현대적 가치개념이다. "실사구시의 정신으로 자본주의시대에 대응하는 문학" "근대 자본주의 사회에 대한 독특한 문학적 태도"(백낙청, 1993), '세계문학 체계의 형성'(첸리췬 등), 계몽, 휴머니즘, 자유, 평등, 민주, 과학 등.

둘째, 상한선의 문제. 위의 표에서 알 수 있듯이 상한선의 문제도 간단치 않다. 이 문제의 해결을 위한 실마리는 조동일의 '제3세계문학의 이행기'라는 개념에서 찾을 수 있다.

> 제3세계에서는 스스로 이룩한 중세에서 근대로의 이행기문학 제1기 다음에, 서양의 충격을 받아 이행기문학 제1기와는 이질적인 제2기를 겪고서, 근대문학에 이르렀다. 그래서 식민지적 근대문학을 청산하고 민족적 근대문학을 이룩해야 하는 과제가 일제히 제기되었다. … 서양문학의 근대화는 과거로 끝났고, 제3세계 근대문학의 발전은 지금의 과제이다(조동일, 1993: 25~26).

이것은 조동일의 『한국문학통사 5』(1989)의 시기구분을 스스로 요약한 것이라 할 수 있다. 그에 의하면 한국 근현대문학은 이행1기→이행2기→식민지적 근대문학→민족적 근대문학의 4단계로 분기된다는 것이다. 조동일의 입론을 수용한다면, 이행기를 독립된 시기로 설정할 것인가, 아니면 중세문학의 미성

(眉聲)으로 볼 것인가, 근현대문학의 선성(先聲)으로 볼 것인가의 문제가 대두된다. 중국의 경우를 거칠게 대입시켜보면, 아편전쟁을 분기점으로 이행1기와 이행2기로 나눌 수 있고, 5·4 이후를 식민지적 근대문학, 1949년 이후를 민족적 근대문학으로 볼 수 있겠다. 그러나 이러한 구분에도 문제점은 존재하고 있다. 그것은 중국문학 발전의 특수성에서 기인하는 것이라 할 수 있다. (1) 중국 근현대문학에서 이행1기를 특화시킬 수 있을 것인가, (2) 이행2기 (1840~1917)에서 역사와 문학의 불균등발전(非同步)을 어떻게 해명할 것인가, (3) 무술변법(戊戌變法)과 신해혁명(辛亥革命)의 정치사적, 문학사적 평가, (4) 이른바 '당대문학'과 '신시기문학'의 단계적 동질성의 문제 등. (1)과 연결된 고민이 천보하이의 '19세기 중국문학'이라는 개념이고, (2)와 관련된 것이 1898년 상한설이라 할 수 있다. 자오선슈의 경우에는 1898년 이전을 고대문학체계로 편입시키고 있지만, 첸리췬 등은 아편전쟁의 정치사적 의미를 인정하되 그 역사적 의미가 문학예술에 파급되기까지는 일정한 시간을 필요로 했고, 1898년은 바로 그 시작이라고 주장하고 있다. 1898년 기점설은 량치차오 등의 문학운동(소설계혁명, 시계혁명, 문계혁명, 신문체 등)이라는 확실한 근거를 가지고 있다.

셋째, 소설과 기타 장르의 관계. '20세기중국문학'의 1898년 기점설은 천핑위안의 소설사 연구로 그 입지를 더욱 강화하고 있다. 그러나 소설의 경우 그 발전 정도가 비교적 안정적이면서도 격변기의 내용을 유감없이 반영했던 것에 반해, 시가는 그 자체가 지니는 활발함과 불안정함으로 인해 "문학의 예술사유가 새롭게 창조될 때 가장 예민한 첨병 노릇을 한다. 시가언어는 일반 문학언어의 '고급언어'이고 일반 문학언어에서 승화되어 다시 일반 문학언어에 영향을 준다. 그러므로 선천적으로 '대중에서 이탈되는 '전위성'을 가지고 있다"는 점을 고려한다면, 이른바 '신소설' 이전의 '신시가'에서 '신소설'의 전위적 모습을 찾아볼 수 있지 않을까 하는 추측을 자아낸다. 그리고 이러한 추측은 궁쯔전, 웨이위안, 황쭌셴 등에 대한 관심으로 이어지게 된다.

넷째, 궁쯔전의 문학사상과 창작에 대한 관심은 그에 관한 학술토론회가 개최되었다는 점에서도 알 수 있다. 1985년 10월 12~15일 안후이(安徽)성 우후(蕪湖)에서 개최된 '궁쯔전 시문 학술토론회(龔自珍詩文學術討論會)'에서 그가 "근대 사상사와 문학사에서 [새로운] 풍기(風氣)를 열었다"고 평가했다. 궁쯔전은 1841년에 일생을 마쳤으므로 주요 활동시간은 아편전쟁 이전이었다. 그러므로 천보하이의 '19세기중국문학은 바로 궁쯔전이라는 인물에 자신의 입론근거를 두고 있는 셈이다. 시대의 본질적 변화 또는 역사적 필연성은 과거의 핵심을 섭렵하고 미래를 예측하는 능력을 구비한 구체적 개인을 통해 드러나기 마련이다. 사마천이 『사기』에서 잠깐 반짝했을 뿐인 진섭(陳涉)를 세가(世家)의 반열에 올려놓은 것은 통일 진(秦)의 멸망에 기폭제적인 역할을 높이 산 것 때문이었다. 초한(楚漢) 시기의 뛰어난 영웅들은 모두 진섭의 수창(首倡)에 호응하는 형태로 봉기를 일으켰던 것이다. 궁쯔전 평가에 있어서도 이런 점은 고려되어야 할 것이다. 근현대문학사의 발전 맥락에서 그에 대한 재평가(특히 47세 이후의 말년)와 그 주변인물들의 시가 창작에 대한 정당한 평가가 있어야 할 것이다.

마지막으로, 근현대문학사 발전의 동력 문제이다. 필자는 근현대문학 2기에 해당하는 시기의 대중화론을 검토하면서 "대중화를 기축으로 하고 민족화와 현대화의 세 가지 힘의 총합이 중국 현대문학 발전의 추동력"(임춘성, 1993)이라는 가설적 문학사론을 제기한바 있다. 이는 제한된 시공간이나마 그 하부에 신구(新舊), 중외(中外), 좌우(左右)의 층위를 설정함으로써 복잡한 문학 현상을 정리해보려는 시도였었다. 이 가설의 타당성은 아직 검증되지 않았다. 이 가설을 보다 심도있게 증명하고 그 폭을 근현대문학사의 전 국면으로 확장하는 것은 필자의 과제이다.

1990년대 한국 리얼리즘 논의의 쟁점과 평가[*]

1. 몇 가지 문제의식

1990년대 초 한국의 비평계는 '민족문학 논쟁'[1)]에 대한 반성적 평가와 아울러 1960년대부터 지속해서 관심을 모아왔던 리얼리즘(또는 현실주의)을 중심축으로 하는 '창작방법 논의'의 단계로 접어들었다. 이른바 '민족문학론'은 1970년대 백낙청에 의해 입론된 후 꾸준한 심화 및 확대 과정을 거쳐 '리얼리즘론'과의 결합을 모색하면서 백낙청의 독특한 '제3세계적인 리얼리즘론'이라는 이념형을 제시하기에 이르렀다. 한편 '민족문학론'을 주요 자양분으로 삼아 성장한 비평가들이 1980년대에 들어서 변혁 전통의 복원 노력과 결합함으로써 1970년대까지의 문학론과 질적 차이를 가지는 '민중문학론' 나아가 '노동문학론'을 제창했으며, 이후 이론적 심화를 거쳐 1980년대 후반 반제반독점 민중민주적 변혁론에 근거한 '민중적 민족문학론', 민족민주변혁론에 근거한 '민주주의 민족문학론(→노동해방문학론)', 반제반봉건 민족해방민중민주변혁론에

---

[*] 1991년 가을 한국외국어대 대학원 학술운동연합에서 주관한 심포지엄에서 발표한 글. 같은 표제로 『인문학논총』 1-1호(2002)에 게재.

[1_] '민족문학 논쟁'은 '민족문학 주체 논쟁' 또는 '민족문학 이념 논쟁'이라고도 불린다. 이렇게 동일한 대상을 두고 명칭이 다양한 것은 논쟁에 참여하거나 주의깊게 바라보는 논자들의 관점의 차별성 때문이기도 하지만, 참다운 의미에서의 논쟁에 미흡한 측면이 있었다는 반증이기도 하다. 이 글에서는 1920~30년대의 역사경험에 비추어 이념의 수립을 그 합리적 핵심으로 인정한다.

근거한 '민족해방론'으로 분화되었다. '민족문학 논쟁'에 대한 평가는 이 글의 몫이 아니지만, 그 합리적 핵심인 노동자계급의 자연발생적 자기대오 정립에 따른 문학적 요구의 자연발생적 분출에 대한 이론적 대응이라는 점은 주목할 만하다. 이런 점에서 '민족문학 논쟁'은 그 명칭과는 달리 '계급문학 논쟁'적 성격을 내면에 가지고 있다.

한편 1990년대 들어 본격적으로 논의되기 시작한 리얼리즘 논의는 "그 성격이 직접적 전사인 1960~80년대의 문학론보다는 식민지 시대와 해방 직후의 리얼리즘론과 유사성이 있다"(최유찬, 1990: 208)[2]라는 평가에 동의한다면, 1980~90년대의 민족문학 논쟁에서 리얼리즘 논의로의 전환은 1920~30년대의 문학운동과 공통성을 발견할 수 있게 해준다. 1920~30년대의 국제 문학운동을 거칠게 정리해보면, (1) 프롤레타리아 혁명문학(이하 프로문학)의 대두→(2) 프로문학의 수립→(3) 사회주의 리얼리즘 창작방법의 확립→(4) 통일전선문학 수립의 과정으로 볼 수 있겠는데, 이때 (1)과 (2) 사이에 소련의 문학정책 논쟁, 일본의 목적의식 논쟁, 조선의 방향전환 논쟁, 중국의 혁명문학 논쟁이 위치하며 (2)와 (3) 사이에 일본・조선・중국에서의 문예대중화 논쟁이 자리하고 있다. 각국은 문예대중화 논쟁을 거쳐 사회주의 리얼리즘 창작방법이 확립하게 되지만, 각 사회의 특수성으로 인해 각국 문학운동은 각각 다른 양상을 띠게 된다(林春城, 1997: 78).

이 글에서는 우선 반영론과 가치론의 결합으로 평가되는 까간(Moissej Kagan)의 이론을 바탕으로 방법, 방향, 양식, 사조유파 등의 층위에서 운위되는 리얼리즘을 방법 중심으로 정리한 후, 리얼리즘 논의의 핵심 쟁점의 하나인 비판적 리얼리즘과 사회주의 리얼리즘의 연관성과 차별성을 추출하고, 당파성과 민중연대성의 관계를 규명하고자 한다. 마지막 부분에서 리얼리즘 논의의 성

2_ 최유찬은 그 근거로, 리얼리즘의 원리를 탐구하고 그것을 작품 평가에 적용해보려는 시도, 변혁론과 직접적으로 관계를 설정한다는 점, 문학의 과제와 관련해서 창작방법을 구상한다는 점, 조직 구성의 원리를 모색한다는 점 등을 들고 있다.

과와 한계를 조망하고자 한다.

2. 리얼리즘─예술방법, 예술방향, 예술양식

1992년 실천문학사에서 기획한 '리얼리즘 논의'는 의미 있는 일이었다. "리얼리즘의 철저화와 문학의 민중다움에 대한 인식"(조만영, 1992: 1)이 이룩되었던 1930년대 독일에서의 '문제는 리얼리즘이다'라는 명제는 여전히 한국의 과제였기 때문이다. 인식규정적 정향(定向), 가치규정적 정향, 모형화하는 정향, 구성적인 정향, 의미론적-소통적 정향들의 상호작용으로부터 형성되는 예술방법의 구조 가운데, 삶의 실재를 인식하려는 정향이 창작과정의 지배인자가되는 방법의 구조를 '리얼리즘적'이라고 한다면(까간, 1991: 350) '문제는 리얼리즘이다'라는 명제의 의미는 예술창작과정에서 삶의 실재를 인식하려는 정향을 일차적인 것으로 인정한다는 것이다. 이 말이 기타 정향을 무시한다는, 나아가 기타 정향이 창작과정의 지배인자가 되는 방법의 구조를 무시한다는 의미가 아님은 너무도 당연하다. '리얼리즘적' 예술방법과 기타 예술방법의 교호 관계까지도 인정하면서 '리얼리즘' 예술방법의 폭과 깊이를 갖추자는 것이 '문제는 리얼리즘이다'라는 명제의 합리적 핵심일 것이다.

그러면 리얼리즘이란 무엇인가? 유파 사조로서, 양식으로서, 예술인식론으로서, 방향방법으로서, 예술창작방법으로서 운위되는 리얼리즘은 점차 그 상위개념으로서의 예술방법에 대한 이론적 천착이 이루어지면서 '예술창작방법의 한 가지로서의 리얼리즘'으로 정향(定向)되고 있다. 예술창작방법이란 '방법'의 측면을 중심으로 삼고 그 하위개념이랄 수 있는 양식 또는 유파로서의 의미를 포함하면서, 나아가 일반적 의미에서의 방법의 차원을 초월하는 "방향방법", "정신적 이념적 조종중심(Steurerungszentrum)"(쇼버, 1990: 71)의 의미로까지 확대되는 실정이다. 이 글에서는 예술창작방법으로서의 리얼리즘이라는 의미를 중심으로 해 기타 측면과의 관계를 규명하기 위해 협의와 광의로 나누어 정리하고자 한다.

먼저 협의의 예술방법에 대해 살펴보자. 까간은 예술방법을 "세계의 예술적 전유를 위한 원리들의 역동적 체계"(까간: 353) 또는 "창작의 구체적인 방향, 현실을 예술적 모상의 구조로 전환시키는 원리"라고 정의했는데, 이는 엄밀한 의미에서의 예술방법을 가리키는 것으로 보인다. 그는 예술방법의 주요한 항목으로 '인식적 측면' '가치규정적 측면' '정신적 · 창조적(모형적) 측면' '물질적 · 창조적(구성적) 측면' '언어창조적 측면'을 들고 있다(65). 그리고 이들이 "실제 창작과정에서 독립적으로가 아니라 불가분의 상호작용 속에서 서로 매개된 채로 등장"하는데 그중 "인식정향과 가치정향이 변화무쌍한 상호관계에 놓여 있으며, 그 두 가지 정향 중 어느 하나가 예술가의 창작 속에서 결정적인 위치를 차지한다"(68 ~ 69)라고 해, 예술창작방법의 구조에서 인식정향과 가치정향의 주도적인 역할을 인정했다. 즉 인식정향이 지배적인 예술방법과 가치정향이 지배적인 예술방법이, 다시 말해서 인간을 있는 그대로 묘사하는, 현실적 인간을 구체화하는 예술방법과 인간이 어떠해야 하는가를 묘사하는, 작가의 이상을 구체화하는 예술방법이 예술사의 주요한 흐름으로 등장했다는 점이다. 이런 맥락에서 "인식방법과 가치평가방법의 변증법적 통일"이란 양자 중 어느 하나를 주요한 측면으로 삼으면서 다른 하나를 부차적 측면으로 인정하는 것으로 이해될 수 있다. 그리고 이 다섯 가지 정향들의 "하위체계들이 맺고 있는 관계의 가변성 및 이 체계들 각각의 다양한 변화는 실제로 예술방법의 수많은 구체적인 변형태들을 가져온다"(71).

다음으로 광의의 예술창작방법의 의미를 고찰해보자. 이는 일반적 의미에서의 방법의 차원에 국한되지 않고 그것을 초월하고 지도하는 의미로서의 '방향방법' '정신적 이념적 조종중심' 나아가 '응용된 세계관'의 의미를 포함할 뿐아니라, 방법의 개념과 층위가 다른 양식의 개념까지도 포괄하는 의미를 가진다.

이처럼 협의의 예술방법과 광의의 예술방법의 의미를 구분하지 않고 사용할 때, 양식으로서의 의미와 방향방법 차원의 의미가 혼재되어 사용되는 사례가 발생하게 된다. 그러면 여기에서 협의의 예술방법과 예술방향, 그리고 예술양식의 관계에 대해 좀 더 구체적으로 살펴보자.

까간은 예술방법과 예술방향의 관계에 대해 다음과 같이 적절하게 지적하고 있다.

> 하나의 예술창작 방법을 토대로 하여 여러 다양한 조류와 유파3)들이 발전될 수 있다는 결론이 나온다. 예컨대 19세기의 비판적 리얼리즘 예술이나 오늘날의 사회주의 리얼리즘 예술에서 나타나는 예가 그 경우이다. 다른 한편으로 몇몇 본질적인 측면에서 서로 접근하는 다양한 예술방법들이 하나의 통일적인 예술방향을 형성할 수가 있다. 그러한 방향 중의 하나가 다양한 리얼리즘적 방법들에 의해 역사적 지속성을 갖고서 창조된 예술가치들을 서로 결합시키는 리얼리즘이다. 따라서 개개의 예술방향이 지니는 내적 완결성은 매우 상대적인 것으로 간주되어야 한다. 하나의 예술방법(혹은 일련의 방법들)의 기본적인 미학적 정향들에 의해 강화된 예술방향은 원심적이고 차별적인 힘들에 다소간 폭넓은 가능성들을 제공해준다. 이러한 힘들은 이중적 성격을 갖고 있는데, 바로 내용적인 성격과 형식적인 성격, 이데올로기적 성격과 양식적 성격이 그것이다(까간: 364).

이상에서 우리는 예술방향과 예술조류의 보편과 특수의 변증법을 발견할 수 있을 뿐만 아니라, 특수한 예술방법과 보편적인 예술방향의 변증법 또한 발견할 수 있다. 그러므로 보편적인 예술방향으로서의 리얼리즘과 특수한 발전

3_ 조류는 특정한 민족적, 역사적 조건 하에서 형성되어 몇몇 예술가집단들을 하나로 묶어주는 예술운동을 가리키고, 유파는 어떤 한 예술방향의 민족적-지방적 분파를 가리키는 것으로, 양자는 하나의 예술방향이 드러내는 그러한 구체적 현상형식들과 그 수정현상들을 일컫는 말이다(까간: 362, 364).

단계에서의 예술방법인 비판적 리얼리즘, 사회주의 리얼리즘이라는 이해에 도달할 수 있을 것이다. 이러한 이유로 리얼리즘은 "일련의 구체적인 예술방법들(예컨대 계몽주의 리얼리즘의 방법, 비판적 리얼리즘의 방법, 사회주의 리얼리즘의 방법)에 대한 공통적인 명칭"(351)인 것이다.

그러면 예술방법과 예술양식의 관계는 어떠한가? 다시 까간의 견해를 살펴보자.

'예술방법'이라는 개념은 예술적 가치들을 창조하는 과정에서의 합법칙성들을 지칭하며, '양식'이라는 개념은 예술작품들의 구조 내에서의 합법칙성들을 지칭한다. 예술방법은 현실의 예술적 전유를 규정하는 원리들의 체계이며, 양식은 창작의 결과들을 고정시키는 형식들의 특정한 체계인 것이다(까간: 365).

그러므로 형식들의 특정한 체계인 양식은 원리들의 체계인 방법의 지배를 받으면서도 그 자체로 구조의 법칙이기도 하다. 그러기 때문에 특정 그룹의 예술가들이 지니는 양식적 공통성이 그들의 예술방법의 공통성과 항상 병행하지는 않는다. 이러한 양식은 예술사에서 개성이 충분히 발달하기 전에는 나름의 규정성을 가지는 반면, 르네상스를 전후해서 한 시대의 통일성이 사라지고 다양한 예술양식들이 나타나게 되었다. 이러한 '양식의 비규정성'은 리얼리즘의 기본원리 중 하나로, 그것은 "원래부터 주어져 있는 예술적 수단들과 상징들의 체계란 이제 더이상 존재하지 않는다는 것이다"(370). 이처럼 예술방법과 예술양식의 관계, 나아가 리얼리즘의 양식적 비규정성의 의미를 이해할 때, 관변 이데올로기로서의 사회주의 사실주의 예술양식과 사회주의 리얼리즘 예술방법의 차별성을 올바로 파악할 수 있게 될 것이다.

3. 비판적 리얼리즘인가, 사회주의 리얼리즘인가

현재 우리는 엥겔스의 명제를 해석하기에 급급하거나 이에서 한 걸음 나아가 진전된 이론의 필요성을 자각하고 이를 모색하고자 하는 초입 단계에 서 있다고 말할 수 있다. 물론 엥겔스의 명제가 (사회주의) 리얼리즘에 관한 고전적 정의임은 분명하고 그 내용 또한 여러 가지 해석이 나올 수 있을 만큼 풍부한 것은 사실이다. 그러나 1880년대[4]에 문제제기된 것을 100년이 지난 시점에서 야 다시 점검해야 했던 상황, 이것이 '우리 리얼리즘'의 현주소인 것이다. 현재가 과거의 경험에 매개된 것이라 할 때, 우리는 그것을 겸허하게 받아들여야 한다. "자신의 과오와 한계를 인정하고 그것으로부터 결별할 때에만 새로운 출발은 언제고 가능한 법"(방현석, 1990: 251)이라는 한 현장활동가의 뼈저린 각성은 우리에게도 유효한 덕목이라 할 수 있다. 이 글에서 1990년대 초 리얼리즘 논의를 점검함에 역시 엥겔스의 명제에 대한 검토부터 시작해야 할 것이다.

본격적인 논의에 들어가기 전에 이 글의 전개 방식에 대해 한 마디 붙인다면, 논의를 점검하는 것은 전개 과정을 추적하는 것과는 다르다는 점일 것이다. 그러므로 그 과정에서 제기되었던 모든 문제제기를 쟁점으로 정리해 그에 대한 평가를 하는 것보다는 논의의 중심축을 형성하고 있는 두 논자, 즉 "특유의 비판적 사고가 유감없이 발휘되고 있는" "페레스트로이카의 역설적

4_ 마르크스와 엥겔스의 리얼리즘 이론의 발전 과정은 다음과 같다. 1840년대에 유젠느 쉬의 『파리의 비밀들』과 그에 대한 청년헤겔파의 평론을 분석하면서, 그리고 독일의 '진정한 사회주의자들'의 산문과 시가를 논평하면서 이미 리얼리즘의 기본원칙을 활용했고, 1850년대에 페르디난트 라쌀레의 『프란츠 폰 지킹엔』에 관해 작가와 교환한 서신에서 정식으로 리얼리즘 개념을 제기했으며, 1880년대에 엥겔스는 발자크를 대표로 하는 리얼리즘 작가들의 창작경험을 총결해 소설과 같은 서사문학이 지닌 리얼리즘의 특징에 대해 이론적으로 개괄했다(樊籬, 1991: 55 참조). 이 연구서에서는 리얼리즘 발전사에서 마르크스와 엥겔스의 역사적 역할을 "변증법적 유물론과 사적 유물론을 강령으로 삼아 리얼리즘의 창작경험을 이론적으로 개괄했으며, 혁명적 리얼리즘의 단계로 끌어올렸다"(같은 책, 55쪽)라고 평가하고 있는데, '혁명적 리얼리즘의 단계'라는 개념은 중국적 특수성의 표현으로, 비판적 리얼리즘과 사회주의 리얼리즘의 중간 단계로 보인다.

인 긍정적 소산'(조만영: 2, 3)이라고 평가받는 백낙청과 오랫동안 리얼리즘에 집중적 관심을 가지고 성과물을 내온 문학예술연구소, 그 대표주자인 조만영을 중심으로 하여 사안별로 점검하고자 한다.

1) 백낙청의 민족문학론과 '리얼리즘론'의 층위에 대해

백낙청의 문학체계, 나아가 사상체계를 총체적으로 평가한다는 것은 이 글의 몫이 아니더라도, 「민족문학론과 리얼리즘론」을 통해 그의 문학체계의 일단은 엿볼 수 있을 것이다. 제목에서도 암시하고 있다시피 그는 민족문학론과 리얼리즘론을 일대일 대응시키고 있다. 물론 "민족문학을 거론하건 모더니즘을 논하건 또는 서양문학의 작가 작품론을 시도하건 리얼리즘에 대한 일관된 관심을 견지해온 것만은 사실"(백낙청, 1990b: 289)이라는 '리얼리즘'의 이해 단계로부터 "민족문학론의 성숙은 리얼리즘 문제에 대한 관심의 심화를 뜻했고 리얼리즘 논의의 진전은 또한 민족문학의 내용을 더해주는 것이었다"(백낙청: 288)라는 깨달음에 이어 "'제3세계적'인 리얼리즘이야말로 범세계적으로 이 시대의 가장 선진적인 문학 예술 이념이리라는"(288) 가설을 제창하기에 이른다. 여기에서 예술창작 방법으로서의 '리얼리즘론'과 문학이념론 나아가 문학운동론으로서의 '민족문학론'의 상호관계 특히 양자의 층위가 분명하게 제시되지 않고 있다. 물론 교과서에 얽매일 필요는 없지만, 문학이념론, 조직론, (예술)창작방법론, 장르론, 매체론, 사회구성체론, 시간과 공간 등의 하위범주를 가지는 문학운동론적 관점과는 대치되는 것으로 보인다. 즉 백낙청에게 있어 '리얼리즘론'은 예술창작방법론으로서보다는 문학이념론 나아가 문학운동론의 층위로 설정되는 듯하다. 이에 대한 근거로는 백낙청 특유의 수사적 표현에서 발견할 수 있는데 예를 들어 "포스트모더니즘론의 유행과 그 와중에 전해져온 '현실사회주의권'의 위기신호들은 관변 이데올로기로서의 사회주의 사실주의뿐 아니라 리얼리즘 그 자체에 대한 절박한 도전"이라든가, "우선은 카프의 리얼리즘론 전체가 결코 민족문학론의 형태로 제기된 바 없다는 점에 주목하고자 한다"(290)라든가, "앞머리에 수식어를 붙여서 리얼리즘 자체에 대한 미흡한 인식을 보완하려는 절충주의적 태도"(293), "일관된 리얼리즘의 기준"(302), 그리고 엥겔스의 고전적 명제를 해석하면서 "리얼리즘의 기준"(307) 등과 같은 것이 그러하다. 이러한 기초 위에 관변 이데올로기로서의 사회주의 사실주의와는 변별되는 사회주의 리얼리즘을 부정하지는 않지만 그것이 결국 "이데올로기의 성격에서 벗어나는 것은 아니"(334)라고 결론짓고, 그러므로 "리얼리즘운동의 성취를 딛고서나 가능할" "지혜가 한층 보편화된 세상의 예술은 아마도 '리얼리즘'이라는 거추장스럽고 말썽많은 낱말을 더이상 부릴 이유가 없게 되기 쉽다"(334)라고 확신한다.

이상의 백낙청 언급에서 먼저 해명되어야 할 점은 '리얼리즘론'이 반드시 민족문학론으로 제기되어야 하느냐는 문제이다. 만약 그렇다면 "진정한 의미에서의 사회주의적 이상을 표현하지 않는 리얼리즘이란 리얼리즘이 아니"(최원식, 1991)라는 주장과 다를 바가 없지 않은가? 그리고 조만영의 지적대로 "리얼리즘 내의 특수성을 부각시키는 것을 일반적으로 부정하면서도 유독 제3세계적이라는 특수성만은 견지"(조만영: 5)한다는 점일 것이다. 물론 백낙청의 글에서는 '제3세계적인 리얼리즘'이 가설적 이념으로만 제시되어 있으므로 앞으로의 구체적 '약진'을 기대해봄 직하다. 나아가 민족문학론과 '리얼리즘론'에 대한 명확한 관계설정이 요구된다.

2) 비판적 리얼리즘과 사회주의 리얼리즘 양분법에 대해

기존에 1934년 이후 소련에서 거론된 것이면 모두 '사회주의 리얼리즘'이라고 인식했던 수많은 창작자와 비평가에게, 역사적인 추적을 통해 그것이 '관변 이데올로기로서의 사회주의 사실주의'라고 명확하게 지적한 것은 백낙청의 "특유의 비판적 사고"의 결과물이다. 그리고 그 원인을 사회주의 리얼리즘의 긍정적 측면인 "인류의 다양한 문화적 유산을 포용하는 사회주의 예술론의 전진"이라고 이해하면서도 그 이면에 "관변 이데올로기로서의 경직화"

경향이 내재해 있었고, 이후 후자가 주요한 측면으로 나타난 것은 '사회주의 생산양식론'과 같은 현실사회주의 사회의 성격에 대한 안일한 판단에 기초한 정신적 태만이라고 질책한다. 비판적 리얼리즘과 사회주의 리얼리즘의 구별법은 바로 그 두드러진 예라는 것이다(백낙청, 1990b: 296).

이러한 전제하에 그는 '사회주의적 당파성'을 사회주의 리얼리즘의 핵심으로 인정하면서 그에 대한 자신의 이해를 비판적으로 전개한다. "80년대 평단에서 원론적 계급문학론에 대해 비판적 거리"(백낙청, 1990a)를 유지해온 백낙청의 다음과 같은 언급은 그의 당파성에 대한 변화된 이해를 추정할 수 있게 한다. "'경향소설'에 대한 (엥겔스의-인용자) 언급은 리얼리즘의 경지에 이르지 못한 부실한 당파성에 대한 비판이지 경향문학 그 자체를 부정하는 말은 아니며 문학에서의 당파성을 경시하는 자세는 더욱이나 아니다"(백낙청, 1990b: 312). '리얼리즘의 경지에 이르지 못한 부실한 당파성'에 대한 엥겔스의 비판은 바로 백낙청의 속생각이기도 하다. 아울러 그는 두 가지 유보조항을 달면서 "여기서(프라하트와 뉴베르트의 「당파성에 관하여」-인용자) 말하는 '당파성'이 우리의 '소박한 민족문학론자'가 얼마든지 공감할 수 있는 내용"(백낙청, 1990b: 297)이라고 뒷받침하고 있다. 그러므로 '계급문학론' '사회주의적 당파성'에 대해 무조건 비판한 것이 아니라 그 구체적 내용 즉 '원론적 계급문학론' '부실한 당파성'에 대해 비판적 거리를 지니고 있음을 확인할 수 있고, 이는 그의 변증법적 인식의 일단이기도 하다. 그러나 '원론적'이고, '부실한' 부분에 대한 비판이 충실한 부분에 대한 비판으로까지 확장된다면 그것은 일반화의 오류를 범하는 것이 될 것이다. 백낙청의 양분법 비판에는 부분적으로 일반화의 오류가 개재된 것으로 보인다. 즉 자신도 "인류의 다양한 문화적 유산을 포용하는 사회주의 예술론의 전진"이라고 평가한 사회주의 리얼리즘의 진보적 측면에 대해서는 거의 주의를 기울이지 않고 부정적 측면인 "관변 이데올로기로서의 경직화" 경향에 대해서만 집중적으로 비판하는 것이 그것이다. 이에 대해 "새로운 성립의 질적 차별성을 애써 무화하려는 경향"(임규찬,

1990: 292)이라거나 "결국에는 '사회주의적' 리얼리즘(론) 자체를 완곡히 부인하는 방향으로 선회"(임홍배, 1991: 84)할 것이라는 비판은 현상적인 지적일 뿐, 그 본질을 건드리지 못한 셈이다. 이에 비해 조만영은 "양분법 비판의 주목적이 그것의 교조성(즉 양식적 규정성-인용자)을 향한 것이라고 한다면 그 결론은 양자에 대한 분별력을 회복하는 것이야말로 변증법적인 인식"(조만영: 5)이라고 정확하게 지적하면서, "사회주의 리얼리즘 문학 및 이론 일체를 관료주의의 산물과 동일시시킬 수는 없을 것"(5)이라고 확언한다.

그러면 비판적 리얼리즘과 사회주의 리얼리즘의 관계, 나아가 양자와 리얼리즘 일반의 관계는 어떠한 것일까? 먼저 자본주의 사회의 부정적 측면을 폭로하는 예술방법인 비판적 리얼리즘과, 예술창작의 리얼리즘적 방향설정과 사회주의적 세계관, 당파성의 유기적 연관에 대한 이념인 사회주의 리얼리즘의 이중적 연관에 대해 까간은 다음과 같이 말한다.

이 둘의 공통적인 리얼리즘적 특성 그리고 민주적인 이념내용은 비판적 리얼리즘을 사회주의 리얼리즘의 형성을 위한 본질적인 출발점으로, 부르조아 사회와 퇴폐예술과의 투쟁에서 그의 동맹자로 만든다. 그러나 사회주의혁명의 일격에 부르조아 사회가 몰락하자마자 사회주의 사회 예술문화에서 사회주의 리얼리즘과 비판적 리얼리즘의 공존은 불가능하게 되었다. 왜냐하면 비판적 리얼리즘의 토대가 지배적인 사회관계의 이성적 시적 특성에 대한 거부인 한 비판적 리얼리즘은 여전히 비판적이기 때문이다(까간: 386~87).

즉 현재 상태 그 자체를 서술할 뿐인 비판적 리얼리즘은 '이상과 결합될 수 없는 생동적인 현실을 파악할 뿐'이기 때문에 '현재 상태를 지양하는 현실적 운동'을 묘사할 수 없다. 그러나 사회주의 리얼리즘 예술가는 과학적 세계관에 기초해 이상이 어떻게 현실화되는가를 알기 때문에 '존재하게 될 것의 빛 속에서 존재하는 것'을 묘사할 수 있다. 그러므로 세계 예술사의 단계에서 사회주의 리얼리즘은 가장 발전된 형태라고 할 수 있겠다. 사회주의 리얼리즘이 충분히 발현된 사회에서는 통일된 예술방법의 기초 위에 다양한 예술양식이 존재할 수 있는, 다시 말해 "예술방법의 통일성과 양식의 다양성의 변증법이 적용된다"(까간: 393).

이러한 이해 위에서 "비판적 리얼리즘과 사회주의 리얼리즘은 문학예술의 기능에 대한 사회적 요구가 다름에 따라 상이한 범주체계를 갖는다. 그 대표적인 것이 당파성과 총체성의 범주이다"(최유찬, 1991: 242)라는 주장은 재고되어야 할 것이다. 결론만 간단히 말하면, 이러한 주장은 '문학예술의 기능에 대한 사회적 요구'를 역사적으로 고찰하지 않은 소치이다. 이는 아마도 현 단계 우리 사회가 자본주의 사회라는 이해가 전제된 것으로 추정되는데, 그러한 이해를 고려한다고 하더라도 역사적인 것과 논리적인 것의 변증법을 제대로 운용하지 않고 비판적 리얼리즘을 절대 독립적인 것으로 설정한 것으로 보인다.

비판적 리얼리즘과 사회주의 리얼리즘의 관계는 구체적인 역사단계에서 존재하는 특수한 예술방법들로 위치지으면서, 그것들의 공통적인 명칭 또는 방향을 리얼리즘으로 이해하는 것이 타당할 듯하다.

4. 당파성과 민중연대성

1) 당파성과 리얼리즘

'리얼리즘의 경지에 이르지 못한 부실한 당파성'이 비판되는 것은 당연하다. 그렇다면 '리얼리즘의 경지에 이른 충실한 당파성'이란 무엇일까? 백낙청은 이에 대해 별다른 해명을 하고 있지 않다. 리얼리즘과 당파성의 관계를 변증법적으로 사유한 논자는 바로 조만영이다. 양자의 관계에 대한 그의 변증법적 사유는 두 가지 측면으로 표현된다. 하나는 "문학과 예술에서 '당파적'이기 때문에, 혹은 '사회주의적'이기 때문에 '자동적으로' 리얼리즘적일 수 있는 것이 아니라, '리얼리즘적'이기 때문에 진정으로 '당파적'일 수 있다"(조만영: 6)라는 측면이고, 다른 하나는 "리얼리즘이 당파적일 수 있다고 해서 무조건 모든 리얼리즘이 당파적인 것으로 될 수는 없을 것이다"(7)라는 측면이다. 그는 두 측면을 주로 엥겔스의 명제에 대한 해석에서 유추하고 있다.

먼저 후자의 경우에는 '당파적'인 '리얼리즘과 기타 리얼리즘을 변별하는 것으로 이해할 수 있다. 앞에서 살펴본 바와 같이, '당파적'이지 않은 비판적 리얼리즘과 '당파적'인 사회주의 리얼리즘의 관계는 구체적인 역사단계에서 존재하는 특수한 예술방법들로 위치 지우면서, 그것들의 공통적인 명칭 또는 방향을 리얼리즘으로 이해하는 것이 타당할 듯하다. 다음에는 전자에 관해 살펴보자. 엥겔스 편지의 맥락이 하크네스의 '(사회주의적) 경향성' '부실한 당파성'에 대한 비판과 함께 제기되는 논지가 바로 '리얼리즘의 승리', 즉 "자신의 계급적 공감과 정치적 편견에 역행"하도록 하는 리얼리즘의 위력을 지적하는 것이라면, 엥겔스 명제의 진정한 핵심은 당파성의 부실함만을 비판했다기보다는 그 부실함을 극복하는 방안을 리얼리즘에서 찾았다고 해석할 수 있다는 것이다(6). 이러한 해석에는 두 가지 의문점이 떠오른다. 하나는 작가의 계급적 공감과 정치적 편견에 역행하도록 하는 리얼리즘의 위력의 근원은 무엇인가라는 점이고, 다른 하나는 엥겔스가 비판한 것이 당파성의 부실함이었는가라는 점이다. 이를 위해 까간의 해석을 참고해보자. 그는 엥겔스의 명제를 예술가의 의식과 창작에서 나타나는 내적 모순5)들의 계급규정성이라는 측면에서 고찰했다. "작가의 의식의 모순성을 귀족적 경향과 민주적 경향이

5_ '작가의 의식의 내적 모순성'이란, 정신적 생산에 적극적으로 참여하는 인간의 의식은 역동적이기 때문에 이러한 인간의 의식은 외적 영향들에 대해 매우 민감하며 부분적인, 심지어 완전한 계급의 전향도 가능하다는 '정신적 생활의 합법칙성'에서 비롯되는 것이다. 즉 예술가가 자신의 사회적 환경과 부분적으로 단절하고 그에 상응해 다른 사회적 환경의 이상과 관념들을 부분적으로 전유하는 경우에 계급갈등은 곧 사회적 의식으로부터 예술가의 개인적 의식으로 이전되며, 이로 인해 예술가의 의식은 어느 정도 날카로운 내적 모순들로 차게 된다(까간: 230~31).

충돌한 것이라고 사회적으로 특징지었다. 이러한 경향들과 다른 경향들이 그 모든 대립성에도 불구하고 작가의 의식에서 교차될 수 있었던 것은, 그것들이 반부르조아적이었기 때문이었다"(까간: 227). 이렇게 볼 때 발자크의 내적 모순성은 사회심리적 층위로서의 귀족적 경향과 이데올로기적 층위로서의 민주적 경향의 충돌이라 할 수 있겠다. 그리고 이러한 내적 모순은 그것 나름의 통일성을 형성한 채 부르주아적 경향에 대립했다.

그러면 당파성이란 무엇인가? 이 문제에 들어가기 전에 최근 우리 사회에 쟁점이 되는 당파성에 대한 필자의 소박한 견해를 피력하고자 한다. 사실 이 글에서 레닌적 의미의 당파성의 의미를 반복하는 것은 의미가 없을 것이다. 프롤레타리아 독재가 폐기된 마당에 사회주의적(또는 공산주의적) 당파성을 운위하는 것 자체가 무의미하게 느껴질 수 있기 때문이다. 사실 깨어 있는 자에게 당대는 누구에게나 고통스럽다. 새벽이 언제 올지 모르는 어둠은 인간을 더욱 고통스럽게 만드는 법. 그것은 역사 발전의 필연적인 과정이었다. 한 가지 중요한 사실은 그런 와중에도 역사는 인간과 더불어 발전해 왔다는 사실이다. 현재로서는 이것만이 우리의 유일한 존재근거라 할 수 있다. 이 어둠이 언젠가 끝나고 새벽이 오리라는 믿음, 현재 유일하게 가질 수 있는 전망일 것이다. 그리고 그러한 믿음을 가지고 현재의 구체적 사실을 직시하면서 전망(그것이 원론적인 당파성의 개념과 차별성이 있더라도)을 발견하거나 창출하는 일, 그것이 우리 세대에 이루어지지 못한다면 다음 세대로 넘길 수 있는, 그리고 기꺼이 그 밑거름이 될 수 있는 낙관주의적 태도야말로 현재의 난관을 헤쳐 나갈 수 있는 덕목이라고 생각한다. 물론 당파성의 철학적, 정치경제학적 존립 근거를 해명하는 작업도 병행해야 할 것이다.

그러면 다시 '원론적 의미의 당파성'에 대해 살펴보자. 까간은 문예의 당파성의 형성과정을 다음과 같이 설명하고 있다.

예술을 정신적으로 뒷받침하려는 한 계급의 욕구가 강하면 강할수록, 그리고 그 계급이 그들의 투쟁에서 예술이라는 무기를 사용하려고 적극적으로 노력하면 할수록, 그들은 더욱더 예술가의 의식을 모든 내적 모순들로부터 해방시키고, 예술가의 창작을 자체완결적이고 수미일관하며 모순 없는 계급의식과 계급감정의 토대 위에서 발전시키는 데 관심을 기울이게 된다(까간: 231).

이러한 관심의 결과가 "언제나 혁명적 노동자계급과 예술의 의식적이며 공공연한 결합을 의미"하는 당파성이다. 이에 대한 레닌의 고전적 정의를 다시 한 번 살펴보자.

사실 문학은 프롤레타리아트의 공동대의의 일부분이 되어야 하며, 전 노동계급의 정치의식화된 전 전위에 의해 가동되는 단일하고 거대한 사회민주주의적 기계장치(mechanism)의 '톱니바퀴와 나사'가 되어야만 한다. 문학은 조직적·계획적·통일적인 사회민주당 작업의 구성요소가 되어야만 한다(레닌, 1988: 52).

이는 문학창작의 특수성에 대한 깊은 이해와 문학 활동의 사회사적 필연성을 결합한, 다시 말해서 당 사업으로서의 문학 부문의 특수성과 창작의 자유에 대한 이해와 아울러 문학 활동이 노동자계급의 당의 정책 및 이데올로기와 굳게 결합해야 한다는 것이다. 여기에서 레닌이 문제 삼고 있는 것은 프롤레타리아 문화의 특수한 특질인 당파성으로, 레닌에게 있어 '예술의 당파성' 범주는 오직 프롤레타리아적, 사회주의적 예술만의 가장 중요한 특수성들을 포착하는 범주이다. 이는 예술창작의 계급성이 종종 무의식적이거나 은폐될 수 있는 데 반해, 예술의 프롤레타리아적 당파성은 언제나 혁명적 노동자계급과 예술의 의식적이며 공공연한 결합을 의미하기 때문이다. 그리고 계급성에서 당파성으로의 전화는 그 계급의 정당과의 결합으로 나타난다. 그리고 이를 통해 예술문화의 이념적-미적 통일이 가능하게 된다(까간: 232~33).

이상의 원론적 의미의 당파성은 사실 레닌 단계에서 정립된다. 이에 비해 엥겔스 단계에서는 이러한 당파성이 형성되어가는 과정이라 볼 수 있다. 사실 엥겔스가 하크네스에게 지적한 핵심은 19세기 유럽 자본주의의 발달로 인해 노동자계급과 부르주아계급의 모순이 사회의 주요모순이 되었으므로 "이러한 계급 관계로부터 인물의 성격을 이해할 것을 강조하는 동시에 자신을 압박하는 환경에 대한 노동자계급의 혁명적 반항을 정확히 표현할 것을 강조"(樊籬, 1991: 67)한 것이라 할 수 있다. 그러나 『도시 아가씨』의 작가는 인물과 환경의 관계를 처리할 때 런던 동부에만 착안했을 뿐 영국 노동자계급과 부르주아계급의 관계를 고려하지 못했으므로 '수동적인 대중'으로 전락시키고 말았다. 이는 결국 리얼리즘을 체화하지 못한 작가의 부실한 당파성으로 귀결될 수밖에 없을 것이다.

2) 민중연대성과 당파성

민중은 민족 가운데 일체의 물질적, 정신적 가치를 창조해내는 부분으로, 근로대중과 정신적 생산에 종사하는 기술·과학·예술 인텔리겐차들을 포괄한다. 그들의 사회적 존재의 유사성은 그들이 처한 환경 속에서 자유, 인간성, 인간의 형제애라는 이념을 산출하게 마련이다. 그러면 민중과 계급의 관계는 어떠한가?

사회의 진보적 발전은 매 역사발전 단계마다 역사적 연속성과 협력을 통해 서로 결합되어 있는 다양한 계급들의 통일된 노력의 산물이다. 그러므로 마르크스주의 사회학에서 '계급과 계급투쟁의 문제'는 '인류의 역사에서 인민대중이 발휘하는 역할'의 문제로 발전하며, 똑같은 이유에서 마르크스-레닌주의 미학은 예술의 민중연대성의 문제를 예술창작의 계급성의 문제와의 변증법적 연관 속에서 고찰하게 된다(까간: 251~52).

예술의 민중연대성은 인민대중의 존재와 의식에 대한 예술의 관계를 표현하는 특질이다. 이 관계는 다층적이며, 이 때문에 '예술의 민중연대성'의 개념은 복잡하고 다면적인 내용을 갖게 된다. 민중연대성, 민중성, 당파성에 대한 다음의 언급은 재고될 필요가 있다.

> 민중의 존재와 의식에 대한 예술의 관계를 나타내는 예술의 민중성 범주는 민주의 민주주의적·휴머니즘적 지향성을 대변하는 민중연대성(Volksverbundenheit)개념과, 예술작품의 실제적 수용가능성과 대중성을 의미하는 민중성(Volkstumlichkeit)개념으로 구분된다. 그러나 사회주의 리얼리즘 예술에서는 당파성의 형태로 이 두 요소의 통일이 이뤄진다(김영룡, 1990: 33).

예술의 민중성 범주를 민중연대성과 민중성으로 나누고, 그 의미를 변별한 것은 분명 의미 있는 일이지만, 사회주의 리얼리즘 예술에서 민중성과 민중연대성이 당파성의 형태로 통일된다는 주장에 대해서는 다음의 의문점이 생긴다. 즉 당파성으로 포괄할 수 없는 민중(연대)성의 고유한 범주는 없는 것인가? 그리고 당파성과 민중(연대)성의 관계는 어떠한가? 먼저 위 인용문의 견해를 존중하는 차원에서 이에 대한 답변을 해보자. 통일은 절충·통합과는 달리 양자의 발전적인 측면이 유기적으로 결합해 질적으로 새로운 단계로 나아가는 것을 의미하는 것인데, 만약 그러하다면 민중(연대)성은 무엇과 모순을 이루어 당파성으로 통일되는 것일까? 상정 가능한 것으로는 민중연대성과 계급성, 민중성과 민중연대성을 모순의 대립항으로 설정할 수 있을 것이다. 여기에서 후자의 경우에는 형식논리학에서나 성립할 수 있는 것일 터이므로 논외로 치면, 민중연대성과 계급성이 상호대립·통일의 과정을 거쳐 당파성으로 발전한다는 의미로 이해해도 별 무리가 없을 듯하다. 과연 그러한가? 민중연대성의 문제를 계급성과의 변증법적인 연관 관계로 파악하는 것과 그 결과 당파성으로 통일된다는 사실은 별개의 문제이다. 이러한 이해는 민중연대성에 대한 일면적인 이해에서 비롯되는 것으로 보인다. 예술이 진정으로 민중연대적이었던 예술사의 초기 단계에서 민중연대성은 다음과 같이 표현되었다.

> 예술은 모두를 위해 모두에 의해 창조되었고, 그 때문에 예술은 사회의 성원 누구나에게 이해될 수 있고 그 내용이 누구나에게 전달될 수 있는 언어를 사용했다. 따라서 예술은 전체 사회 집단의 이념적-미적 발전에서 커다란 역할을 했다(까간: 253).

이러한 초기 단계의 민중연대성은 종교·전문창작 등에 의해 점차 소외되었고, 인류 역사의 발전에 따라 제한되고, 삭감되고, 일면적이 되었다. 이러한 상황에서 참다운 민중연대성의 회복이야말로 지상의 과제가 아닐 수 없다. 그런데 이러한 과제를 단순하게 당파성의 획득이라 것으로는 설명하기 어려운 고난의 과정이 놓여있는 것이다. 이것은 오늘날의 '사회주의 리얼리즘 예술'을 보아도 알 수 있다. "대중에 대한 예술의 이해 가능성이라는 문제를 정태적으로, 즉 예술문화의 주어진 역사적 상태의 특성으로서가 아니라, 역동적으로, 즉 복잡하고 모순적인 역사적 과정으로서, 최고의 예술문화에 대한 점점 더 깊은 이해를 향한 민중대중의 점진적인 상승과정으로서 이해"(까간: 268)할 때, 그리고 그것을 성취하기 위한 폭넓은 민중교양과 민중교육이 병행될 때라야 참다운 의미에서의 민중연대성과 당파성의 변증법적 연관을 실천할 수 있을 것이다.

5. 논의의 성과와 한계

이제까지 1990년 초 리얼리즘 논의를 백낙청과 조만영의 견해를 중심으로 살펴보았다. 다른 논자의 주장에도 이론적·실천적 측면에서 천착(穿鑿)되어야 할 부분이 없지 않지만 두 사람의 논의로 국한한 것은, 논의의 쟁점을 '제3세계적 리얼리즘과 사회주의 리얼리즘'으로 판단하고 있기 때문이다. 논의의 점검을 통해 다음과 같은 성과를 확인할 수 있었다.

무엇보다도 먼저 생산적인 토론의 분위기가 확립되었다는 점을 성과로 꼽을 수 있겠다. 이 점은 몇 가지 측면에서 확인된다. 첫째, 1980년대에 꾸준히 역량을 축적해온 문학예술연구소에서 1960~70년대 소비에트와 동유럽의 연구 성과물을 소개함으로써 새로운 단계의 리얼리즘 논의를 촉발했다는 점이다. 둘째, 오랫동안 리얼리즘에 대한 일관된 관심을 견지했으되 사회주의(또는 사회주의 리얼리즘)에 일정한 거리를 유지했던 백낙청이 사회주의 리얼리즘에 대해 진지하게 탐구하기 시작했다는 점이다. 셋째, 최유찬, 임규찬, 김재용 등 1920~30년대 한국문학 전공자들이 그동안의 연구성과를 바탕으로 논의에 적극적으로 참여하고 있다는 점이다. 넷째, 논자들이 나름의 주체적인 태도로 논의에 임하고 있다는 점이다. "지배자의 '제1세계적' 관점을 끝까지 거부하면서 동시에 이제까지 그 대안으로 제시되어온 '현실 사회주의'(또는 '혁명후 사회')의 이론적 실천적 성과에 대해서도 주체적인 비판을 불사하겠다는 뜻"의 전투적 의지를 표명한 백낙청의 '제3세계적'에 대한 고집이 그러하고, "사회주의 리얼리즘과 관변문학에 대한 분별력을 갖추는 것도 세계문학에 대한 주체적 태도일 것"이라는 조만영의 지적에는 이론적 성숙함이 내재되어 있다. 이러한 주체적 태도가 독단적인 것이 되어서는 곤란하겠지만 우리의 구체적 현실을 '리얼리즘적'인 태도로 껴안기 위해서는 필수적임을 고려한다면 객관적 현실에 기초한 주체적인 태도는 분명 당면과제인 '우리 시대의 리얼리즘'을 확립하는 데 귀중한 덕목이 될 것이다. 다섯째, 주체적 태도의 확립과 연결된 것으로, 다른 논자의 문맥을 정확하게 파악하고 그것의 시(是)와 비(非), 공(功)과 과(過)를 변별하고 있다는 점이다. 이 점은 조만영에게서 두드러진다. 특히 민족문학 논쟁 과정이 상대방의 글에 대한 오독(誤讀)과 난장취의(斷章取意)로 점철되었던 경험이 있는 우리에게 이러한 점은 '상호침투를 통한 역량의 강화'라는 측면에서 귀중한 덕목이겠다. 마지막으로, 매체의 적극적인 지원이었다. '리얼리즘 논쟁'을 연속기획으로 잡고 상설란을 마련하고 있는 '실천문학사'를 중심으로 한 계간지의 적극 지원 역시 논의의 활성화에 큰 몫을 했다.

이상은 논의 외적 성과라 할 수 있다. 논의 자체의 성과로는 무엇보다도 사회주의 리얼리즘의 핵심이랄 수 있는 당파성의 문제를 리얼리즘과의 관계 속에서 변증법적으로 고찰할 수 있게 되었다는 점일 것이다. 이는 백낙청의 '리얼리즘적'인 고민과 조만영의 의연한 정식화의 결과라 할 수 있다. 그러나 이 문제가 올바로 해결되기 위해서는 당파성의 철학적·정치경제학적 근거가 과학적으로 해명되어야 할 것이고 문학의 당파성에 대한 정의, 나아가 우리 사회에서의 당파성의 의미까지 해명되어야 할 것이다. 다음으로, 원전과 이론서에 대한 본격적인 연구의 계기가 마련되었다는 점이다. 지금까지의 논의를 통해 엥겔스의 편지와 레닌의 문건을 다시 한번 들춰보게 되고 그런 고민을 토대로 자신의 논리를 전개하는 자세는 분명 이전에 비추어 볼 때 진전된 모습이다.

이상의 성과에도 불구하고 많은 한계가 노정되고 있음도 부인할 수 없다. 우선, 강령주의적 편향을 들 수 있겠다. 이는 뚜렷한 정치 노선을 가진 단체의 소속원에게서 빈번히 드러났는데, 문학예술연구소의 '당파적 리얼리즘' 노동해방문학 진영의 '노동자계급 리얼리즘' 녹두꽃 진영의 주장들이 그러했다. 문학운동이 운동답기 위해서는 운동의 이념을 강령으로 나타내는 것은 당연하다. 그러나 이념과 강령이 얼마나 '리얼리즘적'인지는 끊임없이 점검해야 할 것이다. 현실에서 괴리된 이념과 대중에게서 격리된 강령은 우리에게 아무런 도움도 줄 수 없다. 이러한 선험적인 이념과 강령이 플라톤의 '이데아'와 다를 바 없다는 사실은 우리가 몸소 겪은 바 있다.

다음으로 지적되어야 할 점은 이론지향적 태도이다. 이 글 역시 그러한 한계를 가지고 있지만, 실제 비평 및 창작과 괴리되어 행해지는 이론 작업 나아가 논쟁이 어떠한 결과를 초래하는지에 대해서는 우리 자신이 민족문학 논쟁을 통해 뼈저리게 체험한 바 있다. 이러한 의미에서 "물건을 놓고 이야기하는 습관"에는 이의가 있을 수 없다. 그러나 한 가지 문제제기하고 싶은 것은 '어떤 물건을 놓고 이야기할 것인가이다. 한 논자는 갑을 놓고 이야기하고 다른 논자는 을을 놓고 이야기할 때, 때로는 같은 '물건'을 놓고 이야기함에도 그 평가가 상반될 때, 독자는 물론 작가에게도 혼란을 줄 뿐이다. 실제 창작에 도움을 줄 수 있는 비평, 창작과 비평을 지도할 수 있는 이론으로서의 성숙한 리얼리즘론의 확립, 이것이 우리의 당면과제일 것이다. 그러기 위해서는 인구에 회자하는 세계 명작도 이야기 대상이 되어야겠지만 오늘 우리의 물건에 대해 점수를 매기는 식이 아니라 구체적으로 이야기되어야 할 것이다.

마지막으로 지적해야 할 편향은 이전 단계에 비판되었던 속류사회학주의적 편향과 인식론주의적 편향을 예로 들 수 있다. 이에 대해서는 각국에서 수많은 시행착오를 담보로 해 극복했던 만큼, 또다시 반복되어서는 안 될 것이다.

170만 년과 근대 80년*

이 책의 저본은 楊劍, 方齡貴, 龔書鐸, 朱仲玉이 나누어 편찬하고 白壽彝 교수가 주편한 『중국통사강요(中國通史綱要)』(上海人民出版社, 1980.11)이다. '책머리에'에서 밝혔다시피 저본은 편찬 당시까지 해당 분야 및 기타 분야의 연구 성과를 충분히 반영하려고 노력했다.

이 책의 주요한 특징은 아래와 같다.

첫째, 제목에서 알 수 있다시피 중국의 역사를 통시적으로 기록했다. 원모원인(元謀猿人), 베이징원인(北京猿人)으로부터 전설 속의 하(夏)에 이르기까지 170만년 전의 '원시 사회'와, 지하에서 발굴된 자료와 문헌 사료로 고증된 상(商)으로부터 1919년 5·4운동 전야까지의 역사를, '원시 사회' '노예제 사회' '봉건사회'(성장-발전-쇠퇴), '반식민 반봉건 사회'의 발전단계로 나누어, 정치·경제·문화에 걸쳐 체계적으로 서술했다. 특히 사회생산력의 발전과 그에 따른 생산관계의 변화를 중시했다.

둘째, 중국의 통사를 서술하되 그 요점만을 간추렸다. 전문적인 학술서로서의 중국통사가 필요한 것과 마찬가지로, 일반 독자에게도 중국의 역사를 간명하게 정리한 책이 요구됨은 당연하다. 이 책은 전문적인 중국사 연구자

---

* 『중국통사강요』(白壽彝 주편) 옮긴이의 말.

가 아닌 독자를 위한 '대중적인 중국통사'라 할 수 있다. 특히 중국사 전공이 아닌 중국학 연구자들과 중국 역사에 관심이 있는 일반 독자들에게 훌륭한 참고서 겸 입문서가 될 수 있으리라 믿는다.

셋째, 관점이 수미일관하다. 이 책은 중국의 통사를 발전적인 관점에서 역사발전을 추동하는 진정한 동력이 무엇인가를 진지하게 고찰했다. 따라서 독자가 이 책을 읽고 나면 170만 3천 6백 년이라는 장구한 시간에 걸쳐 중국 대륙이라는 광대한 공간에서 펼쳐진 인간과 자연의 관계, 인간과 인간의 관계의 역사를 한눈에 이해할 수 있게 될 것이다.

끝으로 고유명사 표기에 있어 우리 한자 독음으로 표기하는 것을 원칙으로 했다. 이는 고유명사는 해당 언어의 발음대로 따른다는 대원칙에 위배되지만, 중국 관계 연구자들 사이에 중국어 표기법이 아직 통일되지 않았다는 현실에서 기인하는 것이다. 이와 반대로 그동안 우리 사회에서 아무런 의미 없이 통용되었던 미국, 영국, 독일, 불란서 등의 표기를 아메리카, 잉글랜드, 도이치, 프랑스 등으로 바꾸어 표기했다. 원래 '美國'은 '아메리카'를 중국어로 음역한 '美利堅(Meilijian)'의 '美'에 '나라 國'을 덧붙인 약어이고, '영국'은 잉글랜드를 음역한 '英格蘭(Yinggelan)'의 '英'에 '國'을 덧붙인 약어이며, '佛蘭西(Folanxi)'의 경우는 프랑스의 음역이다. 독일의 경우 중국어로는 '德意志(Deyizhi)'라 하고 줄여서 '德國'이라 하는데, 우리나라에서는 일본식 표기인 '獨逸(ドイツ)'이 관습화되어 있다. 그러나 우리가 중국식 · 일본식의 음역이나 그 약어를 그대로 사용할 경우 이미 발음이 달라져 아무런 (소통의) 의미가 없게 되는 것이다. 다시 말해서 '美國'은 '아메리카'의 음역도 안 될 뿐만 아니라 의역 즉 '아름다운 나라'도 아니다. 이미 굳어진 언어 습관을 바꾸는 것이 쉽지는 않겠지만 잘못된 것을 바로잡기 위해서는 어떠한 어려움도 극복해야 한다는 생각으로 시도했다. 독자들의 애정 어린 비판을 바란다.

이 책은 임효섭이 1~5장과 7장을, 임춘성이 6장과 8~10장을 나누어 책임 번역했다. 그리고 일부 초고는 성균관대학교와 한국외국어대학교의 대학원생들이 작성했다. 이 자리를 빌어 초고 작업에 참여해주신 분들께 감사의 뜻을 전한다. 아울러 전공자의 입장에서 처음부터 끝까지 꼼꼼히 교열해주신 조성을 선생님, 그리고 편집부 김용림 씨께 진심으로 감사드린다. 또한 1년을 넘긴 작업 과정을 인내심을 가지고 지켜봐 주신 김태경 사장님께도 감사드린다.

1990년 11월 12일
靑松齋에서

1989

문학연구의 과제*

본격적인 문학연구의 길에 뛰어들어 생활한 지 어느덧 7년이 되면서도 '문학이란 무엇인가'라는 질문을 스스로에게 심각하게 제기한 것은 그리 오래된 일이 아니었다. 문학의 내용이 인간의 사회생활과 그것을 통해 형성된 사상·감정이기에 '문학이란 무엇인가'라는 질문은 자연스럽게 '삶이란 무엇인가'로 연결되었다. 그리고 고통스러운 과정이 시작되었다. 아직 긴 터널 속에 있으면서도 이제는 어슴푸레한 빛이 보이는 느낌이다. 내가 보고 있는 것이 환상은 아니라는 믿음으로 힘찬 발걸음을 내딛는다.

　인간의 삶을 논리적으로 인식하는 철학에 대한 정의가 다양했던 것과 마찬가지로 삶을 형상적으로 인식하는 문학에 대해 인간은 역대로 다양하게 해석해왔다. 그리고 그 해석은 지금도 천차만별이라 할 수 있다. 그러나 인간의 역사를 통시적으로 볼 때 문학현상은 분명 인간의 삶의 과정에서 출발했다. 이러한 의미에서 루쉰이 이름한 '영차영차파'는 우리에게 시사하는 바가 크다 하겠다. 인간이 지구상에 출현한 이래 수많은 과정을 거쳐 오늘날의 복잡다단한 생활에 이른 것처럼 문학현상도 최초의 단순 소박한 형태에서 다종다양한 형태로 변화되어왔다. 그러나 복잡다단한 생활현상 속에 일관되어온 인간

---

* 『문학이론학습』(侯建·劉鶴齡·許自强), 옮긴이의 말.

의 공통 본성이 있는 것처럼 다종다양한 문학현상 속에도 그 공통본질은 존재한다. 그러므로 문학연구자의 주요임무는 다종다양한 문학현상 속에 존재하는 공통본질을 규명하는 작업일 것이다.

그러면 수많은 문학현상 속에 내재하는 공통본질을 규명하기 위해서는 어떻게 해야 하는가? 옮긴이의 단견에 의하면 최소한 다음 두 가지가 전제되어야 한다고 생각한다.

우선, 개별현상과 공통본질의 관계를 올바로 인식해야 할 것이다. 현실세계에 존재하는 다양한 개별현상들은 각각 자신에게 고유한 특성을 가지고 있는 동시에 공통적인 속성도 가지고 있다. 이때 공통적인 것은 개별현상들의 풍부한 속성과 다양한 측면들을 다 포괄하지는 못하지만 개별적인 것의 필연적이며 본질적인 측면들을 나타낸다. 그리고 그것은 개별현상과 결합되어 서로 다른 구체적 형태로 표현될 뿐만 아니라 심지어 왜곡된 형태로 나타나기도 한다. 그러므로 우리는 개별현상에서 공통본질을 파악하는 데 노력을 집중하는 동시에 공통본질이 개별현상에 어떻게 외연되었는가에 주의를 기울여야 할 것이다.

다음으로, 의식과 존재의 관계를 올바로 인식해야 할 것이다. 알다시피 인간의 의식은 존재에 의해 결정된다. 특정 시점에 특정 개인이 가지는 사상과 감정(즉, 의식)은 특정 개인의 과거적 삶(즉, 존재)에 의해 결정되기 마련이다. 이것이 의식과 존재의 일차적 관계이다. 그러나 의식이 존재에 대해 항상 수동적인 것만은 아니다. 의식은 일단 형성되면 상대적 독립성을 가지면서 존재에 반작용한다. 의식과 존재간의 관계에 대한 이상의 인식을 전제로 하면서 제기되어야 할 문제는 과연 모든 사람의 과거적 삶이 올바른 것인가 하는 점이다. 올바른 삶에 기초해 형성된 의식은 별 문제가 없겠지만 그렇지 않은 삶에 기초한 의식은 올바를 수 없다. 따라서 의식적이든 무의식적이든 과거적 삶이 올바르지 않았던 개인이 올바른 삶을 살아가기 위해서는 무엇보다도 먼저 올바른 의식의 획득이 선행되어야 할 것이다. 그리고 올바른 의식으로 자신의 그릇된 과거적 삶을 규정해 나가야 할 것이다. 이러한 과정은 고통의 연속일 수밖에 없다. 그러나 고통을 두려워한다면 한 걸음도 나아갈 수 없을 진대, 올바른 의식을 획득하려는 부단한 노력과 그것을 생활 속에서 검증하고 그것을 지침으로 삼아 생활을 개조해 나가는 삶의 자세의 확립이야말로 오늘날 이 땅에서 살아가는 문학연구자, 나아가 지식인의 의무일 것이다.

이러한 인식의 기초 위에서 문학의 공통본질을 규명하는 동시에 올바른 문학관을 정립하기 위한 과정의 첫걸음으로 이 책의 번역 작업에 착수하게 되었다. 넉 달에 걸친 공동토론, 두 달간의 초고정리 작업, 그리고 또 다른 두 달간의 마무리 작업을 거쳐 초고를 완성했다. 그 중간에는 구성원들의 호흡을 맞추기 위한 공동생활도 두 차례 가졌다. 이 모든 과정에서 어려웠던 일은 한두 가지가 아니었지만 가장 힘들게 다가왔던 부분은 서로 다른 환경에서 생활해온 각 구성원의 이질적인 요소를 통일시켜 공동목표를 향해 함께 나아가는 점이었다. 어찌되었건 우리는 이 작업을 완료했고, 그 결과물이 세상에 선을 보이게 되었다. 결과적으로 의미있는 작업이었지만 이 지루한 고통스러운 과정에 끝까지 함께해 준 철규, 창원, 호현, 소영, 영숙, 정연에게 이 자리를 빌어 진심으로 고마움을 표시한다. 그리고 이 책이 이들에게 올바른 의식의 획득 및 의식과 존재의 통일이라는 측면에서 발전적으로 작용하기를 간절히 바라는 바이다. 아울러 올바른 문학관을 정립하고, 문학을 올바르게 학습 연구하려는 분들에게 이 책이 조금이라도 도움이 된다면 옮긴이로서는 더 바랄 나위 없겠다.

이 책은 北京師範學院 교수인 侯建·劉鶴齡·許自强이 지은 『文學理論百題』(北京: 書目文獻出版社, 1985.12)를 저본으로 삼았다. 그리고 독자들의 편의를 위하여 저본의 의도를 최대한 존중하는 범위 내에서 부와 장을 나누었다. 옮기는 과정에서 발생한 오류와 결함은 전체 과정을 주도한 옮긴이에게 전적으로 책임이 있음은 물론이다. 선배 동학들의 가차없는 비판을 바란다.

끝으로 이 책의 출간에 도움을 주신 모든 분들께 감사드리며 특히 번역의 모범을 제공해주신 동아대 신홍철 교수님께 이 자리를 빌어 감사드리는 바이다.

1989년 8월 28일

＊＊＊

재판을 내면서

올바른 문학연구틀을 확립하기 위한 노력의 일환으로 기존의 문학이론서를 학습하던 중, 같은 문제의식의 해결을 위해 노력하는 분들에게 조그만 도움이 되고자 하는 바람에서 이 책을 번역하게 되었다. 그것이 적지 않은 분들의 호응을 얻어 재판이 나오게 되니 일면 반가우면서도 일면 옷깃을 여미게 된다. 옮긴이가 구체적으로 만나지는 못했어도 이 땅의 어디에선가 과학적 문학이론을 학습·연구하는 분들이 적지 않다는 깨달음은 커다란 반가움의 원인일 것이고, 그들에게 부끄럽지 않은 역량을 갖추어야 한다는 자각은 절로 옷깃을 여미게 만든다. 이 책이 참다운 우리의 문학이론서가 나오는 데 조금이라도 기여할 수 있다면 옮긴이로서는 더 이상 바랄 나위 없겠다.

재판에서는 부분적인 수정과 보완을 가했다. 일부 문맥이 매끄럽지 못한 부분과 오자를 바로잡았고 299쪽과 300쪽의 내용이 바뀐 것을 바로잡았다. 아울러 초판에서 계획을 잡았다가 미처 완성하지 못했던 '문학가·문학이론가 색인'과 '문학작품·문학이론서 색인'을 보완했다. 선배 동학들의 지속적인 비판을 바란다.

나날이 어려워지는 출판환경에도 굴하지 않고 과학적 문예이론서와 훌륭한 작품 출판을 위해 애쓰시는 제3문학사의 장종택 사장님, 세밀한 부분까지도 애정과 관심을 가지고 훌륭한 책을 만들어주신 편집부 여러분들께 조그만 격려와 아울러 깊은 감사를 드린다. 그리고 번거로운 색인 작업에 수고를 아끼지 않은 수경에게 이 자리를 빌어 고마움을 전한다.

1990.7.23.

사마천(司馬遷)의 문학이론과 문예비평*
─『史記』議論文을 중심으로

1. 연구 목적과 범주

사마천[1]은 중국의 대사학가요 문학가이면서 또한 사상가이다. 그는 "고금의 변화에 통달하고 천(天)과 인(人)의 관계를 규명해 일가(一家)의 이론을 이루려는"[2] 목적으로 『사기』를 지었다.

　『사기』는 문학의 개념이 학술의 개념으로부터 분리·독립하기 시작하는 서한(西漢) 시대에, 전설상의 오제(五帝)에서 시작해 사마천 당대까지의 역사를 기록했으므로, 고금에 걸친 사회의 모든 현상이 망라되어 있다. 본 논문은 그 중 오늘날의 문학의 개념과 관련해 사마천 자신의 견해를 피력한 부분을 연구 범주로 삼고자 하며, 그의 문학과 문학가에 관한 '입론적 의론문(立論的議論文)'[3]의 분석을 통해 문학이론가 및 비평가로서의 사마천을 자리매김하

---

* 『중국학연구』 제3집. 이글은 필자의 석사학위논문「『史記』 議論文의 內容과 技法 分析」의 제3장 제4절의 내용을 수정 보완한 것임.

1_ 司馬遷: 기원전 145~87(?), 字子張, 龍門人(지금의 陝西省 韓城縣). 사마천의 생년에 관한 견해는 여러 가지가 있는데, 그 중 대표적인 것은 기원전 145년설과 기원전 135년설이 있다. 전자는 王國維 등이 주장했고, 후자는 郭沫若 등이 주장했다. 본 논문에서는 기원전 145년설을 따랐다. 졸년에 대해서는 더욱 확실한 증거가 없는데, 왕국유가 한무제 말년으로 보는 것이 큰 잘못이 없을 것이라는 논증을 따랐다(王國維,「太史公行年考」참고).

2_ 司馬遷, "…亦欲以通古今之變, 究天人之際, 成一家之言"(「報任安書」, 『漢書』, 62권 2735頁).

3_ "역사서로서의 특수성으로 인해 작가 자신이 직접 議論한 것과 타인이 議論한 것을 저작 필요상 활용해 넣은 것으로 나눠 볼 수 있겠는데, 前者를 立論的 議論文, 後者를 記訂的 議論文이라 명명할

는 데 그 목적을 둔다.

따라서, 본 논문은 우선 『사기』 내에서의 용례를 통해 문학에 대한 사마천의 인식을 개념과 효용으로 분류·추론하고, 본격적인 창작동기론이라 할 수 있는 발분저서설(發憤著書說)의 성립 근거와 의의를 살펴본 후, 한대(漢代) 문학비평의 쟁점이었던 굴원(屈原) 비평과 대표적 한부(漢賦) 작가 사마상여(司馬相如) 비평을 개괄해보고자 한다.

끝으로 원문의 인용은 1975년 洪氏出版社刊 三家注本[4]을 저본(底本)으로 삼았으며, 원문 색인의 편의를 위해 권수와 쪽수를 사선의 좌우에 표시했음을 밝혀두는 바이다(보기: 권수/ 쪽수).

2. 문학에 대한 인식

1) 문학의 개념

귀사오위(郭紹虞)는 양한(兩漢) 시대를 문학과 학술이 구별되기 시작한 시대라고 했다. 즉, 주(周)·진(秦) 시대의 문장과 박학의 뜻을 겸유한 '文學'으로부터 한대의 박학을 의미하는 '學' 또는 '文學'과 아름답고 사람을 감동시키는 문사를 지칭하는 '文' 또는 '文章'이 구분 사용되기 시작했다는 것이다.[5] 귀사오위는 그 근거로서 『사기』와 『한서(漢書)』에서의 '文學(學)'과 '文章(文)'의 용례를 제시했는데, 이 책들은 각각 서한과 동한(東漢) 시기에 지어진 것인 만큼 그 용례를 통해 당시 문학 인식을 조감한 것은 매우 타당하다.

본 논문에서도 『사기』에서의 '文學(學)'과 '文章(文)'의 대표적인 용례를 통해 사마천 개인이 문학을 어떻게 인식했는가를 추출해보고 아울러 그에 대한

수 있겠다'(林春城, 1986: 10).

4_ 司馬遷撰, 裴駰集解, 司馬貞索隱, 張守節正義, 『標點校勘 史記 三家注』, 臺北: 洪氏出版社, 1975(III).

5_ "周秦時期所謂文學, 兼有文章博學二義"(郭紹虞, 1982: 3); "以含有博學之意義者稱之爲學或文學: 以美而動人的文辭, 稱之爲文或文章"(郭紹虞: 40).

분석을 가하고자 한다.

먼저 '文學'의 용례를 살펴보면,

上鄕儒術, 招賢良, 趙箱·王藏等以文學爲公卿.「孝武本紀」(12/452)

上徵文學之士公孫弘等.「同上」(12/452)

勃不好文學.「絳侯周勃世家」(57/2071)

天子方招文學儒者.「汲鄭列傳」(120/3106)

夫齊·魯之間, 於文學, 自古以來, 其天性也.「儒林列傳」(121/3117)

自此以來, 則公卿大夫士吏, 斌斌多文學之士矣.「同上」(121/3119~3120)

漢興, 蕭何次律令, 韓信申軍法, 張蒼爲章程, 叔孫通定禮儀, 則文學彬彬稍進.「自序」

(130/3319)

라고 해, '文學'이 넓게는 율령·군법·예의 등을 포함한 학술, 좁게는 유학(儒
學)의 의미로 쓰였음을 알 수 있다. 한편, '文章' 또는 '文辭'의 용례를 살펴보면,

約其辭文, 去其煩重.「十二諸侯年表」(14/509)

擇郡國吏木訥於文辭, 重厚長者, 卽召除爲丞相史.「曹相國世家」(54/2029)

燕齊之事無足采者, 然封立三王, 天子恭讓, 群臣守義, 文辭爛然, 甚可觀也.「三王世

家」(60/2114)

余以所聞由光義至高, 其文辭不少槪見, 何哉?「伯夷列傳」(61/2121)

文章爾雅, 訓辭深厚, 思施甚美;「儒林列傳」(121/3119)

時天子方好文詞, 見申公對, 默然.「同上」(1121/3122)

라고 해, '文章' 또는 '文辭·文詞'가 사장(詞章)의 의미로 쓰였음을 알 수 있다.

이상에서 살펴본 바와 같이, 사마천은 오늘날의 문학에 해당하는 文章·
文辭를 학술에 해당하는 文學과 구별해 사용했다. 용어를 구분해 사용했다는

것은 개념의 차이를 인식했기 때문이라고 할 수 있다. 그러나 그렇다고 해서 사마천이 오늘날의 문학의 개념을 학술과 완전히 독립된 것으로 인식했다고 보기는 어렵다. 첫째, 『사기』의 체제 면에서 보건대, 『한서』의 「예문지(藝文志)」와 같은 전란(專欄)이 없고, 둘째, 문학가라 할 수 있는 굴원과 사마상여에 대한 사작(寫作) 태도가 그들의 문학가적인 측면보다는 정치가적인 측면을 더 부각했기 때문이다. 이러한 두 가지 점에서 사마천이 문학을 독립적인 개념으로 인식했다고 보기는 어려우므로 문학비평사에서의 이 공로는 「시부략(詩賦略)」을 「육예략(六藝略)」·「제자략(諸子略)」 등과 대등하게 분류한 유흠(劉歆: 기원전 53?~기원후 23)[6]과 반고(班固: 기원후 32~92)[7]에게 돌려져야 할 것이다. 한 가지 유의할 만한 점은, 사마천이 굴원의 『이소(離騷)』를 「국풍(國風)」·「소아(小雅)」에, 사마상여의 부를 『춘추(春秋)』·『역(易)』, 「대아(大雅)」·「소아」에 비교한 것으로, 이는 문학작품을 당시 가치판단의 기준인 육경(六經)과 대등한 위치에 놓고 평가한 것으로, 유흠과 반고가 「시부략」을 「육예략」과 대등한 지위로 분류한 것의 선성(先聲)이라는 점에서 그 가치를 찾아볼 수 있겠다.

요컨대, 사마천은 오늘날의 이른바 문학이 학술로부터 독립되어야 한다는 의식은 있었지만, 사마천의 시대가 초사가 흥기하고 한부가 융성하게 된 시기와 그다지 떨어지지 않아서 그에 대한 종합적인 평가가 이루어지지 않았던 까닭에 문학을 독립적인 개념으로 인식하지는 못했다고 추정된다.

2) 문학의 효용

위에서 살펴본 바와 같이, 문학을 학술과 구별하기는 했지만 아직 독립적인 개념으로까지는 발전시키지 못한 사마천은 문학의 효용을 두 가지로 나누어 언급했는데, 이를 오늘날의 관점에서 보면 협의의 문학으로서의 효용과

6_ 劉歆은 궁정의 장서를 輯略·六藝略·諸子略·詩賦略·兵書略·術數略·方技略의 일곱 가지로 나누었다.

7_ 班固는 『漢書』「藝文志」에서 輯略·六藝略·諸子略·詩賦略·術數略·方技略의 여섯 가지로 나누었다.

광의의 문학으로서의 효용이라 할 수 있다.

협의의 문학이란, "시, 소설, 희극 및 미문을 포괄하는"[8] 것으로 순문학의
개념에 해당한다. 사마천은 협의의 문학에 속하는 사부의 효용을 '풍간(諷諫)'
으로 인식했다. 그 내용을 살펴보면,

사부를 지어 풍간하고 무리를 연이어 의를 다툼을 「이소」는 가지고 있다.[9]

「자허부」의 일과 「대인부」의 말은 아름답고 과장됨이 많지만, 그 뜻은 풍간에
있고 무위에 돌아간다.[10]

라고 해, 굴원의 『이소』와 사마상여의 「자허부(子虛賦)」·「대인부(大人賦)」의
효용을 풍간으로 인식하고 있다. 이는 문학의 풍간 작용을 긍정한 것으로, "시
설(詩說)에 얽매이지 않았을 뿐만 아니라 한인의 시교(詩敎)와도 대립된다."[11]
「모시대서(毛詩大序)」에서는,

윗사람은 풍으로써 아랫사람을 교화하고 아랫사람은 풍으로써 윗사람을 풍자
하는데, 문장을 위주로 해 둘러 말해 넌지시 간하면 말하는 사람은 죄가 없고
듣는 사람은 충분히 경계로 삼으므로, 풍이라고 한다.[12]

라고 해, 시의 효용을 "휼간(譎諫)―둘러 말해 넌지시 간함"이라고 파악하고
있으며, 또한 『예기(禮記)』 「경해편(經解篇)」에서는,

8_ "狹義的文學―包括詩·小說·戲劇及美文"(羅根澤, 1980: 1).
9_ "作辭以諷諫, 連類以爭義, 離騷有之"(『史記』, 130/3314).
10_ "子虛之事, 大人賦說, 靡麗多誇, 然其指風諫, 歸於無爲"(『史記』, 130/3317).
11_ "(他肯定相如的諷諫)並非拘限於詩說, 而且是在斥抗漢人的詩敎"(趙省之, 「司馬遷賦作的評價」, 『文史哲』,
    1956-2: 30).
12_ "上以風化下, 下以風刺上, 主文而諫諫, 言之者無罪, 聞之者足以戒. 故曰風"(『詩經』, 十三經注疏本 卷2: 16).

온화하고 부드러우며 인정이 두터움은 시교이고, …13)

라고 해, 한인의 시교를 온유돈후(溫柔敦厚)로 파악하고 있다. 이와 같은 휼간과 온유돈후는 다분히 소극적인 데 반해, 사마천의 '풍간'은 매우 적극적인 성격을 띠고 있다. 굴원 이후의 초사 작가에 대한 그의 평을 보면 그 적극성을 확실히 알 수 있다.

굴원이 죽은 후에 초에는 송옥·당록·경차의 무리가 있었는데, 모두 문사를 좋아해 부로써 칭찬받았다. 그러나 모두 굴원의 자연스럽고 조화된 사령을 계승했지만 끝내 아무도 감히 직간하지 못했다. 그 후 초는 나날이 깎이어 수십 년 후 마침내 진에 멸망되었다.14)

여기에서의 '직간'은 바로 '풍간'과 상통한다. 사마천은 불합리한 사회와 정치상의 암흑을 과감히 드러내어 국가와 민족을 위해 자신을 아낌없이 희생한 굴원과 그의 작품에 대해 매우 높게 평가했으니, 이는 굴원이 '직간'과 '풍간'의 정신이 충만했기 때문이라고 여겨진다. 이와 같은 사마천의 문학의 효용에 대한 인식은 오늘날 문학을 현실 참여적인 것으로 인식하는 것과 일맥상통한다고 할 수 있다.

한편, 광의의 문학이란 "모든 문자 기록을 포괄하는"15) 것으로서, 사마천은 광의의 문학으로서의 효용을 기술에 의한 시대의 발전적 전변으로 인식했다. 사대부로서의 상투적인 왕권 경외가 가미된 「태사공자서(太史公自序)」의 일단을 절록(節錄)함으로써 춘추 정신에 경도된 사마천 자신의 문학적 효용을 조감해보자면 다음과 같다.

13_ "…溫柔敦厚詩敎也; …"(『禮記, 經解』, 十三經注疏本 卷5: 845).
14_ "屈原旣死之後, 楚有宋玉·唐勒·景差之徒者, 皆好辭而以賦見稱, 然皆祖屈原之從容辭令, 終莫敢直諫, 其後楚日以削, 數十年竟爲秦所滅"(『史記』, 84/2491).
15_ "廣義的文學─包括一切的文學"(羅根澤, 1980: 1).

선친께서 말씀하시기를, "복희씨는 지극히 순후해 『역』 팔괘를 지었고, 요순의
흥성함을 『상서』에 기록했고 예악이 지어졌으며, 탕과 무의 융성함을 시인이
노래했다. 『춘추』는 선함을 채취하고 악함을 폄하(貶下)해 삼대의 덕을 추존하
고 주나라 왕실을 찬양했으니, 다만 풍자하고 비방한 것만은 아니다."라고 하셨
습니다. … 또한 내가 일찍이 그 관직(태사공-역주)을 맡았으면서도, 밝고 거룩
하고 흥성한 덕을 폐해 기록하지 않고, 공신·세가·어진 대부의 공적을 소멸해
논술하지 않아 선친께서 말씀하신 바를 타기한다면 죄는 이보다 큼이 없습니다.[16]

이 말은 사대부(士大夫) 호수(壺遂)가 사마천에게 『춘추』는 공자(孔子)가 혼란한
사회를 바로잡아 왕의 법으로 삼기 위해 지었지만, 오늘(한무제 시대)과 같은
태평성대에 무엇을 논하려고 하는가 라는 질문[17]에 답한 것이다. 전후 상황
을 미루어 볼 때, 그가 경서의 내용을 예로 들어가면서 춘추 정신에 대한 자
신의 경향을 은폐한 것은 필화를 면하기 위해서였을 것이다. 그러므로 문학의
효용에 대한 사마천의 인식 규정은 광의와 협의를 막론한 사대부적 비판—'직
간' 또는 '풍간'—이었다고 할 수 있을 것이다.

3. 발분저서설

1) 성립 근거

한 인간의 세계관이 전변하기 위해서는 그 동기가 되는 객체적 상황과 그
에 대한 주체적인 대응이 필요하다. 사마천에게 있어 '이릉(李陵) 사건'은 그의

16_ "余聞之先人曰: 『伏羲至純厚, 作易八卦. 堯舜之盛, 尙書載之, 禮樂作焉. 湯武之隆, 詩人歌之. 春秋采善貶
惡, 推三代之德, 襃周室, 非獨刺譏而已也. … 且余嘗掌其官, 廢明聖盛德不載, 滅功臣世家賢大夫之業不述,
墮先人所言, 罪莫大焉'(『史記』, 130/3299).

17_ "壺遂曰: '孔子之時, 上無明君, 下不得任用, 故作春秋, 垂空文以斷禮義. 當一王之法. 今夫子上遇明天子,
下得守職, 萬事旣具, 咸各序其宜, 夫子所論, 欲以何明?'"(『史記』, 130/3199).

세계관을 전변시킨 주요한 객체적 상황이며, 발분저서설은 그것을 극복해 나가는 주체적인 적극적 대응이라 할 수 있다.

그러면 먼저 '이릉 사건'의 개요와 그로 인해 사마천이 겪은 역경을 『사기』의 「이장군열전(李將軍列傳)」과 『한서』의 「이광소건전(李廣蘇建傳)」·「사마천전」의 기록을 중심으로 살펴보겠다. 이릉은 이광의 손자로, 당시 이사장군(貳師將軍)인 이광리(李廣利)의 유격 부대가 되어 보병 오천 인을 거느리고 진군하던 중, 흉노의 주력부대를 만나 선전했지만, 중과부적으로 8일간의 사투 끝에 흉노에게 항복했다. 이 소식을 들은 무제가 몹시 진노하게 되자 궁중의 신하들은 다투어 이릉의 나쁜 점을 말했다. 이때 사마천은 무제의 하문에 답해, 이릉이 항복한 것은 불충해서가 아니라 어쩔 수 없는 상황 때문이었고, 전사하지 않은 것은 훗날 국가에 보답하기 위해서일 것이라고 말했다. 그러나 무제는 그 진의를 오해해, 사마천이 이릉을 변호하고 이광리를 깎아내린다고 여기어 그를 감옥에 가두었다. 그 이듬해(기원전 98년), 이릉이 흉노군을 교련한다는 오보가 전해지자 무제는 이릉의 가족을 몰살하고 사마천을 궁형에 처한다.

이처럼 자신의 객관적 판단에 의해 이릉에 대해 이야기했으나 무제에게 오해를 받아 궁형까지 당한 사마천은 이때의 심리적 갈등을 친구인 임안(任安)에게 보낸 「보임안서(報任安書)」에서 잘 나타내고 있다. 실제로 그는 처음 감옥에 갇혔을 때 "집이 가난해 재물로 자신에 대해 속죄할 수도 없었고, 친구들도 구해주지 않았으며, 좌우의 친근한 사람들도 말 한마디 해주지 않았습니다."[18] 또한 "이릉은 이미 살아 항복해 가문의 명예를 무너뜨리고 저는 잠실(蠶室)에 들어가 궁형을 받아 다시 천하의 웃음거리가 되자"[19] 극도의 정신적 타격을 받는다. 평소에 공자와 같은 "청운지사(靑雲之士)"(「伯夷列傳」 참고)가 되고자 했던 사마천이기에 치욕적인 형벌을 받고는 죽음을 생각하게 된다.

18_ "家貧, 財賂不足以自贖, 交遊莫救, 左右親近不爲壹言"(「報任安書」: 2730).

19_ "李陵旣生降, 隤其家聲, 而僕又茸之以蠶室, 重爲天下觀笑"(「報任安書」: 2730).

그러나 죽음을 결심하기에 앞서 냉정하게 주위 상황 및 자신의 처지를 생각해보고는 "가령 제가 법에 매여 죽임을 당한다면 마치 아홉 마리의 소에서 털 한 오라기를 잃는 것과 같아 개미와 다를 것이 없습니다."[20]라는 것을 알았고, 또 "세상에서는 저를 절개를 위해 죽은 사람과 비교하지 않고, 다만 지혜가 다하고 죄가 커서 스스로 빠져나오지 못하고 마침내 죽었다."[21]라고 평할 것이라는 사실도 인식했다. 여기에 생각이 미친 사마천은 "사람은 다 한 번씩 죽지만 어떤 사람의 죽음은 태산보다 무겁고 어떤 사람은 기러기 깃보다 가볍기도 하니, 이것은 죽음으로 나아가는 방법이 다르기 때문"[22]이라는 사실을 인식하게 된다.

이처럼 자신의 객관적 상황을 냉철히 분석한 사마천은 자신이 집필해 온 역사기록에서 저명 인물의 경우를 살펴보게 되는데, 그 결과 역대의 성현들도 대개는 역경을 당했지만 이에 굴하지 않고 그 고난을 이겨냈다는 교훈을 발견해, 마침내 발분저서설을 완성하게 되는 것이다.

2) 의의

「자서」에 실린 발분저서설의 내용을 살펴보면,

무릇 『시경』과 『서경』의 뜻이 은미(隱微)하고 말이 간략한 것은 그 뜻하는 바를 나타내기 위함이다. 옛날 서백(西伯) 문왕(文王)은 유리(羑里)에 갇혀 『주역(周易)』을 중괘(重卦)했고, 공자는 진(陳)과 채(蔡) 사이에서 위험을 당해 『춘추』를 지었으며, 굴원은 추방되어 『이소』를 지었고, 좌구명(左丘明)은 실명해 『국어(國語)』가 있었으며, 손자는 다리를 잘리고 병법을 논했고, 여불위(呂不韋)는 촉(蜀)땅으로 쫓겨가 세상에 『여람(呂覽)』을 전했으며, 한비(韓非)는 진에 갇혀 「세난(說難)」

20_ "假令僕伏法受誅, 若九牛亡一毛, 與螻蟻何異?"(「報任安書」: 2731).
21_ "而世又不與能死節者比, 特以爲智窮罪極, 不能自免, 卒就死耳"(「報任安書」: 2731).
22_ "人固有一死, 死有重於泰山, 或輕於鴻毛, 用之所趣異也"(「報任安書」: 2732).

과 「고분(孤憤)」을 지었고, 시 삼백 편은 대개 성현들이 울분(鬱憤)을 나타내어 지은 것이다. 이들은 모두 마음속에 울결(鬱結)한 바가 있어 자기 뜻을 통할 수 없었으므로 지난 일을 저술해 후세 사람을 생각했다.[23]

라고 해 문왕·공자·굴원·좌구명·손빈·여불위·한비자·『시경』의 작가들이 자기 뜻을 펼 수 없는 역경을 당해 마음속에 맺힌 절실한 감정을 책에 나타내어 후세 사람을 계시하고자 했다는 사실을 간파했다. 사실 사마천이 발분저서의 예로든 인물 중 공자의 진·채 간 위험과 『춘추』 저작 간에는 직접적인 인과관계가 없으며(「孔子世家」 참고), 여불위·한비자의 곤궁과 발분저서는 시기가 도치되어 있고(「呂不韋列傳」, 「老子韓非列傳」 참고), 『시경』의 경우도 발분해 지은 작품은 일부에 지나지 않으므로, 대개가 발분해 지어졌다는 것은 사실과 부합되지 않는다. 그러나 중요한 것은 사마천의 핵심 사상인 "마음속에 울결한 바가 있어 자기 뜻을 펼 수 없었기 때문에 지나간 일을 저술해 후세 사람들을 생각했다"라는 것이므로, 예를 잘못 든 것은 핵심 사상의 성립에는 그다지 영향을 주지 못한다고 할 수 있다.

이처럼 「자서」에서 발분저서설을 피력한 사마천은 「보임안서」에서도 이와 비슷한 이야기를 했을 뿐만 아니라,[24] 『사기』 내에서도 여러 번 강조했다.

그러나 우경(虞卿)이 곤궁해 근심하지 않았더라면 또한 책을 지어 스스로 후세에 드러내지 못했을 것이다.[25]

23_ "夫詩書隱約者, 欲遂其志之思也. 昔西伯拘羑里, 演周易; 孔子戹陳蔡, 作春秋; 屈原放逐, 著離騷; 左丘失明, 厥有國語; 孫子臏脚, 而論兵法; 不韋遷蜀, 世傳呂覽; 韓非囚秦, 說難·孤憤; 詩三百篇, 大抵賢聖發憤之所爲作也. 此人皆意有所鬱結, 不得通其道也, 故述往事, 思來者"(『史記』, 130/3300).

24_ "古者富貴而名磨滅, 不可勝記, 唯俶儻非常之人稱焉. 蓋西伯拘而演周易; 仲尼戹而作春秋; 屈原放逐, 乃賦離騷; 左丘失明, 厥有國語; 孫子臏脚, 兵法修列; 不韋遷蜀, 世傳呂覽; 韓非囚秦, 說難·孤憤. 詩三百篇, 大抵賢聖發憤之所爲作也. 此人皆意有所鬱結, 不得通其道, 故述往事, 思來者. 及如左丘明無目, 孫子斷足, 終不可用, 退論書策以舒其憤, 思垂空文以自見"(「報任安書」: 2735).

25_ "然虞卿非窮愁, 亦不能著書以自見於後也"(『史記』, 76/2736).

굴평(屈平)이 『이소』를 지은 것은 대개 원망으로부터 생겨났다.[26]

라고 해, 우경이 곤궁하고 근심했기 때문에 『우씨춘추』를 지을 수 있었고 또한 굴원의 창작 배경이 원망이었음을 밝혔다.

이와 같은 발분저서설은 사마천의 직접 체험에서 우러나온 절실한 것으로, 그가 궁형을 당한 후 "이 때문에 창자가 하루에도 아홉 번씩 굽이치며, 집에 있으면 홀연히 무엇을 잊어버린 듯하고 나가면 어디로 가야 할지를 몰랐으니 이러한 부끄러움을 생각할 때마다 등에 땀이 흘러 옷을 적시지 않을 때가 없었습니다."[27]라는 역경을 극복해 마침내 『사기』를 완성했으니, 『사기』는 그가 역경을 당해 발분저서한 결과로 이룩된 산물이라 할 수 있는 것이다.

사마천의 발분저서설은 창작의 심리적 동기를 표출해냈다는 점에서 높이 평가될 만하며, 후대의 문인들에게도 지대한 영향을 미쳤으니 동한 환담(桓譚: ?～기원후 25년?)의 "가의(賈誼)가 좌천해 실의하지 않으면 문채가 빛나지 않았을 것이다."[28] 당(唐) 한유(韓愈: 678～824)의 "평평함을 얻지 못하면 소리낸다."[29] 송(宋) 구양수(歐陽修)의 "시(詩)는 곤궁한 연후에 공교해진다."[30] 등과 같은 이론은 사마천의 발분저서와 맥을 같이하는 문학이론이라 할 수 있다.

4. 사부(辭賦) 작가에 대한 실제 비평

사마천의 문학비평은 전국(戰國) 말기와 한대에 걸쳐 대두한 본격적인 문인 계층에 대한 비평이라 할 수 있다. 이 논문에서는 초사의 조종(祖宗)인 굴원

26_ "屈平之作離騷, 蓋自怨生也"(『史記』, 84/2482).

27_ "是以腸一日而九回, 居則忽忽若有所亡, 出則不知所如往. 每念斯恥, 汗末嘗不發背霑衣也"(「報任安書」: 2736).

28_ "賈誼不左遷失志則文彩不發"(『桓子新論』, 「求輔篇」(嚴可均, 『全後漢文』, 臺灣世界).

29_ "不得其平則鳴"(「送孟東野序」, 『韓昌黎文集校注』, 香港: 中華書局, 1984).

30_ "詩窮而後工"(「梅聖愈詩集序」, 『歐陽文忠公集』 卷42, 臺灣商務).

및 그의 대표작인『이소』에 대한 비평과 한부의 대표작가인 사마상여에 대한 비평으로 나누어 살펴보고자 한다.

1) 굴원에 대한 비평

한대에 부가 유행하면서 많은 사람이 한부의 원조인 초사에 대해 커다란 관심을 나타내었는데, 특히 초사의 조종이라 할 수 있는 굴원에 대해 각별한 주의를 기울였다. 이러한 관심과 주의는 한초 가의(기원전 200~168)가 굴원을 애도해 지은 「조굴원부(弔屈原賦)」와 회남왕(淮南王) 유안(劉安: 기원전 178~122)의 「이소전(離騷傳)」, 반고의 「이소서(離騷序)」·「이소찬서(離騷贊序)」, 왕일(王逸, 89~158?)의 「초사장구서(楚辭章句序)」·「이소경서(離騷經序)」 등으로 이어진 일련의 비평에서 찾아볼 수 있다.

사마천도 「굴원가생열전(屈原賈生列傳)」을 지어 굴원의 행적과 함께 굴원 및 『이소』에 대해 적절하게 비평했다. 굴원 비평은 중국문학비평사상 문인에 대한 최초의 비평이라는 점에서 지대한 의의가 있으므로 여기에서 사마천의 비평을 중심으로 해 한대의 굴원 비평을 개괄하면서 사마천의 비평가적인 면모를 자리매김하고자 한다.

굴원에 대한 최초의 비평은 회남왕 유안의 「이소전」[31]이라 하는데 지금은 그 원문을 찾아볼 수 없고 다만 반고의 「이소서」에 일부 인용되어 있을 뿐이다. 그 내용을 살펴보면,

옛날 무제 때 고문을 박람했는데, 회남왕 유안은 「이소전」을 서술해, "「국풍」은 아름다움을 좋아하나 지나치지 않고 「소아」는 비방받음을 원망하나 어지럽지 않은데, 『이소』와 같은 것은 그 두 가지를 겸했다 할 수 있다. 더러운 오물 가운데에서 허물을 빗어버리고 속세 밖에서 부유해 희디희게 진흙에 빠져 있어

31_ "[武帝]使爲離騷傳, 且受詔, 日食時上"(『漢書』 卷44, 「淮南衡山齊北王傳」 卷14: 2145).

도 물들지 않았다. 이 뜻을 미루어 보건대, 일월과 빛을 다툰다 해도 가할 것이다."라고 여기었다.[32)]

라고 했는데, 이는 유가의 "낙이불음, 애이불상(樂而不淫, 哀而不傷)"[33)]의 관점에서 『이소』가 「국풍」과 「소아」의 장점을 겸했다 했고, 도가적 관점에서 굴원의 고결한 인품을 말한 것이니, 굴원과 『이소』에 대해 대단히 높게 평가했음을 알 수 있다.

사마천은 유안의 견해를 계승했을 뿐만 아니라 그것을 더욱 확대 발전시켜, 『이소』의 창작 동기와 주제, 예술적 특색과 작가의 인격까지 언급했는데, 이는 작가와 작품에 대한 초보적이면서도 구체적인 비평을 시도한 것이라 할 수 있다. 그 내용을 살펴보면,

1) 굴평은, 왕이 신하의 말을 듣는 데 귀 밝지 않고 참소와 아첨이 밝은 천자를 가리고 사악함과 왜곡이 공정함을 해치고 방정함이 용납되지 않음을 마음 아파했다. 그러므로 근심하고 깊이 생각해서 『이소』를 지었다. 이소라는 것은 근심을 만난다는 것과 같다. … 굴평은 도를 바로 하고 행동을 곧게 했으며 충성과 지혜를 다해 군주를 섬겼는데, 참소하는 사람이 이간질했으니 가히 곤궁했다 할 수 있다. 신실했으나 의심받고 충성스러웠으나 비방 받았으니 원망이 없을 수 있겠는가? 굴평이 『이소』를 지은 것은 아마도 원망으로부터 생긴 것이리라.
2) 「국풍」은 아름다움을 좋아하나 지나치지 않고, 「소아」는 비방 받음을 원망하나 어지럽지 않은데, 『이소』와 같은 것은 그 두 가지를 겸했다 할 수 있다.
3) 위로는 제곡을 일컫고 아래로는 제환공을 이야기했으며 중간에 탕왕과 무왕을 서술해 세사를 풍자했으며, 도덕의 광대 숭고함과 치란의 조리를 밝힘이

32_ "昔在孝武, 博覽古文, 淮南王安敍「離騷傳」, 以國風好色而不淫, 小雅怨誹而不亂, 若『離騷』者, 可謂兼之, 蟬蛻穢濁穢之中, 浮游塵埃之外, 嚼然泥而不滓, 推此志, 雖與日月爭光, 可也"(班固, 「離騷序」; 洪興祖, 『楚辭補注』 VI, 1981, 88~89).
33_ "子曰; '關雎, 樂而不淫, 哀而不傷'"(『論語』, 「八佾」 十三經注疏 卷8).

모두 드러났다. 4) 그 글은 간략하고 그 말은 은미하며, 그 뜻은 고결하고 그 품행은 청렴하며, 그 일컬은 문장은 작지만 그 가리킨 뜻은 극히 크며, 든 종류는 가깝지만 나타난 뜻은 심원하다. 5) 그 뜻이 고결하기 때문에 그 일컬은 사물이 향기롭고, 그 품행이 청렴했기 때문에 죽어서도 용납되지 않았다. 더러운 진흙탕을 스스로 멀리하고 더러운 오물을 털어버렸으며, 속세의 밖에서 부유함으로써 세상의 추함에 의해 더럽혀지지 않았으니, 그 깨끗함은 진흙에 빠져있어도 물들지 않았다. 이 뜻을 미루어 보건대, 일월과 빛을 다툰다 해도 가할 것이다.[34] (단락 부호는 필자가 편의상 붙인 것임.)

라고 했다. 사마천은 1) 단락에서 굴원이 『이소』를 짓게 된 동기를 "우수유사(憂愁幽思)"와 "원(怨)"으로 해석했는데, 이는 발분저서의 이론과 일맥상통하는 것이다. 2) 단락에서는 유안의 견해를 그대로 수용했음을 알 수 있고, 3) 단락에서는 『이소』의 주제가 옛 성왕들의 일을 서술해 세상일을 풍자하고, 도덕의 광대 숭고함과 치란(治亂)의 조리를 밝힌 것으로 파악했다. 4) 단락에서는 예술적 특색에 대해 언급하고 있는데, "그 글은 간략하고 그 말은 은미하며(其文約, 其辭微)"라고 해 문사가 함축적임을 지적하고, "그 일컬은 문장은 작지만 그 가리킨 뜻은 극히 크며, 든 종류는 가깝지만 나타난 뜻은 심원하다(其稱文小而其指極大, 擧類邇而見義遠)"라고 해 『시경』의 비흥(比興) 수법을 이어받았음을 밝히고 있다. 5) 단락에서는 유안의 견해를 발전시켜, 작가의 고결한 뜻과 청렴한 품행을 칭찬해 당시의 부화뇌동하던 세태에 휩쓸리지 않고 스스로를 지켜나간 모습을 극찬했다.

34_ "1) 屈平疾王聽之不聰也, 讒諂之蔽明也, 邪曲之害公也, 方正之不容也, 故憂愁幽思而作離騷. 離騷者, 猶離憂也. …屈平正道直行, 竭忠盡智以事其君, 讒人間之, 可謂窮矣. 信而見疑, 忠而被謗, 能無怨乎? 屈平之作離騷, 蓋自怨生也. 2) 國風好色而不淫, 小雅怨誹而不亂. 若離騷者, 可謂兼之矣. 3) 上稱帝嚳, 下道齊桓, 中述湯武, 以刺世事. 明道德之廣崇, 治亂之條貫, 靡不畢見. 4) 其文約, 其辭微, 其志潔, 其行廉, 其稱文小而其指極大, 擧類邇而見義遠. 5) 其志潔, 故其稱物芳, 其行廉, 故死而不容. 自疏濯淖汚泥之中, 蟬蛻於濁穢, 以浮游塵埃之外, 不獲世之滋垢, 皭然泥而不滓者也. 推此志也, 雖與日月爭光, 可也"(『史記』 84/2482).

이처럼 굴원과 『이소』에 대해 종합적인 비평을 가한 사마천은 작가의 가치관에 대한 평가를 더욱 구체화해 굴원의 애국심에 대해 말하기를,

(굴원은) 비록 추방되었으나 초나라를 뒤돌아보고 마음을 회왕에 매어 돌아오고자 함을 잊지 않았으며, 군주가 한번 깨닫고 세속이 한번 바뀌기를 바랐다.[35]

라고 해, 비록 추방되었어도 나라와 임금을 사랑해 우매한 임금이 잘못을 깨닫기를 바라는 간절한 애국심을 말했다. 이러한 굴원의 애국심은 그 이후의 송옥·당륵·경차와 같은 기타 초사 작가에 대한 평가와 비교해보면 더욱 뚜렷이 알 수 있는데, 다른 초사 작가들은,

모두 문사를 좋아해 부로써 칭찬받았다. 그러나 모두 굴원의 자연스럽고 조화된 사령을 계승했지만 끝내 아무도 감히 직간하지 못했다. 그 후 초는 나날이 깎이어 수십 년 후 마침내 진에 멸망되었다.[36]

라고 평가해, 굴원 이후의 초사 작가들은 굴원의 문학적 기교만을 본받았을 뿐 그 애국정신을 계승하지 못해 감히 직간하지 못했고, 그로 인해 초가 멸망했다고 했다. 이는 굴원과 같은 애국자의 존재 여부가 국가의 존망에까지 관계됨을 역설한 것이다.

굴원에 대한 평가는 사마천 이후에도 계속되어 동한의 반고와 왕일까지 이어진다.

반고는 「이소서」에서 유안의 견해를 반박함으로써 사마천에 대한 간접적인 반론을 제기하고 있다. 먼저 유안의 극찬에 대해 "진실을 지나친 듯하다"

35_ "[屈原]雖放流, 睠顧楚國, 繫心懷王, 不忘欲反, 冀幸君之一悟, 俗之一致也"(『史記』 84/2485).
36_ "…皆好辭而以賦見稱; 然皆祖屈原之從容辭令, 終莫敢直諫. 其後楚日以削, 數十年竟爲秦所滅"(『史記』 84/2491).

라고 했으며, 굴원을 "재주와 자신을 드러내다가" "참소하는 무리를 만난" 경박한 인물로 평했다. 또한 『이소』의 낭만적 요소에 대해서도 "법도의 옳음 · 경의에 기록된 바가 아니다"라고 비평했다. 반고의 시대는 경서가 절대적인 지위를 점유한 때였고 반고 자신도 정통적인 유가였던 만큼 『이소』가 경서의 내용과 부합되지 않는다는 점에서 부정적인 평가를 했다. 그러나 "비록 밝은 지혜의 그릇은 아니지만 기묘한 재주를 가진 자라고 할 수 있다"라고 해 굴원의 문학적 재능만은 인정했다.[37]

그 후 왕일은 「초사장구서」에서 반고의 의견을 "이는 굴원의 고명함을 어그러뜨리고 그 청결함을 깎아내린 것이다"[38]라고 반박하고, 『이소』의 문장이 경서에 의탁해 뜻을 세웠음을 예를 들어 설명했다. 왕일의 「초사장구서」는 반고의 "경서에 부합되지 않는다"라는 논점을 반박하기 위한 색채가 짙어 견강부회적인 요소가 많으나, 그의 「이소경서」는 보다 객관성을 띤 것으로 판단되므로 굴원에 대한 왕일의 평가를 보다 정확하게 알아볼 수 있다.

굴원은 충정을 행했으나 참소하는 사악한 무리를 만났으므로 근심하는 마음이 어지러웠는데, 하소연할 바를 몰라 마침내 『이소경』을 지었다. 이는 헤어짐이고 소는 근심함이며, 경은 길이다. 자신이 추방되어 이별하게 되자 마음속으로 근심하나 그래도 도라는 길에 의탁해 임금에게 풍간하는 것을 말한다. 그러므로 위로는 당요, 우순, 삼왕의 제도를 말했고 아래로는 걸, 주, 예, 요의 패망을 기록했으며, 임금이 깨달아 정도에 돌아와서 자신을 불러주기를 바랐다. … 『이소』의 문장은 『시경』에 의거해 흥의 수법을 취했으며 사물을 이끌어 비유했다. 그러므로 착한 새와 향초로 충정한 사람에 견주었고, 나쁜 짐승과 물건으로 참소, 아첨하는 무리에 비유했으며, 영수와 미인으로 임금에 비교했으며

37_ "…斯論似過其眞. …露才揚己…以離騷賦…非法度之政 · 經義所載. …雖非明智之器, 可謂妙才者也"(班固, 「離騷序」, 『楚辭補注』: 88~89).
38_ "是虧其高明, 而損其淸潔者也"(王逸, 「楚辭章句序」, 『楚辭補注』).

복비와 일녀로 현신에 비유했고, 규룡, 난봉으로 군자를 기탁했으며 표풍과 운예로 소인을 삼았다. 그 문사는 온아하고 그 뜻은 밝고 명랑해, 많은 군자가 모두 그 청고함을 사모하고 그 문채를 기뻐하며 그 불우를 슬퍼하고 그 뜻을 동정했다.39)

라고 했는데, 인용의 앞과 중간에 굴원의 행적을 기록해 사마천의 「굴원가생 열전」의 체제와 비슷하게 구성했고, 아울러 그 내용에서도 이소경에 대한 정의를 내리고 『이소』의 비흥(比興) 수법을 실례로 들어가면서 설명했으며, 후대 군자들이 그의 재능과 뜻을 흠모하지 않는 사람이 없다고 했다. 이를 사마천의 평가와 비교해보면, 문학 기교적인 면에서는 왕일이 비교적 구체적인 반면, 작가의 사상적인 면에서는 사마천이 더 깊이 이해했다고 할 수 있겠다. 이는 사마천이 자신의 체험을 통해 굴원의 상황을 더욱 절실하게 공감했기 때문이라 할 수 있다.

이상으로, 사마천을 중심으로 한대 문인들의 굴원 평가를 개괄해보았는데, 이를 통해 사마천 문학비평의 의의를 정리해보면 아래와 같다.

첫째, 체계적인 비평형식을 창립했다. 작품의 창작 동기와 주제, 문학 기교와 작가의 사상에 이르기까지 초보적이기는 하지만 종합적인 분석을 시도했다.

둘째, 전인의 견해를 이어받아 후인을 계도(啓導)하는 역할을 했다. 사마천은 유안의 견해를 받아들이고 더욱 발전시켰는데, 이중 문학 기교에 관한 것은 반고도 인정했고 왕일은 더욱 구체화했다.

셋째, 작가의 사상에 대한 깊은 이해는 자신의 절실한 체험을 통해 이루

39_ "…屈原執履忠貞而被讒邪, 憂心煩亂, 不知所愬, 乃作離騷經. 離, 別也; 騷, 愁也; 經, 徑也. 言己放逐離別, 中心愁思, 猶依道徑以風諫君也. 故上述唐虞三后之制, 下序桀紂羿澆之敗, 冀君覺悟, 反於正道而還己也, … 離騷之文, 依詩取興, 引類譬諭. 故善鳥香草, 以配忠貞; 惡禽臭物, 以比讒佞; 靈脩美人, 以媲於君; 虙妃佚女, 以譬賢臣; 虯龍鸞鳳, 以託君子; 飄風雲霓, 以爲小人. 其辭溫而雅, 其義皎而朗, 凡百君子, 莫不慕其淸高, 嘉其文采, 哀其不遇而愍其志焉"(王逸, 「離騷經序」, 『楚辭補注』, 10~12).

어진 것인데, 이것은 이해의 차원을 넘어 공감과 공명의 차원에까지 이른 것으로, 작품의 감상과 비평에 있어 최고의 경지를 제시했다고 할 수 있다.

2) 사마상여에 대한 비평
사마상여에 대한 사마천의 비평을 살펴보면,

『춘추』는 드러난 것을 추론해 은미한 것에 이르고, 『역』은 은미한 것에 근본해서 드러난 것으로 나아가며, 「대아」는 왕공과 대인을 말해 그 덕이 서민에게 이르며, 「소아」는 개인의 득실을 나무라서 그 흐름이 위에 이른다. 그러므로 말의 외형은 틀리나 그들이 덕에 합치되는 것은 한 가지이다. 사마상여는 비록 공허한 문사와 과장된 말이 많지만 그 요점은 절검에 귀착되니, 이는 『시』의 풍간과 무엇이 다르겠는가? 나는 그 말 가운데 논할만한 것을 뽑아 편으로 엮었다.[40]

사마천은 사마상여에 대한 평가에 앞서, 『춘추』와 『역』 그리고 『시』의 「대아」와 「소아」의 효용에 대해 언급했다. 먼저 『춘추』와 『역』을 표리관계로 파악했는데, 『춘추』는 정치의 행위와 결과(見)를 기록한 것으로 그것을 추론해 행위와 결과의 동기(隱)를 알 수 있는 것이며, 『역』은 동기(隱)를 기록한 것으로 그것에 근본해 행위와 결과(顯)를 추단할 수 있다고 여겼으니, 『춘추』와 『역』은 모두 현실 생활─특히 정치─의 인과관계를 밝힌 것으로 인식했음을 알 수 있다. 또한 「대아」에서 왕공과 대인을 언급한 것은 그들의 권세 때문이 아니라 그들의 은덕이 능히 백성들에게 미칠 수 있기 때문이며, 「소아」에서 개인의 득실을 풍자한 것은 통치자(上)의 득실을 경계하기 위함이라고

40_ "太史公曰; 春秋推見至隱, 易本隱以之顯, 大雅言王公大人而德逮黎庶, 小雅譏小己之得失其流及上, 所以言雖外殊, 其合德一也. 相如雖多虛辭濫說, 然其要歸引之節儉, 此與詩之風何異? 余采其語可論者著于篇"(『史記』117/3703). 중간의 楊雄 이하의 28자는 梁玉繩의 견해에 따라 삭제함(자세한 것은 梁玉繩, 『史記志疑』, 1981: 1424 참고).

인식했다. 그러므로 이들이 형식은 다르지만 현실정치에 대한 효용(合德)은 같다고 말한 것이다.

이어서 사마천은 사마상여의 작품을 비평했는데, 상여의 작품에 비록 공허한 문사와 과장된 말이 많다는 결점은 있으나 위에 든 경서에 필적할 만한 효용을 가지고 있다고 했으니, 그것은 절검(節儉)에 귀착되는 것으로, 이는 바로 『시경』의 풍간 작용과 같다고 했다.

이러한 평가는 두 가지 문제점을 내포하고 있으니, 하나는 상여의 작품이 경서와 동등하게 비교될 수 있는가 하는 점이고, 또 하나는 상여의 작품에서 풍간의 역할이 『시경』에서의 그것과 비교될 만큼 큰가 하는 점이다. 이 두 가지의 해답을 구하면서 사마천의 의도를 분석하고자 한다.

첫째, 상여의 작품이 과연 경서와 대등한 지위를 점유할 수 있는가? 당시 경서가 가치판단의 기준이 될 만큼 절대적 위치를 차지했던 시대 상황으로 미루어 보아, 그 대답은 절대로 "그럴 수 없다"이다. 그러면 이런 불가능한 상황에서 그처럼 대담하게 평가한 사마천의 의도는 과연 무엇일까? 그것은 바로 상여의 문학적 성취를 인정하고, 아울러 그의 작품의 현실정치에 대한 효용이 『춘추』와 『역』, 「대아」와 「소아」 등의 효용에 필적할만한 것이라는 사실을 간파했기 때문이라 할 수 있다. 이처럼 당시 대환경에 구애되지 않고 객관적이면서도 대담하게 평가한 일은 유안이 굴원의 『이소』가 「국풍」과 「소아」의 장점을 겸한 것이라는 평가와 더불어 문학을 학술과 대등한 지위로 격상시키는 기반을 마련했다는 점에서 그 참된 의의가 있다고 할 것이다.

둘째, 상여의 작품에서 풍간의 역할이 『시경』에서의 풍간 작용에 비교될 수 있는가? 이 문제에 대한 대답 역시 부정적이다. 그의 작품에 풍간의 요소가 있기는 하지만 화려하고 과장된 문사에 가려 그다지 중요한 역할을 하지 못했다. 그러므로 양웅(揚雄)과 같은 이는 상여의 부를 "매우 사치스러운 부이며, 백을 힘쓰나 하나만 풍간했다"[41]라고 평가하기까지 했다. 그러면 사마천의 의도는 과연 무엇인가? 이에 대해서 청대의 오여륜(吳汝綸, 1840~1903)이 적절하게 대답하고 있다.

　다른 글은 싣지 않고 유독 수 편만을 실은 것은 그 글들이 무제를 풍간한 것과
　관련된 바가 가장 크기 때문이다.42)

즉, 오여륜은 상여의 많은 작품43) 중 「자허부」・「상림부(上林賦)」・「애이세
부(哀二世賦)」・「대인부」와 「유파촉격(諭巴蜀激)」・「난촉부로(難蜀父老)」 그리
고 상소문 두 편을 사마천이 실은 것은 그 내용에 무제를 풍간함이 많았기
때문이라고 파악했다. 사실 「사마상여열전」의 본문에서도 각 작품의 앞뒤에
작품에 대한 간단한 평을 해놓았는데 이 역시 풍간과 관계가 있으며, 「태사
공왈」에서 "나는 그 말 가운데 논할만한 것을 뽑아 편으로 엮었다(余采其語可
論者著于篇)"라는 말도 사마천의 일관된 의도를 잘 나타내주고 있다. 바꾸어
말해, 상여의 작품은 문사도 뛰어났고 풍간적 요소도 있었으나 그 주요 독
자인 무제는 화려한 문사와 사치스러운 내용만을 좋아할 뿐 풍간을 받아들
이지 않았으므로 사마천은 일부러 『시』의 풍간과 비교해 언급했음을 알 수
있다.

　이상으로 굴원과 사마상여에 대한 사마천의 비평을 살펴보았다. 청 유희
재(劉熙載: 1813 ~ 1881)는 이들 세 사람의 관계를 다음과 같이 표현하고 있다.

　이소를 배움에 있어, 그 정을 얻은 사람은 태사공이고, 그 문사를 얻은 사람은
　사마장경이다.44)

41_ "贊曰: ⋯揚雄以爲靡麗之賦勸百而風一"(班固, 『漢書』, 「司馬相如傳」: 2609). 그러나 양웅의 저작에
　　는 이러한 기록이 없다. 다만 『法言』, 「吾子」에서 "詩人之賦麗以則, 辭人之賦麗以淫"이라고 했는
　　데, 이로 미루어 보아 반고가 인용한 말도 했을 가능성이 높다.
42_ "⋯他文不載, 獨載數篇者, 以諸文諷諫武帝所關最鉅也"(吳汝倫, 『史記集評』: 1136).
43_ "司馬相如, 賦二十九篇"(班固, 『漢書』, 「藝文志」: 1747).
44_ "學離騷, 得其情者爲太史公; 得其辭者爲司馬長卿"(劉熙載, 『藝概』 卷1 「文槪」: 7).

유희재의 평은 매우 적절하다. 이 논문에서 굴원과 사마상여에 대한 사마천의 비평을 분석한 결과로써 한 마디 더 부언한다면, 사마천은 굴원의 사상을 완전히 배워 소화했을 뿐 아니라 그의 문학 기교에 대해서도 깊은 이해를 했다고 말할 수 있다. 그러므로 사마상여의 문학성취에 대해 그토록 높은 평가를 할 수 있었다.

5. 결론

본 논문의 연구 결과를 귀납·정리해보면 다음과 같다.

첫째, 『사기』에서의 '文學(학술의 뜻으로 쓰임)'과 '文章(문학의 뜻으로 쓰임)'의 용례 비교를 통해 사마천이 두 개념의 차이를 의식했음을 알 수 있었다. 그러나 『사기』의 체제 면과 굴원·사마상여 등의 문학가에 대한 시작태도 면을 살펴볼 때, 문학을 독립적인 개념으로까지는 인식하지 못했다고 추정된다.

둘째, 문학의 효용에 대한 사마천의 인식은 협의와 광의로 나누어 볼 수 있는바, 그가 협의의 문학의 범주에 속하는 초사와 한부의 효용을 풍간과 직간으로 인식한 것은 당시의 휼간과 온유돈후의 소극성을 탈피해 적극성을 띤 것으로 추정된다. 그리고 광의의 문학—모든 문자 기록—의 효용을 시대의 발전적 전변을 기록하는 것으로 생각했던 것은 춘추 정신에 대한 자신의 경향을 조심스럽게 표현한 것이라고 할 수 있다.

셋째, 사마천의 발분저서설은 이릉 사건에 대한 주체적 대응의 산물이라 할 수 있다. 이릉 사건으로 인해 궁형이라는 치욕을 당해 심각한 좌절을 겪은 사마천은 자신이 저술하던 역사기록에서 역경을 이겨낸 성현들의 교훈을 발견해 발분저서설을 완성했다. 『사기』는 바로 발분저서설을 실천한 결과라 할 수 있다.

넷째, 사마천의 굴원·사마상여 비평은 초사와 한부에 대한 당시 비평의 일반적 경향의 하나이다. 그의 굴원 비평은 유안의 견해를 수용·발전시켜 작품의 내용과 문학 기교 그리고 작가의 사상 등에 대해 종합적으로 분석해 초보적이면서도 체계적인 비평형식을 확립했으며, 이중 문학 기교에 대한 비평은 훗날 반고와 왕일 등에게도 계승되었으므로 승전계후(承前啓後)의 역할을 했음을 알 수 있다. 또한 그의 사마상여 비평은 사마상여 작품의 효용성을 풍간으로 파악해 경서의 현실정치에 대한 역할에 비교했는데, 이는 문학과 학술을 상이한 것으로 인식했음에도 불구하고 정치적 역할의 동일성을 의식한 결과라 할 수 있다.

나오는 글
목포대와 민교협과 나[*]

목포대에 부임한 1993년은 종합대학교로 승격(1990)하고 목포시 캠퍼스에서 무안군 청계면 도림리 캠퍼스로 이전한 지 얼마 지나지 않은 시점이었다. 그 때는 좋게 말하면 가족적인 분위기였고 다른 한편으로는 위계질서가 강조되곤 했다. 그 시절 '전임강사 목숨은 파리 목숨'이라는 담론이 있었지만, 목포대 민교협과 교수평의회의 활동 그리고 전국 최초로 시행된 총(학)장 직선제로 인해 학내 민주주의가 정립되기 시작한 시점이기도 했다.

1. 대학 교수: 연구와 행정

오래된 농담 한마디. 교수는 두 부류로 나뉜다고 한다. 하나는 '교수가 되기 위해 공부한 사람'과, '공부하기 위해 교수가 된 사람'![1] 대부분 교수가 후자에 속하겠지만 전자도 적지 않은 것이 현실이다. 100%는 아니지만 전자의 경우 대개 폴리페서의 길을 가는 것으로 보인다. 목포대 교수의 경우 사회 진출보다는 교내 보직교수의 길을 가게 된다. 총장과 학과장을 제외한 교내 보직에

---

* 이 글은 목포대학교 민교협 포럼(2021.12.15.) 정년퇴임 고별강연회에서 발표한 같은 표제의 글을 수정·보완했다. 당일 발표 및 질의 토론 동영상은 아래 블로그에서 볼 수 있다. https://blog.naver.com/csyim2938/222617498785

1_ 물론 '이상한 사람'과 '아주 이상한 사람'이라는 분류도 있다.

대한 두 가지 관점이 있다. 봉사와 영달(榮達)이 그것이다. 학처장 등의 주요 보직자들은 봉사를 내세우지만, 학처장을 정교수 위의 직책으로 생각하고 일부는 총장으로 가는 징검다리로 삼는 예가 비일비재하다. 그러나 공부를 하기 위해 교수가 된 사람은 능력을 떠나 보직을 쉽게 수락하기 어렵다. 연구는 무엇보다 시간 확보가 최우선인데, '9 to 6'의 근무를 감내해야 하는 보직 업무는 연구에 커다란 방해가 되기 때문이다.

요즘 연구는 양적 성과를 강요한다. 그러므로 성과물이 많은 교수를 '우수 연구교수'라 칭하며, 성과물이 기준 이하인 교수들의 급여를 약탈해 그에게 'S급 성과급'을 지급하곤 한다. 서울 모 대학의 한 교수는 재직 중에 여러 차례 우수연구교수에 선정되었다. 그 교수의 논문은 정형화된 틀이 있었는데, 이를테면 어떤 시인을 골라 생평, 시대와 사상 배경, 내용 분석, 형식 분석, 결론으로 구성되었다. 대학원생들이 '붕어빵 장수'라 비판하곤 했다. 연구 방법에 대한 고민 없이 천편일률적으로 논문을 제조하는 방식에 대한 비판이었다. 1979년 중화서국(中華書局)에서 출간된 25책 『전당시(全唐詩)』에 시인 2,529명의 42,863수의 시가 수록되었으니, 만약 그 시인들을 일일이 연구해 논문화시킨다면 최소한 2,529편이 나온다는 얘기다. 이처럼 양적 평가 위주의 업적 평가는 맹점을 가지고 있다. 이런 맹점을 악용해 장사하는 학회가 국내외에 출현했다는 소식도 심심치 않게 들려온다.

연구와 관련해 언급할 것은 연구년 제도다. 대학마다 편차가 있지만, 흔히 6년 근무 후 1년(또는 3년 근무 후 1학기)씩 주어지는 연구년은 교학과 행정에 눈코 뜰 새 없는 교수에게 재충전의 좋은 기회다. 개중에는 자녀교육 또는 골프 타수 줄이기의 호기로 삼는 사람도 없지 않지만, 연구년을 제대로 활용하면 교학과 행정의 방해를 받지 않고 연구주제에 집중할 시간으로 활용할 수 있다. 내가 근무하는 기간에 목포대는 연구년(해외파견 및 연구교수 등) 제도가 비교적 원만하게 운용되었다. 특히 2년까지 다녀올 수 있는 해외파견 제도는 운용하기에 따라 연구자를 업그레이드할 수 있는, 전국 유일의 제도였다. 나는 운 좋게 네 차례의 연구년 혜택을 누렸고 그때마다 단독 저서를 출간할 수 있었다. 그러나 연구년이 '교수업적평가'와 '교육·연구 및 학생지도 비용' 평가에서 마이너스 요인이 되고 최근 코로나19로 인해 해외파견 신청자가 줄어들면서 연구년 혜택을 받는 인원이 점차 감소하는 실정이다. 일정한 자격을 갖춘 교원이 원하는 시기에 재충전할 기회를 활용할 수 있도록 연구년제도를 잘 갖춰야 할 것이다.

이판사판(理判事判)²⁾이란 말이 있다. '부정적인 의미의 끝장'이라는 의미로 사용되고 있지만, 이판승과 사판승을 교수 사회에 적용해 연구교수와 보직교수로 나누어 볼 때, '이도 저도 아니라는 의미'로 해석할 수 있다. 두 가지 다 잘하면 좋겠지만, 인간의 능력에는 한계가 있는 법. 분업이 필요하다.

요즘은 학교 행정도 간단치 않다. 특히 교육부 지원이 사업별로 '선택과 집중' 방식으로 진행되기 때문에 사업계획서 작성과 시행은 별도의 '공부'가 없으면 참여하기 어렵다. 대학이 흥성하려면 연구 실적도 좋아야 하지만 재정이 여유 있게 돌아가야 한다. 그러므로 이판(理判) 교수가 제대로 공부하고 가르칠 여건을 만들 수 있는 제대로 된 사판(事判) 교수가 필요하다. 이들에게 필요한 것은 무엇보다 장기 봉사의 자세로 대학 행정을 공부하는 것이다. 임명된 후 업무 파악을 시작해서는 임기 내내 업무 파악하다 마칠 수가 있다. 대내적으로는 행정 전문가인 직원을 리드할 수 있어야 하고 대외적으로는 교육부 정책을 숙지하고 그에 대처할 줄 알아야 할 것이다. 물론 구성원과 소통하며 창의적인 아이디어를 생산해내는 것을 기본 자질로 갖춰야 한다.

2. 학생 학술심포지엄

'천하의 영재를 모아 가르치는 일'이 군자삼락의 하나라고 하지만, 그건 목포

2_ 유래: 조선 시대 불교 승려의 두 부류인 이판승(理判僧)과 사판승(事判僧)을 합쳐서 부르는 말임. 사판승은 주로 잡역에 종사해 사찰의 유지에 힘쓰고, 이판승은 승려 본분을 다해 참선을 통한 수행에 힘썼음(네이버 한자사전).

대의 현실과는 '다소(多少)' 거리가 있는 말이다. 출발점은 초중고 12년의 입시교육에서 그다지 좋은 성적을 내지 못한 학생들의 수준이다. 그러므로 '눈높이 교육'이 중요하다. 물론 입시교육에 적응하지 못한 영재를 발굴해서 육성하는 일은 또 다른 즐거움이다.

『논어』「술이(述而)」편에 "不憤不啓, 不悱不發, 擧一隅不以三隅反, 則不復也."라는 구절이 나온다. 이를 조금 친절하게 풀면 다음과 같다. "학생이 마음속으로 통달을 구하지만 통달하지 못하는 상황이 아니면 열어주지 않고, 말하려 하지만 말할 수 없는 상황이 아니라면 그 학생을 말할 수 있게 해주지 않는다. 탁자 한쪽을 들어 그에게 설명하는데 다른 세 쪽으로 반응하지 않으면 더는 그 학생을 가르치지 않는다"(謝冰瑩·李鍌·劉正浩·邱燮友 註譯, 1981: 110). 이제 통달을 구하려 분발(憤發)하고 공부한 것을 표현하려 애쓰는 학생을 만나기는 쉽지 않다. 하나를 말해주면 셋을 들어 반응하는 학생을 만나는 것은 하늘의 별 따기다. 적어도 지방 국립대에서는 말이다. 하지만 기다릴 수만은 없다. 열심히 조직해야 한다. 학생들과 감동을 주고받으면서!

목포대 현실에서 학생들의 지적 호기심을 유발하고 자율적인 학습 분위기를 조성하기 위한 교수법을 창안하기 위해 많은 교수가 열심히 노력하고 있다. 그 가운데 하나가 학생 학술심포지엄 및 준비 세미나다. 목포대 부임후 1년의 관찰 시간을 거쳐 이듬해부터 심포지엄과 준비 세미나를 조직했다. 전임자가 넷 있었지만 그들과는 교육 지향이 달랐기에 혼자 시작할 수밖에 없었다. 3월에 주제를 선정하고 희망자를 모집해서 4월부터 6월까지 주 1회세미나를 진행하고, 여름방학 동안 각자 소주제를 결정해 개별 준비하고, 9월부터 본격적으로 발표문을 준비해서 11월 말 심포지엄을 개최했다.

지금까지 중국과 관련된 여러 가지 주제로 약 10회 진행했고, 2020년에는 <국립대학육성사업>의 지원을 받아 3월부터 8인의 학생과 함께 주 1회 세미나를 진행했으며, 그 결과물을 『중국어 영화와 페미니즘』(2020.12.2.)으로 발표했다. 2021년에도 <특성화 교육과정 프로그램>의 지원을 받아 4월부터 주

1회 '페미니즘과 5세대 영화'라는 주제로 학습을 진행하고 있고 그 결과물[3]을 11월 11일 목포대 <인문주간> 기간에 발표했다. 학교의 지원은 커다란 힘이 된다!

공부하는 학생을 육성하는 심포지엄인 만큼 학과 교수의 협조체제[4]가 필수적이다. 1학기 1과목 이상의 지도 부담이 있는 만큼, 1인이 계속 담당하기가 쉽지 않다. 특히 연구년 등으로 1년 중단하게 되면 연속성이 없어지고 다시 조직하기가 어렵다. 자율적인 학습 분위기 확산도 쉽지 않았다. 매년 새롭게 팀원을 모집하다 보니 제대로 조직되지 않는 해도 있었다. 이들 문제점을 해결하기 위해서는 학과 교수들의 공감대 형성과 긴밀한 협조 아래 심포지엄 준비 세미나와 심포지엄 발표를 정규과목(패스 과목)으로 개설하는 방안을 적극적으로 검토해야 한다. 지도교수도 윤번제를 시행하면 좋을 것이다. 학과 전체로 확대해 졸업논문과 연계하는 것도 충분히 고려할 일이다.

신입생 감소로 인한 구조조정이 코앞에 다가왔다. 취업 연계 전공 교육도 중요하지만 갈수록 험난해지는 성장사회에서 스스로 버텨낼 수 있는 '인문 근육' 강화 교육이 절실한 시점이다. 학생들의 눈높이에 맞춰 장기지속적으로 시간과 노력을 기꺼이 할애하려는 교수들이 감당해야 할 몫이다. 학생 학술 심포지엄은 그 작은 하나일 뿐이다.

3. 학부제 파동

1993년 3월 목포대 부임 시 내 머릿속에는 '전국 최초 총장/학장 직선제 쟁취'와 '교수평의회'라는 단어로 꽉 차 있었다. 목포에 내려가 난이나 캐고 바다낚시나 다니지 말라는 서울 지인들의 우려와는 달리, 연구실 문을 두드리는 사

3_ [제12회] 중국언어와문화학과 학생 학술심포지엄, 『페미니즘과 중국 5세대 영화』, 인문대학 중국언어와문화학과, 2021.11.11.

4_ 목포대 사학과에서 29회의 학생 학술 심포지엄을 개최한 것은 목포대에 한정되지 않는 모범 사례라 할 수 있다.

람은 거의 없었다. 마침 한국연구재단 연구과제 저술사업에 선정되어 약 2년 정도 눈코 뜰 새 없었고, 그런 와중에 권토중래(捲土重來)라는 단어가 한동안 뇌리에서 맴돌기도 했었다.

목포대 내의 인간관계가 총장선거를 중심으로 돌아가고 있다는 사실을 인지한 것은 재직 10년쯤 되어서였다. 3대 패밀리가 어느덧 5대 패밀리가 되고, 반갑게 대하곤 하던 선배 교수가 어느 날 무덤덤한 표정이 되는 것은 대권을 포기한 것이었고, 자주 밥을 함께 먹곤 하던 옆방 교수는 어느 순간 낯선 타인으로 변해버리기도 했었다. 지금도 교내 관계망의 핵심에 총장선거가 놓여 있음은 비단 목포대만의 상황은 아닐 것이다. 나는 그 관계망에서 벗어나 있었다고 말하지만, 다른 사람들이 그렇게 봐줄지는 모르겠다. 아니, 루쉰의 「광인일기」에서처럼, 나는 그런 의지가 없었지만, 자신도 의식하지 못하는 사이 '사람 고기를 먹었을'(喫人) 가능성을 배제하기 어려울지도 모른다. 다만 7대와 8대 총장선거 후보자 토론회의 사회를 맡은 것은 나름 불편부당(不偏不黨)한 삶의 반영이었다고 자부해본다.

이런 사실을 분명하게 깨닫기 전 교수평의회 활동이 있었다. 조금 늦게 선출된 덕분에 부의장으로 피선되어 활동했던 2001년도 제9대 교수평의회(김창대 의장, 배현 간사장)의 뜨거운 감자는 김대중 정부(이해찬 교육부 장관)의 학부제 개혁이었다. 상명하달식의 개혁으로 인해 교내 모순이 불거졌고 결국 대리전 양상으로 치달아, 당시 새로운 단계로 비약할 수 있었던 교내의 발전적인 역량을 소모했던 기억이 생생하게 떠오른다. 그때 교수평의회는 논의의 핵심에 있었지만 지나고 보니 무엇을 위해 그렇게 야단법석을 떨었나 하는 '회한'이 들기도 한다. 왜냐하면 2001년의 학부제 개혁 때 교육부의 정책을 놓고 교내에서 대리전을 치렀기 때문이다. 구성원들이 머리를 맞대고 주어진 조건에서 목포대의 이익을 극대화할 수 있는 대책을 마련해야 했지만, 한쪽은 이왕 하는 거 제대로 해보자면서 진정한 학부제, 학생들의 자유의지에 바탕을 둔 자율적인 선택을 중시하는 '자유학부제'[5] 시행을 주장했고, 당연하게도 옥상옥의 단과대학 폐지를 주장했다. 다른 쪽은 그에 반대했다. 우여곡절 끝에 전자의 주장이 관철되었지만, 2002년 시행 단계에서 신임 4대 총장은 학부제에 대한 아무런 제도적 뒷받침을 하지 않았고 그로 인해 학부제는 파행을 겪게 되었으며, 대학은 반목의 상처로 내구(內救)하다가, 단과대학 복원이 5대 총장의 당면 과제로 설정되는 등 대학의 원기를 훼손시키고 말았다. 결국 2001년부터 2007년 단과대학 복원까지 약 6년간 목포대는 학부제 개혁으로 몸살을 앓은 셈이었다. 지난한 과정을 거쳐 진정한 학부제 개혁을 하자고 했지만 4대 총장의 미필적 고의로 위장된 방관으로 인해 흐지부지되는 과정을 지켜보면서, 총장의 중요성을 새삼 인식했고, 당시 교내 문제로 답답해하는 소장 교수에게 술만 먹지 말고 '제대로 된 총장을 만들어 보라'라는 제언을 한 것은 그런 맥락이었다.

목포와 호남의 지역 특성이 있다. 목포대 갓 부임했을 때 느낌으로 서울의 어떤 흐름이 광주에 오는 데 2~3년 걸리고, 광주에서 목포까지 1~2년 걸린다. 요즈음은 그 기간이 단축됐겠지만 시간 간격은 여전하다. 그 이면에는 서울의 호남 타자화, 광주의 목포 타자화, 목포의 '섬것들' 타자화가 존재하고 있다. 목포대 교수는 중앙에서 목포/호남 이외의 사안에 대해 발언하는 것이 허용되지 않는다. 물론 발언 자체가 막혀있는 것은 아니지만 발언이 합당한 대접을 받기 어렵다. 목포대 교수들이 한두 번씩 겪는 '목표대 교수'라는 오기는 타자화의 희화화라 할 수 있다.

2001년도 학부제 개혁의 교훈은, 목포대는 한국의 대학교육을 선도하기 어렵다는 점이다. 아니, 더 정확하게는 선도하는 것이 허락되지 않는다. 학부제 파동 이후 목포대는 이전처럼 다른 대학, 특히 인근 전남대 등의 행보를 답습할 수밖에 없었다. 학부제 파동은 목포대 내부의 새로운 기상이 교육부의 구태와 교내 보수 세력에 의해 가로막힌 사례이다.

5_ 4학년 때 전공 진입. 어문학부에서 시행. 그러나 이 또한 '지붕'의 부재와 각 전공 학생회의 이기주의(학생회비)로 인해 제대로 시행되지 못했다.

4. 민교협 활성화

1993년 3월 목포대에 부임해 오면서 들었던 느낌이 새삼 떠오른다. 7년간의 고단한 시간강사 생활을 마무리할 수 있어서이기도 했지만, 그보다 더 가슴 설렜던 것은 '전국 최초의 직선제 총장'이라는 휘장(徽章)이었다. 광주민중항쟁 이후 온 나라가 민주화의 열병에 시달리고 있던 1980년대, 그 대부분을 대학원 생과 시간강사의 신분으로 보내야 했던 나로서는 해직의 위협을 무릅쓰고 시국 선언에 서명하는 민주 교수의 모습은 선망의 대상일 수밖에 없었다. 1980년대 민주화운동의 가시적인 성과의 하나가 '총장직선제'였는데, 바로 전국 최초로 총장 직선을 쟁취한 대학에 내가 부임하게 되었던 것이다(「"당신이 옳고 내가 틀릴 수도 있다"―21세기의 문명과 야만」, 『제9대(2001.3 ~ 2002.2) 교수평의회 활동 보고』, 125).

위의 인용문은 목포대 부임 당시 민교협에 대한 기대를 2002년에 회고한 것이다. 1993년 목포대 부임 후 거의 10년간 목포대 민교협은 교내 활동이 거의 없었고, 가끔 시국 사건이 있을 때 서명과 외부 집회 참석 수준으로 활동하고 있었다. 1993년 처음 부임했을 때, 누구도 나에게 민교협 활성화 과제를 부여하지 않았지만, 그리고 자연스레 민교협에 가입해 강사 시절 로망이었던 서명도 하고 철야 농성도 하고 싶었지만, 아무도 가입을 권유하지 않았다. 내 기억에 1993년에 민교협 주최로 오세철 교수 특강이 있어서 참석했는데, 행사장인 사회대학 강당에 교수는 5~6인 정도였고 학생들만 가득했던 장면이 목포대 민교협 행사와 관련된 내 기억의 전부였다.

그럼에도 목포대 민교협을 '활성화'해야 한다는 생각에, 서창호 교수와 박관석 교수의 양해 아래 분회장을 자임하고 2003년부터 2년간 민교협 활동을 주도했다. 이른바 '1차 활성화'다. 당시 민교협의 주요 활동은 토론회 위주로 진행되었다. 2003년 4월 25일 <참여정부 시대 '민교협'의 위상과 활동 방향>,[6]

2003년 12월 2일 <교수평의회 17년(1987~2003) 역사의 회고와 새로운 위상>,7) 2004년 11월 11일 <글로컬라이제이션과 시민운동>8) 등이 그 주요 활동이었다.

2년 임기를 마치고 문제가 불거졌다. 당시 선배 교수들은 별다른 절차 없이도 분회장 연임을 당연시했고, 나는 민교협의 문제점을 자각하면서 '다른 모임도 아닌 민교협에서 총회 없이 분회장을 연임할 수 없다'라면서, 2004년 11월 11일부터 몇 차례 총회를 소집했지만, 결국 의사정족수 미달로 불발되었다. 그 이면에는 이전 단계 '교내 문제는 교수평의회, 교외 문제는 민교협'9)이라는 역할 분담론과, 날로 제도화되어가는 교수평의회를 믿기 어렵다는 판단에서 민교협이 교내 문제에도 개입해야 한다는 의견 사이의 대립도 존재했었다. 그 후 민교협 중앙에 '사고 분회'라 보고하고, 민교협 통장으로 자동 입금되는 회비 전액을 중앙에 전달하는 '회비 납부 모범 분회' 역할을 약 7년간 수행했다.

그러던 차에 장시복 등 소장 교수들이 부임해 목포대 민교협 활성화에 대한 희망을 피력했으며 외부에서도 그와 관련된 요구―젊은 교수들의 활동장을 마련해줘야 한다는―를 우연히 확인했고, 그런 내부 희망과 외부 요구에 부응해 2010년 11월 새롭게 출발10)했다. 이른바 '2차 활성화' 단계라 할 수 있다.

6_ 발표1: 참여정부 시대 '민교협'의 위상과 활동 방향(손호철: 서강대 교수, 민교협 공동의장);
     발표2: 목포 '민교협'의 나아갈 방향과 과제(박관석: 목포대 교수)
7_ 발표1: 교수평의회의 역사적 회고와 전망(박형빈: 제3대 교수평의회 의장). 발표2: 교수평의회의 새로운 위상과 역할(박고훈: 당시 교수평의회 의장)
8_ 발표1: 21세기의 시민운동―현실과 과제(조효제: 성공회대학교 사회과학부 겸 NGO대학원 교수); 발표2: 글로컬라이제이션과 지역사회 시민운동―목포문화연대의 역할과 활동을 중심으로(홍석준: 목포문화연대 대표, 목포대 역사문화학부 교수); 발표3: 목포 시민운동의 현황 및 과제(김종익: 목포경실련 사무국장)
9_ 여기에는 민교협 회원들이 교수평의회 설립을 주도했던 전사가 있다.
10_ 발표: 국립대학의 정체성과 법인화(최갑수 교수: 민교협 전임 상임의장, 서울대 서양사학과),
     2010.11.24.

목포대 민교협은 개점 휴업 이후 정년퇴직과 몇몇 회원의 탈퇴로 회원 수가 감소하다가, 2차 활성화 이후 전국적으로 거의 유일하게 신입 회원이 대폭 증가한 분회가 되었다. 양적으로 가장 활발한 분회라 할 수 있을 것이다. 그리고 활성화 이후 가입한 회원들이 중심이 되어 활동하고 있다.

5. 총장직선제 폐지 파동

2001년 학부제 파동과 유사한 사례가 2012~13년의 '총장직선제 폐지 파동'이다. 교육부가 국립대 총장직선제 폐지를 추진한다는 말을 나는 상하이대학 방문학자 시절에 들었다. 그 말을 듣고 나는 2001년도의 학부제 개혁 상황이 연상되었다. 상명하달식의 개혁으로 인해 교내 모순이 불거졌고 결국 대리전 양상으로 치달아 당시 새로운 단계로 비약할 수 있었던 교내의 발전적인 역량을 소모하게 했던 기억이 생생하게 떠올랐다. 그런 우려를 당시 몇몇 지인들에게 이메일로 전달했었는데, 결국은 2012년 3월 27일 교수회의 찬반투표부터 시작해 2013년 11월 20일 총장선출규정 투표로 마무리되기까지 장장 20개월의 진통을 겪었다. 이는 6대 총장의 임기 후반 대부분의 시간 동안 교수평의회와 본부 그리고 대학 구성원들이 이 문제로 고심했다는 의미다.

사실 국립대 총장직선제 폐지 사안의 대국자는 교육부와 국립대였다. 그런데 목포대에서는 어느 순간 대국자가 바뀌었다. 총장을 필두로 한 본부와 교수 대의기구인 교수평의회가 대국에 임하게 된 것이다. 두 주체 모두 '학교를 위해서'라는 대의명분을 주장했지만, 그 길은 천양지차였고 결국 교수평의회가 '학칙개정처분 무효 확인 소송'을 제기하는 데까지 이르렀다. 그리고 이런 차이는 제16대 교수평의회가 구성된 후에도 사안을 달리하며 지속되었고 결국 '총장임용추천위원회 규정' 제정을 둘러싸고 첨예하게 대립한 것을 우리 두 눈으로 똑똑히 보았다. 2001년 학부제 개혁 때 그랬던 것처럼 학내에서 대리전을 치른 것이다.

최근 민주주의에 관한 몇몇 논의를 검토해 보면 민주주의가 위기에 처해 있음을 알 수 있다. 히틀러의 파시즘도 선거라는 절차를 밟아 정당성을 획득했고, 스탈린의 공산 독재도 '민주집중'이라는 절차를 밟은 것처럼 위장했으며, 박정희의 개발 독재도 '한국적 민주주의'라는 수식어로 은폐되었던 사실들이 그 증거다. 민주화를 달성했음에도 불구하고 민중의 삶이 어려운 상황은 '유감(遺憾)'이 아닐 수 없다. 정치철학자 월린(Sheldon Wolin)은 정치적 실천으로서 민주주의의 어려움을 '도망치는 민주주의(fugitive democracy)'라는 말로 표현했는데, 이는 특정 시점과 상황에서 '이것이 민주주의다'라고 생각하는 순간 민주주의는 사라져 버리고 또다시 도망치듯 달려나가는 정황을 설명한 것이다. 우리가 지고지순의 원리라고 배웠고 그래서 수많은 선지선각자가 희생을 감수하고 달성하려 했던 민주주의의 실체는 과연 무엇인가? 그 실체가 있다면 민주주의의 역사 과정은, 민주주의의 변질 과정으로 보아야 할 것인가 아니면 민주주의 자체의 문제로 이해해야 하는가?

무페(Chantal Mouffe)는 근대 민주주의가 인민민주 원칙을 위해 대의제를 시행했음에도 불구하고 대의제는 인민민주 원칙을 억압하게 되는 역설이 성립한다고 하면서, 근대 민주주의 내부에 자유주의와 민주주의라는 상이한 전통이 대립하고 있음을 지적한다. 무페가 생각하는 민주주의의 역설은 "자유를 위해서 인민주권에 한계를 설정하는 것이 정당하다"(무페, 2006: 18)라는 자유민주주의의 생각이다. 직선을 통해 선출된 총장과 그 총장을 선출한 교수들의 의견이 다를 때 어떻게 해야 할까?

무페가 언급한 '민주주의의 역설'은 목포대 사례에도 유효하다. 역사에 가정은 없다지만, 그럼에도 질문을 던져본다. '총장이 학교의 이익을 위해서 교수회의 결정을 번복'하지 않고, 다시 한번 교수회의에 물었으면 어땠을까? 총장의 우려대로, 교수회의가 다시 한번 직선제를 고수하고, 그 결과 2013년도 교육역량강화사업 지원을 다시 한번 받지 못했을 뿐만 아니라 구조조정 대상에 올랐을까? 아니면 교수들이 학교가 처한 상황을 총장만큼 절감하고 그에 따랐을까? 알 수 없는 일이다. 분명한 것은 몇 차례의 교수회의를 통해 표출된 대다수 교수의 의지는, 직선제를 포기해서는 안 되지만 당시 상황에서는 '2보 전진을 위해 1보 후퇴할 수도 있다'라는 것이었다. 이런 의지를 수렴해 제7대 총장선거를 원만하게 치른 것은 제16대 교수평의회의 공로다. 이런 의지를 조기에 적극적으로 수렴했더라면 20개월을 허송세월하는 일은 없었을 것이다.

2001년의 학부제 파동과 2012~13년의 총장직선제 폐지 파동의 교훈은 교육부의 정책에 대해 교내에서 대리전을 치르는 일이 없어야 한다는 것이다. 구성원들이 머리를 맞대고 주어진 조건에서 목포대의 이익을 극대화할 수 있는 대책을 마련해야 한다. 미충원으로 갈수록 어려워지는 지방대의 상황에서 당분간 생존을 위한 방략 마련에 절치부심해야 할 것이다. 그 과정은 당연히, 한 개인의 고뇌 어린 결단에 의지할 것이 아니라, 목포대 민주화 전통과 민주주의 원칙에 근거해야 할 것이다.

■ 참고문헌

『1920년대 혁명문학 논쟁』(자료집), 1989.

『20세기 중국문학과 페미니즘』, 한국중국현대문학학회 2001년도 춘계 정례학술회의 자료집.

<임춘성교수의 청송산방> http://home.freechal.com/ycsj/ (2013년 2월 19일 서비스 종료)

가라타니 고진, 2016, 『제국의 구조: 중심·주변·아주변』, 조영일 옮김, 도서출판 b

강준만, 2022, 「'짱깨주의'의 탄생'에 대한 안타까움」, 『한겨레』, 2022.7.17.

강철구, 2012, 『역사와 이데올로기 1—서양 역사학의 유럽중심주의에 대한 비판적 검토』, 용의숲.

고모리 요이치, 2002, 『포스트콜로니얼—식민지적 무의식과 식민주의적 의식』, 송태욱 옮김, 삼인.

공봉진, 2010, 『중국 민족의 이해와 재해석』, 한국학술정보

공상철, 2020, 『코끼리에게 말을 거는 법—신냉전 시대의 중국 읽기』, 돌베개.

_____ 외, 2001, 『중국 중국인 그리고 중국문화』, 다락원.

곽수경 엮음, 2014, 『부산국제영화제에서 만나는 중국영화 2014』, 호밀밭.

기쿠치 사부로(菊地三郎), 1986, 『중국현대문학사—혁명과 문학운동』, 정유중·이유여 역, 동녘.

김누리, 2013, 「유럽적 가치와 한국사회」, 목포대학교 유럽문화연구소 제9회 학술심포지엄(주제—유럽문화의 경계넘기: 아시아에서의 유럽문화), 2013.6.3.

김동춘, 1987, 「학술운동론」, 『산업 사회 연구』 2.

김미란, 2001, 「『母親』을 중심으로 본 丁玲의 여성의식 연구」, 『20세기 중국문학과 페미니즘』(한국중국현대문학학회 2001년도 춘계 정례학술회의 자료집). 이 글은 같은 제목으로 『중국현대문학』 20(2001)에 게재됨.

김순진, 2001, 「張愛玲 소설을 통해서 본 여성의 '몸'」, 『20세기 중국문학과 페미니즘』(한국중국현대문학학회 2001년도 춘계 정례학술회의 자료집).

김시준, 1992, 『중국현대문학사』, 지식산업사.

김영룡, 1990, 「사회주의 현실주의 논의의 역사적 전개에 관한 일 고찰」, 『현실주의 연구
     1』, 제3문학사.

김철수, 1984, 「楊逵 소설 연구」, 성균관대학교 박사학위논문.

김하림·유중하·이주로, 1991, 『중국 현대문학의 이해』, 한길사.

김현석, 2021, 「중국의 경제적 부상의 동학과 한계─홍호평, 『차이나 붐: 왜 중국은 세계를
     지배할 수 없는가』(글항아리, 2021)」, 『마르크스주의』 18권 4호.

김희교, 2022, 『짱깨주의의 탄생─누구나 함부로 말하는 중국, 아무도 말하지 않는 중국』,
     보리.

까간, M. S., 1989, 『미학강의 1』, 진중권 옮김, 벼리.

_____, 1991, 『미학강의 2』, 진중권 옮김, 새길.

노정은, 2004, 「1930년대 상하이인의 도시 경험과 영화 경험」, 『중국학보』 제50집.

다이진화, 2007, 『무중풍경: 중국영화문화 1978~1998』, 이현복·성옥례 옮김, 산지니.

동아시아출판인회의, 2010, 『동아시아 책의 사상 책의 힘─동아시아 100권의 인문도서를
     읽는다』, 한길사.

들뢰즈, 질·펠릭스 가타리, 2001, 『카프카: 소수적인 문학을 위하여』, 이진경 옮김, 동문선.

딜릭, 아리프, 2005, 『포스트모더니티의 역사들─유산과 프로젝트로서의 과거』, 황동연
     옮김, 창비.

레닌, V. I., 1988, 「당조직과 당문학」, 『레닌의 문학예술론』, 이길주 옮김, 논장.

려도, 2015, 『중국 신노동자의 미래: 변화하는 농민공의 문화와 운명』, 정규식·연광석·
     정성조·박다짐 옮김, 나름북스

_____, 2017, 『중국 신노동자의 형성: 도시와 농촌 사이에서 길을 찾는 사람들』, 정규식·
     연광석·정성조·박다짐 옮김, 나름북스

로빈슨, 더글러스, 2002, 『번역과 제국─포스트식민주의 이론 해설』, 정혜욱 옮김, 동문선.

로젤, 스콧·내털리 헬, 2022, 『보이지 않는 중국─무엇이 중국의 지속적 성장을 가로막는
     가』, 박민희 옮김, 롤러코스터.

루쉰 외, 2006, 『상하이런 베이징런─중국인을 알 수 있는 눈』, 지세화 옮김, 일빛.

류, 리디아, 2005, 『언어횡단적 실천: 문학, 민족문화 그리고 번역된 근대성─중국, 1900~
     1937』, 민정기 옮김, 소명출판사.

류원빙, 2015, 『중국영화의 열광적 황금가—어느 영화 소년의 80년대 중국영화 회고론』, 홍지영 옮김, 산지니.

류짜이푸, 1995, 「독백의 시대로부터 다성악의 시대로」, 임춘성, 『소설로 보는 현대중국』, 종로서적출판사.

리궈룽, 2008, 『제국의 상점—중화주의와 중상주의가 함께 꾼 동상이몽: 광주 13행』, 이화 승 옮김, 소나무.

리어우판, 2007, 『상하이 모던—새로운 중국 도시 문화의 만개, 1930~1945』, 장동천·이 현복·김종석·진혜정 옮김, 고려대학교출판부.

리쩌허우, 2005, 『중국근대사상사론』, 임춘성 옮김, 한길사.

_____ · 류짜이푸, 2003, 『고별혁명』, 김태성 옮김, 북로드

마루카와 데쓰시, 2008, 『리저널리즘』, 백지운·윤여일 옮김, 그린비.

마이스너, 모리스, 2004, 『마오의 중국과 그 이후(1, 2)』, 김수영 옮김, 이산.

먼데이, 제레미(Jeremy Munday), 2006, 『번역학 입문—이론과 적용』, 정연일·남원준 옮 김, 한국외국어대학교 출판부.

멍판화, 2002, 『축제인가 혼돈인가—오늘의 중국 대중문화 읽기』, 김태만·이종민 옮김, 예담.

모리스, 팸, 1999, 『문학과 페미니즘』, 강희원 옮김, 문예출판사.

무페, 샹탈, 2006, 『민주주의의 역설』, 이행 옮김, 인간사랑.

문학예술연구소 엮음, 1990, 『현실주의연구 1』, 제3문학.

바스넷, 수잔, 2004, 『번역학: 이론과 실제』, 김지원·이근희 옮김, 한신문화사.

바일러, 대런, 2022, 『신장 위구르 디스토피아—중국의 첨단기술 형벌 식민지에서 벌어지 는 탄압과 착취의 기록』, 생각의 힘.

박민희, 2020, 「좌파 학생들이 묻다 '중국은 과연 사회주의인가?'」, 『한겨레』, 2020.10.28.

박병광, 2000, 「중국 소수민족정책의 형성과 전개: 민족동화와 융화의 변주곡에 관하여」, 『국제정치논총』 제40집 4호.

박병광, 2002, 「개혁기 중국의 지역격차문제: 한족지구와 소수민족지구간 경제편차를 중 심으로」, 『국제정치논총』 제42집 1호.

박성봉 편역, 2000, 『대중예술의 이론들—대중예술 비평을 위하여』, 동연.

박은홍·조희연, 2007, 『동아시아와 한국—민주화와 민주주의의 위기를 넘어』, 도서출판

선인.

박자영, 2004, 「上海 노스탤지어: 중국 대도시문화현상 사례와 관련 담론 분석」, 『중국현대 문학』 제30호.

박종숙, 2001, 「한·중 페미니즘 문학의 이해」, 『20세기 중국문학과 페미니즘』(한국중국 현대문학학회 2001년도 춘계 정례학술회의 자료집). 이 글은 같은 제목으로 『중국 현대문학』 20호 (2001)에 게재됨.

방현석, 1990, 「지옥선의 사람들」, 『실천문학』 1990년 겨울.

배경환 엮음, 2006, 『20세기초 상해인의 생활과 근대성』, 지식산업사.

백낙청, 1990a, 「90년대 민족문학의 과제」, 『창작과비평』 1990년 봄.

_____, 1990b, 「민족문학론과 리얼리즘론」, 『한국 근대문학사의 쟁점』, 창작과비평사.

_____, 1993, 「문학과 예술에서의 근대성 문제」, 『창작과비평』 1993년 겨울.

백영서, 2008, 「동아시아론과 근대적응·근대극복의 이중과제」, 『창작과비평』 139호

_____·최원식 엮음, 2012, 『臺灣을 보는 눈─한국-대만, 공생의 길을 찾아서』, 창비.

백원담, 2009, 「글문을 열며」, 성공회대 동아시아연구소 엮음, 『냉전 아시아의 문화풍경 2: 1960~1970년대』, 현실문화연구.

번리(樊籬) 외 지음, 1991, 『9인의 문예사상』, 유세종 외 옮김, 청년사.

부르디외, 삐에르, 1995, 『구별짓기: 문화와 취향의 사회학』(상, 하), 최종철 옮김, 새물결.

사까모토 요시까즈, 2009, 「왜 지금 동아시아인의 정체성인가?」, 『동아시아의 재발견』(서 남포럼자료집), 2009.9.18.

사이드, 에드워드, 1996, 『권력과 지성인』, 전신욱·서봉섭 옮김, 도서출판 창.

_____, 2005, 『프로이트와 비유럽인』, 주은우 옮김, 창비.

_____, 2007, 『오리엔탈리즘』(개정증보판), 박홍규 옮김, ㈜교보문고

서경식, 2009, 「홀로코스트, 팔레스타인 그리고 조선」, 『한겨레』, 2009.3.6.

서동진·정성진, 2022, 「편집자 머리말: '글로벌 사우스'의 주변화와 '제3세계' 마르크스주 의의 재발견」, 『마르크스주의 연구』 제19권 제1호

쇼버, R., 1990, 「예술방법의 몇 가지 문제를 위하여」, 『현실주의연구 1』, 제3문학사.

스수메이, 2020, 「사이노폰의 개념」, 조영현 옮김, 『중국현대문학』 95호

_____, 2021a, 『시각과 정체성─태평양을 넘어서는 시노폰 언술』, 고혜림·조영경 옮김, 학고방.

_____, 2021b, 「디아스포라에 대한 반대: 문화 생산 장소로서의 사이노폰」, 이정구 옮김, 『중국사회과학논총』 3권 2호.

스토리, 존, 1999(재판), 『문화연구와 문화이론』, 박모 역, 현실문화연구.

_____, 2002, 『대중문화와 문화연구』, 박만준 역, 경문사.

_____, 2005, 『문화연구의 이론과 방법들』, 박만준 역, 경문사.

시프린, 앙드레, 2001, 「엮은이의 말」, 촘스키, 노엄 외, 『냉전과 대학—냉전의 서막과 미국의 지식인들』, 정연복 옮김, 당대.

신영복, 2004, 『나의 동양고전 독법: 강의』, 돌베개.

_____, 2015, 『담론: 신영복의 마지막 강의』, 돌베개.

신현준, 2004, 「중국 대중문화의 세 가지 역사적 형세들에 관한 하나의 시선」, 『중국현대문학』 제30호.

심광현, 2009, 『유비쿼터스 시대의 지식생산과 문화정치: 예술-학문-사회의 수평적 통섭을 위하여』, 문화과학사.

쑨거, 2008, 「일본을 관찰하는 시각」, 임춘성 옮김, 『문화/과학』 56호.

_____, 2009, 「동아시아 시각의 인식론적 의의」, 김월회 옮김, 『아세아연구』 제52권 1호.

아리기, 조반니, 2009, 『베이징의 애덤 스미스—21세기의 계보』, 강진아 옮김, 도서출판 길.

아부-루고드, 재닛, 2006, 『유럽 패권 이전—13세기 세계체제』, 박흥식 · 이은정 옮김, 까치.

아파두라이, 아르준, 2004, 『고삐 풀린 현대성』, 차원현 · 채호석 · 배개화 옮김, 현실문화연구.

안문영, 2013, 「독일 근세문화사에 나타난 동 · 서교류—요한 볼프강 괴테(1749~1832)와 리하르트 빌헬름(1873-1930)을 중심으로」, 목포대학교 유럽문화연구소 초청강연, 2013.5.8.

알뛰세, 루이, 1990, 『마르크스를 위하여』, 고길환 · 이화숙 역, 백의.

왕샤오밍, 2009, 「건축에서 광고까지: 최근 15년간 상하이의 공간 변화」, 임춘성 · 왕샤오밍 엮음, 『21세기 중국의 문화지도—포스트사회주의 중국의 문화연구』, 현실문화.

_____, 2023, 「중국 대륙의 문화연구가 직면한 도전과 요구」, 박자영 옮김, 『황해문화』 118호.

왕후이, 1994, 「중국 사회주의와 근대성 문제」, 이욱연 옮김, 『창작과비평』 86호.

_____, 2000, 「세계화 속의 중국, 자기 변혁의 추구—근대 위기와 근대 비판을 위하여」,

이희옥 옮김, 『당대비평』 10~11호.

_____, 2005, 『죽은 불 다시 살아나―현대성에 저항하는 현대성』, 김택규 옮김, 삼인.

_____, 2014, 『절망에 반항하라―왕후이의 루쉰 읽기』, 송인재 옮김, 글항아리.

원톄쥔, 2013, 『백년의 급진―중국의 현대를 성찰하다』, 김진공 옮김, 돌베개.

_____, 2016, 『여덟 번의 위기―현대 중국의 경험과 도전, 1949~2009』, 김진공 옮김, 돌베개.

윌리엄스, 레이먼드, 2007, 『기나긴 혁명』, 성은애 옮김, 문학동네.

유세종, 2022, 「중국과 더불어(與中)―문학연구와 화두」, 『2022년도 한국중어중문학회 추계 연합학술대회』(자료집), 2022.11.5.

윤영도, 2021, 「혐중을 넘어 '지중'의 길로 나서는 노정을 위한 두 개의 나침반」, 『문화/과학』 108호.

이강원, 2006, 「중국의 도시 기준과 대도시 진입장벽: 호구제도와 상하이」, 『현대도시 상하이의 발전과 상하이인의 삶』, 한신대학교 출판부.

_____, 2008. 「중국의 행정구역과 지명 개편의 정치지리학―소수민족지구를 중심으로」, 『한국지역지리학회지』 14-5.

이글턴, 테리, 1989, 『문학이론입문』, 정남영·김명환·장남수 옮김, 창비.

이남석, 2001, 『차이의 정치―이제 소수를 위하여』, 책세상.

이동연, 2002, 『대중문화연구와 문화비평』, 문화과학사.

_____, 2007, 「동아시아 담론형성의 갈래들―비판적 검토」, 『문화/과학』 52호.

이성환, 1994, 「근대와 탈근대」, 김성기 엮음, 『모더니티란 무엇인가』, 민음사.

이재현, 2013, 「중국 근현대문학사 쓰기의 새로움과 낡음」, 『문화/과학』 74호.

_____, 2017, 「중국 문화연구의 아이스브레이커―임춘성, 포스트사회주의 중국의 문화정체성과 문화정치, 문화과학사, 2017」, 『진보평론』 73호.

_____, 2019, 「중국의 부상과 미중 패권 경쟁」, 『진보평론』 81호.

_____, 2021a, 「사이노폰 연구와 비판적 중국 연구」, 『중국사회과학논총』 3권 2호.

_____, 2021b, 「시진핑 '신발전' 체제의 정치적·경제적 본질」, 『마르크스주의 연구』 제18권 제4호(64호).

_____·정성진, 2021, 「편집자 머리말: 중국몽 첫 백년과 중국 사회의 모순과 위기」, 『마르크스주의 연구』 제18권 제4호(64호).

이종민, 2005, 「중국전문가 양성과 어문학 교육자가 직면한 도전」, 『중국현대문학』 제32호.

_____, 2013, 「이 계절의 책」, 『중국현대문학』 제66호.

이주노, 1992, 「現代中國의 農民小說 硏究」, 서울대학교 박사학위논문.

이진경, 2001, 「역자 서문」, 질 들뢰즈·펠릭스 가타리, 『카프카: 소수적인 문학을 위하여』, 이진경 옮김, 동문선.

이희옥·최선경 엮음, 2022, 『구동존이(求同存異)와 화이부동(和而不同)의 한중관계―수교 30년을 보는 한중학계의 시각』, 도서출판 선인.

임규찬, 1990, 「최근 리얼리즘논의의 성격과 재인식」, 『실천문학』 1990년 겨울.

임대근, 2002, 「초기 중국 영화의 문예전통계승 연구」, 한국외국어대학교 박사학위논문.

_____, 2004, 「중국 문예사에서 영화의 지위」, 『인문학 연구』 제34집.

_____, 2005, 「중국영화교육 추의(芻議)」, 『중어중문학』 제37집.

_____, 2006, 「상하이 영화 연구 입론(立論)」, 『중국현대문학』 제38호.

_____·곽수경 엮고 씀, 2010, 『20세기 상하이영화: 역사와 해제』, 산지니.

임명묵, 2018, 『거대한 코끼리, 중국의 진실―백년의 꿈과 현실, 시진핑의 중국은 어디로 향해 가는가?』, 에이지21.

임우경, 2001, 「張愛玲 단편소설 「封鎖」의 환상성에 대해」, 『20세기 중국문학과 페미니즘』 (한국중국현대문학학회 2001년도 춘계 정례학술회의 자료집).

임홍배, 1991, 「현실주의 논쟁의 교훈과 노동소설의 진로」, 『창작과비평』 1991년 여름.

장윤미, 2023, 『당치(黨治)국가 중국: 시진핑 시대 통치구조와 정치의 변화』, 서강대학교 출판부.

전리군(錢理群), 2012, 『모택동 시대와 포스트 모택동 시대 1949~2009』(상하), 연광석 옮김, 한울아카데미.

전형준, 1992, 「新文學 時期의 리얼리즘 理論에 대한 硏究」, 서울대학교 박사학위논문.

_____, 2003, 『무협소설의 문화적 의미』, 서울대학교출판부.

_____, 2007, 『한국무협소설의 작가와 작품』, 서울대학교출판부.

_____, 2008, 「생의 진지한 성찰 보여준 신무협―한국무협소설이란 무엇인가를 생각하며」, 『중앙SUNDAY-MAGAZINE』, 2008.3.16.

정성진, 2023, 「중국 특색 사회주의: 마르크스적 비판」, 『마르크스주의 연구』 제20권 제2호.

정종호 엮음, 2022, 『한중 수교 30년, 평가와 전망―갈등과 협력의 한중 관계, 상생의 길을

묻다』, 21세기북스

정희진, 2020a, 「융합은 지향이 아니라 방식이다」, 『한겨레』, 2020.7.7.

_____, 2020b, 「절충은 융합이 아니다」, 『한겨레』, 2020.7.20.

조경란, 2006, 「현대 중국의 소수민족에 대한 '국민화' 이데올로기―중화민족론을 중심으로」, 『시대와 철학』 17권 3호.

_____ · 왕리슝, 2008, 「중국의 주변문제, 티베트를 보는 다른 눈―한족 출신 양심적 지식인 왕리슝과의 대담」, 『역사비평』 85호.

조대호, 1989, 「郭沫若의 전기시 연구」, 성균관대학교 박사학위논문.

조동일, 1989(2판), 『한국문학통사 5』, 지식산업사.

_____, 1993, 「연구의 심화와 확대」, 『민족문학사연구』 3호.

조만영, 1992, 「현단계 리얼리즘 논의의 이론적 검토」, 『다시 문제는 리얼리즘이다』(계간 『실천문학』 창간 10주년 기념 연속기획 심포지엄 자료집), 1992.9.27.

조영남, 2022, 「한중 관계 30년의 분석과 평가」, 정종호 엮음, 『한중 수교 30년, 평가와 전망―갈등과 협력의 한중 관계, 상생의 길을 묻다』, 21세기북스

조정로, 2015, 『민주수업』, 연광석 옮김, 나름북스

진태원 엮음, 2011, 『알튀세르 효과』, 그린비.

첸리췬, 2012, 『망각을 거부하라―1957년학 연구 기록』, 길정행 · 신동순 · 안영은 옮김, 그린비.

초우, 레이, 2004, 『원시적 열정―시각, 섹슈얼리티, 민족지, 현대중국영화』, 정재서 옮김, 이산.

_____, 2005, 『디아스포라의 지식인―현대 문화연구에 있어서 개입의 전술』, 장수현 · 김우영 옮김, 이산.

최원식, 1991, 「생산적 대화를 위하여―김명인, 윤지관, 김재용 평론집을 읽고」, 『창작과 비평』 1991년 여름.

_____, 2009, 『제국 이후의 동아시아』, 창비.

최원형, 2022, 「[책&생각] 중국이란 폭풍우 속에서…'반중' 아닌 '용중'으로 길 찾아야」, 『한겨레』, 2022.8.12.

최유찬, 1990, 「현단계의 성격: 비판적 리얼리즘」, 『실천문학』 1990년 가을.

_____, 1991, 「이데올로기와 리얼리즘―최근 리얼리즘 논의에 나타난 관념적 경향 비판」,

『실천문학』 1991년 가을.

최재천, 2005, 「옮긴이 서문: 설명한다, 그러므로 나는 존재한다」, 에드워드 윌슨, 『통섭: 지식의 대통합』, 최재천·장대익 옮김, 사이언스북스.

최형식, 2007, 「중국의 현대화와 민족주의」, 『시대와 철학』 18-4, 한국철학사상연구회.

카스텔, 마누엘, 2008, 『정체성 권력』, 정병순 옮김, 한울아카데미.

크라머, 슈테판, 2002, 『중국영화사』, 황진자 옮김, 이산.

클라크, J. J., 2004, 『동양은 어떻게 서양을 계몽했는가』, 장세룡 옮김, 우물이 있는 집.

탕정동, 2018, 「『마르크스로 돌아가다』와 당대 중국 마르크스주의 철학의 발전」, 왕링윈·임춘성 옮김, 『마르크스주의 연구』 15권 4호.

패티슨, 로버트, 2000, 「통속성, 낭만주의 그리고 범신론」, 박성봉 편역, 『대중예술의 이론들—대중예술 비평을 위하여』, 동연.

프록터, 제임스, 2006, 『지금 스튜어트 홀』, 손유경 옮김, 앨피.

피경훈, 2019, 「문화대혁명'과 그 '기원'의 몇 가지 축선에 대하여」, 『진보평론』 81호.

_____, 2021, 「혐중(嫌中) 시대', 비판적 중국 읽기의 의미—임춘성, 『포스트 사회주의 중국과 그 비판자들』에 대한 서평」, 『마르크스주의연구』 제18권 제4호(64호).

피스크, 존, 2005, 『대중문화의 이해』, 박만준 역, 경문사.

하남석, 2018, 「포스트사회주의 중국의 문화지도, 하지만 우리가 좀 더 알아야 할 것들(서평: 임춘성, 2017, 『포스트사회주의 중국의 문화정체성과 문화정치』, 문화과학사)」, 『마르크스주의 연구』 제15권 제14호(통권 52호).

한국중국현대문학학회, 2004, 『중국영화를 보는 복수의 시선』(국제학술대회 자료집), 2004.12.4, 서울.

한국중어중문학회, 2005, 『중어중문학 교육의 이론과 실제』(2005년도 중어중문학 연합학술대회 발표문집), 2005.11.5, 인천.

한국철학사상연구회, 2000, 『삶과 철학』, 동녘.

_____ 엮음, 1992, 『현대 중국의 모색—문화전통과 현대화 그리고 문화열』, 동녘.

한청훤, 2022, 『차이나 쇼크, 한국의 선택—왜 지금 중국이 문제인가?』, 사이드웨이.

허세욱, 1974, 『중국문화총설』, 신지사.

허자오톈, 2018, 「계몽과 혁명의 이중변주」, 『현대 중국의 사상적 곤경』, 임우경 옮김, 창비.

홀, 스튜어트, 1996a, 「서문」, 스튜어트 홀 외, 1996, 『현대성과 현대문화』[1], 전효관·김

수진 외 옮김, 현실문화연구

＿＿＿＿, 1996b, 「6장: 서양과 그 외의 사회들, 담론과 권력」, 스튜어트 홀 외, 1996, 『현대성과 현대문화』[2], 전효관 김수진 외 옮김, 현실문화연구.

홍명교, 2022, 「억압받는 약자들 외면…'짱깨주의'의 탄생이 놓친 것」, 『한겨레』, 2022.6.26.

『十三經注疏』, 1982, 藝文印書館, 臺北(XI).

<汪暉抄襲門_百度百科>https://baike.baidu.com/item/%E6%B1%AA%E6%99%96%E6%8A%84%E8%A2%AD%E9%97%A8/12759781?fr=aladdin (검색일자: 2019.01.13.)

高力克, 2007, "第七章 如何認識轉型中國─關於自由主義與新左派的論爭," 許紀霖·羅崗等, 『啓蒙的自我瓦解: 1990年代以來中國思想文化界重大論爭研究』, 吉林出版集團有限責任公司.

郭紹虞, 1982, 『中國文學批評史』, 文史哲出版社, 臺北(II).

郭延禮, 1990, 『中國近代文學發展史研究』(第一卷), 山東教育出版社.

曠新年, 2006, 「張承志: 魯迅之後的又一個作家」, 『張承志精選集』, 北京燕山出版社.

羅根澤, 1980, 『中國文學批評史』, 學海書局, 臺北(II).

戴錦華, 2000, 『霧中風景: 中國電影文化 1978-1998』, 北京大學出版社.

馬士, 1991, 『東印度公司對華貿易編年史』, 區宗華譯, 中山大學出版社.

馬良春, 1987, 「略談鴉片戰爭以來文學史分期的幾個問題」, 『中國現代文學研究叢刊』 1987年第3期.

＿＿＿＿·張大明·李葆琰 編, 1984, 『中國現代文學思潮流派討論集』, 人民文學出版社.

毛澤東, 1968, 「在延安文藝座談會上的講話」, 『毛澤東選集』 第三卷, 人民出版社.

敏澤, 1981, 『中國文學理論批評史』, 人民文學出版社.

班固撰, 1983, 顏師古注, 『漢書』, 中華書局.

范伯群主編, 2000, 『中國近現代通俗文學史』(上), 江蘇教育出版社.

司馬遷撰, 1975, 裵駰集解, 司馬貞索隱, 張守節正義, 『標點校勘 史記三家注』, 洪氏出版社, 臺北(III).

謝冰瑩·李鍌·劉正浩·邱燮友 註譯, 1981, 『新譯四書讀本』, 三民書局(修訂版), 臺北

史書美, 2013, 『視覺與認同: 跨太平洋華語語系表述·呈現』, 楊華慶翻譯, 蔡建鑫校訂, 聯經.

＿＿＿＿, 2017, 『反離散: 華語語系研究論』, 聯經.

聶偉, 2010, 『華語電影與泛亞實踐』, 復旦大學出版社.

楊伯峻譯註, 1984, 『論語譯註』, 中華書局香港分局.

梁玉繩, 1981, 『史記志疑』, 中華書局.

呂新雨, 2003, 『紀錄中國: 當代中國的新記錄運動』, 三聯書店.

吳汝綸, 1970, 『史記集評』, 中華書局, 臺北

瀧川龜太郎, 1983, 『史記會注考證』, 洪氏出版社, 臺北(II).

王國維, 1984, 「太史公行年考」, 『史記論文選集』, 長安, 臺北

王德威, 2001(3刷), 『小說中國─晚晴到當代的中文小說』, 麥田出版, 臺北.

_____・史書美, 2017, 「華語語系與台灣主題論壇」, 『中國現代文學』 32期.

王瑤, 1982, 『中國新文學史稿(上, 下)』, 上海文藝出版社(開明書店, 1951).

_____・錢理群, 1987, 「中國現代文學的歷史特點」, 『中國現代當代文學研究』 1987年第6期.

王飆, 1986, 「十九世紀中葉至二十世紀中葉中國文學的性質和斷代」, 中山大學中文系主編, 『中國近代文學的特點, 性質和分期』, 中山大學出版社.

王曉明, 2003, 『半張臉的神話』, 廣西師範大學出版社.

汪暉, 1998, 「當代中國的思想狀況與現代性問題」, 『文藝爭鳴』 1998年第6期.

_____, 2000, 『死火重溫』, 人民文學出版社.

劉綬松, 1979(1956), 『中國新文學史初稿(上, 下)』, 人民文學出版社.

劉再復, 「金庸小說在二十世紀中國文學史上的地位」, 『當代作家評論』 1998年第5期.

劉熙載, 1974, 『藝概』, 廣文書局, 臺北(III).

李歐梵, 2000, 『上海摩登: 一種都市文化在中國1930-1945』, Hong Kong: Oxford University Press.

李道新, 2000, 『中國電影史』, 首都師范大學出版社.

李澤厚, 2014, 『李澤厚對話集─二十一世紀(1)』, 中華書局.

_____, 2016, 『人類學歷史本體論』, 青島出版社.

張承志, 1991, 『心靈史』, 花城出版社.

_____, 2012, 『心靈史(改定版)』, 自費出版.

錢理群, 2017, 『1947～1976: 歲月滄桑』, 香港城市大學出版社.

_____, 吳福輝, 溫儒敏, 王超氷, 1987, 『中國現代文學三十年』, 上海文藝出版社.

趙省之, 1956, 「司馬遷賦作的評價」, 『文史哲』 1956年第2期.

趙愼修, 1980, 「近代文學的變革與發展」, 『中國近代文學研究集』, 中國文聯出版公司.

_____, 1986, 「建立另一種近代文學體系」, 『中國近代文學的特點, 性質和分期』, 中山大學出版社.

趙稀方, 2003, 『小說香港』, 三聯書店.

陳伯海, 1987, 「艱難的轉折──十九世紀中國文學文化的反思」, 『上海文論』 1987年第2期.

陳思和, 1987, 『中國新文學整體觀』, 上海文藝出版社.

_____, 1996, 「關於編寫中國二十世紀文學史的幾個問題」, 『犬耕集』, 上海遠東出版社.

_____, 2003, 「懷舊傳奇與左翼敍事:『長恨歌』」, 『中國現當代文學名篇十五講』, 北京大學出版社.

陳平原, 1988, 『中國小說敍事模式的轉變』, 上海人民出版社.

_____, 1989, 『二十世紀小說史 第1卷(1897~1916)』, 北京大學出版社.

_____, 1993, 『小說史: 理論與實踐』, 北京大學出版社.

陳學超, 1983, 「關於建立中國近代百年文學史研究格局的設想」, 『現代文學研究叢刊』 1983年第3期.

_____, 1986, 「關於突破近百年文學史"三段式"分期的思考」, 『河北學刊』 1986年第9期(『中國現當代文學研究』 1987年第3期에도 게재됨).

許志英, 1987, 「現代文學與文學現代化」, 『中國現代文學研究叢刊』 1987年第3期.

洪興祖, 1981, 『楚辭補注』, 藝文印書館, 臺北(Ⅵ).

黃子平・陳平原・錢理群, 1985, 「論"二十世紀中國文學"」, 『文學評論』 1985年第5期.

毛里和子, 1998, 『周緣からの中國: 民族問題と國家』, 東京大學出版會.

柄谷行人, 2006, 『世界共和國へ──資本=ネーション=國家を超えて』, 岩波書店.

浜下武志, 2013, 『朝貢システムと近代アジア』, 岩波書店.

Alatas, S. F., 2002, "Eutocentrism and the Role of the Human Sciences in the Dialogue among Civilizations," *The European Legacy*, Vol. 7, No. 6.

Balibar, Etienne, 1991, "The Nation Form: History and Ideology," in Etienne Balibar and Immanuel Wallestein, *Race, Nation, Class*, London; New York: Verso.

Bennett, Tony, 1998, "Popular culture and the 'turn to Gramsci'," in John Storey, ed., *Cultural Theory and Popular Culture: A Reader*, London: Prentice Hall.

Catford, J. C., 1965, *A Linguistic Theory of Translation*, London: Oxford University Press.

Chow, Rey, 1993, *Writing Diaspora: Tactics of Intervention in Contemporary Cultural Studies*, Bloomington: Indiana University Press.

＿＿＿＿, 1995, *Primitive Passion: visuality, sexuality, ethnography, and contemporary Chinese cinema*, New York: Columbia University Press.

Csanadi, Maria, 2016, "China in Between Varieties of Capitalism and Communism," Institute of Economics(Discussion Papers), Centre for Economics and Regional Studies, Hungarian Academy of Sciences, Budapest.

Dirlik, Arif, 1989, "Postsocialism? Reflections on Socialism with Chinese Characteristics," in Arif Dirlik and Maurice Meisner, eds., *Marxism and the Chinese Experience*, Armonk, N.Y.: M. E. Sharpe, Inc.

Dreyer, June Teufel, 1992, "Ethnic Minorities in Mainland China Under Teng Hsiao-ping," in Bih-jaw Lin and James T. Myers, eds., *Forces for Changes in Contemporary China*, Taiwan: Institute of International Relations.

Hall, Stuart, 1987, "Minimal selves." https://www.google.com/search?q=Minimal+selves&oq=Minimal+selves&gs_lcrp=EgZjaHJvbWUyBggAEEUYOdIBBzU1MGowajeoAgCwAgA&sourceid=chrome&ie=UTF-8 (검색일자: 2024.02.24.)

Hann, Chris M, ed., 2002, *Postsocialism: Ideals, Ideologies and Practices in Eurasia*, London & New York: Routledge.

Hechter, Michael, 1975, *Internal Colonialism: The Celtic Fringe in British National Development, 1536-1966*, Berkeley: University of California Press.

Holmes, James S., 1972, "The Name & Nature of Translation Studies." https://docenti.unimc.it/elena.digiovanni/teaching/2020/22450/files/the-name-and-nature-of-ts-holmes (검색일자: 2024.01.17.)

Jacobson, Roman, 1959, "On Linguistic Aspects of Translation." https://web.stanford.edu/~eckert/PDF/jakobson.pdf (검색일자: 2024.01.17.)

Landes, D. S., 1999, *The Wealth and Poverty of Nations: why some are so rich and some so poor*, New York and London: W.W. Norton.

Lee, Leo Oufan, 1999, *Shanghai Modern—The Flowering of a New Urban Culture in China 1930~1945*, Cambridge: Harvard University Press.

Lefevere, André, 1978, "Translation Studies: The Goal of the Discipline," in James S. Holmes, Josè Lambert and Raymond van den Broeck, eds., *Literature and Translation*, Louvain:

ACCO.

Liu, Lidia, 1996, *Translingual Practice: Literature, National Culture, and Translated Modernity—China, 1900~1937*, Stanford, Calif.: Stanford University Press.

Maltby, Richard, 1989, "Introduction," in *Dreams for Sale: Popular culture in the 20th century*, London: Harrap.

Pattrick, Morag, 2000, "Identity, diversity and the politics of recognition," in Noel O'Sullivan, *Political Theory in Transition*, London and New York: Routledge.

Shih, Shu-mei, 2007, *Visuality and Identity: Sinophone Articulations across the Pacific*, Berkeley & Los Angeles: University of Calofornia Press.

_____, 2010, "Theory, Asia and the Sinophone," *Postcolonial Studies*, 13:4.

_____, 2011, "The Concept of the Sinophone," *PMLA* 26-3

_____ et al., 2013, Shu-mei Shih, Chien-hsin Tasai, and Brian Bernards, eds., *Sinophone Studies: A Critical Reader*, New York: Columbia University Press.

Storey, John, 2004(3rd Edition), *Cultural Theory and Popular Culture: An Introduction*, Beijing: Peking University Press.

Williams, Raymond, 1963, *Culture and Society*, Harmondsworth: Penguin.

Wu Chin-fa(吳錦發), 2004, "An Alternative View on Taiwan and Its Cultural Diversity: Ecological, Sociological, and Geographical Perspectives," in *Taiwan Imagined and Its Reality —An Expectation of Literature, History, and Culture*, Santa Barbara: University of California.

Zhang, Yingjin, 2002, *Screening China: Critical Interventions, Cinematic Reconfigurations, and the Transnational Imaginary in Contemporary Chinese Cinema*, Ann Arbor: The University of Michigan Press; 張英進, 2008, 『影像中國—當代中國電影的批評重構及跨國想像』, 胡靜 譯, 上海三聯書店.

_____, 2007, "rebel without a cause?—china's new urban generation and postsocialist filmmaking," in Zhang, Zhen, ed., *The Urban Generation—Chinese Cinema and Society at the Turn of the Twenty-first Century*, Durham and London: Duke University Press.

Zhang, Zhen, ed., 2007, *The Urban Generation—Chinese Cinema and Society at the Turn of the Twenty-first Century*, Durham and London: Duke University Press.

목포대를 떠나면서*

[임춘성] [오전 11:26] 안녕하십니까! 2월 말 29년 동안 정든 목포대를 떠납니다. 제 인생의 가장 중요한 시간을 목포대와 함께했습니다. 여러 가지 사건과 애환(哀歡)도 많았습니다. 지방대의 위기 문제는 항상 존재했지만, 최근의 신입생 미충원 문제는 지방대의 근간을 흔들 수 있는 심각한 문제로 보입니다. 부디 학교 당국과 교수님들이 지혜를 모아 슬기롭게 극복할 것으로 기대합니다. 건강과 행복을 기원합니다! 임춘성 드림. * 애청곡 한 곡 공유합니다.

[임춘성] [오전 11:26] https://music.youtube.com/watch?v=hkBziLvefsw&feature=share (Barbra Streisand, The way we were)

[A] [오전 11:29] 교내에서의 헤어짐이 아쉽지만 언제나 건강하시고 왕성한 활동 기대합니다.

[B] [오전 11:30] All the very best to both you and Professor Yang! I'll miss your kindness and wisdom! Thanks for happy times! <3<3<3

[임춘성 to A] [오전 11:35] 종강 직후 학교를 떠나기 전 한 교수님, 유 교수님과 함께한 따뜻한 차 한 잔, 감사했습니다.

[C] [오전 11:36] 임 교수님, 다시 한번 명예로운 퇴임을 축하드립니다. 그동안 인문대학

---

* 2022년 2월 23일 오전 11시 26분부터 오후 6시 17분까지 목포대학교 인문대학 교수 단톡방에서 인문대 동료 교수와 주고받은 작별 인사의 글이다.

에서 함께한 시간들을 소중히 기억하고, 앞으로도 이어지기를 소망합니다. 은퇴 후의 여유로운 삶 속에서 건강하고 행복한 시간들 보내시기를 기원합니다!

[D] [오전 11:38] 교수님. 어디에 계시든 늘 건강하시고 목포대 응원해주세요 언제나 만나면 반갑게 말 건네주시고 감사한 마음 간직합니다. 앞으로도 멋진 제2의 인생 살아가시리라 믿습니다.

[임춘성 to C] [오전 11:39] 학장님! 어려운 시절에 고생이 많으십니다. 위에서 말씀드린 대로 슬기롭게 잘 극복하실 것으로 믿습니다. 새 학기에는 교수님들 간의 소통이 더 많이 필요할 것 같습니다.

[E] [오전 11:40] 임춘성 교수님과 양 교수님, 그리고 신 교수님께서 함께 퇴임하시는데, 신 교수님은 이 단톡방에 안 계시니 작별 인사를 할 수가 없네요 임 교수님, 양 교수님, 퇴임을 축하드리고, 홀가분하게 새로운 삶을 풍성하게 가꾸어 가시길 기원합니다.

[임춘성 to B] [오전 11:40] 감사합니다. 항상 밝고 건강한 모습으로 인문대를 밝게 만들어주기를 기대합니다. 그런데 <3<3<3 무슨 의미지요?

[F] [오전 11:41] 늘 마주치면 안부를 묻고 뭐든 좋은 기회를 주시려던 선생님의 모습이 눈에 선합니다. 만난 지 얼마 되지도 않아 곧 헤어지게 되는 셈이네요 언제 어디서든 늘 건강하시고 은퇴 후의 느린 일상 속에서 깊은 세계를 건져 올리시기를요

[B] [오전 11:43] <3 = heart, so heart x3!^ ^

[임춘성 to C] [오전 11:44] 선생님! 학과 선생님들과 잘 어울리시고 여유가 생기면 학장님을 도와 인문대학의 분위기메이커 역할도 잘 해주시기를 기대합니다. 마지막까지 따뜻한 환송, 다시 감사드립니다.

[임춘성 to F] [오전 11:46] 선생님이 좋은 키워드를 주시는군요 '느린 일상 속에서 깊은 세계를 건지다.' 잘 새기겠습니다. 그러지 않아도 나날이 달라지는 체력과 심력에 비추어보면, 과욕을 부릴 수도 없는 현실입니다. 감사합니다.

[임춘성 to F] [오후 12:02] 금년 가을에는 가능하면 상하이대학에서 뵙고 바이주 한잔 할 수 있기를 기대합니다.

[G] [오후 12:05] 임 교수님, 코로나 때문에 자주 뵙지 못했는데 떠나시게 되어 많이

아쉽습니다. 학교를 위해 애써주신 노고에 감사드립니다. 항상 건강하시고 행복하시길 기원합니다.

[H] [오후 12:15] 長毋相忘

[임춘성 to H] [오후 12:18] 會者定離, 離者能會!

[I] [오후 12:20] 임 교수님! 항상 건강하시고 행복하시길 바랍니다.

[F] [오후 12:20] 아 넵. 상하이에서의 만남을 고대하겠습니다^^

[임춘성 to G] [오후 12:21] 4차산업혁명에 대해 김 교수님께 많은 도움을 받을 수 있기를 기대했는데, 코로나19로 그런 기회를 만들지 못해 아쉬운 마음입니다. 4차산업혁명과 인문학의 접합을 기대합니다.

[B)] [오후 12:23] 會者定離, 離者能會! Let's all go to Shanghai! ㅋㅋㅋ

[J] [오후 12:26] 교수님^*^ 학문적으로 늘 존경합니다. 앞으로도 왕성한 연구 활동으로 저희에게 적지 않은 자극을 주실 것이라 믿습니다. 향후 중국 관련 학회나 대학 간 교류를 통해서 또 뵐 수 있기를 기대합니다. 늘 건강하시길 바랍니다.

[임춘성 to J] [오후 12:43] 민교협 고별강연에서도 언급했지만, 사학과 학생 학술심포지엄은 정규 교과과정 외 학생지도의 중요한 모범사례입니다. 금년에도 유 선생님의 지도 아래 학생들의 내실 있는 발표가 이루어지길 기대합니다.

[임춘성 to J] [오후 12:43] 이모티콘

[J] [오후 12:55] 이모티콘

[임춘성 to J] [오후 1:29] 심포지엄 지도교수의 고충! ㅎㅎ

[K] [오후 2:04] 임 교수님 정년퇴임을 축하드립니다. 서울이나 댁 근처에서 자주 뵐 수 있지 않을까요? 그렇게 되길 기대합니다. ^^ 그래서인지 전 떠나신다는 느낌이 별로 나지 않네요…^^

[L] [오후 2:06] 저희과 오늘 학과 회의로 인사가 늦었네요. 앞서 다른 교수님들께 좋은 말씀을 다 하셔서… 원래 침묵이 더 많은 의미를 내포하지요? 한결같으신 모습 늘 간직하시리라 믿습니다. 아듀~~

[M] [오후 2:07] 임 교수님!! 정년퇴임을 축하드립니다. 자주자주 뵐 수 있는 기회를 만들겠습니다. 항상 건강하세요!!

[임춘성 to K, L, M] [오후 2:09] 네, 기회가 있는 대로 자주 만나도록 하지요. 작년 제 연구실 앞쪽의 네 분 연구실에 거의 매일 불이 환하게 켜져 있던 장면이 떠오릅니다. 새로 오신 분과 함께 튼실한 학과를 꾸리셔서 인문대학의 지주 역할을 하실 것으로 기대합니다.

[N] [오후 2:09] 임춘성 교수님, 명예로운 정년퇴임을 축하드립니다. 앞으로도 늘 건강하시고 즐거운 하루하루 보내시길 바랍니다!! 다시 한번 축하드립니다~

[O] [오후 2:14] 임춘성 교수님, 정년퇴임을 진심으로 축하드립니다. 늘 건강하시고 제2의 새로운 인생을 멋지게 시작하시길 응원하겠습니다.

[임춘성 to N] [오후 2:17] 선생님! 지근거리에 있으면서도 교류가 뜸했습니다. 주말에도 인문관 3층을 든든하게 지키시는 모습 지속하시길 바랍니다. 저도 연구실에 있는 시간이 제일 의미 있고 행복했습니다.

[P] [오후 2:18] 얼마 안 되는 시간이었지만 식사도 할 수 있었고 유익한 말씀 감사했습니다. 앞으로도 다가오는 봄처럼 항상 따뜻하고 건강하고 밝은 인생이 되시기를 바라겠습니다.

[임춘성 to O] [오후 2:20] 우리가 이별주 한 잔도 제대로 나누지 못했군요. 인문대에서 즐겁고 행복한 시간 보내기를 기원합니다.

[임춘성 to P] [오후 2:24] 따뜻하고 건강하고 밝은 인생! 축복처럼 다가옵니다. 권 선생님도 목포대에서 활기차고 행복한 생활 누리시길 기원합니다.

[Q] [오후 2:25] 임춘성, 양 교수님, 영예로운 정년퇴임을 진심으로 축하드립니다. 늘 건강하시고 행복하시길 기원합니다.

[임춘성 to Q] [오후 2:29] 네 감사합니다. 이 선생님도 남은 기간 편안하게 보내시길 기원합니다.

[R] [오후 2:35] 침묵(?)을 포함하여 이미 많은 덕담이 오고 갔네요!! 영예로운 정년 다시 한번 축하드리며, 늘 건승하시길 바랍니다!!

[임춘성 to R] [오후 2:37] 감사합니다! 선생님도 남은 기간 건승을 빕니다!

[S] [오후 3:07] 교수님 우연히 만나서 맥주 한잔한 게 마지막이 되었네요. 당부하신 대학교원으로 마음가짐 마음에 새기겠습니다. 정년 축하드립니다. 항상 건강하세요

[임춘성 to R] [오후 3:20] 그때 맥주 한잔은 기막힌 우연이었지요? ㅎㅎ 축하 감사합니다. 어려운 시절을 맞아 김 선생님 연배의 소장 교수님들의 역할이 중요해 보입니다. 잘 견뎌내시면서 장기지속의 방안을 마련해내실 것으로 믿습니다.

[S] [오후 4:45] 임춘성 교수님 정년 축하드립니다. 유독 교수님과 추억이 많았는데 섭섭하기까지 합니다. 12월 말이 되면 함께 정신줄 풀고 술 한잔했던 기억, 교수님 연구실에서 차 한잔하며 오래 이야기했던 기억, 홍콩 여행했던 추억들이 갑자기 몰려오네요. 늘 그러하듯 늘 평안하시길 기도합니다. 늘 감사.

[임춘성 to S] [오후 5:39] 홍콩과 멀라카를 함께 다녔던 기억이 새롭습니다. 안식년 다녀오느라 러시아에 함께 가지 못한 것은 지금도 아쉽네요. 한동안 이 선생님이 마련한 보드카 마시는 재미도 쏠쏠했었지요. 어려운 시절 인문대에서 중심을 잡고 슬기롭게 헤쳐나갈 수 있기를 기대합니다.

[T] [오후 6:11] 20년간 감사한 일 정말 많았습니다. 내내 건강하시길 바라겠습니다.

[임춘성 to T] [오후 6:17] 항상 함께해주셔서 제가 감사합니다. 선생님과 함께한 많은 일이 그리울 겁니다. 좋아하는 후배들과 행복한 시간 보내시길 기원합니다.

자도(子道) 김승현 교수를 추모하며*

1993년 3월 내가 부임했을 때 목포대는 '민교협'과 '교수평의회'의 활동 그리고 전국 최초로 시행된 '총(학)장 직선제'로 인해 학내 민주주의가 정립되기 시작한 시점이었다. 당시 자도 선생은 대학과 지역사회에서 명성이 자자했다. 가까운 동료 교수들에게는 정신적 지주 역할을 했고, 지역사회에서는 한문 강습을 통해 스승 역할을 하고 있었다. 지역 유지들을 대상으로 진행한 한문 강의는 지역사회에서 목포대의 위상을 높였고, 전교조 교사들이 중심이었던 사서(四書) 강독반은 퇴임 직전까지 지속되었다. 특히 초등학생을 대상으로 인성 교육과 함께 진행한 '양현재(養賢齋)' 교실은 목포 시내 학부모들이 선망하던 프로그램이었다. 나도 부임 직후 목포문화원의 의뢰를 받아 수 년간 진행한 '시민 중국어 강좌'를 마침 목포문화원의 '양현재' 교실에서 실시한 덕분에 그 상황을 자연스레 인지하게 되었다. 30년 넘게 목포문화원에 걸려있던 '양현재' 팻말은 공덕동 <자도(子道) 인성연구소>에 잘 보관되어 있었다.

물론 교내에서도 자자한 명성이 있었다. 이를테면 당시 교양필수과목이었던 <철학개론> 강의에서 문제가 있는 학생이 있으면 해당 학과 학과장에게 전화 걸어 야단치곤 했다는 이야기와 그런 전화를 받은 원로 교수가 어이없어했다는 에피소드는 당시 위계질서에 억눌렸던 젊은 교수들에게는 '사이다' 같은 시원함을 선사했다고 한다.

---

* 2023년 7월 20일(음력 6월 3일) 홍석준 교수, 김정목 교수와 함께 참석한 자도 김승현 교수 2주기 추모식에서 낭독한 글. 원래 자도 선생의 사제(師弟)들이 기획한 추모문집에 수록하려 했지만, 주최측의 사정으로 출간이 늦어지고 있다.

'천하흥망 필부유책'(天下興亡 匹夫有責)이란 말이 있다. '천하의 흥망은 필부에게 책임이 있다'라는 말이다. 교수를 필부 범주에 넣어도 되느냐의 논란을 잠시 접어두면, 천하 일에 모든 사람이 책임을 져야 한다는 의미로 확대해석할 수 있겠다. 자도 선생은 천하위공(天下爲公)의 자세로 공동체에 관심을 기울였다. 그렇다고 폴리페서의 길을 간 것은 아니었다. 자신이 살아가는 공동체에 대한 관심이었다. 특히 목포대 민주화의 상징인 교수평의회에 관심이 지극했다. 대의기구 교수평의회가 사사롭게 운영되어서는 안 된다고 생각했기 때문이었다. 지금도 교수평의회 회의실에는 제4대 의장이 마련한 '사무사(思無邪)'라는 액자가 걸려있다.

교수평의회는 목포대 민주화의 핵심에 자리하고 있다. 1987년 민주화 체제의 산물이랄 수 있는 교수평의회는 예산·결산 심의권과 인사동의권 등의 권한을 통해 총장의 독주를 견제했을 뿐만 아니라, 교육부 정책에 대한 교내 논의의 구심점 역할을 해왔다. 내가 목포대에 부임한 이듬해 교육부 정책으로 하달된 것이 업적평가에 기초한 성과급이었다. 모두 알다시피 성과급은 열심히 교육하고 연구하는 교수에게 인센티브를 준다는 명목과는 달리, 다른 교수에 돌아갈 급여를 빼앗는 약탈적 본질을 가지고 있다. 교수평의회는 교수들의 설문 답변에 근거해 반대 방침을 주도했지만, 무대책의 대책으로 임해온 대학 본부는 교수평의회의 결정을 수용하지 않아 평의원들의 총사퇴로 결말지어졌다. 성과급 문제를 둘러싼 대학 본부와 교수평의회의 줄다리기는 승자도 패자도 없이 소모적으로 종결되었다. 당시 교수평의회 사무국장을 맡았던 자도 선생은 의장과 함께 논의를 주도했고 후배 교수들에게 교수평의회의 중요성을 누누이 강조하곤 했다. 2001년의 학부제 파동 때 교수평의회 부의장을 지냈던 나는 의장단 및 여러 평의원과 함께 교육부의 상명하달식 학부제 개혁을 맹종하지 않고 목포대에 맞는 학부제 방식을 모색했었다. 자도 선생은 음으로 양으로 우리를 지지하며 유익한 도움말을 아끼지 않았다.

2012~13년의 총장직선제 폐지 파동 때도 교수평의회는 교내 논란의 중심에 있었다. 똑같이 교수 직선제로 선출됐음에도 총장과 교수평의회는 입장이 달랐다. 특히 교육부의 상명하달식 정책을 총장은 따를 수밖에 없지만, 법적으로 임의기구였던 교수평의회는 대학과 구성원의 입장에서 교육부의 정책에 반기를 들 수 있었다. 문제는

그에 따르는 불이익에 대한 판단이었다. 당시 부산대는 불이익을 감수하고 총장직선제 폐지를 거부했지만, 대부분 국립대학은 따를 수밖에 없었다. 결국 대학의 행정 수반으로 교육부 정책을 수용할 수밖에 없는 총장과 목포대의 민주화 전통을 고수하려는 교수평의회 사이에는 대립이 없을 수 없었는데, 안타까운 것은 그 대립이 대리전 양상을 띠게 되었다. 대학과 교육부의 대립이어야 하는데 총장이 교육부를 대리함으로써 교내에서 홍역을 치르게 되는 것이다. 자도 선생은 나름 당시 총장과 여러 차례 독대했다 들었고, 안식년으로 상하이에 나가 있던 나도 귀국 후 여러 차례 총장과 통화했지만, 총장으로서는 대학의 이익을 위한 최선의 길이라는 확신에다가 본인만 욕먹으면 된다는 순교자 심리까지 더해져 합의점을 찾기 어려웠다.

자도 선생은 목포대 민주화의 또 다른 축인 민교협과 특이한 관계가 있었다. 항상 관심을 기울였지만 오랜 기간 가입하지는 않았다. 민교협 초기 회원 가운데 말이 앞선 사람이 몇 있었던 모양인데, 1980년대 말 1990년대 초 학교에서 철야 농성하던 과정에서 그들과 의견 충돌이 있었던 모양이다. 그로 인해 한동안 민교협에 가입하지 않다가 퇴직 몇 년 전 '세월호 추모 활동'을 열심히 추진하던 후배 민교협 목포대 회장에게 감동하여 가입했었다. 절친했던 나나 홍석준 교수가 회장을 맡았던 시기에도 가입하지 않았던 자도 선생이 세월호 추모 활동에 감동해서 정년퇴임을 앞두고 가입한 것은 그만의 불편부당(不偏不黨)한 공정이었다.

같은 학과 소속이 아니면서 내 학위논문 주제를 물어본 유일한 사람이 자도 선생이었다. 석사학위논문의 주제가 「사마천 『사기』의 의론문 분석」이었고, 박사학위논문의 주제가 「중국 현대문학 전기의 대중화론 연구」라고 대답하니, 자도 선생의 코멘트는 "도 아니면 모구먼!"이었다. 긍정적으로 보면 '고금의 변화에 통달(通古今之變)'하려는 것이지만, 부정적으로 보면 2천 년 전의 역사서를 연구했다가, 20세기 중반의 프로문학이론을 연구했으니, 도무지 양자의 연계 고리를 찾기 어려운 주제였던 만큼, 자도 선생의 코멘트가 일리가 없는 것이 아니었기에 나는 그다지 고깝게 듣지 않았다. 자도 선생의 코멘트에 대한 답변은 그 후 여러 권의 책으로 보여줬고, 특히 2021년 펴낸 저서의 '1부 리쩌허우의 적전(積澱)론과 인류학 역사본체론'에서 리쩌허우를 통해 고금의 변화를 고찰했다.

함께 근무하며 수없이 많은 술잔을 함께 기울이면서 자도 선생의 구수한 입담에 빠져든 것이 한두 번이 아니다. 끝도 없이 이어지는 이야기 속에는 평범한 교수가 쉽게 경험하기 어려운 사례들이 많았다. 일일이 열거하지는 않지만, 주변 상황에 대한 정확한 판단과 배포 없이는 헤쳐나가기 쉽지 않은 경험담은 듣는 이의 손에 땀을 쥐게 하기도 했다. 때론 좌중을 압도하는 스토리텔링에 모두 경청했지만 때론 혼자 발언권을 독점하기도 했다. 부득불 '1/n 발언권' 논리를 제기해 발언을 제한하기도 했지만 그로 인해 언짢아하지는 않았다.

퇴임 후 "나라의 녹봉을 받았으니 이제 사회에 돌려줘야 한다"라며 <자도 인성 연구소>를 개소하고 목포 양현재 교실의 뒤를 이어 초등학생 인성 교육에 초점을 맞춘 프로그램을 구상한다는 말은 당시 정년퇴임을 앞두고 있던 나에게도 여러 가지 고민을 던져주었다. 그런데 절친한 동료 교수들과 연구소에 가서 축하주를 마신 지 두 달도 되지 않아 청천벽력 같은 소식을 접하고 그로부터 한 달 만에 세상을 하직하고 말았다. 오호! 애재(哀哉)라! 오호! 통재(痛哉)라!

[부록 3]

저서 · 역서 · 편서 목록

1. 주요 저서 · 역서 · 편서

1989.08 『중국 현대 문학운동사 1』(朱德發 외, 역서, 도서출판 전인)

1989.09 『문학이론학습』(侯健 劉鶴齡 許自强, 역서, 제3문학사)

1991.04 『9인의 문예사상』(樊籬 외, 5인 공역, 청년사)

1991.04 『중국통사강요』(白壽彝 주편, 2인 공역, 이론과실천)

1994.09 『중문학 어떻게 공부할까』(5인 엮음, 실천문학사)

1995.04 『소설로 읽는 현대 중국』(1995, 단독 저서, 종로서적)

1997.06 『중국 근현대 문학운동사』(편역, 한길사)

2004.03 『문학 고전의 산책』(5인 공저, 하마)

2005.08 『중국근대사상론』(李澤厚, 역서, 한길사)

2006.08 『홍콩과 홍콩인의 정체성』(4인 공저, 학연문화사)

2006.08 『중국현대문학과의 만남: 중국현대문학의 인물들과 갈래』(기획 공저, 동녘)

2009.02 『동아시아의 문화와 문화적 정체성』(2인 공저, 한울)

2009.04 『21세기 중국의 문화지도―포스트사회주의 중국의 문화연구』(2인 주편, 현실문화)

2010.03 『상하이영화와 상하이인의 정체성』(주편 및 6인 공저, 산지니)

2010.12 『20세기 상하이영화: 역사와 해제』(6인 공저, 산지니)

2013.03 『중국 근현대문학사 담론과 타자화』(단독 저서, 문학동네)

2013.10 『新世紀韓國的中國現當代文學硏究』(2인 主編, 復旦大學出版社)

2014.03 『상하이학파 문화연구: 비판과 개입』(주편, 문화과학사)

2014.03 『가까이 살피고 멀리 바라보기―왕샤오밍 문화연구』(해제 감수, 문화과학사)

2015.08 『중국현대통속문학사 상』(范伯群, 6인 공역, 차이나하우스)

2016.02 『왕샤오밍』(문고본, 커뮤니케이션북스)

2017.05 『포스트사회주의 중국의 문화정체성과 문화정치』(단독 저서, 문화과학사)

2018.05 『리쩌허우』(문고본, 커뮤니케이션북스)

2018.10 『마르크스로 돌아가다』(張一兵, 6인 공역, 한울아카데미)

2019.05 『첸리췬』(문고본, 커뮤니케이션북스)

2021.05 『포스트사회주의 중국과 그 비판자들—개혁개방 이후 중국 비판사상의 계보를 그리다』(단독 저서, 그린비)

2021.10 『韓國漢學中的上海文學研究』(主編, 上海遠東出版社)

2024.04 『중국의 비판적 문화연구와 포스트식민 번역연구』(단독 저서, 문화과학사)

2024.04 『동회(同懷) 40년』(단독 저서, 문화과학사)

2. 공동 저자 참여

1996.06 『중국 현실주의 문학론』(허세욱 외, 법문사)

1998.06 『중국이 보인다』(중국학연구회 엮음, 도서출판 일빛)

2003.01 『위대한 아시아』(이희수 윤상인 이동철 임상범 엮음, 황금가지)

2006.09 『영화로 읽는 중국』(임대근 외, 동녘)

2008.08 『중국문학의 전통과 모색』(박종숙 외, 신아사)

2009.05 『아시아와 디아스포라』(건국대학교 아시아·디아스포라연구소 편, 지금여기)

2009.09 『미래지향적인 한중 관계—소통과 성찰』(백권호 엮음, 폴리테이아)

2010.05 『東亞文化與中文文學』(王富仁 외, 首都師範大學出版社)

2010.09 『교차하는 텍스트 동아시아』(최원식 백영서 신윤환 강태웅 엮음, 창비)

2010.04 『이주 이동 교류의 문화연구와 지역연구』(건국대학교 아시아·디아스포라연구소 편, 지금여기)

2010.05 『城市文化評論』(John Armitage 외, 花城出版社)

2011.02 『當代華語電影的文化·美學與工業』(陳犀和 聶偉 主編, 廣西師範大學出版社)

2011.06 『雙城記: 上海紐約的都市文化』(世紀出版集團)

2011.06 『當代文學60年: 回望與反思』(張旭東 외, 上海大學出版社)

2012.05 『中文文藝論文年度文摘(中)』(陶東風·張未民 主編, 社會科學文獻出版社)

2012.06 『視野與方法: 重構當代文學研究的版圖』(董麗敏 主編, 復旦大學出版社)

2012.10 『上海電影研究—21世紀之交範式轉型期的思想景觀』(曲春景 主編, 上海三聯書店)

2013.04 『文化上海』(董麗敏 曾軍 主編, 上海大學出版社)

2013.07 『城市史與城市社會學』(孫遜 主編, 上海三聯書店)

2013.10 『부산국제영화제에서 만나는 중국영화 2013』(김언하 외, 중문출판사)

2013.12 『精神中國: 1976年以後的文學求索』(吳耀宗 編, 復旦大學出版社)

2014.01 『重回現場: 五四與中國現當代文學』(王風 蔣郎郎 王娟 編, 北京大學出版社)

2014.10 『電視劇與當代文化』(王曉明 主編, 生活·讀書·新知 三聯書店)

2014.09 『부산국제영화제에서 만나는 중국영화 2014』(곽수경 엮음, 호밀밭)

2014.10 『武大哈佛'現當代中國文學史書寫的反思與重構國際高端學術論壇論文集』(陳國恩 王德威 方長安 主編, 中國社會科學出版社)

2015.03 『민족문학론에서 동아시아론까지』(백영서 김명인 엮음, 창비)

2015.04 『文學經典与當代學術: 上海大學中文系學術演講泉III』(陳曉蘭 編, 復旦大學出版社)

2016.02 『좌파가 미래를 설계하는 방법』(이동연 고정갑희 박영균 외, 문화과학사)

2017.05 『혁명과 이행』(제8회 맑스코뮤날레 엮음, 한울 아카데미)

2018.06 『千回萬轉: 張愛玲學重探』(林幸謙 主編, 聯經)

2021.02 『중국문학의 전통과 변용』(고진아 외, 한국외국어대학교 지식출판콘텐츠원)

2021.06 『중국공산당 100년사』(이희옥 백승욱 엮음, 책과함께)

2023.06 『동아시아 마르크스주의—과거, 현재, 미래』(정성진 엮음, 진인진)

간행물 게재 논문/글 목록

1997.07   韓中日普羅文學運動的生成和發展, 中韓文化研究 (1): 73~88

1997.08   중국 근현대 문학사론의 검토와 과제, 중국현대문학 (12): 1~24

1997.12   중국 좌익작가연맹의 문예대중화논쟁(1930~1934) 연구, 중국현대문학 (13): 95~125

1998.06   한국에서의 중국 근현대문학 연구의 현황과 과제, 중국학보 (38): 149~162

1998.12   1930년대 후평(胡風)의 리얼리즘론 연구, 중국현대문학 (15): 107~121

2000.06   중국문학의 근현대성 단상, 중국현대문학 (18): 221~232

2000.12   20세기 중국문학의 '근현대화' '민족화' '대중화'의 관계, 중국현대문학 (19): 39~61

2002.02   혁명문학과 페미니즘―중국 근현대 문학의 두 계기, 아시아문화연구 (6): 1~11

2002.06   金庸 소설을 통해 본 '僞君子'와 '眞小人'의 實用理性, 중국현대문학 (22): 363~383

2002.06   동아시아 문학론의 비판적 검토, 중국어문학 (39): 45~67

2002.06   중국 근현대문학의 대중화와 무협소설, 중국인문과학 (24): 199~216

2002.08   1990년대 한국리얼리즘 논의의 쟁점과 평가, 인문학논총 (1): 241~256

2002.12   1997년 회귀를 전후한 홍콩 중국인의 '문화적 정체성'―<東邪西毒>과 <Chinese Box>를 중심으로, 중국현대문학 (23): 431~449

2002.12   양무파와 유신파의 중체서용(馬小朝와 공저), 중국학보 (46): 175~190

2003.06   정치폭력·동성애·이데올로기적 주체―<覇王別姬> <活着> 細覷, 중국현대문학 (25): 117~140

2003.08   장셴량의 『남자의 반은 여자』 분석, 인문학논총 (3): 327~344

2003.09   洋務派維新派中體西用思維結構(與馬小朝共著), 新疆大學學報(社會科學版) 31(03): 46~49

2003.12   洋務派維新派中體西用思維結構(續)(與馬小朝共著), 新疆大學學報(社會科學版) 31(04): 33~36

2003.12   中國近現代文學中的大衆化與金庸作中人物的實用理性, 중어중문학 (33): 659~678

2004.05   中國文學の近現代性の斷想, 藍·BLUE (14): 124~137

2004.06   중국 근현대 무협소설의 근현대성, 중국현대문학 (29): 163~194

2004.09   1980~90年代在韓國的東亞細亞文學論, 藍·BLUE (15/16): 175~189

2004.12   홍콩문학의 정체성과 탈식민주의, 중국현대문학 (31): 337~359

2005.06   作爲近現代傳統之復活的金庸武俠小說, 중어중문학 (36): 333~347

2005.06   홍콩영화에 재현된 홍콩인의 정체성과 동남아인의 타자성, 중국현대문학 (33):

157~190

2006.06 이민과 타자화: 상하이 영화를 통해 본 상하이인의 정체성, 중국현대문학 (37): 287~313

2006.06 중국 대중문화 교육의 실제와 이론—教學相長의 변증법을 위해, 중어중문학 (38): 245~265

2007.01 彭小蓮의 상하이 삼부곡을 통해본 노스탤지어와 기억 그리고 역사들, 중국연구 (39): 369~386

2007.12 도시 폭력의 우연성과 익명성—에드워드 양의 <위험한 사람들> 읽기, 중국현대문학 (43): 419~445

2008.02 '서유럽 모던'과 '동아시아 근현대'에 대한 포스트식민적 고찰, 현대중국연구 9(2): 343~378

2008.03 이주와 디아스포라—중국영화에 재현된 뉴욕의 중국인, 중국현대문학 (44): 99~133

2008.04 중국 대중문화의 한국적 수용에 관한 초국가적 연구—영화와 무협소설 텍스트를 중심으로, 중국학보 (57): 3~30

2008.06 중국 문화민족주의의 최근 흐름들과 재현의 정치학, 문화/과학 (54): 293~308

2008.10 移民·他者化與身分認同: 電影里再現的上海人, 甘肅社會科學 2008(5): 174~177(+127)

2008.12 華流在韓國, 華文文學 2008(6): 44~50

2009.02 한중 문화의 소통과 횡단에 관한 일 고찰: 중국의 한국문학 번역·출판의 예, 외국문학연구 (33): 227~247

2009.04 중국 근현대문학사 담론과 타자화의 정치학, 중국현대문학 (48): 1~33

2009.08 한국 대학의 미국화와 중국 인식, 현대중국연구 11(1): 289~320

2009.10 當代性·先鋒性·世界性(9人共著), 學術月刊 (10): 5~19

2009.12 後社會主義時期的文化中國再現, 국제중국학연구 (12): 121~138

2010.03 동아시아인의 정체성 형성. 장애와 출구: 비판적 동아시아담론을 중심으로, 문화/과학 (61): 275~298

2010.03 포스트사회주의 중국의 상하이 글쓰기와 도시공간 담론, 중국현대문학 (52): 55~84

2010.06 論香港新浪潮電影, 華文文學 2010(3): 84~92

2010.09	문화중국의 타자 중국 소수민족의 정체성, 중국현대문학 (54): 211~236
2011.02	중국근현대문학사 최근 담론에 대한 비판적 검토—'한어문학'과 '화인문학'을 중심으로—, 외국문학연구 (41): 391~414
2011.03	1990년대 중국의 도시화와 도시 영화, 중국지식네트워크 1(1): 258~274
2011.06	關于韓中文化溝通與跨越的考察, 學術界 2011(06): 20~28
2011.06	포스트냉전 시대 타이완문학/문화의 정체성, 대만연구 창간호: 69~86
2011.07	문화대혁명에 대한 성찰적 글쓰기와 기억의 정치학—『나 혼자만의 성경』의 사례를 중심으로, 중국연구 (52): 139~155
2011.07	通過"批判性東亞話語"展望"東亞自我認同", 天津社會科學 2011(4): 97~99
2011.07	포스트사회주의 시기 중국소수민족 영화를 통해 본 소수민족 정체성과 문화정 차—張律의 영화를 중심으로, 중국현대문학 (58): 217~249
2011.09	華語電影在韓國: 基于亞洲跨國/區文化流動的考察, 電影新作 2011(05): 34~44
2011.12	포스트사회주의 시야로 다시 읽는 대동의 유토피아, 문화/과학 (68): 72~93
2012.02	商榷漢語文學和華人文學—對幾部近現代文學史著作的思考, 文藝研究 2012(2): 136~144
2012.03	왕안이(王安憶)의 『장한가』와 상하이 민족지, 중국현대문학 (60): 93~126
2012.08	푸단대학 교수 왕안이 인터뷰—손주연 녹취 번역, 오늘의 문예비평 (86): 126~152
2012.10	"1987年体制"下的韓國政治(與岳峙共著), 社會觀察 2012(10): 65~67
2012.11	왕샤오밍 교수 인터뷰—朱杰·김소영 녹취 번역, 오늘의 문예비평 (87): 96~115
2012.11	中國近現代文學史話語和他者化, 杭州師範大學學報(社會科學版) 34(6): 43~49
2013.03	포스트사회주의 중국의 도시화와 도시영화의 정체성, 중국현대문학 (64): 51~85
2013.05	愛國啓蒙·商業娛樂·多樣雜糅—中國武俠小說傳統的復活和近現代性, 江漢論壇 2013(5): 84~89
2013.05	중국의 비판적 개입적 문화연구, 문화연구 2(1): 3~38
2013.07	懷舊, 記憶, 歷史們—以彭小蓮的'上海三部曲'爲中心, 都市文化研究 2013(01): 296~308
2013.09	타이완을 관찰하는 다양한 시선들: 「臺灣을 보는 눈」<서평>, ASIA 8(3): 266~271
2013.09	미끄러지는 기표 그리고 학이사(學而思), 문화/과학 (75): 385~394
2013.09	全球性移居和紐約華人, 上海師範大學學報(哲學社會科學版) 42(5): 83~89
2013.10	반어와 성찰의 두터운 텍스트: 왕안이의 『장한가』, 지구적세계문학 1(2): 212~222
2013.12	韓國進步左派刊物 《文化科學》 的二十年, 熱風學術 (7): 153~158

2014.06	포스트사회주의 중국의 비판적 사상의 흐름과 문화연구—리쩌허우-첸리췬-왕후이-왕샤오밍을 중심으로—, 중국현대문학 (69): 149~184
2014.09	'대국굴기' 중국을 어떻게 인식할 것인가—조정래의 『정글만리』를 화두로 삼아, 문화/과학 (79): 253~284
2014.11	문학인류학적 관점에서 고찰하는 상하이 민족지(1)—『해상화열전』, 외국문학연구 (56): 257~278
2014.11	홍콩 무협소설에서 중화 국민문학으로: 진융(金庸) 작품 두텁게 읽기, ASIA 9(4): 114~122
2014.12	왕샤오밍(王曉明)론: 문학청년에서 유기적 지식인으로, 중국학보 (70): 211~229
2015.03	문학인류학적 관점에서 고찰하는 상하이 민족지(2)—『한밤중』, 중국연구 (63): 71~86
2015.03	문학인류학적 관점에서 고찰하는 상하이 민족지(3)—『푸핑』, 중국현대문학 (72): 43~67
2015.03	新時期城市化與城市電影的身分認同(與王曉明共著), 上海大學學報(社會科學版) (32): 56~65
2015.08	소수자 문학의 관점에서 고찰한 중국 내 '동남아 중어문학' 연구, 중국학보 (73): 277~292
2015.09	천하위공과 체진민주(遞進民主)—제도와 주체의 변증법, 중국현대문학 (74): 269~293
2016.06	리쩌허우의 '문화심리구조'와 '역사본체론', 중국연구 (67): 233~249
2016.08	문명 전환 시대 한국인의 중국 인식 —『정글만리』와 <슈퍼차이나>를 중심으로, 중국현대문학 (79): 137~163
2017.02	방법으로서의 문화연구와 중국문학, 중국학연구 (79): 327~346
2017.03	포스트사회주의 중국의 역사 인식—리쩌허우의 근현대 사상사론 다시 읽기, 중국연구 (70): 385~403
2017.07	橫站與中國革命傳統—王曉明的批判性介入性文化研究, 煙臺大學學報(社會科學版) 30(4): 57~66
2017.11	중화인민공화국: 국가 사회주의에서 포스트사회주의로, 마르크스주의연구 14(4): 234~257

2018.03 　文化中國和中國的自我認識, 批評理論 2018年第1期: 99～111

2018.04 　중국 특수주의와 서유럽 보편주의의 길항(拮抗)?, 진보평론 (75): 193～199

2018.05 　文學人類學的可能性與上海民族誌: 以王安憶的＜長恨歌＞爲個案, 濟南大學學報 28(3): 127～134

2018.07 　'이중적 타자'의 '통합의 정치학―왕더웨이의『시노폰 담론, 중국문학』을 읽고, 중국현대문학 (86): 343～356

2018.07 　리쩌허우의 번역서를 통해본 중국어 학술 번역의 몇 가지 문제점, 중국현대문학 (86): 269～294

2018.10 　'사회주의 개조'의 관점에서 고찰한 20세기 중국 지식인의 정신 역정―錢理群의 '20世紀中國知識分子精神史三部曲'을 중심으로―, 문화연구 6(2): 140～162

2019.01 　절망의 땅에서 희망 지키기―첸리췬(錢理群)의『1977～2005: 절지수망(絶地守望)』을 읽고―, 중국현대문학 (88): 340～379

2019.02 　왕후이의 '모더니티에 반(反)하는 근현대성'과 '신계몽주의 비판에 대한 재검토, 중국사회과학논총 1(1): 129～149

2019.02 　韓中文學飜譯和文化飜譯的政治學, 漢學研究通訊 38(1): 1～9

2019.06 　루쉰(魯迅)의 '개체성 원칙'과 '역사적 중간물'―왕후이(汪暉)의『절망에 반항하라』를 읽고, 중국연구 (79): 181～196

2019.11 　근현대 중국에서 계급의 관점과 계몽주의의 문제: 하남석의 서평 논문에 대한 답변, 마르크스주의연구 16(4): 157～169

2020.08 　쑨거의 동아시아 인식론 비판, 중국학보 (93): 181～200

2020.09 　21世紀における文明交替期と中國の文化政治, アジア評論 (2): 32～53

2021.02 　포스트식민 번역연구와 레이 초우의 문화 간 번역, 공존의 인간학 (5): 95～134

2021.04 　중국공산당 100년과 중국 근현대문학―선전선동의 도구에서 개조와 검열의 대상으로, 중국현대문학 (97): 1～26

2021.08 　중국 근현대문학의 자발적 타자, 사이노폰 문학, 중국사회과학논총 3(2): 33～62

2022.02 　'끊임없는 반향과 마오쩌둥 평가의 문제: 피경훈의 서평에 대한 답변, 마르크스주의연구 19(1): 145～165

2022.12 　'비판적 중국연구'를 위한 몇 가지 접근법과 과제, 문화/과학 (112): 269～290

2023.06 　코끼리 만지기/상상하기―여중(與中)과 호수(互酬), 뉴래디컬리뷰 (8): 240～257